U0503644

典藏本

滑稽泰斗

# 姚慕双 周柏春合传

唐燕能◎著

上海人民出版社

凡是过往，皆是序章。

——［英］莎士比亚《暴风雨》

姚慕双与周柏春（摄于 20 世纪 80 年代）

姚慕双与周柏春（摄于 1977 年）

姚慕双、周柏春表演独脚戏

1982 年，64 岁的姚慕双与 60 岁的周柏春

姚慕双、周柏春表演独脚戏《宁波音乐家》

姚慕双、周柏春曲艺演出照（摄于 1977 年）

姚慕双、周柏春合影（摄于 1987 年）

老年的姚慕双、周柏春兄弟（摄于 1987 年 9 月）

## 姚慕双各时期形象照

（摄于 1938 年，20 岁）

（摄于 1939 年，21 岁）

（摄于 1958 年，40 岁）

（摄于 1977 年初，59 岁）

（摄于 1980 年，62 岁）

（摄于 1980 年，62 岁）

## 周柏春各时期形象照

（摄于 1952 年，30 岁）

（摄于 1958 年，36 岁）

（摄于 1960 年，38 岁）

（摄于 1977 年，55 岁）

（摄于 1980 年，58 岁）

（摄于 1984 年，62 岁）

姚慕双、周柏春与母亲和子女合影。后排右起：姚慕双、周柏春；
前排左起：姚敏儿、周伟儿、周勤侠、姚玉儿、姚祺儿

姚慕双（右）、周柏春（左）与姚玉儿（中）在电台播音室合影（摄于 1949 年）

姚慕双、周佩芳与子女合影。前排左起：姚慕双、周佩芳。
后排左起：姚敏儿、姚玉儿、姚龙儿、姚国儿（摄于 1972 年 2 月）

姚慕双与周佩芳

姚慕双家庭聚餐合影。
右起：姚慕双、周佩芳、姚国儿、姚正循、
程帅（摄于 1993 年 12 月）

姚慕双与女儿姚敏儿（摄于 1994 年）

姚慕双、杨美明分别与姚祺儿合影（摄于 1949 年）

杨美明与姚慕双结婚时的婚纱照

姚慕双与杨美明

晚年时期的姚慕双与杨美明

周柏春、吴光瑾结婚照（摄于 1947 年）

周柏春、吴光瑾夫妇于上海桂林公园（摄于 1976 年 10月）

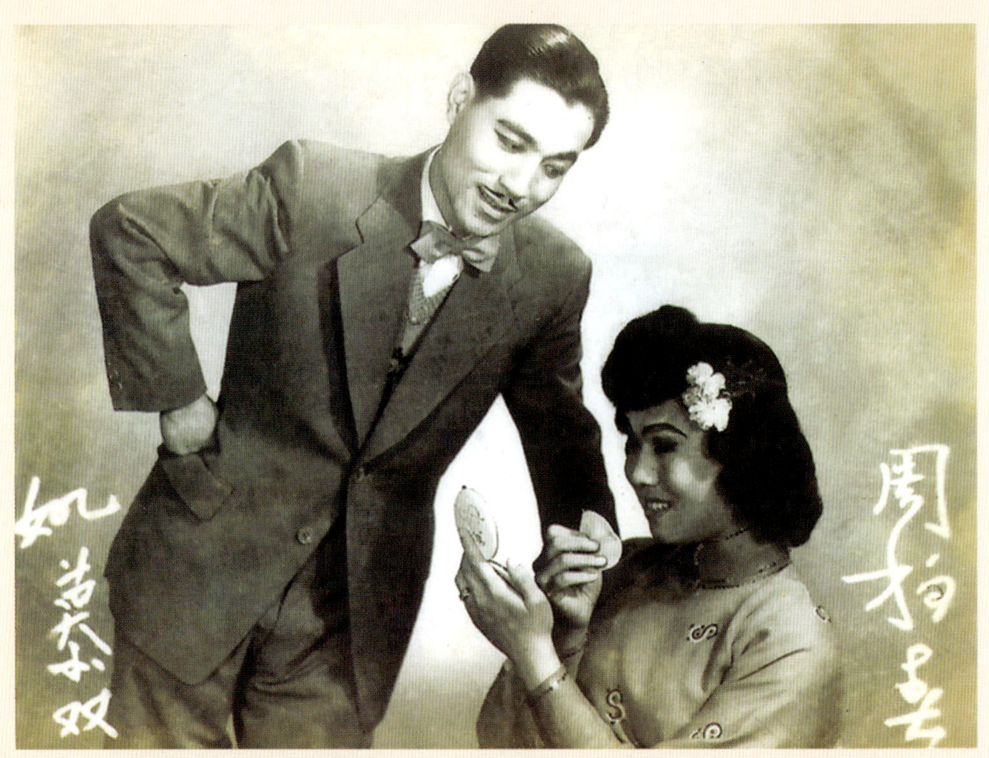


滑稽戏《红姑娘》剧照，左为姚慕双，右为周柏春（摄于 1950 年）

滑稽戏《王老虎抢亲》剧照，周柏春（左）饰周文宾，袁一灵（右）饰祝枝山

滑稽戏《不夜的村庄》剧照，右二为姚慕双，右四为周柏春（摄于 1959 年）

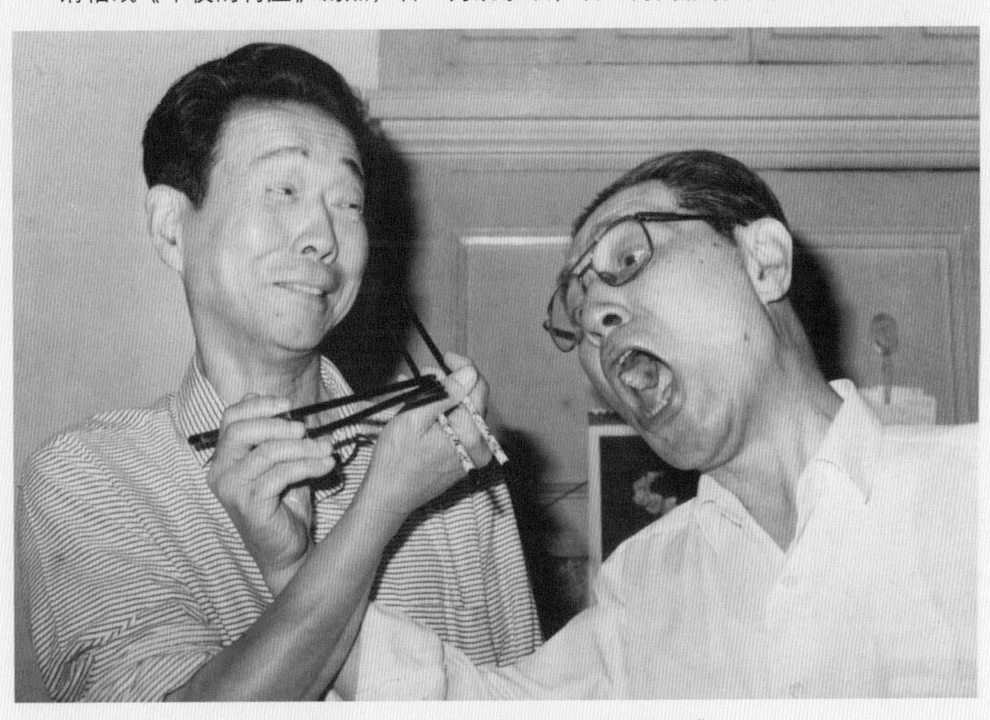

姚慕双、周柏春表演独脚戏《吃酒水》

滑稽戏《满园春色》造型照，姚慕双扮演 4 号服务员

电影《子夜》造型照，周柏春饰火柴厂老板周仲伟（摄于 1981 年）

姚慕双、周柏春表演独脚戏《学英语》（摄于 1986 年）

姚慕双、周柏春随宁波籍著名艺术家故乡行演出团与宁波华侨饭店职工联欢（摄于 1989 年 10 月）

姚慕双、周柏春兄弟俩探讨艺术

周柏春在创作中（摄于1982年）

周柏春在自己座右铭《天道酬勤》上钤印（摄于1995年9月）

姚慕双、周柏春从艺五十周年演出前合影（摄于 1988 年）

姚慕双七十大寿贺宴上，姚慕双、周柏春与众弟子合影。前排左起：周柏春、姚慕双。后排左起：张双勤、王辉荃、翁双杰、吴双艺、王双庆、李青、何双龙、童双春

周柏春八十寿宴上，姚慕双（左）、周柏春（中）、笑嘻嘻（右）合影（摄于 2001 年）

上海市曲艺家协会成立 40 周年庆贺演出，姚慕双、周柏春登台献艺，右为钱程（摄于 2002 年 9 月）

姚慕双、周柏春与部分“双字辈”徒弟合影。
前排左起：周柏春、姚慕双。后排左起：童双春、吴双艺、王双庆、翁双杰

姚慕双与子女在电视台录节目。
前排左起：姚贞儿、姚慕双、姚斌儿。后排左起：姚勇儿、姚祺儿

姚祺儿（右）与姚勇儿（左）表演独脚戏《广东话》

周柏春与长女周伟儿在构思创作

周柏春与长孙周之昂（摄于 1993 年）

# 序一

单跃进

我认识唐燕能老师，是因为他给沪上一批戏曲名家立传，将一些随时可能湮没的艺术人生记录下来。在与唐老师的陆续接触中，我知道他痴迷余（叔岩）派声腔。约上三两好友，拍板击节，引吭一曲，便是他乐此不疲的生活享受。有时，他会将自娱自乐的唱腔录音片段分享与我。

前年，唐老师给我发来微信，说他正在撰写姚慕双与周柏春的合传，邀我作序。言辞之间，我感受了他对这本传记的倾情投入，却也诧异他的跨界写作。之所以诧异，也与我自己对滑稽艺术的认知有关。作为土生土长的上海人，我固然是看过不少滑稽戏，但对姚周两位滑稽艺术大家却不曾有过基础性的研究，这让我不敢贸然应承唐老师的邀约。

后来唐老师中风，惊愕之余，我以为"姚周合传"会搁浅。谁想，病中的唐老师将写作"姚周合传"的事计划得清清爽爽。他一边接受康复锻炼，一边坚持伏案写作，硬生生地扛过了这段充满磨难和艰辛的日子。他周边的朋友与我一样，都反对他这么带病写作。可是，反对无效。

年前，我终于得到《滑稽泰斗：姚慕双 周柏春合传》电子文档。一气呵成地读了下来，便为自己先前诧异唐老师的写作而抱愧。方才明白，他的付出是值得的。这是一部富有人文内涵与上海风情的人物传记，写活了姚周这两位上海市民真心欢喜的滑稽艺术家。同时，这部合传也兼具上海现当代滑稽艺术史述的某些功能，这是由姚周他俩在剧种演变史上的地位和作用决定的。而这一切，对我这滑稽艺术的门外汉，则是一次难得的学习和增长见识的机会。

与大多数人物传记作品相似，姚周合传按时间顺序，从人物幼时的成长写起。唐老师的叙述口吻大体上是平实的，颇似我们在听一位忠厚长者讲往事。让人不知不觉地跟随着他的文字，进入对旧时上海市井生活的联想，姚周童年生活的一些场景就真切地呈现了。诸如，顽童姚一麟的身影在邻居讨新娘子的现场钻进穿出，或别有用心地在弄堂口大饼摊前的磨蹭，或出于报复而对包饭师傅的恶作剧，或体弱的弟弟在梦呓中有咬哥哥手指的习惯，或哥哥拐弯抹角地想从弟弟手里赚得三个铜板……这些在人物生活经历中捕捉来的行为细节和生动故事，串联成姚慕双周柏春一幕幕生活情景和成长环境。读者很容易被这些叙述俘获，去寻觅姚周成为滑稽大师的前史。

细节，书中很多细节的表达与主人公的人生经历，乃至历史命运是相互浸润的。譬如，姚慕双是怎么走上滑稽艺术道路的？书中没有就此予以正面解答，而是通过姚慕双的各种经历与见闻，各种遭遇的细节，自然而然地表现了姚慕双怎么会想着要拜滑稽名家何双呆为师，他想通过唱滑稽来撑起全家的生活。其间的叙述基本着眼在姚慕双和他们家庭的生存状态，没有将滑稽与艺术挂上钩。此时的滑稽，在姚慕双眼里，包括他干练明理的姆妈眼里，就是一份期待它能够养家糊口的营生，与艺术无干。那拜师的100块洋钿，对这经济拮据的家庭而言犹如一场豪赌，是一次决绝的投资行为。他们最担心的就是卜咚一声扔进黄浦江，有去无回了……显然，作者的叙述多了点烟火气，少了点文艺份儿。我倒以为，这样的叙述反而生动，即是对历史状况的尊重，直抵商业经济催生大都市娱乐消费的真相，也是对日后步入艺术殿堂的滑稽戏的尊重。这样的认知与表达不仅反映了当时滑稽的状况，也符合于那个年代的京戏和其他演艺门类的生存状况。

姚慕双在其20来岁时，开启了他唱电台的滑稽艺人生涯。而周柏春之所以成为哥哥姚慕双的搭档，纯粹是因为姚慕双没有搭档。从小体弱，但特别乖巧懂事的周柏春知道哥哥唱滑稽是为了全家人过日子，特别想替哥哥分担一点。还是学生的周柏春，一放学就往电台跑，其时他正私淑滑稽名家刘春山。凭着无师自通的小聪明，先是帮着哥哥"搭搭腔"，后来就弄假成真，成了兄弟搭档。其间的欢乐与辛酸，难以言表。身有重负，整天为稻粱谋，抑或是在保持尊严与取悦市场之间，甚至在保住生计与忍受屈辱之间乞求平衡，是那个时代中国艺人普遍的生存状态。

这部传记用大量的细节和事例描述，反映了20世纪40年代滑稽戏在上海的风生水起，云卷云舒。也用大量的细节和个案描述，传递出滑稽艺人唱电台的衰落景象，并开始向剧场转移，必须直面观众进行表演的过程。风华正茂的姚周兄弟，恰恰经历了滑稽艺术转型的重要时代，他俩的艺术进入到塑造人物形象的新阶段。人物传记，从某种意义上看就是在书写一段历史，或者说是书写历史进程中的人。姚慕双与周柏春，便是作者笔下融入了滑稽艺术成长史中的生命个体。

真实，不虚妄，是这部合传给我的另一层深刻印象。

我们都知道，人物传记类作品的第一品格便是真实，尤其是人物心灵的真实。但是要做到这点并不容易，这里除了作者的认知深度，还有主人公自身的态度与胸怀。

合传全书十章五十一节，几乎每一个故事，每一个细节，甚至主人公每一个念头和想法的来龙去脉，听来都是合乎人之常情，合乎普通人的生活逻辑。甚至对一些次要人物的刻画，也颇有神韵。比如50年代末在《不夜的村庄》演出前，剧团年轻人不理解老艺人朱翔飞为啥提前这么多时间到后台化妆候场，朱翔飞幽幽地答道“我现在精神勿多，要做人家点用。精神省下来，台上给观众。”寥寥数语，勾画了人称“幽默滑稽”朱翔飞先生独特而磨难的人生经历。还有一节讲到，1951年周柏春在迎接侯宝林等北京同行的联谊活动中，因为一出独脚戏的表演效果不好而心生挫败，用上海话形容叫“挖塞”。通常以为人物传记么，多讲过关斩将的传奇，少说马失前蹄的糟心。但是周柏春却在其晚年出版的《自述》中，详尽地讲述了这段尴尬事儿，并对事情的前因后果有过不同角度的精到分析。半个多世纪后，周柏春老师仍然念念不忘，将其视为自己艺术成长的一个有特别含义的节点。正是周柏春老师的襟怀坦白，让本书作者感受了这位滑稽艺术大师的宽阔胸襟，勇敢地接过了这个话茬。

而书中的有些真实，是撞击人心的。“文化大革命”时期，姚慕双周柏春双双被关进“牛棚”。哥哥姚慕双担心弟弟吃不饱饭，硬是从自己的伙食里省下一个饼子，乘人不备扔给了弟弟。周柏春固然懂得哥哥的温情，也很想吃了这个饼子，但森严压抑的环境，让他揣摩同“牛棚”的那位导演是否发现了什么，不禁担心他会去告状。思想斗争了一夜，第二天他居然将哥哥的饼子交给了管理员。害得姚慕双被罚饿肚子一天，理由是姚慕双有多余的粮食。周柏春对此反思道，“此时此刻的我，是一个被扭曲了灵魂的怪物”。然而，此时此刻的读者也在诘问，是什么怪物可以让人的灵魂，得以如此地扭曲？

还是那个年代，一件发生在姚慕双身上的真实事情。拿着鸡毛当令箭的造反派，无端威逼姚慕双交代“历史问题”。实在扛不住这帮人的疯狂纠缠，姚慕双发挥了他的艺术想象，凭空虚构自己曾有过军统特务中将的头衔，以求过关。大喜过望的造反派，竟也觉得中将军衔太高了。再三诱导逼迫，让姚慕双认下了中校军衔。生性“大戳戳”的姚慕双，心大得连军统特务的帽子也敢戴——如此荒诞不经的事儿，既不是故事也不是传奇，而是姚慕双和周柏春他俩曾经有过的生活与经历。作为读者，我的内心除了悲悯，尽是一片茫然。

好在这两位滑稽艺术的泰斗级人物，终究是赶上了一个好时代。这个时代，敬仰他们的创造性艺术劳动，也试图发扬光大他们的艺术创造精神。

这也是我热忱推荐这部合传的另一个理由。即，我们通过对姚周艺术生涯的了解，可以更具体地感知滑稽艺术在上海得以繁荣成长，是基于它与上海市民生活、城市风情之间相濡以沫的关系，以及它与上海城市文化同步发展的关系。尤其是姚慕双和周柏春在经过上世纪五六十年代一系列辉煌的创作和艺术历练之后，不仅确立了他俩在新中国和新上海舞台艺术事业中的卓越地位，更重要的他们身体力行地坚持“走人物内心的表演路子”，为滑稽艺术的健康发展提供了重要的艺术范式。

我想，今天上海市民的生活，可能比以往任何时候都需要滑稽艺术，需要姚周这样的艺术家。谨此，向读者朋友们介绍我读《滑稽泰斗：姚慕双 周柏春合传》一点粗浅认识。

# 序二

钱 程

诞生于1918年的姚慕双和诞生于1922年的周柏春，是上海滑稽史上具有划时代意义的一对滑稽昆仲，杰出的上海滑稽表演艺术家。

上海滑稽包含滑稽戏和独脚戏两种不同的表演样式。在姚、周1938年从艺之前，肇始于清末民初而从“新剧”华丽转身的上海滑稽戏，以及1915年由“新剧”名家钱化佛“始作俑”，而后在1927年见诸报端的上海独脚戏都已初具规模，前辈艺术家、超群绝伦的开拓者徐半梅、丁楚鹤、张冶儿、王无能、江笑笑、刘春山，虽然也都已有杰出建树非凡成就，但在上海滑稽艺术领域里，由姚慕双、周柏春带入的“书卷气”，并进而海纳百川、追求卓越，开拓创新，使滑稽戏和独脚戏上升到崭新的“文化”层面，无疑成了上海滑稽的一面旗帜，海派文化的一处标杆。

姚慕双、周柏春于1950年创建的蜜蜂滑稽剧团而延伸至今的上海滑稽剧团，是他们毕生从事艺术实践的基地和培育后人的摇篮，也是上海滑稽从幼稚走向成熟的见证。

我从20世纪80年代初进上海曲艺剧团（上海滑稽剧团），有幸在艺术上与姚、周相处，向两位大师学艺达25年之久。尤其是周柏春老师，每次外地演出或出访，他必要选择我与他相伴，工作、吃住都在一起。周柏春老师曾教导我：“没有文化内涵的‘笑’是滑稽，有文化内涵的‘笑’是幽默。”姚慕双、周柏春一生驰骋于上海滑稽天地，他们毕生追求带给观众的“笑”，始终选择带有书卷气的幽默！

从美学范畴观照上海滑稽，上海的滑稽戏和独脚戏都是具有喜剧性特征的表演艺术；从表演艺术层面来考察上海滑稽，滑稽戏则是专演喜剧的一个剧种，独脚戏是以搞笑为使命的一个曲种。滑稽、幽默都是让人产生“笑”的艺术,但滑稽和幽默的内涵不同,层次不一样。中国的“滑稽”两字,古人把它当作一个大概念,意为言辞犀利,正言若反,思维敏捷,疏无阻难,具有幽默的内涵。上海滑稽借用这个词语为自己的剧种和曲种冠名,既含幽默,也包括讽刺夸张的打诨,以及令人发“噱”的逗趣。“幽默”一词,由学者林语堂把英语“humour”一词翻译过来,“让你笑了以后想出许多道理来”,指出幽默常于“笑中带泪,泪中带笑。”(当然,从喜剧形态与喜剧性来考量,除了“滑稽”与“幽默”,还有讽刺、机智,荒诞等)。“幽默”体现了主体超常的智慧,渗透着实现审美理想的高度自信力,往往给人以意味深长的会心微笑和由此产生共鸣的极度快乐!

从上海滑稽早期的表演形态去考察,在并不算短的时期内,“滑稽”还是流于较低层次“笑”的范围内,属于喜剧的初级形态,它有趋于油滑的危险。“幽默”的“笑”,则是一种从容不迫的“笑”,是一种人生态度,反映了艺术家对客体的温和与宽容。幽默常用“暗示”、“含蓄”的手法,将“谜底”藏于“谜面”之中,较之滑稽的“浓烈而意浅”,尤其显得“味淡而旨深”。

姚周的“书卷气”显然是植根于“幽默”的,他们在滑稽戏和独脚戏中塑造的一个个喜剧形象或滑稽性格,所带给人们的“笑”,无处不充满着幽默。

回望姚慕双周柏春的艺术人生,要感谢上海人民出版社的领导和编辑部的老师,他们以传播优秀传统文化为已任,不遗余力地保护地域文化,《滑稽泰斗:姚慕双 周柏春合传》的出版面市,使得广大读者,特别是喜欢上海滑稽,热爱姚、周的无数粉丝,得以全面了解这两位滑稽泰斗在攀登艺术顶峰的过程中所经历的坎坷与曲折,他们历时半个多世纪的从艺故事因曲折而离奇,因生动而感人!

感谢作者唐燕能先生,他为姚、周两位大师立传,查阅了大量的报刊、书籍,采访了许多业内外人士,秉持尊重历史事实的科学态度,精心构思,运用原始资料巧妙地谋划篇章结构。为了不受干扰,远离喧嚣,独自去临安闭门著作,全然忘了耄耋之年,每每工作至清晨,以致猝发疾病。他在病中还念念不忘书稿,不停地揣摩、论证,呕心沥血,终于写成了53万余字的大作，带我们走进了姚慕双、周柏春的世界，深入了解他们的思想、情感、性格、心理状态及生活的方方面面，一个立体的姚慕双、周柏春跃然纸上，给读者客观地展呈了一幅滑稽昆仲追求滑稽艺术的不易以及各个时期不同精神状态的生动画卷。为滑稽界留下了宝贵的文化艺术史料，为继承者留下了一笔珍贵的财富。这是滑稽界之福，也是喜欢滑稽艺术的观众之福，更是上海这座城市之福！

人们常说："历史是一面镜子。"记录艺术家的艺术经历和丰富的人生感悟，对于今人会有种种启迪。我们从姚、周两位滑稽大家饱经风霜的奋斗历程和"为笑辛苦为笑忙"的一生劳作中，不仅能领略、品味上海滑稽成长的艰难、辛酸及两位艺术家的艰辛付出，还能从中品尝和咀嚼不少人生哲理。

我愿与关心和有志于上海滑稽艺术的同仁一起，传承姚慕双、周柏春为上海滑稽开创的"书卷气"和"幽默"精神，在喜剧天地里求索，弘扬上海文化，在滑稽艺术中度春秋，在上海腔调里觅知音！

2021年7月21日

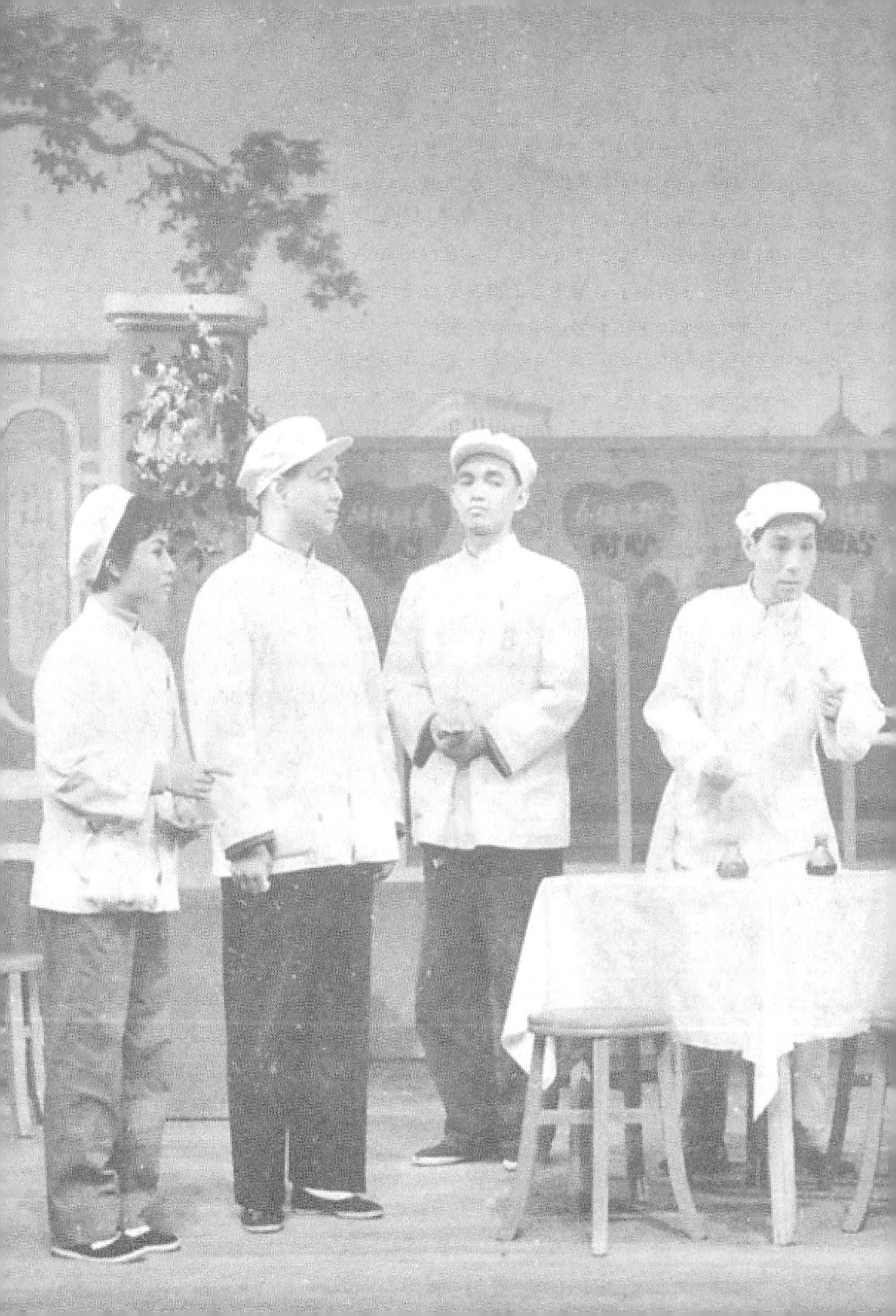

# 目录

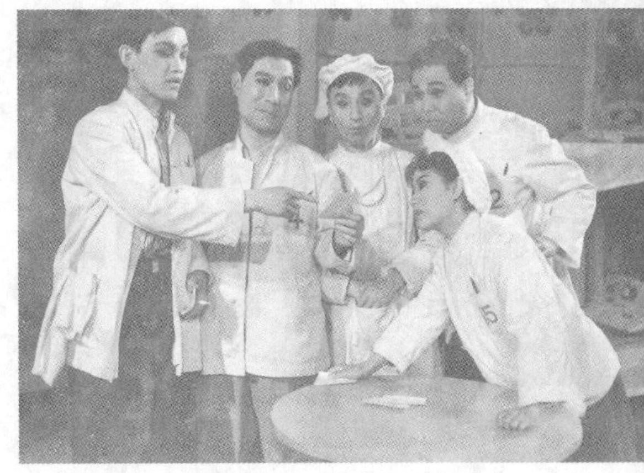

# 引 言

每个时代都需要笑声。

笑，能排忧解愁；笑，能延年益寿；笑，是乐观向善的人生态度；笑，也是讥讽黑暗与恶浊的锐利武器。于是，不管秦汉唐宋，无论古今中外，从东方朔至卓别林，一批播撒笑声、引人发"噱"、给人欢快、发人深省而美名远扬的滑稽大师便应运而生。

我国近现代戏曲中，只有100多年的滑稽戏与独脚戏的历史并不算长，却涌现了不少著名的滑稽演员，其中不乏大师级人物，他们如群星璀璨，熠熠生辉。然而，称得上"滑稽泰斗"显贵尊号的唯姚慕双、周柏春昆仲。姚慕双与周柏春，恰如一对铮亮耀眼的双子星座，他们的优秀节目和精彩表演倾倒观众，粉丝无数，其至尊地位在戏曲历史发展过程中自然形成，并被大众所公认，至今无人撼动！

滑稽戏与独脚戏是一对相互依存的孪生兄弟。

20世纪30—40年代是滑稽戏与独脚戏的鼎盛时期。在当时上海各大游乐场、电台播音室和各式堂会中，演出的艺人多达100多档。其中难免鱼龙混杂，良莠不分。为迎合俚井文化小市民趣味，演出的节目中多少夹杂着粗鄙、庸俗及有伤风化的内容，不为上流社会及知识阶层所看重，甚至排斥。艺人的社会地位低下，生活境况窘迫。

然而，姚慕双、周柏春兄弟的滑稽戏与独脚戏却异军突起，脱颖而出，在继承传统的基础上，他们从内容到表演形式都进行了脱胎换骨式的革命性改造，短期内在电台迅速唱红，旋风似的风靡大上海，波及大江南北，长达大半个世纪，魅力至今不减，兄弟俩的大名，在沪上乃至江浙一带家喻户晓，其影响远及海内外。

姚慕双、周柏春的滑稽戏与独脚戏清新脱俗，文雅亲切，他俩力求通过笑声，弘扬正气、树立新风，颂扬真善美，鞭挞假丑恶，或切中时弊，或针砭陋习，或讽刺不允不公。他们节目的最大特点是书卷气浓郁，基于深厚的文化底蕴及炉火纯青的艺术素养，兄弟俩经常把诗词、对联、贯口、排比句、成语等融入作品中，再加上口齿清晰，字正腔圆，格调高雅，雅俗共赏，富有诗意，与其他滑稽演员形成鲜明对比。总之，姚、周的作品，知识含量之丰富，出言吐语之时尚，表现风格之大方，含蓄儒雅，集艺术性、文学性与趣味性于一体，洗净以往滑稽戏与独脚戏的粗鄙俗气，历久弥新，不啻春风拂面而来，让人心旷神怡！无疑，姚慕双、周柏春兄弟将滑稽戏与独脚戏带入了神圣的艺术殿堂，使它踏上一个崭新台阶，从而提高了滑稽戏与独脚戏的艺术品位与从业人员的社会地位。从这个意义上说，姚、周昆仲不愧为滑稽界乃至戏曲界两个划时代的代表性人物。

姚慕双生于1918年，周柏春生于1922年，谨以此合传来纪念两位滑稽大师百年诞辰。

# 第一章

战乱使得百姓背井离乡，流离失所，促使一批移民在逆境中奋力拼搏，力求在新的迁居地——上海，艰苦创业，以谋发展。姚慕双、周柏春的父亲也曾砥砺前行，正当事业的舟船顺风顺水之际，骤然间拍天的巨浪袭来，几乎瞬间倾覆，跌入低谷。在全家陷入困顿、几近绝望的艰难时刻，坚毅、刚强而有决断的姚慕双、周柏春母亲力挽狂澜，与丈夫共赴时艰，开启了新的航程。

# 一　海上飘零客

山河破碎风飘絮，身世浮沉雨打萍。

——〔南宋〕文天祥《过零丁洋》

提起滑稽艺术家姚慕双、周柏春的大名，大上海乃至江浙一带，谁人不知，无人不晓！从20世纪30年代至今，他俩的欢声笑语，在历史的时空中，通过电波飘向千家万户，洒落在人们心田，不仅成为上海市民生活快乐的源泉，而且成了挥之不去的城市记忆。在痛苦、沉重的战争岁月，它是紧张情绪的缓解剂；在春光明媚的和平年代，它是鼓励人们创造美好生活的润滑剂。而今，在再创中华民族辉煌的伟大时代，它恰恰体现了大上海“海纳百川、追求卓越、开明睿智、大气谦和”的城市精神，是上海非遗物质文化的一处标杆、一张名片，也是上海市民气质的象征性符号。

姚慕双与周柏春原本都是一介书生，他们能步入滑稽界，横空出世，并取得空前成功，与父母的关系甚大。

姚慕双、周柏春的父亲叫姚復初，宁波慈溪人；母亲周勤侠，江苏无锡人。据姚慕双在上海广播电台亲自播讲的自传体故事《笑声中的甜酸苦辣：我的从艺生涯》（以下简称：姚慕双《自传》）中说，“父母几代人住上海”。可见姚慕双、周柏春祖上很早就是上海人了，他们是较早迁居上海的一批江浙移民。

上海原本是一个小渔村，1843年11月17日，根据《南京条约》和《五口通商章程》，上海正式开埠。上海老县城很小，就在今南市豫园一带，占地仅1.2平方公里。

太平天国时期，太平军北上，节节胜利，先后占领江浙一带，苏、锡、常与宁波、杭州、绍兴等富庶之地遭受严重破坏，城镇被毁，田地荒芜，人口凋零。据史学家钱穆先生的研究，整个太平天国期间，中国损失人口至少5 000万。江南地区本来是中国最富庶的地区，一直是清朝的赋税中心。但是战后的江南已经是一片狼藉，当时的文人曾描述江南地区的惨状。浙江地区昔日的小康之家，今日已经消亡了一大半。上有天堂下有苏杭的杭州，战前城中居民有80多万，战后仅剩下了几万人。有文献记载：在太平天国还未崛起的1851年，江苏的人口有4 430万，浙江3 011万。但是在1865年，也就是平定了太平军以后，江苏人口总数只有1 920万；重灾区的浙江，百姓人口减至638万。

姚家是慈溪大家族，俗称"童、姚、马、金"四大家。姚慕双、周柏春有个伯父叫姚蕊清，根据姚蕊清的孙子姚兴国记述：姚蕊清、姚復初兄弟的父亲，原先是宁波开银楼的老板，很有钱，且花钱捐了一个七品官，家道殷实，育有七子一女，老六姚蕊清，姚復初排行老七，虹口的阿孃是老八，他们三兄妹是同母所生。在兵荒马乱之中，作为慈溪四大家族之一的姚姓家族，许多族人于此间携款带家小，乘船逃亡上海求生。姚復初便成了随祖上最早定居上海的宁波慈溪籍移民中的一员。

与之相类似的情况是，姚慕双、周柏春之母周勤侠，其父4岁那一年，也即咸丰十年（1860年）公历5月28日，李秀成率部由常州东下，直扑无锡。无锡城被围，周氏全家困于城内，因粮食短缺，周勤侠的外公为了捡几粒米饭磕掉两只门牙。太平军在无锡与清军激战，四月初九日，太平军从西门、南门突入城中。四月初十（5月30日）上午，太平军攻下无锡。

据荣毅仁族弟荣勉韧回忆，荣毅仁的祖父荣熙泰1860年11岁。那年春天的一天，他在与同伴玩"藏猫猫"游戏时，忽发奇想，藏到无锡去上海的班船上睡着了。醒来时，发现船早已开出，他便央求船主带他去上海玩，并托过路便船上的人带口信给父亲荣锡畴，介绍他去上海一家铁匠铺子当学徒。一月之后，太平军占据无锡，荣熙泰的三个兄弟、四个堂兄弟，都不幸被抓或被杀。

为逃避战祸，免遭杀戮，大批无锡居民，在战前或在双方厮杀的混乱中，逃离故居，避难至相对安全的上海。而周氏家属随一大批难民逃亡上海，周勤侠的外公则移居江湾，从此在上海立足谋生。

兵燹曾将苏州阊门外商业中心化为灰烬，苏州从此由盛转衰，江南的经济中心从此由苏州转移至上海。浙江与苏南大批缙绅商贾等中上层人士，纷纷携带资产，向上海租界逃亡集聚，寻求庇护，希冀安稳。同时一些中下层人群也随之进入上海工作生活，这便是上海开埠以来最早也是规模最大的一次移民潮。

根据葛剑雄先生的研究，近代第一批移民主要来自浙江省和江苏南部的吴语区，其中一般又按照清代府属细分为宁波人、绍兴人、苏州人等，他们构成了上海中心城区居民的主体，其中尤以宁波籍为最多。清末年间，由于社会的急剧动荡，浙江和苏南一带大量占据社会中上层的移民流入上海，宁波人利用地缘和语言优势，迅速胜过广东籍买办，成为上海最有影响的商人。上海话中的"阿拉"即是来自宁波话。当时有宁波人掌金融、无锡人掌实业之说。

宁波籍的著名人士众多，如严信厚、朱葆三、秦润卿、邵逸夫、董浩云、虞洽卿、五金大王叶澄衷、钢铁大王余名钰、火柴大王刘鸿生、颜料大王周宗良。宁波商人执上海的航运业与钱庄之牛耳，长期控制上海总商会。

战乱使大批百姓流离失所，也促使一部分人在绝境中拼搏，在新的移居地上海，艰苦创业，希冀发展。

姚慕双、周柏春的父亲姚復初也曾做过这方面的努力，走过一条成功与失败并存的人生之路，姚氏全家的命运伴随他的事业大起大落，历尽艰辛与坎坷。

姚慕双、周柏春的父亲姚復初，字懿卿，1893年农历十二月廿九日小年夜生于上海，青少年期间，受过良好教育。父亲亡故后，家道大不如前，成年后因父辈的关系，就在钱庄谋事，当了一名职员。

姚慕双、周柏春的母亲，生于1896年农历八月初七，小名金娣，后改名勤侠。日后姚慕双、周柏春的家风和家规体现了"勤侠"二字：做事需勤，不可偷懒；真诚待人，济贫助困。

周勤侠父亲开包作行，即开发商营造房子时，包揽搭脚手架及木工、水泥工之类的生意。其时，沪上外来人口激增，法租界、英租界、公共租界，连同老城厢一带，都在营建石库门与新式里弄。周勤侠之父擅长应酬，四方交友，应接业务，善于同主顾老板打交道，也善于同地痞流氓，以及下层师傅周旋，生意搞得不错。周勤侠耳濡目染，从小学会了察言观色、与人交往、识人断事的能力。她活泼、好动、十分精明，小姑娘时头扎两条小辫子，身手矫健，乘有轨电车有时会从行驶的车上跳下，以前电车没门，路人见了说："这个扎白头绳的小姑娘活络咪"（其时正服孝）。

姚復初

周勤侠上过私塾，她的兄弟念过中学。兄弟俩深造后便在洋行任职，算是外国公司的白领。

凑巧的是姚家与周家竟是同一个弄堂一幢楼里的隔壁邻居，且时有往来。姚復初比金娣大3岁，从小在一起，可谓"青梅竹马"。姚復初常去周家串门，他亲切地叫金娣的母亲"过房娘"。金娣的母亲也将这个老实的男孩视同己出，总会给他吃些糖果、饼干之类的零食。

周勤侠

小金娣13岁时，父亲因病去世，子女们便很早独立谋生，维持生计。

此时的周金娣已改名周勤侠了，姚復初与她日久生情，终于喜结连理。姚復初中等身材，慈眉善目，清癯俊朗，是一名儒雅美男，为人忠厚善良，说一口宁波官话，轻声细语，脾气好，连家养的小猫也终日绕其膝下。他常说："做人三场莫进：杀场、赌场、吵场。"他自己也身体力行，从不沾染恶习，还经常对儿孙们说："有事莫胆小，无事莫胆大。"意思就是要儿孙凡事三思，谨慎做事。

周勤侠是知识女性，秀外慧中，身高1.60米左右，一副金丝边眼镜，一头乌黑的秀发，端庄文静的外表透着豁达睿智，清秀纤弱的身躯裹不住一股干练侠气。她博览群书，教子有方，治家有序，处事有理有节，因为丈夫善良守正，所以对他一直照顾备至。她教育子女常挂在嘴边的两句话是："己所不欲，勿施于人"，"害人之心不可有，防人之心不可无"。也许这是她从父亲生意场上与自己切身的生活经验中得到的人生感悟。

婚后，他们居住在上海梅白克路（今新昌路）一条弄堂里。当时姚復初虽为钱庄职员，但工作稳定，家境不错，雇佣人，有包车（黄包车）。

可惜这对伉俪结婚多年未育。1918年4月26日，周勤侠22岁时生姚慕双，夫妻俩喜出望外，当他心肝宝贝，小名就叫宝宝。周勤侠头生，奶水足，姚慕双小时长得结结实实，就给他取名姚一麟。宝宝两岁已能说话，而且口齿清爽，到5岁就会唱歌、唱京戏。

1920年，姚一麟两岁时，周勤侠生了一个女儿，婴儿落地，接生婆就惊喜地叫起来："宝宝娘，你生了一个小美女呀，脸蛋滚圆，眼睛乌溜溜，两条小眉毛又细又弯，你看哪，看哪！"周勤侠接过襁褓里的婴孩，越看越喜欢，情不自禁地"妹妹，妹妹！"叫个不停。此后，姚家夫妇便将这个女儿视若掌上明珠。

又过了两年，即1922年12月22日，周柏春诞生了。他的出生可谓"先天不足"。此前，姚復初肺炎吐血，周勤侠得了一场伤寒，夫妻双双大病初愈。所以，周柏春出生后体弱多病，长得比较清秀，不像哥哥姚慕双那样结实、健壮。

三个孩子，姚慕双是老大，妹妹是老二，老三便是周柏春。因为老大叫姚一麟，父母给妹妹起名姚一凤，老三就叫姚一龙。一麟、一凤、一龙，都生于姚家，按传统迷信的说法，是为了讨口彩，图吉利。

姚慕双从小顽皮，要与同年龄或稍大一些的男孩玩，妹妹长到两三岁，却很少逗她做游戏。这也许是调皮男孩通常的心理，毕竟好动的小女孩少呀。姚慕双希望姆妈再生个弟弟，一起玩多开心。哎，千呼万唤，就在姚慕双4岁的下半年，周柏春出生了。他总算找到了玩伴，不仅是同胞手足，而且日后在电台上同命运、共呼吸，在红氍毹上一道奋斗，成为难以分开的终生搭档。

有了弟弟，姚慕双高兴得手舞足蹈，常常跑到姆妈旁边去亲亲弟弟，拉拉他的小手，摸摸他的屁股。他自以为气力蛮大，有一次把弟弟抱在怀抱里，毕竟是四五岁的小孩，险些儿把周柏春摔得半死。

周勤侠因为前面生了两个孩子，奶水不足，就给周柏春吃奶粉，以此弥补营养。吃好奶粉要哭、要吵了，就给他含一只橡皮奶头。久而久之，小毛头成习惯，一离开橡皮奶头就哇哇哭起来。周勤侠要忙家务，不可能一直守在婴儿旁边，姚慕双就去陪弟弟。他把橡皮奶头塞进弟弟小嘴里，弟弟就笑嘻嘻了，非常兴奋，不哭了。有一回，姚慕双不知不觉地将一只橡皮奶头弄丢了，一时又找不着，小弟弟啼哭起来，姚慕双手足无措，急中生智，干脆拿一只小指头，送进小弟弟嘴里给他吮吸。小弟弟不懂事呀，以为真的给他一只橡皮奶头了，用足力气吸，姚慕双想这味道大概不错吧，自己也把小手指放在嘴里尝一尝。姚慕双与周柏春，从小非常友爱，兄弟之情呀，谁也离不开谁啊！

渐渐地，周柏春会走路了，姚慕双也进入成都北路大王庙附近的和安小学读书，学名由姚一麟改为姚锡祺。

姚慕双与周柏春住同一个房间，睡同一张床。周柏春晚上有磨牙的习惯，咯咯响个不停。姚慕双听人说，"小人在睡床上，半夜里咬牙齿，要掐死爷娘的"，便吓得不得了，以为弟弟会把爸妈咬死，后果不堪设想。他想弄醒弟弟，又担心弄醒他要吵。用啥办法呢？于是，他用自己一只小指头弯曲成阿拉伯数字"9"的形状，塞进周柏春嘴巴里。这样一塞，弟弟的牙齿照样咬，声音倒没有了，全咬在他手指上。十指连心呀，不一会儿，他就痛彻心扉了。等到天明醒来，睁眼一看，手指上全是一条条红印子。他忍着痛，第二天晚上再给弟弟咬，直到弟弟的牙齿咬得他手指麻木。姚慕双因为白天疲倦，顿觉上下眼皮像千斤重，自然就闭合起来，睡着了。

# 二 “皮大王”

草长莺飞二月天，拂堤杨柳醉春烟。
儿童散学归来早，忙乘东风放纸鸢。

——〔清〕高鼎《村居》

小名叫宝宝的姚一麟从小非常顽皮，经常“闯祸”，不是打碎电灯泡，就是敲坏玻璃窗，简直像一个野小孩。

姚家隔壁有一位开私人诊所的女医生，叫丁淑君，她办了一个小小的幼儿园。被大人送去的小孩，就在那里唱歌，用石笔在石板上写字。因为姚一麟顽皮，姆妈周勤侠每天一早就把他送进幼儿园了，要收他骨头。

顽皮的姚一麟好比孙悟空关进太上老君的炼丹炉，难过煞了！幸亏家在隔壁，一有空隙，他马上溜回去。有一次姆妈出门走亲戚，他想溜出去，兜兜圈子散散心，假装肚子疼，吵着要回家，老师无奈只得放他走。“纵虎归山”，他一溜出去，就像飞出笼子的小鸟，开心至极。在弄堂里窜进窜出，碰巧一户人家讨新娘子，敲锣打鼓放鞭炮，闹猛得结棍啊！嘭啪！“红绿千锦六尺长，两面一对小鸳鸯，当中打个同心结，白头到老百年长。行礼！拜！拜！”正当他看得开心之时，突然后面有人一把捏住他的手，他回头一看，吓得魂飞魄散。原来姆妈回来，去幼儿园接他，却不见人影，就与老师一起去弄堂里寻找，前后花了一个多小时，总算找到。他痴迷地看人家结婚的场面，已忘记回家了。

姚一麟小小年纪很喜欢交朋友，喜欢与他年龄相仿或稍大一点的男孩玩。有两个小朋友5岁，与他同年，一个叫龙龙，一个叫强强，他们家境都不好，经常吃不饱肚子。

那时候，姚一麟住在大通路（今大田路）斯文里，那条大弄堂有西斯文和东斯文，中间还有个小菜场，一条马路就是大通路，通新闸路。

东斯文小菜场旁边有一爿大饼摊。龙龙与强强看见刚出炉的大饼香喷喷，蜡蜡黄，垂涎欲滴。姚一麟十分同情，一摸口袋，铜板没有，被自己用掉了。那时两个铜板可买一只大饼，或一只生煎馒头、一根油条。龙龙、强强就求他："宝宝，肚皮饿煞了！我们够不到大饼摊，你长得高，帮帮忙，拿一只大饼吃吃好吗？"

小孩子实在天真，姚一麟不知道这个不付钱的"拿"是什么意思。他见那两个做大饼的师傅正在聊天，就走到大饼摊前，以迅雷不及掩耳的速度拿了一只大饼给龙龙与强强："喏，拿去吃！"两个小朋友接过大饼，立即躲在旁边，一分为二，狼吞虎咽地吃掉了。5岁小孩肚皮饿，每人吃半只大饼怎么够呢？大饼上的边皮、芝麻掉在地上，竟然弯下腰去把边皮捡起来，再各人分一点吃。看见他们这些微小的动作，姚一麟心里难过极了，就想再给他们拿一只大饼。当他第二次伸手去拿大饼时，被烘大饼的老山东捉牢了。"嗨！你这小鬼，他奶奶的！你偷大饼？好！他娘的，我教训教训你！"要打他了，姚一麟吓得大哭："老板，谢谢你！我是拿给他们吃的。"大饼摊师傅仔细对他一看，认得的："咦！是姚家的大少爷，宝宝！"当时，姚一麟家境还好，经常叫佣人出去买大饼油条，有时还带着他一起去买，对于这个养尊处优的小少爷，自然认得。他家条件蛮好，怎么会偷大饼呢？买烧饼的师傅想不明白，姚一麟更是讲不清楚。龙龙与强强吓得逃走了，他们到姚一麟家中叫他姆妈。姆妈跑出来，问清情由，付出两只大饼钱，然后将孩子带回家中用扫帚"教训"了一番。

后来姚慕双与周柏春表演独脚戏《骗大饼》，就将大饼边皮上掉在桌缝里的芝麻，一粒粒敲上来吃的细节就表演出来了。

测字先生穷，买不起大饼，只好台子上弄点芝麻吃吃。他扮测字先生，讲宁波话；周柏春扮卖大饼的，讲苏北话。测字先生先开口（宁波话）：

姚：生活程度交关（非常）高，做人非常困难，求人不如求己，求己必须勤俭。来来来，谈谈流年。君子问灾不问福，大事问到三十六，小事问到七十二。来，唉，侬（你）这位先生不要跑，侬（你）迭（这）只鼻头生得交关（非常）好，交关挺，鼻子的印堂，旁边两块肉长得交关好，侬（你）五十岁要交运了，谈谈？——汹浴（进澡堂洗澡）去呀？……来来来，谈谈流年，喂，先生！

请过来！呕，侬（你）这位先生不要跑，侬（你）讲侬（你）今年多少贵庚？几岁？侬（你）讲？我看侬（你）今年交运脱运了，我看上去侬（你）顶多廿几岁，三十岁不到，侬（你）听我讲，侬（你）从三十一岁开头，到四十一岁，迭（这）个十年啦，侬（你）一步运道交关好！三十一岁交眉毛，三十五岁交眼睛，四十一岁交鼻梁，鼻梁叫山根。三十一岁交眉毛，侬（你）两条眉毛长得像泥鳅，眼睛也长得好，黑白分明，叫眉清目秀，鼻梁一挺生，三十一岁到四十一岁，侬（你）一定要……啊，跑啦？来哪，侬（你）长相是好格呀，侬（你）跑过来，我不要侬（你）铜钿……啊？……哎！没办法！来，来，谈谈流年！

**卖大饼的小苏北过来了。**

周（喊）：大饼油条！

姚（测字先生）：来来来，请过来谈谈流年。

周（小苏北）：来了，来了，喏，吃一个。

姚：来来来……

周：还要来一个呀？我老早就来了。

姚：喂，请过来！

周：喂，啥体（干什么）？我弄不懂啊，来来，大饼来了两只，还要呀？大饼要不啦？

姚：嗨嗨，大饼，大饼……要吃格。

周：钞票呢？

姚：钞票呢，是格冒（这样）哦（的），小弟弟啊，格上见（现在）我铜钿呒没（钞票没有），生意做下来，我拨侬（给你），两只大饼啊。侬（你）迭（这）只大饼油酥大饼，三个铜板一只，两只大饼六个铜板，我晓得哦（的）。

周：喔，等你生意做下来啊？要是你三个钟头，没得生意呢？

姚：那侬（你）堂头（这里）等三个钟头。

周：格末（那么）十个钟头没得生意呢？

姚：格末（那么）侬（你）堂头（这里）等十个钟头。

周：格末（那么）你今天一天没得生意呢？

姚：格末（那么）侬（你）堂头（这里）等一天，我陪陪侬（你）。

周：好唻，七搞八搞，搞什么东西搞！

小苏北把一只只大饼从测字桌上拿回篮里：

你妈妈！来来，来什么东西来啊？

姚：卖大饼的走了。测字先生看见台子上的大饼被拿走，还有两粒芝麻，实在馋不过，真生活啊！拳头敲台子，嵌在缝缝里了，噔一敲，芝麻跳出来，吃一粒；再噔一敲，芝麻跳出来，再吃一粒。

姚一麟与龙龙、强强经常在弄堂里捉迷藏，这是他最爱玩的游戏了。晚饭之后，龙龙、强强就到门口来约他，"喔里喔罗，喔里喔罗"打暗号。听见这个声音，宝宝开心呀，立马出去。

啥地方"盘躲猫（躲猫猫）"最好呢？因为跑出屋里，就是东斯文、西斯文，中间就是小菜场。一到晚上，卖掉小菜的空箩筐一只只叠起来，蛮高。轮到找他，宝宝就叫他们跑得远一些，自己就躲（躲）到空箩筐里。他一只只爬上去，爬到顶高一只，跳下去，再拿一只箩筐把自己盖没。龙龙与强强远远地问他："好了吗？""好了。"于是他们开始寻找。怎么找得着呢？一生一世都找不着了。宝宝蹲在箩筐里感觉十分安全，便自得其乐，开心极了，"让你们去找吧！"

正在此时，开来一辆大卡车，车上跳下来几个师傅，将一只只箩筐搬上卡车，他藏身的箩筐叠得蛮高，师傅分两次才把这只箩筐搬上去。啊！这时候，他感到挺好玩呀，蹲在里头，就像坐在小轿车里，舒服啊！一会儿听到发动机的引擎声，汽车要开了，他急得满头大汗，又不敢出声，因为听人讲，过去小菜场经常"踏黄"（被偷），要是栽赃在他头上怎么办？正在急的时候，开着的车停了下来；因为卡车从大通路开到新闸路口时，被过来的电车挡住。卡车一停，宝宝马上掀开头上的箩筐，跳下车，心里别别跳。假如车子一直往前开，开到川沙去，那可怎么办？他怎么能回家呢？唉！姚慕双记忆犹新，心有余悸啊！

姚一麟是出名的皮大王，不是打菱角、打弹子，就是滚铜钿、斗蟋蟀，样样都来。

东斯文里到底的弄堂内，有一家克兰逊的小灯泡厂，一面靠工部局。这家小厂工人不多，只有二三十人，多数是女工。小厂没有食堂，每日提供一顿中饭，请“包饭作”送来。

一天，宝宝与强强、龙龙扑在地上打弹子，包饭师傅挑着一担饭菜过来，经过这地方，三个孩子弯着身，低着头只顾玩，没看见。挑担的师傅也许肩上的担子重，又走了一段路，便火气上来：“喂！啥体（干什么）？小赤佬！来，快让开！打啥断命弹子呀？快滚！没教训的，爷娘死光了是吗？”

唉！孩子们被骂得狗血喷头呀！姚一麟可受不了啦，他本来就脾气犟，听到骂他爹妈死光了，从小孝顺父母的他，怎能受这污辱？顿时火冒三丈。想反击，一时没办法，到底给他想着了。一口气奔到离此不远的家中，抓了一把粗盐，奔回原处，看到包饭师傅把一碗一碗小菜捧进去，两只饭桶还留在外头，他趁包饭师傅尚未出来的间隙，“碰”，飞快奔过去，打开饭桶盖头，“啪”，一把盐撒在米饭上。粗盐呀，这个厉害了！嗨，他就躲在暗处偷看里面的动静，看他怎么样。只见挑饭师傅把小菜盆搬进去返回，再把饭桶搬进去，只过了一分钟，就听到里面的工人师傅哇里哇啦喊起来：“怎么一回事？咸死人呀！要命了，盐缽头打翻了！”接着“鸡哩狗哩”吵起来。这时候，姚一麟开心得不得了，仇报了！等到饭师傅跑出来，只见他咧着嘴，头上冒着热气，鼻子尖上缀着亮晶晶的汗珠，抠着头，那种气咻咻的样子无法形容。姚一麟见他提了一桶饭就跑，回去换饭了。饭师傅想想冤煞，挨了厂里工人的骂，还要回去被老板骂。姚一麟开心呀！他想：“你自己不好，为啥要欺侮小孩？还要污辱我爷娘，绝不答应！”

姚一麟的报仇方式显然是“恶作剧”，但他的行为尚有原谅之处。小孩子心明如镜，爱憎分明，大人对孩子的礼貌与粗鲁，他们看在眼里，感受最直接，会立刻从心里产生激烈反应。大人的一言一行对孩子影响很大。

姚復初当上宁波泰亨元银楼经理，交了好运，从梅白克路搬到斯文里，买了一辆小轿车，用了司机，汽车就停在弄堂里。这一年多是姚慕双儿时最惬意的日子。

然而，好景不长，姚慕双5岁之后，一向谨慎的姚復初，竟然轻信泰亨元银楼一个账房的建议，带了一笔巨款去湖南沙市收购棉纱，打算运到上海贩卖，赚一笔大钱。此事银楼老板并不知情，他们想等棉纱脱手，赚了钱，再向老板解释。孰料，去沙市途中遇到一群由兵痞流氓组成的武装部队，携带的巨款被抢劫一空，险些丢了性命。两人狼狈逃回上海，向银楼老板禀告实情。老板及银楼董事们大怒，于是一张状纸告到法院，唆使姚復初的账房被判刑一年，姚復初被银楼除名。

姚復初为了摆脱困境，仗着家中尚有积蓄，便去交易所做股票生意，但他不懂经，股票涨的时候买，跌的时候抛，结果房子被封掉，家具被搬走，汽车被拖跑，弄得倾家荡产。

姚復初是个好好先生，只会唉声叹气。此时的周勤侠当机立断，将平时积蓄和盘托出，连同金链条、肚兜链条、锁片、绞丝镯、光板镯等，悉数拿来还债。

家道中落了，只得再度搬回梅白克路（新昌路）祥康里，租一间后楼。这间后楼终日不见阳光，也没有窗户，从早到晚，需要开一只15支光电灯照明。小小的姚慕双仿佛一下子从天堂掉进地狱。冬天，这房间好像冰窖，阴冷潮湿；一到夏天，又像火炉，闷热得叫人受不了。这里蚊子多而猖獗，姚慕双嫩嫩的皮肉被蚊子叮得苦煞！

此时，姚家不得不常常跑典当行，求朋友，借钞票，艰难地熬了几年。后来经一个亲眷的介绍，姚復初去同德医院（今闸北医院）做账房，生活有了转机，便再度搬家，搬到一个坐东朝南的厢房。太平日子没过几年，就在姚慕双进入育才公学读初二的时候，父亲再度失业，因付不起学费，姚慕双只得辍学。于是，全家搬到大通路金元里一个汽车行楼上，上下必须走过铁扶梯。其时，加上妹妹姚一凤、三弟周柏春，一家五口就蜷缩在这间狭小的空间里陷入困境。那时候，米珠薪桂，大米要卖12块大洋一担，家中每天只能买两角洋钿的米，怕别人看见难为情，就带一张《申报》纸去遮盖，一天只吃两顿。

这段经历，让姚慕双似乎长了10岁，开始尝到了生活的艰辛。债主逼债，房东索租，邻居嘲笑，亲戚冷淡，朋友歧视，同学奚落，这种世态炎凉，令他终生难忘。日后，姚慕双在滑稽戏《笑着向昨天告别》中塑造的老中医、滑稽戏《老账房》中扮演的老账房，都有他父亲姚復初的影子。

姚慕双、周柏春的父亲姚復初忠厚老实，坚强、果断的母亲成了家庭的顶梁柱。

她教育子女十分严厉，喜欢孩子放在心里。孩提时的姚慕双做了“出格”的事，免不了挨打。姚慕双脾气耿，挨打的次数就多，他挨打却不求饶，母亲就给他起个绰号，叫“大戆”。

周柏春胆小、拘谨，还没打，已经讨饶；姆妈拿了鸡毛掸子、皮拖鞋要打了，他赶快爬上床，逃到角落，躲进帐子内，姆妈打不着他，也就作罢。周柏春乖巧、听话，母亲比较喜欢。

周柏春长得瘦弱，母亲就将他的头发留长，打扮成女孩子模样，一直叫他“妹妹”。周柏春上小学了，才改成男孩子打扮，但仍叫他“妹妹”。周柏春已成人，在剧场演戏了，母亲去看演出，走到后台，见了小儿子还是当着众人的面叫他“妹妹”，弄得周柏春十分尴尬。他把母亲拉到一旁说：“姆妈，你叫我妹妹可以回家叫，我已20多岁，外面也有些小名气唻，你就不要叫了。”从此，“妹妹”的小名才从母亲嘴里消失。周柏春从小被母亲视作女孩，言行举止不免带些“娘娘腔”，所以，他主演滑稽戏《红姑娘》时，男扮女装，举手投足，女性味十足，演来惟妙惟肖。

姚慕双、周柏春成年，母亲对兄弟俩的管束从未松懈。周柏春17岁时，身高一米七十二，俨然大人了，一次犯了错，遭到母亲责打，他心里没怨言，但对母亲说：“姆妈，你进屋打吧，家门口不要打；弄堂里两个小朋友还叫我爷叔唻。”周勤侠可不管，她说：“就要开了门打，要让你坍台！以后好长记性！”

旧社会，娱乐圈里“云来雾去”抽鸦片的酒肉朋友不少，除了业务往来，兄弟俩很少与他们接触，从不在外过宿，再晚也要赶回去，还得说清楚去哪里。有道是“父母在，不远游，游必有方”。兄弟俩对此遵行不悖。后来，他俩在电台上大红特红，赚了不少钱，却一文不拿，悉数“涓滴归公”，交给母亲；要花零用钱，再问母亲索取。

两个儿子外出所穿衣服，例如长衫，不管春夏，无论秋冬，各种面料、各种颜色的，每人至少有二三十件：藏青、淡蓝、墨绿、紫绛、草绿、奶油色、豆沙色、淡灰、深灰、烟灰……应有尽有，时髦而齐全。这些衣裳都是周勤侠置办的。姚慕双、周柏春的母亲是一个治家有方的严厉慈母。

# 三 少年的爱心

爱是美德的种子。

——〔意大利〕但丁

周柏春5岁那一年，患了穿骨瘤刺，这在当时是一种很难治愈的疾病。他整日高烧不退，昏昏然滴水不进。父母望着病恹恹的小儿子，忧心如焚，欲哭无泪。9岁的姚慕双、7岁的姚一凤，看着可爱的弟弟卧床不起，都焦急地望着父母，希冀从父母的表情中看到弟弟康复的征兆。

俗话说“病急乱投医”，父母变卖了家中所有值钱的东西，东拼西凑，还向亲朋借了一些钱，请来了所谓的“医生”，其实是骗人的江湖郎中“九九道人”。“九九道人”的家像祠堂，父母带着生病的小儿子去他家焚香，点蜡烛，跪拜，还要听他们一班人哩哩啦啦地唱。“九九道人”装模作样地给周柏春叫魂，抓些香灰给他吃。经过这番折腾，周柏春病情越发加重，竟至奄奄一息。

后来，父母终于找来一个医道高明的良医，他看了周柏春的病情，采取“双管齐下”的方法：给他的脚上开刀，放掉许多脓，又辅以中药治疗。经过一个阶段父母的悉心照看和护理，周柏春终于摆脱病魔，渐渐康复。一条小生命救了回来，全家人悬着的心都放下了。

这个医生的名字，让周柏春没齿不忘：他叫储颐授。后来周柏春患了中耳炎，也是请他开刀，出脓，敷药，得以治愈。储颐授有个公子，叫储麟荪，是有名的西医外科专家。

储医生救活的岂止一条鲜活的小生命，更是抢救了一个未来在中国戏曲史上享有盛誉的滑稽泰斗周柏春啊！不仅姚氏全家感谢他，热爱姚慕双、周柏春的广大观众，都会感谢他。名医储颐授功德无量！

姚慕双11岁，周柏春7岁，兄弟俩就读于和安小学，那是一所上海最大的市立小学，有学生2 000多名。姚慕双读小学四年级时，周柏春方入学，他生于农历十一月初五（公历12月22日），小月生，实足只有5岁，长得矮小。

兄弟上学，母亲给早点钱：姚慕双年龄大，身体好，吃得下，给他十二个铜板；弟弟年龄小，吃得少，就给六个铜板，可买一个包着半根油条的粢饭团。姚慕双胃口好，十二个铜板，总是吃光；弟弟身体弱，他吃粢饭团要呕吐，所以总买面包。

学堂门口有一个小摊头，面包上搽点果酱，六个铜板一只，旁边的面包一只三个铜板，大小一样。周柏春从小节约，每次买三个铜板一只的面包——那是隔夜面包，硬而瘪；六个铜板的面包软而松，是新鲜面包。周柏春花掉三个铜板，还有三个铜板就藏起来。

姚慕双蛮聪明，也调皮。他对弟弟说："三弟，你给我三个铜板！你反正多下来，我还可以买些东西吃，我胃口好呀。"

弟弟想，你自己十二个铜板吃掉了，为啥还要我三个铜板呢？就回答说："你自己吃得蛮好了，三个铜板我要筹起来的。"

"你给我吗？你不给，我就告诉老师，说你现在还吃姆妈的奶呢！"

哥哥这么一讲，弟弟吓了：如果阿哥当真告诉老师，太难为情了，于是就把三个铜板给了阿哥。

姚慕双拿了一次，第二次又来要，弟弟每次都给他。一而再，再而三，日子久了，周柏春就想："他要告诉老师，讲我吃姆妈的奶，我现在已经不吃了，就是讲出来，又怎么样呢？我不是犯错误呀。"

有一次，他就不给了，对阿哥说："我不给你，我自己要买东西的。"

姚慕双没拿到三个铜板，就做样子了："好！你不给是吗？我告诉老师去！"

阿哥走进教师办公室，弟弟不免心里紧张，但他偏要看个究竟，似乎察觉到阿哥在骗他，三个铜板就是不给。

姚慕双去告诉老师是假的，教师办公室有两扇门，他东面进去，西面出来了，弟弟躲在后面，看得明白。

阿哥跑出来对他说："我对老师说了，一会儿要问你了！"

周柏春就对他说："你去讲好来，尽管去告诉！我三个铜板不给你了！"

姚慕双晓得机关被识破，哈哈大笑起来。

由于付不起房租，姚家几番搬迁，房子越搬越小，结构越搬越差。周柏春9岁时，全家住一间没有窗户的二楼，它像一只狭小闷热的烘箱。铺在地板上的两张《申报》纸，就是兄弟俩的"床"。楼梯扶手上钉了一块搁

少年时的周柏春

板，是全家吃饭的桌子。家里仅有的一只闹钟，经常在当铺里进进出出。每次缺钱时，怕人见了笑话，就由最小的三弟拿着闹钟去当铺当四角小洋——两只两角的银角子。当铺的柜台特别高，三弟又瘦又小，要踮起脚来，才能把那只闹钟送上去。那高不可攀的、神秘莫测的柜台，让他心里觉着一种莫名其妙的凄凉。当他拿到典当行老板给他的四角小洋，便转身就跑，自己晓得难为情。

其时物价比较低，买一只大饼三分，一只生煎馒头两个铜板。四角小洋可以开一天伙仓。家中有一只烧炭的小风炉，使用久了，绷开来变成几爿，姆妈周勤侠照样用铅丝将小风炉扎牢，继续烧，上面扎满了一道道细铅丝，"沟壑纵横"，那是为了延长它的"寿命"。

姚周兄弟有个表姐，家境较好，姚家发达的时候曾帮助过她，对她有恩。一次，家里实在揭不开锅了，就叫周柏春去借钱。

他上午出门，衣服穿得寒酸，到了表阿姐家，表阿姐从头到脚将他看一眼，就叫他坐在夹弄里，也没叫他进房间。坐了好长时间。开午饭了，她家菜肴比较丰盛，表姐冷冷地问他："你吃饭吗？"态度并不热情。周柏春年龄虽小，也有自尊，回答说："我吃过了。"她家只管自己吃饭，周柏春坐在夹弄里，一声不响。表姐他们又说又笑地搓麻将，其间还吃点心，就当没这个小客人似的。等到要吃夜饭了，表姐摸出一元银元给他。那时候，六元银元可买一担大米。周柏春拿了一元银元，道声谢谢，转身就走，表姐也没跟他说半句话。

从小康堕入困顿的滋味是难受的。当姚家到了饔飧不继的地步，还是舞勺之年的周柏春，奉母之命，含羞去典当行，去表姐家借钱，坐冷板凳，受人奚落和冷遇。周柏春后来说"旧社会，死可以去死，穷不可以穷"，那是一种含着泪水、有着切肤之痛的无言控诉。曾经相熟的亲友投来不屑一顾的鄙夷目光，就像一把犀利的匕首，把少年仅有的一点自尊心割裂得粉碎。

1931年9月18日夜，在日本关东军谋划下，铁道“守备队”炸毁沈阳柳条湖附近南满铁路路轨，并栽赃嫁祸于中国军队。日军以此为借口，炮轰沈阳北大营，“九一八”事变爆发。1932年2月，东北全境沦陷。

“九一八”事变，激起了上海市民的抗日义愤！上海各界群众涌上街头，举行示威抗议，唱抗日歌曲，高呼口号：“国家兴亡，匹夫有责！共赴国难！”

姚慕双所在和安小学的级任老师弄来一个话剧本子，叫《一片爱国心》，讲一户人家，爷是中国的小官吏，娘是日本人，娘舅是日本外交官。老话说：“两国相争，各为其主。”日本女人和阿舅，逼着中国小官吏签一项丧权辱国的合同。日方不断对小官吏威胁利诱，让他在三岔路口徘徊，举棋不定，到底签还是不签？……

还是该校五年级学生的姚慕双想在这个戏中扮演一个角色，但老师说他脸上没有“春夏秋冬”，意思是说，缺乏表情，竟然连一个群众角色都轮不上。于是，他争取做点幕后工作，过过戏瘾。就把姆妈穿过的一件衣裳偷出来，让男扮女装的同学表演时穿；在后台帮助搬道具，还差一点打伤自己的脚。糟糕的是，明明知道这是演戏，当戏中女儿和娘争抢这张合同时，作为观众的姚慕双竟然控制不住自己的感情，突然从后台冲到前台，一把抱住中方小官吏，拼命叫喊：“你们不要让他签合同啊，快点把合同抢过去啊！这是丧权辱国的事啊，是卖国贼、亡国奴做的事情啊……”他帮女儿一起争抢，女儿夺过合同愤怒地扯掉，便跳楼“自杀”了；姚慕双急忙朝后台逃去。台下的观众笑得停不住，笑他上台做啥？戏里没有这个角色的么。最后，他受到老师的严厉训斥。

事过境迁，当老师挑了又挑，挑了四五个有表演才能的“小天才”在台上演戏时，13岁的姚慕双只能在后台搬道具，做杂务工；到头来，这个脸上“春夏秋冬”没有的朋友，当上演员，吃了一辈子戏饭。

也许激情、敏感、易于冲动，是当演员必须具备的潜在素质，有的流于表面，有的藏于内心，当外界的刺激一旦触动敏感的神经，便会激发出来，演变为脸上的“春夏秋冬”，以及与之相吻合的形体动作。

在独幕剧《一片爱国心》的演出过程中，姚慕双眼见剧中的小官吏要在那份卖国的合同上签字，按捺不住一片爱国心，突然情绪失控地冲上台去，不由自主地参与剧中人的表演；他在不知不觉中所表现出来的激情，他的"鲁莽举止"，说明他看戏的投入，更预示着这个天才似的学生在未来的岁月中将成为一代艺术大师的可能！

人的天赋各异，是一种客观存在。

不知道什么原因，姚慕双对英语特别感兴趣，进步很快，每逢考试，他经常名列前茅。他所在班级的英语老师，上学期曾用英文讲过孙中山博士是中华民国第一任大总统：

Dr. Sun yixian was the first president of Republic of China.

过了一学期，老师上课时突然问学生：

Who was George Washington?

就是讲乔治·华盛顿是谁？没有同学能够回答，只有姚慕双一个人举手。老师再问一声：

Who was George Washington?

他回答：George Washington was the first president of United States of America.

姚慕双的回答让老师惊喜，便说："请将你刚才的话，用英文写在黑板上。"姚慕双不假思索，迅速写在黑板上。喔哟！这位英语老师对姚慕双另眼相看了，此后经常叫他去办公室，与他交谈，聊天。因为姚慕双欢喜英语，就一点点进步了。

这个小故事，发生在姚慕双从和安小学毕业之后，那时他已进入工部局所办学校——育才公学（今育才中学）念书了。姚慕双英语成绩特别好，正想多念几年书，姚家的经济却每况愈下。他爸爸再次失业，而该校的学费又贵，付不起啊！他是长子、老大，家庭生活的担子得由他来挑，只能弃学。那年他才13岁。

1931年冬，姚家穷得快揭不开锅了。父母几经商量，不得不暂去投亲靠友，各寻生路。五口之家，一分为二：姆妈周勤侠带着13岁的大儿子姚慕双、11岁的女儿姚一凤留在上海艰难度日；善良、懦弱的父亲姚復初，则带着9岁的三弟周柏春去宁波慈溪投亲。

# 四　寄人篱下

雪压枝头低，虽低不着泥。
一朝红日出，依旧与天齐。

——〔明〕朱元璋《咏竹》

周勤侠和女儿姚一凤住在一起。姚慕双去当学徒。他学过几次生意，曾去锡箔庄当学徒。从前迷信，将一张张锡箔折成元宝，烧给死者在地府里使用，以免吃苦。

宁波慈溪是姚復初的故乡，因为随祖上较早定居上海，故居已不复存在。他有个堂兄虽已谢世，但侄子在外谋了一个不错的差使，日子还算过得安稳，顺风顺水。家里有个堂嫂执掌家政，但为人势利精明。

1931年冬，一个阴冷的夜晚，9岁的周柏春随父亲去了十六铺码头，乘上一艘小火轮，前往宁波慈溪。父子俩在统仓里熬了一夜，姚復初自然不曾合眼，只是假寐了一会。这次返乡并非荣归故里，而是投亲靠友，乞食栖身，心里十分凄楚，不是滋味。周柏春穿了一件薄薄的棉袄，连连打着哈欠，待到天亮，他睡眼惺忪地睁开眼睛，迷茫地看着一脸麻木的父亲，心里空落落，不知未来将是怎样的日子。

堂嫂家在慈溪庄桥，离宁波市18里。姚復初去投亲，买了一些礼物送去——那是打肿脸充胖子，说是探望，心里晓得，其实要求嫂子帮助，借她家暂住，上海生活不下去了。

当这对落魄的父子尚未消除旅途的疲惫，出现在陌生的伯母家门时，迎接他们的不是笑脸，而是一双不屑一顾的鄙夷的白眼。身患肺病的姚復初，一袭薄棉长衫，脸上倦意未褪，愁云锁眉，带着几分歉意与愧色；正患结膜炎的儿子周柏春，耷拉着一双红眼，用小手拉着父亲的衣角，怯生生地偎依在他身边。看着父子俩一副寒碜的模样，伯母只是冷冷地说了一句："来啦。"

周柏春回忆说：

到了那里吃饭，上来蛮好，弄了六七样宁波小菜。伯母很节俭。宁波人烧小菜，有时不起油锅，一只烧饭的大锅子搁在灶头上，不像上海烧煤球风炉、烧煤球，他们烧各种柴草。大灶头，上面烧饭，有一只蒸笼格子蒸小菜，滴一些油，宁波人讲"海海"格。啥小菜呢？有肉丝小炒、燠糟鱼，我蛮要吃的。

然而，寄人篱下的日子是难熬的。在投亲那一段日子里，小小年纪的周柏春经常听到伯母的斥责声："小鬼，饭又要刮，闲食（零食）又要刮！事体不会做，只会撮祭。"（"刮"和"撮祭"，宁波方言，都是吃的意思）

忠厚的父亲听到这些话，只能生闷气，一到晚上就出门去打麻将了。每当此时，周柏春睡不着了，他担心父亲输钱，便尾随父亲出门，他跟在后头，暗暗祈祷：但愿父亲不要输钱。然而，事与愿违，父亲每次出去，都是输了回来。他也不便多问，只听到父亲躺在床上辗转反侧，整夜唉声叹气！

慈溪乡下有一个习惯，喜欢做糯米块和年糕块，并将这些放在晒场上晒干，再拿回家储藏，逢年过节或客人来，就放在米饭里一起煮熟，或隔水蒸热，招待客人。伯母家里也一样。

周柏春因为白吃饭，招致伯母讨厌，心里总想为伯母家做些事，以减轻心理负担。于是，每当黄昏，他就拿着一只竹匾，去晒场把糯米块、年糕块收回来，中间要走一段乡间小路。

有一次，他照常拿着竹匾，前去晒场。当他头顶装满糯米块和年糕块的竹匾，扶着匾框返回时，因为个头矮，力气小，只能凝神屏息、颤颤巍巍地向前走。不料，沉重的竹匾挡住了自己的视线，竟朝小池塘走去。扑通一声，他与竹匾掉进小池塘。池塘不大，水却很深，池塘旁长满龙须草、扁担草，整个身子淹没在水里。他在寒冷彻骨的水中拼命挣扎，浑浊的泥水呛进他的鼻子，又腥气又有苦酸味。他不会游泳，双手双脚在泥水里乱划，可是越陷越深，水底的污泥被扰得沉渣泛起，眼看脏水将淹没头顶。陡然间他头脑里一片空白，恐惧感袭上心头，并迅速传遍全身。他想这下完了，快要告别爹爹、姆妈、哥哥、姐姐了！尽管心中恐慌，手脚被冷水冻得麻木，一种强烈的求生欲望迫使他继续在泥水中挣扎，他双手乱抓……

就在危急时刻，他听到一声声呼唤："抓住水草！这边！这边！"两个村民刚好经过小池塘，见一个小孩掉在水里，就大喊着为孩子指点："往这边游，抓住边上的水草！"他用尽吃奶的力气，将腿从污泥中拔出，终于在池塘边抓住了一把救命的水草。渐渐地，他的头浮出水面，能透气了，慌乱的心也缓缓地平静下来，终于被好心的村民拉上了岸。此时的他一身泥水，懊丧之极，满手满脸被水草刮得青一道、紫一道。两个村民把孩子送回伯母家中。伯母见他一身污泥，水淋淋脏兮兮的样子，非但不心疼，反而给了他一个白眼："多事情！蛮好的糯米块全部糟蹋了！真正作孽！"

老实厚道的姚復初见儿子冻得瑟瑟发抖，还被他伯母埋怨一通，上前一把将他抱住，心痛至极，一气之下，便带着儿子连夜离开暂居之地，赶回上海了。

回到上海，周柏春多么希望能像其他小朋友那样背起书包进学堂念书啊！可是，家境时好时坏，像六月的迟梅雨，时下时停，他也只得暂时辍学。

那年春天，他做了一件傻事，被妈妈狠狠地惩罚了。

一天，姆妈给他三只角子去弄堂口小店买包香烟。他拿着角子一蹦一跳地往外跑。走到弄堂口，只见一群人，头凑在一起看什么，七嘴八舌，起劲得很。他十分好奇，想看个究竟。因为长得瘦小，很快就钻到前面。原来这些人在抽签子赌博，庄家和赌家各抽三根签，庄家抽出三根签中点子最大的，赌家挑出其中最小的，拿来比拼。要是赌家的小点子还是大于庄家的大点子，这样赌家就赢了。这种赢的概率几乎没有。当时的他哪懂得什么概率，只见一个人运气极好，抽到的点子总大于庄家一两点，一会儿，一角变三角，三角变九角，九角变成二元七角……

他看得心里痒痒的，紧紧地拽着三只角子，手心在微微出汗，跃跃欲试。"小阿弟，来玩玩吧。赚了铜钿买糖吃。"庄家叫他。他小心翼翼地拿出一只角子，放在地上，学着大人抽出三根签，尖着嗓子叫了一声："一配三！"……结果可想而知，手里的三只角子一眨眼就进了别人的口袋。

他畏缩在弄堂口，不敢回家。一会儿，哥哥姚慕双回来了，见弄堂口的三弟满脸沮丧，问明缘由，就回去告诉姆妈。

天渐渐暗了，三弟又倦又饿，不知如何是好。深深的弄堂里走出一个人影，手里还拿着什么，他看清了那是他阿哥。阿哥走到他跟前，交给他一只竹篮一根棒，说：“姆妈要我告诉你，你现在本事大了，会赌博了，你自己去想办法过日子吧，屋里大人不要你了！”他一听“哇”的一声大哭起来，吓坏了，拼命跑回家向姆妈讨饶：“姆妈，我再也不敢了！”

周柏春12岁那一年，姚慕双经亲眷介绍，去做侍应生了，家中有了一份固定的收入，周柏春便背起书包，回到久违的学校。他知道这次复学来之不易，开始勤学苦读。

一分耕耘，一分收获。

有一次，语文老师上课时向全班同学提出：“你们谁能背出上周教过的那篇文言文？”老师来检查了。

偌大的教室里顿时鸦雀无声。“谁能背？”老师又接连问了几次，连平时学习最好的班长、学习委员都不敢回答，这时候周柏春站了起来，全班同学为之一怔，齐刷刷地把目光汇聚到他身上，连老师也感觉惊讶。因为在同学和老师的眼中，周柏春是班上成绩最差的捣蛋鬼呀！

周柏春怯生生地站起来，开始背诵这篇佶屈聱牙的文言文，他显得从容不迫，朗朗上口，并且一口气流利地背下全文，令全班同学目瞪口呆。

此后，老师同学对他刮目相看了，他也信心大增。这一学期结束时，周柏春考了第一名。发奖会上，老师赠他四个字：“努力不怠。”

# 五　沙利文的侍应生

云中眼界穷高厚，览山川，冀州还在，陶唐何有！

——〔宋〕汪莘《乳燕飞·贺新郎》（汪子感秋，采楚辞，赋此）

那时期的旧上海有英租界、法租界和公共租界。美国驻沪海军陆战队士兵俱乐部就设在公共租界的江宁路上。那是两幢洋房，位于江宁路新闸路口，专卖洋酒，像西餐馆一样，为驻扎在新闸路以北苏州河边上的美国海军陆战队服务。

姚慕双由亲眷介绍，就到俱乐部去做“小郎”。啥叫小郎呢？就是头戴橄榄帽，身穿绿衣裳，给人开门、倒茶的侍应生。月薪四块银元，有了这几块银元，家里的日子好过些。

姚慕双每半个月拿两元，家里等着开伙仓，就叫周柏春去拿。三弟人小胆子也小，走到俱乐部门口不敢进去，就从后门叫阿哥出来。姚慕双蛮顾家的，他两元银元从来不少，也不兑开，就交给弟弟。假如尚未拿到工资，他会向别人借了再给弟弟，半个月一次从不延误。

有时候，姚慕双把包装外国香烟的玻璃纸拿回家，晚上就动手折叠，先折成“卍”字，再一个个镶嵌起来，拼成“Z”那样的形状，折多了就做一根漂亮的玻璃腰带，然后卖给美国兵，一条玻璃腰带可卖一块银元。这样做做，加上工资，全家生活勉强维持。

可是做了一年多，他被辞退了，又去一家锡箔店当学徒，因为薪水微薄，只得另觅生路。

在姚家入不敷出、经济颇为拮据之时，周勤侠的小阿哥伸出了援手。这位舅舅与洋商有点关系，得知英国人开办的沙利文面包店正要招聘几个侍应生，便立即过来通知姚家，让外甥前去应聘。

舅舅说：“工资不小，可解燃眉之急。”爹爹姚復初迟疑地望着大儿子姚慕双：“行吗？他才16岁啊！人家要吗？”这时已经14岁的妹妹姚一凤开口了：“有啥不行，阿哥长得漂亮，样子也帅气，可以试试么。”姚慕双看着爹爹姆妈，望望弟弟妹妹，知道家中急于维持生计，便满怀信心地说："我可以去试试！"母亲开口了："阿大英语可以，人家会看中的。"

次日，姚慕双穿了一套逢年过节才穿的西装去沙利文应聘了。

沙利文是沪上一家享有盛名的英商独资公司，是上海益民食品四厂的前身，原来的名字就是沙利文食品厂。不过沙利文同时也是咖啡馆的名字。1925年，沙利文糖果行吸纳社会股份而改称沙利文面包饼干糖果公司。

沙利文的面包、饼干、糖果、糕点享誉上海，20世纪二三十年代，沙利文咖啡馆颇受上海那些生活优渥又讲究时髦的人士的青睐。

沙利文咖啡馆一共有两家：一家开在南京东路、江西中路处，通常被称为东沙利文；静安寺路上的这家则被称为西沙利文，开在泰兴路口，位置就在摩士达商厦，再往前走就是鸿翔公司和王家沙点心店。

姚慕双应聘的东沙利文（沙利文面包店：Bakery and Chocolate Shop）在南京东路229号，离老介福绸布商店很近。这是一栋英式的两层楼建筑，英国维多利亚风格，给人以古老庄重的感觉。底层是一间宽敞的大厅，摆满就餐的方桌，楼上是一圈很宽的长廊，靠着栏杆的座位可以看到下面的餐厅。

其时，上海开了许多洋行，洋行的职员通称为"买办"。东沙利文便是外滩一带洋行老板和买办们用餐、休闲的地方。

美国左翼记者埃德加·斯诺就是在东沙利文邂逅了他的第一任妻子——时任美国领馆秘书的海伦。东沙利文旧址于20世纪60年代被拆除，建为华东电管局大楼。

沙利文咖啡馆的侍应生全都年轻漂亮，其中一半是白人。女侍应生常年穿着绿白相配的裙式制服，天热穿布料，秋凉换成呢子裙。男女侍应生都会说一口流利的英语，服务态度彬彬有礼。去沙利文喝咖啡、聚会，成了上海滩上一种身份的象征。

沙利文老板叫密斯特·瑞文，经理是女的，叫密契斯·坎勃太太。

面试那一天，姚慕双打扮入时，西装革履，并打一条舅舅给他的领带，充满自信。密契斯·坎勃太太上下打量他一番，用英语问道："几岁了？"姚慕双用英语回答："16。""文化程度？""高中一年级。"女经理又问了他几个问题，见他仪表不凡，英语也能说几句，满意地点点头，爽快地说："你明天就来上班吧。"接着，她对另一位女孩子进行面试。

姚慕双被录取了，那时他才满16岁。

沙利文挑选侍应生一看长相，是否英俊；二看气质，是否文雅；三看英语，能否简单应付。年轻人都晓得去沙利文当侍应生，待遇好；若被录取，不啻交上好运，一跤跌在青云里，扶摇直上。20世纪30年代经济大萧条时期，前来应聘的男女青年不少。密契斯·坎勃太太录取姚慕双看重的是他外表、仪态与气质，英语还在其次。因为前者是侍应生招徕顾客的必备条件，后者可以在工作与人际交往中进一步提高。

姚慕双回家就将喜讯告诉翘首以盼的爹爹姆妈，妹妹姚一凤和弟弟周柏春都高兴得跳起来。第二天，他去上班，密契斯·坎勃太太就告诉他每月工资待遇20元，每天小费2元，这就意味着月薪80元，与店里的老职员一样待遇。姚慕双心里自然高兴，他知道月薪80元不算少，一般工人家庭只有30元左右，勉强维持生活。当时职员工资在60元以上，高级职员300元；大学教授月薪600元，助教100元。对一个16岁的小青年，80元月薪让他心满意足了。

然而，姚家此时已快断炊，天天等米下锅。怎能等到大儿子月底发薪水呢？父亲姚復初曾天天下午去沙利文咖啡店附近等候，等着儿子把老板赏他的2元小费送来，然后拿回去买米买菜。

20世纪二三十年代，在沙利文、DDS等咖啡馆每客咖啡大抵是六七角，兼有简易西餐。而此时一般茶馆、茶楼，每壶茶价三分，新雅茶室里的茶也只卖一角。

从收入来看，正如许纪霖先生所言："无论是酒吧、咖啡馆都是上海白领、文化人的风花雪月之地。那里演绎的不是欧洲、香港的日常生活，而是文化贵族的身份验证，是一种文化自慰。"

姚慕双曾忆及当时沙利文的景况时说：

> 进沙利文，左边是一只巧克力柜台，由外国服务员小姐招待客人；再进去是"沙特方登vanilla"，就是吃冰淇淋呀，冰淇淋苏打圣代（ice

cream sundae)，我也蛮有兴趣的。经常看的是阿埃斯科林：巧克力有菲密拉、道勃雷、埃特森科；冰淇淋苏特，叫阿埃斯科林苏特；圣代有阿埃斯科林圣代（strawberry ice cream）、纳司圣代（nuts sundae）、阿美丽肯圣代（American girl sundae），匹怯拜司克圣代（peach sundae）等。进去右面的柜台是面包柜台，出售面包、饼干（biscuit）。



姚慕双在育才公学学的英语全是标准的英式发音，到沙利文当侍应生，两三年下来，他的英语带有美国口音了。后来，他演独脚戏《学英语》，在滑稽戏《金黄牛》中扮演英国流氓查理，就用美式英语（American style English）充实进去。

姚慕双在沙利文面包Bakery and Chocolate Shop柜台是卖面包的。吃中饭时，咖啡店供应西餐，一班侍应生便忙碌起来，一个个端着盘子、拿着刀叉来回穿梭，走进走出。他就从面包柜台出来，帮同事一道端汤，端菜。就在这当口，他英文的菜名学得蛮多，自己也吃过猪排、牛排。猪排叫勃克恰泊（pork chops），牛排叫皮夫斯兑克（beef steak）。牛排的种类Fillet, T-bone steak也很多：有菲利斯兑克、梯彭斯兑克、勃特豪斯兑克；德国汉堡牛排叫汉白尔斯兑克，所以汉堡包叫汉白尔三文治（Hamburger Sandwich）。

沙利文顾客，绝大多数是美国人。姚慕双头子活络，外国人看见他蛮欢喜。后来家境逐渐改善，父亲不用去沙利文问儿子拿两元钱的小费了，每月拿到工资，姚慕双全交给周勤侠，要零用钱再问姆妈拿。

生活条件改善了，姚家就搬到恒丰路桥下的兴业里。

每日上午七点钟上班，姚慕双租一部黄包车，车夫在恒丰路桥堍等他。因为是小照会，不能拉到英租界去。车夫是个瘦弱的老头儿，拉的又是一辆破车，一般乘客不愿坐，但是姚慕双可怜这个车夫，偏要坐他的车；一般乘客给他八个铜板，姚慕双给他十二个铜板。老头儿十分开心。

一天，黄包车夫不慎在路上踩着什么，痛得"啊呀，啊呀"叫着跌下来，原来脚板上戳进一只大头钉，血流不止。作孽呀！姚慕双将他扶起，让他坐在踏板上，便向路人打听："爷叔，附近啥地方有医院？"那人说：

"你朝后走，在你来的路上有个医院。"

姚慕双问明方向，就把老头儿搀起来，扶上黄包车，自己拉起车就走。姚慕双回忆当时的情景说：

那时候，挂号两角洋钿，稍为用些药，搽点红药水，用棉纱包好，也就几角洋钿，我算做了一桩好事。

旁边笑的人很多：啥道理呀？这个人年纪轻轻，西装革履，竟然去给一个衣衫褴褛的秃顶老头子拉车呀，反差忒大了。招来一群围观者，大家都议论纷纷。一些小朋友过来凑热闹，跟着我一起跑，有的一面帮着推车，一面嘴里喊着："欧，来看，来看欧！洋装先生拉黄包车欧！"有的干脆叫我洋装瘪三："洋装瘪三拉黄包车欧，洋装瘪三自家讨饭欧！快看！快看！"

唉！我拉着拉着，本来我面孔一阵红一阵青，羞怯难掩。唉，经过这样一来，我倒勿难为情咪，心中的羞怯好像被阳光驱散，反而觉得冠冕堂皇，无所谓了，而且熟能生巧，跑了几步，欧，有点像了。

五年之后，姚慕双演独脚戏，扮演黄包车夫，动作逼真，观众啧啧称奇了。

姚慕双因为家境坎坷，对穷人始终充满同情，尤其当他人处于困境之时，会毫不犹豫地伸出援手，替人排难解忧。

正值姚慕双在沙利文干得顺风顺水之时，一桩小事，使他从顺境跌入低谷，竟然改变了人生方向。

一天，店里进来一个年轻的洋人，姚慕双端着盆子给客人送汤，不小心，碰了一下，晃了些汁水在他裤子上。姚慕双立即向他道歉："I am sorry, sir（对不起，先生！）"一面迅速掏出手帕去擦。不料年轻洋人光火了，开口骂人："Are you crazy（你疯了吗）？"姚慕双再次道歉："I am sorry（对不起）！""Shut up!（闭嘴！）Get out from here!（从这里滚开！）"凶得不得了！姚慕双问他："What is the matter with you?（你干什么，有什么问题吗？）"接着骂了一句话："Son of a bitch!（狗娘养的！）"这个外国人受不了啦，举手给他一记耳光，年轻气盛的姚慕双受了污辱怎肯罢休，他忘了自己的身份，一把揪住对方领带，于是两人动起手来。大班闻声赶到："What's happened?（发生什么事啊？）Stop!（停止！）"这个外国小青年就告状说，汤怎么泼在他身上，如何这般……姚慕双解说道："我已向他道歉了，这个外国人说我骂他。"那时的中国人没有地位，无理可讲呀！大班不容姚慕双分辨，就对他怒吼道："Discharge（滚）！"姚慕双知道叫他马上滚，就是停生意了。他无话可说，就这样离开了沙利文。他想，停生意就停生意，自己年纪轻，此处不留人，自有留人处。哪晓得，离开沙利文，何处觅工作。

姚慕双16岁进入沙利文，18岁年末因这桩小事去职，前后将近三年，从学校踏上社会的姚慕双，通过沙利文这扇窗口看到了大千世界的五颜六色与中西文化交互碰撞激起的瑰丽色彩，人性、人情在利益驱动下呈现的各种面目，令他大开眼界。他成熟了，开始从少年步入青年。尤其他的英语会话能力在与西方人的交往、接触中，进步迅速，有了明显提高，加之他对西方人生活方式、行为举止的观察了解，丰富的生活积累，为他从事心爱的滑稽艺术打下了扎实基础。

历史就是那么诡异：一件偶尔发生的小事，竟然无意中改变一个人的命运。那个外国小青年让姚慕双失去了"金饭碗"，迫使他进入一个全然陌生的世界。

# 第二章

哪有少女不怀春，哪有少男不钟情？渴望纯洁爱情的青年，与花容月貌的姑娘偶识，也曾瞬间擦出爱的火花，做过玫瑰色的梦；奇思梦想织成的绚丽幻境，缥缈在不着边际的半空中，终成泡沫，被凛冽的寒风吹得杳无踪影。这是怎样的悲哀，怎样的伤痛！电台邂逅恩师，看似机缘巧合，其实是多年积储并活跃在内心深处喜剧因子的诱发，冥冥中不经意地闯入了滑稽天地，从此步入新的征程，去拥抱一个奇妙的艺术世界。

# 六　红颜薄命

自古佳人多命薄，闭门春尽杨花落。

——〔北宋〕苏轼《薄命佳人》

姚慕双的妹妹姚一凤1936年初中毕业，因家境窘迫便休学了。

姚一凤虽然衣着朴素，但已出落得亭亭玉立、容貌秀丽。她耳朵很灵，对音乐十分敏感，在学校里参加歌咏队，音乐老师感觉这个女孩音色优美，银铃般的声音轻柔动听，宛如黄雀鸣啭，常常让她领唱，有时还让她当众独唱表演。姚一凤识谱能力很强，老师教了能马上记住，一首曲子她看上两遍便能哼唱出来。音乐老师见她有天赋，便给她开“小灶”：课后老师弹琴，她就唱她喜欢的沪上流行歌曲。放学了，别的同学早已回家，她却在教室里一遍又一遍地哼唱并琢磨着老师教她的歌。

姚一凤十分崇拜周璇、白虹、姚莉。听说，这些红歌星在电台播唱一两次就能赚十来元大洋，很羡慕。

姚一凤想到家境贫寒，哥哥姚慕双为了挑起全家的重担被迫弃学，弟弟周柏春的学业时断时续，见到爹爹姆妈脸上愁多喜少，心里十分烦闷，她盼望自己也能成为一名红歌星，赚钱养家，为哥哥分挑重担。

机会来了。那位音乐老师与娱乐圈的朋友有些交往，了解她的境况，便约她去一处歌厅献唱。

那一天她向要好的女同学借了一件漂亮的旗袍，就跟着老师去了歌场。

轮到她献唱的时候，她紧张得心儿怦怦直跳，似乎有点胆怯，老师轻轻地在她耳边说：“放松，自然点！”然后推了她一把，姚一凤被推上场。主持小姐介绍说：“女士们，先生们！下面请姚一凤小姐为诸位献唱。”

姚一凤鼓足勇气踏上歌坛，明亮的水银灯照得她有些晕眩，她瞥一眼坐在舞池一角的老师，心里平静了。乐队音乐乍起，她才启唇，还在低头接耳交谈的人们，竟鸦雀无声，被这位陌生的漂亮姑娘的婉转歌声吸引了。她唱的一首歌，是白虹常唱的名曲《开始的一吻》，但与白虹不同，白虹偏重西洋发声法，带有磁性的声音大气沉稳；而她的声音有些像弟弟周柏春，比较轻灵、柔和、飘逸、甜糯，如同天上随风飘浮的一朵云，别有风味！

一曲歌罢，她欲转身走下歌坛，场上观众掌声四起，主持人将她请了回来，让她再唱一曲。就这样，她一连唱了三首曲子。散场时，老师转交给她两元大洋，说这是歌场给她的报酬。老板客气地将这对师生送到门口，热情地对姚一凤说："明天你就到这里来唱吧！"姚一凤迟疑了一下说："那我回去与父母商量一下，下周再给您答复。""好的。"老板赞许地点点头。姚一凤留下了他的电话。那年她16岁，正当碧玉年华。

姚一凤回到家中，把两元钱交到姆妈手中。周勤侠茫然地看着女儿，严肃地问道："这铜钿啥地方来的？"姚一凤就笑着把事情经过一五一十告诉姆妈。这时姚慕双已离开沙利文咖啡馆，失业在家，三弟刚上育才公学，昂贵的学费、房租，又要让姚家山穷水尽了。

姚一凤对姆妈爹爹说："老板叫我过几天再去呢！"周勤侠沉思片刻说："明天带你去贯一时装公司买两件旗袍吧。"

一周后，姚一凤给歌场老板通了电话，就去那里唱歌了。

从此，她作为歌场新秀走上歌坛。她白天在新运电台客串，晚上便去中央咖啡馆、国泰舞厅伴唱。不过姚一凤常去的是逍遥舞厅，她用了一个化名，叫姚筱莉。

她擅唱时尚的歌曲，刘半农作词、赵元任作曲的《教我如何不想她》，李叔同的《送别》，黄自的《思念》《玫瑰三愿》，陈田鹤的《春归何处》，黎锦晖《夜半的私悟》，赵元任的《也是微云》，青主的《我住长江头》，还有田汉作词、贺绿汀作曲的《天涯歌女》等一类富有情感的歌。

据姚、周后人说，她有点像女歌星白虹。从后人提供的照片看，姚一凤与白虹都很美。白虹脸盘端正、大方，而姚一凤是瓜子脸，细长的蛾眉下一双妩媚的丹凤眼，精巧的鼻梁，浅浅的小酒窝，樱桃小嘴，身材不高，却不胖不瘦，起伏有姿的女性曲线，令她体态娉婷，恰如窈窕淑女，一袭翠绿的旗袍，走起路来流转曼妙，风度迷人。她的一举一动，一颦一笑，无不体现东方女性的古典美。

姚一凤

姚一凤是造物主赐予姚家的一个绝色美人!

她在歌舞场上渐渐走红,成名了!各处场东都邀她前去献艺,业务上忙得有些应付不过来。

自从姚一凤被热情的歌迷朋友捧为"逍遥皇后",一班粉丝就开始跟着她转:她去哪个歌厅,他们就跟到哪个歌厅;她在哪里献艺,他们就在哪里捧场,一面欣赏她的美色,一面聆听她的歌声。其中有一位风度翩翩的公子,温文尔雅,成了姚一凤所到之处的座上客。

这位公子是上海滩有名的"粪霸大王"的儿子朱宗玺,文质彬彬,喜好交友,为人"四海",出手阔绰。他学历较高,虽然父亲是有钱的商人,但他本人自谋前程,据说有一个不错的职业。朱宗玺对音乐,尤其对沪上的流行歌曲有着一种天然的爱好,而且颇有音乐方面的知识和修养,所以晚上就常去歌厅赏曲解乏。

20世纪三四十年代,舞场点歌需买筹笺。这种短小的筹笺烙着舞厅的名字,赏曲者点歌需买筹笺,给歌手多少随自己心愿。有钱者若遇见心爱的红歌星,便在侍应生的托盘上放几根大的筹笺。舞场或歌厅结束,歌手便与场方结账,领取报酬。

史料记载,姚一凤常去献艺的歌舞厅有"一品香""爵禄""月宫""大华"等,有时也去永安公司的大东舞厅,扬子饭店内的扬子舞厅以及大都会舞厅。那一晚,作为粉丝的朱宗玺得知姚一凤在"大华"献歌,便早早选了一张靠近歌坛的椅子坐下,他向侍应生要了一杯咖啡,浅饮慢啜,等待姚一凤出场。

当主持人宣布"逍遥皇后"为歌迷们献艺时,在一片掌声中,姚一凤款款步上歌坛。她穿了一件流行的勃艮第酒红色的短袖旗袍,一条白色的真丝披巾在胸前挽了一个结，一串金黄色的项链挂在雪白的脖子上，在水银灯下随着她身体的转动不时闪烁出耀眼的光芒。

因听众和舞者的要求，她启唇唱了《祝你晚安》，这是白虹的一支十分流行的歌曲。

当时上海滩出名的歌星中，姚一凤很欣赏白虹，她俩年龄相仿，都出生于1920年。1932年，白虹12岁，就在百代唱片公司灌下她的第一首歌曲《晚香玉》。1934年5月2日起，上海《大晚报》副刊编辑崔万秋发起举办了“广播歌星竞选”，这是中国流行歌坛的第一次歌星竞选。白虹与周璇一马当先，18天的竞赛里，两人互有先后。经过紧张角逐，6月14日《大晚报》第5版发表了竞选结果：白虹最终以9 103票的绝对优势摘得桂冠，获得中国流行音乐史上第一个“歌后”头衔；当时还不怎么出名的周璇，则在这一次联赛中以8 876票屈居第二名；第三名汪曼杰，8 854票。这一次比赛的结果奠定了白虹在歌坛不可动摇的地位。

白虹的成功，无疑对姚一凤是很大触动，也无意中成了她的榜样与动力。

姚一凤一曲歌罢，听众席上爆发一阵掌声。朱宗玺还在绕梁的余音中没有回过神来。又一阵音乐响起，已换了另一位男歌手。他在侍应生的托盘上放了几根筹笺，耳语了几句。十几分钟之后，姚一凤再次上场。主持人拿着话筒说道：“应朱宗玺先生的盛情点歌，姚一凤小姐为他献上一曲《教我如何不想她》。”姚一凤对着台下礼貌地一鞠躬，便似莺啼凤鸣，唱了起来：

天上飘着些微云，
地上吹着些微风，
啊！微风吹动了我的头发，
教我如何不想她？
月光恋爱着海洋，
海洋恋爱着月光。
啊！这般蜜也似的银夜，
教我如何不想她？

水面落花慢慢流，
水底鱼儿慢慢游。
啊！燕子你说些什么话？
教我如何不想她？
枯树在冷风里摇，
野火在暮色中烧。
啊！西天还有些儿残霞，
教我如何不想她？

朱宗玺用手轻轻地打着节拍，他完全沉浸在歌声营造的诗情画意中，仿佛自己就是那个对故乡对爱人魂牵梦绕、身在异国独自徘徊的孤独青年……

终于到了曲尽人散的时候，朱宗玺站在歌女和舞女的化妆间门外静静地等候。几个舞女出来，见了他点头微笑走了；姚一凤出来了，看见他一怔。朱宗玺羞赧地迎上去说："姚小姐，你今天唱的《教我如何不想她》，我以为还有加工的余地，能聊几句吗？"姚一凤说："今天我累了，隔天吧！"一面说，一面朝歌厅门外走去。"好吧，你休息，过几天再约。"

一周之后，姚一凤收到一封来信，拆开信封，信笺上用毛笔工整地写了关于如何提高《教我如何不想她》这首曲子演唱水平的几个要点。这些话都说到点子上，语气也十分中肯。信内落款是朱宗玺。姚一凤暗暗对这位朱先生有了几分敬意。

次日，姚一凤在永安公司的"大东舞厅"，见到朱宗玺又早早地坐在靠前的椅子上。那一天，他无意点歌，只是安静地聆听着，似乎特别关注她每一细小的表情和手势。待散场后，客人全走完，朱宗玺依旧在舞厅门口等候。这一回轮到姚一凤向他打招呼了："朱先生，你的信收到了，谢谢你呀，指点得那么好，对我帮助不小！""不敢当，不敢当！有些想法信里是讲不清爽的，我们找个地方谈几句好吗？""好呀，就找个咖啡馆聊聊吧。"姚一凤爽快地答应了。于是两人就从南京东路乘车去了沙利文咖啡馆。

朱宗玺要了两杯热咖啡、一碟蛋糕，稍坐片刻就聊了起来。

他先从此歌的词作者刘半农旅居英国伦敦创作这首新诗的故事说起，又谈到当时旅居美国的作曲者赵元任读到此诗引起的强烈共鸣，挥笔作曲，两位在异国他乡求学的留学生，以优美流畅的旋律，通过春、夏、秋、冬四个季节的描写，表达了思念祖国和亲人的强烈感情。同时也反映了五四时代的青年在摆脱封建礼教的束缚、追求个性解放的潮流中，为纯真的爱情而热情歌唱。

朱宗玺三言两语便说清了《教我如何不想她》产生的时代背景，接着他冷不丁地问姚一凤：

"你听到歌里有京剧的味道吗？"

姚一凤闪动着美丽的双眸，茫然地摇摇头。

于是朱宗玺简单地哼了几个旋律，姚一凤似乎听出一些门道。朱宗玺带着十分钦佩的口吻说："这就是作曲者的高明之处，他把京剧的曲调完全糅进曲子里，处理得自然流畅，了无痕迹，使我们听来只觉得新鲜、优美、动听，充满诗情画意啊！"

姚一凤歌唱有年，还从未听过一位老师对这首曲子作过如此详细的分析，心里实实佩服。

朱宗玺接着对歌的四个表示春、夏、秋、冬的段落作了情感分析，指出：

第一段是写天上的微云、地上的微风，这时歌者应该进入冥想状态，你要想象风吹树叶，轻轻抖动，自己的头发也随风飘动。这样带着感觉唱，就亲切、感人、充满温情。第二段描写月光、海洋，炎夏来临，歌声中要多一些平稳、静止和懒散的感觉，体现出越来越强烈的思乡之情。第三段……姚一凤听得如痴如醉，不意一个多小时过去了。朱宗玺识趣地说："时间不早，你该回去休息了。我送你好吗？"姚一凤没有拒绝。从此两人往来密切。朱宗玺也常常去姚一凤演出的歌厅舞场接她回家。

俗话说，日久生情，两人就谈到了各自的家庭。朱宗玺平时西装革履、穿得"山清水秀"，气质好，一副绅士派头，出手又大方，一看便知非一般家庭出身。姚一凤几次想问问他家的情况，话到嘴边却咽下了。朱宗玺看出她的犹疑，便对她说，他父亲是个粪商。

姚一凤听了有些懵懂，因为她不知道大粪还可以卖钱。

自南宋以来大粪便是农作物主要的肥料。它经过发酵、兑水，将枯枝烂叶、农作物的剩渣残屑，或脏水剩饭，与之拌和，腐烂数月，再兑水浇至田头，就能被庄稼吸收。通常大粪是卖钱的。

解放前，每天大量粪便交由私人老板处理。晨起，马路上能见到人力粪车，拉车人拉到老式里弄里高喊："倒马桶啰！"女人们就会拎着马桶从各家各户出来倒马桶，再到公用粪池边去刷干净。停泊在军工路、提篮桥、十六铺码头，以及苏州河边上的不少木船就是专门收购并装运大粪的。每天上百辆粪车便是流动的黄金，在上海滩被称为"粪霸大王"的朱宗玺的父亲朱老先生，就是靠此营生发财，他用赚来的钱盖起了带有大铁门的豪宅，在商界占有一席之地。

姚一凤在与朱宗玺的交往中，深切感受到来自这位温文尔雅的粪商公子无微不至的关怀，对他音乐上的修养与独到见解更是佩服之至。而在朱宗玺的眼中，眼前这个聪颖、纯洁、美貌绝伦的姑娘，在未来的歌坛上前程似锦，无可限量，不啻上帝赐予他的终身伴侣。他依恋她，已把她视作自己生命的一部分，须臾不能离开。于是，穷追不舍的结果，姚一凤将他的人品修养，以及家境状况向爹爹姆妈一一禀告，父母又当面见过朱宗玺之后，终于同意了爱女的选择。

在一个清风徐来、花好月圆之夜，姚一凤接过了朱宗玺献给她的橄榄枝，两人的关系最终确定。朱宗玺的父母也见过了未来的媳妇——"逍遥皇后"姚一凤，喜欢得不得了，恨不得马上选定良辰吉日与儿子完婚。

有情人终成眷属。朱家明媒正娶，派了媒人来姚家提亲，并送来一份不薄的彩礼。"粪霸大王"完全按传统老式结婚的礼仪，请了一班"小堂鸣"；新官人朱宗玺用八抬大轿，吹吹打打，将新娘子姚一凤接上轿子，辞别岳父母，高高兴兴地随着迎娶的亲朋好友回府了。

女儿离开娘家，为父母的有谁不伤心？两个孝子姚慕双、周柏春，一面招待贺客，一面劝慰双亲，姚母周勤俠的喜泪只是在眼眶里打转，女儿找了一个好女婿，攀了一户好人家，她的心也安稳不少。

不久，女儿喜结珠胎，朱姚两家上上下下高兴得眉开眼笑。

可是，天有不测风云，人有旦夕祸福。姚一凤年末小产，产后染上伤寒症，俗称漏底伤寒，恶露不尽，这可急坏了姚、朱两家。姚復初在家里急得像热锅上的蚂蚁团团转；姚母由姨妈陪同早就赶到朱家，在女儿床边侍候。朱宗玺四处寻求良医。朱太太信佛，在客厅里烧香拜佛，乞求菩萨保佑媳妇转危为安，摆脱病魔。然而，上海滩的中西名医都请了，诊治之后，抱歉地表示回天乏术，无能为力了。

此时，姚一凤牙龈已严重发炎，突然提出要吃生煎馒头，就让姨妈去买，她吃了一个，便腹泻不止。据说，得了伤寒症的病人要吃粥，一点点消化，生煎馒头是油性的，也不消化。那时候又有谁知道呢？姚一凤终于握着母亲的手，慢慢地合上了眼睛，撒手人寰，结束了含苞待放的年轻生命。其时她19岁。27岁的朱宗玺握着爱妻的手，久久不愿放开。周勤侠一个如此坚强的母亲，也为痛失爱女悲痛不已。她可是姚家第一个走红的歌星啊！

朱家的丧事办得十分隆重，然而，即便再隆重，人死不可复生。姚復初、周勤侠伤心欲绝，回家后有很长时间沉浸在失去爱女的悲痛之中，很少言语。周勤侠无意中把周柏春看作姚一凤，常常叫他“妹妹”。

姚復初夫妇丧失爱女的悲伤情绪，一直像石头似的压在心里，不去回想，也不准家里人提起，直到姚慕双、周柏春在电台上有所作为，并且获得空前成功，两老的抑郁心情才慢慢地缓和过来。

其时有一个笔名叫波罗的小报记者，在一篇报道《记姚慕双》中写道：

> ……因得舞后（应为歌后）之后，嫁一朱姓客，产后得疾，不治而死，死时年犹不足二十也。当筱莉伴舞（唱歌）之日，其家庭开支，悉由彼一人担负之。筱莉事母至孝，待兄亦厚，除开支之外，恒以余钱奉兄，作为交际之用。其兄也不务他业，其实筱莉之兄，亦富才具，及筱莉既死，家中失一依赖之人，其兄情急，乃也自谋出路。兄素有滑稽天才，一时无正当职业，遂亦尝试滑稽技术，积久而红，于是奉母养家，情形且较筱莉在世时为转好。其人非他，盖今日走红电台之姚慕双也。论此事者，以为姚慕双之成功，虽非完全由其妹之逝世，

然而筱莉之死，要亦足为促成慕双努力于自立之动机。由此观之，世人一有凭藉者，转能以奋斗而获成功，姚慕双殆其一例尔。

这篇短文，稍有失实之处，如将“歌女”写成“舞女”，把“歌后”写成“舞后”；但从中透露的信息应是可信的。

据说，步入上流社会的朱宗玺，解放后经历了一系列政治运动，被打成右派，发配到兰州乡下，“文化大革命”前就死了。姚、朱两家基本上没有往来。

唐朝大诗人李白有一首诗（古风 其二十六）曰：“碧荷生幽泉，朝日艳且鲜。秋花冒绿水，密叶罗青烟。秀色空绝世，馨香为谁传。坐看飞霜满，凋此红芳年。结根未所得，愿托华池边。”也许这首诗可以借来形象地概括姚一凤美丽而短暂的一生。

# 七　失落的初恋

他生莫作有情痴，人间天地著相思。

——〔清〕况周颐《减字浣溪沙·听歌有感》

姚慕双自从离开沙利文，一时很难找到职业，便失业了。没事做，在家中空待了几个月。他想老是待在家中吃闲饭也不是办法，不如进学堂，再读些书，多受些教育。然而，此时自己的年龄已大，又不能回原来的学校去当插班生。他左思右想，找不到适合自己年龄的学校。一天，他在《申报》上看到一则招生启事，在南京路慈淑大楼（其时叫大陆商场）楼上，有一爿量才成人补习学校，开设多门学科。他征得父母同意，便去报名。他报了两门课：一门英语，一门中文。又去另一个地方学打字。

然而，学打字却遇到困难，因为光学会打字母是没用的，必须要有文化知识，每个英文单词要拼得出，拼不出怎么办呢？尤其在外商公司担任打字员，对于英文程度的要求更高，不然，难以胜任。在沙利文工作的两三年中，虽与外国人接触多，口语尚可应付，但英文根底还是不深。姚慕双晓得谋得一个薪水不低的职业，就要有好学问，所以他读书加倍用功。有一次，补习学校进行四个同年级的班级会考，他的成绩名列前茅。

一天，他路上遇着一个小学里的同学，就是爵士歌唱社的姚敏和他的妹妹姚莉，大家碰着蛮开心。

"喔唷！你在哪里呀？"

"爵士歌唱社。我现在叫姚敏。"

"喔，久闻大名。"

此时，姚慕双已知道姚敏的妹妹姚莉歌唱得非常好，她经常与周璇一道在电台播唱。

姚莉13岁就出道了。起初只是因兴趣偶尔随舅舅到电台播唱，岂料一鸣惊人，她的歌唱才能被周璇和严华所赏识，遂介绍她加入百代唱片公司。姚莉灌录的第一张唱片《卖相思》，与同一唱片中的另一首歌曲《清流映明月》风靡一时，顿时成为红歌星。

享有“银嗓子”美称的姚莉，从20世纪30年代出道，直到60年代退出歌坛，灌录了数百张唱片。20世纪50年代百代唱片公司的唱片封套上，印有介绍她的文字，称其经历了“将近二十年的过程，始终独步歌坛，后起者无出其右”。

姚莉加入百代唱片公司之后，便引荐哥哥姚敏加入。姚敏是个作曲奇才，初期担任歌手，与姚莉组成兄妹班，后来一心从事作曲，为姚莉写了不少歌曲。兄妹俩并与妹妹姚英组成音乐社，经常在电台表演。

姚慕双问：“你现在去哪里？”

姚敏说：“去华兴电台，每天晚上都去播音。”

姚慕双问：“可以去玩玩吗？”

“好呀。”姚敏就爽快地带他去华兴电台了。

华兴电台位于青岛路19号。

姚慕双去玩了几天，与华兴电台的老板许勤辛也熟悉了，此后他常去那里，帮他们接电话，记录听众点播的曲子。

当时华兴电台还没有报告小姐，有两位男性报告员：一个叫颜德一；还有一个叫陈步林，小名叫阿堂。陈步林还小，还是个小孩，识字不多，报告时常闹笑话，把阳澄湖大闸蟹读成“阳登湖”大闸蟹，弄得大家乐不可支，老板许勤辛也哭笑不得，很尴尬。于是大家开玩笑，叫阿堂“报告先生”。

姚慕双去华兴电台玩的次数多了，有一天见进来一个女青年，看样子只有十七八岁光景。她一走进电台，让姚慕双眼睛一亮。喔唷！这个女青年长得标致，皮肤雪白，明眸皓齿，一件合身的阴丹士林布旗袍，使她女性的曲线毕现，十分迷人。她就住在华兴电台楼下，经常到电台来玩，认识电台老板。她与姚慕双坐在一张电话桌边，看看艺人演播，有时也帮忙接听电话，做些什么。后来知道她姓郑。

郑小姐坐下来，年轻、腼腆的姚慕双，面对漂亮的女孩子，未敢与她说一句闲话。那一天，姚敏没来。

“咦！今朝姚敏怎么不来？”姚慕双嘀咕道。

郑小姐开口了:“姚敏呀,我昨天见过,他说头疼,可能今朝发寒热,身体不好,生病了。”

话匣子打开,姚慕双胆子大些了,神经松弛下来。姚慕双问她:“你怎么晓得我和姚敏是同学?”

“唉……”她支支吾吾,脸红了,沉默不语。

哪一个少女不怀春?见到姚慕双这般英俊,多加关注,也在情理之中。其实,她也早留心于姚慕双了。

一次次接触,彼此闲话就多了起来。有一天,姚慕双鼓足勇气说:“我们去看电影好吗?”她说:“好的呀。”于是两人就去了位于华兴电台对面的丽新大戏院。

第一次同一个漂亮的异性朋友看电影,对任何一个青春少男来说,都是一桩终生难忘的事情。姚慕双直到晚年还清楚记得,那时候看的一部影片是由秀兰·邓波儿主演的《小红娘》,其中有一首插曲,即是秀兰·邓波儿所唱《晚安,亲爱的》(*Good night, My love*)。

Goodnight my love, the tired old moon is descending.
Goodnight my love, my moment with you now is ending.
It was so heavenly, holding you, close to me.
It will be heavenly to hold you again in a dream.
The stars above have promised to meet us tomorrow.
Till then my love, how dreary the new day will seem.
So for the present, dear, we'll have to part.
Sleep tight, my love, goodnight, my love.
Remember that you're mine sweetheart.
Goodnight my love, to dreamland the sandman will guide you.
Come now you sleepyhead, close your eyes, and go to bed.
My precious sleepyhead, you mustn't play peek-a-boo.
Goodnight my love, your little Dutch dolly is yawning.
Goodnight my love, your teddy bear called it a day.

Your doggy's fast asleep, my but he's smart.

Sleep tight, my love, goodnight my love.

电影看完，两人边走边聊，说得蛮投机。

一天，姚慕双对郑小姐说："我们去逛马路好吗？天太热，走在路上透透气，风凉点。"郑小姐点头同意了，两人就离开华兴电台，一起走到街上。但郑小姐似有心事，一言不发，闷声不响地走了一段路，最后她说"回家吧！"说完就向车站走去。姚慕双跑过去问她："下次哪里见面啊？"她欲言又止，末了勉强说了一句："等我的信吧。"

姚慕双看着她跳上公交车，疑窦丛生，心中一片惘然。他尽量去回顾并审视与郑小姐交往的过程中，自己是否无意中有什么话或失礼的举止得罪于她，或许郑小姐遇到了什么不愉快的事。他回到家中闷闷不乐，晚上，他辗转反侧，失眠了。

次日，姚慕双早早到了华兴电台，等了半天不见郑小姐的人影。第二、第三天，她依然没有出现。又过了一个星期，信没收到，郑小姐也影迹全无。

这真要了姚慕双的命啊，他焦急得像热锅上的蚂蚁！于是立即去郑小姐任教的学校查问。她任教的学校也在青岛路上，华兴电台在青岛路东头，她的学校在青岛路西头。青岛路较短，姚慕双走到学校向一个校工打听，那校工回答说："郑先生许多时间没来上课了。""到底为了什么不来上课呢？""我也不晓得。"姚慕双似乎觉得自己的身子一下子沉入寒冷的冰水之中，从头凉到脚，透凉彻骨！

过了较长的一段日子，还是华兴电台老板告诉姚慕双："郑老师怀孕了。"他听到这句话，如同五雷击顶，震动极大。

原来郑小姐任教的小学堂，校长是个有妇之夫，几个月前，利用他的权势，霸占了郑老师，日子久了，郑老师珠胎暗结，有喜了。这时候，血气方刚的姚慕双真为郑老师气煞！他左思右想总是想不通，再想想："我算啥名堂？"姚慕双失魂落魄，六神无主，生了一场病，睡了许多日子。从此不晓得郑老师在哪里，杳如黄鹤。

偶尔相遇激起的爱恋，又被意外的非人道的事故横遭毁灭，对青年姚慕双打击之重、伤害之大，是不难想象的。也许这样一桩奇遇艳事与失恋，他不可能对任何人言说，包括对自己的父母、亲弟弟，只能深深地埋在心底，于是他病倒了。

15年之后的一天，成了滑稽演员的姚慕双在红宝剧场演戏，后台突然闯进一个干瘪老头，口口声声要寻姚慕双先生。姚慕双接待了这位从未谋面的老伯伯。

他带来一封信，姚慕双拆开信看，竟是郑老师秀丽的笔迹。信上说，这个老人是她的父亲，已经贫病交迫。她偶尔在报纸、戏院广告上看到姚慕双的名字，收音机里又听到姚慕双的声音，晓得姚慕双就是当年有认识的姚锡祺。信中说，能不能帮帮忙，看在当年这段交往，请姚慕双慷慨解囊。看毕这封信，姚慕双立即从口袋里掏出所有钞票，交给来人。姚慕双问他："老伯伯，郑老师情况怎么样呀？"老人支支吾吾，也没说什么，只吐出三个字："还可以。"便与姚慕双道别，匆匆离去。

当年文静、美貌的郑小姐，其处境之不妙，从她父亲欲言又止的神态中可见端倪。禽兽不如的校长不仅糟践了一个美丽姑娘的身心，更是毁灭了她心中对爱的渴望与追求。

此后，再也没了郑老师的任何消息，他俩的故事彻底结束了。然而，初恋的阴影留在姚慕双心中却挥之不去。在此借用挚友——一鹤的一首诗来形容姚慕双心头的痛："像晚霞上的一抹残红，像莲心尖的一滴晨露，像春梦里那层朦胧的翳，抑或桂花月圆夜那一缕低吟的风。不，不，你只是我心灵深处那一点疼，一点永远抹不平的疼！"

# 八 昙花一现

朝看花开满树红，暮看花落树还空。
若将花比人间事，花与人间事一同。
——〔唐〕龙牙禅师《遁》

福康里有个电影演员介绍所，就在姚慕双居住的白乐坊对面。所谓电影演员介绍所等于电影业余学校，教人如何上镜头，怎样演戏。学得差不多了，就去充当临时演员。

一天，姚慕双看见福康里挂出一块牌子，就过去看看。

他走进一个房间，好奇地朝里东张西望，看见一个三四十岁的先生在负责报名。啊呀，这位先生怎么那样面熟啊！他再一想，原来是无声电影《荒江女侠》中的男主角岳剑秋。姚慕双便走上去说："你就是《荒江女侠》中的岳剑秋？你不简单，非常红！你是大明星，不得了！"

对方热情地回答他："对喔，我就是岳剑秋。"

姚慕双听了差一点笑出来，心想："咦，怎么一回事？岳剑秋怎么说一口宁波话？"岳剑秋好像感觉到了姚慕双想笑的原因，便解释道："葛（那）辰光啦，是无声电影，声音呒没（没有）哦（的），观众听不到哦（的），我嘴巴叭法叭法来的（在）讲闲话啦，观众认为我来的（在）讲国语唻，所以没关系哦（的）。"

喔哟！姚慕双听了，觉得非常有趣。三言两语之后，他与这位宁波岳剑秋就讲得非常投缘。临走时，岳剑秋将姚慕双送到门口说："你常桩（经常）来白相（玩）！我搭侬（与你）谈得蛮投机哦（的），欢迎侬（你）来！平常辰光（时间），呒没（没有）事体（事情）啦，侬（你）来坐坐、看看，呒没（没有）关系哦，假使侬（你）叫我教戏呢，我也可以教教侬（你）。"

此后一段时间里，姚慕双成了电影介绍所的常客。

有一回，岳剑秋一本正经问他："唉！姚先生，侬（你）想拍电影哦？"

"喔，那怎么会不想呢？机会有吗？"

“有一部电影卜万苍导演，有一场戏，新娘子是梁赛珠做哦（的），其（宁波话：她或他的第三人称，此处指梁赛珠）是新娘子，婚礼浪向（上）交关（许多）贺客向其（她）敬酒。其（她）突然想起从前一桩索格（什么）心事末，人昏到咪，啪勒脱（啪的），跌勒（在）地上，杯子也敲碎。侬（你）有兴致（宁波话：兴趣）拍哦？侬（你）有兴致（兴趣）拍，就去做个贺客，要敬酒哦（的）。”

在电影默片时代，梁赛珍、梁赛珠、梁赛珊、梁赛瑚四姐妹很有名气，她们相继在无声片《孽海惊涛》、《情奴》、《迷魂阵》、《猛虎劫美记》、《海滨豪侠》、《百劫鸳鸯》、《火烧七星楼》（1至6集）、《太极标》、《火烧红莲寺》（16至18集）、《可爱的仇敌》以及有声片《麦夫人》《还我山河》《灵肉之门》《新人道》和《战云情泪》中担任主演和重要角色。20世纪30年代，梁赛珍曾与唐季珊交往，无辜卷入阮玲玉自杀的风波中。后来，良心发现，她与妹妹梁赛珊一道将阮玲玉的真实遗书公开。

姚慕双听了岳剑秋的介绍，便爽快地说：“我晓得的，是跑龙套。一句话。”

“向侬（你）祝贺，恭喜呀！”

姚慕双高兴得跳起来了，欣然接受，连声道谢！

过了几周，一张通知单来了：要穿漂亮的西装。

那一天，盛暑炎夏，烈日当空，姚慕双穿了一套白色哔叽面料的西装，兴致勃勃地走进摄影棚。

预备开拍，几十盏水银灯照在他脸上，汗也冒了出来，不啻被针刺一样难过。平时，姚慕双自以为非常机灵，镜头面前却局促不安起来。卜万苍导演一遍又一遍地训练这几个临时演员该做的动作，再三叮嘱：不要矫揉造作，与平常一样，不要乱动！不要紧张，要放松！

开拍了，大家紧张起来，尤其是姚慕双，心里卜咚卜咚乱跳。他拿着酒杯，向新娘子祝贺，一只手举得很高，挡住了新娘子的脸。导演大喊一声：“停！”卜万苍走过来，对着姚慕双说：“为啥你这样不自然？酒杯举得那么高，新娘子的面孔全给遮没了，镜头没拍着，浪费多少胶卷啊！”姚慕双尴尬地笑了：“对不起，对不起！我实在不懂，第一次到摄影棚里来，请原谅!”

等到敬酒的场面拍完,姚慕双想想作孽呀,一个镜头拍那么久,怎么受得了!休息时,导演吩咐,晚饭后,这场戏接着拍,每个贺客要准时来到摄影棚。

姚慕双走出摄影棚,溜回家中。他被水银灯照得实在难受,筋疲力尽;加之紧张过度,只觉得头脑发胀,疼得厉害,想吐。他打开电风扇吹吹,吃了晚饭,才感觉舒服。

照例,镜头还要接下去,姚慕双没去,怎么办?导演灵机一动,当场改了台词,关照另一个贺客说:“喔唷,都是刚才这家伙惊扰了新娘,他怕连累,吓得逃之夭夭了。”这句话一说,漏洞总算补上。

姚慕双领教了拍电影的味道,从此再也不敢问津。

日后,姚慕双对亲眷朋友与家人说笑话:“我照样是电影明星,而且是一溜演员——不是一流的流,而是溜走的溜呀。”

虽然这一次拍电影终止了,但姚慕双在演员介绍所结识了一位姓徐的小姐。徐小姐是一个身材苗条、豁达开朗的姑娘,看上去也只有十七八岁。她有时穿裙子,有时穿蓝布旗袍,烫得笔挺,谈笑风生,非常活泼,露出一口皓齿,说起话来像新莺出谷一样,软笃笃,好听极了!

一天,徐小姐叫一个小男孩——就是电影介绍所冲开水的小孩——递一张条子给姚慕双,约他下课后一起散步。

嗨咦!真是意想不到呀,姚慕双心里乐开了花。在求偶的路上曾经失败过的他,岂料到今朝一个异性姑娘主动向他抛来绣球,带来希望,他好像在幽暗的低谷中看见了一线天光,令原本晦暗的心情豁然开朗起来。他受宠若惊,重新抖擞起精神,对小男孩说:“好!你告诉徐小姐,我愿意。”

“谈谈,走走,也蛮好!”他咕哝道,也许是自我劝慰。此前的一次失败使他对于倏忽而至的异性邀请多了些许警觉,以免希望过大变成奢望,再次跌入无望的痛苦中,他受不了第二次打击。

一路上,姚慕双很少说话,得失心理造成的阴影,使他显得有几分拘谨,还是徐小姐说得多。她无所顾忌地问姚慕双,家里几个人,爷娘怎样,兄弟姐妹如何，不啻调查户口。姚慕双小心翼翼地回答。末了，徐小姐告诉姚慕双，她住在劳勃生路（今长寿路），说："你送我好吗？"姚慕双自然愿意。他俩边走边谈，走到劳勃生路再朝西，一直送到弄堂口。徐小姐进去，说下次再见面。姚慕双抬头看，弄堂口的门楣上镌刻着九如里几个大字，他也没问她住几号，以为在电影介绍所见面时可以进一步了解。



不知什么原因，徐小姐不来电影介绍所了，看来她对姚慕双并不在意！"不见面也罢。这次约会就算昙花一现，根本算不上什么爱情。"姚慕双宽慰自己。

几个月以后，他陪姆妈周勤侠去金城大戏院（今黄浦剧场二楼）看电影，是周璇、韩非主演的《夜深沉》。放映前的几分钟，突然听见一阵小小的躁动声，"淅沥索落"，什么事啊？许多观众把目光同时倾注在一个焦点上，对着一个地方看。进来一个披着貂皮大衣，浑身珠光宝气、花枝招展的绝代佳人。"咦！这不是徐小姐吗？"她身旁是一个西装革履、拿着文明杖、大腹便便、五十几岁的老伯伯，显然是个阔佬。徐小姐跟大老板进了剧场，好像旁若无人一般，领票员将两人引到座位上，她看到姚慕双，就当没见过一样，根本不放在眼里。姚慕双倒有几分尴尬，也没办法，只好不去想她。

这时，他听到旁边一个老伯伯与另外一个看客讲话（崇明话）：

> 我搭侬（你）话，侬（你）晓得该个（这个）姑娘是哈（啥）人唠（呀）？伊末（她么）就是仙乐舞厅的红舞女呀。唉哟，红来唠（红极了），呒得哈话头势（没啥好说）唻！外加有个绰号，叫"孔雀美人"。

喔，姚慕双此时方知，原来徐小姐身价百倍啊！失踪半年，她已从弄堂步入殿堂，摇身一变，成为"舞国皇后"了。

此事过去12年，姚慕双与周柏春在电台播音，突然接到一个电话，对方是个女人，她撇口就问："你是姚慕双吗？"声音十分低沉。"是的。"姚慕双问她："你是谁？""我就是当初在电影演员介绍所里姓徐的姑娘，同你交往过。”

姚慕双一呆，啊！本来她的声音像新莺出谷一般，因为这个姑娘生得漂亮、娇俏，性格活泼，给人印象深刻，怎会忘记呢？想不到此刻讲话的声音竟然如此苍老！

姚慕双有些惋惜，就问她：“你怎么晓得我现在叫姚慕双？”

她说：“我是在一次堂会上看到的。”

姚慕双问她：“你打电话来，有何贵干啊？”

“叫你唱堂会。”她关照姚慕双，明天晚上去她家里唱，并说了地址，电话就挂断了。

出于好奇心，姚慕双很想借这个机会去看看这位徐小姐，如今变成怎样一个贵夫人，有什么变化？可惜，第二天，一个大流氓借口给老娘做寿，让姚慕双去唱义务堂会，没有一点报酬。姚慕双无奈，只得兵分二路：他与周柏春去应付大流氓；请笑嘻嘻代他去徐小姐寓所唱堂会。那时候姚慕双、周柏春、笑嘻嘻，是一个团体里的人。

笑嘻嘻（阙殿辉），滑稽戏演员。师从滑稽鼻祖三大家之一的刘春山。1927年，9岁的笑嘻嘻与妹妹笑奇奇在大世界登台表演独脚戏，一炮打响，被誉为“神童滑稽”。

等到堂会结束，三人聚在一起，姚慕双就问笑嘻嘻：“你见到徐小姐了吗？”笑嘻嘻说：“见到了。”姚慕双开玩笑说：“你饱眼福啦！”因为此前姚慕双曾对笑嘻嘻说起过，徐小姐怎么漂亮，身材如何苗条，凭他自己12年前见到徐小姐的模样，说得如花似玉，仙女一般。想不到笑嘻嘻鼻子上“哼”的一声：“饱眼福呀？呸！什么如花似玉！一个鸦片鬼！”

笑嘻嘻不屑一顾的轻蔑语气，使得姚慕双心头为之一震，猝不及防。笑嘻嘻对徐小姐的实话实说，与姚慕双昔日见到的那个活泼、艳丽、略带妖冶的徐小姐形成强烈反差。“如此漂亮的小姐竟成了鸦片鬼！作孽啊！”

笑嘻嘻说，徐小姐如今已是烟容满面，老态毕露，额头下一对眼睛深陷，皮肤蜡黄，叫人见了恶心。

“怎么变成这样呢！”姚慕双心里十分惋惜！

12年不见，徐小姐变成鸦片鬼，每日还同药罐打交道，年老色衰，无人问津，于是彻底堕落了。

旧社会毒品害人！许多妇女意志薄弱，或情场失意，或环境所迫，厌倦工作，便借助毒品提神，越陷越深，最后就懈怠、潦倒、堕落、沉沦。

徐小姐仅是无数沉沦女子中的一个，像徐小姐那样爱慕虚荣、追求享乐的女人，不少成了十里洋场的殉葬品！

# 九 程门立雪学杨时

成王小心似文武，周召何妨略不同。

不须要出我门下，实用人材即至公。

——〔宋〕黄庭坚《病起荆江亭即事十首 其四》

姚慕双这一时期，在家闲坐无聊，想起同学姚敏兄妹在电台播音唱歌，就常去华兴电台消遣。姚慕双英文好，偶尔也帮他们唱几首英文歌。这档节目倒也别具一格。然而，姚慕双无意向唱歌方面发展，他钟情于滑稽，恰好在那里遇见了著名滑稽演员何双呆。何先生在华兴电台也有档期，与姚氏兄妹做前后档，每天在姚氏兄妹之后会按时去播唱。

何双呆，原名何梅生，上海人，“梅”字篆文可写成“槑”，从艺后，便改名何双呆。他是由票友下海，最初与朱翔飞搭档，充下手。20世纪30年代的上海滑稽分两派：江笑笑、鲍乐乐、朱翔飞为代表的一派，以“说”为主；何双呆为代表的一派，以“唱”为主。两种艺术流派各有自己的粉丝。朱翔飞与何双呆搭档，兼容并蓄，说唱俱佳，自然而然成了“响档”。他们表演的《水淹七军》《广东上海话》《西班牙草裙舞》《聚宝盆》等段子，尤其《水淹七军》，成了滑稽艺术中的经典之作。

珠联璧合的朱翔飞与何双呆，后来遗憾地“分手”了。朱翔飞出生于南市老城厢，没有拜过师父；而何双呆原是钱庄职员，在南市新世界唱戏下海，两人在艺术上的看法未必一致。一个重要原因是有个舞女看中了朱翔飞，朱不喜欢。舞女转而追求何双呆，买了一辆包车送给何，并要求何双呆、朱翔飞分手，何双呆听信了那舞女的挑唆，就与朱翔飞拆档了。舞女对朱翔飞由爱生恨，叫流氓把朱打伤。朱翔飞、何双呆各有后台，由自己的“老头子”“过房爷”出面，何双呆在“东南鸿庆楼菜馆”摆了几桌酒，摆平此事，但艺术上不再有任何关系。朱翔飞与任咪咪合作；何双呆与沈笑亭搭档，节目改成“自由谈唱”，发挥他唱功好的特点了。

何双呆长得漂亮，神采奕奕，30岁左右，西装笔挺，黑漆皮鞋，手拎公文皮包，俨然像一位银楼经理。此时，姚慕双21岁，在他眼里，何双呆英俊、潇洒，是个美男子，演艺界长得像他那样的演员不多。何双呆潇洒的外表下，言语举止多了几分男性的成熟与魅力。姚慕双欣赏中带了几分崇敬。

与沈笑亭合作，何双呆为上手，技艺得以发挥。何、沈档以唱堂会与电台播唱为主。堂会上常演的独脚戏有《乘电车》《外国莲花落》等。每场必加演一个玩笑性小段《一对情侣》。电台上常播的有《开火车》《娘姨讲东家》《新老法结婚》《僵尸鬼出现》等曲目。抗日战争爆发至1945年前后，何、沈每天播音十几档。

1955年，应上海人民广播电台邀请，何双呆、周柏春曾播出独脚戏《乘车专家》（根据《乘电车》改编）；与沈笑亭录制独脚戏《笨家主婆》《结婚前后》《坏习惯》等。1958年之后，何双呆不再演出，他的代表作有《开车》《娘姨讲东家》《新老法结婚》。

沈笑亭，原名沈庆魁（1913—1963），上海市人。少年时与程笑亭、韩兰根等在南市一带“玩票”，后拜程笑亭为师，“下海”唱独脚戏。抗日战争时期，与何双呆搭档，任下手；系“电台滑稽”响档，挂牌“自由谈唱”，一时红遍申江。

沈笑亭嗓音甜润，擅用“小嗓”，能唱女腔，故常扮演女角，与何合演西洋人跳舞之类的节目，亦会踢踏舞，穿插于载歌载舞的独脚戏之中。独脚戏代表作有《广东上海话》《娘姨讲东家》《外婆阿奶》等。经常播演的唱段有《金铃塔》《三乐》《三鲜汤》《捏鼻头做梦》等。演唱口齿清楚，字正腔圆，底气充沛。还善操各种中西乐器，可自拉自唱。

抗日战争胜利后，沈笑亭与钮再呆、杨柳村、范笑卿等先后合作，仍以电台为据点，并独自播送《聊斋》故事。1953年，与龚一飞等共建玫瑰滑稽剧团，以演滑稽戏为主。为人谦和，同行称之“好好先生”。其子沈少亭（曾用名小沈笑亭）继承父业，代表作为《一对情侣》。

当两位滑稽响档在电台演播时，姚慕双被他们像磁石一般牢牢吸住。他第一次在播音间里亲眼看到何、沈档的《新老法结婚》，佩服得五体投地。只有两个人，又要扮演新郎新娘、外国吹打，又要做小堂鸣、军乐队、抬轿子、放炮仗，喔唷，多得勿得了，还要时时转换角色，两人衔接得自然、流畅，真是天衣无缝啊！

姚慕双从小喜欢滑稽，听见路上“小热昏”卖梨膏糖，就不走了，站在那里听一两个钟头不稀奇。弄堂里有卖唱的，一面卖唱一面卖唱本——里边有唱词，有各种曲调。《手扶栏杆》《夫妻相骂》《无锡景》等几只曲子，他听多了都会唱。

在电台与何双呆相识，勾起了他对少年往事的记忆与滑稽艺术的浓厚兴趣。他宁可不拿一分报酬，常去电台帮着写听众点播的条子。

日子久了，姚慕双与何双呆混熟了。有一天，何双呆播音结束，从电台下来，刚走出大门，就被姚慕双拦住：“何先生，我拜你为师，唱滑稽行吗？”

何双呆以为同他开玩笑，就说：“寻啥开心！当小开，唱滑稽呀？”姚慕双对他说：“我真的想唱滑稽，拜你做先生！”何双呆拍拍姚慕双的肩膀，只是对他笑笑，便上车走了。

何双呆生意火爆，出入必坐包车，一代“江南笛王”陆春龄，解放前曾是何双呆的司机，给他开过汽车。陆春龄成了民乐艺术家，对自己的这段经历却并不讳言，遇见姚慕双，还开玩笑说：“何双呆曾要收我为徒，我们差点成为师兄弟呢。”

那时候，姚慕双西装笔挺，打扮入时，他说要拜师学艺，何双呆怎会相信呢？

第二天，何双呆来电台，姚慕双又开口了：“何先生，我真的想拜你做先生，收我当学生吧！”何双呆仍旧哈哈大笑：“好咪，好咪，谢谢你，不要开玩笑啦！我晓得，你爸当过银楼经理。”头也不回，径直朝播音室里走去。

姚慕双原以为拜师容易，想不到先生再三婉拒。姚慕双没有办法，就与何双呆的徒弟——一道上电台的牛再呆说：“拜托你，能否在何先生面前美言几句？我真的想拜他为师啊。”这一情况恰似历史故事中黄石公考验张良一样。

黄石公是秦汉时期的道家代表人物，思想家、军事家，别称圯上老人、下邳神人。《史记·留侯世家》称其避秦世之乱，隐居东海下邳。其时张良因谋刺秦始皇未果，亡匿下邳。于下邳桥上遇黄石公。黄石公三试张良后，授与《太公兵法》，张良以黄石公所授兵书助汉高祖刘邦夺得天下。



到了第三天，何双呆看看姚慕双不像开玩笑的样子，便一本正经地对他说："你真的要拜我做先生，唱滑稽？""是的，我喜欢这个行当，非常钦慕你！""可以。"何双呆答应了。姚慕双问道："有啥拜师手续，什么条件？"何双呆说："你与牛再呆协商，同他谈好了。"

好的艺人不会随便收徒，因为要找一个能学会自己艺术特长的学生很难。姚敏、姚莉兄妹在华兴电台演唱，偶尔让姚慕双唱一首美国歌曲《小鸟依人》(英文名字为《我爱吹口哨》)，恰被何双呆听到，他觉得姚慕双英文歌唱得不错，顿生好感。何双呆本来就以唱为表演特色，如今，姚慕双再三要求拜师，也就应允了。

次日，姚慕双到了电台，便马上去问牛再呆。牛再呆说，拜先生要100元大洋(银元)。姚慕双一愣！他从沙里文出来，已有两年没工作呀，自己还在补习学校读书，坐吃山空了，去哪里筹措这笔钱呢？

其时，唱滑稽被人看不起，姚慕双不敢向父母披露自己的心思。要拜师金了，没办法，只得硬着头皮同父母商量。

姆妈周勤侠说："唱戏是戏子唉，唱滑稽又低着一点。"在她印象中，滑稽就是马路上卖梨膏糖之类的事，怎么舍得儿子去唱滑稽？她责怪儿子太荒唐了。

周勤侠对唱滑稽戏抱有成见不无原因。

旧中国人口众多，国力衰微，百业凋敝，民不聊生，教育资源极其匮乏，国民素养不高，接受正规教育的子弟乏善可陈。而大部分滑稽演员出身低微，家境窘迫，他们与父辈从小生活在低层的市民群体中，身上难免沾有一些陋习，生活不检点的也不在少数。所以，一些滑稽演员，在电台、戏台上表演的独脚戏或滑稽戏，多少带有低级、庸俗的内容。市民阶层从这些庸俗的滑稽节目中除了寻找低级趣味的笑声，释放压抑的心情，较难得到启迪心智的教益。出现这种弊端与不良社会环境及文化生态有关，乃国家衰败、教育与文化落后所致。

但儿子真挚的愿望、肯切的词语，感动了父母。爹爹姚復初说了(宁波话）："是唉，行行出状元喔，让其（他）试试看么。讲勿定，其（他）唱滑稽有出息唻。"既然爹爹讲出口，姆妈想想也好，儿子欢喜么，就让他试试。

可是，这100银元哪里来？于是，全家倾巢而出，东张罗，西借贷，靠朋友帮忙，总算筹齐了100元银元的束修金。

1938年深秋的一个晚上，何双呆从100银元中拿出十几元订一桌酒席，邀请了滑稽界的同行，沈笑亭、张冶儿、仲心笑、筱快乐等几个要好朋友，还有先生的学生吕笑呆、陆再双、牛再呆，一起参加了收徒仪式。

这几个朋友中，筱快乐于1947年在上海一些电台播唱"社会怪现象"，因针砭时弊而取得市民共鸣；大骂米蛀虫，遭到不法商人殴打，市民纷纷捐款支援，筱快乐顿时声名鹊起。

仲心笑，本名仲荷生（1909—1963），祖籍浙江湖州。师从江笑笑，1931年开始演独脚戏，在新世界、大世界、大千世界等游乐场和堂会上献艺。1931年初，先与黄世璜搭档，未几分手。之后，与其合作者有刘快乐、俞祥明、范哈哈等；其中与刘快乐搭档时间最长。仲心笑少年时曾在美国花旗总会西餐厅当过侍应生，初识英语。所演独脚戏有《外国空城计》等，被誉为"外国滑稽"，每每以中文杂以洋泾浜英语而招笑；常演曲目有《活把戏》《广东上海话》《宁波挖花牌》等。表演朴实无华，精神饱满，说表清晰，多演上手。他是裴扬华、程笑亭领导的华亭滑稽剧团老人马，还参加过江笑笑、鲍乐乐的笑笑剧团和龚一飞的玫瑰剧团。

以上几位都是何双呆滑稽同行中合得来的朋友。

何双呆问学生："你用啥艺名？"姚慕双说："我钦慕你何双呆老师，所以我的艺名就叫姚慕双。"先生讲："喔唷，好呀，而且叫得蛮响，人家也记得牢。"从此，姚锡祺的名字就改成了姚慕双。

旧社会，演艺圈的师徒关系带有封建帮会性质，师傅把徒弟当佣人。有一句行话："学三年，帮三年。"就是学了三年，满师之后还要帮师傅赚三年钞票。有些师傅信奉"教会徒弟，弄僵自己"的"祖训"，担心徒弟本事大，青出于蓝胜于蓝，砸了自己的饭碗。所以要留一手，艺术上不肯和盘托出。

然而，何双呆既不要姚慕双给他拎包，也不要替自己做事，只关心姚慕双艺术上的成长。虽然他没时间教姚慕双，不能开课授艺，但他时常叮嘱姚慕双，要多听他电台上的播音，或者有空就跟他去堂会看他表演，这样可以提高技艺。

滑稽这个行当非常特别，不是依靠老师教，好像靠天赋，靠悟性，靠自己努力。俗话讲："师傅领进门，修行在自身。"见何双呆忙得不可开交，生意应接不暇，姚慕双也就不敢惊动先生，总归自学为主。

何双呆与沈笑亭搭档，堂会上唱《外国莲花落》等拿手节目，讲些小段子；接着就表演《一对情侣》，这个小段子蛮受欢迎。

何双呆男装出场，沈笑亭男扮女装，扮一个"女模特"，颈上挂一根用赛璐珞做的假项链。何双呆、沈笑亭一边跳舞，一边唱，很是热闹。沈笑亭跳舞，屁股扭来扭去，何双呆撩起他的旗袍看，屁股上是一只淘米箩子，引得观众哈哈一笑。

姚慕双看了这个节目，在先生面前不敢讲，总觉得这个招笑的办法格调不高，比较庸俗。姚慕双从艺之后，他与周柏春走一条书卷气的表演路子，从前辈的艺术中也学会了拿手的独脚戏《各地堂倌》《宁波音乐家》《骗银楼》等。姚慕双在《自传》中回忆他的恩师说：

> 那时候，我的老师"红"过半爿天！电台上拥有大量听众，每当他播音之时，各条里弄，各个店家，每份人家，都在收听他的节目。我先生有个最好的特点，能与听众打成一片，和蔼可亲。先生口齿清爽，非常动听，好像和人家谈家常。所以他的"红"并非偶然。当然，人没十全十美，还有欠缺的地方，就是方言不够，只是浦东方言、苏北方言，其他方言差一点。

姚慕双与胞弟周柏春自立门户之后另辟蹊径：一方面对前辈的滑稽节目进行适度的改造，去掉庸俗低级的内容与表现形式，巧妙地融入了知识性的文化内容，使之蕴含书卷气；另一方面在学习方言上狠下功夫，得心应手地使用各地方言去刻画社会上的各式人等。这样，他们摆脱了原有滑稽的表现范式，走出了一条崭新的艺术之路。

中国近代国画大师齐白石说："学我者生，似我者死。"齐白石所说的意思，就是任何艺术都要学习前辈的精华与长处，学习他的创作方法，唯有运用这些方法，突破固有的艺术藩篱，再师法自然，艺术才能不断发展，并超越前辈。如果一味模仿，只求相似、形似，艺术的源泉必然枯竭。

"问渠哪得清如许，为有源头活水来。"姚慕双和他的胞弟周柏春，在自己长期的演出生涯中，自觉或不自觉地领悟了这一艺术真谛，最终开辟出一条独具个性的艺术天地。

# 第三章

苍茫艺海并非风光绮丽的浪漫世界，那里波涛汹涌，暗流涌动。旧社会，初涉艺海者，总是汗水与泪水交并，苦难共羞辱相伴。生存环境的恶劣，心灵的委屈与创伤，使他们在学艺的苦旅中更觉困顿和疲惫。艺海行舟苦作帆，前途漫远而艰难；然而，在拍天的惊涛骇浪中唯顶风搏击者，敢于潜游海底、下得九重渊的采珠人，才能撷取那深藏龙宫的骊珠珍宝……

# 十　上电台初试锋芒

合抱之木，生于毫末；九层之台，起于累土。

——《老子》第六十四章

何双呆在华兴电台演播，一档节目40分钟，他两档节目连在一起，唱毕，就要换电台，到北京路西藏路大陆电台去播音。

一日，何双呆要去一户有钱人家唱堂会，唱完再赶回大陆电台就来不及了，于是他对姚慕双说："我今朝去唱堂会，看样子不能按时赶到大陆电台，你先去代我播音，堂会结束，我赶来接替你。"

"好的，这是给我上一次电台播音的机会。"姚慕双求之不得，心里挺高兴。

何双呆、沈笑亭的独脚戏，称为"自由弹唱"，十分自由，谈谈，唱唱，说说，不受约束。音乐伴奏也很简单，一把胡琴，一台钢琴。

大陆电台，时人叫做"玻璃电台"，即艺人演播的隔音室，一面装有玻璃幕墙，允许外人去电台观看，其设备在当时较为先进。

姚慕双到了那里，见到弹钢琴的杜贤顺先生——大家都习惯地叫他阿顺师傅，便先向他打招呼："阿顺叔，何先生去唱堂会，今朝让我来唱两段。"阿顺先生说："好的。"姚慕双就开始唱了。他先唱一曲《外国莲花落》。

一般《莲花落》是这样唱："阿二阿三街上去直兜唉，菜籽花儿开唉，伊开伊仔梅花，讨着仔格铜钿（钞票）就好走唉，九九梅花开唉，花开梅花落，伊末落梨花。"

老先生传下来的《外国莲花落》，又叫《洋泾浜莲花落》。阿二阿三叫"达克托达雪里"，英文中"达克托"是一只"鸭"，姚慕双就依样画葫芦唱道："达克托达雪里，威斯米，司莫儿拜姆雪利"，啥叫"司莫儿拜姆雪利"？小瘪三，就是small（"司莫儿"）pen three，"达托达雪里威斯米，司莫儿拜姆雪利"；一道叫"混道"，"混道路踏路浪去兜唉。"这个发音"兜"的英文单词，当时姚慕双会唱，却不知道它的意思。"菜籽花儿开，伊开伊仔梅花，讨着仔格拷贝末"，"拷贝"就是铜板（copper），"讨着仔格拷贝维哥伏姆舍。”就是回去。

《外国莲花落》唱完，刚好有一个观众点唱沪剧《寿星开篇》。这个开篇姚慕双在未拜师之前已经唱得滚瓜烂熟，胡琴一拉，他马上就起唱：“天降麒麟啦。”下面三个字“福寿齐”，“寿星骑鹿到堂前。先由寿童来上寿”。哪晓得，越是熟悉的唱段越想唱得好一些，反而唱豁边了！“天降麒麟啦”后面“福寿齐”三个字，唱成女腔了——女腔高，男腔低，下面他就接不上了。正当尴尬的时候，何双呆、沈笑亭走进演播间，他们堂会唱好了。姚慕双随机应变说：“各位老听众，阿拉（我）先生何双呆来了，我到此结束，到此结束。”还好，总算没出洋相。

此时，钢琴师阿顺叔把姚慕双叫到播音室外面：“唉！姚慕双，姚慕双唉！谢谢你下次不要唱了好吗？也没有这种唱法的呀，一会儿男口，一会儿女口，怎么接得上？是接不上了。”

喔唷！阿爹唻，姚慕双一把急汗！从此，沪剧《寿星》开篇不唱了！这是艺人普遍存在的心理毛病，越是熟悉的唱段一旦唱砸，常常不再去碰它，以免失败的阴影重新梦魇似的浮现，影响自己情绪。以后他与胞弟周柏春出名了，有不少听众打电话到电台点播《寿星开篇》，姚慕双就唱英文歌曲《祝你生日快乐》来代替。他在唱词中加上点播者的姓名，或“密斯特王”，或“密斯特张”，既简单又节约时间，反而更受听众欢迎！

姚慕双跟随何双呆学唱滑稽，先生根本没时间教他，每天跟着先生去电台，上堂会。何双呆、沈笑亭都有自备汽车，就带他一起去。到了人家府上，他坐在边上看先生演出，轮不到他上场，次数多了，便觉厌气！跟进跟出，没事做呀，难得叫他客串一下，也就是唱一两首外国歌曲，让先生歇一歇；但先生不能每档节目让他演呀。再说，他会的节目也不多，不是唱《啊，妈妈》，就是唱《我喜欢吹哨子》，缺少新鲜感。于是，他打退堂鼓了。

在家里，年轻的姚慕双白天到朋友家聊天，入夜，便西装革履，梳妆打扮好，去舞厅“摆测字摊”——泡一杯茶，消磨时光。他有两套西装，在沙利文当侍应生时所穿，不是王兴昌、亨生、培罗蒙那样的名牌，而是在湖北路，大兴街购买的便宜货，20多元一套——近一两金子，还是较贵。

周勤侠是一个精明强干的母亲，见大儿子花了100元银元不去学滑稽了，很有意见！一天晚上姚慕双睡在床上，姆妈不给他睡，喊醒他。

周柏春在《自述》中说：

深夜，万籁俱寂，姆妈却不让阿哥入睡。她一定要他讲明白，为什么不愿学戏？就问他："你打算怎么样？"

阿哥支支吾吾地说："没啥意思啦，就这样子跟跟，算啥呢……"

母亲讲："喔，你这100元洋钿就算啦？你是百万家私？你是大少爷？100元丢进黄浦江里，卜咚一声还听见响声咪，你就这样子送掉了?！你晓得我们是小本经济、贫寒之家呀！你无论如何要想办法的！"

阿哥讲："我是想办法呀，唱不到呀！要么我自己开一档节目。"

娘就讲："你去呀！就开一档节目。"

阿哥讲："开一档节目，我没客商，没广告呀！现在电台上买一档节目，40分钟，要25块大洋。哪有那么多钱！再说，我又没本事……"

"没本事，没本事，本事是靠自己学出来的！"姆妈真的生气了，一下提高了嗓门："钱你不要去管，电台费由我来安排，拼拼凑凑，卖卖当当，哪怕赔本也要唱下去，你去开一档节目！"

姚慕双初上电台播音（摄于1939年，21岁）

贤淑豁达的周勤侠，很少发怒。看着姆妈声色俱厉的责问，姚慕双茫然无措。许多年以后，兄弟俩才明白母亲的苦心：她是逼子女自强不息，锲而不舍，早日成才！

姚慕双在母亲的催逼之下，开了一档节目，也就是花钱买了一档电台的演播时段。一档节目25元大洋，每天播出40分钟，为期一个月，就在金美电台。

姚慕双于1938年秋拜师何双呆，1939年4月20日春，正式上电台播音，过上另一种生活。姚慕双回忆说：

去电台播音，无论什么演员，什么剧种，包括滑稽戏演员，靠广告客户维持生活，要给电台拉广告。举个例子，假定广告客户给我100元，付一个月的电费，50元给电台老板，余下50元就算演员的报酬。这50元还要付器乐伴奏费，自己又要吃点心，所剩无几，少得可怜！刚上电台，谁认得姚慕双？只有一家毛巾厂，大概是识货朋友，叫我在电台上推销他们厂里生产的十二样生肖毛巾。我在电台上向听众宣传：倻（你们）要买生肖毛巾，各大电台侪（都）有的，不过倻（你们）打电话到电台购付，阿拉（我们）可以送货上门。当时我初出茅庐，尽管大声疾呼，来电购付的听众了了无几呀！本人酬劳等于零，连电费也没着落，只能问姆妈要。

**姚慕双刚上电台，他的搭档是好运道的学生巧运道，名叫冯三宝。金美电台在长沙路凤阳路口，一档节目从下午2点40分播到3点20分。**

**第一天，他演播的第一个节目是何双呆、沈笑亭先生经常唱的《新老法结婚》，后来，他与周柏春搭档演唱，经过多年实践，充实、加工，才演变到今天的《新老法结婚》。这个节目既能在电台播出，又能在舞台上演出，很讨巧。第二个节目也是何双呆经常唱的《外国莲花落》。第三只节目是他自己写的《山东人卖西洋景》，因为他过去学了一些方言，所以唱得还可以。但初上电台毕竟没有经验，他播得非常快，没搭口，也没有“噱头”。**

**播完，还有3分钟。他就唱了一曲《山东拷红》：**

夜深深，停了针绣，和小姐闲谈就。听说哥哥病久，我俩背了夫人到西厢去问候。他说夫人恩作仇，叫俺喜变忧；她把门儿关了，俺只好走。夫人！他们心意两相投，夫人！你能罢休便罢休，又何必苦追究！一不该言而无信把婚姻赖，再不该女大不嫁，他娘来的留在深闺，三不该你不曾发落这张秀才！如今米已成饭难更改，不如成其好事，一切他奶奶的都——都遮盖。

**《山东拷红》唱毕，3分钟正好用完，总算一档节目敷衍了。**

姚慕双首次在电台播出，姚家都围着收音机屏息收听。毕竟是同胞手足，关心境，知痛痒，周柏春听着听着，紧张得全身都发抖了。他回忆那一天的情景说：

> 我记得姚慕双第一天上电台，我们全家都守着收音机旁注意倾听。他节目唱了不少：有《各地堂倌》《新老法结婚》《乘火车》，还唱英文歌，唱申曲——现在叫沪剧的《长寿开篇》，唱《四明宣卷》——从前讲《四明讲经》，唱《四明文书》（像苏州评弹）。有种节目是前辈的，有种节目是何双呆的。因为没有经验，根本不晓得什么叫包袱底，不懂招笑技巧，没有“噱头”，怎么会赢得听众笑声呢？那是早春天气，我衣服穿得不少，听着听着，却手脚冰凉，紧张得发抖：这么一想，到底是同胞手足。

有句话：“戏是逼出来的。”20世纪30年代末，周璇唱的电影插曲《拷红》风靡大上海，家喻户晓，姚慕双突然用山东话替代国语，无疑让人产生新奇滑稽的感觉，初步获得成功。借梯上楼，显示了他的滑稽才能。

唱了两个月，姚慕双与搭档巧运道刚上电台，听众也不晓得姚慕双是谁？听听没有苗头，广告没人做，顶多一家客商，几块银元。钱赚不到，还要倒贴。巧运道搭档两个月就不辞而别了。姚慕双与他分手，艺术趣味不同，也是一个原因。

姚慕双成了单档。他不是很有经验，有的节目唱得多，是以前的积累，不能老是唱下去，有时就要买脚本。於斗斗唱词编得不错，3块银元一只，像《二房东寻相骂》等。那时“八一三”战事爆发，居住在南市、闸北的不少居民都逃到租界避难，租界上的房子开始紧张，身价百倍，连阁楼、亭子间、灶间，都借出去。滑稽戏《七十二家房客》就是在这种情况下应运而生。一幢楼住的房客多，生活艰难，心情烦躁，邻居吵架经常发生。一些二房东手段蛮辣，要剥削三房客，所以有一只唱词就叫《二房东寻相骂》，还有一只叫《大小老婆寻相骂》。滑稽演员从来对于现实题材十分敏感，反应快，而且及时，姚慕双买一只唱词3块银元。巧运道走后，他一个人在电台播唱，又不能停，话筒开着，不等人，停1秒钟不要紧，停5秒钟，人家以为机器坏了。他一个人又唱又说，还要播报广告，实在吃力！

姚慕双一个人唱独脚戏，每天绞尽脑汁，试图在表演上翻花头：讲讲笑话，学学方言，说说宁波人打官话，浦东人讲国语，唱一只戏曲开篇，再唱唱英文歌等。滑稽演员唱英文歌，有些人不擅长，姚慕双唱唱，听众也蛮欢迎，能混得过去。比如，姚慕双唱《喔，妈妈》，再唱《索斯阿美丽肯威》，这首歌是卡蒙·沫莱迪首唱。

与其他滑稽演员相比，姚慕双的英文歌能常翻新花样：唱了《尤阿迈申夏》（*You are my sunshine*），他还会模仿由道洛赛纳莫演唱的好莱坞电影《酋国女王》里的插曲，秀兰·邓波儿在电影《小红娘》中的插曲《晚安，我亲爱的》。就这样，姚慕双在电台混了一段日子。但毕竟他一个人唱独脚戏，没有搭档接口，节目不热闹，要找个搭档，也一时请不来。

正当他发愁时，一天，胞弟周柏春背着书包，放学出来，到电台来玩。那时，周柏春不叫姚一龙，姆妈给他改名姚振民了——因日军侵占华北，国人“振兴民族、不做亡国奴”的呼声甚高，姚振民这个名字由此而来。

周柏春正在育才公学求学，见哥哥姚慕双为了不让妈妈失望，早点赚回那100元大洋，硬着头皮去电台做节目，一个人既要播音，又要报告，又说又唱，累得没有喘息的机会。与其说他在潇洒的播音，不如说他在承受生活的煎熬。

也许想为哥哥分挑生活的重担，也许出于对滑稽艺术的浓厚兴趣，他每天一放学，便鬼使神差地往电台跑。

这一天，周柏春看见姚慕双一个人冷冷清清在唱，就自告奋勇说：“阿哥，我来帮忙好吗？让我试试看。”

姚慕双恐怕弟弟言语有失，播音时一句话讲错，是收不回来的，就关照弟弟：“你别的闲话不要讲，只要在我旁边衬托衬托——噢，今天蛮热。对的，对的。阿拉（我们）播音员蛮辛苦的，再播一只啥物事（节目）呢？是的，是的，格末（那么）侬（你）想想看呢，就格（这）样子。”

上来几天基本上没有搭“卖口”。所谓“卖口”是滑稽界的一句行话，就是一句来，一句去，你来我往，一句一句放“噱头”。

然而，以后几天，周柏春不仅帮腔、托腔，而且常常搭姚慕双的“卖口”，有时也会制造一些“噱头”和笑料，使节目顿时有了起色，热闹起来。

莫非周柏春是个“神童，滑稽天才？”——可以说是，也可以说不是。

周柏春小时候崇拜大名鼎鼎的滑稽演员刘春山，用家里的收音机收听他的节目成了每日必修课；放了学就往家里奔，生怕错过刘春山的播音时间。有时放学晚了，刘春山的节目已经开始。幸好当时的商家流行在门口装只大喇叭，播放电台节目，招徕客人。有一家水果店，老板大约也喜欢刘春山，到时间总是放他的节目；周柏春就往水果店走去，站着听完再回家。

周柏春在《自述》中说：

> 我从艺路上第一个启蒙“老师”，是我家中的一只“老爷”无线电（收音机）。那时候既无电视，也没有条件买票去游乐场看戏。家中有一只蹩脚的收音机，要捏牢一根电线，才听得出声音。这只“老爷”无线电成了我生活中唯一的乐趣。我喜欢听刘春山、盛呆呆、江笑笑、何双呆。但我顶喜欢刘春山，他的节目日日翻花头，叫潮流滑稽，每天有新内容。旧社会商业电台多，有几十只，他的节目每天下午在航运电台播出。这个电台真作孽，声音低得像蚊子叫，非要一只手捏牢电线，耳朵贴到机子外壳上，才能听到里面的瓮声瓮气；这根电线稍微歪一点，声音就没有了。刘春山、江笑笑的独脚戏，经常引得我开怀大笑、手舞足蹈而忘了捏电线，致使噪声四起。我赶紧重新捏紧，生怕错过每一个笑料。
>
> 放学晏了，回家路上看见一个摊头，旁边放一只大喇叭，我也要站着听。因为从小得到滑稽前辈的熏陶，所以我能帮助姚慕双搭搭腔。

无线电作为中介，前辈的滑稽艺术早在少年周柏春的心中播下了喜剧种子，使他在贫苦的生活中得到快乐，忘却忧愁与烦恼；与此同时，于潜移默化中孕育了滑稽的表演才能。

姚慕双起初对弟弟并不抱多大希望，只是作为权宜之计，让他搭搭腔,使节目热闹一些,想混一阶段再说。不料周柏春对刘春山的表演技巧、出"噱"方法早已烂熟于胸,一开口俨然老于此道。再加上他把学校学到的文学、历史、数理化等知识有意无意地引进对话之中,出言吐语,有了几分"书卷气";这些在大多出身平民的"老滑稽"的节目中是听不到的。听众耳目为之一新,很快对他产生好感。

周柏春给姚慕双搭腔一月余,这档节目居然异军突起,听众日趋增多,他们纷纷写信,打电话到电台,问姚慕双的"无名下手"究竟何许人?然而,电台上只报姚慕双,不报告周柏春的名字。又有听众继续追问,姚慕双旁边一个搭档,声音柔和,软笃笃的,是啥人?大有不问出姓名不罢休之势。

兄弟俩无言以对。

姚慕双在电台演唱之际,周柏春正在工部局所办的育才公学(今育才中学)读书。

育才中学·YC,外文名Shanghai Yucai High School,创办于1901年(清光绪二十七年)。创办人埃丽斯·嘉道理(Ellis Kaddoorie),是世居巴格达的犹太人,排犹事件发生后东迁,曾在沙逊洋行任职。在香港,他以数百港元起家,做经纪人生意,20世纪20年代初将事业从香港拓展到上海,几番拼搏,成了金融、橡胶、电力、地产、煤气等领域的商界巨子,与赛法迪犹太富商沙逊、哈同齐名。被称为"大理石大厦"、占地14 000平方米的上海市少年宫,从前便是他的私宅。

1901年,埃丽斯·嘉道理在上海白克路(今凤阳路)创办育才书社。1910年,他出资白银四万五千两在山海关路和卡德路(今石门二路)交界处购地10亩,建造三层教学楼一幢和一个操场,1912年竣工后,即将育才书社迁至新校址,并交工部局管理,取名工部局立育才公学(The Ellis Kadoorie Public School for Chinese)。

育才中学草创之初,即以"中西并包,汉英兼采"的课程和教学为特色,育才学子的英语水平在当时的上海无出其右。历任校长为埃丽斯·嘉道理(1901—1912.2)、陶伟(1912.3—1929)、霍伦(1929—1941)。周柏春入学阶段,正是外籍人士霍伦任该校校长时期。

育才公学是一所公办的名牌学校，学生多为富家子弟，至少也出身于商人或职员家庭。眼前，哥哥陷入困境。出于对哥哥的支持，与哥哥一番“鬼商量”，周柏春决定下课后就上电台为哥哥当下手。但育才公学校规很严，姚慕双担心，要是把兄弟姚振民的名字说出去，万一传到学校里，给校长知道怎么得了！一个中学生上电台唱滑稽啊？说不定强令退学，使弟弟从此荒废学业。所以姚慕双为保护弟弟继续保持沉默。

周柏春当然晓得其中的利害关系，更是进退两难了。如果就此罢手，数月下来，哥哥已少不了他这个搭档，他本人更是割舍不了他所钟爱的滑稽艺术。这下轮到他尴尬了：不公布姓名吧，听众是衣食父母，要是割断了和他们的联系，引起反感，将影响哥哥节目的收听率；公开姓名吧，势必引起校方和同学的注意，育才公学的名声和社会地位低下“唱滑稽”之间的距离，不是一点点，而是山南海北啊！张扬开来很可能被学校开除；即使不被开除，同学们的白眼也会让他受不了。

对于此时的矛盾心理，周柏春如是说：

> 从育才公学毕业，可以到工部局或者巡捕房工作。去这个学堂读书，一学期50块银元。哪能读得起？那时候，我父亲曾有工作，姚慕双在沙利文工作几年，家中有点积蓄。父母望子成龙，希望我以后有个好职业。育才公学的同学多富家子弟，一道读书，已自惭形秽，晓得我唱滑稽更加看不起！旧社会，娼优并论，唱戏的和妓女一道登记，唱滑稽更加为人所不齿。假使在电台上公开姓名，校方势必勒令我退学；假使不上电台，我倒两个月唱下来，阿哥已少不了我这个搭档，再说我对滑稽也蛮有兴趣。

但听众刻刻来电，日日询问：这是啥人？一封封信件像雪片一样寄到电台来。姚慕双发愁了，他与弟弟回家同父母商量，召开家庭会议，商量对策。一致认为，不能再保持沉默，听众方面已过不了关，一定要给予答复。

姆妈周勤侠说：“那就用化名吧。”因为周柏春从小多病，身体不太好，姚慕双就想到他的名字中应该有个“柏”字，像松柏长青一样长寿。

“柏”字后面什么字呢，想到爹爹姆妈对子女的庇护，大树底下好遮荫，不妨取一个“荫”字。姓啥呢？姓姚不恰当。姆妈说：“姓外婆家的姓——就姓周吧。”于是，全家一致通过，姚振民，艺名就改为周柏荫。

周柏春《自述》中说：

> 一天晚上，我与姆妈、阿哥三个人坐在床上商量，决定在电台上报假名，以真名求学，以假名唱戏。姓啥叫啥呢？大家商量下来，改姓周，因为我母亲姓周。叫啥名字呢？我们总希望爷娘松柏常青，于是取一个“柏”字。第三个字就取“门前大树好遮荫”中的“荫”字。爷娘在，我们等于享荫庇之福。三人商量定当，我的名字叫周柏荫。

翌日，姚慕双有些兴奋地在电台上向听众慎重宣布：

“各位老听众！倷（你们）常桩（经常）写信打电话问我，迭（这）位搭档是啥人（谁）？我现在告诉大家，伊（他）迭个（这个）名字末，周柏——”要命了，周柏荫大家商量好了，没想到姚慕双因为对新起名字较为生疏，一时忘记，竟将全家切磋半天的“荫”字不说，冲口说了个“春”字，而且连说两遍；这样，周柏春的名字随着电波不胫而走，传遍申城的大街小巷。

回到家中，姆妈讲，名字改得蛮好，“春”字比“荫”字好，叫得响。电台上讲的话是收不回的，于是，将错就错，错到底了，周柏春的假名一直“周”下去，姚振民变周柏春，周柏春的子子孙孙也就一直“周”下去了。

# 十一　宝剑锋从磨砺出

不经一番寒彻骨，哪得梅花扑鼻香。

——〔唐〕黄蘖禅师《上堂开示颂》

周柏春天资聪明，虽然没有拜先生，但他青出于蓝胜于蓝。姚慕双是他阿哥，也是他老师。所以，两人在电台上珠联璧合，应付自如。兄弟俩成功搭档，自信增强了，就与姆妈商量了：弟弟周柏春干脆弃学从艺；他在电台与阿哥唱唱，感觉有味道，也愿意退学，正式“下海”。父母，尤其周勤侠听了兄弟俩的节目，经过一番慎重考虑，终于同意他俩的选择。

“下海”后，周柏春勤奋好学，与哥哥搭档如鱼得水。每日钻研滑稽艺术，总想搞点新节目。在此期间，姚慕双、周柏春兄弟也得到姆妈周勤侠很大帮助。

周勤侠幼年读过几年私塾，小学念到四年级，但平时孜孜好学。姚慕双、周柏春小的时候，她经常要孩子们背诵唐诗宋词。待到两个儿子上了电台，播音时间一到，她就守在收音机旁，边收听，边仔细地用笔记下儿子节目中的不足之处。譬如，读白字，或者粗言俗语，结构分散，或者措辞不当，全记在本子上，等儿子回家，便一一指出，关照下次播音改正。年复一年，天天如此。姚母常对两个儿子说：“伲（我们）姚慕双、周柏春唱滑稽，不能‘俗、流、丑、油。’像变鬼脸那种表演，伲姚慕双、周柏春不会的。”

她有一定的旧文学底子，对五才子的书，如《西厢记》《红楼梦》《西游记》《水浒传》《三国演义》，滚瓜烂熟。《红楼梦》每一回标题都能背得丝毫不差，《聊斋》故事篇篇都能有声有色地从头说到底。在她床头柜上永远放着一本字典，一个放大镜。每天上午有两三小时用于看报、翻字典，将一些有益的健康笑料摘下来，自编唱段给两个儿子播唱，如宣传忠孝节义的《新二十四孝》、开导年轻父母教育孩子的《儿童教育》、倡导卫生的《劝夫戒烟》等。姚慕双、周柏春兄弟也根据京剧中一出戏《清风亭》，改成《天雷报》，向社会呼吁：小辈应当孝顺、赡养父母，不可虐待老人。

姚慕双自1939年4月20日走上电台，到6月初，姚慕双、周柏春的业务有所拓展，他们除了金美电台之外，还在丽丽电台增加了一档节目。这家电台位于南京西路仙乐斯舞厅对面一条弄堂里。

他们毕竟是新出道，广告客户依旧不足，播音完毕还要一家家去兜广告。于是兄弟俩分工：姚慕双想办法多弄点节目，周柏春口才蛮好，很会应付客商，所以让他抽空去兜广告。

在电台唱滑稽想站稳脚跟很不容易，要成为响档更加困难，必须具备几个条件：一是滑稽以方言取胜，用方言逗笑刻画人物，所以必须学会各地方言，并能熟练运用；二是电台播音的节目，无论唱歌、唱戏曲、唱开篇，还是表演独脚戏，必须三天两头花样翻新，迫使滑稽演员动足脑筋，不断编演创新节目；三是必须为电台拉广告，交足播音费。三个条件中，唯有拉到广告，有了广告费，电台老板才能进账，自己才有收益，这是个不可缺少的前提。

在电台播音的艺人，有相当一部分的收入是为客户做广告收取酬金。姚慕双、周柏春于1939年春上电台播音，由于初出茅庐，名气不够，播音未有大的起色，所以广告客户少，全靠自己一家家地兜上门。

艺人在未成名之前要兜进广告费何其困难！周柏春才17岁，在那些商家眼中还是一个乳臭未干的小青年，哪能会放在眼里，他遇到的冷遇与委屈一言难尽。周柏春曾在《自述》中心酸地说道：

> 那时候，电台靠广告维持，要一爿爿商家去兜。兜广告蛮难为情啦，不认得，走进去，自己递上一张名片，再问，你们经理是哪一位？哪一位是老板？要不要做做广告？我们是姚慕双、周柏春，自由谈唱。有的没有听过，有的不要做，客气点的讲："喔，让伲（我们）再听听噢。"其实他不要做呀。有时，我每天跑南京路几家商店：315号跑好，跑317号；317号跑好，跑319号……一天跑下来，一家也没有呀。不客气的，就撇口拒绝："哎，阿拉（我们）勿做的噢。"

那一年10月初，不满17岁的我，兜广告来到石路（今福建中路），听说有个老板十分注意广告推销术，我心中暗暗喜欢。

这是一家桂圆店，很会做生意。它有四大特点：一是门口有个大桂圆；二是门口凹进去；三是红墙头；四是职员个个着黄衣裳，每个人看上去像一只大桂圆——因为他们身上都着黄格长衫，再加上黄种人，一只大桂圆，蜡蜡黄，接生意。

我进去对老板说："侬（你）要做做广告哦？因为听到倷（你们）贵店广告做得蛮大，每档节目侪（都）做倷（你们）广告。"

这个老板一口答应："好的，好的！伲（我）是要做广告的，倷（你们）一档节目蛮好，蛮好，不过倷（你们）一档节目，我呒没（没有）听过，让我听听看，侬（你）等一个月，下个月再来。"

那么好的，隔了一个月，我再去，看见了，他仍旧满面春风："噢，侬（你）来了，对，对，对！噢，侬（你）啥地方来的？"

我想你不晓得咾，于是再说一遍："伲（我们）姚慕双、周柏春，自由弹唱，唱滑稽，侬（你）是勿是做做广告哦？"

"喔，对，对，对！是的，是的！勿瞒侬（你）讲，我格一腔（这一阶段）特别忙，生意么也比较好，一方面空下来搓搓麻将呀，对勿起！对勿起！倷（你们）迭（这）档节目，我还呒没（没有）听过。格末（那么）决定，让我再听听，侬（你）下一个月来，让我听仔（了）下来呢，一定做广告。"

我听了蛮高兴，老板一口答应么。

我下一个月再去。他仍旧笑容可掬，眼睛边上都是鱼尾纹。"喔哟，好极，好极！我听过了。倷格档（你们这档）节目有苗头的！后起之秀！蛮好！不过今年冷天广告费我已经安排脱（掉）了，决定格（这）样子，过仔（了）年，春二三月，我搭倷（给你们）广告费准备好勒（了），等到明年一定做，一定做！"

我再等了两三个月，到了春二三月，我又去了。见了我，他就说："我等仔（了）侬（你）长远啦，侬（你）哪能（怎么）勿来啦？"

"侬（你）叫我隔脱（再过）两个月来的。"

“喔，喔。是呀，是呀。乃末（那么）近来侬（你）来有些困难。”

我想不通了，倒要听听，有啥困难？

“人家吃补品侪（都）是冬天吃的，春天人家侪（都）勿吃补品的。春天吃补品大热天要生热疖头的。”

我想，这个我从来没有听过呀。

“侬（你）是不是到今年冷天再来？近来勿瞒侬（你）讲，生意比较清淡，银根也比较紧。哎！钞票么赚勿着（赚不到），我现在还欠人家交关（很多）铜钿。还有，周先生，假使侬（你）啥地方能够搭（给）我借一眼（一点），利钿大一眼（利息大一点）倒勿要紧的。”

听了之后，我转身就走。

忽然间，周柏春觉得眼前这张笑脸是那样的虚伪可憎，为什么看不到那面具后面势利油滑的真面目呢？他突然意识到：这家桂圆店老板根本无意做广告，看不起这对没有“苗头”的兄弟。周柏春发现自己受骗上当，做了“憨大”，受到侮辱，自尊心被深深戳伤。

因为名气小，兜广告困难大，于是促使姚慕双、周柏春兄弟在业务上加倍努力，艺术上力求创新。唐代黄蘖禅师《上堂开示颂》一诗云：“不经一番寒彻骨，哪得梅花扑鼻香。”兄弟二人经过一番磨练，到1940年春节，已小有名气，而且开始迅速走红。他们又在奥凯电台、中美电台增加了新的节目。

周勤侠每天守在收音机旁注意收听儿子的节目，并假冒各路听众从各个不同的渠道频频打电话点播姚慕双、周柏春节目。当时点播的电话都是公开的，直接由电台播放出来：“某某小姐点播姚慕双、周柏春的某某唱段，某某先生要听姚慕双、周柏春的独脚戏……”点唱越多，说明演员越受听众欢迎，周勤侠别出心裁地用这个办法来扩大姚慕双、周柏春的社会影响，提高他们的知名度。事实上，由于姚慕双、周柏春的节目新颖、时尚，带有浓浓的书卷气，不仅赢得普通市民的喜爱，也受到知识阶层和上流人士的欢迎，观众点播他们节目的电话源源不断。

这时，姚慕双、周柏春每天要唱8档节目，其势头直逼何双呆、沈笑亭

周柏春青年照

(何、沈每天唱近10档节目),姚慕双、周柏春在电台开始唱红了。一些老前辈看见他们,有了好感:“啊呀,倗(你们)是后起之秀,后来居上呀,小辈英雄呀!”

不久,兄弟俩去黄浦电台播音了,竟然与先生做上下档:姚慕双、周柏春4点到5点,何、沈5点到6点。这时候,家庭经济状况好转了,姚慕双肩上的生活重担减轻不少,经济收入越来越丰富,每个月除了付电费、音乐组的开支之外,姚慕双、周柏春还可多余1 000多元。当时一个普通家庭夫妻俩带两个小孩,几十元或百把元开销,就蛮好了。显然,姚慕双、周柏春家境好转,成了小康之家。

电台接得越多,越要充实节目内容奉献给观众,这同吃小菜一样,每日不翻花样,吃来吃去那几样,就要倒胃口。所以唯有想方设法提高节目的数量与质量,使节目呈现千姿百态,常换常新,让听众始终保持听觉上的新鲜感,才能在电台上久盛不衰。

为了避免炒冷饭,姚慕双、周柏春播音完毕回到家中,先要总结这一天播出的节目哪些内容好,“噱头”多,手法新,哪些不合理,哪些太简单,哪里忒啰嗦,以便进一步改进;然后拟定明日8档节目中播出啥内容。当时正值青春年华,精力充沛,每每要讨论到深更半夜,吃了点心再研究。兄弟俩就是有股韧劲,假使不想出一个“噱头”,一个新花招,决不休息,有时研究到半夜三四点钟,才豁然开朗。正因为全力投入创作与更新,才搞出不少新的作品,如《浦东说书》《宁波音乐家》《各地堂倌》等,这些节目经过不断加工与改进,成了姚慕双、周柏春的拿手好戏。

后来演出的《报菜名》是周柏春独脚戏《账房先生》中的上半段,应该是从《各地堂倌》中演化而来。

他在戏中扮演了两个角色:一个是业务娴熟、招待客人特别周到,又反应敏捷、见机行事的堂倌;一个是佯装财大气粗、骨子里吝啬刁钻、爱

**占小便宜的老先生。堂倌为了迎合顾客百般奉承，老先生为了占便宜佯装阔佬，两种语气、两种面孔，角色瞬息间的反复转换，表演难度很大。但周柏春演来流畅自然，不露痕迹，将人物演得惟妙惟肖，可谓“得心应手”。这得益于他平时的苦练，对所表演对象性格特征烂熟于心的深切体验。**



堂倌（上海浦东口音，笑脸迎上）：老先生，长远勿见，长远勿见！今朝热来弗（今朝热头势），弄杯茶吃吃！弄杯茶吃吃！揩一把，揩一把！（佯装递毛巾）老先生，侬（你）长远勿来了？

老先生（略作停顿，板着面孔，看了堂倌一眼，用白相人的口气，上海话）：哪能（怎么）？阿是（是不是）横一声老，竖一声老，我吃侬（你）老的是哦！

堂倌（马上赔礼道歉）：喔，对不住，对不住！我眼睛不灵咪，我白内障啦（意思看不清楚），外加入仔苍蝇籽（而且被苍蝇似的黑点遮住视线——白内障的一种症状）啦。对不住，对不住！哎，侬预备吃啥？

老先生：随便啥，报两样来听听，快一眼（一点），快一眼（一点）！

堂倌（顺从地）：有数，有数。好的，好的！假使侬（你）吃到肉末，白切肉哪能（怎么样）？喔哟，清爽来，加点虾子酱油，格是灵透灵透！白切肉哪能？好的，好的：白切肉、红烧肉、四喜肉、走油肉、乳腐肉、酱猪肉、东坡肉、咕咾肉、扬州狮子头、无锡肉骨头、吴越粉蒸肉、椒盐排骨滚糖醋，青椒肉丝、芹菜肉丝、韭芽肉丝、洋葱肉丝、荠菜肉丝豆腐羹、黄芽菜烂糊肉丝。假使侬吃到鸡，白斩鸡、红烧鸡、咖喱鸡、铁排鸡、椒盐鸡、油焖鸡、油淋鸡、辣子鸡、生炒嫩童鸡……假使侬吃到鸭……假使侬吃到鱼……甲鱼，只只老甲鱼。

老先生：啥体（做啥）？侬（你）讲老甲鱼，哪能（怎么样）？指头点牢（指着）我呀？

堂倌：讲笑话，讲笑话，我哪能（怎么）敢啊！

老先生：你讲得忒快呀？哪能（怎么样）？强盗抢？杀得来啦是哦？

堂倌（抱歉地）：喔，喔，好，好的……格么（那么）鲫鱼哪能（怎么样)?葱烤鲫鱼,鲫鱼干煎,鲫鱼汆汤,上面摆两片火腿片,汁水浓来斜(非常浓)啦,像牛奶一样,吃仔(了)下来发奶格(增加奶水)啦……

老先生:哪能(怎么)?侬当我奶婶婶是哦?

堂倌:讲笑话,讲笑话,先生又来讲笑话了。

这里堂倌报菜名时,不仅“贯口”快中有序,一贯到底,几成绝响,而且对老先生不乏些许揶揄与调侃,增添了滑稽笑料,显示了堂倌的机智与聪明。

这一人物的塑造令人想起莫里哀笔下仆人史嘉本的可爱形象。但后者是通过整出喜剧的表演树立起来的,而周柏春口中生动的堂倌形象却在独脚戏短短5分13秒的表演中完成,真正可谓口吐莲花,大师风范!

老先生点了10块酱猪肉,因堂倌说吃不下可以退,他把油露露的肉汤倒在饭里,吃完结账。

独脚戏在堂倌向柜台账房报账时,嵌骨头的讽刺话语中喜剧性地结束,令观众回味无穷:

喂了来哉,一位老先生还账勒浪哉(来啦),一位老先生鲚鱼嫌腥气,鲫鱼骨头多,十块酱猪肉汤里潲一格浴(洗澡,此处指用酱猪肉蘸油露),一千铜板实实足,要退还伊(他)九百九十六格铜板勒浪哉。

老先生走出去,面孔涨得血血红。

电台播音三天两头要换节目,姚慕双、周柏春辛苦至极。有时为了从外国电影中寻找灵感与素材,就去大光明电影院看电影。周勤侠为了帮助两个儿子,也一起去看。听到一首好的插曲,如《魂断蓝桥》,三个人分工,姚慕双记英文唱词,周柏春记乐曲声音,姚母记音符,弄得头脑极其紧张。出了电影院,回到家中,立即按照记录与回忆,将电影中的插曲依样画葫芦唱出来;晚上7点就上电台播唱了。因为传播速度快,听众觉得新奇、惊异，收听率、点播节目者逐日攀升，有时竟将电话打爆。稍后点播者就打不进电话了。

当姚慕双、周柏春兄弟在电台唱红之时，听众越来越多，姚慕双、周柏春档风靡全上海，上门来做广告的客户络绎不绝，奇事出现了。

为啥呢？过去一年，姚慕双、周柏春名气响了。那时候，兄弟二人年纪比较轻，嗓子也好：姚慕双嗓音清爽，嗓音宽厚；周柏春嗓音窄而糯。一宽一窄，十分相配，听众从声音中就能分辨出谁是姚慕双，谁是周柏春。加之姚慕双、周柏春有文化，咬文嚼字，书卷气浓，所以知识界的不少人士爱听姚慕双、周柏春的节目。他们讲讲洋泾浜英语，唱唱英文歌，听上去，总觉与其他滑稽节目不同，有新鲜感，于是听众越来越多。周柏春回忆道：

一天，他们打电话给我，对方先笑："嗨，嗨，嗨，想勿到喔，长远勿看见哉。"

声音很熟，啥人？桂圆店老板。我问他："侬啥事体（你有啥事）啊？"

"交关（非常）对勿起，对勿起！侬（你）末也勿来，我一经（一直）等侬（你），冷天等仔（了）长远，等到热天，热天等到冷天，我一直要做侬（你）格广告。哎！侬（你）哪能（怎么）勿来呢？迭个一趟（这一回）无论如何要搭伲（给我们）做做广告。"

我接了电话，心里不开心，三言两语就拿话筒挂掉了。

一会儿，有个穿黄衣裳的职员，送来两斤桂圆，一些红枣，一些核桃。他对我说："伲（我们）老板叫我送来的，送拨倷（送给你们）两位的，迭个（这）三样物事（东西）一道烧呢，能顺气开胃，滋阴补肺，对肾脏大有好处，能养精蓄锐。伲（我们）老板讲无论如何，侬（你）要收下来。"

接着，拿出一张纸来对我说："无论如何请两位搭伲（给我们）桂圆店做做广告。"

我回答他："做广告呢，我搭侬（给你）排排看，因为广告比较多，最近几天我限定几家人家，客满了。有机会，我再打电话，打拨倷

（打给你们）老板好哦？谢谢侬（你们）老板。”

我说完，这个职员走了。从此，我广告不给他做，他送来桂圆等，就烧烧吃掉了。

去桂圆店兜广告一事，过去50多年，晚年的周柏春仍然萦绕于胸，不能释怀，他在上海广播电台亲自播讲的《笑的生涯，我的从艺故事》（简称《自述》）中重新提及，且占了他全部演讲内容的十八分之一。这里传递出几个信息：一是姚慕双、周柏春从艺之初，因为艺术上尚未成熟，生存压力甚大，各方面困难重重。二是社会之世态炎凉，人情凉薄。尤其桂圆店老板，近于恶作剧的戏弄，深深地戳伤了青年周柏春的自尊。若因银根紧张，无法应允的敷衍，倒也罢了。问题在于，圆滑、促狭的桂圆店老板的再三应诺，不啻欺骗，而是愚弄一个涉世未深的青年，让他一年中反复往返，拿到的是一张“空头支票”。这种被污辱的痛苦与恼恨，怎能让周柏春释怀呢？三是姚慕双、周柏春成名之后，桂圆店老板不仅打电话还派雇员上电台求做广告，此时的周柏春以其人之道还治其人之身，收下老板的薄礼，让他听候安排，却始终不予理睬。这从一个方面显示青年周柏春在复杂的社会环境中成熟了，他好恶分明地处理了这件事情。

这一时期，姚慕双、周柏春的节目之多之新颖，内容之丰富之精彩，已超过老师何双呆了。何、沈与姚慕双、周柏春的节目在同一个电台演播，又是上下档，听众便有了比较：何双呆一是方言少，他除了浦东话与苏北话能熟练运用，其他方言就不熟练，只能说马马虎虎；二是创作节目不多，这是他的弱点。姚慕双、周柏春兄弟年纪轻，又聪明，节目翻新花样多，很大一部分观众被姚慕双、周柏春的节目吸引过去。何双呆是个聪明人，眼看要被自己的学生比下去了，便来个“急刹车”，急流勇退，告别电台，从此不唱滑稽了。其时，他才40多岁，十分可惜。

姚慕双是个性情中人，直到晚年想起自己的老师，心里依旧十分内疚。

他在《自传》中深情怀念自己的恩师说：

我心里很痛苦，我拜何双呆先生，先生教我唱滑稽，怎么我拿老师的饭碗抢过来了！我老师何双呆又不是没本事！旧社会，有些师徒起初相处蛮好，后来因为种种原因关系搞僵，师徒反目，亲家变冤家，“关书”（契约）扯掉。何双呆先生非常民主，非但没有责怪我这个不孝之徒抢掉他的听众，还表扬我，鼓励我，勇往直前，希望我青出于蓝胜于蓝，超过他，所以我发奋图强，感恩不浅呀！



过了几年，急流勇退的何双呆，弃艺经商做生意了，开了一爿被单厂、一爿灯泡厂。他由滑稽演员成了资本家。解放后，他作为资本家遭受怎样的经历不得而知。1975年，何双呆去世。去世前两年，姚慕双因为经常想念自己的恩师，常去医院看他。何双呆得了心脏病，睡在病床上，离不开起搏器。他的病床在7楼，57岁的姚慕双总要上楼去看他，老师见了自己的爱徒很开心。姚慕双见了老师安慰道：“先生，侬（你）勿要急喔，侬（你）毛病会好的！”最后几天，何双呆已说不出话了，只能睁着眼睛看看自己的学生。姚慕双转过头去暗自落泪，他不能让先生当面看见，想想非常伤心。没几日，著名滑稽表演艺术家何双呆去世了。

# 十二 天道酬勤

高标陵秋严，贞色夺春媚。

——〔唐〕韩愈《新竹》

滑稽产生、发展并鼎盛于五方杂处的上海，所以滑稽演员要表现来自全国各地，尤其是江浙及广东一带的各式人物，就必须熟悉并熟练使用各地方言。学方言成了滑稽演员的基本功，也是安身立命的本钱，方言学得越多，表演的天地越是广阔。

姚慕双、周柏春学方言比较突出，可以说是滑稽界中的佼佼者。无论是常州话、丹阳话、常熟话、崇明话、宁波话、绍兴话、杭州话、苏州话、扬州话、浦东话、山东话、广东话、普通话，以及用各地方言讲的官话，他们张口就来，不打一点嗝仑。观众在周柏春的代表节目《十三人搓麻将》中，可以充分领略这位滑稽泰斗学方言的高超技艺与他的语言天赋，他能绘声绘色地模仿各地人物说方言的腔调、语气，从而反映人物情绪的跌宕起伏，并在声调强弱高低的变化中去刻画十三人不同的出身、地位，以及各人不同的个性特点，真是妙到极致！如果没有说方言的扎实基本功，是很难运用自如的。

姚慕双、周柏春兄弟学方言的天赋并非与生俱来。后天的勤学苦练，孜孜不息的努力，是他们成功的主要原因。

姚慕双关于学习方言有过深切的体会：

> 我想到自己现在也唱滑稽咪，独脚戏演员讲方言也是特色之一，演员讲方言，可以拿每种人物区别开来，塑造人物个性，方言帮助蛮大的。所以我拼命学方言。再讲方言我从小欢喜，我总到一个地方听到人家讲方言，想办法要接近他，听他讲。譬如，我去剃头店剃头，那时候，理发店里的老师傅，多数是苏北人、扬州人。扬州闲话非常好听，和他们讲闲话呀，我要抛砖引玉，拿他们扬州话多学一点，让

我进步进步。后来，我已经有点小名气了，到剃头店剃头，老师傅都认得格，我和他们讲苏北闲话，他们也和我讲苏北闲话："饭过吃啦？忙嚷（好忙）喔，来剃头啦？请坐喔！"久而久之，和他们更加熟了，连他们同行的"切口"也告诉我了。苏北话蛮"噱"的：剃头叫"瞅山头"，洗头叫"望山头"，修面叫"钩盘子"，大胡子剃须，叫"钩塞拉子"，快点叫"马前"，慢点叫"马后"。刮大胡须嘴上敷一条烫毛巾，叫"来把草荡"。一二三四五六七八九十，叫"六么望日中神经张也开"，扒耳朵叫"背劲"，敲背叫"撒针子"。我切口学得蛮多，日脚一多，他们真的当我是扬州人，是同行了。

姚慕双学方言的天赋来自孩提时对方言的喜爱。他听到弄堂里小贩叫卖声，欢喜得不得了，叫起来几可乱真。

上海五方杂处，各地小贩很多。

像苏州人的叫卖声："白糖莲心粥，桂花赤豆汤，卖火腿粽子，茴香酱油茶叶蛋，猪油夹沙八宝饭，珍珠米哟，檀香橄榄卖橄榄！"

还有苏北人的叫卖声："阿有橡皮套鞋修哦？阿有坏拖鞋修哦？修洋伞！阿有坏的棕棚修哦？阿有坏的藤棚修哦？麻油馓子脆麻花，金刚圈来苔条饼！"

还有宁波人的叫卖声："黄泥螺虾酱来！牛庄咸蟹来！雪花粉白玉霜，玫瑰生发油！"

广东人叫卖声："卖煎饼脆麻花，酥蛋面包，芝麻糊，白糖伦教糕，咦，薄脆花生！噼里啪啦，薄脆花生！"

一到热天，马路口卖西瓜的叫卖声此起彼伏。上海人卖西瓜的叫卖声也很好听："吔，勿甜还哎！吔，三个铜板买一块咦哎！吔，要吃沙拉利末甜格哉！吔，三个铜板一块咦哎！哎，吃仔一块连一块，三个铜板买一块咦哎！哎，要吃老虎黄末檀香籽，三个铜板一块咦哎！"

周柏春说：

姚慕双是有模仿能力的，从小就喜欢学各种小贩叫卖声，基本上可乱真，而且比小贩叫得还好。说《各地方堂倌》，他跑过吃食店，那时候，新闸路卡德路，现在的石门二路，那里吃食店蛮多的。从前有爿牛肉面店叫杨同兴——是清真教门；新闸路上老正兴，本地馆子，上海本帮饭店；还有卖炒面卖冷饮的，从前叫常利冷饮室，听里面怎么喊法。所以喊出来的堂倌声音特别好听，他的叫卖声学得很好。

姚慕双谦虚地说："冷门方言实在难学。讲到广东方言，我只是一知半解，实在不行。"但他并没有知难而退，反而千方百计找机会去学。

有一次，他看到一对青年男女在路上并肩而行，不时交头接耳地说话，似乎情话绵绵，但又听不清楚，姚慕双走在他们后面，发现这对青年是用广东话交谈。他以为眼前是学广东话的好机会，便紧随其后留心倾听。姚慕双在后面尾随一段路，不料这个广东男先生，突然回转身来，"噔"地一把将姚慕双拖牢（说广东上海话）：

"喂！侬（你）啥格路道（做什么）啊？我问侬（你），侬（你）啥格人？侬（你）啥格事体（为啥）听阿拉（我们）讲闲话？啥格事体（什么事）侬（你）讲，侬（你）到底啥格目的啦？讲啊！"

姚慕双猝不及防，被男青年的凶狠举动吓坏了。连忙辩解说："我一点也呒没（没有）目的格。"

"我晓得格，侬（你）跟勒（在）阿拉（我们）后头贼头贼脑，鬼头鬼脑，侬到底啥格路道（干什么），侬（你）讲，侬（你）讲，侬（你）勿讲，我要对侬（你）不客气格！捉侬（你）到警察局去呀！"

姚慕双没有办法了，只得如实相告："我刚刚拜先生，刚刚学习唱滑稽，方言是我们滑稽的重要科目，所以我想多学一点，跟牢你，请你多多原谅！"

他这么一解释，那位男青年释疑了："噢，还有格样子事体啊！好啦好啦，没问题的啦，走啦，走啦！"

姚慕双见对方没有难为他，便马上开溜了，幸亏没出大洋相。

为了学好方言，充分发挥方言在滑稽戏中的喜剧效果，姚慕双注意观察生活。一天，他在马路上看见两个人吵起来了：一个宁波人踏了一辆脚踏车（自行车），不当心撞在旁边一个上海人身上，两人就争吵起来了。

上海人讲："侬（你）撞我！"

宁波人回答："是侬（你）撞我！"

"哪能（怎么）我撞侬（你）脚踏车啊！"上海人不买账了。

两人正吵得起劲，山东巡捕来了："干什么，干什么？吵什么吵？你们说！"

宁波人就讲了："先生，事体是格冒哦（宁波话：这样的）：我脚踏车不当心，其（宁波话：他）走路也不当心，大家碰着唻。"

山东警察听不懂宁波话（说山东上海话）："你讲啥东西啊？我一句也听不懂啊！你讲啥格路道（讲什么）呀？讲啥物事（东西）啊？"

"是格冒哦（这样的），"宁波人讲宁波官话了："事体是格向冒哦（这样的），我脚踏车呢跟他碰一碰，他骂人了。"

"喂喂喂，侬（你）脚踏车啥体（为什么）不打铃呢？"山东警察用山东口音的上海话责问宁波人。

"我只铃被人家偷掉了，没有了。"宁波人回答。

"你不打铃，怎么办呢？是要撞在人家身上的。"

"我呕渠（音"欧其"，宁波话，喊他）哦（的）。"

"什么？"山东警察听不懂。

"我脚踏车踏过去，呕渠（喊他）哦（的）。"宁波人又重复了一句。

"你呕去的？噢，我知道，我知道，你多吃了一点老酒，你呕出来了，呕在他身上？"山东警察自作聪明地问宁波人。

"我勿是葛格（这个）呕（吐），葛格（这个）呕（喊），两样哦（的），我是呕（喊），葛格（这个）是呕（吐）……"宁波人急忙解释。

"他娘的，讲什么东西？我听不懂！"

结果还是说踏脚踏车（骑自行车）的人不好。

姚慕双作为旁观者，听了三个讲不同方言的路人的对话，受到启发。以后，他在独脚戏中常常把几种方言混在一起，分别代表不同的人物进行表演，取得了理想的喜剧效果。此后他又用各地方言学英语，经常放在滑稽段子中。

广东人讲英文:“古德猫宁密斯特王,古德猫宁密斯特唐,好多油多?(Hi, Good morning Mr. Wang! Hi, Good morning Mr. Tang, How do you do?)阿勒勿英格利希,真海顶刮刮来。”宁波人讲英文:“古德猫宁密斯特王。古德猫宁密斯特李,好投由投?(Good morning Mr Wang. Good morning Mr Li, how do you do?)阿姆费丽古德(I am very good),威阿阿尤狗音?(Where are you going?)阿姆狗音突小毛头司霍姆。(I am going to Xiao maotou's home.)小毛头宁波人,阿拉朋友唉。唉,我英文讲得交关(非常)好,来叫卡姆(come),去叫狗(go),一块洋钿温道罗(one dollar),廿四铜钿区狄伏(twenty four),大大轮船司汀婆(steam boat),因赛雪堂(inside sit down)里向坐。”还有浦东人讲英文:“古德猫宁密斯特王蛤蜊。古德猫宁密斯特李蛤蜊,好杜油杜?(Good morning Mr Wang. Good morning Mr Li, how do you do?)阿姆凡立凡尔。(I am very well.)阿爱扫耀瓦爱夫拉司脱奈特。(I saw your wife last night.)喔唷,伊拉瓦爱夫只番斯(Oh, his wife's face)拉吃滴啥话头丝!大老倌呀!啊呀,凡立彼德火尔(very beautiful)!”人会得抖的。

姚慕双、周柏春兄弟还经常在独脚戏中,利用各地方言发音相近而意义相异的词汇造成误听,导致误会,从而制造卖口与笑料。典型的例子,除了《宁波音乐家》,还有《普通话与方言》,新中国成立后,为了配合政府提倡说普通话的号召,在原有节目的基础上作了修改与加工。

周:……一样“为什么”三个字,拨勒(给)宁波话来讲就大不碰头。

姚:格么哪能(那怎么)讲呢?

周:宁波人欧(讲)“索西拉”。

姚:“索西拉”哪能写法呢?爷叔的叔,爷叔死啦?

周:……无锡人叫“哪话?”……常州人叫“做(奏)嗲咾?”。常州人讲闲话都喜欢带一个咾字。

姚:噢?格末(那么)大人叫啥?

周:大咾。

姚:小人?

周：小咾。

姚：甜的？

周：甜咾。

姚：咸的？

周：咸咾。

姚：倒是侪（都）有个咾，格么侬（你）周柏春进去？

周：我周柏春进咾。

姚：侬（你）周柏春出去？

周：我……（停顿一下）常州人只进不出的！

观众等着周柏春讲“出咾（赤佬）”，周柏春偏不讲，峰回路转，来个“只进不出”，与一般的常规思维逆向表演，从而产生耐人寻味的笑料。

周柏春用滑稽形式交代了方言之间的差别之后，接着用一个简短的小故事，把方言一字之差造成的误会，将笑料集中在一起，甩出了一连串的卖口，将独脚戏推向了一个小高潮。说他有一次小年夜去无锡白相（玩），住在一个旅馆里，热情的服务员为他准备了一脸盆热水，请他洗脸。上海人洗脸叫“揩面”，无锡人叫洗脸，但这个“洗”字的无锡发音，与上海人说“死”字相同，于是一连串的误听造成了一连串的误会，导致一连串笑话。

周：（作无锡服务员）先生，辰光（时间）不早了，你好死（洗）了。

周以为对方开玩笑，朝他笑笑。……

周：（作无锡服务员）啊呀先生，你勿要笑得乖，藕（我）叫你死（洗）勿错乖。

周：（误听，生气）侬（你）讲闲话清爽（干净）点喔！今朝小年夜，明朝大年夜，大家讨个吉利喔。

周：（作无锡服务员）咦？先生，你小年夜不死（洗），你大年夜也要死（洗）乖。

周：（生气）侬迭个闲话清爽点（你说话干净点）好哦！我来无锡白

相相格（玩玩的），迭个弄得来啥名堂（这算什么）？我变得客死他乡，是勿啦，我还要回到上海去唻。

周：（作无锡服务员）咦？先生你无锡不死（洗），你上海也要死（洗）乖。早死（洗）晏死（洗）板要死（一定要洗）乖，你早点死死（洗洗）脱（掉）好了伐（算了）。

**两人吵起来，一个账房先生过来打圆场。账房先生也是无锡人，他劝客人……**

周：（转换成账房先生）先生，你不要动气！……看藕（我）面禳（上）……先生，藕（我）是晓得乖，你啥体（为啥）勿死（洗）？藕（我）晓得，你死（洗）是要死（洗）的，你现在是搭头（与他）碰僵了（搞砸了）不死（洗），藕（我）晓得。好唻，先生，你看藕（我）面子，买藕（我）面子，头（他）叫你勿死（洗），藕（我）叫你死（洗），你死（洗）！

**姚夸周对方言很有研究，问他广东话会不会说，就转到广东人用广东上海话与上海人交谈引起的误会，把这段独脚戏推向了高潮。**

**在上海南京路永安百货商店，营业员是广东人，顾客上海人。……**

姚（广东上海话）：哎，先生（音似“猩猩”）。

周：啊！侬（你）叫我猩猩！有这样漂亮的猩猩吗？

姚：我是叫侬先生。

周：喔，叫我先生。我要去七楼。

姚：哦，侬是赤楼（音似“赤佬”）。

周：喂喂喂，什么赤佬？

姚：不是赤佬，是赤（七）楼，就是约姨山细唔陆赤（一二三四五六七）的赤（七）楼。

周：噢，七楼。好，算了，算了。我想买袜子。

姚：侬想买镬子？

周：不是的，是脚上着的袜子。

姚：喔，买袜子。啥格牙刷（颜色）呢？

周：我不是买牙刷，我要豆沙色的袜子。

姚：豆沙塞勒（在）袜子里啊？那是一塌糊涂了！

周：我是要买这个。（脚翘起来，指指）

姚：侬要买火腿。

周：不是火腿，我要买这个（指小腿部）。

姚：哦，侬要买火腿脚爪！好啦，好啦，鹤（我）开拨（给）侬（你）先生好啦。

周：啥人要买火腿脚爪！侬这个人怎么七搞八搞（胡搅）？

姚：侬要买七块肥皂。阿拉侪（我们都）是香肥皂，鹤（我）去拿拨侬（给你）。

周：喔唷！

姚：侬要汹浴（泡澡）？

周：喔唷姆妈！

姚：侬要买汹浴拖鞋？

周：侬真会缠，我看你是洋盘（外行）。

姚：侬叫我娘舅？不敢当，阿拉（我）勿是侬娘舅。

周：唉！这样子搭侬（跟你）讲闲话要吃饱仔（了）人参来！

姚：侬要买七磅人参？为啥要买介许多（那么多）人参？

周：喂！侬不要不识相（不知趣）！

姚：侬要拍照相？拍照相到赤（七）楼。

周：真是碰着七十二个大头鬼！

姚：侬要买七十二斤大头菜。

周：我勒拉骂侬（在骂你）！

姚：侬要买只马桶。

上述独脚戏《普通话与方言》显然从王无能《各地方言》演变而来，

是为了配合新中国成立后提倡说普通话的需要，起了一定作用。1985年3月，姚慕双为中国曲艺出版社出版的《传统独脚戏选集》整理独脚戏《广东上海话》时，写有简短的《附记》，兹摘录如下，供读者参考：

> 独脚戏创始人王无能曾经灌过一张《各地方言》的唱片，其中一节描述一个广东籍营业员不懂沪语，与顾客发生争吵。后来同行都来效法，单独抽出这一节，构成一个小段，取名《广东上海话》，常作“返场”之用。
>
> 三十年代（20世纪）后期，我根据前辈艺人们所说的这个段子，边演边改，添枝加叶，变为大段。除广东营业员与上海顾客纠缠不清外，我还加进了甲对乙说的“老婆操心”等一段对话。
>
> 这次整理时对庸俗的内容和廉价的笑料都已删除。

由于姚慕双、周柏春兄弟别出心裁地把各地方言巧妙地用于创新节目中，他们在电台的播音引起轰动，受到上海市民前所未有的欢迎，好评如潮，恰如滑稽界杀出两匹仰天长啸、趵趵扬蹄的黑马，两员大将骑于马上，英姿飒爽，横槊赋诗，神采飞扬，真可谓异军突起，独占鳌头。从此姚慕双、周柏春在上海滩各大电台雄霸一方，以后又踏上红氍毹，独领风骚数十年，在滑稽天地中高标逸韵，飘扬起姚慕双、周柏春的大纛，迎风招展。

# 十三 付学费

流水在碰到抵触的地方，才把它的活力解放。

——〔德〕歌德

一日，姚慕双在金美电台播音，有个眉清目秀、身材瘦小的中年人到金美电台来找他。姚慕双就问来人："先生，你尊姓啊？""我就是鲍乐乐，特地来拜访你的。"来人回答。姚慕双一听来人的大名，顿时激动得不得了。过去，他对江笑笑、鲍乐乐敬仰已久，可惜只闻其名，未见其面。今天，被称作"滑稽秀才"的鲍乐乐，竟然亲自登上他播音的电台拜访，不啻在他脸上贴金啊。姚慕双立即端椅子请他坐下。

姚慕双为何见到这位滑稽前辈如此激动呢？

20世纪30年代初，滑稽艺人江笑笑、鲍乐乐的"社会滑稽"已誉满申城，继王无能之后，与刘春山并列，被称为上海滑稽三大家之一。

江笑笑、鲍乐乐搭档，江为上手，鲍为下手，他们先在永安天韵楼，后来就扩展到大世界等游乐场所演出。江、鲍的节目主要反映社会上芸芸众生的千姿百态与喜怒哀乐，十分受观众的喜爱，每次演出，观众都围得水泄不通。

在前辈演员中，江笑笑的"说"功首屈一指，他十分重视"卖口"，第一次说的"卖口"，他每每独自练习，说上几十遍，再安放好"噱头"，达到一定效果，才为观众表演。他甚至在一段时期专攻一个段子，直到演得"噱"了，再创作新段子。

江笑笑在说笑话、放"噱"时，语言诙谐、幽默，口齿清晰，特别讲究节奏，某处停顿多半秒、少半秒都不行，那样会影响效果，所以他总是在抑扬顿挫的语气中，在恰当的地方放"噱"。

而作为下手的鲍乐乐紧密配合，一丝不苟，对白敲定之后，在紧要的地方绝不动一个字，也从不抢上手的风头。他在总结与江笑笑合作的经验时说：

南方滑稽"上手"叫"说","下手"叫"托"。这"托"字很有意思。就是"上手"掉下来是四两,我托得住;或许突然来个五百斤,我也要托得住;如果一旦托不住,就是要打碎了,所以社会上用"托子"的物件,"托子"总比物件大一些,艺术中用"托"字的地方,也带有这个意义。

鲍乐乐还会拉二胡、小提琴,弹三弦等多种乐器,能为"上手"伴唱。

江、鲍表演面部表情以"傻""憨"取胜,属于"呆派滑稽",从人物出发制造笑料,冷面幽默。当年两人灌制了大量唱片,如《改良知心客》《路遥知马力》《勿落雨》《黄慧如》《刀劈野鸡》《一言难尽》《前朝勿接后代》《滑稽毛毛雨》《滑稽老腔花鼓调》《滑稽小鼓调》,为后人留下了极其珍贵的财富。

姚慕双、周柏春后来从江、鲍的艺术中吸取了不少营养。如姚慕双在滑稽戏《祝枝山大闹明伦堂》中扮演的祝枝山,就是吸取了江笑笑的表演特点,化为自己的艺术风格。

姚慕双、周柏春独脚戏名段《汉朝》就是根据江、鲍的代表作《教书先笔》加工改编而成。这个节目新中国成立后直至姚慕双、周柏春晚年还经常演出。

周柏春后来对每段台词演出之前,反复练习,找到放"噱"的最佳时间,艺术上的严谨,同江笑笑如出一辙。

鲍乐乐这样一位艺术大家的突然造访,使姚慕双感觉受宠若惊!

他当即询问来意:"鲍先生,你有啥贵干啊?"

鲍先生说:"虽然我和你没有见过面,但是我在家中听过你的播音,小朋友呀,你年纪轻轻,有那么多节目,听众也很多,不简单,而且播得不错,方言也蛮好,唱唱讲讲,都勿错的,很有'噱头'!"

末了,鲍乐乐讲明来意:"这个礼拜六,我在华兴电台包了一档特别节目,请你参加一档,是否愿意?"

姚慕双听到这句话,心里亮晶晶呀,赛过大热天吃一只冰淇淋,比吃一剂清凉剂还舒坦。他开心激动,这是老前辈对他们兄弟的抬举呀!一档节目，他们初出茅庐竟然与前辈艺术家一起演播，真是莫大荣幸！

到了周六下午，姚慕双、周柏春遵约来到华兴电台，做好节目，鲍乐乐先生非常满意。此后，姚慕双、周柏春与江、鲍二位先生有了来往。几年之后，姚慕双、周柏春还参加了江笑笑、鲍乐乐的“笑笑剧团”。

这一时期，由于姚慕双、周柏春的节目在电台上已经拥有许多听众，便经常接到电话，有钱人遇到红白喜事就请姚慕双、周柏春兄弟去唱堂会。但对唱堂会，兄弟俩有些胆怯，胆子小呀，实在没有把握。因为电台上唱滑稽，与听众空中见面，输送笑料；兄弟俩从来没有接过堂会，没有一点当众表演的体验。听同行说，堂会非常难唱。宾客满座，都在吃酒吃菜呀，边吃边聊边看戏，有兴趣时听两句，没兴趣，只管自己吃菜喝酒，或者遇到几个要好朋友，就在酒席台面上聊个不停，要吸引宾客的注意，真不是一桩容易的事。所以姚慕双、周柏春兄弟一直未敢尝试。

然而，唱堂会能够多赚钱呀。如果经常去唱堂会，收入便可观了。这时候，姚慕双、周柏春有一家客户，是南京路华盛顿钟表店经理陈齐宝先生，他是宁波人，与姚慕双、周柏春同乡。一天，他打电话到电台：“姚慕双、周柏春喔，隔两日（过两天）我有个朋友，老太太做寿，倻（你们）要去哦（的），我请哦（的），依（你）一定要来哦（的）。”因为是做广告的客户打来电话，热情相邀，姚慕双、周柏春也就无法推托，便答应下来，摩拳擦掌，准备铤而走险。那时，姚慕双22岁，周柏春才18岁。

在接堂会的日子里，既兴奋又紧张，兄弟俩不敢去想象，那样的堂会是一种什么样的场面，也不敢去预测他们自己的演唱会达到什么样的效果，只觉得心里忐忑不安，像迎接一件重大事件，期待的心情里夹杂着丝丝慌乱。

终于到了约定的时间。1940年一个星期天的傍晚，姚慕双、周柏春应陈经理之邀，去陈经理朋友家中唱生日堂会。陈经理很客气，特地送给姚慕双、周柏春兄弟一块绣花桌帏，上面写“姚慕双周柏春自由弹唱”。

这天晚上，姚慕双、周柏春兄弟鼓足勇气来到目的地——七浦路上一户大人家，偌大的厅堂上早已张灯结彩，喜气洋洋，宾客盈门了。十几张圆台已摆满佳肴，只等宾客入席。好几档唱堂会的艺人都在一旁候场，只待祝寿仪式开始，便上场演唱助兴。

在姚慕双、周柏春前面表演的是甬剧老前辈——宁波滩簧著名演员傅彩霞与筱彬云一档。他们开始表演了。傅彩霞唱一只民间小调，叫《手扶栏杆》。嗨，不要看她是甬剧演员呀，方言好得不得了呀，先用苏州话唱“手扶栏杆苦叹末第一声，鸳鸯末枕浪末劝劝我郎君……”然后再用上海浦东话唱：“手扶栏杆苦叹末第一声，鸳鸯末枕浪末劝劝我郎君……一路上鲜呀花少呀末少去采，上轮船下火车侬（你）自己要当心呀哎！”接着就用宁波方言唱了：“手扶栏杆苦叹末第一声，鸳鸯末枕头上劝劝阿拉老公，一路上鲜呀花少呀末少去采呀，上轮船落火车自家要当心，老公欸！”啊呀，她这样唱下来，宾客掌声雷动。姚慕双、周柏春兄弟在旁边听得非常钦佩。

傅彩霞唱毕，她说：“我现在辰光（时间）到唻，讲好唻，请听下档。乃末（那么）我呢是唱宁波滩簧哦（的），就是学眼（一点）皮毛啦，勿是真正滑稽演员，是冒牌货啦！喏，今朝末姚慕双、周柏春来啦，渠拉（宁波方言，他们）是滑稽名家耶，渠拉唱好好交（远远）比阿拉（我们）唱得好啦！好好交（远远）比我侬（宁波方言，我）滑稽唻！”

姚慕双听见傅彩霞这么隆重地推出他与周柏春，心头“格登”一下，暗暗叫苦：“完了！伊（他）格（这）几句闲话拿我伲（我们）捧上了三十三层天，跌下来掼得粉身碎骨！”姚慕双还没上台，已经急出一身汗。等到上台，他心里像十五只吊桶——七上八落。讲闲话末结结巴巴，外加语无伦次，等于吃一碗滚滚烫的面疙瘩。喔唷！烫得不得了，吐勿出，咽不下，弄得台下一点笑声都没有。

周柏春在《自述》中说道：

> 我一下被触了神经似的，醒悟到自己的身份是表演者，而且立时三刻就要上场表演，一下子紧张起来。我心里不禁暗暗叫苦：唱在名角后面，明显是吃亏的，而且与观众只隔三五尺距离，如此面对面的交流，这对我们来说还是第一次。我偷偷瞥了阿哥一眼，只见他和我一样，一脸紧张，脸上摆着不自然的笑，懵里懵懂地上场了。

演总归要演，丑媳妇总要见公婆。姚慕双与周柏春先表演一段《宁波音乐家》。《宁波音乐家》是姚慕双、周柏春的打炮戏呀！唱下来，一点没有笑声。为什么？一种可能是这个节目在电台上播得多了，宾客多数是宁波同乡，他们并没有异乡人会产生的新鲜感。于是急了，脚步乱了。马上换节目，唱《浦东说书》；他们以为《浦东说书》颠三倒四，一定蛮“噱”，唱完宾客仍然毫无反应，酒席上非常沉默。姚慕双在《自传》中说：

最后我们拿出杀手锏了，想今朝老太太生日，马上来段沪剧《上寿》开篇，唱完他们睬也勿睬我。那么我想卖力点，唱一段英文《祝你生日快乐》，他们眼睛也不对我看，更加勿要听了！好吧，我立即唱一只外国歌给他们听听！唱一只《喔，妈妈》，唱好了，我想你们总会满意味，好鼓掌味？客人听也勿听，反而交头接耳讲点啥，这下弄得我难为情，真坍台啊！

由于事隔半个多世纪，也许人的记忆与事实总不会完全一致。关于此次去堂会演出节目的内容与顺序，姚慕双、周柏春兄弟的回忆稍有出入。周柏春说：

头一趟唱，又没经验，这下没办法啊，心里已经紧张得勿得了，面孔涨得鲜鲜红，两只手冰冰阴。姚慕双和我两个人，你看看我，我看看你。唱什么段子呢？头一只唱《上寿开篇》，沪剧《寿星开篇》。本来《上寿开篇》是这样子唱的：“天降麒麟福寿齐……”这下姚慕双唱《寿星开篇》，头一句出口，倒是勿唱男口，唱女口。唱女口，第二句就高，越唱越高，唱到后来，等于像雌鸡啦，像起油锅这种声音，越唱越勿“噱”了。后来马上调一只，我们自己认为拿手的英文歌《喔，妈妈》。这只歌也勿“噱”格啦，有种小朋友可能也不熟悉。唱了下来，再调《二房东寻相骂》，也勿“噱”，再唱《四明宣卷》，仍旧笑勿起来，立刻再换《宁波音乐家》：“来发，咪索西多来……”下头的小朋友熟悉的呀，我刚讲“来发！”下头小朋友马上接口讲“索拉

(干什么),索拉(干什么)?”“咪索西多来(棉纱线拿来)。”下头立刻“法多(不拿)。”……我总归上口刚刚讲过,下头小朋友就接下去了。这样怎么还会得“噱”呢?那时候自己也唱勿“噱”了,急得汗嗒嗒滴!台下干脆摆开酒水了,大家吃哉,划拳的划拳,有种“请呀,请呀!白斩鸡,炒虾仁……”根本不听你们。越是这样子呢,要想声音响一点,一共两个人的声音,下面几百人的声音,你怎么能敌得过?他们笑的神经末也拨不动来,自己的血液也凝固了,不晓得怎样下来的。下来了,姚慕双已经看不见哉。他一向有点大少爷作风,他已经溜掉了。那么怎么办呢?我也溜呀?怎么溜?还有胡琴乐器什么的,还有敲的镗锣铜鼓,那时候只有两个人,没有人帮忙,手提的。结果钱没有拿呀,一钿勿拿算啥呢?自己又不是票友。

晚年的周柏春回忆这段令他们兄弟终生难忘的经历,分析得比较客观:

下面的观众都是一般的市民,不懂英语,对英文歌毫无兴味,自然也就拨不动他们笑的神经。在以后无数次的表演实践中,才懂得,对于什么样的观众该演什么样的段子,因人而异寻找切入点,才能引起共鸣。

然而,当时姚慕双、周柏春兄弟全无这方面的经验,见台下没有笑声,气氛凝固,便阵脚大乱,两人在配合中也乱中出错,要么抢戏,要么冷场,窘态百出。表演的段子一换再换,终因“解冻”乏术,只好黯然下场。

堂会每一趟一小时,好不容易坚持60分钟,在这段时间里,姚慕双、周柏春兄弟好像坐在火山上,浑身难受。下得场来,周柏春一看,一向有少爷脾气的姚慕双已经溜之大吉了。

姚慕双跨出大门,方才想起唱堂会的钞票还没拿来。他要面子,觉得实在不好意思再去要钱。周柏春看见哥哥羞怯,只好硬硬头皮说:“阿哥啊,还是我进去!随便他们,触霉头就触霉头了!”

周柏春领了钞票告诉阿哥,他去领钱的时候,账房先生的面孔真是难看，没有办法形容了！账房先生阴笃笃说（绍兴话）："我阿（也）弄不懂呀，哪格套（为什么）倷（你们）唱滑稽唱不过宁波滩簧呀？你们两兄弟没有苗头么，一点也不滑稽，出来唱滑稽，这才叫滑稽呢，回去学学好再出来混。"

姚慕双在《自传》中说：

> 唉！这次唱堂会，真正坍台！但我们并不想遮盖、遮丑，失败乃成功之母啊！正由于这次失败，使我们懂得，舞台上的表演和电台上的播音毕竟是两回事，一个出色的电台滑稽播音员并不等于舞台上的好演员。反之，舞台上的好演员，并不一定就是好的电台滑稽播音员。这一次我们堂会上碰壁，吃一堑长一智，加强台上锻炼了。逢到亲眷约唱堂会，我们免费去唱，主动实践，分文不取。个别同行笑我们唱白堂会，"发痴"了！但我一笑置之，我在想，唉！燕雀安知鸿鹄之志？不经一番寒彻骨，哪来梅花扑鼻香！我是有用意的，亲眷朋友那里去唱不算钱，用现在的话讲"付学费"。

有人说："成功的时候不要忘记过去；失败的时候不要忘记还有未来。"姚慕双、周柏春的"学费"付得值，失败时的付出就是为了未来的成功。

周柏春、姚慕双初出茅庐，就像石板缝里挤出的苗，要在滑稽界站稳脚跟，何其困难！他们在艺术上想学点本领，没有老师教，而是多听多看前辈艺人的节目，学了，经过改造，化为自己的东西，为我所用。可以说，他们的艺术是"偷"来的。

然而，旧社会，一些老艺人却对从艺的后生都抱有一种"敌意"，唯恐夺了他们的饭碗，所以处处设防，要学到他们的艺术也并非易事。

老艺人朱翔飞（1911—1974）的滑稽表演，颇具特色，另有一功。他原名朱杏林，上海人。1931年"下海"与何双呆搭档，任上手；后相继与任咪咪、张利利合作。朱翔飞演出独脚戏自称"幽默滑稽"，表演时表情极少，常是"板着面孔说笑话"。不擅方言和各种唱腔，全凭巧嘴妙语连珠，故同行有"唱勿过麻皮（刘春山），说勿过翔飞"之说。擅演曲目有《水淹七军》《浦东说书》和《全体会》等。还编讲过名为《七十二家房客》的笑话，许多同行据此扩大情节、添加笑料，编为独脚戏。

朱翔飞早年与何双呆搭档，姚慕双是何双呆的学生，从辈分上说，朱翔飞是姚慕双、周柏春的师伯或师叔（朱、何都出生于1911年，月份不详），看在何双呆的面上，作为老师辈的朱翔飞应该对后生姚慕双、周柏春兄弟多加关照和提携。可是事实并非如此。周柏春《自述》中写道：

> 记得有一次，我与姚慕双在罗美饭店演出，正好与老艺人朱翔飞同台。我们弟兄真正高兴，有了学习的机会。每天唱完自己的节目，我们早就躲到饭店的柱子后面，偷听老先生唱戏。谁知朱先生似乎有透视功能，早就洞察在柱子后面潜心偷艺的我们兄弟俩。他就每天反反复复地演唱同一段浦东说书，一连十几天，直听得观众喝倒彩，直唱得老板大光其火，辞了他的生意。即便如此，朱先生也不愿换一个新段子。

然而，姚慕双、周柏春兄弟用心钻研，经过几年的实践锻炼，艺术上有了很大提高，积累了不少段子，后来唱堂会便得心应手了。即便到了解放初期，他俩每天唱堂会还有三四家之多。

周柏春说得好：

> 作为一个男人，他的成功是在苦难、羞辱、无助和不断地追逐中堆砌起来的。在此后漫长崎岖的艺术道路上，我逼着自己奋发攀登，朝着那艺术的顶峰……

人生就是如此：一半在经历中体验付出与回报的过程，一半是在回忆中享受并感知选择与努力所赐予的结果。

# 十四　屈辱与心酸

落絮无声春堕泪，行云有影月含羞。

——〔南宋〕吴文英《浣溪沙·门隔花深梦旧游》

唱堂会期间，姚慕双、周柏春兄弟常常遇到避之不及的灾难——那些不讲理的恶棍、警察，仗势欺人，非要他们白唱戏不可，受尽屈辱。

有一次，一个姓黄的叫姚慕双、周柏春去四马路（今福州路）鸿运楼唱堂会。姚慕双、周柏春二人一进门，抬头看到水牌上写了“黄府二楼”四个字。姚慕双、周柏春为了赶下一档的电台，所以急急忙忙奔到二楼要求立即登台。唱毕，姚慕双、周柏春问账房先生要钱了。孰料账房先生的回答令二人呆若木鸡。

这位账房先生慢条斯理地说：“喂，我伲呒不叫伍（崇明话：我们没有叫你们）唉。”姚慕双急了：“我伲（我们）上来唱堂会，倻（你们）为啥勿阻挡我伲（我们）？为啥要让伲（我们）继续唱下去？”

他笑眯眯地说：“嗯呐（你们）有兴趣硬劲（一定）要唱末（呀），嗯（我）也呒不（没有）办法末（呀）。”

姚慕双周柏春两人气得走到底楼，一看也写着黄府两字，这才知道唱堂会跑错人家了，下头人家叫堂会，他们却到楼上去唱了，于是马上走进底楼礼堂唱堂会，却被这一家拒绝了，说：“现在勒拉（正在）变戏法，倻哪能（你们怎么）脱掉（迟了）一个钟头啊？还是看倻（你们）唱滑稽，还是看变戏法？交关（非常）抱歉喔，以后有机会再请倻（你们）来唱堂会。对不起，怪要怪倻（你们）自己不好！”

两人重新走到二楼，再向黄家交涉：“堂会已经唱了，铜钿（钞票）总归要付格咾！”

尽管姚慕双、周柏春横说竖说，他们仍旧不付分文，而且阴阳怪气地讲：“格末（这下）我伲（我们）根本勿要唔里（你们）唱堂会，唱滑稽么，哈（啥）人叫唔里（你们）鲜格格（卖弄）？”

难道我们骨头轻，一定要唱堂会呀？还讲我们鲜格格（卖弄）！姚慕双、周柏春心里窝火啊，再回到底楼向黄家交涉："我伲（我们）已经来了，板要（一定要）唱格咾，不唱不来事格（不行的）。"

这时候，底楼的管事不开心，板面孔了："呒没（没有）脱（与）倷（你们）算账还算好咪，我伲（我们）还搭倷（与你们）算账咪！老实讲！倷（你们）误脱（耽误）我伲（我们）两个钟头场子，缠勿清爽，还要捣蛋是哦？"

兄弟俩面面相觑，无可奈何，只得作罢。这个管家还大光其火，将姚慕双、周柏春放在桌上的铜鼓木鱼都拿走了。周柏春想去要回来，被姚慕双一把拉住说："我们还是赶电台要紧，铜鼓木鱼也没有几个钱，算了吧！"他怕弟弟与那个蛮横的管家再起争执，耽误了去电台的时间。

旧社会，艺人的地位相当低，常受流氓的欺侮。姚慕双、周柏春经常收到流氓发来的各种"请柬"，这种帖子，叫"打秋风"，说什么某某先生要做寿呀，都是瞎说，让艺人去祝寿，送钱，白唱戏。有个流氓叫阿庆，30岁，要给自己做寿，叫"阿庆为阿庆，三十大庆"。还有个流氓，对外讲外婆死了，要做阴寿；有的要做阳寿，名堂很多。有的说小囡满月，隔了一年，又说小囡刚刚满月。有的流氓说，外婆出嫁了，要在阴间"配婚"……这些乱七八糟的帖子发来，都叫"打秋风"。艺人收到帖子一定要送礼，假使不送，就给你"颜色"看。

姚慕双、周柏春兄弟每月要收到这样"打秋风"的帖子二三十张，一定要送礼去，少则两块大洋，多则五六块大洋。遇到大一点的流氓，去了，不仅送礼，还要白唱堂会。

有一桩事体，让姚慕双、周柏春直至晚年都难以忘怀，心有余悸。

敌伪时期，有一天，姚慕双、周柏春正在黄浦电台播音，突然接到一个电话，叫他俩夜里6点钟到四马路（今福州路）会乐里长三堂子一家妓院去唱堂会。

到了会乐里，踏进一个大房间，只见几个花枝招展的小姐簇拥着一个头戴帽子、40多岁、满脸横肉的胖子，她们对这个男人阿谀逢迎呀，又是敬酒，又是敬菜，令人作呕！兄弟俩一看这种架势，晓得此人来头蛮大，也不敢怠慢，便卖足力气表演。

他们先表演一只滑稽段子《轧户口米》。表演老百姓到米店门口排队轧（挤兑）户口米：前面一个人，后面一个人，后面是个木匠师傅啊，腰眼里斧头榔头凿子都带在身边。动一动，噔！凿一凿；动一动，噔！凿一凿。前面一个癞痢头，哎唷，天热啊！癞痢头上的癞油都滴下来，非常难闻，也没办法。……

演完这段独脚戏，姚慕双、周柏春收了钱就离开了。一个小姐送他们到门口，就对兄弟二人说（苏州话）："啊呀！姚慕双周柏春呀，真正拨捺吓煞哉（给你们吓坏了）！还好，唔笃（你们）旡没（没有）出事体（事情）呀！刚刚唔笃（你们）表演癞痢头轧（挤兑）户口米，倷晓得坐勒浪是啥人啊（你知道坐着的是谁啊）？"

"勿晓得。"姚慕双、周柏春茫然不知地回答。

"告诉倷（你），俚（他）就是高云齐，是癞痢，叫癞痢云齐，是一个大流氓！唔笃（你们）骂得迭（这）样子，推板一眼眼（差一点），唔笃（你们）性命送脱哉（掉了）！俚（他）光起火来，勿得了呀！还好，大概俚（他）多吃点老酒末，有点兴奋，所以也不追究了。唔笃（你们）快点走吧，唔笃（你们）再慢一眼，作兴俚（也许他）追出来，勿得了啊！"

姚慕双、周柏春吓得马上走，逃也来不及！

除了地痞流氓，警察也不把艺人放在眼里，任意欺侮。

20世纪40年代初，姚慕双、周柏春兄弟在久久电台播音，突然接到一个电话。

"喂！叫姚慕双听电话！"对方语气很凶。

"喂！啥体（什么事）啊？"姚慕双问。

"阿拉（我们）是榆林分局，警察局，叫倻（你们）来唱堂会。"

20世纪30年代至解放后的50年代末期，位于榆林路上的原国民党警察局那幢红砖大楼，一直是上海榆林行政区的办公楼，今属杨浦区。

"迭歇（这时候）旡没（没有）空啊。"姚慕双婉言解释。

"啥格旡没（什么没有）空呀？车子马上过来啦。"对方不容姚慕双多说，就挂了电话。

不多时，电台门口开来一辆捉强盗、押犯人的红汽车，从上面跳下来几个警察，像押犯人一般将姚慕双、周柏春从电台带出。这时候，马路上、弄堂里沸腾了，居民与路人不知道警车开来要捉谁。

“啊！啥事体？啥格路道呀（怎么一回事呀）？坐仔红车子末，迭（这）几个警察结棍格（厉害的）！”路人叽叽喳喳议论开来。

姚慕双、周柏春二人踏上脚板，左面右面各坐一个，“嘭堂，嘭堂”，警察把车门关上，向路人吆喝：“跑开！跑开！听见哦？猪猡！啥路道（哪来的，怎么一回事）？让开！让开！”一个警察用手敲车门，司机拉响了警笛，把车从人群中开走了。

警察就像捉犯人一样，将姚慕双、周柏春接到榆林分局唱堂会给他们听。唱完结束，再要用红车子送走姚慕双、周柏春。周柏春说了：“谢谢侬（你），随便用啥格（什么）吉普卡。”一个警察笑了。姚慕双马上解释：“怕误会，怕误会。”结果用吉普车送姚慕双、周柏春返回。

无独有偶呀！又有一次，姚慕双一个人路过老闸分局（今贵州路101号），迎面走来几个包打听（特务探子），唉，巧极了！他们认得姚慕双，就说：“阿拉（我们）中饭吃好，呒没事体（没有事情）呀，来来，讲两段笑话，让伲（我们）消遣消遣，来来来！”就这样，把姚慕双请到老闸分局。说是请，其实是几个人拉着他走。姚慕双只得乖乖地跟他们进去。

到了老闸分局，这些包打听笃悠悠，每人泡好一杯浓茶，踒在沙发上：“姚慕双！来来来！讲两段嘛！”

姚慕双正想讲一段笑话，一个小包打听从外面捉进来一个犯人，要立即审讯他，这些特务感到大煞风景。不审么，好像是件公事，上级晓得不妥当；要想审么，又舍不得听滑稽。不知道谁想出来的花样（办法）：审问管审问，听滑稽管听滑稽，两不误。真是闻所未闻。

姚慕双越想越气：“这些赤佬简直不把我们艺人当人！在他们眼里艺人就是玩物。然而，人在屋檐下，不得不低头呀！这时候，眼泪也只能往肚里咽，心里郁闷，堂会虽然唱了，怎么唱得好呢？连闲话也说不灵了……”

姚慕双、周柏春兄弟唱堂会所受到的种种委屈、无奈与心酸，向谁言说?!

又有一次，接到一个电话，一户大人家叫姚慕双、周柏春去唱堂会。地点在台拉斯脱路（今太原路），是一座小花园洋房。姚慕双、周柏春到了那里，看对门牌号，就去按铃。出来一个俄罗斯老太婆，姚慕双对她说："我们来唱堂会，有哦？"她说："上去，上去好咪。"

走进客厅，姚慕双、周柏春兄弟感觉气氛不对，偌大的花园洋房，怎么空荡荡？好像这户人家没办喜事，一点没有热闹气象，根本不可能叫堂会。二人正在疑心疑惑的时候，来了一个佣人，带他们上楼。这个佣人说："来来来，到此地来，主人就要出来了！"

姚慕双、周柏春兄弟等了10多分钟，才看到一个淡妆素衣、面色苍白的少奶奶，从里间走出来，年龄三十几岁，讲一口宁波话："倻（你们）来啦！倻两家头（你们二人）自家报报名。"

"我是姚慕双，我兄弟叫周柏春。"

"好极咪，好极咪！格就格冒咪（就这样吧），随便唱点啥，呒（没）关系哦！"

哎！哪能叫随便唱点啥？姚慕双就说："侬（你）点只把唱点啥好哦？随便唱点啥，蛮难格啦。"

"侬（你）格能（这样），阿拉常桩（我们经常）听见哦，侬（你）勒拉（在）电台浪（上）唱《放焰口》啦，《做道场》格种事体（这些事情：指节目）呀，我经尚（经常）听的，侬（你）唱唱看好哦？"

姚慕双、周柏春兄弟一愣："是否耳朵听错啦，从来没有呀，唱堂会叫我们唱《做道场》《放焰口》，带悲剧色彩的节目从来不唱的呀！"

所谓"放焰口"是一句佛语。意思就是"饿鬼"生时贪婪悭吝，一毛不拔，专占他人便宜，若投为鬼，便成无福无力的饿鬼，一般人所说的孤魂野鬼之中即有"饿鬼"。"饿鬼"的食量极大，喉管却很细，由于业报的关系，不能进食，常常饿火中烧；纵然食物到了口中，也会变成脓血秽物，烈焰从口中喷出，故名"焰口"。"放焰口"就是对饿鬼做布施，佛陀慈悲，说了神咒，让"饿鬼"吃到甘露法食。饱餐之后，为它们宣扬佛法，劝它们皈依三宝（佛、法、僧的总称），脱离苦海，达到慈悲救苦的目的。

姚慕双、周柏春二人四面一看，房间里竟没有第二个人，也就是说他们是唱给这位太太听的。再一想，反正她付钱，要唱啥就唱啥。于是姚慕双、周柏春唱起了滑稽《放焰口》，弄得自己也哭笑不得。

本来兄弟两个人唱，太太一个人听，还算有一个听客；过了一会儿，这位太太看不见了，二人只好对着墙壁唱。

几分钟之后，女主人觉得不妥当了，便从房间里出来："㑚（你们）两家头冒（不用）唱了，转去（回去）好了！"她付了钱，姚慕双、周柏春急急忙忙离开公馆。

次日，接到这个女人的电话，叫姚慕双到她府上去玩。姚慕双客气地婉拒了，隔了一日，那女人又来电话："姚慕双，我是台拉斯脱路的，侬（你）来哪，来我屋里白相（玩）。呒告哦（没关系的），侬（你）来坐坐，吃吃茶。"姚慕双回答："我实在呒没（没有）空，勿来，勿来！"第三天，那女人再来电话，姚慕双一听是宁波口音，就让一旁刚到电台有事找他的太太接电话。姚太太索性（干脆）对那女人讲："我是伊（他）妻子，姚慕双唱戏忙得勿得了，啥地方有空到侬（你）屋里来呀！以后请侬（你）迭（这）种电话勿要打来！"

那个女人在电话里叹惜："冤家，冤家哎！"说着就把电话挂了。这个女人可能是某个大人物或者商家的姨太太，抑或是外宅，因为失宠，精神失常了。怪不得她听姚慕双、周柏春唱《放焰口》时，偷偷抹着眼泪，黯然神伤啊！

# 十五　黑幕重重

民无信不立。

——孔子《论语·颜渊》

姚慕双、周柏春在没有进入电台正式播音之前，听到电台上各种节目非常感兴趣，像越剧、沪剧、评弹、京剧、锡剧、江淮戏等，兄弟二人十分崇拜这些演员，他们的声音在空中传入耳膜，优美动听，只闻其声，不见其人，仿佛中间隔着一层纱幕，既感觉神秘，又受到诱惑，被紧紧吸引住了。他俩"痴子望天坍"，向往做个艺人，能经常去电台播音，那是多么开心、多么幸福的事情。当他们自己踏进电台，走入演艺圈时，才晓得电台里黑幕重重。

不少艺人播音时强颜欢笑，滑稽的逗"噱"、搞笑的曲调，却掩盖着内心被生活的重荷碾压得透不过气来的焦虑、无奈与酸楚。一些艺人从早到晚在电台做节目，声嘶力竭，得到的酬劳却非常非薄，只够温饱。

姚慕双、周柏春二人进入电台，亲身经历了许多形形色色的怪事。

比如，电台上有不少掮客，俗称"电台黄牛"。这种"黄牛"，手中掌握了一批商业广告，就转给艺人，广告费除了半数交给电台老板之外，常常随便给艺人多少，仿佛施舍似的，其余则装进自己腰包。这些"黄牛"常常两面拿钱。譬如，他收一家客商100元，只给艺人50元或60元，既拿艺人的回扣，又拿广告客商的回扣。他在客商面前吹得天花乱坠，说这个艺人怎么有苗头，怎么吸引听众，听众怎么多，由他去做广告，肯定收益大，不久产生的效益肯定比付出的广告费大20倍，甚至100倍。经他一吹嘘，客商给他的广告费就多加20元，变成120元了。

到了艺人面前，他又说："现在银根紧啊，商家的广告做多了，广告费也付不起，这样吧，只好给你60元。"

"喔唷，60元太少。"艺人抱怨起来，因为他要把说好的100元广告费中的一半交给电台老板，现在只有60元，50元交掉，自己只拿10元了。

广告却要连播一个月。

"好了,算来,多给你10元,算70元吧,怎么样?""黄牛"还假装做好人。

艺人又能怎样呢,只能唉声叹气地接受。

当然也要看艺人的地位和名气。唱红的演员,名声响,讲好100元,只给50元,对不起,他不做,怎么办?这时候,"黄牛"会加些钱,加到120元,或130元。因为他算盘打得精呀:不红的演员好掐就掐,掐多少是多少;红的演员,广告好拉,广告费也容易拉得多,少掐些,还是有钱赚。弄僵了,两头不着杠,一铟赚勿着!

姚慕双、周柏春初上电台,名气小,拉不到客户,绝大部分依靠"电台黄牛",所以吃亏不小。

20世纪三四十年代,上海虽然出现资本主义的商业模式,但尚未形成一整套完整的市场经济体系与管理制度,货物在交流过程中,既有一些商家根据"以诚为本"的传统经商理念做到货真价实,也有一些不法商人用赝品、次品弄虚作假、坑害消费者。

善良、诚实的姚慕双、周柏春兄弟,起初看不懂其中的奥妙,糊里糊涂,为滑头广告吹嘘,吃了苦头。

有一个"黄牛",拿来一批香港哔叽,叫姚慕双、周柏春在电台上推销,关照可以电话购付。

"黄牛"拿来样品:"喏!姚慕双!侬(你)看,阿拉(我们)请侬(你)报告报告,电话购付,侬(你)看哪能(怎么样)?迭(这)批香港哔叽挺刮(时髦)哦?"

喔哟,姚慕双、周柏春兄弟一看,确实挺刮(时髦)呀,倒是灵的。于是便在电台上大肆宣传。那时候,姚慕双、周柏春已有了一点名气,听众对兄弟俩比较信任,一些听众就打电话到电台:我是啥地方啥公馆,买一件……哔叽颜色有藏青、墨绿、咖啡,顶吃香是藏青和紫绛,听众来买的蛮多。后来,姚慕双、周柏春发觉上当,已经来不及来了。听众打电话来骂山门。宁波人:"俉哪能(你们怎么)勿要面孔的!我搭俉(对你们)讲,俉柴会(你们怎么会)一眼(一点)都勿动脑筋,一眼(一点)都没责任啊？倗面皮（你们脸面）要哦？迭个（这个）断命的香港哔叽！”崇明人：“嗯（你）晓得，该个哈格（这是什么）香港哔叽呀？哈格物事（什么东西）么，真正！嗯搭（你们）勿要面皮（脸面）！”姚慕双、周柏春在电话中被人骂得狗血喷头，一头雾水。

究竟什么情况呢？原来这种香港哔叽，看上去蛮挺刮，却不能落水，你若浸在水里洗一洗，旗袍立马缩到膝盖骨。姚慕双、周柏春晓得真相，自认倒霉，便立即取消这个广告，停止电话购付，但为时已晚，已经卖掉一大批了。尽管姚慕双、周柏春在电台向听众打招呼，再三致歉，说明他们不懂，勿晓得，是代人受过，还是得不到听众的谅解。责备的电话源源不断打来。

介绍产品广告的背后也会有花招。

清明节要到来之前，有人来电台对姚慕双、周柏春说，有一批桂花酒酿，又甜又香，嗲咪（此处指“好”）！等到冬季，要进补了，又有人上电台对姚慕双、周柏春说：“请倗（你们）帮帮忙，搭伲喊脱两日（给我们报告几天），喏！山东阿胶，还有乌鸡白凤丸……”。姚慕双、周柏春因情面难却，就在报告中作了介绍。

岂料这种阿胶，一烧像烂糊泥一样。所谓桂花糯米甜酒酿，却是粳米做的，吃到嘴里烂污畚糟。还有乌鸡白凤丸，报告上说得天花乱坠，好得连华佗也造不出来，能专治各种妇女病，尤其不会生育的妇女，一吃马上会养伲子（儿子）。

两个说书先生接到这种广告，在电台上讲得文绉绉的（苏州话）：“有种太太小姐，唔笃（你们）天关不正，经内腹痛，勿会养小囡，吃仔（了）之后呢，保险唔笃（你们）有苗头格。”

唱滑稽、唱沪剧的艺人呢，做起这种报告结棍（厉害）咪！

姚慕双、周柏春年纪小，只有廿几岁，不懂呀，就在报告中说：“勿论啥格毛病，勿论闭经痛经呀，勿论小囡养勿出，吃仔乌鸡白凤丸下来，一宿搭（和）男的，豪稍（马上）养大胖伲子（儿子）呀！”

电台隔壁一个30岁左右的太太，结婚5年没有怀孕，听了介绍，就问姚慕双：“喂！倗（你）介绍的乌鸡白凤丸好哦？”

"灵的，灵的，保险侬（你）养伲子（儿子）！"

这位太太吃了一年，没见效果，就问姚慕双："哪能（怎么）勿养？"

"侬（你）继续吃下去，板（一定）养伲子（儿子）的！"姚慕双也不懂，却自信地回答。

第二年，她又没怀上。姚慕双说："太太，侬（你）吃下去好了，保证侬（你）有苗头格！"

结果她从30岁一个女青年一直吃到60岁，勿养。

还有一件事令姚慕双哭笑不得！

姚慕双、周柏春曾为一家干洗商店在电台上做过报告。商家把一张广告单子给姚慕双、周柏春看，灵的！他们讲服务怎么周到，洗衣裳怎么干净，整旧如新，约期不误；还讲，是从国外引进新的机器干洗，不损害衣料。广告费一月一付，一档节目要为它报告一个月。

姚慕双、周柏春接下广告，在电台上按照商家拟好的广告单子作了报告，广告连做半个月。

一天，姚慕双从电台回家，刚进弄堂，碰见一位邻居，她劈头盖脸地将他数落一顿。

这位大嫂怨气很大（丹阳话）："唔（你）格只死了犯（'犯'，丹阳话，语气词：'啊'）！藕（我）烂脱唔（你）嘴巴了犯？唔（你）在电台哇啦哇啦，干洗商店老，讲得哪能（怎么）好，哪能（怎么）好了犯，听了介绍之后末，藕（我）送了一件黑丝绒旗袍拿去汏（洗）了犯。"

原来这个邻居在无线电上听了姚慕双的广告介绍，以为这家干洗商店确实好，可以相信，便拿了一件黑丝绒旗袍去干洗。因为她有一次随丈夫去吃喜酒，穿过这件旗袍，酒席上不小心，让一匙汤水洒在旗袍上，回到家，油渍却擦不掉，听姚慕双做广告说得那么好，就送去洗了。

当丝绒旗袍拿回家，从袋中取出旗袍，仔细一看："咦？伊拉（他们）拨（给）错啦？"

"怎么给错了？"姚慕双也奇怪了："侬（你）拿去汏的是一件黑丝绒旗袍，迭（这）件是香云纱旗袍么。啥格路道（什么原因）啊？"

原来丝绒毛头都洗光了！黑丝绒旗袍变成了香云纱旗袍。姚慕双埋怨自己，怎么会答应给这种不讲信用的商家去做假广告呢?！真是害了好邻居呀！

电台上不仅有“广告黄牛”赚钱，还有一种是“艺人黄牛”，是唱戏人自己做“黄牛”。这些艺人经济上采用“大包小”的方式来剥削同行。“艺人黄牛”借用电台承接堂会做生意。比如，他们包一只电台的播音时段，接着便去承接堂会，包一台堂会节目。东家随便想要什么——杂技、越剧、沪剧，他们都有办法请来，应有尽有。假定一台堂会节目800元，包堂会的与东家讲妥条件，就去凑节目：一档滑稽50元，一档魔术50元，一档杂技50元，一档越剧100元，一档沪剧100元……一共400元，包堂会的开销掉400元，余下400元就归自己了。姚慕双周柏春也经常吃这种人的苦头，有苦难言。

抗战之后，姚慕双、周柏春在电台上占尽优势，到了鼎盛时期，每天要有10档节目，还不包括特别节目。许多客户千方百计求他俩做广告，甚至委托姚慕双、周柏春的亲眷朋友来说情。一档节目40分钟，广告客户有廿三十家，只听见姚慕双、周柏春唱一会儿就要报广告，一档节目一晃就过去了，听众不过瘾呀！怎么办呢？兄弟俩经过商量，决定专为信誉好的公司做广告，如上海帐子公司、贯一时装公司、皇后绸缎公司、国际首饰公司、新大祥绸布庄等。每天6点到8点两个钟头，只做4家；还不解决问题，就加一档节目——9点到11点，再做4家广告。如此安排，姚慕双、周柏春电台上说唱的时间多了，减少了听众的遗憾，他们的节目也因此更受欢迎。

电台老板也同样贪心不足，想尽办法赚钱，凭电台作为资本，专门敲艺人竹杠，喝艺人的血！

一家电台老板，有一个做裁缝的远亲，凡是在他电台播音的艺人，老板都会向他们推荐这个裁缝，从中抽得油水。他吹嘘这个裁缝苏州来的，是正宗的苏帮裁缝，手工精巧，做衣服尺寸准足。假使艺人不肯买他面子，不愿请这个裁缝做衣裳，老板会找借口，收回这个艺人电台播出的钟点，不给他播音了。为了播音，艺人们不得不做成他的生意。

姚慕双、周柏春也碍于情面，一人做了一件长衫，因为要在台上穿，姚慕双就拣一件淡灰颜色，周柏春拣一件藏青颜色。裁缝量好尺寸，半月之后送到姚慕双、周柏春府上。碰巧，兄弟俩有事出去，回来也没细看，吃了夜饭，急着赶堂会，来不及试穿，便匆匆取了新做的长衫出门了。

到了目的地，上面一档节目还没结束，姚慕双、周柏春立即换上两件新做的长衫，准备上台。穿好衣裳，姚慕双朝周柏春一看，笑出声来；周柏春朝阿哥一瞄，也笑得捂住嘴巴。啊！原来姚慕双穿的这件长衫，领圈小，纽襻扭不进去，腰身小得紧绷绷，而且拖到脚面上；周柏春穿的长衫，领圈大，腰身也大得晃里晃荡，短到膝盖上，兄弟俩穿了不合身，很难看。原来裁缝把他俩长衫的尺寸搞错了，哥哥的尺寸变成弟弟的，弟弟的尺寸变成哥哥的。幸亏两件长衫同时送来，交换后穿了上台，也无所谓。但是姚慕双心里很不乐意，因为他最讨厌藏青色，但此刻没有选择，只能穿它。周柏春不欢喜淡灰色，偏偏穿了它上台。两兄弟心里挖塞（憋得慌）！

次日，老板在电台见到姚慕双、周柏春问道："阿拉（我）亲眷哪能（怎么样）？两件长衫着过吗？准足哦？尺寸灵哦，好哦？"姚慕双、周柏春又好气又好笑！但表面上还得敷衍："㑚（你家）裁缝好极了！正是巧夺天工啊！第一巧手！"老板还厚着脸皮说："㑚（你们）播音格辰光（的时候），加几句，搭伊（给他）做做广告？做衣裳末，打电话到电台上预约。"姚慕双、周柏春兄弟心里思忖："这种人怎么那样不要脸！"

姚慕双、周柏春两个青年人从艺后，通过与商家以及各式人物的往来，从电台、广告发生的种种黑幕中，看清了社会的污秽与复杂，懂得从艺与经商一样，艺人与商人相似，艺人通过卖艺赚钱，商人通过买卖赚钱，都是为了生存，也是为了丰富民众的文化与物质生活，目的都一样。但必须生财有道，要光明正大地去赚钱，决不可昧着良心，去做损害道义的事。从艺唱戏，讲艺德、讲艺品；经商买卖，讲义德、讲诚信。从某种意义上说，不管是艺德、艺品，还是经商之道，讲的都是人道，也即为人之道。一旦跌进钱眼里，心中只有钱而没有人：艺人为了钱，失去艺德、艺品，打压同仁，在台上使手段；商人为了钱而坑蒙拐骗，伤天害理。这些行为不啻与奸诈无耻画了等号。

古人云，"太上立德"，指人性能力超乎和高于任何事功（即立功、立言）之上。道德之所以重要和崇高，是它在不断树立人之所以为人的本体实在。道德的崇高、伟大，可以与天地媲美。

姚慕双、周柏春兄弟由于洞察世事，且谨记父母教诲，在为人处世方面恪守信义、善待他人，始终信奉"诚实、勤勉、敬业"，这六个字贯穿他俩的一生。

# 第四章

独脚戏与滑稽戏同中有异。时局的骤变，迫使姚慕双、周柏春从电台走向舞台，恰似由江湖游至大洋，沉浮于浩瀚的沧海溟水间。先驱者的指引，聪慧与天赋，使他俩双双上下翻腾，俯仰自由，三载遨游，吸天地之灵气，含艺术之精华，练就了一身应付裕如的本领。从此，他们向新的高地迈进。

# 十六　艰难时世中的转折

笋因落箨方成竹，鱼为奔波始化龙。
莺花犹怕春光老，岂可教人枉度春？
——〔明〕《增广贤文》

姚慕双、周柏春在电台播音一年两个月，已拥有大量听众。用姚慕双的话来说，“真是一跤跌在青云里”。

1940年夏天，滑稽演员杨天笑到电台与姚慕双联系，邀请他与周柏春去新世界大京班场子，以滑稽大会串的名义，参加几场文明戏的演出，上演大戏《阎瑞生》。海报贴出，客串三天，票价卖一元。那时候，一块洋钿（银元）不是小数字啊！

当姚慕双、周柏春将这个消息在电台上发出之后，打电话到电台订票子的听众络绎不绝，三天票子一抢而光。演出当天，新世界门前车水马龙，还有许多观众站在门口等退票，买不到票子的人，有的还要冲进剧场看戏，没有办法，戏院只能拉上铁门。

“阎瑞生案”是北洋时期上海最著名的案件，当年舞女选美的花国大选轰动一时，获胜者之一的王莲英被害，陈尸荒野，此事激起全城热议。

1920年6月15日的拂晓，上海西区徐家汇镇的居民在镇西首的麦田里发现了一具脖颈上明显留有扼痕的青年女尸。巡捕房经过侦探，锁定6天前用汽车将王莲英从家里接去兜风的阎瑞生身上。阎瑞生，1920年毕业于震旦大学，上海人，洋场恶少。他嗜赌成性，挥金如土，以致入不敷出，债台高垒。赌场失意，他想翻本，向题红馆借了一枚价格昂贵的钻戒，抵押给典当行，换成现金，用来购买赛马彩票，未中，本金输光，无力偿还，懊恼不已，焦急万分。一日，他在好友朱老五（上海闻人、巨商朱葆三之子）家里，邂逅名妓“花国总理”王莲英。阎见她满身贵重饰物，顿起谋财害命之心。他暗地购买麻醉药和绳索，同时向朱老五借来一辆高级轿车，邀约王莲英出游兜风。王莲英被骗上车后，阎瑞生驾车急驶，直奔郊外。游至半夜，车停于上海城郊北新泾，由早已等候在那里的好友吴春芳相助，两人用麻醉药棉花将王莲英闷倒勒死，抢走她身上的饰物，移尸徐家汇镇麦田后，逃匿。归案后被判死刑，枪决。

姚慕双在大型文明戏《阎瑞生》中扮演主角阎瑞生，周柏春演朱老五，俞祥明演吴春芳，张利音演方日珊。王莲英由金久红扮演，她长得像外国人，眼睛大，鼻头挺，艺术上也不错，演得恰到好处。

其时，文明戏的表演形式介于方言话剧与滑稽之间。《阎瑞生》是一个大型文明戏，却没有剧本，是个幕表戏。

所谓幕表制，即演出前根本没有剧本，演出组织者只是提供一个人物名单、出场次序、大致情节或主要台词，便由演员自行排演，有时连必要的排练也没有，或将故事梗概画成连环画，或缩写在纸条上，张贴于后台，供演员上场前看上几眼。至于到了台上怎么办，全凭临场发挥了。

新剧（滑稽戏的前身）的倡导者之一的欧阳予倩，回忆当时的演出情景曾说：

> 一次他扮演的小姐与一位先生正在花园里倾诉爱情，小姐由于婚姻无法自主而痛心低泣，此时两个扮演丑角的人，在场边肆意耍丑，闹得观众哄笑不止。小姐与先生的爱情戏没法演下去，弄得扮演先生的演员挥舞文明棍，把两个丑角追打到后台去。

幕表制的盛行反映了其时戏剧文学的薄弱。

文明戏《阎瑞生》的演出也复如此。

幕表师只是根据阎瑞生的真实故事，对演员讲述一下每场戏的大致情节与人物的出场次序，以及角色的性格特征及其命运。每个人物的台词要演员自己去设计，在现场自行发挥。这就需要演员具备深厚的台词功底及丰富的生活经验，以及说表与逗“噱”的本事。

张双勤的学生王一凡说：

> 那时的滑稽戏都是幕表戏，所谓的编导者讲一个故事，介绍故事

中的人物，再分配角色，让他们上台各自自由发挥，逐步把台词、舞台调度固定后就成了一出戏。《七十二家房客》是独脚戏《大阳伞拔牙齿》《调查户口》拼接起来的。旧时演员有时会迟到，管场子的便在后台对前面说："码后，码后！"意思把台上的戏拉长，原来10分钟结束，就拉长到20分钟，这样把段子又丰富了。当然，拉长也要本事，肚子里要货色多，能拉得出，这就靠平时生活积累，手上有"绝活"，关键时刻能"吐"得出。拉长的段子经过整理，再加工，有的便成为经典作品。

**戏中王莲英死去，吊丧的人蛮多，都是滑稽演员扮演的角色上场，有包一飞、朱翔飞、杨天笑、赵保山、顾春山、赵胖子等。他们来参加"追悼会"，可以说是"八仙过海，各显神通"呀！在台上，各有各的"噱头"与绝招：有的跪下来，一会儿人到后头去了；有的在吊丧的帽子里放着锡箔灰。有的吊丧吊错人家——王莲英年纪轻呀，一看照片么，台上有人就问了："侬（你）吊啥人？""我吊隔壁的老伯伯呀。""喔，不对的，侬（你）弄错地方咪！"**

**姚慕双是初生牛犊不怕虎，虽然第一次演文明戏，不太懂这种表演形式，却胆大包天地上了舞台。姚慕双回忆当年演出情况时说：**

那么许多著名演员参加，竟然让我演阎瑞生。说起来作孽，我连化妆也不会，没有抹胭脂搽唇膏，不是粉墨登场，而是一只白面孔上场。第一幕开场叙述阎瑞生在家失业，根据剧情，阎瑞生应当穿一套纺绸短衫裤。我也不懂，没有人教我，穿一条平脚裤，一件衬衫，怎么有这种服装呢？

40年代初，唱这出大戏，没有剧本，是幕表戏，舞台上对白全靠演员添油加酱编造出来。

我初出茅庐，怎么会添油加酱编造台词呢？有时就在舞台上傻掉了，被同台演员的话闷到，不知所云！他们问我一句话，我没有办法答复呀！全靠文明戏出身的张利音、俞祥明多说，代表我讲两句，使得我遮遮盖盖。演了三天戏，担了三天心，流了三天汗，总算混过去了。

现在体会到，舞台上演戏和电台上播音一样难！观众没喝我倒彩，因为他们喜爱我这个播音演员，平时只在收音机里听我播音，见不到我本人，这一回在舞台上出现，见到了“庐山真面目”，感觉心满意足，就不来苛求了，但我那时演人物一点儿不逼真。

姚慕双对青年时初上舞台出现的陌生、尴尬、紧张、无所适从的状态如实讲来，毫不遮盖，不掩丑，不虚美，显示了一个大艺术家在艺术上“知之为知之，不知为不知”的坦荡胸怀。

1941年12月7日晨，日本联合舰队的飞机和微型潜艇突然袭击美国海军基地珍珠港，以及美国陆军和海军在夏威夷瓦胡岛上的飞机场，日美战争全面爆发，日本与英美成为交战国，日军遂迅速进入上海市区，12月8日占领公共租界。

租界里一片恐怖、混乱。日本坦克横冲直撞，在南京路上乱开，隆隆的声音吓得市民亡命似的奔逃。

在西藏路汉口路（其时俗称三马路）慕尔堂门口，日本海军陆战队架起了铁丝网。周柏春在《自述》中回忆他亲眼目睹的情况说：

日本兵长得矮，脸上长胡子，手中拿一把三八式的长枪，装上刺刀，摆出一夫当关、万夫莫开的样子，这种情形至今历历在目。日本人感到什么情况不对了，不晓得发生什么事情，这个地方就封锁了。他们不管居民死活，封锁区的居民有没有吃，他们死人不管！封锁到几时呢？要随他们，或者一个星期，或者两个礼拜，甚至于一个月，两个月，居民不能出去，走出去就被戳杀。不少人饿死了。这种亡国奴的生活永远不能忘记。

清末民初，所谓租界，名义上与被割让的领土不同，租界属于出租国，并且自身不具备治外法权的属性。但历史上租界使用国均是借由使用国通过不平等条约取得公民领事裁判权。租界的行政自治权限制了出租国在其区域内行使行政权，部分租界甚至还有立法权限（《中国人权发展纪录》，第一章第五节）。租界的领土主权所有国将租界视为外国领土，不敢轻易干涉租界内部事务，更别提军队、警察进驻了，因此难以对租界内的行为进行司法活动，要从租界引渡犯罪的非租界使用国公民一般就会很困难。这个特点也往往令租界成为一些持不同政见者或战争时期平民的最佳避难场所。

然而，此时的公共租界被日本兵占领，为避战乱，那些先前逃亡公共租界的中国人，反而过着殖民地人民的生活。

周勤侠曾与姚慕双、周柏春说起过租界时期的一段往事。那时候，她还是一个五六岁的小姑娘（1902年前后），一天，她在自家门口玩。姚慕双、周柏春的外公开水木小包作坊，帮助建筑方造房子。幼小的周勤侠在门口——沿马路的新闸路、温州路上玩。温州路（Wenzhou Lu）南起北京西路，北至新闸路，长337米，宽9.2至10.9米，车行道宽6.0至7.5米。为19世纪末填浜筑路，以浙江温州命名，那是一条不大的马路。

小姑娘在自家门口的上街沿蹲在地上“捉踢子”，就是拿两块小石头，抛上抛下，用手接住的游戏。正当她玩得高兴的时候，后面走来一个英国巡捕（外国巡捕衣袖上有三条黄标志，时人称之为“三条头”）。小姑娘蹲在地上又没看见，继续在玩，这个“三条头”对准她的小屁股就踢了一脚。那个英国巡捕脚上穿的是大头硬皮鞋，这一脚踢上来，小姑娘身体瘦小，砰的跌倒在地，痛彻心扉，疼麻木了。她从地上爬起来，逃回家中。见了父母又不敢出声，因为是外国巡捕踢的，中国人看见他们都怕呀！小老百姓，谁敢去同这些洋鬼子评理呢？所以就不敢对大人说。小小的周勤侠只感觉裤裆里湿落落，解下裤子一看，裤裆里全是血！

周勤侠对儿子说：

当时间殖民地等于当亡国奴能介（那样），伊拉要哪能就哪能（他们要怎样便怎样）。迭（这）种外国警察认为侬（你）小姑娘，我走过来，应该回避格，侬（你）迭样子（这样）挡道勒（了），心里向就勿开心，就一脚，勿管侬（你）死活格。



日本人占领公共租界后，更加横行霸道，公共租界里的中国人完全失去了自由，没了人身安全，日子更加难过。

这一时期，上海市面大萧条，虽然过了一个阶段，市面有所恢复，却大不如前。日本货充斥市场，国产货受到影响，私人电台全部被日本人占领。依靠电台播音为生的艺人失去地盘，生活相当困难。

姚慕双、周柏春也一度转入舞厅表演。这既非长久之计，也非兄弟二人之所愿。舞客到舞厅是来跳舞的，有些好色之徒则"醉翁之意不在酒"，专来寻花问柳，别有用意。叫他们跳到一半突然停下来，让姚慕双、周柏春表演，岂非大煞风景！姚慕双、周柏春在舞厅表演，不得不根据舞厅老板的要求，演唱接近舞场生活的节目，投其所好。比如，唱唱外国歌，如《喔，妈妈》、卡蒙·沫莱迪唱的《索斯阿美丽肯威》，再讲讲《英文翻译》《宁波音乐家》。这几个节目，舞客初听也感兴趣，但多听就厌了。再说，姚慕双、周柏春的报酬不多，钱很少，兄弟俩勉强唱了两三个月，打算离开，另觅生路。

此时，大世界一位经理来到姚家，邀请兄弟俩去那里演出，包银倒不少，姚慕双、周柏春便答应了。想不到那时的大世界乌烟瘴气，乱七八糟！戏实在难唱啊！什么女招待、玻璃杯（给游客泡茶的女服务员）、妓女、流氓、拆白党、地痞、小偷等，应有尽有。台上唱戏，台下妓女在拉客，还有小贩的叫卖声："五香热豆腐干！""吔，包子崭，牛肉馒头！"姚慕双、周柏春在这样混乱不堪的氛围中怎么唱呢？越唱越勿"噱"了！真正苦啊！唱了一些日子，唱不下去了，就主动回了大世界的生意。

前辈艺人裴扬华，获悉姚慕双、周柏春跳出大世界，就抓紧时间，到姚家与姚母商量。滑稽界都晓得，姚慕双、周柏春兄弟是出了名的孝子，样样事体不管，作不了主，一切听命于姆妈。所以，无论谁要与姚慕双、周柏春合作，或请他们去唱戏，都得先与姚母商量，谈好条件，征得同意。

那时，姚家已搬至新闸路白乐坊，住一统间带一个后厢房。裴扬华对姚母周勤侠说，他想让姚慕双、周柏春兄弟与程笑亭合作，组织一个剧团，一起登台演滑稽戏。老前辈在言语中对这两个青年才俊大有栽培之意。周勤侠考虑再三，同意了。姚母作出这一决定是鉴于时局的形势与电台生存危机所带来的生活困难。正如周柏春在《自述》中所说：

日军占领租界之后，上海所有电台——私人电台、商业电台全部关闭。我们这些靠电台谋生的艺人都失业了。全家生活突然间像蹦了的气球，经过一条抛物线，重新回到原点。

此时，姚母再次默默地挑起了生活的重担。

我娘绣花做衣裳能够飞针走线。她开始给人家做衣裳。记得有个大房东，阿爷去世，所有的小辈都要戴孝。从前都穿布鞋，鞋上要鞔白布（鞋面上蒙一块白布），我娘心灵手巧，鞔白布的针线活都由她包掉了。她鞔（蒙）得来整整齐齐，连裁缝师傅也及不上。

她还会推拿。小孩子经人介绍，抱到我家来，往往奄奄一息了，她把葱浸在高粱酒中，再用大拇指在高粱酒里浸浸，拿葱捏捏，就在孩子的脉门上，静脉上推拿。再在手心底，大拇指与食指之间的合谷部位，胸口上，臂肘处，后脖子，耳朵根上继续推拿一刻钟或廿分钟。本来小孩眼睛朝上翻了，像惊呆惊疯一样，经推拿，居然有了哭声，出汗了，大人非常高兴！

我曾问姆妈怎么学会推拿的？姆妈说，外祖父会给人打金针、推拿，不收钱。她站在边上看，多看，就学会了。

姚慕双、周柏春的母亲周勤侠50岁留影

病孩治愈了，便一传十，十传百，抱着病孩前来求治的人越来越多。医好了病孩，家人就会送来一些钱财，聊补生计。

瘦小、纤弱的周勤侠，每当家庭处于困

境之时，她从不显露难色，而是用她面对生活压力从不屈服的坚韧和毅力去共赴时艰，走出厄境。

裴扬华的造访，也让姚慕双、周柏春兄弟心动。因为此时，他们知道江笑笑、鲍乐乐已成立“笑笑剧团”，开始演第一本滑稽戏《荒乎其唐》，社会上反响非常热烈，不少艺人都想起而效之。再说，程笑亭先生，在滑稽界称得上大名鼎鼎，他艺术超群，与管无灵先生搭档，在舞台上十分活跃。

程笑亭（1908—1961），原名程文新，上海人。青年时与滑稽大家刘春山、电影喜剧演员韩兰根为友。民国16年（1927年）起，在大世界和永安公司天韵楼等处表演独脚戏，常与管无灵搭档，因风度潇洒，有“摩登滑稽”之称。民国30年（1941年）参加滑稽戏《一碗饭》的演出，扮次要角色。表演上受美国电影明星裴司凯登的影响，渐以其“冷面”的特点引起人们注意。民国31年（1942年）与裴扬华合作建立华亭剧团。在1至9本《小山东到上海》中扮演伪巡长陶桃，一炮打响，红遍申城，“冷面”风格日趋成熟，自成一家。此后，所扮演人物均以白粉涂面，用墨笔勾出眼眶，把眉毛画成细短八字，绝少表情。每以快口和咕白中产生冷隽笑料，俗称阴“噱”。即兴“噱头”极多，几乎每场演出皆有新招，常使同台演出者忍俊不禁。“乡谈”少而精，浦东、苏北、山东等方言异常逼真。1950年后曾在新新滑稽剧团、人人滑稽剧团领衔主演。1953年与田丽丽合作，建立百花滑稽剧团。

管无灵拉得一手好胡琴，拉京胡堪比专业。尤其程笑亭唱麒派戏，一段《追韩信》连沪上名票都甘拜下风。管无灵一面操琴，一面托戏，一面还给他饮场（喝茶）。程笑亭走圆场滑稽突梯，使得观众捧腹大笑。两位艺人配合默契，相得益彰，真正妙不可言！可惜，管无灵先生弃艺从商，去做生意了，两人遂分手拆档。于是，程笑亭就与裴扬华搭档。

姚慕双、周柏春正想找机会接触程笑亭，欲从他身上吸取一些艺术养料。现在裴扬华先生盛情相邀，正中下怀。姚慕双便问他：“你们打算做啥戏呢？”裴扬华先生说：“这个滑稽戏根据文明戏《山东人到上海》改编，取名叫《小山东到上海》。”姚慕双周柏春欣然同意。

《小山东到上海》剧情的开头部分，根据姚慕双《自传》中的叙述，可见其时表演之精彩。

小山东是卖拳头的。一日，一面锣没有了，给小偷偷去了，要去寻这面锣。有个女人叫秀娟，刚好逃出来，警长当她“野鸡”(没有执照的妓女)，要捉她。程笑亭演的警长就和裴扬华演的小山东发生冲撞了。

起初，程笑亭讲浦东话，看见小山东卖拳头，晓得他是北方人，便打官腔了，跑到小山东面前：“方才有一只‘野鸡’，你看见否？”

小山东讲：“刚才一面锣，你看见吗？”

“本巡长抓‘野鸡’不管锣的。”

“我是找锣，不管‘野鸡’的。”

“喔哟！侬（你）存心搭（和）我别苗头（比风头）是哦？大家比比看！”

程笑亭做的“巡长”外强中干，是最下层的警长，就摆狠劲了。一只面孔涂得雪雪白，挂一把指挥刀拖在地上，走过小山东面前，小山东拿一把大的扇子，唰一下，扇子豁开来。巡长吓得站也站不稳，肉会得发抖。

接着两人别苗头了：

“我问你，她是谁？”巡警问。

小山东既没（没有）办法了，说：“她是我的女人。”

“她是你的女人？你是什么地方人啊？”

“我是山东人。”

“乃末（那么）你这个女人什么人啊？”

“苏州人。”

“啊？山东人哪能（怎么能）好讨苏州人，苏州人哪能好嫁拨（怎么可以嫁给）山东人？”

“为什么不可以啊？”

“你们两家头水土不服！”

“什么水土不服？”

“山东人是硬邦邦，苏州人是软笃笃。”

“水土不服？不管你什么事！”

“你姓啥叫啥？姓什么啊？”

“我姓劉（刘）。”

“姓劉？什么劉啊？”

“上头一块卯，下头一块金，旁边一根篙子半根棍。”

“噢，上头一块卯，下头一块金，旁边一根篙子半根棍，格末（那么），迭半根吃勒（按在）里档（里面）还是外档（外面）啊？”

“吃着里档（按在里面）。”

“喔，一只浮尸，卯金刀——劉！”

“叫啥名字，叫啥？”

“刘德才。”

“啥格德呀？缺德的德吗？”

“你他娘的才缺德！”

“什么才呀？”

“才能的才。”

“娘啦咪，我当仔棺材的材咪。好啊，关照僚（你们），明早我还要来！来此地调查户口。告诉你啊！有了她，没有你，她要吃官司；有了你，没有她，你也要吃官司！懂哦？”

“我懂！那我两个人都不在家呢？”

“僚（你 们）两 个 侪（都）勿 勒 拉（不 在）末，本 巡 长 吃 官 司！——啊？死快了，我吃官司啊？”……

**这就是开头的情节，下来就是调查户口等。**

**裴扬华、程笑亭，每人拿出名字中的一个字，拼成剧团名字。裴扬华抽出一个“华”字，程笑亭抽出一个“亭”字，就叫“华亭剧团”。**

**华亭剧团阵容坚强：有程笑亭、裴扬华、姚慕双、周柏春，包一飞，以这五人为骨干，还有邓笑灵、吴媚媚，裴灼灼、朱培生。裴扬华演小山东，程笑亭演浦东巡长陶桃，姚慕双演小宁波，周柏春演小生徐智超，包一飞**

演苏州警察，吴媚媚就演被巡长污辱的秀娟，邓笑灵演拆白党王白生。这个戏没导演，由文明戏出身的李卓安先生排出幕表，对大家说戏。排戏极其马虎，说了一两次戏，大家便台上见了。连谁讲啥方言都不晓得，互不商量。

姚慕双自己想，他在电台播音，以方言见长，打算在舞台上露一手。起初，他想讲浦东方言，因为在舞台上要与小山东碰头，小山东讲山东上海话，他讲浦东官话，可以捞点“噱头”。姚慕双扮演的角色最后一幕上场，便在舞台旁边专看程笑亭、裴扬华的演出。怎能料到程笑亭一出台，一开口，讲浦东话了：“刚才有个‘野鸡’你看见否？”“喔哟！他讲掉了末！”大家事前不晓得呀，姚慕双急了！他不能再说浦东话，两个人都说一种方言，角色就区别不了，戏也就不“噱”了。他只得临时改说宁波方言了。所以，最后一场戏，姚慕双是以小宁波的身份上场。

《小山东到上海》并没安排唱，因为过去滑稽戏只说不唱，与文明戏有些相似，可以说它是方言趣剧的发展，加重了笑的滑稽因素。最后一场戏是小宁波、小山东等一起在客堂里搓麻将，小山东吊一只一索，人家打一只一筒，他摊下牌来说：“和了！”吊一只一索，人家打一只一筒怎么好和呢？小山东强词夺理：“我，我这个叫小鸡子吃饼。我这个一条呢是小鸡，你一筒是个饼，叫小鸡子吃饼。我们山东是有的，是这个样子的。”大家搞不过小山东，没办法也就同意了。小山东数“和头”数不来，姚慕双扮演的小宁波就给他数“和头”，唱起了宁波《马灯调》：“一四里咮得勒四，二勒四得咮来八啦啊，三四十二，四四一十六，加舍五点一，二六五十二，一百零四，两百零八，光脱拉咮。嗳格伦登哟，两百零八光脱拉咮。”

那时，也没有乐队伴奏，就姚慕双就一个人独唱。那时的滑稽戏很少带唱，姚慕双、周柏春在电台播送独脚戏，有唱歌、唱戏曲，姚慕双聪明地将它移至滑稽戏中，别有风味。

《小山东到上海》一炮打响，轰动上海滩，生意好啊！从此奠定程笑亭在滑稽界的地位，被誉为“冷面滑稽”。华亭剧团裴扬华的名字也调过头来了，本来是裴扬华、程笑亭，现在改为程笑亭、裴扬华。

如今,《小山东到上海》成了上海传统滑稽戏的保留剧目,演了几百遍。姚慕双、周柏春进上海人民艺术剧院滑稽剧团工作期间,也曾搬演过这出戏。

想当初上海沦陷,程笑亭、裴扬华演的小山东如此风光,确实不是一件容易的事。由于尝到甜头,程、裴二人动足脑筋,想在这个戏上滚雪球,竟然连演九本。然而,论艺术质量都没有第一本好,后面几本,东拉西扯、七拼八凑,没有一本超过头本《小山东到上海》。

姚慕双、周柏春演了三个月就离开华亭剧团去黄浦电台做特别节目了。因为黄浦电台给出的待遇非常优越,可以说前所未有,姚慕双、周柏春每星期只要做两个小时的特别节目,就可以抵到他们参加《小山东到上海》演十天的包银。

姚慕双、周柏春离开华亭剧团,小宁波的角色就没有合适的演员来扮演了,真正苦恼!后来总算由朱培生顶替,勉为其难。朱培生宁波方言不是太好,讲常熟方言倒是勿错。他扮演的小宁波最终过关,越演越好。

姚慕双与周柏春,原本在电台播音唱独脚戏,没有登台演过滑稽戏,以及扮演角色的经验,从他们第一次参加演出《阎瑞生》,到一起加盟华亭滑稽剧团演出《小山东到上海》,两个青年从老一辈滑稽艺人程笑亭、裴扬华、俞祥明、张利音、杨天笑、包一飞身上学到了许多演戏放“噱”、塑造人物的经验。也是环境所逼,客观因素使他们从电台走向舞台。不管演出效果如何,红氍毹上的首度亮相,促使他们华丽转身,在采用滑稽手段塑造角色方面有了最直接的真切体验,从此找到了一条通向滑稽艺术之门的金光大道。

# 十七 扬长避短

择其善者从之，其不善者改之。

——孔子《论语·述而》

姚慕双在《自传》中坦言，虽然何双呆是他的老师，但姚慕双、周柏春在艺术上从程笑亭身上学到许多东西。

经过三个月的演出。兄弟俩常在舞台旁潜心观摩程笑亭的滑稽艺术。尤其是浦东巡长陶桃调查户口一节特别精彩，以后他们曾借来单独作为独脚戏演出。

程笑亭上场前，从不搽唇膏，脸上只涂一些白颜色的水粉，拿一支墨笔勾勾眼圈，五分钟便化妆完毕，“万事大吉”了。他画眉毛，常常只点两点，细细的，这样的眉毛在舞台上、灯光下根本看不出来，实在是一副白面孔，他就带着一只“白板”面孔上台见观众，是名副其实的“粉墨登场”，好像京剧中的小花脸。

姚慕双说他在舞台上的表演有四个特点：

一是稳。稳得像一座冰山，轻松自然，他放出来的一只一只“噱头”，像一支支冷箭射出去，使观众防不胜防；即使舞台上的同行也抵挡不了，也会笑出声来。有时，一道演出，演着演着，被他的冷面滑稽引得吃不消，抵挡不了，只能趴下来笑，笑不停了，刹不了车，没办法，嘣的起来，转身逃到后台去。逃到后台，不停地打自己耳光：“我迭个（这个）人哪能（什么）道理，哪能（怎么能）行（扛）勿住呀，我戏好勿要唱了！勿要笑咪！好，唉，停！”笑停止，嘣，踏出舞台，同程笑亭一碰头，一见面，又噗嗤笑个不停了。

程笑亭第二的特点是“怪”。他无论穿衣裳，还是化妆，都与众不同。所以人家说程笑亭是奇装异服登台。就以一个浦东巡长陶桃为例，穿的衣裳只有一尺长，腰间的指挥刀却是长长的，拖在地上走来走去，恰似化妆成京剧小丑模样的“卓别林”，博得观众的喝彩声。小山东裴扬华拿扇子“嚓”地打开，程笑亭扮演的巡长会吓得两只脚发抖，脸上的肉却一动不动，像跳舞一样。这种怪表情非一般演员能够掌握，谁都学不像。

第三特点是“准”。程笑亭的语言非常准确，抑扬顿挫，恰到好处。《小山东到上海》最后一场，浦东巡长来捉赌了，两个赌徒都要搜身，抄把子。有一个人怕痒，一碰着他，嘣，跌下来了，跌在程笑亭身上，程笑亭马上讲：“啊？嗲咪！”这时候，台下观众已经忍不住想笑，吃勿消了；想不到他说了“嗲咪！”这句话之后，程笑亭随即再来一只连环包袱：“做啥？迭只浮尸嗲咪！侬（你）扑上来啦！”于是，观众哄堂大笑。

程笑亭出“噱头”似乎不假思索，非常快。有一天，《小山东到上海》演到最后一幕，姚慕双扮演的小宁波同小山东、二房东一道搓麻将，程笑亭扮演的巡长来捉赌。一个赌徒吓得不得了，马上请程笑亭吃一根香烟。这时候，程笑亭气势汹汹，一本正经讲：“香烟勿吃！”说完转个身去，结果滴答停了两秒钟，迅即回转身来：“来，侬（你）过来！我是难板（难得）呼呼！”他的举动出人意料，观众被逗得哄堂大笑。就是因为停了几个滴答，节奏得当，反差明显，这个“噱头”成功了，收到预期效果。

第四个特点是“快”。程笑亭反应明快，“噱头”多得不得了，不少是演出中的即兴“噱头”。比如，浦东巡长问小山东：“你姓什么？”小山东：“你看不出来吗？”“看勿出！”“姓刘。”“喔，格末迭个（那么这个）女人姓啥？”“你看不出来吗？”“看勿出！姓啥？”“姓刘。”“啊？也姓刘啊？格末（那么）姓刘的哪能（怎么）好嫁拨勒（给了）姓刘的呢？乃末（这样）道士先生念起来讨厌咪！‘吔！松江府金山县金水渡庙二十五保，吔，喔咾（说道）刘门刘氏……’啊？难听哦！”小山东要走了，走了几步别转身来问浦东巡捕：“我问侬（你）姓啥？”“你看不出来吗？”“迭个（这个）女人姓啥？”“你看不出来吗？”“侬（你）叫啥名字？”“你看不出来吗？”这时浦东巡长又反问：“现在我问侬（你）了，本巡长姓啥叫啥？你看得出来吗？侬（你）讲！”小山东：“我看得出来的。”“叫什么？”“嗯，你姓陶名桃，陶桃。”“啊？咦！哎，我弄不懂，侬（你）只浮尸哪能（怎么）晓得我叫陶桃？”小山东说：“你看看，你胸口不是有块牌子吗？——陶桃！”“喔唷！侬（你）看我胸口头一块牌子上的名字啊？哎！我在作死欧！”他迅即打自己两记耳光，动作之快，出乎意料，引得观众笑得合不拢嘴。

程笑亭先生“冷、怪、准、快”的四个特点，对于周柏春的滑稽艺术也产生很大影响，他从老艺人的表演中明白，要使台下笑声洋溢，除了台词本身的喜剧因素之外，语言节奏、动作快慢的把握，同样不可忽视。以后，周柏春随着艺术经验的不断积累，广泛吸取滑稽三大家的表演特点，终于形成了滑稽戏表演中的“周氏风格”。

由于姚慕双、周柏春摸索并逐渐掌握了滑稽艺术的这些表演特点与技巧，以后他们数度搬演《小山东到上海》，周柏春起陶桃，姚慕双演小山东，同样受到观众的热情欢迎。

其时，在姚慕双、周柏春兄弟看来，程笑亭不愧是一个天才的滑稽戏演员。他表演艺术几个特点中较突出的是一个“冷”字。程笑亭演戏从来不笑，哪怕微微笑一笑都没有，他是面孔铁板放“噱”、逗笑，成了当时“冷面滑稽”中的代表性人物之一。

程笑亭在头本《小山东到上海》的演出中，创造了一只冷冰冰的白面孔，成为他的特别标记，无论演啥戏都是这只面孔出场。这令人想起卓别林头戴圆顶硬礼帽、手拿司的克、脚穿大头皮鞋的滑稽形象。程笑亭也许借鉴了卓别林固化的标志性的艺术造型，使“白面孔”成为他在滑稽舞台上品牌式的艺术符号。

姚慕双说，解放之后，程笑亭还演过不少滑稽戏，在一出《白面孔》的戏中，也仍然以这种不化妆的白面孔造型呈现在观众面前。

这种固定不变的滑稽化妆，恰如京剧舞台上的小花脸，有其产生的历史原因，以及观众对它的认可与喜爱——因为这一可爱的形象能带给观众以快乐与愉悦，它既是京剧，也是滑稽人物中的特殊造型。前者至今还保留着，后者在今日的滑稽舞台上已不复存在。

黑格尔说：“凡是合理的都是存在的，凡是存在的都是合理的。”

今天滑稽舞台上白面孔的消失，意味着一种固化的滑稽外在形式的消亡，可惜抑或惋惜？也许有待滑稽艺术发展的进程作出结论。

但是无可否认的是，程笑亭在舞台上的即兴放“噱”与表演节奏的把握，在姚慕双、周柏春看来是滑稽演员不可缺少的基本功，对于喜剧矛盾起了推波助澜的作用，它是滑稽艺术的"法宝"。姚慕双、周柏春向程笑亭学习这些"法宝"，在此后的喜剧表演中常常使用。

譬如，姚慕双、周柏春在表演独脚戏《新老法结婚》中的开场白，就不是按传统的说法，而是即兴发挥，按照新社会的形势——移风易俗，提倡健康节约的集体婚礼来起头的。

周：……发展到双方情投意合，互敬互爱，胸怀坦白……

姚（马上接口）：坦白从宽，抗拒从严。

周（有意开玩笑地）：顽固到底，死路一条咾？

姚：只有这个办法咾（语气词），彻彻底底呀！

周（继续开玩笑了）：再竹筒倒豆子咾，重新做人？

姚（醒悟介）：伲两家头勒拉做啥（我们二人在干什么）？

周（进一步挖苦）：是刑事犯罪分子是哦？

这就是用传统独脚戏"问不对题，东拉西扯"的套路，与所讲的主题南辕北辙，形成强烈反差，产生强烈的喜剧效果，使观众开怀大笑。但这个引子并非陈旧，它能勾起人们对"文化大革命"中那些荒唐行径的反思与醒悟，小中见大，很有意思。

周：胸怀坦白，就能无话不谈，成熟了，就结婚了。现在结婚呢，就是参加集体婚礼。

姚：集体婚礼有啥好处呢？

两个人的话题遂进入正轨。周谈了集体婚礼的盛大场面，姚按捺不住也想去复兴公园参加集体婚礼。

周（调侃）：侬（你）勿是去复兴公园，而要去人民法院。

姚：啥体啦（为什么）？

周：侬（你）多少年纪啦？

这样放“噱”，又引起观众大笑。

可见，同样一个独脚戏内容，不同时期、不同地点，必须因时因人之宜，对内容作适当的合乎情理的改变。周讲到跳集体舞有一百多对时，如何出“噱”？姚慕双、周柏春想到双胞胎，面孔一样，新郎新娘认错了怎么办，又以此制造笑料。

姚、周从电台上唱独脚戏到在舞台上演滑稽戏，他们事先并未经过系统的戏曲理论的学习，而是在老艺人潜移默化的影响下，注意学习他们的传统表演技艺，在舞台实践的历练与观众的严酷检验中，经过无数次的失败、成功、再失败、再成功的反复磨练而成长、成熟起来。著名戏曲理论家单跃进先生在《揭示京剧〈智取威虎山〉创作背后的故事——读〈气冲霄汉——童祥苓传〉》一文中写道：

> 童老师在京剧传统戏方面的造诣是极为深厚的，且戏路很是宽广，在表演上更有过人之处。较之在科班里因循成长起来的艺人，童老师年幼时的学艺经历可谓复杂和特殊。简言之，童祥苓是在漂泊无定的舞台演出生活中学习传统的，是在被童家班寄予厚望的期待中如饥似渴地学习传统的，是在演出的颠沛与拜师求艺的艰难交织中成长的。在童家班迫于生计而“学以致用”的学戏方式可能让童祥苓的艺术积攒有宽泛和多元的倾向，但严酷的演出和观众的检验，又历练了他舞台表演艺术。

如果上段的引文，把童祥苓的名字改为姚慕双、周柏春昆仲，他们艺术成长的经历何其相似乃耳。

作为滑稽艺人，程笑亭先生艺术上的优点很多，但他身上的缺点也不少。同行给他起了个绰号，叫“扫帚”。他钱赚得不少，却滥吃滥用（乱花钱），没有什么积蓄，是个“脱底棺材”。

最让同行讨厌的是，他欢喜跟人捣蛋，寻开心，恶作剧。所以遇见他不啻碰着“扫帚星”一样倒霉。

程笑亭为了夸耀自己是鹤立鸡群的滑稽天才，有时不讲戏德，存心弄得一些同行在台上哈哈大笑。因为他本人冷面滑稽，冷冰冰，阴森森，嘴角上纹丝不动，在台上做戏置之泰然。观众看到他在台上不同凡响，他挂头牌，当之无愧！

譬如，与他同台表演的裴灼灼、仲心笑，被故意逗笑的程笑亭在台上引得笑场了，开不出口，没词了。怎么办呢？立刻逃走，逃到后台。滑稽演员最忌笑场，他可以逗观众笑，自己却不能笑，一笑戏就演不下去了。程笑亭的有意捉弄，时间久了，便激起公愤，大家就想伺机报复了。

一日，程笑亭出场之前，几个艺人故意叫一个演员扮演群众角色，让他蹲在台上，背朝观众，躲在角落，等候程笑亭上场。程笑亭依旧是白面孔出场。咦！发觉台上角落里有个人候场，好像戏中没有这个人呀，他到底是啥人呢？程笑亭走过去拍拍他的肩，加一句台词：“喂！侬（你）啥人呀？哪能背心对牢（怎么背对着）我啊？”这个演员一句话不说，也不笑。程笑亭火来了：“喂！侬（你）耳朵有哦？现在我命令侬（你）转过身来！”这时候，这个演员转过身来，同程笑亭面对面，程笑亭一看这只面孔的化妆呀，是一只墨黑墨黑的黑面孔，同他自己一只雪白雪白的白面孔形成鲜明对照，他情不自禁地大笑起来，戏演不下去了。于是舞台监督马上吩咐：“闭幕！闭幕！”程笑亭终究也被别人捉弄过一次。

在以后的日子里，姚慕双、周柏春与程笑亭没有什么往来。

一天，姚慕双、周柏春在一个剧场演戏，刚散场，程笑亭到后台来找姚慕双，他说：“我请侬（你）去吃夜宵。”在饭店几杯黄汤下肚，程笑亭突然痛哭流涕：“唉！老弟呀！侬（你）看看我勒拉（在）舞台浪（上）唱滑稽，讲拨（给）人家听，‘噱头’末一只连一只，好像我迭个（这个）人呀无忧无虑，快乐开心！唉！老弟呀，其实我内心非常痛苦啊！我迭个（这个）经济非常拮据啊！”姚慕双奇怪了：“程先生，侬（你）迭个（这个）包银也蛮大的么！”他叹了一口气：“一家勿晓得一家的事体呀！我乡下头还有一个八十多岁的老外婆，一个瞎子娘舅，我娘舅的伲子（儿子）——我的表弟，种种田，跌进沟里，一只脚掼断脱（了），伊拉（他们）侪要（都要）我负担生活费呀！现在物价高涨，我一家头唱戏，介（那么）许多人吃饭，侬（你）讲够哦？”

姚慕双本来就心地善良，乐善好施，听了这席话，鼻头酸溜溜，禁不住也哭起来。当即摸出廿元大洋交给程笑亭说：“请侬（你）寄拨（给）乡下亲戚吧！算我一点心意。”本来是程笑亭请姚慕双吃夜宵，姚慕双见他生活拮据，就抢先付了酒菜钱。

次日，程笑亭到红宝剧场后台来看姚慕双，见了面就说：“老弟呀！侬（你）良心真好！人勿错的，侬（你）是一个忠厚人呀！廿元洋钿（银元）我还拨侬（还给你）！”“咦？程先生，我是帮侬（你）解决一眼眼（一点点）困难呀！侬（你）还拨（给）我做啥？”程笑亭在台上一点都不笑，这时候他竟然笑得仰面朝天，连连咳嗽：“喔唷，老弟呀，侬（你）上我当了！侬（你）拨（给）我骗出了眼泪。昨日夜里我对侬（你）讲的闲话侪（都）是假的呀！弄怂（愚弄）侬（你），寻寻开心呀！”

姚慕双被弄得哭笑不得。

作为滑稽艺术泰斗的姚慕双，其实是一个非常诚实、可爱、没有心计的人，他对自己的缺点，也从来不护短、不掩饰，反而勇于自我解剖，公开将它暴露于人前，进行自我批评。

姚慕双在《自传》中说，他在程笑亭先生身上学到许多东西，学会了他的表演长处，但也学会了他的坏习惯。姚慕双在蜜蜂滑稽剧团唱戏期间，有时也喜欢在台上拿演员寻开心。一般情况，由他主演的戏，台词照说不误，很严肃，不会随意变动，不然其他演员接不上。可是，一次演出中，他却寻机会，暗暗地与同台的演员讲“私房话”。

当时，蜜蜂滑稽剧团上演的第一部戏叫《播音鸳鸯》，戏中姚慕双扮演大流氓陈雨堂。龚一飞在戏中演一个进步艺人。陈雨堂叫他们来唱堂会，龚一飞扮演的艺人来到陈雨堂家中，陈雨堂就污辱他说：“哼！伽迭些（你们这些）唱戏的小鬼，敢勒拉（在）陈老太爷面前嚣张！太放肆了！”他说完这句台词就对龚一飞轻轻地讲：“侬（你）今朝新剃头么，小贼！油忒多了，介（那么）许多油做啥？滴粒笃落挂下来了！”这么一来，龚一飞忍不住了，马上扭过头去笑得不得了。

还有一次，做滑稽戏《金黄牛》，姚慕双扮演英国浪人（流氓）恰利，姚慕双徒弟王双柏做酒吧间服务员，叫“鲍埃”(boy)，准确点讲“嗨鲍埃”(Hi, Boy)。姚慕双对王双柏说：“哎！鲍埃！吉武米威司忌！阿爱王脱威司忌！”（Hi, boy! Give me whisky! I want whisky!）王双柏不懂，姚慕双有意逗他呀！王双柏不晓得威司忌是什么东西，就问恰利“啥？”姚慕双再重复了一遍：“阿爱王脱威司忌（I want whisky），Johnny Walker whiskey（约翰尼·沃克威司忌），do you understand what I said?”意思说“我要一杯威司忌！”王双柏听不懂英语，呆若木鸡呀！姚慕双又说道：Do you understand what I said?”意思“你懂我在说些什么吗？”王双柏更加听不懂了，两只眼睛对他白顿顿地看着。姚慕双马上再做一本戏：“小鬼啊！侬勒拉（在）酒吧间里学生意，威司忌也勿懂啊？啥格路道啊？侬呀，好滚蛋唻！勿要做唻，小鬼！”两本戏做下来，王双柏实在吃不消了，马上把头低下去，在“酒吧间”里笑个不停了。姚慕双还要开玩笑：“喂！克梦鲍埃，斯坦达普！斯坦达普！”（Come on boy, stand up!）王双柏笑得站都站不起了。

在演出期间，姚慕双有时弄弄张三，有时逗逗李四，弄得大家实在吃不消了，但又敢怒不敢言。终于在一次民主生活会上，同事纷纷向他提意见。姚慕双感到有点委屈。心里想，寻寻开心无所谓，生意这么好！大家开心开心，有啥道理呢？

那时候，上海市文化局已给剧团派了指导员，他叫郭明，郭明找姚慕双谈话，指出：“姚慕双同志啊，演戏是严肃、一丝不苟的，怎么可以演戏时候夹带私货，开玩笑？这是勿道德啊！”

姚慕双仔细想想，人家提出来，是对自己的帮助，希望他改过。口头接受，表示改正，但是过了一段时间便忘掉了，心情舒畅时会“旧病复发”。

平心而论，对于优秀的滑稽演员而言，为了提高自己放“噱”与制造笑料的水平，他们常常会留意身边发生的可笑之事并随时用来编织“噱头”，脑子里总是盘旋着这些念头，每每触景生情，一个“噱头”便脱口而出，似乎成了一种职业习惯。尤其在演戏时，演员之间的情感互动与碰撞，更容易触动那根敏感的神经，会情不自禁地对同事即兴放“噱”，脱口说出让人逗笑的话来。这种不管场合，不恰当地放出不该放的“噱头”，无意中拨动同台演员笑的神经，使他们猝不及防，出现笑场，一定程度上破坏了喜剧演出的整体效果，是不应该的。

1958年整风，同事们正式向姚慕双开炮了，你一言我一语，批评得比较厉害。开会之后，他几乎“瘫痪”了，站也站不起来，羞愧难当呀！整风小组长张奎见了，不仅没有批评他，而且和颜悦色地安慰他、开导他、帮助他，使他懂得演员最重要的是戏德。懂得这个道理，姚慕双提高思想认识，再也不戏弄同事了。他对青年演员热心扶持，积极地起了“传帮带”的作用。有人如果在台上讲闲话、讲错台词、走错地位，他会设法补救。他在台上即便没有台词，也老老实实站在那里，尽量用自己的表情去衬托青年演员演戏。看见演员表情不够，他就在一旁暗示。有个青年演员表演激动、悲恸的情绪时，却掉不下眼泪，脸上没有表情，姚慕双就教他：“侬（你）要头抠（低）倒一眼（一些），装出悲的样子，绢头拿出来，擦擦眼泪。”经过点拨，那个青年演员的表情便逼真了。

# 十八　在笑笑剧团

城中桃李愁风雨，春在溪头荠菜花。

——〔南宋〕辛弃疾《鹧鸪天·代人赋》

姚慕双、周柏春演3个月离开华亭剧团，去黄浦电台做特别节目了，小宁波这个角色便由朱培生来顶替。朱培生宁波方言不是太好，讲常熟方言倒是不错。开始讲宁波方言有点够呛，后来越演越好了。

《上海滑稽史》记载，1941年10月12日，姚慕双、周柏春曾参加益昌毛绒公司在明远电台播送的特别节目；同年10月31日，又参加了“乐口福麦乳精”在亚开电台播送的特别节目。姚慕双、周柏春兄弟的节目与大名鼎鼎、时人称为“社会滑稽”的江笑笑、鲍乐乐正好是上下档。江、鲍二人对姚慕双、周柏春的艺术十分欣赏。

姚慕双、周柏春自从参加华亭剧团与程笑亭、裴扬华合作，先后于1942年7月20—30日，在位于虞洽卿路的皇后大戏院（今西藏中路290号，和平影都）参演了《小山东到上海》；8月5—11日，在皇后大戏院参演了《茶叶蛋》；9月23—25日，在位于郑家木桥（今福建路）大方饭店的金门剧场参演《小栈房》。

11月3—26日，姚慕双、周柏春应江、鲍之邀加盟笑笑剧团，并在张园剧场（今南京西路泰兴路南端）参演《瞎子借雨伞》；1943年1月6日—2月30日，在张园剧场参演《大点秋香》。同年，4月21日—5月17日，又应华亭剧团特聘，与杨笑峰、周琴心、章城祺、高明、邢哈哈、蔡有梅、筱彬云、倪亦峰等，参演程笑亭、裴扬华领衔主演的《小山东到上海》（三本）；5月10日—5月18日，周柏春参演江笑笑领衔主演的《瞎子借雨伞》（二本）（姚慕双未参加）。

根据周柏春的《自述》：1943年6月下旬，姚慕双、周柏春曾带过一个剧团（那时所谓的剧团都由几个艺人临时凑合）去平西大戏院作过短期演出。那是一爿茶馆店，非常小，场地简陋，位于平西里路。过去上海人有一句口头语，叫“平西里路旧货摊，陈家木桥小瘪三”。那条路上摆满旧货摊，专卖旧货。平西大戏院白天是茶馆店，夜里演戏。那天是端午节，看戏的人不少，但不买票看白戏的多，也赚不到什么钱，戏馆里有很多流氓。周柏春在《自述》中说：

> 演员真正作孽！有两个艺人吃饭没啥可吃，什么羌饼呀，弄两根生黄瓜，买一包乌酥豆，就当夜饭了。那里看白戏的都是流氓，我们演好了，他们还要叫我们表演独脚戏。一天，姚慕双正巧发气管炎，嗓子开不出，我们两人就演了一只，一只不算，还要再来一只。姚慕双打招呼了：“我今朝气管炎，对勿起，勿能演了，请侬(你们)原谅。”说完，他就下去了。这下流氓就光火了，等于触他霉头，坍他台。他们一道涌到后台来寻姚慕双。这时候，姚慕双也不领盆(沪语：不买账)了：“侬(你)要讲道理呀！”闲话没讲完，一记耳光掴上来了。他们流氓人多啊，幸亏平西大戏院的茶房，良心好，他跑上来，一方面劝阻流氓，一方面关照我们：“马上走，马上走！”我们两个人就从后门逃走了。

此后，各电台恢复业务，姚慕双、周柏春便离开滑稽舞台，重操旧业。直到1945年11月22日至12月16日，才与江笑笑、鲍乐乐、陆希希、俞祥明、胡了然，在国际大戏院(原国际电影院，已拆，金门大酒店旁，从前北京翠文斋楼上)演出《千变万化》；12月17—30日，在国际大戏院演出《月下老人》；1946年10月28—31日，与文彬彬、江笑笑、任咪咪、朱培声、金慧声、胡了然、俞祥明、陆希希、笑嘻嘻、秦哈哈、筱春山等著名滑稽演员合作，演出了《社会怪现象》；同月30日，应筱快乐邀请，姚慕双、周柏春友商客串，演了《黄包车夫》；11月9—18日，又应江、鲍之邀，在国际大戏院参演了五幕讽刺大喜剧《五花八门》。

其时艺人组建的滑稽剧团时间都不长，演出剧目的日期也较短，多则十来天，少则三四天，演员便各自散去，自寻门路。

姚慕双、周柏春二人即便在无戏可演的困难时期，也并未在艺术上放松自己。周柏春在《自述》中说：

> 那时候没有电台，失业在家，没有收入，生活困难。总算“山穷水尽疑无路，柳暗花明又一村”，还有些办法：做做滑稽戏，唱唱堂会，难得表演表演。从前在电台上唱独脚戏，有的有本子，有的没本子，有的独脚戏是听会的。过去拜先生，不会教你，全靠自己。有时候听先生讲，自己记下来，记住了，就去讲，都没本子。趁失业时候，我重新整理，把演过的节目，一个个写下来，有些地方作了加工，记录成文，温故而知新，还有新的发现，就写一些心得体会。这样，不知不觉在艺术上有了长进。

姚慕双、周柏春兄弟不管在华亭剧团，还是在笑笑剧团，因为长期习惯于电台播音，舞台演出的经验不足，于是他们认真地向前辈艺人学习，对艺人们在舞台上的举手投足、一颦一笑、逗笑的技巧，牢记于心，并通过舞台实践，融会贯通。这些都成了他们艺术上的宝贵财富。

笑笑剧团成立于民国31年（1942年）3月20日，由江笑笑、鲍乐乐组建。以江的名字“笑笑”为团名，其骨干成员有朱翔飞、盛呆呆、仲心笑等。在龙门大戏院首演《荒乎其唐》。

江笑笑（1900—1946），浙江杭州人，与王无能、刘春山均为上海滑稽戏（独脚戏脱胎于滑稽戏）开山鼻祖，被世人称为“滑稽三大家”。早年在饭店学厨师，后拜双簧演员黄杏珊为师习艺。初时，江与黄合演《戏迷双簧》，江充下手，演“阳面”。1924年改与赵希希搭档，1926年起长期与鲍乐乐合作，江笑笑当上手。1927年，江、鲍到上海后不久，改演独脚戏，演出于天韵楼、大世界等游乐场。始借独脚戏之谐音，自称所演为“踱觉戏”，意为在踱方步之际思索编戏，针砭时弊，颂扬好事，引人觉醒。后亦用独脚戏之名，但标榜“社会滑稽”，影响遂日益扩大，成为上海独脚戏的名牌。

1929年参加“五福团”演出。

1942年3月20日，江笑笑与鲍乐乐成立第一个专演滑稽戏的笑笑剧团。该团网罗了当时大部分著名滑稽演员，对于滑稽戏的发展起了决定性作用。

江笑笑的表演，以面部表情“傻”“憨”取胜，俗称“呆派”。扮演乡间土财主、老色鬼、吝啬鬼，形态逼真，入木三分。方言极佳，特别是杭州、绍兴、宁波“乡谈”十分地道。以“说”见长，每每在段子最后迸发一个大“噱头”，出人意料，使观众笑声四溢，回味无穷。他的代表作有《清和桥》《水果笑话》《因小失大》等。“做功”亦好，其相当部分段子在“说”中带“做”产生笑料，如《绍兴人乘火车》《瞎子借雨伞》《火烧豆腐店》《祝枝山大闹明伦堂》等。“唱”段则有《毛毛雨》《路遥知马力》《一二八大鼓》等。

江笑笑还注重化妆表演。在烟（鸦片）、赌、娼三毒猖獗时，他与鲍乐乐演出的《路遥知马力》对此作深刻揭露。江头戴开花帽，身缚烂草绳，腰插假烟枪，穿上一件千疮百孔、贴满当票的脏长衫，显示了独脚戏化妆表演的独有风格。

20世纪20—30年代，江笑笑曾灌制独脚戏《一二八大鼓》《毛毛雨》《黄慧如》《水果笑话》《宁波空城计》《结婚无锡景》《宁波打严嵩》《刀劈三关》《一言难尽》《滑稽宏碧缘》《前朝不接后代》《闸北逃难》《倒乱世界》《烂污婚姻》等唱片约30张。曾编成《江鲍笑集》一至四集，其中第一、二集于1935年出版，第三、四集，原稿毁于1937年“八一三”事变中。同行则尊称其为“江老夫子”。

江笑笑、鲍乐乐领衔的笑笑剧团仿佛是培养滑稽演员的摇篮，不少演员都在笑笑剧团演过戏，少则几个月，多则几年，培养了不少著名的滑稽演员，如杨笑峰、袁一灵、笑嘻嘻、张利音、张利利、陆啸桐、笑哈哈等。

最后一部戏为《卫生原子弹》，于民国36年（1947年）6月1日在庐山大戏院上演。5年中断断续续上演了近百部大戏。

笑笑剧团对滑稽界影响颇大，为以后成立的滑稽剧团起了“示范”作用。其演出剧目的精彩片断，不少成为保留剧目，如《祝枝山大闹明伦堂》等。一些大戏中的片断，被有些演员从中抽出，浓缩为独脚戏。如《瞎子借雨伞》中棺材店伙计向老板献计一节成为独脚戏名篇《棺材店大拍卖》，《火烧豆腐店》中之“瘪三讨饭”一节成为独脚戏红段子《钉巴》。

1946年8月，46岁的江笑笑病故，剧团遂解散。

姚慕双在《自传》中谈到笑笑剧团时说：

陆希希、范哈哈，都是老前辈，他们是客师。在剧团演出的有金慧声、任咪咪、朱翔飞、张利利、俞祥明、王自迷、杨笑峰、笑嘻嘻、徐古董、胡琪琪、胡恨地等。江笑笑、鲍乐乐第一个打炮戏是《荒乎其唐》，演出后，有两个演员觉得包银小，就离团了。江、鲍缺少辅助红花的绿叶，要招募“硬里子”。那时候潮流滑稽刘春山已故世多年，他的搭档盛呆呆就到笑笑剧团担任管事。盛呆呆晓得江、鲍要招聘“硬里子”演员，就寻上门来，与我们谈判，愿意重金礼聘姚慕双、周柏春。我们想，这些同行身上一定有许多东西可以学习，就答应了。

其时，江笑笑在滑稽界，乃至于整个上海滩名震遐迩，姚慕双、周柏春兄弟自然知道他的大名。

第一辈滑稽演员王无能、江笑笑、刘春山，被称为“滑稽三大家”。王无能受到同行尊敬，资格最老，悟性最高，被称为“老牌滑稽”。他的段子少而精，代表作有《哭妙根笃爷》《广东上海话》《宁波空城计》等。《广东上海话》中有一段讲上海顾客到公司里向广东职员买东西造成误会一节，本来没有几句，姚慕双、周柏春演出时，就将广东上海话加以丰富、扩大，许多同行就把这个段子抽出来独立使用，名字就叫《广东上海话》，蛮“噱”的。但有些演员表演时，广东话没基础，达不到应有的效果。

王无能的《各地堂倌》只是叫喊两声，姚慕双、周柏春在此基础上化作一个大段子。

而刘春山（1902—1942）则有快口之称，为人聪明。祖籍宝山县杨行，生于老城隍庙前傅家街。12岁在老城隍庙永生堂梨膏糖摊当学徒，边卖糖边自学文化。那时在城隍庙推销“梨膏糖”经常就地取材，根据身边的家长里短，随口编唱押韵小曲，敲竹板演唱：

说起来个稀奇，啥个事体？上海个地方，大来个斜气。徐家汇朝

> 南，龙华塔蛮有名气。昨日夜里，出仔哩格事体，格哩（这里）个宝塔，拨（被）贼骨头偷去。正巧拨拉（给）瞎子哩格看见，哑子喊捉贼，拨（给）聋子听见，拨（给）风瘫人捉牢，算伊（他）晦气，捉牢仔（了）个小贼，呒啥（不用）客气，拿伊（将他）送到邮政局里。

也许这些氛围为刘春山成为“潮流滑稽”打下了基础。他最大的本事是把当天发生的新闻快速地改编成唱词。有一回，刘春山、江笑笑等在电台播出独脚戏《米蛀虫》，揭露不法米商趁国统区物资供应紧张、物价飞涨之时，购进大批粮食，囤积居奇，非法牟利，造成人心惶惶、市场一片混乱的罪恶行径，激起广大上海市民的公愤。不法米商担心该节目继续在电台播出，给他们带来麻烦，就派一批流氓去设于西施公司四楼的某电台滋事。滑稽演员刘春山从四楼阳台上见一批流氓前来砸电台打人，便一面对着楼下围观的民众高喊“米蛀虫叫流氓来砸电台打人了”，一面就拉了几个正在播音的演员溜走了。几个越剧演员碰巧进播音间播音，被闯入的流氓误以为是播演独脚戏《米蛀虫》的演员，一顿暴打，他们被打得莫名其妙。

刘春山的拿手戏有《游码头》《热水袋》《一百零八将》《发大水》。有人见月食讲迷信，他马上就讲《放炮仗》，炮仗一放，野月亮就逃走了。

姚慕双还学习他唱《游码头》：

> 乃末（现在）来唱游码（啊）头，人家来唱游码头，游过三关六码头；我唱迭（这）只游码头，游过一只半码头。上天游，天上缺少天浪（上）路；地上游，地上缺少衙门口。朝东游来朝西游，朝南游来朝北游……

江笑笑先生则另有一功，人称“社会滑稽”。许多段子切中要害，切中时弊。譬如《清和桥》《书房媳妇》《水果笑话》《三国志》《火烧豆腐店》《明伦堂点秋香》。这些段子，姚慕双、周柏春常常学来表演。

总之，这一时期，姚慕双与周柏春，不管哪一家哪一派，谁有优点就学谁。学了老前辈的东西，兄弟俩便及时吸收，迅速消化，对于艺术的追求“如饥似渴”！

姚慕双坦言，比较起来，兄弟俩学习江笑笑先生的东西多一些。因为王无能去世得早，留下来的节目不多；刘春山以唱见长，他的艺术别具一格；而江笑笑、鲍乐乐两位先生所表演的段子多不胜数。江、鲍出过两本《江鲍笑集》。姚慕双风趣地说：“如果拿王无能，江笑笑、鲍乐乐，刘春山比成三国，那么江笑笑、鲍乐乐就是曹操，因为段子多，势力最大，实力最强；王无能、刘春山两位亡故之后呢，三分天下的滑稽乐土都换成姓江的了。”

滑稽三大家有个共同特点，就是根据时事新闻及时编创独脚戏，即时表演，即兴发挥，道出民众关切的心事、家事、国事，从而受到民众的青睐与欢迎。姚慕双、周柏春从三大家中吸取不少营养，尤其他们自创的独脚戏受江笑笑、鲍乐乐的影响较大，有一部分就是直接在江、鲍独脚戏段子的基础上作了进一步的提炼、加工、润色而成，却大大丰富了这些节目的内容及表演形式，以不同凡响、全新的风貌呈现在大众面前，令人耳目一新。姚慕双、周柏春的高明之处在于，不离传统，又高于传统，对传统独脚戏作了深度的加工与扬弃，形成了自己清新独特的姚慕双、周柏春风格，深深地打上了姚慕双、周柏春滑稽艺术的印记。

笑笑剧团第二部戏就是《瞎子借雨伞》，姚慕双在戏中担任角色，周柏春以群众演员的身份参与。

江笑笑是电台与舞台的两栖演员，他在舞台上能演各种大戏，扮演各种角色，他所刻画的人物无不栩栩如生，演啥像啥；尤其他扮演憨进勿憨出的老色蚤（老色鬼），令其他滑稽演员望尘莫及。

江先生的方言非常好，特别是宁波话、绍兴话堪称一绝。姚慕双、周柏春与江笑笑同台演出，每当江笑笑出场，在台上表演时，姚慕双、周柏春兄弟总是站在侧幕边注意观察、细心揣摩，从他身上学会了不少方言与夸张的技巧。

姚慕双、周柏春在笑笑剧团演过《火烧豆腐店》《王小二过年》《祝枝山大闹明伦堂》《唐伯虎点秋香》《五颜六色》，从中得到了很大锻炼，受益匪浅。

江笑笑当时不过四十开外，却已老态龙钟。他健康欠佳，有肺气肿，又染上吸毒的恶习，鸦片烟瘾很重，一日不可无此君！他台上演出是硬撑，勉为其难。回家睡在床上，就懒得起来，赶到剧场就晚了，常常误场。

有一回，笑笑剧团演出《王小二过年》，江笑笑主演王小二。开场了，江笑笑还没到，后台急得团团转。盛呆呆是管事，接连打电话去催他，又叫台上的演员把戏拉长，拉到他来。盛呆呆连发"十二道金牌"，催促江笑笑马上登台。适逢姚慕双在台上扮演讨债人，上门向王小二讨债，王小二不在，只好逼牢王小二的妻子要钱。江笑笑还没来，姚慕双只能在台上拖戏。扮演王小二的妻子陆妹妹是盛呆呆的爱人，讨债人就在台上对她纠缠勿清，逼她还债。

姚慕双软笃笃地对王小二的妻子说："王师母，谢谢侬（你）好哦？我来过几趟了，侬（你）迭个（这）廿元洋钿（银元）无论如何今朝要还拨（给）我了。过年来，侬（你）迭个（这个）账要结清，要还拨（给）我的。"这时候，王小二老婆装出一副可怜相，向讨债人苦苦哀求："我实在呒不（没有）呀，对勿起！"姚慕双就悄悄地"豁翎子"（暗示）给她："本来戏呒没（没有）来，请侬（你）拖一拖，老板还没来噢！"接着讲："侬（你）迭（这）样子苦恼，侬（你）预备哪能（打算怎么办）呢？"陆妹妹是一位经验丰富的老演员，马上接过翎子，顺着他的话讲（苏州话）："我苦恼！屋里实在忒穷哉！家无隔宿粮，请倷（你）帮帮忙，阿好？或者直梗（这样）：请倷（你）借廿元洋钿拨（给）我？"

姚慕双回忆道：

> 她这装出这副苦恼相，说了这番话，我给她打动了，同情她的处境，给她搞糊涂了，就摸出廿元大洋给了她。她接过铜钿马上交到我手里："喏！王小二欠捺（你）廿元洋钿，我现在还拨捺哉（还给你了）。"这时候，我高兴得不得了，就讲了："唉！王小二的女人啊，侬（你）迭个（这个）人不作兴呀！侬（你）有铜钿还装穷，喏，侬（你）现在廿元洋钿还拨（给）我，晓得侬（你）有铜钿的。"哎，等我走的时候一想："哎！咦？迭个（这）廿元是我的末！"我又好气又好笑，

不过我这个讨债人还有点恻隐之心，对她讲了一句："好！好！我认得侬（你）！我再宽容侬（你）一次，下趟我再勿上侬（你）当味！"说完就下场了。

刚要走进后台，盛呆呆在台内轻轻地对我说："哎，勿来三（不行），勿来三（不行）！侬（你）勿好下来！江先生还没到呢！"要命了，戏也做完了，我只得回到台上，对王小二老婆讲："勿来三（不行）的！我现在越想越勿对！我老实搭侬（对你）讲，我也是吃老板的饭呀！今朝年三十夜，我讨勿着债，铜钿收勿到，回去哪能（怎么）交代？我拨勒（给）老板也要停生意的！"陆妹妹很聪明，见我走了又回来，吃准江先生没来，再跟我缠下去。她没了台词，就编了一段美人计花花我；我是小伙子，还没娶老婆味。这下我心领神会，便在台上缠下去，一直缠到江笑笑先生来。

**没过几天，江笑笑又病了，病得很严重，误场了。这一回讨债人由陆希希扮演，他依样画葫芦也这样拖戏。拖了很久，江笑笑还没来，观众已经等得不耐烦了，在台下纷纷议论：**

**（宁波观众）："柴话（怎么）啦？该个（这个）戏柴会（怎么会）介（这么）长格啦？阿呒没（也没有）哎，该（这）讨债鬼真讨厌！啰里啰嗦！再问下去呀，阿拉（我们）要问其（向他）讨债味！"**

**（苏北观众）："对！妈妈的！退票！"**

**急中生智，盛呆呆马上叫姚慕双替代江笑笑扮演王小二，赶快钻进被子里。其时，这一场的布景分为前后两部分，前一间当作公用客堂，后一间算王小二的卧室，一只床贴紧后台幕布，姚慕双非常方便，从幕布后面偷偷地钻进去，爬到床上，盖好被子，遮没面孔。这时，他就以王小二的口吻讲："喂！外头客堂里啥人呀？啥人搭（和）我老婆讲闲话呀？"陆希希讲，"是我，来讨债的！""喔，喔！侬（你）来有啥事体呀？""嗨嗨！侬（你）还讲得出口来，搭侬（你）讲，我是来讨债的！介许多（这么多）日脚（日子），铜钿（钱）也勿还，侬（你）像闲话哦？""我还勿出。""格么（那么）侬（你）为啥还勿出呢？""我生病唉！睏勒拉床浪（睡在床**

上）呀！”“勿关侬格（不管你的）！来！搭（给）我死出来！”“好，好！让我衣裳着好仔（了）来开门喔！”他假装穿衣裳，又假装寻短衫：“喂！老板！我迭（这）条裤子侬（你）看见哦？”“奇怪勒（了），我哪能（怎么）晓得呀！”“喔，勒拉（找到了）！在被头洞里。”这时候，他又假装要小便，拖了很长时间。到后来，实在翻不出花样了，急出一身冷汗。就在尴尬的时候，江笑笑来了，于是姚慕双在幕布下急急忙忙地钻出来，与江笑笑对调，这才如释重负。

上述表演在话剧与其他戏剧中不多见，也不可能；因为是滑稽，博观众一笑，不合常规，却在常理中。

江笑笑误场已成家常便饭，实在身体差，且每况愈下，演主角从头唱到底显然力不从心，他扮演的角色便经常让姚慕双代替。他对姚慕双说：“我末身体勿灵，我的角色就由侬（你）唱吧！”

姚慕双心里十分矛盾。他对江、鲍两位大师既尊敬又爱惜，希望他们身体好，长寿无恙；又希望他们常演拿手戏，让他过过戏瘾，学点东西。然而，江笑笑一次次病假，总让他代戏。年轻的姚慕双学艺心切，早就把江笑笑的台词牢记于心；江笑笑对他这样说，真是求之不得，也促使他更加努力。代演了几次，居然一鸣惊人，受到观众的欢迎。江笑笑看姚慕双演得不错，就嘱咐他：“好咪，侬（你）继续演下去！”姚慕双实在于心不安呀，求苍天保佑，让江笑笑早日康复。

承蒙江笑笑的抬爱与培养，姚慕双演过《祝枝山大闹明伦堂》中的祝枝山。在姚慕双看来，江笑笑演的祝枝山活龙活现，简直是一个恶讼师，又是聪明，接口又快，一言一行，节奏得当，举手投足，分寸把握极好。那时候，姚慕双才24岁，表演年近半百的祝枝山，难度蛮高。他在模仿江笑笑一举一动的同时，结合自己的特长去塑造这个江南才子。譬如，他初通文墨，有一点书卷气，气质上尽量发挥自己特长，演祝枝山时，讲究气派。徐子建约祝枝山去明伦堂驳文评理，祝枝山就叫周文宾陪他一同前往。周文宾是个杭州才子，人称唐、祝、文、周。他与祝枝山十分相好，周文宾陪祝枝山到了明伦堂，哪知徐子建对一班朋友打了招呼，祝枝山来了，大家不要睬他，打他个下马威。

祝枝山进了明伦堂，堂上没有一点声音，祝枝山就问周文宾（苏州话）："二老倌啊，该搭（这里）是啥地方啊？"

周文宾回答："明伦堂。"

"哦？是明伦堂？是明伦堂总有人个豌（苏州方言语气词，表示应知）？有人总归有声音个豌？为啥进得门来鸦雀无声？二老倌啊，倷（你）阿会弄错哉？领到我杭州会馆来哉！"

这时候众生员（俗称秀才）就骂山门了："放屁！放屁！放屁！放屁！——"

"喔唷，二老倌，快点跑，快点跑，快点跑！二老倌啊，此地到底啥地方？"

"到底末明伦堂豌！"

"啊？到底是明伦堂？明伦堂末乃是文人荟萃之所豌，应当书声琅琅，为何进得门来不听见书声琅琅，独听见屁声卜卜？真是臭而不可闻也啊！——"

这一下，众生员没有办法了，徐子建寻着周文宾（讲杭州话）："哎！二佬儿。"

"子建兄。"

"哎！我也弄不懂啊，你也无眼儿抱刺鳞啊——里戳出（你瞎了眼去捧带刺的鳞鱼来，意为"窝里斗"）！我们大家都是杭州人，你接（啥）个道理，带一个苏州人来触我们霉头啊！"

"子建兄，小弟不敢。"

"哎！你叫他过来，搭（和）我见一见。"

"噢噢噢。——哎，老祝，子建兄叫侬（你）去见见。"

"噢噢噢噢。——哦，子建兄，恭喜发财！"

"不敢，不敢。"

"子建兄，小弟是久慕大名，如雷贯耳。今日一见呀，不过如此。"

"啊？讲接……接……接个话语啊？今日一见末，'三生有幸'，或者'话不虚传'，讲接个'不过如此'啊？"

"非但不过如此，外加名不副实。"

"啊？接个话语啊，名不副实？"

"倷老兄有个绰号，叫'两头蛇'。"

"对的，我外号叫'两头蛇'。"

"噢，'两头蛇'？我看倷老兄只有一头是委委在此，还有一头是四面找寻，找寻不到。不知我兄藏于何处，乞道其详。"

"咦！'两头蛇'，'两头蛇'末，人家提我外号啊！真的我有两个头，吃饭忙煞味！"

"好，格末（那么）今朝倷叫小弟到此地来，阿有啥贵干啊？"

"我要同你驳文评理！"

"噢！迭个（这个）驳文如何驳法？"

"我们有上联，要你对下联。"

"哦？蛮好，格末直梗（这样），唔笃（你们）此地介许多（那么多）生员侪勒浪（都在），唔笃出上联，我一家头（一个人）答下联，阿好？"

"喔唷！好的。哪位学兄先来啊？"

"好！我来，我来，我来！"一位生员先站出来："哦，祝兄。恭喜发财！"

"哦，新春快乐！"

"我现在有个上联，要请侬对个下联。"

"噢，蛮好，蛮好！请教当面。"

"格末侬听好噢，我迭个上联：'东典当西典当，东西典当典东西。'"

"喔唷，二老倌啊，啥个今朝年初一，喏，碰着个典当朋友啊？"（祝枝山对周文宾说，言语中不乏调侃）"当当头末啊？倷上联'东典当西典当，东西典当典东西'；我迭个下联，倷听好，我是'南通州北通州，南北通州通南北'。"

"喔唷！祝兄，佩服，佩服，佩服！"

"阿里位再来啊？请过来末哉。"

"好！我来！"又一位生员出来："听勒拉，我迭个上联：'马过木桥蹄打鼓。'"

"蛮好，蛮好。我迭个下联来哉，倷听好。倷上联是'马过木桥蹄打鼓'，我迭个下联是'鸡啄铜盆嘴敲锣'。"

"慢慢叫（慢一点），慢慢叫，我还要加三个字咪。"

"还加字啊？"

"我又呒没（没有）讲完勒（了）！我是'马过木桥蹄打鼓，咚，咚，咚'，加三个字。"

"格末侬听好，我迭个'鸡啄铜盆嘴敲锣，当，当，当'。"

"嗯——不错，不错！"

"还有啥人再来啊？阿里位学兄再来啊？"

"好！我来！侬听好，我迭个上联：'小篮也是篮，大篮也是篮，小篮摆勒（放在）大篮里，两篮并一篮。'"

祝枝山转对周文宾："嚯唷，二老倌啊，该个（那个）朋友倒结棍（厉害）格！二老倌啊，该个人是啥人呀？"

"该个人姓徐，徐秀才。"

"哦哦哦，格末侬听好仔噢，侬的上联是：'小篮也是篮，大篮也是篮，小篮摆勒大篮里，两篮并一篮。'我下联来哉，我下联是：'秀才也是才，棺材也是材，秀才睏勒（在）棺材里，两才（材）并一才（材）。'"

"喔唷！老祝啊，出人命哉啊！"

"乃末阿里位学兄再来啊？"

"我来，我来，我来。祝兄真是名不虚传啊，服帖！现在我有个上联，请侬对一个下联。我迭个上联呢，侬听好！我是'孝子牵羊上雪山，白，白，白'。"

"喔唷！二老倌啊，该个角色厉害呀！侬想，上联'孝子牵羊上雪山'，孝子白衣裳，一只羊白的，雪山又是白的——白，白，白。有哉，侬听好噢，侬上联是'孝子牵羊上雪山，白，白，白'；我下联'关公骑马过赤壁，红，红，红'。"

"喔唷，佩服！佩服！佩服！"

"慢慢叫，慢慢叫，我来了！我来了！"

"喔，该位苏北先生……"

"祝兄（苏北口音，'祝'近'糟'）！"

"啥物事啊？叫我'糟兄'啊？"

"我叫你祝兄欸，我的上联你听乃（好）啊！我这个上联呢，'妈妈骑马，马慢，妈妈骂马'。"

"啥物事啊？啥个'妈妈妈妈妈妈妈妈'，一眼（一点）听勿出，谢谢倷讲得慢一眼。"

"好了唷，讲得慢末，你就听得出来了。我这个上联，叫'妈妈骑马'——一个老妈妈骑一匹马，'马慢'——这匹马跑不动哎，跑得太慢，叫'妈妈骑马，马慢'；'妈妈骂马'——这个老妈妈用这个嘴呀，骂这匹马。就是'妈妈骑马，马慢，妈妈骂马'。快一点末，就是'妈妈妈妈妈妈妈妈妈妈'。"

"哦——直梗的。我迭个下联倷听好仔噢！'牛牛牛牛牛牛……'"

"喂，你讲什么东西啊？什么'牛牛牛牛牛牛牛牛'？"

"我也讲得快，我讲得慢，倷也听得出哉！我是'妞妞哄牛'——阿是唔笃（你们）北方，小姑娘叫小妞妞，'妞妞哄牛'——小姑娘搭一只牛勒打棚（在开玩笑）；'牛□（音 [gəŋ]，倔强）'——一只牛发□头脾气了；'妞妞扭牛'——小姑娘拿迭个牛身上扭一把。倷上联是'妈妈骑马，马慢，妈妈骂马'；我下联是'妞妞哄牛，牛□，妞妞扭牛'。"

"啊唷喂，妈妈！你扭我一把！"

"不不不，我……我做做样子。"

宁波人："噢，我来了噢。侬该个（这个）苏北先生呒（没有）苗头！"

"哦，该位（这位）宁波先生，蛮好，蛮好。贵姓啊？"

"我姓黄。"

"台甫是？"

"我叫黄尼罗（谐音'黄泥螺'）。"

"蛮好，蛮好。请教上联。"

"倍（你）听东（听着）哦，我上联来了，'天老爷落雪'喽。"

"啥物事啊？"

“天啦，阿拉（我们）宁波人喊‘老爷’哦。‘天老爷落雪’，天价冷（宁波方言，天气冷）啦，来该（在）落雪。

“噢，‘天老爷落雪’。”

“‘天老爷落雪喽，雪震山河喽，雪烊化水喽；既要化水喽，何勿落水喽。’侬想想看，既然落雪，要化水格，何勿落水呢？该一番手脚两番做。”

“噢，我明白哉！倷是‘天老爷落雪，雪震山河，雪烊化水；既要化水，何勿落水？’”

“对哦。”

“格末黄先生，倷听好：‘倷黄先生吃饭喽，吃饭落肚喽，落肚变污（屎）喽；既要变污（屎）喽，何勿吃污（屎）喽？’”

“好极了！格末我去吃……侬索（啥）闲话？！”

“喏，何必一番手脚两番做呢？”

“喔唷！结棍哦，结棍哦！”

“还有啥人再来啊？阿是呒不（没有）人啦？——哦，呒不人末，来而不往非礼也。我也有个上联，请唔笃对下联。刚刚末，唔笃交关（许多）先生，侪（都）是我一家头对下联，唔笃出上联；我现在出上联，唔笃随便啥人侪好（都可以）对。随便啥人对出，我服输。”

“喔唷！口出狂言呀！”

“格末唔笃听好噢，迭个常熟地方，有一个三塔湾，三塔湾前面有三座塔，我迭个上联呢，叫‘三塔湾前三座塔’。”

“我们大家来来看呀。”……（众人思考中）

“我有了！”

“喔唷，子建兄啊！侬有啦？”

“嗯。祝兄，你迭个上联‘三塔湾前三座塔’，我迭个下联呢，是‘五台山上五层台’。好，我对出了噢！我对出了。”

“慢慢叫，我还呒不完了呀！我还有三个字啊。”

“滴滴答答的啊？还有三个字？”

“迭个又勿是我行出来格（的），是唔笃开格（的）先例呀。我还有三个字。”

“好，好，好，三个字，侬讲！”

“我是‘三塔湾前三座塔，塌，塌，塌’。”

“迭个便当格。你是‘三塔湾前三座塔，塌，塌，塌’；我是‘五台山上五层台，抬，抬，抬’。阿是便当？”

“慢慢叫。我‘三座塔，塌，塌，塌’，塌光了；倷‘五台山上五层台，抬，抬，抬’，抬脱（去）三台，还缺两台啘？

“还缺两台，喔唷唷，迭个两台……”

“还缺两台，倷哪能呒不（怎么没有）哉？我晓得格，还有两台末，一台是下不了台，一台是大坍其台！”

姚慕双在《自传》中对于这场戏的台词可以说“倒背如流”，竟至于到了不假思索、滚瓜烂熟、一气呵成的熟练程度，可见他对这个滑稽戏的偏爱与留恋。这个节目从江笑笑时代起步，一直演到姚慕双的晚年。笔者所见录像中，周文宾由姚慕双的儿子姚勇儿扮演，徐子建由周柏春扮演，其他参加演出的还有吴双艺、王双庆、翁双杰、童双春、李青等一批“双字辈”演员。袁一灵、龚伯康加盟助演。

姚慕双曾说：“从前我们演戏的时候，两位老先生（指江笑笑、鲍乐乐）讲，祝枝山有敲竹杠的一面，也有打抱不平的一面。所以他的性格是多面性的，并不单纯。”从演出的实际情况看，江笑笑扮演祝枝山似乎温了一点，后来姚慕双吸取了江笑笑表演上的长处，在祝枝山身上稍微加了些火候，取得良好效果。姚慕双在前辈滑稽艺术家的基础上，成功地塑造了祝枝山这个足智多谋的江南才子的丰满形象。

# 十九　大红特红

毕竟西湖六月中，风光不与四时同。
接天莲叶无穷碧，映日荷花别样红。
——〔南宋〕杨万里《晓出净慈寺送林子方》

**与胞兄一起参加笑笑剧团的周柏春刚满20岁，还是一个没有多少舞台演出经验的青年后生。在那里，他头一次参加演出的大型滑稽戏是《瞎子借雨伞》，他自己说：**

那时候，年纪轻呀，戏也做不来。在台上，我还笑唻，滑稽戏怎么那么滑稽啊！记得第一次做戏，我起一个群众角色，就是去火车站等火车，碰着抄巴子（遇着搜身的警察）。

扮警察的是老前辈朱翔飞。朱翔飞先生被称为幽默滑稽，他做警察，讲常熟话，这个常熟话带国语的，而且是个叨嘴，说话结巴。死人呀，我第一次唱戏，碰着一个说常熟方言的搜身警察，怎么受得了呢？我想笑，实在熬不住啦，想笑。于是，他们对我讲，熬不牢呢，就咬嘴唇皮，自己咬得疼，不笑了。所以我拼命咬呀，咬得嘴唇皮滴血了，仍然要笑，熬不住呀！等到他遇到我，要搜我身上了，我笑得蹲下来。横竖抄巴子（搜身），他脸朝外，我可以屁股朝外，笑不要紧，笑得蹲下来，格格格笑。

朱翔飞老先生做戏从来不笑，看到我这样笑，他自己也受不了，也笑了出来。他偷偷地对我说："勿好笑格，做戏勿好笑格，迭（这）样子笑末，观众看仔（了），伽（你们）到底做戏呢，还是打棚（开玩笑）呢？"给他这样说，自己感觉惭愧了，所以就不笑了。

开始演戏，连上场门、下场门都不晓得，脸上化妆都不会。之后逐渐懂了一点，老前辈的戏，自己也看在眼里。刚做戏，不做主角，戏很少，空的时间多。两个半钟头，我在台下基本上有两点一刻，上台顶多刻把钟，空下来就在上场门边上看老前辈演戏，看他们一言一语、一举一动，记在心里。所以对整出戏滚瓜烂熟，倒背如流。

有一次，江笑笑、鲍乐乐两位生毛病，大家急得不得了。这戏是否开演呢？谁去代演呢？一般做主角要从头演到底，代他们的戏比较困难，台词你要背熟；再则观众不买账，代上去的戏肯定做不过江笑笑、鲍乐乐。

救场如救火呀！那时候，我就同姚慕双出来代他们戏。有时姚慕双代江笑笑的戏，有时我代鲍乐乐的戏。像《明伦堂》，姚慕双做过祝枝山；徐子建，我也做过。代戏，台词一句都不少，当然，我们做戏经验比较少，表演力比较差，不及老前辈，但是差强人意，也应付下来了。

当时间，江、鲍两位先生身体都不好。尤其江笑笑特别弱，戏份又重，饭吃得很少。像我年纪轻的时候吃两碗、两碗半，他只吃半碗都不到。

旧社会，唱戏的人或者赌钱，甚至生活腐化；还有抽鸦片上瘾的很多。为啥呢？从前唱堂会，上电台，忙得不得了，要赚铜钿，没有办法，生了病又没劳保，你不唱，就没钱。趁年轻的时候多赚些钱，往往要提精神，就吃鸦片了。

江笑笑老先生的烟瘾特别重。唱完夜戏回到家中，总要十一二点钟。从前讲迷信，家里供财神老爷、狐狸大仙，回家就点香，供老爷，跪下去磕头，巴望自己生意好、身体好，一年四季赚元宝。装好香，再洗脸，还不吃东西咪，笃笃定定吃鸦片。吃好鸦片，有点胃口了，再吃一碗泡饭。生意好呢，小菜还可以，也就是一荤一素，或者两只荤菜。吃好晚饭，再吃鸦片，然后算算账。到睡觉时已经天亮了。从前的艺人就是那样子生活。

所以，江笑笑往往误场，就叫别人的戏多做点，或者加一点戏。比如叫你上去讨债，要讨半个钟头。于是有些代角色的演员就问导演，去讨债，讨得到还是讨不到。讨得到是讨得到的做法，讨不到是讨不到的做法。有两个老艺人倒是有本事的。哎，他们是有一套闲话，因为在台上做多了，会即兴表演，平时肚子里有积累。他来借钱有借钱的面孔，那时跑上来满脸笑容："喔哟，老兄！侬（你）近来真是鹤发童颜，精神矍铄，老当益壮！啊！侬真是后福无穷！"等到你不借钱给他，马上就骂你："侬啥格物事（什么东西）！侬是风前之烛，瓦上之霜！朝不保夕，岂不悲乎！"他们知道的东西非常多。比方这个女的漂亮，他会得讲："啊呀，侬真是艳如桃李，冷若冰霜，长一分嫌高，短一分嫌矮，有沉鱼落雁之容、闭月羞花之貌，胜过三国当中大乔小乔！"他是有这种闲话的。

事也凑巧，过了几天，扮演徐子建的鲍乐乐突发急病，后台老板急得满头大汗，头发都竖了起来。周柏春斗胆对老板说："让我试试吧！"众人惊愕之余，万般无奈之下，七手八脚地帮他换装，拥上舞台。这一回，姚慕双、周柏春兄弟同时扮演主角，上场后，居然一炮打响，一鸣惊人！观众一传十，十传百，名声出去，剧场票房前购票者拥堵不堪。卖座远远超过江笑笑和鲍乐乐，场场爆满，连演不衰，姚慕双、周柏春就自然而然地取代了江、鲍。

江笑笑此时意识到后生可畏，事态严重。江、鲍商量后，决定"掼纱帽"，意欲要挟后台老板。孰料后台老板冷冷地说一句："二位请便吧！"江、鲍十分尴尬。姚慕双、周柏春兄弟知道了，万分不安，他们原本无意打掉二位老先生的饭碗，便对老板说："你不能让二位老先生走；假使二位老先生走了，我们俩兄弟也不演了！"老板听了大惊，江、鲍、姚、周一走，等于断了他的生意，便马上赔笑道："何必都要走呢？有事好商量嘛！"

后来，姚慕双、周柏春同笑笑剧团的合同期满，兄弟俩重返电台播音。在笑笑剧团期间，姚慕双、周柏春利用调换剧场的空档，有时也去电台播出。

无论演独脚戏还是演滑稽戏，演员的二度创作必须遵循滑稽艺术的规律，不能随心所欲，乱发挥。尽管滑稽戏没有固定的表演程式，但对老艺人用心血与智慧积累的笑料、"噱头"以及放"噱"的方法与语言节奏等传统技艺，应该怀着敬畏之心，充分吸取且不断地根据时代的需要加以适时而恰当的变化，唯其如此方能在继承传统的基础上发扬光大，被观众所认可。姚慕双、周柏春兄弟在笑笑剧团，怀着对江、鲍等滑稽前辈的虔诚与敬畏之心，确实做到了这一点，在做戏方面逐渐积累了经验。卓别林说得好："无论天资有多么高，他仍需学会了技巧来发挥那些天资。"

日寇占领公共租界之后，近两三年时间，上海各家私人电台悉数关闭；后来，敌伪为了吹嘘"大东亚共荣圈"的虚假繁荣，才恢复电台的"正常"业务，涉及政治内容的节目自然受到严格审查。

姚慕双、周柏春兄弟在赋闲期间，埋头钻研、整理传统的独脚戏段子，并进行适当加工，充实了许多文化与知识性内容。俗话说"一分耕耘，一分收获"，等到1945年抗战胜利之后，姚慕双、周柏春再次登上电台播讲独脚戏，他们的节目成了各家电台"招财进宝"的品牌。大街小巷，商场饭馆，每个有收音机的家庭都在收听姚慕双、周柏春的节目。

抗战胜利，姚慕双重上电台播音（摄于1945年，27岁）

姚慕双、周柏春兄弟名声大噪，不仅红遍上海滩，还红遍大江南北。他们俩成了那个时代的当红明星，红得发紫。

周柏春在《自述》中说：

等到胜利之后，勿得了唻，一档节目，人家刮目相看。因为节目又多又好。这时候，我们独脚戏的段子少说也有100多只；其他有讲笑话呀，各种戏曲、各种歌曲、文字游戏、打灯谜，还有洋泾浜的《英文翻译》。新节目层出不穷，也有意义，比较含蓄，藏而不露。我们在民声电台播出，总归夜里6点到8点；这两个钟头，跑到外头去，路上每家店面都听我们的节目，听众多得不得了！

周柏春的大女儿周伟儿说：

那时候姚慕双、周柏春确实忙得不得了。坐在车子上，两个人还要对台词，都没时间吃饭，经常买面包在路上充饥。爹爹还胃出血呢！姚慕双、周柏春用功啊，除了上电台就是创作。报纸上看到好的能改编或修改补充独脚戏的文章或笑料，便裁下来，贴在本子上；这里贴一块，那里贴一块，一些传统老段子就是这样取其精华，去其糟粕，不断推陈出新，提炼出来的。听到有人说笑话什么的，也赶快记下来。爹爹常说："好记性不如烂笔头。"稍有时间还要去看电影、看戏，尤其喜欢看卓别林主演的电影，从中学习他幽默、滑稽的表演手段与技巧。他看的书很多，包括福尔摩斯侦探小说，知识面很广……

周柏春在《自述》中称滑稽演员是"杂家"，说一个好的滑稽演员，要让观众笑口常开，必须博采众长，要学习各种知识，上至天文地理，下至鸡毛蒜皮，以及自然科学、社会科学乃至音乐舞蹈、各种唱腔、各地方言，都要学，什么都要了解一点，这样在自己的节目中才能不断充实内容，始终使听众保持新鲜感。

听众多，广告生意也就多，姚慕双、周柏春应接不暇。要求电台做特别节目的商家越来越多。

什么叫特别节目？就是某一天，某家电台专门做一个商家的节目，比如做新大祥绸布庄、培罗蒙西服公司等。那么这一天其他客商的广告就不做了。一天播送的节目，除了以姚慕双、周柏春为主的独脚戏之外，还邀请其他剧种的名演员上电台播唱。这一天原先固定的广告就临时取消了。这种特别节目，做广告的商家支出的钱较多，去电台做节目的艺人的报酬也就多。姚慕双、周柏春所言赚"金条"（其时一根金条，俗称"小黄鱼"，约合30元银元）的时候，就是这一个时期。特别节目每逢讲到"滑稽大会串"，总会报到姚慕双、周柏春的大名；假如没有姚慕双、周柏春的名字，就不能成为"滑稽大会串"了。

其时，凡做寿、结婚等喜事，堂会必办。上海滩有名的几家酒店，如大鸿运、鸿运楼、鸿运来等皆为办堂会的首选之地。不少人讲迷信，办喜事之前，先要选定黄道吉日，天时、地利、人和——三者皆备，方算吉期，一般选择在农历9月、10月的某一天。在此期间，一个个堂会接踵而至，姚慕双、周柏春也就忙碌不堪、疲于奔命了。曾见网上一位老先生留言："姚慕双、周柏春两位在上海演出收入不菲，我姆妈20岁生日，请他们来家里唱堂会，出场费3根小黄鱼（金条），还是人情价！"

从前滑稽界有句行话，叫"七死八活，金九银十"。7月份生意清淡，靠唱堂会赚钱，就死了；8月份叫堂会的人多起来；9月份生意特别好，是赚金子的时候；10月份赚银子。所以9、10月，姚慕双、周柏春每日要唱10个堂会，还要唱10档电台。那么忙，怎么来得及呢？电台上真正来不及，只好放唱片了；那时姚慕双、周柏春已灌了好几张唱片，忙不过来时，就向电台老板打打招呼，放放唱片，稍微报告报告算了。因为姚慕双、周柏春名气响，电台老板也不敢得罪，只好如此。

因为太忙，姚慕双、周柏春曾与著名滑稽演员笑嘻嘻合作过，被时人称为"姚、周、笑"三个档，此乃后话，以后再表。

正当姚慕双、周柏春大红特红之时，1947年4月1日，天生调皮的姚慕双，在九九电台播音时对广大听众开了一个不大不小的玩笑，让崇拜他的粉丝惊愕不已，更让老母、妻子受到一场不小的惊吓。其时，《大声无线电月刊》刊登了题为《姚慕双愚人愚己　老母娇妻受虚惊》的文章（撰稿人未具名）摘录如下：

> 四月一日"愚人节"，这一个富有欧化的趣味性的日子，在这整整的一天里，每个神经过敏的人们，搬弄着各种巧妙离奇的把戏。
>
> 姚慕双，这位天资聪颖的滑稽家，当然不会放弃这个良好的机会，所以他在晚上九九电台固定的节目里，播出了足堪骚动观众的信息："我姚慕双因为染有肺疾，遵医叮嘱，亟需静养，故自明日（四月二日起），脱离播音界，与观众告别，归故里调养。"
>
> 此讯一经传出，引起各界沸腾，任何人都在猜疑，这究竟是怎么一回事呢？为什么姚慕双会突然之间宣布脱离电台了呢？也许真的有病了吧？总为听众所深信，于是"八二三三四"的电话，铃声不绝于耳。其中有慰问，有挽留，有探询，有单点独唱的，最有趣者有本刊基本读者王君，闻讯后，即将本刊所赠予之姚、周、笑、三人合摄照

片一帧，至本刊发行部，坚决砍掉，换姚慕双个人照，因此引起发行部的“阿何”丈二和尚摸不着头脑。于是立即打电话到九九电台查询，始知实情，然而少顷即行揭晓此项消息为“愚人节”愚人消息也，王君得悉，始苦笑而返。

这的确是愚人节最生动的插曲，姚慕双这一套把戏实在玩得惟妙惟肖，精彩绝伦。就连他的老母、他的娇妻，亦被“愚”进，事情甚为发噱：

当这一项愚人节消息传出以前，姚家并未知悉，其母其妻听到这项消息，居然也信以为真，连忙打电话到九九电台，询问究竟，然“音戳其”（忙音）之声，嗡嗡于耳，历半小时之久，犹未通话，此时此景姚母姚妻心中的焦急情状，真如热锅上的蚂蚁一样。所以刻不容缓，急忙驱车直赴僻如郊区的杜神父路九九电台，一探究竟。车至该台，只见门前人声喧哗，议论纷纭，更引起无限的疑窦。一行二人，直闯入九九电台播音室内。

姚慕双正于麦克风前，还在滔滔不绝地播送着这项愚人消息，见老母娇妻气喘吁吁，面如土色，为之大吃一惊，携之会客室内，坚询究因。不问犹可，一问相互苦笑，盖愚人消息闯天下大祸也。于是便立即在空气中宣布为愚人的新闻矣。

姚慕双智颖超人，这次愚人反而愚己，恐怕是这届愚人节中最精彩的一幕吧！

**俗话说“树大招风”。1947年秋，一天，姚慕双、周柏春与一个滑稽界的同行一道去唱堂会。此人也有些名气。等到唱好以后，大家拿钱，老板给这位同行少一些，给姚慕双、周柏春多一些，那位同行心里就不开心了。**

**一天，在某戏馆后台，姚慕双正好去玩，谈话间，那位同行就与姚慕双吵了起来。这位同行说：“侬（你）姚慕双、周柏春算啥格物事（算什么东西）呢？倷（你们）拿300元，伲（我）只拿200元。老实讲，倷（你们）卖300元，我要600元。”**

**他这么说，姚慕双也不买账了，说：“格末（这叫）一分价钿一分货色**

咾。自己也勿掂量掂量，虚张啥格（什么）声势呢？”

年轻气盛的姚慕双不买账。就这样，一言一语，唇枪舌剑，各不相让。整个剧场后台充满火药味道。

姚慕双一气之下回到家中，脸色很难看，姆妈就问他：“啥体板勒面孔（为什么板着脸）？”姚慕双就拿刚刚发生的事情一五一十告诉母亲。周勤侠听了这番话，急得不得了，就对儿子讲：“侬（你）已经闯穷祸了！”

说罢，周勤侠立即换好衣服，赶到那个同行演出的剧场后台。

此时，剧场后台已经聚集了七八个人，他们正在兴风作浪。

一个后台老板讲：“姚慕双勿是个物事（东西），弄点苦头拨伊拉（给他们）吃吃！”

另外一个流氓也出来对那位同行讲：“咦！侬搭倗过房爷（你对你干爹）讲末，叫倗过房爷（你干爹）教训教训伊拉（他们）嘛！”他们打算请姚慕双吃生活（沪语：挨打），给周柏春浇大粪。

周勤侠正好踏进后台，这几个人说的话，她都听到了。她不动声色，先朝四面一看，发现有几个人认识，她曾见过面：一个是经常请姚慕双、周柏春帮忙去唱不付钱的“白堂会”，是后台老板，一个流氓。

周勤侠到了后台，镇静地对四周一看，开口了——她先对软档，就是那个后台老板说：

“侬（你）迭（这）位先生我看见过的，在高乐歌场——迭个（这个）地方就是我伲（我们）两兄弟白唱堂会的地方。侬（你）迭（这）位先生近来哪能（怎么）勿到伲屋里来白相（不到我家来玩）啊？兄弟两家头（二人），年纪轻，脾气犟，心倒是热的，肯帮人家忙。请侬（你）多多包涵呀！”

这么一讲，那个后台老板像被点中穴道一样，显出尴尬的笑：“喔，是姆妈，格侬（那你）勿要误会，迭个（这）也勿关我啥事体（不管我什么事情）啦……”他一面说，一面就找台阶溜掉了。

接着，她转而向姚家借钱不还的家伙：“咦！侬（你）也勒拉格搭（在这里）啊！侬（你）勿是一向对姚慕双、周柏春蛮好格末，有困难的辰光大家互相照应，慕双啥格（什么）地方得罪侬（你），我一定严加教育，勿放伊过门（轻易放过他）！”

这样一来，这个小角色脸上也变了：“嗨嗨！姆妈，侬（你）哪能讲迭个闲话（怎么说这样的话）呢，既然姆妈看得起我，我一定拨（给）姆妈面子（脸面）的！好了，好了！呒没事体（没事）了！呒没事体（没事）了！”他也转舵了。

这时候，姚母就对那位与姚慕双斗气的同行，晓之以理，动之以情：“啥体（为什么）呢？慕双勿好，我来陪一个勿是！我总归要双方好，大家侪（都）是红档，为点啥放着好日脚（日子）勿过，非要自相残杀呢？我看犯勿着（不值得），让人家看笑话。”

一席话说得这位同行低头不语了。

姚慕双、周柏春兄弟在从艺道路上遇到任何坎坷与风波，总会得到母亲的扶助和支撑，化险为夷，平安过关。他们的成功包含着慈母的心血！

# 第五章

男大当婚。女大当嫁，沪上两位大红大紫的当红明星，追慕的女性不乏其人，在婚姻大事上，姚慕双、周柏春兄弟一切听凭于母亲。婚后，姚家子孙满堂，弄孙含饴，尽享天伦之乐，是上苍赐予姚家的福分！慈母含辛茹苦，执掌家政；儿子、媳妇世间少有的至诚至孝，传为佳话，一派祥和气象。

# 二十　婚姻大事

珠帘绣幕蔼祥烟，合卺嘉盟缔百年。
律底春回寒谷暖，堂间夜会德星贤。
——〔宋〕姚勉《新婚致语》

姚慕双、周柏春在电台播音，通过无线电波，他们的大名传遍千家万户。

艺人一旦成名，追慕者便不乏其人，尤其是有钱的、闲得无聊的姨太太，爱慕虚荣的富家小姐，以及声色场中的风流女子，不时打电话到电台，以唱堂会的名义，邀两兄弟去约会。

姚母是见过世面的女人，姚慕双、周柏春社会上的名气越大，她对两个儿子的管束就越严。因为她听多了，娱乐圈中的红人，受到声色诱惑的不在少数，一旦沾上了吃喝嫖赌的恶习，在歌场、酒肆、烟馆、妓院的灯红酒绿中沉沦，末了弄得倾家荡产、身败名裂，甚至死无葬身之地。所以，两个儿子从电台或从堂会上演唱回家，必定先向姚老太太“报到”。倘有事回家迟了，还须说明原因。姚慕双、周柏春在母亲的管教下，一般很少在外面吃宵夜，更谈不上与不相识的异性交往了。

当时，沪上小报《海潮》的记者，化名小陈，写了一篇短文，叫《姚慕双不近女性》，现录于下：

> 现在电台上播唱滑稽的，要数姚慕双和周柏春吃香了。讲到唱滑稽的文化程度，大抵是幼稚之至，除了听说那位饰《小山东到上海》的巡官老爷的程笑亭，是大学生出身外，则姚慕双、周柏春二人也都受过高等教育的。所以，姚慕双在播唱时，时常有听众打电话去点唱外国歌曲。姚慕双所唱的外国歌曲，咬音正确，决非唐笑飞之流能望其项背的。
>
> 凡是一个唱滑稽的，要是他们一走红，不管他生得相貌好丑，总有女人来追求他们。所以姚慕双在电台演唱时，往往许多女听客亲

自到他播唱的电台上去看望他，可是姚慕双对于她们一概“茄门”（上海话：不感兴趣）。记得有一位女听客，她是海上某闻人的姨太太，她追求姚慕双不遗余力，姚慕双到什么地方，她总是盯牢黄包车不放松。有一次，姚慕双实在给她扰得头昏脑胀了，便正式地忠告她一番，该姨太太自知无趣，此后就不再向姚慕双纠缠不清了。



小报记者所谓程笑亭是大学生，姚慕双、周柏春受过高等教育云云，均属无稽之谈，并非事实，是他道听途说所致。然而，从中也可窥见姚慕双、周柏春成名后，众多女性追慕他们的情况。

其时姚慕双、周柏春均已成人，到了加冠年华，做母亲的自然会想到儿子的婚姻大事。然而，周勤侠是经受过生活磨难的女人，她饱尝过拖儿带女在贫困线上苦苦挣扎讨生活的辛酸滋味。如今虽然渡过了艰难时期，全家有了向往好日子的企盼，但是时局动荡，很难确保今后不再重现昔日的苦难。所以，她一方面希望两个儿子利用已经从荆棘中开辟出来的道路，继续努力前行，积攒更多的家底，无后顾之忧；另一方面，又希望两个儿子未来的配偶，能像她一样——勤劳、贤惠、传统、本分、顾家，与她一起挑起全家的重担，成为姚家的顶梁柱。

周勤侠就是按照这样的标准去物色未来儿媳的。

然而，姚慕双、周柏春能否满足母亲的愿望呢？

1943年，25岁的姚慕双已是个英俊潇洒的著名滑稽明星了，他与胞弟周柏春的事业如日中天，收入颇丰，仰慕的女性不乏其人。但囿于母亲的严教，孝顺的姚慕双此时几乎不近女色。

周勤侠的胞妹周凤宝深知姐姐的心思，她不喜欢演艺界抛头露脸的女人，认为唱戏人容易受环境诱惑，指望儿子娶一个良家女子做媳妇。周凤宝把这个想法与丈夫陈立成说了，让他为自己的大外甥姚慕双去物色一个合适的姑娘谈对象。陈立成想起曾在一个弹子房工作的周啸矛，两人是很要好的朋友；他知道周啸矛也是宁波人，他有一个小女儿，年轻貌美，待字闺中。便对妻子说：“又又可以吗？”周凤宝知道“又又”就是周啸矛小女儿的昵称，姑娘的名字叫周佩芳，生于1925年12月23日（农历十一月初八)，曾见过一面；看上去单纯、活泼、清丽可人，比大外甥姚慕双小7岁，倒是十分般配。

周凤宝把自己的想法与姐夫姐姐说了，周勤侠听了介绍，看了照片，甚是满意，没有什么异议，就告诉了自己的大儿子。姚慕双看了照片，听母亲介绍，心中已有几分喜欢，答应可以见面谈谈。

征得姚慕双的同意，双方便由介绍人姨夫陈立成引荐，在复兴公园相亲了。姚慕双由母亲陪同，周佩芳则由父亲周啸矛陪同，双方见了都很满意。

经过半年的恋爱，1944年，姚家明媒正娶，姚慕双、周佩芳喜结连理。婚房就在新闸路白乐坊(今新福康里所在地)，住前厢房。婚后两人感情很好，姚慕双常带妻子上电台、去剧场。

1946年8月4日(农历七月初八)，周佩芳生下女儿姚玉儿。玉儿是姚家第一个孙女，自小聪明、伶俐，周勤侠执意要亲自带她，妹妹周凤宝怕姐姐太辛苦，就过来帮忙。周佩芳原来在家里是最小的女儿，被父母宠着，是个"闺阁千金"，不太会做家务，所以周勤侠也就不让她管孩子。周佩芳在家闲着，姚慕双就常带她出去看戏、看电影，或参加朋友聚会。去电台的次数多了，周勤侠觉得媳妇不应该像小女孩一样，总跟在男人后面，应该回归家庭，便发话了："我讨媳妇要顾家的，不能赤东赤西(走东走西)往外跑。"周佩芳是个聪明人，听出婆婆的话外之音，慢慢地就不愿肯跟丈夫外出了。

周柏春(左)、姚玉儿(中)、姚慕双(右)合影

周柏春比姚慕双小4岁，自然比哥哥晚婚。可以说，他也是奉父母之命，先结婚，后恋爱；然而，经过件件桩桩生活的严峻考验，他与爱侣相濡以沫，夫妻琴瑟和鸣，白头偕老，婚姻美满而幸福，实在令人钦羡！周柏春由衷地夸赞自己的老

伴：他事业上的成功，有太太一半功劳！

周柏春在电台唱红之后，红遍上海滩，波及江浙一带，追逐他的青年女子多不胜数，多少艳若天仙的女子向他抛来示爱的彩球。知道周柏春未婚，不相识的女性，其中不乏大家闺秀和浪漫活泼的女大学生，给他递上玉照，寄来绵绵情书……给他挑选女性的机会委实太多了。

他本人起初不存心急着去找女朋友，而是漂亮的女孩子仰慕他的才气与名声，主动找上门来。这些女孩子经过他百里挑一的比较和严格的筛选，一个个被淘汰了。然而，一个容貌姣好、性格温柔的女子留在了周柏春的心中。她是一个具有明星气质、身材娉婷、楚楚动人的美人——沈小姐，看上去仪态文雅，妩媚多姿，靓丽非凡，周柏春深深地被她吸引住了。于是，两人的交往渐渐频繁起来。沈小姐自家称“大家闺秀”。周柏春的好感与爱意与日俱增，他心里已经认定，这位沈小姐就是自己未来的终身伴侣。不久，两人就到了谈婚论嫁的地步。

爱美是人之天性，哪一个男子不爱美女？这是人的情感核心在形而上的审美，也是人的本质力量在自然对象上的积淀。古往今来，有多少男子拜倒在石榴裙下，色迷心窍，是非不分？大至国家大事，小至风流艳事，失国者有之，毁家者更甚！平生能娶一个品貌俱佳的女子为妻果然是天赐的福分，但在现实生活中倾国倾城、海伦似的美女毕竟是少数，多数女子相貌平平，有的甚至不够体面。然而，倘若娶一个德不配貌的女人，就遗恨终生了。

1946年，春节来临，沈小姐提出要与周柏春暂别一个阶段。她对周柏春说：“我家乡春节要‘出会’（乡村辞旧迎新的游街风俗），叫我去扮观音菩萨，因为说我长得漂亮。”周柏春听了深信不疑。隔了两个月，上海一份小报上，登出了消息：

> 沈××小姐，自从离沪赴宁以来，千娇百媚，力挫群芳，登上舞台明星宝座。日下如众星拱月，压倒一切。围着沈小姐大献殷勤者趋之若鹜：有富家少爷小开，有国民党接收官员，真是左右逢源！其上海的男友——滑稽界大名鼎鼎的周柏春先生该落泪了……

周柏春简直不敢相信自己的眼睛，这个沈小姐原来去做舞女了。有人曾说过，热恋中的男人智商最低。然而，在周柏春看来，做舞女并不低微。旧社会，生活非常苦，做舞女的蛮多，就是不应该隐瞒自己心爱的人。因为一对男女，到了山盟海誓的阶段，并非一般朋友，彼此应当袒露心扉、真诚相待，不该再有什么隐瞒的事情发生。

想到这里，周柏春心里非常难过。于是，他回想起先前与沈小姐交往时的种种情景与她说过的一些话，像放电影似的一幕幕重新在脑海里浮现。周柏春仔细分析，觉得她比较虚荣，骗人的假话讲得不少。这么一来，他对自己的终身大事需要重新考虑了。

那么，他到底要找怎样相知相惜的终身伴侣呢？

半年前，有一桩小事，周柏春并未放在心上，可能专注于工作，已经忘怀了。

他有一位朋友叫杨子鹏，在位于南京路泰兴路口的贯一时装公司（今为西伯利亚皮草行）做账房先生。关于贯一时装公司，周红儿有一段记述，她说：

> 我大舅吴光荣与其他几位合伙人在解放前开了爿贯一时装公司（老板叫瞿贯一），地方在静安区南京西路近泰兴路，地段很好，它前面是店堂，后面弄堂里有工场间（工场间地方蛮大，我们小辰光进去白相过），专门定制高档女装，在上海滩很有名气，有钱的太太小姐都来贯一时装公司定制衣服。解放后，贯一时装公司还是很有名气，卖的定制的女装都是精品。在改革开放时期，贯一时装公司被并入静安区鸿祥时装集团，老牌子就此消失了。

那年，周柏春曾去这家公司拉过广告，找了该公司老板之一的吴光荣。周柏春修长的身材、儒雅的谈吐、礼貌的举止，给吴光荣留下深刻印象。及至姚慕双、周柏春成名之后，贯一时装公司与姚慕双、周柏春开播电台的广告业务往来密切，周柏春与账房先生杨子鹏便成了朋友。经过多次接触，吴光荣认为周柏春为人诚恳老实，遂拜托杨子鹏带着妹妹的照片前去作伐。

吴光荣的妹妹叫吴光瑾，她在一爿林森绒线商店（今上海妇女用品商店内）做编结小姐。那时候绒线店要做广告，有人来买绒线，在编结方面并不在行，就让柜台里的编结小姐教教怎样编结。她自己租了一个柜台，也请了几个编织姑娘，承接顾客的来料加工。

杨子鹏送来一张吴光瑾小姐的照片，让周柏春看一看，说这是贯一时装公司经理吴光荣的妹妹，叫吴光瑾。周柏春接过照片，感觉这位吴小姐并不美，不及他身旁边几个女朋友漂亮，便漫不经心地摆在旁边。

时隔半年，几个漂亮的女朋友都被周柏春筛选掉了，貌若天仙的沈小姐也从他受伤的心灵里抹去。处于迷茫中的周柏春，耳朵边上响起母亲平时的教诲："娶妻娶德不在貌。"这虽是一句老话——现在的说法，就是要注重人的"心灵美"，但这句格言却是人生智慧结晶。现实的遭遇让他对母亲这句话有了深切体会，感觉非常亲切。

"是啊！我需要的终身伴侣应该是诚实贤淑、勤俭持家、孝敬公婆、与兄嫂和睦相处的好妻子。总之，对我的事业要有帮助，使我没有后顾之忧！"

正在这时候，杨子鹏上门了，他来到白乐坊，巧遇周柏春。他面带笑容，说是来索取吴小姐的照片。他对周柏春说："以后有相巧的，再搭侬（与你）周先生介绍。勿必放勒心浪向（放在心中）！勿必在意！勿必在意！"

他这么一说，周柏春恍然醒悟，原来自己糊里糊涂，已经把吴光瑾小姐的照片搁了半年。于是，他拿出照片，仔细审视。照片上的吴小姐，身上穿一件旗袍，头发上有个纱结，不施脂粉，微露笑靥。平心而论，并不漂亮，一般般。然而，在她身上透着的一股清新、淡雅、大方之气，却扑面而来，让周柏春感到十分温馨。

周柏春就对杨子鹏先生说："对勿起！对勿起！照片暂时勿奉还了。请侬（你）转告吴小姐，约个时间，彼此见见面。"

杨子鹏先生听了一愣，因为照片搁了半年，他总以为事情不会成功。对方的回答，让他非常意外，便喜形于色地说："喔，喔，一定转告！一定转告！"杨先生来姚家时，姚母周勤侠正在房内休息。待来人离去，周柏春就将事情的经过一一禀告母亲。这件事引起周勤侠的关注，女性的直觉告诉她，这位吴小姐还挺有自尊，并不把周柏春这样一个红得发紫的滑稽明星看得太重而忘掉自己姑娘的身份。于是，对她产生好感，有了进一步了解吴小姐的意思。

小儿子的决定，自然合乎母亲的心愿。几天后，周勤侠就叫自己的侄女周秀英去吴光瑾工作的绒线店现场考察一下。周秀英回来告诉周勤侠说，吴小姐长得还可以，人品不错，对待顾客礼貌，服务周到，蛮能（很会）做生意的。人家说："哎哟，衣服有点小！"她就说："绒线衫穿穿会松的。"有人说："我这件有点大！"她说："没事！洗洗会缩水的。"周秀英说："孃孃啊，我看这个媳妇能干格，会做生意，侬（你）要讨格！"于是，经周秀英这么一说，周勤侠心里有底了，当即拍板，下了聘礼，决定择日相亲。在此之前，周柏春和吴光瑾，两人一次都没见过面，他们地地道道的是父母之命、媒妁之言，算是老法结婚。

一个风和日丽的秋日上午，10时左右，法国花园（今复兴公园），池塘边上放着一只只藤椅、台子，游客可以在那里坐着泡茶，吃冷饮。就是这个地方，在一只圆桌旁坐着两拨子相亲的人：圆桌的半边坐着周勤侠、姚慕双、周佩芳夫妇，加上周柏春；另半边坐着吴老太——周柏春未来的岳母、未来的舅子吴光荣，加上吴光瑾。

那一天吴光瑾一点都不打扮。为什么呢？她思想上有所准备，因为她晓得自己并非那种花枝招展、一身珠光宝气的女子。她认为，周柏春当时在电台上的确蛮红，收入也多；像她这样衣着朴素、不施粉黛的姑娘，可能并不般配。那个时代，搞文艺的人，女朋友出来亮相，不会穿得平平常常，都要涂脂抹粉、衣着时尚、首饰华丽。所以她认为这桩事情不会成功，就干脆一点都不打扮，不搽粉，也不换衣裳，平常穿啥就穿啥。那天，她好像眼角有些发炎，隐隐的血丝尚未消去。不晓得，吴光瑾越是不打扮，越显得淡雅、文静，正合姚母周勤侠的心意，她越看越欢喜。姚母也有意与她攀谈几句，知道吴家原籍苏州东山人，她生于沪上，说一口甜糯的标准上海话，声音不大，却尖团音分得清楚，倒是地地道道的一个纯朴的上海姑娘。

庄子说："朴素而天下莫能与之争美。"朴素，是一种极致的美，也是细水长流中平凡生活的可贵。譬如一枝白莲，清清净净立于水中，不染一丝纤尘，素雅而高贵，胜过万千姹紫嫣红。所以古人说："淡极始知花更艳，花到无艳始称绝。"大道至简，三千繁华，终归朴素。越高贵的人，越朴素。

相亲男女，连同家人，在融洽的气氛当中见面。吴老太太格外客气，一口一个"草鸡配凤凰"。周勤侠也深深地表示"勿敢当"。双方谈了个把钟头，七扯八扯，谈谈结绒线呀，谈谈吴小姐工作呀。至于周柏春从事电台的演播工作，吴家每天从收音机里收听他与姚慕双的节目，也就不再多问。一个多小时很快过去了，大家礼貌地、恋恋不舍地告别。

隔了一天，有朋友送来吴光瑾的生辰八字，姚家就将它放在供奉灶老爷的地方搁了三天。吴光瑾生于1921年10月6日，比周柏春大1岁。哎，这三日中家里倒没有打碎一只碗，也没有老人跌过一跤——其实都是迷信，认为摆三天，不出事就是大吉。据说，它预示着吴小姐上门，将为姚家带来好运。

这桩婚事，在周柏春看来，他与妻子吴光瑾并未谈过恋爱，不啻父母之命、媒妁之言。周柏春坦言："因为当时我忙得七死八活，一天要唱10档电台，10个堂会，我们两兄弟实在忙不过来！那时候思想上，只想多赚钱。人家讲吃开口饭，完全凭年纪轻，是英雄饭。再讲，在旧社会，家道一度中落，生活十分清苦，亲眷朋友也不会来。"有句闲话蛮清爽："富居深山远亲来，贫居闹市无人问。"吴光瑾的出现，让周柏春对于爱情与婚姻，多了几分理性与切合实际的现实思考。

关于周、吴恋爱，2003年6月29日，吴光瑾接受上海《劳动报》记者曹志苑、赵海金采访时说：

我从未想到要嫁给文艺界的人。这桩婚事要说到我阿哥，他是以前南京路贯一公司的老板（之一），与周柏春的私交很好。20出头的周柏春与阿哥姚慕双上电台，当时，我喜欢守在无线电旁，听这档兄弟俩的相声（独脚戏）。我那时的工作在妇女商店，包了绒线柜台。

当时外面的霓虹灯打出的字幕是"聘请编织小姐吴光瑾"。我是个很要强的人，我的信念是：有工作，不靠人。

由于我阿哥与周柏春是好友，周家姆妈后来也知道了我，看见过我。一次哥哥与周家谈起，点穿此事后，不料周母一脸高兴，说正合她的心意。于是，阿哥与我说了此事，我当即就回绝说，我配不上他，人家是出名的演员，追求他的人多的是。我没有名气，我喜欢实惠一点的人。如果谈不拢，以后麻烦，会被人取笑的。

结果我拗不过他们，讲好，先拿一张小照给周家人看看。于是，小照出手，想不到一搁就是石沉大海一年（应是半年）。这时候，我对哥哥说，你去把小照讨回来，不谈没有关系。周柏春听到要讨小照就急了，说事体忘记了。于是，马上说要相亲，定在一天上午10时，复兴公园。那天我穿了一件夹旗袍，他们来了一大帮人，姚慕双和太太，还有周柏春的姨妈等，他们已都在茶室里等候。

这次相约，是第一次近距离见到周柏春，感觉到周柏春人确实蛮老实的，不是花里花头的一种。周柏春是育才中学高中生，是位孝子，所以自己的婚事也是听姆妈的。这一次见面，想不到5个月后的阳历3月份，周家说过了年就将喜事办了。

**吴光瑾的叙述，从女方的角度反映了周、吴的恋爱史，可以说与周柏春的《自述》是一种互证、互补。**

**周柏春属狗，吴光瑾属鸡，婚后夫妻恩爱，从不"鸡狗（吵架）"。**

**吴光瑾虽然不算漂亮，却有着一颗金子般的心！**

**关于这方面二女儿周红儿有一段具体而生动的追忆：**

我妈家一直住在南市老城厢，我外公很早去世，我从来没有看到过外公的相片。我外婆是个睿智勇敢、勤劳能干的女性，为人善良豁达，丈夫去世后，靠做女红维持生计。她上有婆婆，下有二子一女，我妈居中。听我妈常说起，她的大伯父家境很好，特别是堂兄吴光鑫是开棺材店的老板，算有钱人，对我外婆特别好，一直接济她家，他们称我外婆为新婶娘。因新婶娘为人处世太好了，所以得到吴家人的全体尊重和热爱。外婆的优秀品格都传给了子女们，我大舅吴光荣长大后就担起了养家的重任。我妈小学毕业，战乱时期初中没念完也开始找工作，这样外婆家家境开始慢慢好转了。

我妈从小就懂事，做姑娘的时候一直帮助奶奶，抢着做家务事，学女红，养成了勤劳俭朴的好品格。妈妈结的一手好绒线衫，并会设计花样，婚前是比较有名气的编结师。她在淮海路上一家绒线店里租了一个柜台，定制毛衣，她手下有数个人为她加工成衣，生意很好。妈妈结婚的嫁妆都是她自己赚的，嫁妆很多、很好、很全，所以后来亲家相处时，我好婆对我外婆尊重有加，以贵宾相待。

1937年，日本鬼子占领了上海，南市老城里的百姓纷纷逃难到租界，我外婆一家也逃出来了。人是出来了，但衣服和生活用品都没有拿出来，怎么生活呢？家里只剩老奶奶一个人守家，她宁死不逃出来。我妈当时16岁，特别懂事，一定要再回家去拿衣物用品；外婆没有办法，只能答应她。华界到租界隔着一座桥，鬼子数人在桥上一半的地方，拿着带刺刀的长枪站岗，看到不顺眼的中国人，上去就一刺刀挑死，过桥就像过鬼门关。南市桥那头老奶奶把衣物包裹准备好，租界那头外婆在焦虑地等待着。我妈就慢慢地低着头从从容容地过桥，接了包裹，再从从容容地走过桥来，外婆在桥堍下看得心惊肉跳。就这样，每天数次，一点一点把全家人的衣服和一些生活用品，居然在鬼子的刀枪下拿了出来，真是老天有眼！日本鬼子在南市到处烧杀抢掠，老奶奶就是被烧死的，南市的家也烧没了。

妈妈虽然只有初中文化程度，但知书达理，而且写得一手好字。她的毛笔字，小楷尤其好，隽秀端正，赏心悦目。我们小时候就拿来学习临摹。有一次上写字课时，被老师看到了，问是谁写的？我回答是我妈写的，老师大大地称赞了一番。可惜，“文革”中被数次抄家，没有保存下来。

妈妈嫁给爸爸，是作出了很大的牺牲。她是个职业妇女，有自己的事业，有经济来源，是个独立的人。可一嫁给父亲后，丢了工作，没了事业，没有经济收入，只有数不尽、做不完的家务事，成为相夫教子、侍奉公婆的家庭妇女。祖母当家，对媳妇管束很紧，经济上控制很严，每个月只给6元零用钿。对于这种状况，母亲有情绪，有怨言，去娘家哭诉过。外婆和大舅一直开导她：人家好，男人好，侬（你）就安心做家庭妇女吧！知书达理的母亲就逐渐安定下来，成了贤妻良母。

我爸妈是老式婚姻，真的是父母之命、媒妁之言。婚前两个人只见过一次面，没有谈过恋爱。“文革”前，父亲忙于事业，对母亲关爱不够，只知道赚钱，只知道孝敬父母，听从好婆的话。从现在的角度看，一个职业妇女能忍受这样的婚姻，这样的专制式家庭，简直难以想象。经历过“文革”的残酷冲击，父亲感到母亲太好了，太伟大了！这时爸妈的感情有了升华，爸妈互相关爱，恩恩爱爱，至死不渝。

# 二十一　斜桥弄14号

池塘水绿风微暖，记得玉真初见面。
重头歌韵响琤琮，入破舞腰红乱旋。
——〔北宋〕晏殊《木兰花·池塘水绿风微暖》

1947年3、4月间，姚慕双、周柏春的事业如日中天，姚家因经济条件明显好转，就从新闸路上的白乐坊搬到了吴江路23弄（其时叫斜桥弄）14号。那时姚玉儿刚满8个月，周柏春与吴光瑾联姻，婚房就在那里。于是，姚母周勤侠、姚父姚復初，加上前来帮忙、料理家务的周勤侠的妹妹周凤宝，哥哥姚慕双、妻子周佩芳、女儿姚玉儿，弟弟周柏春、弟媳吴光瑾，便住在一幢楼内，组成了一个名副其实的大家庭。母亲周勤侠执掌家政，姚慕双、周柏春兄弟的一切收入交由母亲安排。其时还雇用了一个保姆。胞兄胞弟为演出事，同进同出，友爱无间；一对妯娌亲如姐妹，孝敬公婆，侍候丈夫。全家和和美美，尽享天伦之乐。

笔者认识一位毕业于华东化工学院的沈教授。他说，他上小学的时候，只有13岁，就十分喜欢姚慕双、周柏春的节目，用现代的词汇讲，就是姚慕双、周柏春的"铁杆粉丝"。当他得知某日周柏春将在南京西路新华电影院对面的美华酒家举办婚礼，就约了几个小朋友一同前去"看热闹"。他家当年居住在新闸路树德里，离那儿不远，过了南京西路即到。

沪上姚慕双、周柏春的崇拜者甚多，从报上见到这条喜讯，便从各地赶来，欲一睹偶像与新娘的风采。几个小朋友从看热闹的人群中挤进去，已见新郎新娘双双站在酒席前的小舞台上，有幸近距离地看清了自己崇拜的偶像——周柏春，及他的新娘吴光瑾小姐。

台上有司仪，先请周柏春谈恋爱经过。接着，司仪当着众多宾客的面问周柏春："你看新娘怎么样？"周柏春以他一贯的腔调，干咳一声，停顿半拍后，笑嘻嘻地说："呒没（没有）啥闲话了！"（上海话：非常中意）

司仪又问:“新娘漂亮哦?”周柏春说:“伊(她)漂亮勒拉心里向(在心里)!”众宾客听了大笑,齐声鼓掌叫好。

周柏春喜庆之日,竟引来了上海众多市民的关注,连一些知道喜讯的小学生都赶来看热闹,可见其时作为演艺界大明星的姚慕双、周柏春,受到广大市民热烈追捧的狂热程度。

吴江路旧称斜桥弄,是位于南京西路南侧的一条小路,东起南京西路青海路口,西迄茂名北路,全长约560米。它的历史要从曾经的静安寺路(今南京西路)说起。

根据长期从事上海史研究的上海历史博物馆研究员薛理勇先生的叙述,沪西的静安寺是座千年古刹,大门外有一口古井,叫沸井,也叫涌泉。古井旁边有一条东西向的河浜,叫做“沸井浜”或“涌泉浜”。早在1860年,沿着涌泉浜开始填浜筑马路,是跑马使用的马道,英文名Bubbling Well Road,也译为“涌泉路”。20世纪后,继续“填浜筑路”,其中残余的一段筑成,英国人叫它Love Lane,中文名字叫做“斜桥弄”,即后来命名的吴江路。当初,在涌泉浜残段的西边就是著名的私人花园——张园。涌泉浜在未继续填浜筑路之前,两旁绿树成荫,风光独好,不少住在西区的洋人,以及上只角的男女情侣就在那里散步,谈情说爱,所以英文名LOVE LANE,即“爱之弄”。

被誉为中西影视文化架桥人的钱绍昌先生,就住在吴江路23弄,与姚家同一条弄堂。不少经典的外国译制片与电视连续剧的文字翻译,都出自钱绍昌先生之手,如《鹰冠庄园》《大饭店》《浮华世界》《钻石》《蒙特卡罗》《成长的烦恼》等。

吴江路23弄在上海市西区的中心地段。姚家何以迁居此地呢?除了改善居住条件之外,主要考虑姚慕双、周柏春的工作。那时不少电台、剧场,多数在市中心或市区附近,上流社会的有钱人家也几乎集中在被称为“上只角”的市中心或西区一带;这样从吴江路出发,出行就较为方便。

姚家看中的斜桥弄,是吴江路东头第一条弄堂,是所谓正宗的斜桥弄。弄堂宽,可停放汽车,里面只有10幢独立的新式里弄房,厨房、天井、卫生设备,一应俱全。

周柏春（左）、周勤侠（中）、姚慕双（右）合影

吴江路并不冷清，那里商铺林立，鳞次栉比，四方杂处，也是姚慕双、周柏春创作独脚戏、搜集素材与体验市民生活的场所之一。

租借14号这幢楼房，姚母先付了12根大金条，作为订金，每月还得付租金给房东——金老板。

姚慕双的二女儿姚敏儿说：

中国人对长辈，传统的说法有“二十四孝”，爹爹姚慕双、爷叔周柏春对父母的孝顺称得上“二十五孝”了。爹爹、爷叔那时候唱一次堂会120元，有时候3次360元，爷叔把银洋钿（银元）全部放进一只咖啡色的皮包里，直接拿到好婆（即奶奶：无锡人的称呼）房间。

周伟儿说：

爹爹唱夜戏回来，先跑三楼，把赚来的钱给好婆送去，天天如此，雷打不动。他在三楼好婆房间里可以坐很久，跟好婆好像有说不完的话；在二楼妈妈的房间反而时间少，话不多。

姚母最小的孙女姚斌儿也说：

我父亲与叔叔特别孝顺父母！到他们成名赚了大钱，都交给我祖母，由她管理家政，统一安排开销，大家一起吃饭。不要看全部一起有这么多钱，好婆非常节约，钞票不瞎用。每家规定多少开销就给多少钱，不够的话你们自己解决。

姚慕双、周柏春与母亲

姚慕双、周柏春家人口众多，姚母周勤侠就是权威的掌舵者，全家一切大小事务由她安排，别人作不了主。姚慕双是个“大少爷”，与弟弟周柏春唱戏赚钱，钞票进出一律不管，赚了钱由周柏春拿了交给母亲，自己百事不问，倒也轻松。所以同行给了他一个“安乐王”的雅称。

姚母勤俭持家，从不允许乱吃乱用。一年添置一次新衣服，6月1日之前做一次，连孩子穿的皮鞋都买一个价钱、一样款式、一律平等，从不厚此薄彼。全家大小，看见好婆都服服帖帖。

2008年，即在周柏春养病期间，姚祺儿在《追忆姚慕双 周柏春——“笑声永留人间”》的专访节目中，做客东方电视台家庭演播室，讲述了两位老艺术家的人生故事。他回忆道：

两家孩子多，加起来有十多个。大家庭生活自然要立规矩。我上面有个大姐姐（指姚玉儿），我是大儿子，大兄弟，长房长孙，后来爷叔生了我堂房兄弟（周文儿，现定居澳大利亚）。每次开饭，祖父母，父亲、叔叔，两三个孩子作为代表，去三楼祖父母的房间里吃饭；

等祖父母吃完，才轮到婶婶、妈妈与其他孩子吃饭。每顿饭要摆好几桌。

我小时候家里有一辆奥斯汀汽车——是父亲和叔叔合用的，他们弟兄不分家，一起演出，同进同出，还雇了一名司机。我上幼儿园，有时用汽车接送。那时，我祖母家住在南京路吴江路上，上海电视台旁边，靠近青海路那边，是独幢的新式里弄房。

姚祺儿的回忆与上述情况相一致。

其时，姚母手中已有不少积蓄，为什么她不愿买房子，宁可租房呢？

据姚慕双的二女儿姚敏儿说：

好婆没有买下房子，是因为1946年东北已解放。报上有报道说，房地产要收归国有，所以她就储存黄金。但蒋经国在去台湾前说老百姓不能私藏黄金，一经查出要没收坐牢。好婆只好乖乖地把400多两黄金换成10万金圆券。解放后，“三反”“五反”运动开始，好婆将余钱，通过黑市，从资本家手中用人民币换来了一些黄金，250元一两，国家牌价一两96元。

1948年8月19日，蒋介石令国民政府颁布《财政经济紧急处分令》，发行金圆券，实行空前的通货膨胀，使通货增加了11倍，把最大票面额提高到60倍。上海等地不少商家干脆拒收这种没有任何信用的纸币，国统区内经济秩序一片混乱。“金圆券改革”其实就是一个大骗局，是国民党反动派逃离大陆前对人民进行最后一次财政大掠夺。

斜桥弄12号就是合众电台。姚慕双、周柏春常去隔壁播音。其时合众电台虽不大，却有点名气。老板叫王丹青，老板娘叫魏淑芳。电台在二楼。姚慕双、周柏春去电台录音，很方便。当时不少红艺人也到这里播音，滑稽界除了姚慕双、周柏春之外，还有杨华生、笑嘻嘻，包括文明戏的主要演员伍赛文、王山樵、王嫱、裴灼灼，都曾在此献艺。可谓各路明星云集，粉丝众多。

后来，姚慕双、周柏春演出繁忙，买了一辆汽车，雇了一个司机，姚家所有的人都叫他维进。他40岁左右，苏北人，皮肤较黑，五官端正，1米70以上的个头。能够让姚母聘用，显然能力不差。维进师傅每天把汽车擦得锃亮，自己也衣着整齐，戴白手套，很干净，有些职业司机的派头。

周红儿和姚龙儿喜欢跟车兜风，但维进不欢迎他们，经常连哄带吓要他们下车。但两个孩子不怕他，每次照样跟车兜风。

维进开车送姚慕双、周柏春去各电台、各地堂会赶场子，很忙。周红儿与姚龙儿爬上车，要跟着一起去，姚慕双、周柏春都喜欢孩子，也就带上了。因为中途还得把孩子送回家，影响了赶场子。但孩子小，不懂事，有时未等姚慕双、周柏春上汽车，就早早地爬上去了。维进师傅发现后，便拿着车钥匙，吓唬龙儿说："你下车哦？不下去，我就剪掉你的小鸡鸡。"龙儿害怕了，就拉着姐姐下车。周勤侠治家严厉，但对于孩子跟车去玩，她眼开眼闭，不多加管束。

姚慕双、周柏春演出回家，汽车就停在弄堂内。

吴江路23弄14号的居住面积不算太大。一楼是客堂，31平方米，厨房9平方米，旁边有个小间，三四平方米；客堂与厨房间有天井，小卫生间。二楼是一个大间，31平方米；后面是双亭子间——也就在底楼厨房、天井的上面。二楼有大卫生间8平方米。三楼一个大间，30.5平方米，后面一个小间，八九平方米，小间外是晒台。干粗活的佣人住在厨房后面的天井间。祖母房在三楼，干细活的佣人就睡三楼地铺。

姚国儿与父亲姚慕双

姚慕双、周柏春兄弟婚后，两家子女渐多。自姚玉儿出生8个月住进斜桥弄之后，直到解放后的1958年，姚慕双与周佩芳所生的4个孩子有：

大女儿姚玉儿，1946年8月4日生；二女儿姚敏儿，1948年7月23日生；儿子姚龙儿，1950年9月11日生；小女儿姚国儿，

1953年8月12日生。

周柏春与吴光瑾所生的6个孩子有：

大女儿周伟儿，1949年1月21日生；二女儿周红儿，1950年7月11日生；三女儿周麟儿，1951年8月2日生（2005年病故）；四女儿周赛儿，1952年12月23日生；儿子周文儿，1955年5月14日生（现定居悉尼）；小儿子周智儿，1958年5月5日生。

姚敏儿说：

> 当时家里10个小孩，妈妈和婶婶像是保育员，又像是共同的妈妈。吴光瑾婶婶的妈妈、哥哥、舅舅，就是大家共同的外婆、娘舅、老舅公；妈妈的两个亲戚，也是姚慕双、周柏春两家的亲戚。

为了照应孩子们，周勤侠的妹妹周凤宝（比姐姐小3岁，属狗），长期与姚慕双、周柏春家生活在一起。但孩子们都叫她"老伯伯"。这种叫法有点奇怪。据姚慕双二女儿姚敏儿说，姚慕双的大女儿姚玉儿是姨婆周凤宝一手抱大的。玉儿小时候很讨人喜欢，邻居们都要抱抱她，逗逗她。姨婆不耐烦了，就对那些人说："好了哦？谢谢倷（你们）了，叫倷（你们）老伯伯好哦？"这样"老伯伯"从此叫开了，家人和邻居都叫她"老伯伯"了。

姨妈周凤宝的丈夫陈立成就是姚慕双、周佩芳的婚姻介绍人。陈立成很早失业，好婆就收留这对夫妇，他们一直住在姚家，住底楼的小房间里。陈立成就在这里去世的。"老伯伯"陪伴姐姐，每天给她梳头，替她跑跑腿，外面的闲人杂事都会讲给姐姐听，姐妹俩感情很好。直到"文化大革命"开始，姚慕双、周柏春家每人只有12元生活费了，她没有，只能离开姐姐到儿子媳妇家里去了。这对周勤侠的晚年生活是一个不小的打击。

周勤侠房内的女佣叫英珍（童养媳，湖州人），人老实，孩子都叫她英珍孃孃（姑姑），她将好婆服侍得很好。厨房包括洗衣的女佣叫阿金，喜欢看越剧，常常下午洗好衣服，带姚敏儿去看越剧（同孚大戏院，两三毛一张票）。吴光瑾没奶水，伟儿吃进口奶粉，其余孩子，姚母就雇用乳娘。

敏儿说："红儿的奶妈叫什么名字记不得了，麟儿的奶妈叫'长脚'，赛儿奶妈叫'白眼'，文儿奶妈叫'郭妈'，都是湖州人，我们全叫她们奶妈。智儿奶妈是苏北人，荐头店里寻来的。1962年以后粮食紧张，佣人没上海户口，就没口粮，所以只能让她们回乡下去了。"

乳娘安排在二楼吴光瑾的房内，便于照顾婴孩。小孩子多了，一个大床就睡三个小孩；孩子大了，就在底楼客堂放一张床，睡在那里。姚玉儿和姚敏儿两个较大的姑娘，就住祖母的三楼。二楼的双亭子间，由姚慕双夫妇带着其余的孩子睡。

司机维进上午来上班，一般早上不用车，自从姚祺儿上了幼儿园，就有了接送任务。下午日场或唱堂会才出车，晚上就去剧场接送。每月工资60元。1957年，维进师傅考出了大卡车的驾驶执照，便去开大卡车，姚家的汽车也随即处理掉了。

周佩芳自从20岁嫁到姚家，因孩子渐多，也开始学习操持家务。她自小受传统教育，心地善良，敬重公婆，关爱丈夫，性格单纯，活泼开朗。但小家碧玉出身，从小得宠，被父母惯着，不会做家务。于是婆婆就手把手地教她做菜、织毛衣、缝被子等粗细活儿。在周勤侠的言传身教下，不多久，周佩芳切菜割肉的刀工技法十分娴熟，炒的菜色香味俱佳，老人孩子都爱吃她烧的菜；久而久之，她替代佣人，成了厨房掌勺一把手。不仅如此，在妯娌吴光瑾的指导下，她很快学会了编织各种绒线的技能，姚家四个孩子从小到大，身上穿的绒线衫、毛线裤，全由她一手编织而成。

妯娌两人相处甚好，宛如姐妹手足。每天晚饭后，由佣人收拾碗筷，一群小孩就在客堂里听周佩芳和吴光瑾讲《聊斋》中鬼的故事，听得津津有味。妯娌俩从没红过脸、吵过架，一起参加里弄文娱演出，一起参加义务劳动……

周佩芳、吴光瑾都擅唱沪剧、越剧等地方戏曲，而且唱得挺好，不亚于专业水平。20世纪50年代，里弄、街道经常举办元旦、国庆，或敬老活动，总会请她俩登台演唱。有一次，妯娌俩上去唱了沪剧《庵堂相会》中的一个精彩片断《问叔叔》。

《问叔叔》是沪剧《庵堂相会》中的一段对唱。该剧的内容是：金秀英与表兄陈宰庭自幼订婚。陈落榜后，金父欲赖婚。秀英趁父母清明上坟之际，赶去探访寄居庵堂的表兄。路经小桥时怯而止步，适邂逅宰庭，因阔别多年，彼此已不相识，乃求其搀桥、引路。途中语及往事，两人暗自惊异，及至在庵堂盘问清楚，夫妻方始相认。秀英约宰庭于端阳节到金家花园，赠银助他赶考。

《问叔叔》，因沪剧名家邵滨孙与筱爱琴的演唱，已成为经典唱段，沪上居民耳熟能详。所以上台演出，居民“识货”，尤其对筱爱琴欣赏有加，就要看看演唱者的水平（1968年，筱爱琴在“文化大革命”中，不堪迫害含冤自杀，1978年由上海市文化局为其平反昭雪）。

妯娌俩上场，果然不负众望。吴光瑾饰陈宰庭，唱男口；周佩芳饰金秀英，唱女口：

女：问叔叔出身家住何方地？
男：也勿远来也勿近，
　　我是本乡本土本地人。
女：叔叔啊，尊姓大号要请教。
男：耳东边旁我本姓陈，
　　奶名两字叫阿兴，
　　从小进过学堂门，
　　故而先生提名叫陈宰庭。
　　……

妯娌俩的表演，感情真挚、动人。吴光瑾唱得朴实细腻，周佩芳唱腔清丽流畅。两人演唱时，感情由平稳转为激昂，十分自然，充分表现了剧中人丰富复杂的内心世界。一曲唱罢，台下坐着的居民掌声雷动，连呼“再来一个！”

由于姚慕双、周柏春两家和谐相处，亲密友爱，所以一直被评为五好家庭；当家人周勤侠还被评上上海市五好积极分子。

# 二十二　家有贤妻

妻不在多，有一则行；貌不在美，有德则灵。

——墨趣（尹青松）《陋妻铭》

1947年3、4月间，姚慕双大女儿姚玉儿8个月，这一年，姚家可说是双喜临门：一是乔迁之喜，二是周、吴喜结良缘。

吴光瑾次年正月生一女婴，可惜不久便夭折了。一对小夫妻自然悲伤。

1948年7月，周佩芳在姚玉儿之后，又添一丁，叫姚敏儿。

1949年初，吴光瑾生一女，模样极像生母，周柏春得一千金，甚是高兴，给她取名伟儿。

姚家自从两个媳妇娶进门，不出几年，几乎年年添丁，变得人口兴旺，家里异乎寻常地热闹起来。吴光瑾原本就是一个朴实、贤惠、勤劳、节俭的传统女子。自从做了姚家媳妇，变得格外勤快。

周柏春在《自述》中不无感激地说：

> 我和吴光瑾结婚四十多年了，吴小姐已经变成吴老太了，她的确给我带来好运道。
>
> 自从光瑾嫁到我屋里之后，几十年来，清晨6点钟，第一个起床；晚上最后一个上床。家中所有事情，里里外外，时时刻刻，全由她操劳。每天烧好饭，亲自送到公婆手里。那时候，老太太非常能干，但有一点封建思想，我也有一点。比如，结婚之后，她本来有工作，我不让她去了。为啥呢？因为当时我能赚钱，就叫她做做家务，不要到外面去了。本来她有蛮好的工作，手脚勤快，做事又巴结（沪语：卖力的意思）。解放之后，像她这样做呀，老职工了，老工人，工钿大，而且地位也高，选上劳动模范也说不定的。再加上有劳保，有待遇。政治上是工人阶级，也有地位。我不让她出去做工作。当时她心里也蛮怨的，到我家来，没做过一天少奶奶，没享过一天福，一直像高

级的劳动大姐。我也从来没有陪她到哪里去玩，像结婚蜜月旅行呀，因为我实在忙得不可开交！即使我与阿哥姚慕双在电台、舞台上红得发紫的时候，我妻子走在马路上照样穿得普普通通，身上一件像样的首饰都没有，不掼派头（不摆谱），一点没有少奶奶的作风，见了熟人都客客气气地打招呼。

来我家当媳妇，任劳任怨，从来没有责怪我一句。每日烧好饭菜，先端到公婆手里。到了夏天，六个子女，一个一个挨过来，给他们洗头发、洗澡，要忙半天。每当深夜，六个子女睏着了，这个时候也就是光瑾最宁静、最快乐的时刻。她可以静静心心做点针线活，边做边等我回家。我唱完夜戏回到屋里，已经给我准备好可口的夜宵。我欢喜吃泡饭、吃排骨之类；倘使吃鲫鱼呢，她给我拿骨头都去掉——我有点笨，鲫鱼不太会吃，欢喜吃带鱼——鱼刺少。吃水果呢，苹果、生梨都削好，放在果盘里，还插上牙签，方便我吃。每逢枇杷上市，她买来，连枇杷的皮都剥掉，再去核。她这样照顾我，就是为了让我省点时间，早些休息。

**有一天，吴光瑾劳累过度，终于病倒了，她得了伤寒，病得非常厉害。散了夜戏，周柏春回到家中，妻子一反常态，坚持不让他进房，叫他睡到楼上去，与姆妈住一个房间。她说话的声音虽然微弱，态度却很坚决。周柏春晓得，妻子一方面担心自己的病传染给他，另一方面也怕影响丈夫睡眠，影响明天的演出。她一个人默默忍受着病痛的折磨。后来，周柏春想起这件事，心中十分内疚。因为妻子生病之日也是最需要丈夫照应与安慰之时，他怎么就稀里糊涂上楼休息了呢！**

**周柏春有时也与吴光瑾一起去街上散步，顺便买些食品。一天，夫妇俩走过哈尔滨食品店，周柏春喜欢甜食，爱吃甜酒酿，妻子就走进店堂去买。那时买食品还要粮票，她摸出粮票，营业员称好，交给她。她对营业员说："老师傅，侬（你）给我加点露。"酒酿没有甜露不好吃。营业员就说："这露也算分量的，要加露，我要给侬（你）去掉点酒酿的！"周老师听见了，就走进店堂，说："喔，迭（这）个加露要去掉点酒酿呀？"营业员一**

见面熟，惊喜道：“喔，是周老师！加点露！加点露！”周柏春扭转头来对妻子说：“看见哦？依（你）没路，人家哪能（怎么）肯给依（你）加露？阿拉（我）有路，人家肯给依（你）加露。”这种生活中的“噱”，他随口拈来，让人意想不到，却“滑（行话：好笑）”得不得了。寻找生活中的笑料，编成招笑的“噱头”，已构成他日常生活中的重要部分。

姚慕双、周柏春两家生活在斜桥弄14号这一阶段，婆媳、夫妻、兄弟之间相处和谐，关系融洽，美满的家庭氛围为他们的滑稽创作提供了十分重要的环境。

尤其周柏春的妻子吴光瑾，识大体、顾大局，对周柏春的生活照顾得无微不至。每当周柏春在书案前冥思苦想，编写独脚戏新段子，或对新编的滑稽戏进行润色时，她总是烧好绿豆汤、莲心羹等点心，或削好水果，把他最爱吃的猕猴桃、生梨和橘子，放在果盘上，端进书房，并在那一只使用多年但周柏春始终不肯丢弃的不锈钢杯子里装满茶水，放在丈夫的案头，还要关照孩子们：“声音轻点！俬（你）爷在写词儿。”

周柏春自己也说，夫妻生活几十年，他连一块抹布都没拿过。一次，他学《毛选》，学到“自己动手，丰衣足食”时，认为自己也不能做懒人，在家里一切由妻子伺候，自己当老爷，一定要学以致用，学到做到。便坚持亲自动手做家务。姚慕双的二女儿姚敏儿回忆道：

> 爷叔学习《毛选》争取入党，学习《毛选》四卷写心得，并做到单位家里一个样。一次休息天，他在家洗茶杯，平时家务活做得少，重心没掌握，脚一滑，一只茶盘掉在地上，六只杯子打得粉碎。我爹爹姚慕双讲：“三弟啊！在屋里么就省省了。”爷叔讲：“勿来三（不行），一定要言行一致。”爷叔做人一点一划。

2001年，上海电视台给他拍摄电视片《周柏春艺术生涯》，妻子陪他一起去电视台。姚慕双、周柏春的门生王一凡动情地回忆道：

> 其中有这样一个镜头，周老师把师母一只显得苍老的手轻轻地

举起来，深情地抚摸着说："是这只手扶上我走上艺术的顶点。"我看着掉泪了。这是我生平第一次看到周老师那样深情地表达对师母的爱。姚慕双、周柏春今天取得如此辉煌的成就，他们的夫人的确奉献了一生。周老师的"军功章"上也有周师母的一半。

周柏春在《自述》中不无感激地说："我的一生对我帮助最大的，一个是我母亲，一个就是我的妻子。"

周柏春十分依赖妻子，他几乎把全部时间都用在了业务上，用在了对滑稽戏与独脚戏的创作与创新上，力求精益求精。至于家庭琐事、生活起居等方面，他无暇，也没有能力去处理，全靠贤淑的妻子吴光瑾悉心安排。他就像个大孩子，一切听凭妻子照看。这就令人想起，马克思依赖燕妮，鲁迅离不开许广平。所以，一个成功男人的背后，都有一个贤惠、不辞劳苦的女人的无私奉献。

汉乐府诗《孔雀东南飞》曰："君当作磐石，妾当作蒲苇。蒲苇韧如丝，磐石无转移。"周柏春、吴光瑾的爱情，若比作韧如丝的蒲苇与无转移的磐石倒十分恰当。

滑稽戏《阿大阿二》剧照，左三为姚慕双（摄于1962年）

姚家虽有佣人，但姚母房里的衣被总要让大儿媳收拾管理。女儿姚一凤的去世，让周勤侠深感丧女之痛，便将儿媳周佩芳视作己出，两人情同母女。她喜欢看电影，总让大儿媳去买票。有的电影没看过，轮到三轮影院放映，周佩芳就会赶到平安电影院（南京西路陕西北路口，今改为商场）、西海电影院（新闸路山海关路，今已拆除，成为上海自然博物馆北面的一部分）、浙江电影院（今福州路浙江中路）、嵩山电影院（淮海中路嵩山路，今已拆除）去买票；再陪婆婆一起坐三轮车去看电影。

1962年以后，周勤侠迷上了越剧，周佩芳就陪婆婆去新光剧场（宁波路586号，今为新光电影院）、黄浦剧场（北京东路贵州路口，原金城大戏院）、大众剧场（金陵中路1号，原黄金大戏院原址，现兰生影剧院）、中央大戏院（牛庄路704号，今为中国大戏院）看古装场。1965年春，周勤侠又迷上了宝山合群越剧团的小生叶素芳，让周佩芳与吴光瑾两个媳妇，通过上海文艺医院（天平路40号）找到住在小东门的叶素芳家，请叶素芳到家里来认过房女儿。只一年光景，“文化大革命”开始，便与叶素芳断了联系。

滑稽戏《就是侬》剧照，左周柏春，右姚慕双（摄于1962年）

然而，生活并非总是春光明媚。

1959年至1961年的三年困难时期，姚家没有佣人了。姚慕双、周柏春家的10个小孩，每人定量只有十几斤，因小孩多，口粮少，饭就分开烧，菜还是合在一起吃。周佩芳把米烧成稀饭，盛厚粥给孩子们吃，自己只喝拌菜的米糊汤。姚復初在困难时期的1959年病故。为了保证姚慕双、周柏春和婆婆周勤侠的营养，周佩芳、吴光瑾两人赶到江湾近郊（其时江湾尚未开发，属郊区，还有一些农户）去买鸡蛋，自己却面如菜色。

哈耶克在《通往奴役之路》中曾说："在我们竭尽全力自觉地根据一些崇高的理想缔造我们的未来时，我们却在实际上不知不觉地创造出与我们一直为之奋斗的东西截然相反的结果，人们还想象得出比这更大的悲剧吗？"

历史告诉我们，我们常常被情绪所包围，用口号、用主义激励我们身边的人，这会给我们带来激情，但无法持久，甚至带来灾难。

20世纪60年代至70年代，中苏关系极为紧张。1972年12月10日，毛泽东下达了"深挖洞、广积粮、不称霸"的指示。于是，大规模的空防工程开始了。这几年中，周佩芳又与吴光瑾一起扫弄堂，拾树叶，做砖头。

因为孩子多，周佩芳曾找好人家，准备去当佣人，以补贴家用。后来被妯娌吴光瑾、大女儿姚玉儿、二女儿姚敏儿、侄女周红儿知道了，或劝阻或写信，才打消了她的这一念头。周佩芳一生与世无争，心中只有家庭、公婆、丈夫和子女，唯独没有她自己。

（姚慕双、杨美明及其子女的情况，将在后面的章节中详述。）

滑稽戏《一千零一天》剧照，左三为周柏春（摄于1964年）

滑稽戏《终身大事》剧照，左为周柏春，右为姚慕双（摄于1964年）

滑稽戏《争猪记》剧照，左二为姚慕双，右一为周柏春（摄于1964年）

# 二十三　姚、周、笑“桃园三结义”

忆得旧时携手处，如今水远山长。
罗巾浥泪别残妆。旧欢新梦里，闲处却思量。
——〔南宋〕辛弃疾《临江仙》

1946年，姚慕双、周柏春两家从新闸路白乐坊搬迁到斜桥弄23弄14号之前，也就是姚玉儿出生的那一年，著名滑稽演员笑嘻嘻接受姚慕双、周柏春兄弟的邀请，与姚慕双、周柏春合作。三人由同行结为兄弟，被沪上称为滑稽界的“桃园三结义”。

姚慕双生于1918年4月26日，笑嘻嘻生于1919年11月17日，周柏春生于1922年12月22日。所以姚慕双老大，笑嘻嘻老二，周柏春老三；因为周柏春原本在家中排行第三，所以父母及兄长姚慕双都习惯性地叫他三弟。于是笑嘻嘻也就这样称呼他。

其实，姚慕双、周柏春与笑嘻嘻年轻的时候就相识了，并有过多次合作。几十年的友谊使他们情同手足。下面抄录笑嘻嘻与周柏春的两篇文章，可证姚慕双、周柏春、笑嘻嘻三人非比寻常的关系。

姚慕双于2004年9月20日去世，仅隔10天，阙殿辉（笑嘻嘻）便撰文《老朋友姚慕双》以示纪念，文章刊于2004年9月30日的《新民晚报》：

我和姚慕双是64年的老朋友了。

记得第一次与他相识是在1940年的一次特别节目上。地点在新世界饭店屋顶大美电台。那天我临时担任报幕员，姚慕双、周柏春的节目被安排在晚上10时左右。因为是初次相识，我特别在意他们，他们播出的节目是《新老法结婚》《英文翻译》等，还唱了一首外国歌《哦，妈妈》。给我的感觉是非常新鲜，语言干净，没有江湖味。尤其是姚慕双的外语讲得非常流利，当时在我的同行中像这样的外语水平是没有的。节目结束后，我和姚慕双交换了几分钟，感到他十分热情，我们很谈得来。

第二次见面是1942年春，在“大世界”。当时我和妹妹在底楼演出，姚慕双、周柏春在二楼演出。我特地去观摩他们的表演。他们演的是《广东上海话》《宁波音乐家》，剧场效果非常热烈，观众不断叫喊“再来一个”。我到后台祝贺他们演出成功。姚慕双、周柏春非常谦虚。

第三次见面在1942年夏，我参加了上海第一个专演滑稽戏的“笑笑剧团”，在龙门大戏院演《荒乎其唐》《洋囡囡》等，卖座一般，为了吸引观众，加强阵容，又邀请姚慕双、周柏春等来参加，演出名剧《瞎子借雨伞》《大闹明伦堂》《大点秋香》，出票有了起色。当时我们只有二十出头，非常用功，我和姚慕双同进同出，一起讨论艺术，十分投机。姚的宁波方言很准，经常帮我纠正咬字，我得益匪浅。

第四次是1944年南京路国际大戏院，我和姚慕双、周柏春一起参加了由蔡福堂老板的滑稽剧团，演出滑稽戏《百灵机征婚》，我和姚慕双扮演征婚者。姚演小宁波，我演小苏州。我还记得他在演出中讲一口宁波官话，其中有一个笑料很精彩，将方言“宁波人”说成“人巴人”，引起观众哄堂大笑。这次合作，我们的友情又深了一步，约定今后有机会进一步合作。

第五次是1946年秋天，周柏春来邀请我和他们合作做电台节目，从此有了姚、周、笑三人档滑稽谈唱。当时我们一天要做10档节目，另外还要唱堂会，忙得不可开交，连吃饭都在车子上。由于我们配合默契，你来我往，相互衬托，各显神通，受到广大听众的欢迎。有时候姚慕双做配角，也认认真真，使搭档的人感到舒舒服服。在表演中，姚慕双的即兴发挥很多，他经常用动作、耳语等方法暗示制造笑料，他把自己笑料做足。当时每天很多听众同时打电话到电台点唱我们的节目，点唱外国歌的特别多，忙得电话公司的接线员手忙脚乱，大有意见。

我和姚慕双、周柏春最后一次合作是在20世纪90年代，我们演了《黄鱼调带鱼》《骗表》两个节目。我们虽然步入晚年，但是演出效果还不错。特别是姚慕双身体不佳，在医院治病，医生不同意他出来演出，在姚的坚持下，医生只得陪同他来排练场，由此可见姚慕双对滑稽事业的认真、热爱。

现在老朋友姚慕双走了，我十分悲伤。我永远也忘不了我们的友谊。

**笑嘻嘻撰写上文时，已85岁，也许年事已高，记忆有误。笔者查阅刘庆著的《上海滑稽史》，又对照1941年至1943年的申报广告，以及由凌梅芳主编的《滑稽戏》，发现文中有几处与事实情况有出入。如，他说：**

1942年夏，笑嘻嘻参加了上海第一个专演滑稽戏的"笑笑剧团"，说在龙门大戏院演《荒乎其唐》《洋囡囡》等，卖座一般，为了吸引观众，加强阵容，又邀请姚慕双、周柏春等来参加，演出名剧《瞎子借雨伞》《大闹明伦堂》《大点秋香》，出票有了起色。

**实际情况是：**

**1942年4月29日，江笑笑领衔在龙门剧场演出《瞎子借雨伞》，江笑笑自编自演，广告称："鲍乐乐一人兼饰三角，盛呆呆、於斗斗、袁知非、朱炎联合助导。"戏中有戏《绍兴人乘火车》。7月4—8日，江笑笑领衔在龙门大戏院演出《祝枝山大闹明伦堂》，7月9—11日在龙门大戏院演出《大点秋香》，均无笑嘻嘻、姚慕双、周柏春参演。**

**唯有11月3日，姚慕双、周柏春参加了江笑笑领衔演出的《瞎子借雨伞》，其他演员有胡琪琪、任咪咪、杨笑峰、鲍乐乐，没有笑嘻嘻。地点却在张园剧场，非龙门剧场。**

**姚慕双、周柏春、笑嘻嘻三人一起参加《瞎子借雨伞》演出的，是在天宫剧场，时间为12月17日，广告中其他演员还有胡琪琪、任咪咪、杨笑峰、鲍乐乐、徐古董、胡恨地、笑武林。**

**而姚慕双、周柏春、笑嘻嘻三人一起参加《大点秋香》演出，则在1943年1月6日—2月20日，地点在张园剧场，也非龙门剧场。**

不过，这一年笑嘻嘻曾两次与姚慕双、周柏春一起演出：一次是同年4月25日，在张园剧场演出《艳福无比》，其他演员有胡琪琪、胡恨地、徐古董、陆希希、鲍乐乐。一次是同年5月8日，在天宫戏院演出《二本瞎子借雨伞》。其他演员有俞祥明、包一飞、范哈哈、徐古董、陆希希、鲍乐乐。

姚慕双、周柏春兄弟较早参加演出的大型滑稽戏《返老还童》，地点在位于静安寺路（今南京西路）泰兴路的张园剧场。广告称，亚开喜剧团的"电台滑稽""明星滑稽"杨笑峰、於斗斗、姚慕双、周柏春、袁一灵、莉莉、秦同、月霞、袁知非，"舞台滑稽"张利利、任咪咪、吕笑峰、裴扬华、朱翔飞、俞祥明、胡琪琪、陆春等男女演员数十人演出"滑稽大笑剧"《返老还童》。

其时一些所谓的"剧团"多数是临时组建的，演员也为短期合作，戏演完便散伙，演员流动，自由组合。是年5月13—16日，周柏春客串了《玻璃杯》《晚爷》在张园的演出，编剧袁知非，导演杨笑峰。姚慕双未参演。

从姚慕双、周柏春的《自传》与《自述》中，可以看出，年轻的姚慕双、周柏春兄弟离开电台之后，在由裴扬华、程笑亭领衔的"华亭剧团"演出的时间相对较多。如，1942年7月20—30日姚慕双、周柏春在位于虞洽卿路（今西藏中路）三马路（今汉口路）的皇后大戏院（今和平影都）参加了裴扬华、程笑亭领衔的《小山东到上海》的演出。演员除主演裴、程，还有包一飞、吴媚媚、吴爱珠、李竹庵。对于姚慕双、周柏春来说，这是他们兄弟俩首次登上滑稽戏舞台，因而具有特殊的纪念意义。

8月5—11日，姚慕双、周柏春随华亭剧团在皇后大戏院演出《茶叶蛋》，演员有包一飞、姚慕双、周柏春、邓笑灵、周培声、李竹庵、吴爱珠、蔡妮妮、满樽、周琴心。

此后，姚慕双、周柏春与袁一灵、任咪咪、杨笑峰等，在位于陈家木桥（今福建路）大方饭店的金门剧场演出《小栈房》，时间为9月23—25日。其他演员有胡琪琪、筱笑灵、周琴心、黄萍艳、徐月珍、张双宜、钟美玉。

是年11月3—26日，江笑笑领衔在张园剧场演出《瞎子借雨伞》，其他演员有胡琪琪、任咪咪、姚慕双、周柏春、杨笑峰、鲍乐乐。

1943年1月6日—2月20日，江笑笑领衔在张园剧场演出《大点秋香》，其他演员有胡琪琪、任咪咪、姚慕双、周柏春、笑嘻嘻、徐古董、胡恨地、笑武林。

是年1月23日，“上海特别市政府三十一年度冬赈筹募委员会”在金城大戏院（今黄浦剧场，位于北京东路贵州路口）主办“全市滑稽名家大会串”，演出《老爷的架子》《绍兴人乘火车》《失落良民证》。演员有小叫天、小无能、小神童、大娃娃、王麻子、王凤来、江笑笑、朱翔飞、任咪咪、米一粟、仲心笑、朱培声、何双呆、沈笑亭、吕笑峰、李竹庵、金慧声、林雍容、俞祥明、周柏春、姚慕双、胡琪琪、胡恨地、范哈哈、徐古董、笑嘻嘻、笑奇奇、笑武林、陈时、浦怡珍、程笑亭、盛呆呆、杨笑峰、赵紫云、赵奇怪、裴扬华、邓笑灵、鲍乐乐、谢讽声。次日为评话、弹词名家大会串。

4月21日—5月17日，银门剧场演出《小山东到上海》（三本），广告称：“原班人马，加聘朱翔飞、姚慕双、杨笑峰、周琴心、章诚祺、高明、邢哈哈、蔡有梅、筱彬云、倪亦峰。”

4月25日—5月5日，江笑笑领衔在张园剧场演出《艳福比赛》。演员有周柏春、胡琪琪、胡恨地、姚慕双、笑嘻嘻、徐古董、陆希希、鲍乐乐。

姚慕双、周柏春自1942年4月26日首次参加滑稽戏《返老还童》起，至1943年5月5日暂别滑稽戏舞台，回到电台，在一年多密集的演出中，他们虚心学习，通过频繁的接触、交流，从滑稽前辈与同行身上学到了在电台演播学不到的东西，初步掌握了滑稽艺术的特点、表演规律与技巧，积累了一定的演出经验，这种在舞台实践中获得的美学认知与表演技艺，是一笔十分宝贵的财富，为他们日后全身心地从事滑稽艺术打下了坚实的基础。

第二篇文章是笑嘻嘻于2006年3月22日去世一年多之后，2007年8月29日，由周柏春撰写的《追思艺兄笑嘻嘻》（见易文网《怀念姚慕双、周柏春、笑嘻嘻的快乐时光》）一文（不到一年，周柏春也去世）。全文如下：

时光如梭，一眨眼艺兄笑嘻嘻离开我们一年多了，每每念及他的举手投足、音容笑貌，历历在目挥之不去。

我们姚慕双、周柏春兄弟与笑嘻嘻结下的深情厚谊要追溯到1946年……

那是正月里一个阴霾如晦的日子，我与胞兄姚慕双在民声电台播音刚结束，就接到从仁济医院打来的电话，说是同行笑嘻嘻在演播节目时，不慎得罪了流氓，被打得遍体鳞伤，正在急诊室里救治。我顾不上回家吃饭，直接从电台赶到了仁济医院。

一进病房，我被眼前的惨状惊呆了，只见笑嘻嘻鼻青眼肿，头破血流，缠满纱布，最要命的是他的腿部被踢伤，连路也不能走。我眼眶一热，悄悄从口袋摸出两块银元放在他的床头，一迭声劝慰他好好养伤，什么都不要多想。9岁就上大世界露天舞台表演独脚戏的笑嘻嘻，时年26岁。

此后我与姚慕双隔三岔五地去探望他，三个多月的疗伤期间，笑嘻嘻的身体一天天康复，我们的关系也由同行变成了兄弟。我们决定聘请笑嘻嘻加入合作演出。于是从此有了滑稽界的"桃园三结义"——姚慕双、周柏春、笑嘻嘻。

姚慕双年长，称为阿大，笑嘻嘻排行第二，我呢，年纪最轻，就是三弟了。"姚慕双、周柏春、笑嘻嘻"三人精诚合作，努力之致，一起创作，一起研究，一起整理传统节目，直到1946年秋，姚、周、笑第一次登台亮相，统一的长衫，青春少年，风头正健；默契的配合，各展其长，立刻引起轰动，原本已大红特红的姚慕双、周柏春，有了笑的加盟，更是如虎添翼，很快成为红极一时的响档！

在姚慕双、周柏春、笑嘻嘻合作的三年中，我们成功地创作了《各地堂倌》《骗表》《钉巴》《骗大饼》《黄鱼调带鱼》等段子，深受观众的喜爱，时至今日，长演不衰。

姚慕双、周柏春、笑嘻嘻在艺术上达到了更高更新的境界，在生活上也是情同手足，互相关心，互相帮助。最有趣的一件事我至今仍记忆犹新。当年的阿二哥一心搞事业，时至32岁仍单身一个，有人帮他介绍女朋友，他正在排练大戏《活菩萨》，忙得不亦乐乎，他居然叫我去代相亲。我忙不迭推辞："迭种事体也好代的？"阿二哥说："我一千多度近视眼，去相亲也看不清爽，三弟侬（你）代我去，只要侬（你）看得对的，是板灵的！”现在的嫂子就是我当时年代“相”来的。

我十分怀念姚慕双、周柏春、笑嘻嘻在一起度过的充满激情的艺术生涯，十分怀念那些为观众送去笑声的快乐时光，听说上海曲艺家协会主席要为笑嘻嘻出一本书，我由衷地高兴，在此寥寥数笔，以表追思之情。

**以上两文可见姚慕双、周柏春、笑嘻嘻三人的深情厚谊。**

**说到笑嘻嘻艺名时，他坦言：**

我原来叫阙殿辉，后改名张文元（笑嘻嘻祖辈姓阙，父亲跟着姓张的艺人学变戏法，师傅说：“你姓阙，这个阙字许多人不认识，也叫不响，就干脆跟着我姓张吧。”于是父亲便改名张祥凤，儿子就叫张文元——笔者注）但两个名字都叫不响。我父亲是变古彩戏法的，他变戏法，总要让我姐姐与他演双簧，当下手。后来姐姐生病了，9岁的我就顶了上去。11岁那年，邻居家一个裁缝师傅就对我说，阿二，你在舞台上的名字太文气了，不滑稽，你现在唱滑稽就要引人家笑的，你的脸一直在笑，干脆就叫笑嘻嘻好了。我父亲在旁边一听这个名字挺特别的，就让我一直“笑”到88岁。

**周柏春代笑嘻嘻相亲，确有其事。笑嘻嘻的眼睛高度近视，有2 000多度。后来结婚多年，即便在路上偶尔遇见自己的老婆，也会认错，以为是别的女人。王汝刚如是说：**

他是高度近视眼，有2 000多度，面对面也认不出人来。有一次，他走在马路上滑了一跤，走过来一个女同志把他扶起来，一直把他送到家门口。笑嘻嘻老师谢谢她说：“阿嫂，谢谢侬（你）！我家到了，侬（你）可以走了。”这个女的说：“侬（你）眼睛真的看不清楚？侬（你）看我是谁？”他回头一看，原来是自己老婆。

笑嘻嘻除了在舞台上演戏之外，一直坚持创作，多年来笔耕不辍，许多脍炙人口的滑稽曲艺作品都出自他的笔下：他和杨华生、张樵侬、沈一乐一起创作《七十二家房客》；与绿杨、叶一青一起创作大型滑稽戏《糊涂爹娘》被改编成同名电影；由他担任编、导、演的大型滑稽戏《孝顺儿子》曾被许多剧种移植。他还整理创作了一大批独脚戏段子。

1996年，东视的编导唐颂曾专程去笑嘻嘻的家中采访。他住在楼上，房间不大，桌上放着几张写了一半的稿纸。闲谈中唐颂开玩笑地对他说："阙老师，你演了几十年的戏，那么有名气，你的钱一定赚得很多啊，是不是都存银行啦？笑嘻嘻笑着说，国民党时期，金圆券不值钱，我都换成金条。"唐颂开玩笑说："你把金条也存银行啦？"笑嘻嘻从床底下拉出一只箱子："喏，就放在这里边。"唐颂笑问："现在还有吗？"笑嘻嘻没回答，打开箱子，只见里面都是一堆堆写满文字的稿子。然后，他问道："这些稿子能出版吗？给多少钱？"

据悉，笑嘻嘻一向很节约，省吃俭用，解放前喜欢把赚来的钱换成大小"黄鱼（金条）"，他不相信银行（其时国统区的银行已失去信用——作者注），就放在箱子里，塞进床底下。可想而知，经过蒋经国的限价，所存大小"黄鱼"都被迫换成一文不值的废币，后来又经过"文化大革命"的洗劫，到头来两手空空。正应了那句俗话："人生在世，生不带来，死不带去！"

那几年戏曲方面的图书很不景气，属于小众书，发行量很少，一些出版社出于经济考量，把原来的戏剧编辑室撤销了，或与别的编辑部合并。笑嘻嘻的书稿也曾有热心的朋友推荐给出版社，他嫌印数和稿费少（7 000元，发行问题用稿费打折把书买回去自行解决），故不愿出版。

晚年的笑嘻嘻尽管写的资料与段子不能付梓出版，却依然笔耕不辍。由于滑稽戏的不景气，一些作品没能搬上舞台，他并不在意，总是说："我活一天就要写一天。"

被誉为"神童滑稽"的笑嘻嘻，七八十年来，为滑稽艺术奋斗一辈子，头脑中积累了数不清的笑料与滑稽段子。这是一笔十分宝贵的文化遗产。但愿有关部门能通过他的后人或亲友找到失落的文稿与脚本，组织人员为他整理出版，传诸后人，以了却这位滑稽艺术家的遗愿。

关于他挨流氓群殴的事，发生于1946年。

那一年，笑嘻嘻跟朱培声搭档，到中央西餐社表演独脚戏。其中有一个节目叫《和气生财》。他说："这个节目是劝观众要和和气气、兢兢业业工作，不要流里流气地跟人家吵架、打架，只有和气才能生财、平安。戏中我描写了一些游手好闲的流氓整天找人麻烦、敲人竹扛。流氓看了演出后，心里不高兴，就到中央西餐社门口等我出来，把我狠狠打了一顿。我受伤住在家里，周柏春来看我，邀请我伤好了到电台和他们一起合作演出。就这样，我因祸得福，从此就和姚慕双、周柏春一起合作了。"

1958年，笑嘻嘻当选为大公滑稽剧团团长，刚一上任，他就狠抓创作，坚持演员自己来编剧，反映上海小市民生活的《七十二家房客》就是在那时诞生的。笑嘻嘻说："当时演出很受观众欢迎，因为这个戏里的很多生活细节都是取材于真实事件，让观众觉得很亲切。比如，我家里住的就是这种房子，剧中有一个情节，就是以我爸爸为原型的，爸爸的脾气很倔的，上面一户人家地板声音响了，他就用根木头敲天花板，这个生活细节放到戏里，就变成了上下房客吵架，楼下房客把天花板戳穿了。"

在《七十二家房客》里，笑嘻嘻一反以往滑稽的形象，露出了"狰狞"的流氓面孔，对于当时如何塑造这个形象，他说："像流氓炳根这样的人物，在生活中我见得多了，到处都有，我就把这种形象搬到舞台上。"说起演流氓，还有一件趣事，笑嘻嘻向来坚持要演就一定要像，所以最后上台的时候，因为他演得太投入，以至于把和他一起配戏的青年演员都吓哭了，他笑着回忆道："那个青年演员演剧中的阿香。排戏的时候她还比较轻松，但是一上舞台，我投入演起来，就像真的流氓一样。有一段戏是说炳根酒后调戏阿香，她见我晃来晃去以为我要来真的，吓得眼泪也流出来了。"

《七十二家房客》演出后，社会上有两种意见：一种是认为这个戏很真实，有教育意义；另一种就认为这个戏乱七八糟的，里面没几个正常人。1960年，当时的文化部副部长周扬听取不同意见之后，就亲自来看演出。笑嘻嘻说："他从头笑到尾，看完戏，就跑上舞台跟我握手，连说好戏难得，很有教育意义。第二天，我就接到北京来的电报，叫我马上把剧本拿去出版。出版以后，看的人更多了，各剧种都移植，红遍了全国。”

对于《活菩萨》，笑嘻嘻说：

那时，我和杨华生、张樵侬、沈一乐并称剧团四块头牌，演《活菩萨》的时候，我们还联合了程笑飞、小刘春山、俞祥明，以及嫩娘、绿杨两个花旦，阵容非常强大。这出从莫里哀的《伪君子》改编过来的滑稽戏，主题是反迷信、反封建，当时演出极受欢迎，天天演两场都不够，还要加演早场。这部戏连演了一年零九个月，超过1 000场，场场客满，破了当时舞台剧的演出纪录。

《糊涂爷娘》，则是1962年上海市文化局局长特别交给笑嘻嘻创作的一部滑稽戏，意在教育儿童。他说：“我们剧团边巡回演出边创作，由我、绿杨、叶一青三个人编出了《糊涂爷娘》这台戏。”1963年，文化部把这部戏推荐给各剧团，之后又改编成电影，改名为《如此爹娘》，由《糊涂爷娘》的原班人马演出。笑嘻嘻说：“把原来戏里的沪语对白都改成普通话对白，让外地观众也能看懂。”

20世纪40年代中期的姚慕双、周柏春兄弟，无疑在滑稽界中属于红遍上海滩的“大牌”，两位艺术家看中笑嘻嘻，并愿意在电台与之合作演出，可以说是惺惺相惜，“慧眼识宝”。其中还有一层原因。

据上海戏曲评论家徐维新先生说：

姚慕双、周柏春为什么要找笑嘻嘻，那是笑嘻嘻受流氓殴打，周柏春去探望，笑嘻嘻很感激，就合作。笑嘻嘻是个小老艺人，他9岁开始唱滑稽，他9岁时是1927年，我给他算过，1927年时是王无能刚刚打出“独脚戏”牌子，此时笑嘻嘻已经在大世界唱滑稽了，实际他的资历可以和王无能平起平坐，这是其一。其二，笑嘻嘻一直在大世界唱，节目一直要换，所以笑嘻嘻肚子里积累的传统东西很多。姚慕双、周柏春的母亲看中他有那么多段子，所以让儿子和笑嘻嘻合作了。后来姚慕双、周柏春有很多传统的滑稽段子，有些是笑嘻嘻带过来的，当然也经过姚慕双、周柏春、笑嘻嘻三人的加工和改造。

我曾经问过吴双艺："你先生和笑嘻嘻拆账九比一，差得太厉害了！"吴双艺回答："你不知道，九和一，笑嘻嘻还有其他东西享受的：比方服装统一给笑嘻嘻做的，姚慕双、周柏春有汽车，出去演出笑嘻嘻一起坐。"意思是说，笑嘻嘻还享受了其他待遇。

姚、周、笑合影。左起：姚慕双、周柏春、笑嘻嘻

**不管怎么说，姚慕双、周柏春、笑嘻嘻在电台播音亮相，再次轰动上海滩。**

**姚慕双、周柏春、笑嘻嘻三人从1946年10月至1949年3月，整整合作了两年半。可惜，终因经济原因，笑嘻嘻对拆账有看法而拆档。同年初春，杨华生、张樵侬、沈一乐"高价"邀请笑嘻嘻前去加盟。**

**晚年的笑嘻嘻对周柏春说："三弟呀，我一生最后悔的一件事，就是不应该离开你们姚慕双、周柏春剧团。"可能这是混迹江湖大半生的笑嘻嘻，有了比较之后，发自肺腑的由衷之言。**

**关于姚慕双、周柏春、笑嘻嘻的问题，笔者曾采访过王双庆的学生、原上海滑稽剧团演员徐益民，他说：**

姚慕双、周柏春对笑嘻嘻感情很好。我也曾问过笑嘻嘻，他遗憾地说："我一生没有好的搭档。"我说："沈一乐不是你蛮好的搭档吗？"他说，差远了。不是沈的艺术差，而是我与他搭档的感受差，不适意。我问他："最满意的搭档是啥人？"他说是姚慕双、周柏春。"那你为啥这样牵记呢？"我又问。他说："姚慕双、周柏春在台上与我相当默契，三个人好像一个人似的。我人生最大遗憾是离开姚慕双、周柏春。虽然大家知道是杨、张、笑、沈，但我并不十分看重。”

姚慕双、周柏春谈起笑嘻嘻，认为他台上段子多，肚子里货色多，十分敬重，人物刻画到位，很想与他再合作一次，但一直没有这样的机会。

**2008年3月25日，《幸福人生笑嘻嘻》一文，由王汝刚、阙殿辉合作撰稿，发表在“易文网·上海新闻”上，其中在“与姚慕双、周柏春的愉快‘联姻’”的一节中，以笑嘻嘻“自述”的口吻写道：**

1946年9月，我被流氓打伤以后，一时不能上台唱戏，只得在家里养伤，一连几个月不能出门，心情十分苦闷。

一天上午，“笃笃笃”门口传来几下敲门声，出乎意料，走进来的是滑稽同行周柏春。姚慕双、周柏春是滑稽界的响档，艺术高超，为人正派，我见他上门作客，心里非常高兴，连忙招呼他落座。

周柏春一面道谢一面朝我仔细打量，发觉我一只眼睛还用纱布包扎着，伤口尚未痊愈。他淡淡一笑，说道：“这大概就是流氓留给你的‘光荣’印记吧？”我苦笑着说：“他们不仅把我眼睛打出血，背心上也吃到好几记（下）重拳头。”周柏春接过我父亲递过来的茶水，喝了一口，慢悠悠地说：“反正事（情）也过去了，吃一亏、长一智，现在最要紧的是你要安心养伤，伤好之后，欢迎你到电台来‘白相相’。不瞒你讲，我们弟兄俩在电台播出的节目蛮多，比较忙碌，如果你愿意的话，希望我们可以一起合作。”

我听了周柏春的话，非常兴奋。其实我与姚慕双、周柏春兄弟认识时间较早，当时大家都在“笑笑剧团”，我们曾一起同台演出过，平时彼此也很谈得来，我一直对这对昆仲印象很好。于是，我一口答应：“我非常愿意和你们兄弟俩合作。”

这次周柏春来访，对我的艺术生涯影响很大。从1946年10月起，一直到1949年3月，我们共同开创了上海滑稽界“姚、周、笑”三个档的鼎盛时期。当时，我们“三个档”的节目，每天错开时间段，在中国文化、民声、九九、合众等好几家电台播出。播音时间一般从中午12点40分开始，下午2点、4点……一直连到晚上12点，每天要演播好几个小时。当时，凡是家中有收音机的市民，到钟点一定会收听我们“三个档”节目。全家老小围坐在收音机旁边，欣赏我们有趣的笑话、妙语和唱段，陶醉在《孟姜女过关》《三娘教子》《秋海棠》等节目的欢乐气氛中。

我们三人的表演各有特点：姚慕双的英语非常流利，接受能力又强，擅唱各种流行歌曲，所以，凡属歌唱节目，都由他自告奋勇来承担。周柏春的演技不凡，且好学不倦，思路敏捷，扮演角色能力强。我并不聪明，但是“笨鸟先飞”，从老师刘春山身上学到不少技艺，舞台上实践的时间比较多，会表演的段子多。在排演新节目时，各人所起的角色有所区分和侧重，姚慕双以男角色为主，而周柏春和我则轮流演花旦、老旦或泼旦。由于我们的节目笑料丰富，诙谐有趣，没有低级趣味，因此，能牢牢抓住老听众，吸引新听众，收听率一直处于领先地位。

尽管如此，我们三人谁也不敢懈怠，认真对待每一次演播。为了经常翻新节目，还邀请一位编剧王剑心先生，专门为我们“三个档”编写新节目。另外，我们还重视音乐，请杜阿顺先生担任钢琴师。我们演唱各种传统曲调和流行歌曲，杜先生用钢琴伴奏，中西合璧，令听众有耳目一新的感觉。

连续几年，“姚、周、笑”三个档事业兴旺，如日中天。每天除了固定在电台播出十档节目外，还要承接各种堂会演出，真是非常忙碌，有时连吃饭都要三个人轮流吃。我家隔壁邻居有部电话，所以凡是联系对外演出的事情都由我来承担。……

我对与姚慕双和周柏春这一段合作的经历感触很深，至今回忆起来还非常留恋。新世纪第一年，上海东方电视台举办《东方谐韵》滑稽大会串，我和姚慕双、周柏春兄弟应邀参加，再次合作演出传统独脚戏《骗表》。三个耄耋老人一上场，就受到观众的热烈欢迎，使我们十分感动。那天演出非常成功，我们三个人的舞台感觉和情绪都发挥得很好，这也算是给姚、周、笑“三个档”合作画上一个完满的句号吧。

**笑嘻嘻此文与周柏春的上文，也稍有出入。笑嘻嘻回忆，周柏春是到他府上登门探望；周柏春说是接到电话立即赶到仁济医院去探视，且当时情景回忆较为具体。也许姚慕双、周柏春兄弟在笑嘻嘻伤重期间去探望他的次数较多，所以第一次去看他的地点容易混淆。但这无妨，重要的是，周柏春和笑嘻嘻的回忆文章为上海滑稽史留下了姚、周、笑“三个档”时期的珍贵历史资料。**

# 二十四　电波传情

爱情是怎样逝去，又怎样步上群山，怎样在繁星之间遮住了脸。

——〔爱尔兰〕叶芝《当你老了》

姚慕双1944年与周佩芳联姻，1947年姚家迁居斜桥弄（吴江路23弄）14号，其时女儿姚玉儿不足一岁。那一年，姚慕双29岁，周柏春25岁，兄弟俩在电台上大红特红，在演唱独脚戏方面可以说进入鼎盛时期。

因为档期不断，姚慕双、周柏春每天生活的快节奏几乎停不下来：上午唱堂会，中午12点到午夜12点，电台有固定节目和特别节目。兄弟俩口齿清晰，节目新颖别致，听众听得如痴如醉，喜爱的程度近乎狂热。从1943年开始直到解放前夕，兄弟俩每天夜里6点到8点，在九九、民声电台（威海路上，今已拆除）说说唱唱，吸引了全上海。

解放前，姚慕双、周柏春兄弟播演独脚戏多数由姚慕双为上手，周柏春为下手，有时兄弟间也互换上下手。解放后多数由周柏春为上手，姚慕双为下手，有时也上下手互换。其时作为上手的哥哥姚慕双，风头正健，正处壮年，又长得英俊潇洒，自然引来无数女性的青睐。然而，姚慕双在娱乐圈看多了，见多识广，那些来电台给他捧场的一般俗女子根本就不在他的眼下。一个人的审美情趣多数是由他的知识、艺术素养决定的。

此时，他在一个完全碰巧的机会，邂逅了一位气质非凡的女大学生。她给自己取了一个艺名叫“白萍”。白萍并非演艺圈中人，但她歌唱得挺好，嗓音亮丽、厚实，带有西洋发声的方法，很有些职业女歌手的魅力。白萍本来在大学里便是合唱团成员，虽是一年级学生，但她弹得一手好钢琴，在合唱团里显得十分出挑。离校后，她与合唱团中几个女同学——杨曾恕、陈功、莎静等很要好，便由她发起成立了一个业余的“姊妹歌咏社”，自任社长，并买断了民声、九九电台每档50分钟的播音时段，由“姊妹歌咏社”的女同学自报节目，自演自唱，自娱自乐。“姊妹歌咏社”前面一档则是以后成为电影大明星的欧阳莎菲的歌唱节目。白萍与欧阳莎菲意趣相投，亲如闺蜜，她比生于1923年10月18日的欧阳莎菲小3岁，所以亲昵地叫她欧阳姐姐。

在此之前，白萍与一个昵称“米老鼠”的姑娘，曾在建设电台主办过“三五一三歌咏社”。在一期《胜利无线电》第三版上刊载的《东方歌咏团巡礼》一文，曾谈到这一情况：

> 东方歌咏团是以东方电台而命名的，在沪上很有名气。抗战中，为了不受敌伪的屈服，曾经停办。该歌咏团拥有“米老鼠”、黎萍、周淑贤、美妮、罗微、魏良、陈功、刘士杰、潘绮华、咪咪等基本队员。
>
> “米老鼠”简直是一个只有18岁的姑娘，戴眼镜，穿着流行的女西装，俏皮可爱。抗战胜利后，她在建设电台主办三五一三歌咏社，成员有白萍、沙静、晓华、晓露、张露等。大学生白萍后来又与沙静等自组“姊妹歌咏社”，在民声电台歌唱。

白萍，本名杨美明，生于1926年5月3日，出身上流社会、富贵之家，经济条件优于其他同学，买断电台播音时段的费用，全由她支付。白萍歌唱得好，会弹钢琴，拉小提琴，骑自行车。还擅于画画，可以说琴棋书画样样在行。她曾拜沪上著名的女画家顾青瑶为师，列入她的门墙，攻画艺，画得一手好山水。

1934年，顾青瑶、冯文凤、李秋君、陈小翠、杨雪玖、顾默飞等在上海成立了“中国女子书画会”。这几个被称为高雅消遣的“闺阁派”女画家，不以卖画为业，却积极参与文化、艺术的各项社会活动，以此表明新时代新女性一种新型的生活方式，从而达到修身养性的目的。

白萍参加了“中国女子书画会”，不仅画风受其老师的影响，作为一个女大学生，更易接受女性应当独立自主的新思潮的熏陶，因而思想上并不恪守传统，趋于自由奔放。

对于音乐、美术、艺术，她似乎有着一种天然的审美与鉴赏能力。姐妹们唱歌时，就由她亲自弹琴伴奏。

“姊妹歌咏社”的几位女大学生，在民声、九九电台播唱有时，沪上

杨美明所作水墨画

便有了一点小名气，一些小报记者对“姊妹歌咏社”的活动情况也每有报道。

凑巧的是，“姊妹歌咏社”的播音时段与姚慕双、周柏春的播出时间为上下档：“姊妹歌咏社”在前；姚慕双、周柏春档或姚慕双、周柏春、笑嘻嘻三个档播音在后。由于姚慕双、周柏春兄弟的节目精彩绝伦，“噱头”不断，留下来驻足欣赏的几个女大学生，常常在播音室外笑得前俯后仰。尤其是白萍对作为上手的姚慕双钦羡有加。她惊异于姚慕双那一口流利的英语竟说得那么好，并不亚于她们这些大学生；更钦佩他逗笑的本领、语言的幽默、节奏的把握，以及根据现场情况随机应变的机智，让她入迷，并深深陶醉。当姚慕双、周柏春播音结束，其他几位女同学陆续散去，白萍有时会留下来，向姚慕双请教几首英文歌曲必须注意的演唱要点。姚慕双没有丝毫名人架子，有问必答，而且讲解得十分详细。

此时，姚慕双才开始注意到面前这个女大学生与众不同之处：她个头较高，身材匀称；相貌虽然一般，但皮肤白嫩，鼻梁上架着一副金丝边的眼镜，透着知识分子的文质彬彬；一口不紧不慢的上海话，让人感觉甜糯亲切，款款的步履显示她的热情与活力；她没有像一般爱美的女子涂脂抹粉，但打扮入时，透着几分优雅。此时的白萍正值青春年少，对性情中人的姚慕双还是有着相当的吸引力。

在闲聊中，姚慕双与白萍提到美国好莱坞电影男明星马龙·白兰度那散发着忧郁和亦正亦邪的男性魅力；谈到美国影坛上的常青树——保罗·纽曼，无论扮演什么样的角色，总能赢得众多女性观众的青睐。白萍也谈了好莱坞电影女明星凯瑟琳·赫本、贝蒂·戴维斯、英格丽·褒曼、葛丽泰·嘉宝、朱迪·加兰、玛琳·黛德丽、琼·克劳馥、芭芭拉·斯坦威克、克劳黛·考尔白、格蕾丝·凯利、金格尔·罗杰斯、梅·韦斯特、费雯·丽、琼·芳登、丽莲·吉许、秀兰·邓波儿、丽塔·海华斯、劳伦·白考尔、珍·哈露、卡洛·朗白、玛丽·碧克馥、艾娃·加德纳……

白萍如数家珍，对美国好莱坞明星的熟悉程度令姚慕双同样十分惊异。看来时尚的美国电影，她看了不少，而且能说出这些演员在角色扮演中各自独有的表演风格与特点，这是一般女子，包括一部分知识女性所没有的。

在此后的交往中，因为趣味相投，性格相合，又有共同的爱好，所谈的话题便越来越多，于是两人走得越来越近，彼此的感情也就越陷越深。

首先透露消息的是笑嘻嘻。

一天《春海》报的记者仁济（笔名），在复兴公园湖边的茶室，遇见了笑嘻嘻同他的女友在谈话。笑嘻嘻见了他，便起身介绍身边的女友。三人一同坐下，仁济就向笑嘻嘻讨喜糖，他不肯——报人都晓得笑嘻嘻有“小气胚”的雅号。喜糖没吃到，却从笑嘻嘻口中得到了有关姚慕双的新闻：说他想另觅新欢，是“姊妹歌咏社”的一位女歌手，热恋非凡。

事后仁济在《春海》报上刊出了《姚慕双热恋女歌手》一文，并引用笑嘻嘻转述的话说：

> 这是理想的一对，男的会讲，女的会唱，我们要吃他的喜酒不远吧！

当时较有名气的《大风报》也刊登了记者——笔名小舍有《白萍情奔姚慕双》一文：

“姊妹歌咏社”白萍，杨其姓，名美明，家道小康。父供职于安大（达）银行为经理，一妻一妾，共居一处，白萍为大妇所出……曾受相当教育，且列入顾青瑶女画家门墙，攻画艺，画得一手好山水。离校后与杨曾恕、陈功、莎静等组“姊妹歌咏社”，作业余歌唱于民声、九九电台，与滑稽名家姚慕双为上下档，相处日久，竟生爱苗。奈姚兄使君有妇，但为白萍痴情痴爱所动，大有恨不相逢未“婚”时之慨。近数月来，两者更形热络，真是似胶如漆，几寸步不离……

**仁济引用笑嘻嘻转述的话是否确切，暂不去辨其真伪。那么既然使君有妇，别人怎么可以随便说出“吃喜糖不远”的话呢？这样的话难道不悖于民国婚姻法之一夫一妻制的规定吗？**

**笔者在拙著《皓月涌泉：蒋月泉传》一书中，谈及民国时期姨太太现象时，曾引用那时有关婚姻法条款中存在的弊端及其漏洞，现转引如下：**

按例，新中国成立之前，男人只要有条件，老婆不反对，是可以娶小老婆，即所谓的姨太太的。国民党政府虽然向西方学习，在法律上提倡一夫一妻制，但在实际司法的操作中已经变味。如，“二十年院字六四七号解释”称：“娶妾并非婚姻，自无所谓重婚。”“二十年院字第七三五号解释”称：“妾虽为现民法所不规定，惟妾与家长既以永久公共生活为目的，同居一家，依民法第一一二三第三项之规定，应视为家属。”事实上清末的遗老遗少、残余军阀、国民党的达官贵人、封建地主、新兴的资本家，乃至社会上稍有地位与财力的有闲阶级，他们之中不少人或公开或私下拥有二房、三房的不在少数。旧社会，拥有妻妾的多寡，似乎成了地位与财富的象征。例如，前面提到的四川军阀范绍曾，就拥有四十房妻妾。所以演艺界的红人，仿效者也不乏其人，评弹界也不例外。那时已有多个响档有两房太太了。

**姚慕双其时已是滑稽界，甚至整个沪上演艺圈的大红人、大明星了。论他的条件，以及他与白萍的深厚感情，若娶白萍为二房太太，也会被当**

时的社会所认可，时人无可厚非。

然而，事情并非如此简单。

姚慕双的阻力来自三个方面：其一是白萍的家庭；其二是发妻周佩芳；其三，也是最难过的一关，是他的母亲周勤侠。

白萍——杨美明出身名门，父亲杨奎侯乃荷兰安达银行行长，上海印染七厂的旧址也是他家的，结交的都是上流人物。杨美明本人是复旦大学法律系的大学生，自幼养尊处优，受到良好教育。笔者采访姚慕双子女，谈及他们母亲的身世时，姚勇儿介绍说：

我母亲杨美明是湖州人。杨美明的父亲杨奎侯，母亲谢毓英，生育四千金：大女儿杨美玫，夫家是江苏省银行许家；二女儿杨美斐，夫家是开设天平仪器厂的南浔邱家；三女儿杨美申，夫家是功德林餐馆的赵家；杨美明则嫁姚慕双。杨美明的祖父杨信之开印染七厂（今胶州路三和花园旧址）；杨美明的外公谢之楠开中国第一家缫丝厂；中华第一针织厂是杨美明外婆家开的，生产墨菊牌汗衫。

1843年10月17日上海开埠，杨信之（杨美明祖父）1900年到沪，担任湖州旅沪同乡会会长，总会就设在贵州路贵都剧场近旁。辛亥革命期间，杨信之、谢之楠、张静江，都是同盟会成员。

陈其美原来是我妈白萍的祖父所开的丝绸行的一个伙计。1903年陈其美从湖州到上海，是白萍祖父叫他陪白萍的姑婆来上海就读蔡元培创办的爱国女子中学，1906年到日本，不久加入同盟会，与孙中山在一起。后来孙中山派他到上海开展革命活动，准备武装起义，在四川北路创办精武会，霍元甲是陈其美从天津请来的拳师。1911年10月10日武昌起义，11月3日陈其美发动上海起义，攻克江南制造局，打下武器库，支援武昌革命军。1912年1月1日中华民国成立，陈其美做了沪军都督府都督，也即上海第一任市长。如果我曾外公不是叫他从湖州来沪，也就没有陈其美这段历史了。所以国民革命与杨家是有关系的。

1911年武昌起义，负责人有黄兴、宋教仁。起义的资金和南洋华侨的捐款即通过杨奎侯（杨信之之子、杨美明之父）经营的银行，从上海汇至武昌的。1904年成立光复会，1905年同盟会在日本成立，明确提出反帝反封建的口号。1911年7月31日，宋教仁、陈其美等成立同盟会中部总会，中部总会就设在杨信之（杨美明祖父）的寓所——垃圾桥下，浙江北路61号（后改成一所小学，又改地段医院，今已拆），外面是一幢中式房子，里面是一幢西式洋楼，同盟会中部总会就设在西式洋楼内，而武昌起义正是在同盟会中部总会的促进下才举行的。

杨信之为三哥。五弟杨谱笙是辛亥革命元老。1912年1月1日（元旦），孙中山就职中华民国临时大总统，陈其美被孙中山委任为沪军都督府都督，杨谱笙就在陈其美手下任财政总长，他是杨信之的亲兄弟。陈果夫、陈立夫则是杨美明的表哥。陈家上一代三兄弟：老大陈其业（陈果夫、陈立夫的父亲），字勤士；老二陈其美，字英士；老三陈其采，字蔼士——他们都是杨美明娘家的亲眷。

杨奎侯家境好，自费留美，进哥伦比亚大学深造，在那里结识了公派留美的宋子文，二人结为莫逆之交。杨美玫生于纽约，英文名字叫罗丝。其时，宋子文常带着16岁的宋美龄去杨奎侯寓所拜访。宋美龄很喜欢这个出生不久、睡在摇篮里的小妹妹，她一只手搭在摇篮边，看个不停。杨奎侯用相机拍下了这个镜头。可惜，这张由杨美玫赠给杨美明的照片，在“文革”期间被撕掉了。杨奎侯学成回国，便在上海担任荷兰安达银行行长。这家银行设立在江西路九江路转弯角子的大楼（今黄浦旅社）内。

四小姐杨美明就是出生在这样一个有着相当社会地位的富裕家庭里，高中毕业，她考上复旦大学法律系。

我母亲四姐妹，大小姐杨美玫嫁给江苏省银行总经理许伯明的儿子许国富，许国富是我的大姨夫。许伯明（梅兰芳梅党成员之一）的孙子许大铮，也即许国富与杨美玫的儿子去北京，都住梅家（梅兰芳家）。二姨夫邱嘉庚，三姨夫赵国昌。二姨夫是南浔邱家邱嘉庚，开天平仪器厂。三姨夫是赵家赵国昌，开功德林素餐馆。

其实“功德林”是南洋烟草公司两兄弟——广东人简照南、简玉阶开办的。民国时期有两家烟草公司：一家是华盛烟草公司；一家就是南洋烟草公司，生产红双喜香烟，他们发财了，开一爿饭店白相相，喜欢吃素斋，就开功德林。我姨夫赵家原来学中医，与和尚庙里搭界，就请杭州灵隐寺的和尚到黄河路“功德林”厨房间去掌勺。赵家兄弟姐妹们就跑堂当下手，赵家可能有一些股份，一直到公私合营，赵国昌及赵家成了私方代理人。

杨美明的父亲杨奎侯完全是洋派，虽然着一身中式长衫。外婆谢毓英的谢家都笃信佛教。上海三大庙的方丈，如，玉佛寺方丈真禅法师，静安寺方丈度环法师、老当家德悟法师，龙华寺方丈明旸法师，外加香港的印成法师，自小均受我外婆谢毓英的恩惠，与杨家佛缘很深。

杨家在杭州里西湖小孤山后面有个杨庄，庄里还有个尼姑庵，杨庄有游船通里西湖。夏天来临，外婆谢毓英便带孙儿们去杨庄歇夏，住一个月。1963年，我（姚勇儿自己）读小学，随母亲去给曾外祖父上坟——杨美明其时也只有三十几岁，到净慈寺（传说济公运木处，内有济公井）。

净慈寺，位于浙江省杭州市的西湖南岸，雷峰塔对面，是西湖历史上四大古刹之一，是中国著名的寺院。因为寺内钟声洪亮，所以“南屏晚钟”成为“西湖十景”之一。

姚慕双在玉佛寺留言（摄于2001年11月）

姚慕双与玉佛寺方丈觉醒合影（摄于2001年11月）

净慈寺在浙江杭州的南屏山慧日峰下，是公元954年五代吴越国钱弘俶为高僧永明禅师而建，原名永明禅院；南宋时改称净慈寺，并建造了五百罗汉堂。寺屡毁屡建。现在的寺宇、山门、钟楼、后殿、运木古井和济公殿，都是20世纪80年代重建的。其中大雄宝殿单层重檐，黄色琉璃瓦脊，更显庄严宏伟。特别是一口重达100多公斤的新铸铜钟，铸有赵朴初等人书写的《妙法莲华经》，计6.8万字。每日黄昏，悠扬的钟声在暮色苍茫的西湖上空飘荡，激起人们的无限遐思。地址就在西湖区南山路56号。

净慈寺的方丈知道杨家小姐来了，出山门迎接，一定留宿，但我们住西湖宾馆。父母晚年去玉佛寺、静安寺吃素，方丈都会迎接。

笔者详尽地将姚勇儿这段采访录音转成文字，不仅说明其时杨美明家世之煊赫；她儿子的讲述，也为了解湖州名门杨信之、杨奎侯家族，在辛亥革命时期对国民革命所做的贡献提供鲜为人知的口述资料。

就是这样一个民国时期的富贵之家，能赞同自己的掌上明珠、青娥玉女的阿媛对姚慕双的爱意吗？当白萍的父母获悉女儿与一个唱滑稽的演员在电台上形影不离时，他们的愤怒可想而知了。

杨奎侯的公馆，就在巨鹿路608号（襄阳路口）。那是一个独幢的三上三下的花园洋房，杨美明就生活在这里。

2019年5月16日下午，笔者曾去那里实地察看。记述如下：

过去从华山路骑车去出版社上班，每每经过，却未留意。这次去，大铁门紧掩着，只能在外面拍照。正当我透过两扇大铁门之间的空隙向里窥探时，马路边一位看自行车的外地女人走来问我："是来租房子吗？"我摇摇头。她说："可以进去看，铁门的锁坏了，还来不及修。"她用手轻轻一推，铁门便开了。只见面前一块不大的水泥院子前，竖立着一幢民国时期中西结合的三层楼房，显得十分陈旧，但底楼门厅旁边，两根希腊式的水泥圆柱，显示了昔日主人的地位。地上的花式地砖已磨旧，却未破损。抬头看，楼前上方竹竿上晒着各家的衣服和被单，可谓“锦旗招展”。二楼有小阳台。靠马路的一角是一幢矮矮的两层小楼，显然是昔日的门房，看门人白天在底楼看守，晚上就睡在小楼上。洋楼东侧外墙外是一条不宽的走道，走道顶端又是一座楼房，有些像新式里弄房。我好奇地朝前走了四五十米，发现它与前面的洋楼后墙只隔三四米，二楼有空中过道相连。当我返回天井时，见围墙边上搭了许多违章建筑。整个大小房间均被外来户占据了，若用七十二家房客来形容，也一点不夸张。我拍了几张照片，大有“旧时王谢堂前燕，飞入寻常百姓家”的感慨！

**据姚勇儿说：**

20世纪50年代初，安达银行就没有了。巨鹿路608号的公馆，1954年9月公私合营之后，被政府收走，至今未落实政策。外公外婆的晚年，搬到武夷路汤山邨花园洋房居住。我们基本上每周去外公外婆家探望一次。外婆家很热闹，特别是管家杨居士学问很好，经常给我们讲故事。其时，姚家的子女都夹紧尾巴做人，因为爸爸是社会名流，妈妈杨家也是社会贤达，要对社会造成好的影响。外婆吃斋念佛，我们家就去庙里做法事，一直劝人为善；受这种思想的影响，我们都规规矩矩。

时光已过百年，当年杨府的豪华气派已不复存在，但发生在这幢洋楼里的故事却深深镌刻在后人的脑海中。笔者凝视着二楼右侧房间的窗户，心想，莫非当年的四小姐就是从这个房间离开的？

白萍的父母知道女儿的恋情之后，一度不让她与姚慕双往来，甚至不再允许她去民声、九九电台与她的朋友一起唱歌了。父母的强制遭致女儿的反抗，于是父母干脆将她“幽禁”起来，不准外出。关住了女儿的身，却关不住女儿的心。此时的杨美明却无时无刻不惦念她心中的姚慕双。

姚慕双出言吐语的斯文儒雅，待人接物的彬彬有礼，外貌气质的风流倜傥，助人为乐的善良慈悲，伺候父母的至诚至孝，处事方式的机智恰当——这一切让白萍对这位电台上邂逅的男子产生了一种从未有过的崇敬与仰慕之情。她想起自己每每见到他时，心中就像被小鹿撞击似的怦怦直跳。她无法确定这种悸动的心情是否就是少女怀春，抑或就是那种不期而至的爱意。这种难以启齿的情感，此刻在她心中变得既柔弱又强烈，仿佛一击便碎，又更像不可熄灭的烈火。

近半年的接触，她知道他已有妻室；而她自己比他小8岁，还是一个未出阁的闺女。然而，心中的爱意对谁言说？父亲是安达银行的行长，与上流社会的人士交往密切，眼界甚高，他能看得起一个与娼优并列的滑稽演员吗？门楣地位相差悬殊啊！想起父亲平时对她们姐妹那种威严的目光与严肃的神态，心中不免有几分畏惧和惶恐。好几回，她沉溺于看书弹琴，好让心中那激荡不已的波澜逐渐平复下去，恢复昔日的安定与宁静。但她做不到，越是想摆脱那个男子的影子，他的音容笑貌反而愈发清晰起来，始终在头脑里萦绕，难以摆脱。于是，她在甜蜜与彷徨的交织中受着煎熬。

白萍的父母知道白萍有一个闺蜜，叫欧阳莎菲，两人相处很好，便邀请她来家中劝说女儿。

欧阳莎菲的年龄与白萍相仿，本名钱舜英，江苏苏州人，电影演员。1940年考入由前明星影片公司老板之一的周剑云和南洋影院商人合资开设的上海金星影片公司演员训练班。电影训练班聘请了周贻白、姚莘农(姚克)、周剑云、黄佐临、金韵之（丹尼)、吴仞之、宋小江、彼得生夫人等为教授。学员中有谢晋、欧阳莎菲、葛香亭、丁里、裘萍、达旭等。训练班于翌年12月结束。金星公司此后将几个特别优秀的人才捧成了大明星，其中就有欧阳莎菲。

次年，欧阳莎菲便参加了《春水情波》的拍摄。1942年之后，在“中联”“华影”参加拍摄《白云塔》《燕迎春》《教师万岁》《火中莲》等影片。1946年，她主演的“抗战间谍片”《天字第一号》，曾创下当年最高的票房纪录，成了名副其实的反派电影明星。

欧阳莎菲见了白萍自然“好言相劝”。她说，不管姚慕双在电台上有多大名气，说到底是一个唱滑稽的，既无社会地位，也没财产，你一个大家闺秀嫁了这样的男人，亲朋好友会怎么看？难道就不顾及父母的面子吗？……欧阳莎菲说了许多，但是白萍不为所动，她对姚慕双的爱没有丝毫动摇，坚如磐石。

于是，欧阳莎菲只好无功而返了。

几天不见白萍，姚慕双获悉她已被幽闭在家，不能出门，心中焦急万分。

大凡搞艺术的人，精力充沛，感情丰富。当姚慕双在电台与白萍邂逅之后，两人顿生爱慕之心。白萍为姚慕双所迷醉。姚慕双则十分欣赏眼前这位女大学生。她在电台上不经意间显露的音乐才华，尤其在女声合唱中显示的鹤立鸡群般的呖呖莺声，欢乐、轻快，洋溢着浓郁的青春气息，挥之不去。于是两人由相识相知而渐渐坠入爱河。

当爱情发生时，姚慕双的内心却泛起了仿佛难以抚平的涟漪：他既感觉到心有所系，有一种飞扬的自由，好像被紧紧地纠缠于白萍的灵魂之中；又同时感到，一时的自由自在，却不可能随心所欲，因为他是一个有妇之夫，他有妻子，更有一位严厉的母亲。

放弃还是继续？姚慕双处于极度矛盾与痛苦之中。

他知道，他与白萍之间柏拉图式的精神恋爱是不可能的。偷安于并不满足的生活现状，不啻放弃幸福，放弃相知相守的誓言，蹉跎岁月，误了人生最美好的时光。他思之再三，难以做到。因家庭的羁绊而远离心爱的人，或迫于压力放弃白萍，不啻放弃追求情爱的全过程。情与爱，不可分：有情必有爱，情愈深，爱益浓；无情便无爱，而他也绝非无情无爱的圣人。两情相悦恰恰是生命中最具激情并充满幸福感的时刻，如果他决然选择放弃，双方只能留下回忆、悔恨与眼泪……那么心中又将生出多少埋怨与遗恨。既知今日，何必当初！

就在此间，姚慕双朝思暮想的白萍，终于离家出走，放弃上流社会的一切，勇敢地来到姚慕双的身边。她身上一无所有，只带一只包裹，里面放着几件替换的衣裳。姚慕双喜出望外，赶紧找了一家旅社，先将她安顿下来。

一个怀春的女子，每每对于未来的生活充满诗意的期待与浪漫的憧憬，当遇见一个才貌出众、人品修养和艺术趣味完全契合的意中人时，艺

大学时期的杨美明

术上的欣赏瞬间变成热烈的追求，姚慕双便成了她心中的白马王子。

白萍的内心变得十分坚强而勇敢！此前，为了心仪的人，她全然不顾世人的闲言碎语，常常不由自主地来到电台，在播音间，隔着玻璃窗向姚慕双投去热情的关切目光。她成了他的铁杆粉丝。姚慕双也难挡她发自内心的醉人笑靥。

一个是她穷追不舍的偶像，一个是他不离不弃的粉丝，于是偶像与粉丝间的相互吸引、追逐，终于发出惊世骇俗的力量，如同黎明前的山洪暴发、一股湍急的洪流，在陡峭的崖壁间桀骜不驯、盲目地向前冲撞，左奔右突，全不顾前方是巨岩礁石，还是万丈深渊，挟裹着断枝残叶，溅起层层浪花，溅湿了别人，也溅湿了自己。

白萍的到来，让尚在犹豫之中的姚慕双无可选择，必须作出决定。

姚慕双并非对妻子周佩芳没有感情，在那个姨太太现象严重的民国时期，一个功成名就的男子，为爱所俘，想得到另一个更为意气相投的女子，也并非一定要与发妻离婚不可。

白萍离家出走的消息不胫而走。不少小报披露了这一消息。如记者味秋一连在《飞报》上刊载了《姚慕双白萍赋同居》《姚慕双情海风波》，笔名小春的记者在《沪报》上刊载《姚慕双大小老婆》……想必《飞报》记者味秋与民声、九九电台老板的关系甚好，否则不会知道这些纯属私人的消息。

这让白萍的父母勃然大怒。杨奎侯登报与杨美明脱离父女关系。关于这一段情况，姚慕双的二女儿姚敏儿在给笔者的微信中有一段文字：

当时杨家要祖母周勤侠出面休掉我母亲。祖母说媳妇是我娶的，轮不到杨家来指手画脚！我父亲迫于杨家压力，要求我母亲协议离婚，登一下报纸，我母亲不同意。杨家要白萍离沪去荷兰定居并买了机票，白萍死都不肯，把机票撕了，就带个小包袱逃出娘家。以后数年没回娘家，直到杨父晚年，才回娘家与父母和好如初。



敏儿的叙述清楚地表明，杨美明为了爱情，为了与相爱的人生活在一起，宁可割断父母之情，割断与上流社会的一切联系，她对姚慕双忠贞不渝的爱，确实到了不顾一切的程度。

虽然后来杨美明与父母的关系稍许缓和，但父亲杨奎侯提出杨美明可以与姚慕双结合，条件是：姚慕双必须与发妻离婚，然后明媒正娶，将女儿许配姚家。

这时候的姚慕双已别无选择了。他是一个心地非常善良的男人，移情别恋之后，一方面感觉对妻子的愧疚，另一方面又难以挣脱对白萍的依恋。但是道德与责任告诉他，必须向母亲与妻子禀明实情，作出理性的抉择，不再徘徊于两个女人之间。

姚慕双的妻子周佩芳，是一个传统的贤淑妻子，虽然姚母作主，父母同意嫁到姚家，却恪守妇道，孝敬公婆，侍候丈夫。

起初，当姚慕双有艳遇的流言传入她的耳朵，她并不在意，因为她已为姚家生有二女，知道丈夫为人大气、善良，不会有什么绯闻。后来，消息似乎变得确切起来，她始有警觉，略显慌乱，但不怒形于色，丈夫回来照例细心侍候。因为她有一个家教严厉的婆婆，不担心丈夫会真有外遇。为了维护这个家，她曾听从婆婆的意见，随姨婆去电台大闹过一次。然而事与愿违，这次大闹反而在同仁面前驳了丈夫的面子，迫使姚慕双最后下了决心。

当一纸离婚协议书放在周佩芳面前时，她伤心欲绝，痛不欲生。她把协议书一把从桌上拿来扯得粉碎，并且表示宁愿自杀也不会在协议书上签字。

姚母周勤侠自然站在儿媳周佩芳一边，对儿子姚慕双严加训斥，坚决要儿子割断与白萍的情愫，而且从今往后不准有任何往来。

人是有感情的，尤其在多妻妾的民国时代，当婚外情比婚内情更为适宜时，男人要回头就难了，更何况此时的白萍为了姚慕双已无家可归。

姚慕双在走投无路的情况下，一生气，便横下一条心，离开父母，离开了斜桥弄14号——这个与胞弟周柏春共同辛苦营造的家。

有人说："欣赏一个人，始于颜值，敬于才华，合于性格，久于善良，终于人品。"白萍对姚慕双倾心相爱，不顾一切，抛弃已有的荣华富贵，以身相许。姚慕双用他德艺双馨的"好好先生"的一生证明白萍的选择是对的。

上海市曲协副主席、上海滑稽剧团副团长、当下滑稽界中坚力量之一的钱程如是说：

> 旧社会有姨太太，是历史遗留问题，关键是站在什么立场上看问题。如果喜新厌旧，应该鞭挞；姚老师不是这样的人，是大戳戳、气派很大、很大方的一个人。他每月让勇儿去斜桥弄送月规钱，他心中还是有斜桥弄，是关心的。

由此可见，姚慕双对于两位太太有着相同的深情蜜意，绝无厚此薄彼的区别。

南大天石兄转来一帖说得好："人生的一切都是过程，都是驿站。人也好，事也好，地方也好，因缘际会或浅或深。浅也珍惜，深也珍惜；聚也欢喜，散也欢喜。只愿我们回首来路时，那份出发时的憧憬和激情依然没有消失殆尽，那份对生活的感恩和热忱依然飘溢心间。一切的流转都会成为动人的诗篇，所有的相遇永将照亮无尽的远方……"

# 二十五　子孙满堂

家和人兴百福至，儿孙绕膝花满堂。

——民间对联集句

自从姚慕双离家之后，有数日未去电台播音。他的失踪，果然让姚家父母、妻子、胞弟、弟媳焦急万分。小报记者也就四处打探，得知姚慕双偕白萍借南京西路泰兴路一处暂住，姚母始觉放心，他等待儿子回心转意，返回家来。未几，姚慕双重上电台，称自己前几日身体不适，作一说明。小报记者曼萍在《力报》上以《姚慕双秘密同居》为题，短短数语披露了这一消息。

次年7月周佩芳临盆，生下二女儿姚敏儿。同年腊月，周柏春也喜得闺女周伟儿。这一年，姚慕双偕白萍搬至龙门路租了一个亭子间。这一阶段，也是姚慕双与杨美明经济上最为拮据的时光。

根据周红儿的叙述，“无论在电台还是唱堂会，每次收入，全由我父亲周柏春奉好婆之命收了交给她”。周勤侠想以此断绝大儿子的经济来源，使他回归家庭。于是，龙门路的一应开销，姚慕双只得同他的爱徒吴双艺出去私接堂会予以维持。

1949年，姚祺儿出生。喜讯很快传到父亲姚復初和母亲周勤侠那里，在那个重男轻女的时代，姚家得了一个大孙子，姚復初与周勤侠怎会不高兴？嘴上不说，心里却是美滋滋的，想抱抱大孙子的欲望自然跃上心头，对这个未曾谋面的儿媳杨美明也就默认了。

1950年，周佩芳也生下一个儿子，叫姚龙儿。1951年，杨美明生了女儿姚贞儿。1953年，杨美明又生了儿子姚骏儿。同年，周佩芳生了三女儿姚国儿。

上述情况表明，姚慕双虽在太仓路的日子多些，但去斜桥弄周佩芳那里过宿的日子也不少，可以说两边轮流住住。周佩芳、杨美明所生子女都需要父爱，并得到照顾。

此时，姚慕双与杨美明已成了事实上的婚姻。新中国成立初期，1950年5月1日颁布了《中华人民共和国婚姻法》，规定我国实行严格的一夫一妻制。但是在执行《婚姻法》的过程中，对于新中国成立前有妻妾的家庭，尤其对已有子女的事实婚姻，在具体管理上较为宽松，虽然要求补办结婚或离婚手续，实际上也是走走形式而已，并不认真追究，因为这确实是现实生活造成的历史事实。

鉴于姚慕双杨美明的事实婚姻，姚母鉴于家族利益，为了维护姚慕双、周柏春双档，也就默认了。这样，姚慕双征得父母的同意，正式租借了太仓路119弄36号的房子，一个前楼、一个亭子间，还有一个保姆房，再加独用卫生和厨房。并由姚母出钱买了一套红木家具。姚母规定太仓路生活费每人5.5元，10天去斜桥弄领取一次，佣人每月薪水12元。小孩读书费实报实销，没有额外补贴。由于家中人口渐多，周勤侠在经济上管得比较紧。

自此，随着姚慕双、周柏春子女的逐年增多，到了1960年姚斌儿出生，姚慕双、周柏春共有子女15个。斜桥弄14号常住的姚慕双、周柏春子女有10个；常来看望好婆公公、大姆妈、婶婶的杨美明的孩子有5个。每逢周末或节假日，姚家楼上楼下热热闹闹，便成了孩子们的天地。这三家15个孩子分别如下：

姚玉儿（女）1946年8月4日生，姚敏儿（女）1948年7月23日生，姚龙儿（男）1950年9月11日生，姚国儿（女）1953年8月12日生。

上山下乡之前周柏春子女合影，左起：周麟儿、周智儿、周伟儿、周文儿、周赛儿、周红儿（摄于1968年底）

姚祺儿（男）1949年4月30日生，姚贞儿（女）1951年3月15日生，姚骏儿（男）1953年1月24日生，姚勇儿（男）1955年9月16日生，姚斌儿（女）1960年10月9日生。

周伟儿（女）1949

年1月21日生，周红儿（女）1950年7月11日生，周麟儿（女）1951年8月2日生，周赛儿（女）1952年12月23日生，周文儿（男）1955年5月14日生，周智儿（男）1958年5月5日生。

杨美明毕竟出身大户人家，又受过高等教育，有修养。她初次去斜桥弄，见了公婆、周佩芳、周柏春、妯娌吴光瑾，态度彬彬有礼。她给婆婆周勤侠一个镶满钻石的花篮，打开花篮里面是一对钻石耳环、一枚钻石胸针、一枚钻石戒指，合起来是一个花篮，若身上配上一件黑旗袍，戴了这几件首饰就会让人看得"弹眼落睛"了。这件首饰是杨美明从娘家带来的舶来品，价钿不菲，算是孝敬，也算是陪嫁的嫁妆。

杨美明比周佩芳小一岁，自然叫她阿姐；见妯娌吴光瑾比她大，就随着孩子的称呼，叫她婶婶。以后处久了，随着公婆叫儿媳的昵称也未可知。不过，她对小叔周柏春的尊敬一如往常。

开始，周柏春的孩子都叫她"白萍姆妈"。后来被伯伯姚慕双阻止了，才改口叫"大姆妈"。

姚慕双为人和善、随便，孩子们比较喜欢接近他；周柏春相对严肃，不苟言笑，在家里也专注于创作，不是看书，就是动笔杆，事业心强，孩子们反而见他有些害怕，不敢打扰他。周红儿有一段回忆：

> 姚慕双、周柏春兄弟个性完全不同：伯父四海大方，广结朋友，人缘极好。我爸勤奋踏实，节约从简，相比伯父小气。但姚慕双、周柏春不少独脚戏的新作品由我爸先写初稿。作品写出来了，在排练过程中，伯父参与二度创作。伯父演出经验丰富，头脑聪明，所以二度创作中补充了一些内容，加了不少"噱头"与笑料，所以这些新段子，是两人合作的成果，还是姚慕双、周柏春的作品。
>
> 我爸在家总是搞创作，行内讲法"写词儿"（读：写册儿），没有休息，也没有其他娱乐。写词儿和演出是他生命的全部。
>
> 伯父为人善良慷慨，一生中好事做了很多，帮助穷人、叫花子的事体不胜枚举。业内人都知道，叫他"好好先生"，享有盛誉。
>
> 小时候我们都欢喜大伯伯，看见父亲有些怕的；因为父亲比较严

肃认真，他在舞台上是出“噱头”大师，在家里却不苟言笑……

红儿谈到周柏春的节约从简与“小气”，笔者想起采访上海滑稽剧团现任团长凌梅芳时她讲的一则故事：

一天，晚上演出结束，姚慕双、周柏春两位老师就去戏院对面的一家苏州面馆吃夜宵。服务员过来就问：“两位先生要点啥？”姚慕双是老克勒，衣着住行很讲究，便说：“一碗双浇面。”“这位先生要啥？”服务员又问周柏春。周柏春说：“来一碗阳春面。”他狡黠地朝阿哥一笑。两碗面送上来了，姚慕双的一碗面，上头放着一块红烧肉，一块熏鱼。姚慕双看着弟弟面前的一碗光面，就夹了一块红烧肉往他碗里一放：“喏，这块给你吃啰！”周柏春讪然一笑，也不客气，美滋滋地吃起来。

这则小故事，发生在20世纪60年代。笔者不解的是，像周柏春这样有名的大牌演员，想必工资不低，何至于如此节俭，连一碗双浇面都吃不起，要来一碗阳春面呢？如今为姚慕双、周柏春立传，经过采访调查，方知原委：周柏春因为一句“噱头”，工资被迫减少，加之孩子又多，生活就窘迫起来。此乃后话，后面再表。

其时，孩子中姚玉儿、周伟儿较大，在兄弟姐妹中较有威信。红儿说：

南西一小（南京西路第一小学）在南京西路591弄内，在上海电视台隔壁（原上海体育学院运动系），离我们家很近，走路最多8分钟左右，不用穿马路。我们从小都是自己上学，从来没有人接送，午饭回家吃，下午再去上课。

自伟儿姐到国儿妹，我家有6个孩子在南西一小读书。伟儿是学霸，门门功课都优秀，深受老师们喜欢，为此我们弟妹跟着借光不少。我们小时读书都很好，都是少先队干部，龙儿大队长，其他都是中队长，只有我与赛儿是小队长。

玉儿与敏儿姐在原美华小学，后改为石门二路小学，在石门二路南京西路口，离家也很近，但要穿两条马路，小时候应该有人接送的，她俩是在该校幼儿园连小学一起上完的。玉儿姐是大队长，敏儿姐是中队长。

家里孩子多，父母亲从来不管我们功课，我们都是比较自觉地完成自己的作业，学习成绩都很优秀。

因为家风好：好婆对知识追求一直孜孜不倦；父亲业余时间在家与同道、学生一直埋头创作；伯父对作品排练精益求精；玉儿姐、伟儿姐读书带头好，所以学习成绩好在我们家是理所当然的。在我的印象中，家长管教不是太严。

由于我们家客堂较大，南西一小的老师把我们兄弟姐妹的课后小组会都定在我家开，客堂里挤满了各年级的同学们，大家寻地方做功课。西式大餐桌（很大很长，拉开来可以打乒乓球）和方桌子边上坐满了人，同学们喜欢到我们家来，两位母亲也很欢迎他们。

我家还是弄堂里孩子的乐园，因有大餐台可以打乒乓球，弄堂里所有喜欢打乒乓的孩子就会来我家打球。打球时摆擂台，谁输了就下去，轮流挨着打球，秩序很好。玉儿姐打得最好，没有人能胜她，她永远是大王、擂主，只有她不在时，其他孩子才有做擂主的份；所以大家都很崇拜她。她有运动的天赋，虽未受过专业训练，却打得一手好球；进了中学有专业教练指导，成为乒乓球二级运动员。龙儿、麟儿、赛儿、文儿、智儿，乒乓球都打得很好。"文革"中，客堂间被迫退去，家里、弄堂里就再也没有这种欢乐、祥和的气氛了。

**2020年3月29日，陈正青女士在网上发了一篇题为《母校的故事——姚慕双、周柏春的两个女儿》的短文，摘录如下：**

很多热爱姚慕双、周柏春的人可能都知道，他们俩都是上海百年名校育才中学的老校友。解放前这所学校是工部局办的，教学质量上乘。姚慕双、周柏春二位的滑稽节目之所以具有儒雅的书卷气，这与他们在育才中学受到良好的教育是分不开的。当时能读到中学，算是学历比较高的了，大部分人都是小学毕业就去学徒了。知道姚慕双、周柏春两位先生在育才读书的人比比皆是，但是知道姚慕双、周柏春的两个女儿也是育才毕业的，恐怕就不多了。

我是育才中学66届高中生，有幸与姚慕双、周柏春的两个女儿做过同学，不过不是一个年级的。姚慕双的大女儿名叫姚玉儿，比我高一级，是65届高中生。周柏春的大女儿名叫周伟儿，是68届高中生。那时没有“星二代”的特权，她们都是凭自己优异的成绩考进来的。全校的师生都认识她俩，这不仅仅是她们的父亲都是大名鼎鼎的人，她们又各自与自己的父亲长得非常相像，更主要的是她们是学校曲艺队的主要成员，每次全校联欢会上，她俩必定上台表演节目，深受全校师生的欢迎……

她们的节目是压台戏，即使再晚，大家也都眼巴巴地等着她俩上场。她们南腔北调的方言独脚戏，与乃父可以一比，有的是模仿她们父亲的节目，有的是反映学校生活的原创节目，大家都很喜欢，不时笑得前俯后仰。记得有一次演滑稽戏《三毛学生意》，周伟儿扮演剃头店的老板娘，穿着一件老式大襟的旗袍上场，拎着一只煤球炉，操着一口刮辣松脆的苏北话，凶神恶煞地揪着三毛的耳朵，叫他生炉子，顿时全场观众哄堂大笑，笑声、掌声、喝彩声、跺脚声，把大礼堂的屋顶似乎要掀翻了。

更为轰动的是，姚玉儿与她班级的同学排演了歌剧《江姐》，主角江姐由她担纲扮演。在学校正式演出时，礼堂坐满了人，连走道上也全是人。只见姚玉儿在舞台上身穿藏蓝色的旗袍，外套一件大红的毛衣，脖子上一条雪白的围巾，活脱脱一位端庄坚贞、正气凛然的江姐。当她演唱《春蚕到死丝不断》时，一字字，一句句，抑扬顿挫，声情并茂，把江姐的亲情、友情、爱情和革命情演绎得丝丝入扣，非常到位。我们在台下一点点声音都没有，完全沉浸在里面了。当她与几位女同学边舞边唱《绣红旗》时，我们在台下都轻声地跟着她们一起唱起来。

姚玉儿考取了北京外国语学院。姚慕双、周柏春到上海北火车站送她去北京，其他乘客和送客一看是两位大师，都挤过来瞻仰他们的风采，站台上挤得水泄不通，连维持秩序的警察都挤进人群看。

可惜姚玉儿英年早逝，走得比他父亲要早20年。她大学毕业时，正值“文革”，因父亲的问题被分配到宁波慈溪乡下一所中学教外语。姚玉儿敬业爱生，凡是她做班主任及教英语的班级，学生考上大学的不少，升学率很高，深得学校领导、学生和家长的好评。改革开放后，她去深圳工作。谁知1985年小年夜，她因患高血压，抢救无效去世了，可惜她还不到40岁。不要说姚慕双及家人悲痛欲绝，就是我们同学听说了，也都非常难过。已经过去那么多年了，我们同学聚会，还是经常情不自禁地讲起姚玉儿，无不低头扼腕叹息。

姚玉儿去世后，我如果在电视里看到白发苍苍的姚慕双唱独脚戏，说学逗唱，宝刀不老，笑料百出，令人喷饭，但我却笑不出来了，眼前会闪现出姚玉儿美丽的身影，心里升腾起一股复杂的情绪，非常难过，也非常敬佩！心想，老艺术家真正德艺双馨，他把天大的悲痛藏在心底里，却把无尽的欢笑洒向人间，这是多么不容易的事啊！

至于周伟儿，我好几次在电视里看到她陪着她父亲周柏春接受采访，还一起表演独脚戏，一搭一档，非常默契。后来又看到她帮她父亲写的回忆录，生动精彩，引人入胜，最主要是他们父女俩与我有校友情，我爱不释手，一口气就看完了。

**关于姚玉儿的情况，根据姚敏儿、周红儿、周智儿的亲述，作些补充与更正：**

**姚玉儿1959年至1965年在育才中学求学。她是班上品学兼优的高才生，1965年高中毕业，被学校保送到北京外国语学院英语系大专班学习。（据说国家当时紧缺外语人才，要定向培养。）1968年毕业时，正值“文化大革命”，因父亲姚慕双所谓的“历史问题”，她不能分配到外事部门，就被安置到解放军农场锻炼。1971年，才分配到姚慕双、周柏春的原籍宁波慈溪县（今为慈溪市），在慈溪水泥厂任技术员。不久，慈溪教育部门需要英语教师，才调任慈溪中学高中部任英语教师，直至1984年。由于她的教学成绩出色，屡次被学校和县教育局评为优秀教师。1984年改革开放，深圳需要大量知识分子，是年4月，她便随丈夫去了那里，在深**

圳图书馆任外文编辑。1985年2月18日，因患嗜铬细胞瘤，经当地医院抢救无效，猝亡。

关于姚玉儿猝亡，妹妹姚敏儿有一段叙述：

玉儿姐肚子里生个瘤，医学上称嗜铬细胞瘤，发作时会产生大量肾上腺素，使血压升高，心跳加速。医生一直把她当作高血压处理，她也没作进一步检查，认为高血压，是父母遗传的，所以一直误诊。1985年2月中旬，此病在深圳发作，又逢过年，病房里只有值班医生，水平不高，仍用降压、降心跳的方法去处理，人就没了。如果这种病放在上海治疗，有经验的医生会立即手术，也许这条命就保住了。

玉儿姐是1965年的大学生，真是百里挑一，天之骄子呀！可惜她命短，英年早逝，我们全家悲痛万分！

姚玉儿的突然离世，对姚慕双、周佩芳夫妇，对于叔叔周柏春全家，好似晴天霹雳，是一个巨大打击！因为父母、叔婶、兄弟姐妹都太爱她了，弟妹们把她看作姚慕双、周柏春门第的骄傲、榜样、希望与荣耀。尤其生父姚慕双，爱她似珍宝，爱女的突然离世，让他猝不及防，毫无思想准备，闻知噩耗，肝肠寸断；生母整天以泪洗面，痛不欲生。据姚慕双、周柏春子女说，姚慕双有好几年闷闷不乐，以酒浇愁，不愿意有人在他面前提起他最心爱的大女儿姚玉儿了。

姚家子孙众多，但好婆从未放松对孩子们品行方面的启蒙教育。

出生于1958年的周智儿，自小住在斜桥弄，事隔半个多世纪，对好婆教他做的文字游戏至今记忆犹新。

其中一个是：

张长弓，骑奇马，琴瑟琵琶，王王在上，尔玉作玺。
伪为人，袭龙衣，魑魅魍魉，鬼鬼犯疆，合手即拿！

还有：

巾长帐中，女子好，少女更妙！

接着，好婆解释道：

那是一个老色鬼、文人骚客看见山林中，少女在吊床上午睡，遂起歹念，故作文字调戏。没想到，碰到的那位少女，类似苏小妹的内秀，立马反击，她不假思索地回答：

山石岩中，古木枯，此木作柴！

她还教小孙子用秋千格猜谜语：谜面是“孕妇”，意思婴儿的预兆；谜底“樱桃”。

秋千格，别名转珠格，谜底限定二字，前后顺序对调。如：“驿外断桥边”，猜体育项目——“木马”。用会意法和增损离合成谜，驿外是马，断桥是木，连起来顺序是“马木”。便告猜射成功。

此外，周智儿还记得祖母教过他什么叫“卷帘格”。例如，谜面“他们两人都走了”，使用卷帘格，打一个国家名。并告诉他谜底是“也门”，因为两个单人旁如卷帘似的都卷走了。卷帘格名，出自唐代王昌龄诗“欲卷珠帘春恨长”，取珠帘倒卷之意。

周勤侠绝顶聪明，教孙有方。她不仅熟读《朱子家训》《颜氏家训》《弟子规》《家诫要言》，对于明代时期编写的道家儿童启蒙书目《增广贤文》（又名《昔时贤文》《古今贤文》），也相当熟悉，常用书中有用的格言教育子孙：做人要以诚信为本，善良待人，谦逊好学。

还每天读报，注意时事新闻。姚玉儿（清孝庄太后小名玉儿，其侄女称小玉儿，借用，寓意端庄美貌，秀外慧中）、周红儿、姚斌儿的名字便是由她起的。周红儿说：“我1950年出生，正好是我爸我伯父刚成立蜜蜂滑稽剧团。当年在红宝剧场（南京西路西藏路口，今新世界位置）上演滑稽大戏《红姑娘》，连演9个月，场场爆满。所以好婆给我起名‘红儿’。”姚斌儿也说，她生于1960年。奶奶就讲，（20世纪）60年代的人，小姑娘“不爱红装爱武装”（毛泽东诗句），就要文武双全，所以给我起了“斌儿”

这个名字。

姚慕双、周柏春是两个出名的孝子，大事小事都由母亲说了算，所以对母亲给子孙起什么名字都没什么异议。

周勤侠到了晚年，因为身体原因，已不怎么下楼了，不是坐在沙发上看书看报，就是听收音机。但她躺在床上休息的时间较多，一般的孙儿孙女都不敢上三楼去打扰她。然而，生于1960年的姚斌儿，是最小的孙女，只有三四岁，长得胖乎乎的，不仅爷叔周柏春喜欢，有时会抱着她亲亲，祖母尤其溺爱。别的孩子不敢上楼，她只要一到斜桥弄，推开大门，就会蹬蹬地爬上三楼，走到好婆身边。杨美明每个礼拜，都会从太仓路带孩子们去吴江路看望婆婆，并向小叔、婶婶，以及周佩芳问好，让几个孩子一起玩。

好婆周勤侠听到姚斌儿的声音，就会喊："来来来！快到好婆这里来！好婆给你好吃的！"姚斌儿回忆说：

> 我们婶婶（周柏春的太太）嘛，这里有颗痣，有一个非常大的痣在这里。我还小，只有3岁4岁啊，不懂事，与好婆一起在三楼，就跑着说："一粒痣，一粒痣，不要面子！"祖母没有阻止我，反而逗我玩，说："喊呀，你喊呀！喊响一点，让婶婶听到！"后来被妈妈上楼阻止了。

记忆中，有那么多哥哥姐姐陪着她玩，小斌儿感到快乐极了！

孩子们生活在斜桥弄14号这个小天地中，一个个生龙活虎，茁壮成长，除了三位妈妈付出的辛劳，好婆周勤侠功不可没啊！

姚慕双、周柏春兄弟有这样一位既聪慧又机敏，既勤俭又干练，且勇于担负起姚家重任的母亲，这是上苍赐予这两位艺术家的天大福分。

# 二十六　胜造七级浮屠

德行善举是唯一不败的投资。

——〔美〕亨利·大卫·梭罗《抵制国民政府》

姚慕双、周柏春兄弟，因为先前家庭的变故，曾经从小康一度坠入贫困，所以自小对穷困受苦之人，不管是同道还是一般的求助者，充满同情，并倾力相助。

姚慕双、周柏春曾自己尝过因为生活所迫唱滑稽，遭人歧视的深切体会。

1942年，日军进租界后，所有商业电台都遭封闭，姚慕双、周柏春曾一度失业。后来有一段时期，兄弟俩只得应邀去大世界演出，但收入却不多。

一日，姚慕双、周柏春的一个表阿姐叫他们兄弟俩去一家公馆唱堂会。这户人家住在忆定盘路（今江苏路），这里都是刚建造好不久的新房子，环境不错。

忆定盘路，今江苏路，是长宁区一条重要的南北向主干道。1906年，工部局开始越界填浜筑路，北起白利南路（今长宁路），南至海格路（今华山路），全长1649米。1943年，汪伪政权接收上海之前，这条马路就叫"忆定盘路"，英文名字"Edinburgh Road"。

此路开辟后，沿路陆续建成许多西班牙式庭院住宅或花园式别墅，成为沪西住宅区的组成部分之一。

今天沿着繁忙喧闹的江苏路向南走，会发现有些整洁的弄堂，上面写着"中一村""安定坊""忠和坊""月村"之类，里面绿树婆娑，掩映着一幢幢花园洋房和新式里弄的身姿，散发着淡淡的优雅气息与昔日静谧的华丽情调。

姚慕双、周柏春从大世界演出结束，赶到忆定盘路去唱堂会，中间要走多少路啊！从前出租汽车少，也根本坐不起，不像现在条件那么好，兄弟俩只好坐电车。那时候，电车的车程短，从外滩到静安寺为止。姚慕双、周柏春从南京路新世界上车，乘1路或2路有轨电车，到静安寺就下来了。从静安寺走到江苏路还有一段很长的路。适遇盛夏季节，天气太热，骤下暴雨。此前，他们还没上电车，从大世界走到新世界，没有雨伞，已经被雨水淋得像落汤鸡；跳上电车到静安寺下来，还是大雨倾盆！实在没办法啊，约好并答应人家去唱堂会，怎能不去呢？兄弟两人只好沿着人行道的边沿，在商家的屋檐下，从店门前的狭窄路面侧着身子过去。

好不容易走到目的地——忆定盘路中一村。那边庭院或花园别墅里的主人，都是有钱人家，院内灯烛辉煌，富丽堂皇。姚慕双、周柏春按门铃进去，彼此看看，两人像落汤鸡一样，已觉自惭形秽了，没面子啊，只得缩头缩脑，站在门边上。亲眷看见这副狼狈相，就让佣人递给两人一块毛巾，叫他们赶快将身上的衣衫擦擦干。这时，这个表阿姐就把姚慕双、周柏春暗暗地拉到角落里，轻声地对他们说："哎！伲（我们）不算亲眷喔，算勿认得的。"

姚慕双、周柏春自然点头答应。他们知道，这位表阿姐担心兄弟俩无意中说出他们之间的亲眷关系，让她在这些有钱的朋友面前坍台，丢面子。旧社会里唱戏的人被人看不起，亲眷见面可以装作不认得！

一些滑稽艺人唱了几十年，蛮红了，晚年却生活无着，十分萧条，弄得老泪纵横。

被称为滑稽大师的江笑笑，就死得很惨！

1946年秋天，江笑笑病得不轻。那时，医药费很贵，倘若行动不便，请医生上门就诊，出诊费更贵。几个月下来，出诊费连同药费，成了一笔不小的开支，让江笑笑不胜负担。生病人要进补，吃些营养食品，经济上便捉襟见肘了！

江笑笑经过一番调理，有一段时间，病体稍有好转，人家便叫他去唱堂会了。照例，元气尚未恢复，不该再去接生意，但为生活所迫，他竟然答应下来。

出门时，风雨交加，寒气袭人，他坐的那辆三轮车，虽然放下篷帐，却阻挡不了狂风暴雨的袭击，他只好蜷缩在车厢的角落里，却仍被淋得全身湿透。此时大病初愈的江笑笑，已经冷得瑟瑟发抖。到了目的地，唱堂会的那家公馆，装有热水汀，冷热反差大，走进门，感觉热得不行。轮到他表演，又提起精神，耗完了最后一点力气。唱好回去，雨未停歇，他在三轮车上再次受冷。如此一冷一热，一热一冷，反反复复的冷冷热热，回到家中，旧病复发，不久便一命呜呼了。大名鼎鼎的江笑笑，为了赚一点钱，早早夭亡，去世时才46岁。滑稽三大家之一的刘春山去世更早，年仅40岁。

其时唱出名的艺人，生活条件还算不错，命运尚且如此，遑论劳动大众呢！他们的遭遇更加悲惨！

1948年，姚慕双、周柏春为了赶场子，经常坐在车上，边吃边赶路，面包和零食就是他们的午餐或晚餐。身体不如姚慕双健康的周柏春，有一天肚子疼得要命，便立即住进南洋医院（今嵩山饭店）。医生诊断为阑尾炎，必须手术治疗。

那时住院手术，要付金条。姚慕双、周柏春赚钱不少，经济条件算是好的。父亲姚復初、老母周勤侠、妻子吴光瑾，以及哥哥姚慕双与两个嫂子，全家老老小小都急得不得了！尤其母亲周勤侠，心疼小儿子，只要能治好儿子的病，花多少钱都愿意。她嘱咐儿媳，无论如何要让周柏春住头等病房，请南洋医院的主任医生亲自操刀；老人家还不放心，通过院方请来一位外科专家一起来做手术。光请这位名医，就付了十两金子。

那时的医疗水平不高，没有什么“微创手术”，开阑尾炎“开膛剖肚”，算是不小的手术。幸好，两位专家医术高明，手术进行得十分顺利。因阑尾被切除，没了隐患，住院一周之后，周柏春气色好转，比较有精神了。吴光瑾因为要照料孩子，不能天天来医院照看，周勤侠就让周柏春的一个阿姨在医院侍候。

周柏春的身体日见好转，没有过多的事要阿姨帮忙了，她便去各处转悠，几天下来对医院也熟了。回到周柏春的床头，阿姨会把当天医院里发生的事情告诉他。比如，几床的病人得了什么怪毛病——那时候，因为医疗设备的缺少，有些毛病难以诊断，在阿姨看来便是“怪毛病”了——她将这些“新闻”讲给周柏春听，让他解厌气（解闷）。

一天半夜，急诊间来了一位病人，他是印报纸的印刷工人，也患了阑尾炎，从嘉定赶来看急诊。诊断下来，医生告诉他，必须手术，不然，阑尾炎变成腹膜炎，就非常危险了。

可是，这个印刷工人没钱，又住在嘉定乡下呀！实在没办法，他只得去上海一家报馆，找一个朋友商量。那个朋友也是印刷工人，印报纸的。他向这个朋友借了一点钱，又来到医院。他借来的钱少得可怜，怎么够呢？开刀的钱相当贵，倘若开刀要2 000元，他只有200元，岂非杯水车薪，无济于事！医院就关照他："迭个勿来三（这不行），侬（你）要铜钿（钱）凑齐仔（了）才好进病房。"这个印刷工人没有办法，只好畏畏缩缩，打算走了。

临走前，一位好心的医生再给他做了一次检查，发现阑尾炎已变成腹膜炎了。因为他从乡下赶到上海，为了凑钱，又在朋友中间来回奔波，毛病就发作了。阑尾炎急性发炎，变化极快，变成腹膜炎，就危险了！医生如实告诉他："侬（你）腹腔里已发炎了，若不马上动手术，侬（你）天亮之前，性命难保！"怎么办呢？钱又没有，这个工人师傅只得再次离开医院。他没有雨伞，冒着倾盆大雨，打算去朋友那里一笔一笔借钱。真是"屋漏偏逢连夜雨，船迟又遇打头风"！

眼见这个工人师傅转身要走了。周柏春的阿姨倒良心蛮好。叫住他，让他在医院急诊室再等一等，说："我上楼想想办法。"

阿姨急忙上楼，来到病房，把此事一五一十告诉周柏春，让他无论如何想想办法帮帮忙。周柏春听阿姨这么说，心里也蛮急，非常同情那个和他一样得了阑尾炎的印刷工人！但这个忙如何帮呢？他自己住院、动手术已花了许多钱，此时人又在医院，手头上哪来这一大笔钱啊——手术费用可不是一笔小数目！怎么办？情急之中，他想到了电台——可以动员老听众募捐呀！从前私人电台蛮随便的，艺人可以号召老听众捐钱去做善事。姚慕双、周柏春兄弟在电台上做报告时，在这方面曾做了不少宣传，一向劝有钱的人家做善事捐钱救济穷人。比如，曾免费给德本善堂捐丝绵、棉袄、棉裤，施舍棺材。女人养小囡，德本善堂可以发一张券，免费去医院生产。那时做慈善的还真不少，有的慈善机构还开办流动诊疗所，看小毛小病不用付钱。又如，普善山庄、同仁普善堂，专施棺材。遇到苏北发大水，难民逃难到上海，姚慕双、周柏春经常为这些慈善单位免费做宣传，而且做得蛮起劲，做得特别舒心！老话讲："积善之家，必有余庆。"

总之，做好事是不错的。兄弟俩经常在节目中，劝人为善，叫人日行一善，总有善报。

这时候，周柏春已经能坐起来下床了。他就借医院的电话打给正在电台里准备播音的姚慕双。姚慕双听了十分热心，马上拿起话筒对着各位老听众讲话，说我的兄弟在南洋医院开刀，碰着这么一桩事情，有这样一个病人，生命垂危，病在旦夕，希望老听众慷慨解囊，救人一命，胜造七级浮屠。经姚慕双在电台上一宣传，一动员，老听众们纷纷打电话到电台，愿意捐款。有钱的多捐，钱少的少捐，不久就募集了一大笔钱，远远超过了手术费。钱太多了，姚慕双马上在电台上讲："够了，够了！倗（你们）电话勿（不）要打来了。谢谢倗（你们）！真正是功德无量！"

此时已到午夜，姚慕双打电话给周柏春，告诉募捐情况，周柏春立即向医院作了担保，说这笔手术费记在我账上，由我支付。经过一番紧张周转，手术及住院费总算解决了，南洋医院便将这位工人师傅送进手术间，立即开刀。果然腹腔内积了许多脓水，经过几个小时抢救，这个工人师傅居然救活了。姚慕双、周柏春兄弟和阿姨听到这个消息都十分高兴。

清末民初以来，中国地方社会设立了许多善会和善堂，其所操办的"善举"，包括：向贫死者施舍棺材（施材）、向穷人施舍衣食（施衣米）、免费诊病发药（施医药）、埋葬死去的穷人和倒毙在路上的死者（掩埋）、向寡妇和孤老提供生活补助（恤嫠赡老）、收养弃婴（育婴）等。这些举措都是救济社会弱者，用今天的话来说，属于民政领域内的社会福利。此外，还有拯救动物（放生）、保全寡妇的名节等内容。1909年，清政府颁布了《城镇乡地方自治章程》，将善举也列入地方自治的范围。

辛亥革命之后，上海主要善堂中的普育堂和清节堂，因过去依赖政府官费的程度太高，在清政府倒台后无法再维持下去了。为了联合上海主要的善堂统一施行慈善事业，上海慈善团于1927年成立，它下属的善堂中包括同仁辅元堂、育婴堂、清节堂和普育堂。慈善团由各善堂的负责人领导，遇事共同协商解决。

由于慈善机构隶属于民国时期的市政厅，其各种慈善举措列入市政厅的行政内容，久而久之，各种私人电台宣传慈善捐款活动成了一种必须承担的义务。所以从第一代滑稽艺人（包括其他剧种的艺人）起，一直到姚慕双、周柏春等滑稽新三大家的出现，他们一直在节目中利用电台免费报告，号召广大市民积极参与各项慈善募捐活动，已成为这些艺人行为道德的高度自觉。

笔名跛翁1949年2月11日曾在报上发文《姚慕双古道可风》，报道了姚慕双济贫助人的感人事迹。时年79岁的广东籍外乡人，儿子失业，小儿子又病重，告贷无门，坐以待毙。便来电台求助姚慕双呼吁救济。姚慕双果然接见他们，态度谦和，很表同情，不到半天，他就赶到这个素不相识的人家来慰问。

谈及旧社会捐款接济灾民等民生问题，姚慕双、周柏春联想到新中国成立，尤其是邓小平同志创导的改革开放以来的几十年中，祖国面貌发生深刻的变化，真是感慨万千！周柏春在《自述》中说：

> 现在，衣食住行，各方面都在改善。副食品和过去不好比啦！“四害”横行的时候，东西没有呀，连小菜场也要摆摆样子，花店里都摆纸头花。现在你看，像《满园春色》这样子。所以我讲，一个人爬过险峻高山，更加感觉到平地的坦荡。旧社会往往晚上，一阵西风起，路有冻死骨，这是我亲眼所见，马路上躺着不少尸体。我们和同仁辅元堂、普善山庄常常捐铜钿，穷人没办法！现在同过去不能比了，只有新社会才能解决十亿多人口的温饱问题，并且努力创建一个有中国特色的社会主义。党的十一届三中全会，使得我们政治上获得新生。

# 第六章

新时代在光明与黑暗的搏斗中诞生。政权的更迭，带来了思想观念的嬗变。姚慕双、周柏春熬过黑暗，挣脱旧思想的羁绊，越过一道道坎坷，怀着对新社会的热切期盼与美好向往，沐浴着和煦的阳光，踏着坚定的脚步，迈向红旗下的缤纷世界。体验过黑暗的人最知道光明的可贵，故而倍加珍惜。兄弟俩彼此激励，前进的步伐越走越稳，在他们前面想必是鲜花似锦的未来。

# 二十七　天亮前后

迟迟钟鼓初长夜，耿耿星河欲曙天。

——〔唐〕白居易《长恨歌》

从1943年直到解放前夕，姚慕双、周柏春为生活所迫，每天疲于奔命。不管是特别节目，还是固定节目，无论上电台，还是去堂会，从早上八九点出门，一直要工作到午夜12点方能到家。无止无休的演唱，三九严寒，三伏酷暑，不管身体吃得消还是受不了，都必须按时到场，更不能误点。兄弟二人从内心说，都不想继续从事滑稽这一行当了。

原因之一，旧社会，唱滑稽、唱戏，即便再有名气，仍然被人所轻视、看不起。尤其去唱堂会，在有钱人家的眼里，唱滑稽的被当作优人，不啻高等艺妓，可以随意呼来唤去，一如玩偶，这对于胸中颇有文墨、受过中等教育的姚慕双、周柏春兄弟是一种难以言语的无形伤害，自尊心实在难以忍受。在此期间，他们还要受流氓恶霸、兵痞流子，以及伪警察的敲诈勒索，甚至有性命之虞！

前面提到姚慕双、周柏春在会乐里为大流氓癞痢头高云齐唱堂会，几乎险遭不测。所以逃过一劫，那是因为这个流氓酒喝多了，身边又有妓女打趣遮掩，就对长三堂子的妓女讲："迭（这）两个小贼勿认得我。"他自家找一个台阶下来，姚慕双、周柏春才免遭皮肉之苦，不然一定被打得遍体鳞伤！

为了全家的生活，要赚钱呀，没办法，只好唱下去。兄弟俩吃的苦头说不尽，实在不是滋味。始终觉得他们的身心与自由被流氓地痞与反动势力所织成的无形罗网所束缚，简直是忍辱偷生。

一天，周柏春收到流氓夫妇（男的叫王和尚，女人叫黑皮老四）的请帖，说要宴请滑稽界著名人士吃饭。周柏春不知道这对流氓夫妻葫芦里卖的什么药，他想不去，又不敢不去，左思右想还是大着胆子去了。

酒席上王和尚摊牌了，他说要组织一个剧团，请在座各位帮忙。席间的艺人出于他的权势，也只能表面上应付，点头应允。

这顿酒席过了较长时间，无人提起此事，周柏春以为王和尚说说而已，并不当真，时隔久了，也就忘怀。

过了一段时间，国际大戏院黄老板邀请周柏春去演出，他答应了。演出广告在报纸上一经登出，王和尚就派人来“请”周柏春了。来人说：“王和尚正在发脾气，跳得八丈高！”啥事啊？周柏春岂敢怠慢，连忙赶到王和尚家里。

进了门，一条半人高的狼狗，冲着他狂吠。满脸怒气的王和尚对周柏春暴跳如雷：“哪能（怎么样）？好极了！侬（你）到别地方唱啦？哪能（怎么样）呀？”

“咦，啥地方得罪他啦？”周柏春懵了，丈二和尚摸不着头脑。

王和尚转过身去对身边的爪牙说：“让伊（他）唱好勒，拨伊（给他）唱！明早仔到警备司令部请两个弟兄，到国际大戏院，脱伊（同他）打打棚（开开玩笑）末！呵呵，唉！我是好吃吃的！一顿饭勿（不）是白吃的，哼！”

王和尚这么一说，周柏春方才明白：“喔，原来他请客吃了一顿饭，算是卖给他了！”

这时候王和尚的妻子黑皮老四开口了：“哎，周先生，王先生的脾气，侬（你）勿是勿晓得，是哦？勿好得罪伊（他）呀，伊（他）要是真正发脾气了，伊（他）要弄脱（掉）个把人还勿是一句闲话末！周先生侬（你）是聪明人，勿好得罪王先生的！”王和尚的女人黑皮老四，面带笑容，阴阳怪气，闲话讲得蛮软、蛮嗲，但是话里有话嵌“骨头”，口蜜腹剑，听上去令人毛骨悚然。

王和尚扮“红面孔”，这个黑皮女人扮“白面孔”，假装做好人。

唉，到了这种地步，周柏春想想既懊悔，又怨恨。流氓请客吃饭，不是随随便便可以吃的，怎么办呢？吃也吃了。如果当时接了王和尚的帖子不去吃饭，后果同样不堪设想呀！

周柏春从王家退出来，便急急忙忙去国际大戏院，把事情经过告诉剧场老板。剧场的老板姓黄，黄老板不服帖呀，他对周柏春说：“侬（你）勿要紧的，王和尚什么东西？伊（他）敢叫人来捣乱，我勿会得叫人么？周先生，侬（你）放心好了，放心！呒没（没有）侬（你）事体（事情）！”

“唉！我怎么办呢？他叫我唱，我敢唱哦？王和尚来寻着我；我不唱，国际大戏院讲也有人的，这下我头轧（挤）扁了！”周柏春左右为难。

演出之前，王和尚同黄老板讲“斤头（条件）”，总算讲妥了：姚慕双、周柏春在国际大戏院演出半个月，一个钱也没拿着，可能姚慕双、周柏春的演出费全给了王和尚；当然，对于国际大戏院的黄老板来说，他的场子费自然一分都不少。吃亏的是艺人姚慕双、周柏春。

然而，事情还没结束。不久，王和尚自己也办“剧团”，再要姚慕双、周柏春到他那里去白唱一个月，姚慕双、周柏春同样没拿到一分演出费。这样的苦处对谁说？告到警察局，兵匪一家，他与阿哥姚慕双今后还想唱戏吗？这种事只能自己兜着，这帮流氓地头蛇可得罪不起呀！

这样唱戏，处处受威吓，生命有危险，姚慕双、周柏春兄弟又何止遇到一次呢？一天，一个叫王刚的特务头子做生日，叫姚慕双、周柏春兄弟到他家去唱堂会。地点在沪西一个地方。来的亲眷朋友蛮多，可谓“高朋满座”。

姚慕双、周柏春足足唱了一个小时，唱好要走了，却被王刚一把拦住，叫兄弟俩继续唱下去。姚慕双就向他打招呼了：“还有电台节目等着我伲去演播，伲（我们）兄弟俩到府上唱堂会，电台上的节目已脱掉（迟了）一个钟头了，实在对勿起！电台上还要做广告，伲两家头（我们俩）勿到勿可以的。”

姚慕双刚把话说完，王刚面孔一板，为啥呢？算驳他面子了。他厉声叫道：“倷（你们）唱下去！倷（你们）勿唱下去，是哦？”说着从衣袋里摸出一把手枪放在桌上。姚慕双、周柏春见他把手枪也掏出来了，也没当众收回去，知道不唱不行了。万一这个特务头子动真格呢？可要出人命啊！这些狗特务可以任意找一个理由把人给“做”了，他们可是杀人如麻呀！兄弟俩无可奈何，只能继续再唱下去。

姚慕双、周柏春的独脚戏是逗听客发笑的，不是其他剧种呀，在这种紧张的气氛中，特务的手枪又放在边上，他们随便怎样都唱勿“噱”了！自己心里已经紧张，怎么会唱得“噱”呢！结果唱了两个钟头，总算放行了。这叫啥世道呢？钱一分没拿到，心里还急得要死！

姚慕双、周柏春兄弟三番五次经过这样的恫吓，两人征得父母同意，决计不唱了。何必再为几个钱，担惊受怕，疲于奔命啊！

兄弟俩商量后预备开一爿小店，安安稳稳地过日子。从1948年开始，周柏春与母亲周勤侠，母子二人一有空便出门，四处寻找一间合适的房子做店面，打算从此告别令他与哥哥姚慕双如痴如醉的滑稽事业。

其时，偌大的上海在市区要找一个合适的店面并非易事。主要是时局混乱，国民党军队在战场上处处失利，上海等大中小城市物价飞涨，市面萧条，金圆券已失去信用。找房子都需要金条作押金，还要每月付出不菲的租金。究竟做什么生意能把血汗赚来的本金收回，并养活全家这么多人口呢？这对于从未经商的姚家母子是一个难题，在没有设想好万全之策之前，即使聪明至极的周勤侠也难下决断，所以始终处于犹豫之中。

在这种情况下，姚慕双、周柏春只好继续上电台、唱堂会。

根据《上海滑稽史》所载，1947年5月11日，姚慕双、周柏春参加了天声电台播送的“滑稽大会串”，时间为下午12：00至2：00；10月10日，姚慕双、周柏春、笑嘻嘻参加了美福绒线公司在九九电台播送的特别节目，时间为6：00至8：00；11月2日，姚慕双、周柏春、笑嘻嘻参加了古今女子时装公司在复青电台播送的特别节目。1948年2月8日，姚慕双、周柏春、笑嘻嘻参加了美口酒厂在复青电台播送的“滑稽大会串”，时间为1：30至3：00；2月13日，姚慕双、周柏春、笑嘻嘻参加了九九、民声两电台联合游艺为“上海监狱第一分监女犯请命空中劝募寒衣寒被”播送的特别节目，时间为9：00至12：00。1949年2月26日，周柏春等众多滑稽演员参加了“上海市教育局奖学金空中筹募委员会”播送的特别节目，时间从下午2：00至晚上10：00；3月6日，姚慕双、周柏春参加了金凤绸缎公司开幕在合众电台播送的特别节目，时间为下午2：00至3：00；3月12日，姚慕双、周柏春参加了“流动诊疗所”邀请上海市滑稽戏剧研究会在合众电台的播音，时间为上午10：30至12：00。

以上所列仅是姚慕双、周柏春或姚慕双、周柏春、笑嘻嘻参加的特别播音节目。此外，姚慕双、周柏春每日奔波于各电台的固定节目，以及各种堂会之间。一段时期，每晚还要与程笑飞、小刘春山、俞祥明一起在万寿山酒家表演。他们的辛苦、劳累可想而知。其间，姚慕双因疲劳过度，曾数次胃出血。

从1942年起，几个年轻人痴迷于姚慕双、周柏春滑稽艺术的清新、脱俗，相继“程门立雪”，投在姚慕双、周柏春门下，尽管师徒间的年龄相差不大。其中需要提及的是四位已故滑稽艺术家，即吴双艺、王双庆、翁双杰与童双春。

吴双艺生于1927年2月28日，小周柏春5岁，小姚慕双9岁。他1942年肄业于原中法学堂。少年时爱唱京戏，尤爱“麒派”。以后随父白相大世界，看了江笑笑等诸多滑稽名家的独脚戏，开始迷上滑稽戏。后来一个偶然的机会，他去电台参观，认识了姚慕双、周柏春开山门学生筱慕双（本名王海祺），通过筱慕双又认识了在电台为姚慕双、周柏春演唱伴奏的钢琴师杜贤顺，即阿顺叔。吴双艺向阿顺叔表示了对姚慕双、周柏春二位先生的仰慕之情。

抗战胜利之后的1947年夏天，吴双艺去威海卫路上的民声电台，又遇见阿顺叔，适逢姚师母杨美明也在，吴双艺在他写的自传《吴双艺自说自话》中说：

> 阿顺叔向我介绍了已拜姚慕双、周柏春为师的沈双亮，又说还有两个也要拜姚慕双、周柏春为师，就对我说：“你们当面谈吧。”姚师母很体谅我们，就说：“你们三人就一起拜吧。节约一点。”我猝不及防，仿佛喜从天降，便轻轻地对阿顺叔说：“我没有向姚老师要求过，行吗？”阿顺叔朝我瞪了一眼：“你的心思我早就看出来了，现在姚师母答应了，你还怕什么？一起拜算了！”我默默地为自己感到幸运。

其实，要拜姚慕双、周柏春为师也不是一件容易的事。王双柏家是开酱油店的，家境条件不错，他是从心里喜欢滑稽，崇拜姚慕双、周柏春，要求拜姚慕双、周柏春做先生。姚慕双、周柏春起先不肯收，王双柏就守在电台门口。有一次恰逢大雪天，王双柏站在雪地里一等就是两小时，这番

"程门立雪"的诚意终于打动了姚慕双、周柏春。所以,师母让吴双艺一起拜师,那是他意料之外碰到的运气!

是年,8月8日是拜师的日子。吴双艺、郑双麟、王双柏就在姚老师家中举行拜师仪式。吴双艺在《吴双艺自说自话》一书中写道:

没有红地毯,用旧报纸替代,姚慕双、周柏春老师、师母上座,师兄(沈双亮)做司仪,三人下跪叩头拜师。师母不让我们多花钱,由老师带着我们在福州路一家本帮酒楼,点了一桌菜,只请了阿顺师傅等共进午餐。午后老师请我们一起回家吃西瓜。我们的艺名都是师母取的,我叫吴双艺,小郑叫郑双麟,小王叫王双柏。按年龄排列,我成了三人中的师兄。

后来我们才知道,老师、师母体谅我们,没有去惊动更多的人,乃至同行的前辈们。为这件事,确实得罪了一些人,特别是该请的没有请,从礼节上说,我们失礼了,老师、师母也为此受了一些委屈。

昔日拜师,按规矩,应宴请著名老艺人入席,在旁作证。姚慕双、周柏春为徒弟省钱,故未多请朋友。

到了中秋节,因为姚慕双、周柏春要去唱堂会,便让阿顺叔通知吴双艺,并邀请著名滑稽老艺人於斗斗去民声电台代节目。六点整,吴双艺怀着紧张的心情跟着於老师走进播音间,於斗斗说《笨家婆》,吴双艺对这个独脚戏熟悉,做下手,托得好,两人配合,顺利"过关"。接着,於斗斗介绍,吴双艺唱了一段越剧《绍兴小姐》,得到於老师好评。

太师母周勤侠,知礼数,考虑周到,知道於、吴二位代姚慕双、周柏春上电台演播,一俟节目结束,便叫二人来斜桥弄做客,设家宴款待。吴双艺回忆说:

民声电台在威海卫路(今威海路),到斜桥弄(今吴江路)很近,太师母早坐在桌边等我们了。姚慕双、周柏春二位师母(周佩芳、吴光瑾)端菜盛饭,还给於老师准备了黄酒。於老师边喝边侃,对我倍加赞赏。太师母含着慈祥的笑容，频频点头，看得出太师母还是很喜欢我这个学生的。

吴双艺很走运，因为合众电台就在老师家隔壁，姚慕双、周柏春就让他在姚慕双、周柏春的固定节目里实习播音。每次播音前，他总是跟随姚慕双、周柏春到先生家里用晚餐。姚慕双、周柏春的姨妈知道这个学生长得高，瘦瘦的，饭量却很大，总把他碗里的饭盛得满满的，还要关心他说："'薄皮'（对吴双艺的昵称）勿吃三碗勿来三格（不行的）。"饭罢，就跟随老师去隔壁的电台播音。

1949年秋，吴双艺、王双柏、郑双麟、钱双恩四人组成了"双字第一班"，通过电影明星欧阳莎菲的弟弟——导演屠光启的关系，好不容易接洽了一家私营电台，买了40分钟的播音时间，前去播音。等到正式上电台播音了，姚慕双、周柏春与师母几乎每天都在家里准时"监听"；发现他们当中有咬字不准，或语气不对，哪句方言不像，就及时给他们纠正。这样"双字第一班"的自由弹唱也渐渐地被听众认可并接受了。

姚慕双、周柏春对学生不仅悉心培育、倾情提携，生活上也十分关心和照顾。1952年，吴双艺与辛瑞香相爱，拟定结婚；但经济上还不十分宽裕。姚慕双、周柏春将这一情况告诉母亲，周勤侠马上取款借给吴双艺。婚礼上的一切事务由太师母亲自操办。结婚的那一天，还请出和蔼慈祥的姚慕双、周柏春父亲姚復初先生作为证婚人。

不到半年，吴双艺去斜桥弄提前向姚母归还借款。太师母笑着说："勿要还了，急点啥？再讲一年还没到呢。"

吴双艺像一个顽皮的孩子，贼忒兮兮地说："借借还还，再借不难嘛！"

周勤侠的妹妹周姨妈就说了："双艺，侬（你）好个！向侬（你）太师母借铜钿，来归还的侬（你）是第一个。"

原来，一些亲朋或姚慕双、周柏春的同行，有了困难到姚家借钱，往往有借无还。

此时老先生姚復初拉吴双艺到一旁轻轻耳语："双艺，做人，啥人勿要面子？有辰光（时候）也是既没（没有）办法，对哦？"

此时，在吴双艺的眼中，太师母周勤侠是一个可敬可爱、博学多才、足智多谋、教子有方的慈爱老太。而操着一口浓浓宁波口音的太师爷姚復初，则是一个慈悲为怀、胸襟宽大、心地善良的忠厚长者。

姚慕双、周柏春慧眼识珠。吴双艺鞍前马后，跟在两位老师后面技艺大进，自姚慕双、周柏春成立蜜蜂滑稽剧团（后为上海滑稽剧团），他始终是团里的骨干演员，一直追随两位老师到退休。他是国家一级演员，先后担任剧团艺委会副主任，上海曲协、上海剧协理事，上海第三、四届文代会代表，为上海滑稽事业做出了很大贡献。

童双春也是姚慕双、周柏春的得意门生之一。

童双春原名童永江，1934年生于上海。父亲做裁缝，家境贫困，母亲生育了13个孩子，但存活的只有5个，他排行最末。

1949年，他有幸参加了滑稽艺术家杨笑峰在国际大戏院（今国际饭店旁）举办的滑稽训练班。白天听讲课，晚上就演戏。童双春长得眉清目秀，五官端正，为人也忠厚老实，被杨笑峰留下，在与袁一灵合作的《王老五复仇记》中担任没有一句台词，只是在台上挨“工头”毒打的小角色。这个戏的主题是针对国民党的反内战、反饥饿，但并不卖座。为了提高上座率，杨笑峰想方设法，成立了一个“联艺剧团”，聘请姚慕双、周柏春来团演出。由于姚慕双、周柏春及众多明星的加盟，生意越来越好；不久，上演由周柏春男扮女装的《红姑娘》时，国际大戏院场场爆满。

1950年春节之后的一天，杨笑峰对童双春说：“我明天要离开剧团到香港去了。我走了，你怎么办？如果你在我离开之前拜我为师，你是我名正言顺的学生，可以安心在国际大戏院学戏和演出。不然，你就要回去了。”童双春听了很感激，马上买了两盘馒头糕，拜杨笑峰为先生，改名童永峰。

杨先生去了香港，童双春顿觉在剧团人地生疏，心中孤立无援，一种莫名其妙的惆怅、惶恐之感时时袭上心头。他人小，却早早来到剧场，主动承担了清洁工作和其他杂七杂八的事务。这一切，姚慕双都看在眼里，对他印象不错。

一天演出前，突然发觉演配角的李双俊没到场，开场铃都响了，负责舞台监督的朱熹鹏情急之中，急忙拉童双春去化妆间，帮他化了妆，叫他临时救场。幸好，童双春闲时总在侧幕看戏，对每个角色做派、台词都很熟悉，上了台，没出差错，救场成功了。姚慕双很满意，便赞扬童双春："迭个小囡（这个孩子）蛮好，蛮聪明格。"

童双春一直崇拜姚慕双、周柏春的艺术，事后便托马秋影引荐，欲拜姚慕双、周柏春为师。姚慕双倒是答应了，因为杨笑峰离沪前曾托付姚慕双，说："这个孩子老实，能吃苦，家境不好，你要多加照应。"但周柏春不知情，认为童双春已拜师杨笑峰，属于杨氏门生，怎能去挖别人墙脚。由于姚慕双、周柏春意见不合，便发生龃龉。事情被太师母周勤侠知道了，她老人家对童双春很同情，加之姚慕双说了气话，如果不收童双春为徒，他便不演了，在这种情况下，太师母一锤定音。于是童双春便成了姚慕双、周柏春的"过继"学生。

拜师是在国际大戏院后台。白天演出结束，张双勤也来了。他虽然拜了姚慕双、周柏春，但还未行拜师礼；于是他和童双春二人双双向姚慕双、周柏春两位老师与师母恭恭敬敬地叩头，行了跪拜礼。师母杨美明特地为他起名，将姚慕双、周柏春老师名字中的最后一个字"双"和"春"赐给了这个"过继"学生，"童双春"三个字便成了他终身的艺名。

除了吴双艺、童双春、"双字辈"中还有两员大将：一位是王双庆，一位是翁双杰。

王双庆（1932—2012.12.29）生于上海，浙江省宁波余姚市人。1949年拜姚慕双、周柏春为师，1950年加入蜜蜂滑稽剧团。表演儒雅，逗笑"阴噱"，冷面滑稽。

王双庆的父母在家附近开了两家小杂货店，生活得也算惬意。他们一直指望儿子规规矩矩念书，将来好继承家业。王双庆却对他们讲，他要去唱滑稽，惹得父母十分生气。王双庆按自己的意愿给正在电台唱滑稽的姚慕双、周柏春写了一封"情书"。姚慕双、周柏春在电台回应读者来信时说："小朋友，侬有空来白相。"王双庆就壮着胆子去了电台，认识了姚慕双、周柏春，最终在众多争相拜师学艺的人里脱颖而出，成为"双字辈"里的一员。

他19岁第一次在电台表演了滑稽以后，父母不再干涉，只是心有不甘的母亲有时会唠叨："你啥辰光能赚到大钱，养活我们啊？"王双庆拍拍胸脯："我的老师平时都是坐汽车的，不管怎么样，我以后买辆人力车给你们总没问题。"可是王双庆选择的事业并没有给他带来财运，倒给他带来不小的名声。

冷面滑稽王双庆有一双深度的近视眼，身材修长，声音沙哑而带甜糯，搭档面特别宽。他表演独脚戏做下手，"托"时尺寸准足、接口迅速；做上手，"说"时铺平垫稳、细致生动。由于他"能上能下"，因此，新中国成立初，王双庆在电台上与沈双亮、王双柏、郑双麟四人"混搭"（按需要调换搭档），在游艺场和堂会上也是交叉合演，在沪上颇有影响。为使听（观）众记住"四双"，他们简称自己为"2807"（亮、柏、麟、庆之谐音）。

姚、周成立蜜蜂滑稽剧团后，王双庆与吴双艺、翁双杰、童双春、伏双虎随团参加大型滑稽戏演出。有时候姚慕双因病因事不能上场，王双庆便代姚出场，同周柏春搭档。反之周柏春不在，王双庆也代周同姚慕双搭档。筱咪咪、袁一灵等前辈也爱同王双庆合作。他与林燕玉合作首创《各派越剧》，颇有影响。

在钱程、孙勤圆表演《电视百花》中，王双庆甘当绿叶，扮演开电视机的观众。40多年来，他还先后与团外的张双勤、秦小峰、姚祺儿、蔡剑英、陈惠良、冷冬亭等联袂献技。退休后他又携女儿王蓓结成了"父女档"。人们戏称他宛如扑克牌中的"大怪"——百搭。王双庆在自编自演的独脚戏——滑稽《北国之春》的开场白中说："我这只面孔，大家觉得熟味。阿是哦？特别是我这只面孔是有特征的——有两扇玻璃窗，赛过门面装潢，比较考究。再讲戴了这副深度近视眼镜，就标志了肚皮里不是一包稻草，也吃过一点墨水的。所以跑出去，人家常常要误会，当我是复旦大学的教授。"

王双庆的眼睛高度近视，所以十分留心于眼镜架的收藏，他会根据不同的角色佩戴不同的眼镜。在他柜中四个盒子里，有他收藏的各色眼镜架，金丝边的、黑阔边的、老式圆镜片的、现代海盗式的，应有尽有，且都有编号。有一次，王双庆排演根据莫里哀同名喜剧改编而成的滑稽戏《屈打成医》，为了在外形上塑造一个吝啬的贵族老爷的形象，须戴一副老式的圆形眼镜，为此跑了许多眼镜店寻找，总不满意。眼看戏要上演了，王双庆去了淮海路红星眼镜店，在劳模杨永康师傅的帮助下，总算找到了这副20世纪三四十年代、现在早已绝迹的老镜架，他才高高兴兴地戴上去剧场演出。王双庆对艺术的认真与执着于此可见一斑，平时演出连道具都要亲自过问。女儿王蓓说，父亲是个在艺术上特别精益求精的人。平时和父亲一起出去演出，在候场时父亲不许她做别的事，再熟的节目也要求“默”一遍，以免台上出错。这一点王双庆完全承续了姚、周的优良传统。

王双庆曾在电视剧《新七十二家房客》中担任主演，饰演钱老师，《三毛流浪记续集》中出演代人写信的王先生，11集中的教书先生。在《啼笑往事·新娘打闷包》一集里客串“辣手牧师”。自编自演的独脚戏有《看电影》《请角色》等。在创作方面王双庆也辛勤耕耘，他的很多作品，像《看电影》《打电话》等都是自己创作的。童双春退休后成立工作室，王双庆便与他合作，一起创排了《男保姆》《满园春色关不住》等滑稽戏。

王双庆酷爱学习，他家书柜中有满满一橱笔记本，一本一本写着他日积月累的点滴心得、台前幕后的成功失败、看到听到的创作素材。一页一页都是工整笔迹。他的功成名就并非偶然，是他勤学苦练的结果。

退休后，年已八旬的王双庆一直坚持在上海戏曲学校滑稽班任教，为培养滑稽的下一代，他给08级、09级两个滑稽班的学生上课。滑稽班相继毕业，王双庆却被查出患了恶性肿瘤，于2012年12月29日在徐汇区中心医院去世，享年80岁。

翁双杰，原名翁志刚，1928年生，浙江人。少年时曾在王兴昌西服呢绒店当学徒。1949年拜姚慕双、周柏春为师，后入蜜蜂滑稽剧团。他在表演上独创了一种跳蹦摇曳的奇特形体动作，每一部戏里以这一动作来招笑和塑造人物。为了和这一特点相适应，在戏里多扮“小人物”一类的角色。如《性命交关》中大吹大擂、猥琐卑劣的“造反派”小喽啰阿六，《满园春色》中幼稚欢跃的服务员小胖，《海外奇谈》中阳奉阴违、装模作样的参观侍者恰利，《不是冤家不碰头》中笨拙中透着机灵、热情中有些偏执的退休工人丁雨柏，都展现了他的表演特征。尤其是在《路灯下的宝贝》中扮演的待业青年蒋二毛，这种特色更加显明，获首届上海戏剧表演奖。独脚戏《啼笑皆非》《满面春风》《骗大饼》《拉黄包车》等成了他常演的保留节目。1979年，应美国著名戏剧家鲍勃·霍甫之邀，参与戏剧电视片《通向中国之路》的拍摄，深得合作者的赞誉。

1961年，翁双杰与滑稽名家袁一灵合作，带了独脚戏《满面春风》，参加上海市政府组织的慰问支援大西北建设职工的文艺演出团，风尘仆仆地来到了青海省。这个节目是讲两名服务态度迥异的理发员怎样对待客人的，歌颂了先进，批评了落后。翁双杰演那不安心本职工作的理发员，他拿道具三巧板权充剪刀，在袁一灵的头上乱剪乱削，一边剃头一边跳蹦摇曳，竟然一下子赢得了观众哄堂大笑。首场演出，这个节目是放在第一个；第二场倒过来了，《满面春风》成为最后的“大轴戏”。翁双杰这种一摇一晃、笨拙移位、不时跃身、一颠一跛的怪异动作，令观众新奇和有趣。翁双杰就这样沿着这条路子继续走下去。他用这一招笑手段塑造了各种性格迥异的小人物形象。在演过的滑稽戏中，翁双杰自己最满意的是《满园春色》里的小胖。在戏中小胖是配角，翁双杰跳蹦摇曳的动作却使之大放异彩，出足风头。这个既小又胖的饭店服务员，左手拿砂锅，右手执铁勺，在店堂里挥动欢跃，展示了一个小青年喜形于色、胸无城府的性格特征。厨房失火了，理该惊呼急叫，迅猛扑灭，而小胖却好像跳慢三步似的，边转边行，悠闲自在地跳蹦摇曳，缓缓向前，又显出了天真、幼稚，心中从无牵挂的一种“什么事情都抛得下”的性格。

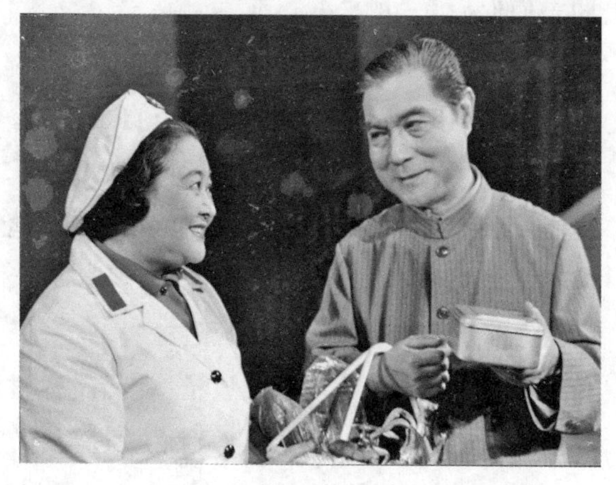
滑稽戏《路灯下的宝贝》剧照，右为姚慕双（摄于1981年）

翁双杰扮演《路灯下的宝贝》里的蒋二毛、《性命交关》里的阿六头、《千变万化》里的小王、《海外奇谈》里的恰利和《不是冤家不碰头》里的丁雨柏，都有不俗的表演。《路灯下的宝贝》中的蒋二毛

滑稽戏《路灯下的宝贝》剧照，中为周柏春（摄于1981年）

20岁，翁双杰演此角时已53岁，胖乎乎，矮墩墩，肚皮凸出，根本不像个大孩子。导演胡伟民担心他难以胜任，翁双杰拍胸担保："你放心！"于是他每天早晨跳绳，不久就瘦了9公斤。戏中的蒋二毛要爬脚手架，翁双杰的长得胖，导演要他爬得快。翁双杰天天练习攀登，后来上台演出爬得动作神速，干净利落。

翁双杰舞台表演的独特风格，引得许多观众的赞誉。一封一封的书信堆上他的案头，出乎意料，还有几封情书。一位女青年寄来一张照片，并向他求爱："我还没有对象，我俩交朋友好吗？"他几乎笑歪嘴巴。这么大年纪了还交"桃花运"？大概这妙龄女郎只看到他台上的模样。翁双杰回信："我是非常非常非常非常喜欢你，真的！所以我决定做你的……爷爷。"落款是"55岁的翁双杰"。

2014年1月6日，翁双杰因长期患病，医治无效，病逝于徐汇区中心医院，享年86岁。然而，在观众的心目中，他永远是那个喜欢说"亲爱的同志们你们好"的"小滑稽"。

上海解放前夕，社会秩序大乱，有土匪绑票，流氓勒索，兵痞作乱，不少有条件的阔佬、演艺界明星都有自备手枪，只要向国民党上海公安局登记备案即可。姚慕双、周柏春为了全家生存，还得上电台去堂会唱戏，早出晚归，出于安全考虑，兄弟俩就由姚慕双登记，买了一支自备手枪，以防不测。

有学生问他："先生，你放过枪吗？"

姚不好意思，说："正式放枪倒没有，你讲没有么，倒是放过的。"

学生听不懂了："先生，你到底放过没有？"

姚说："放是放了一枪。一天夜里，散场回家，走到弄堂里，快进家门口，想想买了手枪还没有放过一枪，有点不合算；放吧，心里吓势势。但是转眼一想，倘使遇到强盗手里拿了刀对着我，我不会放枪怎么办。就横竖横，心一硬，枪头朝上，对准天上呼的一枪！家里人与隔壁邻居听到枪声，都从楼上窗口伸出头来，我吓得连忙一脚踏进天井间……"

1948年秋，国民党军队在各大战场节节败退，上海国民党市党部垂死挣扎，关照上海演艺界的艺人，为国民党宣传，为国民党军队打气。民声电台的经理就找姚慕双、周柏春谈话，说奉上级命令，以后凡是提到共产党一律称为"共匪"。他又把一张从上面发下来的现存唱词《百要剿共》交给姚慕双、周柏春，要他们播唱。兄弟俩一看就明白，这段《百要剿共》的唱词，就是仿效流行歌曲《百鸟朝凤》改编而来，内容当然是反共。两人商量片刻，便对电台经理说"抱歉！勿会唱。"拒绝了。

姚慕双、周柏春在电台拒唱，不仅是这一次，此前也拒绝过。

1946年，抗日战争刚刚胜利，举国欢庆，作为当时最高统领，蒋介石也迎来了六十大寿，可谓双喜临门。

从1931年"九一八"事变开始，14年抗战的胜利，蒋介石作为领袖，功不可没。其时，蒋介石个人的威望很高，他的六十大寿就不再是"私人"事件了，而上升到"国家"层面。

闻知蒋介石即将举行大寿庆典，耄耋之年的齐白石花了半个月时间，为蒋介石画了一幅画，作为寿礼聊表心意。这幅画便是举世闻名的神品《松柏高立图·篆书四言联》，堪称齐白石大师的代表作之一。2011年5月22日，齐白石《松柏高立图·篆书四言联》在北京国际饭店进行拍卖，以4.255亿元人民币售出，创造了中国近代史上书画价值的新纪录。

也就在庆贺蒋介石六十寿辰的日子里，电台老板发下现存的稿子，要姚慕双、周柏春用文艺的形式稍作补充，在电台播唱，以示祝贺，却意外地被姚慕双、周柏春拒绝了。至于姚慕双、周柏春拒绝播唱的理由，无论在姚慕双的《自传》，还是在周柏春的《自述》中都未提及，笔者也不好妄自猜测。不过，这一拒唱却无意中在"文化大革命"中减少了一条为蒋介石祝寿的罪名。

就在上海解放前夕，姚慕双、周柏春在电台上收到一封匿名信，署名是一名电台职工。这封信一方面鼓励他们发扬文化，另一方面劝告他俩，不要唱骂共产党的段子。在暗无天日的岁月里，姚慕双、周柏春早就对国民党腐败政府严重不满，接到这封信之后，更加坚定了意志。但是一直猜不透这封信是谁写的。

上海解放后，有一次，姚慕双、周柏春在大陆电台看见一个身穿军装、着双草鞋的解放军战士。仔细一看，啊呀，怎么那样面熟啦！正想问，这个解放军战士满面笑容迎上来："姚先生、周先生，你们记得哦，这封信就是我写的。我真正的名字叫李嘉富。"这时候，姚慕双、周柏春才恍然大悟，紧紧地握着他的手，多谢他的爱护。

1949年5月12日，人民解放军开始对上海外围国民党守军发起攻击，经过16天的激战，5月27日上海全境解放。

解放军进城，冒着滂沱大雨，露宿街头，不拿群众一针一线，霎时间换了人间。短期内便取消了证券交易，控制物价上涨，妓院被取缔，鸦片遭禁销，流氓反革命受到应有的惩罚。人民欢天喜地，到处红绸飞舞，锣鼓喧天，人民在鞭炮声中喜庆一个新时代的到来。

姚慕双、周柏春兄弟的心情也无比激动，他们联合了程笑飞、小刘春山、俞祥明、刘侠声、夏萍、唐茜娜等著名中青年演员，请刘谦编写幕表戏，于是年7月，便在天宫剧场演出了大型滑稽戏《天亮了》，这是上海解放后编演的第一个滑稽新戏。写农村一恶霸地主向老贫农逼债，并将其女儿强行抢去逼婚。邻家贫农儿子系游击队员，及时带领游击队赶到，解救了未婚妻，镇压了地主，迎来了解放。剧情内容模仿歌剧《白毛女》处颇多，无甚新意，但表现了滑稽艺人欢庆解放的心态。尽管如此，在全民欢腾的日子里，观众的热情空前高涨，西藏路天宫剧场前人流如潮，票房前的铁门也被拥挤的人群挤坏了。

著名评弹作家窦福龙，回忆了滑稽戏《天亮了》当时受欢迎的盛况：

刚解放，姚慕双、周柏春排了一只新戏《天亮了》。他们的戏也蛮符合时代的。

演出不久，他们把《天亮了》的剧照出了一本连环画。我那时读小学四年级，想买。买书是一个借口，要想用买书的借口见见姚慕双、周柏春本人；因为那时候姚慕双、周柏春是我们这些小朋友崇拜的偶像啊！假使能够见到是开心得不得了的事情！

我记得我们三个小朋友约好，一起到吴江路姚慕双、周柏春寓所，敲门。开门的是一位老太太，事后知道她是姚慕双、周柏春的母亲。她问我们敲门做啥，我们有些吓势势，就胆怯地说，我们想买一本《天亮了》。"好好，我去屋里看看，有的话，卖一本给你们。"她拿了一本连环画出来给我们。我们接过来说："提个要求好哦？"他们住家的隔壁有家电台，姚慕双、周柏春在规定时间就去播音，于是我们提出："我们阿好去看看？"我们知道沧洲书场三楼有一只亚美麟记电台，是允许人上去看现场播出的。这个电台是新的，叫玻璃电台，即播音室外面一套全是玻璃，里面讲话，播音室外的人听不出，是隔音的。里面有只喇叭接到外头来，你听得出演员在里头讲些什么。那时候可以随便上去听的。记得有一次为募捐，一些评弹演员到电台去唱开篇，老听众点唱，捐多少钱。我们就常去观看。

老太太见我们三个小朋友那么痴迷姚慕双、周柏春，就说："我对你们说噢，上头不是玻璃电台，就是一间房，不好讲闲话的喔！你们蹲在里头看可以的，坐在旁边，角落里坐勒海，一句都不能响！响一响，人家刮（打）噢！"我们连说好好，上去了，就坐在角落里。起初是别人广播，等一歇，姚慕双、周柏春就进来了。那时天较冷，进来时，两人都穿长衫，戴着围巾。进播音室时，里面的演播尚未结束，姚慕双、周柏春很随便地立在他们旁边。他们讲，姚慕双、周柏春也帮着插插嘴，不管的。前面结束，姚慕双、周柏春就播音了。我们与姚慕双、周柏春只相距几公尺，可以说咫尺之间，看得很清楚。播音时间很短，仅廿分钟或半个钟头。结束后他们走了，我们也离开电台。这是我与姚慕双、周柏春第一次见面。时间在1950年，我10岁左右，那时对姚慕双、周柏春崇拜得不得了啊！

**想不到，窦福龙后来竟与姚慕双、周柏春成了忘年交，这是后话，暂**

且不提。

演出期间，发生了一件流氓群殴俞祥明的恶性事件。

被打得皮开肉绽的俞祥明回忆起，他曾答应过红宝剧场的老板为他唱戏，结果却到了“天宫”演出。“红宝”老板见“天宫”的生意火爆，顿生忌恨，便请了几个手下人将他一顿毒打。

这件事发生在上海刚解放的1949年的7、8月间，于是全体演员罢演了。周柏春在《自述》中说道：

> 我们编了一段唱词一起上电台控诉，并且告到成都路公安局。谁知告状告到留用人员司法股长手里，而该股长正是“红宝”老板的把兄弟。告状自然不成，状子石沉大海。我们心有不甘，再告到局长那里。局长是一位解放军，他听着我们的陈述，听着听着，气得脸都发青了。一个电话打给司法股长：一条两条三条，言辞灼灼，掷地有声：
>
> 1. 勒令“红宝”老板登报赔礼道歉；
>
> 2. “红宝”老板承担全部医药费；
>
> 3. “红宝”五个老板全部扣留，一个不落。
>
> 听着公安局对肇事者严明的处分，我喜不自禁地流下了眼泪。地痞流氓戏霸欺侮艺人的年代一去不复返了。在我面前展现的是一个崭新的天地、一条崭新的道路。我从心底里欢呼：天亮了！

5月27日上海解放，仅隔两个月，沪上7月29日，报上就刊出消息：

> 文艺界劳军分会明日起开始一连三天在人民电台广播募捐，在上海的电影、话剧和各种地方戏的演员们差不多都参加了这次播音。姚慕双、周柏春、裴扬华、程笑亭等代表滑稽界也参加了这一劳军活动。

不难想象，解放初期，姚慕双、周柏春兄弟对于刚建立的新政权怀着难以抑制的喜悦与兴奋之情。

# 二十八 《红姑娘》PK《活菩萨》

天光如水，月光如镜，一片清辉皎洁。
吹来何处桂花香，恰今日，平分秋色。
——〔清〕顾太清《金风玉露相逢曲　丙寅中秋　是日秋分》

在《天亮了》演出的三个月之前，即1950年4月，姚慕双、周柏春已重组人马，以联合剧团的名义，在国际大戏院，以幕表方式演出大型滑稽戏《红姑娘》。7月夏天，《红姑娘》在盛况空前的情况下暂停，去"天宫"上演《天亮了》，可视为姚慕双、周柏春这一档期与艺人们精诚合作，新编演的特别节目，一定意义上代表了滑稽界演艺人员拥护共产党、拥护新政权的一种集体表态。然后，从国际大戏院撤出，在红宝剧场继续演出大型滑稽戏《红姑娘》。《红姑娘》前后连演8个月，与是年2月演出于"天宫"剧场，同样以幕表形式排演的大型滑稽戏《活菩萨》，无意中唱起了"对台戏"，到了一票难求的地步。

其实江、鲍时期，国际大戏院一直是笑笑剧团的"福地"。尤其是姚慕双参与期间，曾屡屡参加演出。单1945年1月至1946年11月的1年零10个月的时间中，先由姚慕双，后加周柏春，参加了《百龄机》《人来疯》《捏鼻头做梦》《摩登清道夫》《现代阿Q》《回乡下去》《千变万化》《月下老人》《水落石出》《五花八门》等大型滑稽戏的演出，演出时间最长的是《百龄机》，从1月21日至2月22日，共33天；演出时间较短的是《五花八门》，从1946年9月8日至18日，也有11天。而红宝剧场，由华新剧团朱翔飞、唐笑飞、胡琪琪、吕笑峰、张丽丽、王山樵主演的《出卖人心》，从1946年1月26日至27日，仅演2天。

应该说姚慕双、周柏春对国际大戏院应该是相当熟悉的，当《红姑娘》开始在该戏院上演时，十分卖座。姚慕双、周柏春以联合剧团的名义做了不少宣传。给人印象深刻的是，剧院专门印了上万张由周柏春扮演红姑娘的单人剧照，赠予买票的观众，一票一照，迅即告罄。公开的剧照

周柏春扮红姑娘（摄于1950年）

中，周柏春头戴花朵，扮演甜糯婀娜的女子，这正是他第一次反串女角。

1950年7月22日的一份报纸以《红姑娘剧照加洗两万张》为题作了报道：

“国际”姚慕双、周柏春、鲍乐乐、陆希希二班滑稽剧团，《红姑娘》一剧，亦已连售八十八场满堂，该团赠送的剧照业已赠完，昨日起继续添印二万张，每张成本五百元。定今天起继续凭票赠送。（曼）

大型滑稽戏《红姑娘》，先于1950年4月在国际大戏院演出，7月下旬转至红宝剧场演出。

此剧反映日伪统治时期，一汉奸强抢一京剧坤伶入营。坤伶的恋人是个文弱书生，对此悲痛欲绝，住进小旅馆企图自杀，幸遇爱国志士、记者、茶房相救。众人商定，由书生假扮新从北平来的京剧名伶，艺名“红姑娘”，有意去汉奸处“拜客”。汉奸见色心迷，留住不放。于是“红姑娘”借机行事，在爱国志士配合下，里应外合，救出了众多受害妇女，严惩了汉奸。

戏中姚慕双扮汉奸，周柏春扮书生，鲍乐乐扮茶房，朱翔飞扮记者，王剑心扮爱国志士。周柏春擅长“女口”，表演时的“滑稽娘娘腔”逗人发笑，在“红姑娘”“自杀”前模仿了沪剧《碧落黄泉》中王（王盘声）派的“读信”编唱了一段“滑稽读信”；在与汉奸“调情”一节中，与姚慕双对唱“滑稽戏曲”。姚慕双以沪剧文派（筱文滨）唱“我爱你倒挂眉毛分左右……”，周柏春以趣味袁（雪芬）派唱“承蒙队长将我爱，我是没有福分来高攀，队长欢喜色迷迷，你是叫花子吃死蟹——只只都说味道崭……”，一时电台频频点唱，成为滑稽戏中的“红唱段”，受到观众欢迎。

周柏春首演前，因剧情的需要，第一次反串为救自己心上人而男扮女装深入特务宪兵队的“红姑娘”，他心中没有把握，于是决定在生活中试一试。他在《自述》中说道：

那时我家住新闸路福康路的“白乐坊”里。一天，吃过夜饭后，我穿上母亲的海富绒大衣，围上姐姐的花丝巾，穿上嫂嫂的高跟皮鞋，“咯噔咯噔”走上大街。我偷偷地观察周围的反应。夜色朦胧，路上行人没有一个注意到我，渐渐地，我放松自如了，还左顾右盼地看橱窗。

走到卡德路（今石门二路）小菜场附近，突然，我发觉不对，有一个男人如影随形地跟着我：我快走几步，他也紧跟着快走；我放慢脚步，他也放慢脚步；我停下来看橱窗，他也装作看橱窗。我一下紧张起来，急急忙忙朝回家路上走。只听得那男人在后面轻轻说：“小姐，不要走得那么快么。”我吓得小跑步起来，一口气跑进弄堂。“白乐坊”弄堂又黑又深，我偷偷地回头瞄一下：那男人也跟了进来。我赶紧拐进支弄，男人在弄堂口犹豫了一下，终究没敢跟进来。

回到家脱掉大衣，吓出一身冷汗，转而暗暗好笑，我知道：我成功了。

滑稽戏《红姑娘》里有个“桥段”：周柏春扮演的书生，因恋人被日本宪兵队抢去，内心极度失落，欲在旅馆服安眠药自杀，但被旅馆茶房发现后暗中调换了安眠药。救护大队接到戏中的书生“请来收尸”的电话，到现场发现是谎报，弄清安眠药被调包后，扮演书生的周柏春只好请救护大队回去，对方则以“从来勿跑空差”为由，硬要把书生拉走等。这个笑料，后来被周柏春移植到滑稽戏《性命交关》中，取得了很好的剧场效果。

当时一个笔名歌今的记者，专访姚慕双、周柏春后，写了一篇报道，题目叫《“红姑娘”出邪门　滑稽名角搬出老戏　今已演八十多场》：

和《活菩萨》同时轰动上海的滑稽戏，还有一个在南京西路国际戏院上演的“红姑娘”,由姚慕双、周柏春两人领衔演出,拥有滑稽前辈鲍乐乐、陆希希、金慧声等演员。

《红姑娘》是一个老戏,描写上海“八一三”沦陷后,汉奸横行,蹂躏女性,一男子乔装女人,深入虎穴,救出了自己爱人的故事。周柏春就演这个“伪装女人”的角色,全剧的“噱头”也就在这里。据说,这是日寇占领上海后,确实发生过这一荒唐事件。不过,编剧者在其中加进去不少穿插,颇能投合上海的小市民——家庭妇女、中小商人们的胃口,所以该剧连演了八十几场,而卖座至今依然不衰。日夜两场,收入在四百万左右,周柏春、姚慕双,每天的包银是一百三十万元,其中他们要负担一个钢琴师和两三个演员的工资,约三十万元。其余演员的待遇,则由院方按等级付给。

国际戏院的经理于两月前因亏本而出走,现在前后台的同仁就成立了一个类似共和班的组织,姚慕双、周柏春二位是他们这次特地邀请来参加的。所以同仁对于付给他们比较高的包银,均无异议,只是艳羡而已……

**正当《红姑娘》在国际大戏院演得火爆之时,为什么姚慕双、周柏春领衔的“联合”剧团要另抱琵琶,移师红宝剧场呢?一种可能的解释是先前杨笑峰与国际大戏院的演出合同已经到期。由于《红姑娘》的演出场场爆满,原来场方与演出方的拆账比例显然不合理了,在双方协商未果的情况下,姚慕双、周柏春便率人马另辟蹊径。此乃一家之言,以求教方家。**

**《红姑娘》的演出生意火爆,也给姚慕双、周柏春带来不菲的收入。然而,时局混乱,社会治安不佳,为防不测,周勤侠亲自去红宝剧场向场方结账。**

**姚慕双最小的女儿姚斌儿说:**

每回到戏院找老板结账,都是我祖母去的。祖母非常聪明,她身上只带一只空空的皮鞋盒子,乘一辆黄包车去戏院;结了账,就把钱放在皮鞋盒子里,然后再乘黄包车坐回家。她说,这样保险,坏人还以为我这个老太婆只是买了一双皮鞋，不会引起注意，把钱抢走。

聪明的好婆周勤侠，事实上做了姚慕双、周柏春的总管家兼名副其实的“经纪人”。

解放初期，不少有钱人逃离上海或去香港及海外，经济及社会秩序处于整顿和调整阶段，所以滑稽戏其时并不景气，艺人景况堪忧。不少艺人临时组团，所演剧目不出几天，多则一周，少则两三天，票子就卖不出去了，只好解散，重行组团。据说，那时临时组成的滑稽剧团有几十个，只不过换个剧团的名称罢了，主要演员还是那么一些人，只是组合不同，今天你与他组合，明天他又与别人合作，寿命都不长，难以为继。比较稳定的滑稽剧团有“五福”“劳动”“蚂蚁”“骆驼”“新新”“上海”“星艺”“两合”“新大陆”“习新”“努力”“群艺”“星光”“人人”“联谊”“丽生”“奋斗”“飞峰”“无声”等。而唱独脚戏的演员则有500多人。

在这种情况下，一些较有名气的演员便抱团取暖了。其时最有名气的还是姚慕双、周柏春档，程笑飞、小刘春山、俞祥明档，杨华生、张樵侬、笑嘻嘻、沈一乐档，在民间电台上各展所长，拥有不少听众、观众。他们的足迹遍于电台、游乐场、堂会、舞厅、酒楼。至此，这些被称为“滑稽新三大家”的演员，掀起了独脚戏与滑稽戏的又一波高潮。

滑稽表演艺术家杨华生很有经营头脑，他和张樵侬经过抗战宣传锻炼，于1947年从浙江大后方回到上海。这一时期，杨华生集合了一些有名气的滑稽演员，除了杨、张、笑、沈“四大金刚”之外，还邀请了年轻漂亮的嫩娘、绿杨等，临时组成合作滑稽剧团，并在天宫剧场演出由张恂子编写的幕表、集体创作的大型滑稽戏《活菩萨》，连演了一年零九个月。

当时无论红宝还是天宫（在大世界斜对面，原音乐书店位置，今已拆），近在咫尺，剧场都不大，只有三四百个座位。两个剧场天天客满，必须提前订票才能买到，无形中似有打擂台一比高下的意思。

《活菩萨》根据莫里哀的喜剧伪君子移植，剧情完全“中国化”了。1950年2月，首演于天宫剧场。一个名叫鲁道夫的游民寄宿在寺庙里。富家潘老太因为儿子的商船出海不归，心中不安，到寺庙里来烧香问卜。

鲁道夫伪装成活菩萨到潘家受其供养。到了潘家，鲁道夫以迷信活动骗人钱财，还图谋占有潘志伟的妻子。后来，侍女青梅定计，使鲁道夫暴露了真相。

这出滑稽戏中的主角鲁道夫由杨华生扮演，虚情假意，内心卑劣阴鸷，演来入木三分。笑嘻嘻扮演坏和尚法空，形态逼真。沈一乐饰正直憨厚的尹士凡少爷，嫩娘饰清纯、秀丽的潘丽蓉小姐，绿杨塑造了一个古道热肠、聪明伶俐、足智多谋的青梅丫环。沈一乐、嫩娘、绿杨有一节半个多小时的"爱情误会"戏，三人即兴发挥，越演越"噱"，成为脍炙人口的精彩片断，后常被抽出单独演出。张樵侬反串潘老太一角，滑稽突梯，众口交誉。俞祥明扮潘志伟，小刘春山扮潘士达，程笑飞扮林克安，在戏中都有不凡的表演。

《活菩萨》在宣传方面也别出心裁，动足脑筋。例如，天热演出，那时的剧场没有空调设备，场方特地做了上万把折扇，折扇上印有主要几位演员的肖像，送给看戏的观众每人一把。演至两个月，称为"双满月"，一年称"一周岁"，便向观众送红蛋。

由于《活菩萨》连演1年9个月，创滑稽戏演出场次的最高纪录，获上海市文化局免税鼓励。以后，又经导演应云卫的艺术加工，参加了华东戏曲观摩演出，受到好评。著名剧作家曹禺也曾来观摩，认为是个好戏，应在戏剧界推广、学习。

1950年10月2日，中共上海市委宣传部部长、市文化局局长夏衍，为合作滑稽剧团上演的《活菩萨》题词：

> 《活菩萨》这个剧本得到广大观众欢迎，证明了地方戏改革前途远大。但是我们也必须认识，这也还是一个起点而已。在人民的上海，群众的进步是不容忽视的。只有更好地学习政治、提高文化，才能更有效地为人民服务。

解放初期，滑稽戏《活菩萨》大受观众欢迎，然而《上海滑稽志》记载："随着政治形势的变化，演出不断变换或不断增加新的内容，以配合各项政治运动。如镇压反革命时，把鲁道夫的身份变成美蒋特务；'五反'运动时，鲁道夫唆使潘志伟偷税漏税等。"

这个滑稽戏从1950年7月开始公演，直到1957年又公演多次，但它的卖座率每况愈下。其原因在于剧团根据上级主管部门的意见，为配合政治运动，对该剧的主题与各个主要人物在戏中的作用，改了又改。将原剧改得伤筋动骨，观众便不怎么接受了。

每个剧目的产生都有其一定的社会背景与现实条件，离开了特定时期的生活基础，导演和演员将如何把他们对于这段时期的生活体验和演技积累充分发挥出来呢？一个戏、一个剧本在那个时代、那个社会产生，反映了其时各阶层人物的生存状态及其命运，这个戏便定型了，成了那个时代的文化产物，某种意义上它也是文化上的一种历史积淀。试把一个观众喜爱的、已经成熟定型的戏，出于政治需要，一改再改，说明其时的文艺政策与主管文艺的领导，指导思想上存在着"左"的偏差，他们把文艺看成一种政治宣传的舆论工具，过分强调并夸大了它的功能与作用。急风暴雨式的阶级斗争过后，文艺应该还原它应有的社会地位与功能：反映人民所关注的历史事件和现实题材，寓教于乐，调剂生活，成为丰富并提高人文素质的精神食粮。

滑稽戏《红姑娘》《活菩萨》何以有如此魅力，吸引众多观众，久演不衰呢？原因之一是，集中了当时滑稽界的精英演员，他们各有所长，生活积累丰富，且有长期舞台实践的演出经验，故能在幕表戏规定的剧情中进行二度创作，尽情发挥，努力塑造好各自扮演的角色。二是其反映的社会内容及讽刺的人物均是大众感兴趣的对象，产生了热烈的剧场效果。

滑稽戏《庸人自扰》剧照。左一为姚慕双，右一为周柏春

由于两台滑稽戏生意兴旺，便凝聚了人气。

演完《活菩萨》，合作剧团就分成“大公”“大众”两个滑稽剧团。

1952年2月，杨华生在合作滑稽剧团原班人马的基础上对演职人员作了适当调整，组建大公滑稽剧团，他任团长。成立初期为民间剧团，属于集体所有制。1958年归邑庙区管理（后改南市区）。编剧南薇、朱铿、沙陆墟。导演韩义、朱铿。舞美设计刘厚德。作曲刘如曾、连波。主要演员有杨、张、笑、沈，绿杨、张利音。杨华生在接着演出的《七十二家房客》中演369，刻画了一个刁诈、凶狠的反动警察形象；在《苏州两公差》中饰张超，塑造了一个侠骨柔肠、足智多谋的公差，赢得了广泛声誉。该团主要演出的节目有《欢天喜地》《王老板》《一贯害人道》《阿Q正传》《苏州两公差》《拉郎配》《样样管》《糊涂爷娘》《喜上加喜》《电闪雷鸣》等。1958年和1962年，剧团进行了为期半年的巡回演出，足迹遍及北京、沈阳、长春、吉林、哈尔滨、武汉、长沙、南昌、株洲、广州等十几个城市，较成功地向各地介绍滑稽戏剧种。当时是区属剧团中经济状况最好的剧团之一。“文化大革命”初期被迫停演。1972年宣布解散。

1952年2月，程笑飞与范哈哈、文彬彬、张治儿、嫩娘组建大众滑稽剧团。1958年划归虹口区领导。1953年程笑飞离团后，小刘春山出任团长。主演剧目有《三个新郎》，受到戏剧界瞩目。小刘春山1957年与朱翔飞等受聘于新艺滑稽剧团，演出自编剧目《戏迷家庭》，充分发挥其唱的特长，轰动一时。保留节目有《一百零八将》等。1946年，沪剧文滨剧团首演《碧落黄泉》，王盘声的一段“志超读信”刚在剧场演唱，小刘春山就在电台学唱；小刘春山的模仿几可乱真，致使这个沪剧唱段得以更加广泛地传播，风靡一时。不少老听众认为小刘春山的嗓音条件得天独厚，一定程度上超过了原唱。21世纪初，电视台《戏剧大舞台》节目中，王盘声与小刘春山合唱当年的“志超读信”，王盘声谦虚地说：“当年‘志超读信’是小刘春山先生帮我唱红的。”

然而，小刘春山的人生道路充满坎坷。据悉，20世纪50年代初，小刘春山曾因生活问题（其时被视为十分严重的错误）被判刑12年，幸亏他太太到处投诉，服刑2年后放回上海。其时大众滑稽剧团已由文彬彬、范哈哈担任主角，“程、刘、俞”已成过去。此后，小刘春山应一个民营滑稽剧团“高价”聘请，在南京路西藏路口的宁波同乡会剧场作短期演出《戏迷家庭》，“反右”后，他被视为“坏分子”又被送去青海“劳教”。



小刘春山历经磨难，从青海返沪后不改初心，坚持在茶馆、文化站表演，引起有关部门的重视，2007年8月《解放日报》发表何振华评论文章《珍重这样的活档案》，高度评价小刘春山的艺术成就。

程笑飞、小刘春山离团之后，大众剧团改变了“程、刘、俞”以“唱”为主的特点。主要演员没有多大变化。编剧有朱济苍、蔡伋、金慧声等，力量很强。剧目以发挥文彬彬、范哈哈的表演特色为主，重“做”。如《三毛学生意》《小皮匠挂帅》《马戏团的小丑》等。其中《三毛学生意》在剧本整理和表演方面都达到了当时最高水平，影响很大。“文化大革命”初期被迫停演，1971年底剧团解散。

而姚慕双、周柏春领衔的联合剧团，则在原班人马的基础上作了稍许调整，于1950年9月12日组建了蜜蜂滑稽剧团。当时剧团的主要演员除了姚慕双、周柏春，有夏萍、陈红、筱咪咪、龚一飞、吴媚媚、唐茜娜、胡君

姚慕双、周柏春收李青、方艳华为徒时合影

姚慕双、周柏春与学生们

安、王君侠等。滑稽新秀则有“双字辈”的吴双艺、王双柏、翁双杰、王双庆、郑双麟、童双春、何双龙、李双俊、张双勤等。女学生中有司徒华、欧阳丽、诸葛英、上官静等。以后陆续进团的还有李双全、伏双虎，加上老师兄筱慕双、沈双亮等，早期进团的大约22人。

姚慕双庆祝七十大寿合影。前排左起：周柏春、姚慕双。后排左起：张双勤、王辉荃、翁双杰、吴双艺、王双庆、李青、何双龙、童双春（摄于20世纪80年代）

姚慕双、周柏春与“一败涂地”（一排徒弟），前排左起：王辉荃、周柏春、姚慕双、李青。后排左起：王双庆、吴双艺、翁双杰、童双春

以后"双字辈"中又增加了20世纪60年代入门的王辉荃，80年代入门的李青、方艳华、沈双华、钱吟梅、陈忠英。包括其时尚未进团的张双云、袁双麒、钱双恩、范双雄等，这些后来都成为滑稽界的著名演员（其中陈忠英是评弹演员）。

在"蜜蜂"先后任职的编剧、导演有朱济苍、司徒阳、孙旭、周正行、钟高年等。1951年编创的《小儿科》，政府给予免税鼓励。1955年后，以改编演出中外话剧剧本为主，先后有《幸福》《西望长安》《升官图》《荒唐之家》（据《费加罗的婚礼》改编）等，在艺术上亦较多受话剧的影响，逐渐形成了接近话剧表现方法而又不失滑稽戏固有特点的演出风格。1956年底，以《西望长安》参加了"通俗话剧、滑稽戏观摩会演"，表现出与其他滑稽剧团不同的艺术特色。其间也改编演出过缺少戏剧冲突、不适合滑稽戏表演的话剧作品，如《红色风暴》（后有章节叙及）。1958年划归新成区（今静安区一部分）领导，1960年划入上海人民艺术剧院建制，改组为上海人民艺术剧院滑稽剧团。

当初，蜜蜂滑稽剧团建立时，"蜜蜂"二字的冠名权并不属于姚慕双、周柏春兄弟，应归功于他们的慈母周勤侠。其意是希冀剧团要像蜜蜂采蜜一样勤奋劳作，用自己的生命去吮吸花蕊，酿成蜜汁，用甜蜜的健康笑声去回报观众，回馈社会；同时，对社会的丑恶与不公进行无情的讽刺与鞭挞。其意深焉！

1957年6月，蜜蜂滑稽剧团于光华大戏院上演滑稽戏《高帽子》，姚慕双（右）饰杨大发，周柏春（左）饰徐科长

"蜜蜂"剧团初建，对于青年学生童双春，他的老师姚慕双、周柏春当然没有忘怀。《红姑娘》演到一定场次，姚慕双、周柏春便离开国际大戏院，去红宝剧场继续演出《红姑娘》了。童双春虽然是姚慕双、周柏春的学生，但他还不是正

式团员，只好留在国际大戏院。然而，一个多月的时间，国际大戏院像转马灯似地换了五六个剧团，什么“联合”“联艺”“飞马”“人人”“光明”等滑稽剧团，换了一茬又一茬，却始终不景气，出票率不高，童双春在剧中跑龙套，有时连工资都没着落，苦不堪言。他曾报考邮递员，因为是路盲，只认识自己住处附近的几条马路，未被录取，处于待业的失落状态。是年9月，姚慕双获悉后就把他找来，问他：“你今后打算做什么？”童双春神态迷茫地说：“跟人家跑码头，没生意，剧团要解散了，没什么可以做了。”言语间流露了他想改行的心思。姚慕双想了一下，对他说：“那你等我消息吧。”过了几天，姚慕双、周柏春兄弟商量后，就托人带来口信：“让童双春到‘蜜蜂’来吧。”于是，童双春就以学员的身份进了蜜蜂滑稽剧团。童双春在他的自传《满园春色关不住——童双春滑稽艺术人生》中写道：

> 当我听到此口信，犹如在黑夜中看到了一盏明灯，想想能在自己崇拜的姚慕双、周柏春身边工作是极大的幸福，我那掉到冰窟里的心马上复活了。我暗下决心：“自己一定要争气，今后好好报答姚慕双、周柏春两位老师的恩情。”

童双春回到他敬爱的老师身边，此后，他用自己一生的勤奋与努力报答了两位恩师对他的栽培与期望。果然，他紧随恩师，在滑稽舞台上奋斗了一辈子，曾荣获第10届牡丹奖。2018年5月，被评定为第五批国家级非物质文化遗产代表性项目传承人，2018年10月7日，被授予“中国文联终身成就曲艺艺术家”的荣誉称号。

在蜜蜂滑稽剧团成立之初，首演滑稽戏《播音鸳鸯》与《小儿科》。前者让年轻的滑稽界女演员吴媚媚锦上添花，跻身于沪上滑稽界一流演员之列。吴媚媚出道很早。1942年，吴媚媚24岁，在笑笑剧团的《秋海棠》中同时扮演罗湘绮、梅宝两个角色，这是很考验演技的。后来又在华亭剧团的《小山东到上海》中扮演女主角秀娟，和周柏春“谈情说爱”。那时候，周柏春刚“出道”不久，而在舞台上摸爬滚打多年的吴媚媚已经成名，而且结婚生子了，岁数比周柏春大，所以周柏春和吴媚媚演爱情戏就会脸红，不由自主地会把脸转过去，吴媚媚就把他的脸扳过来。

两个老人到了晚年，见面总忘不了几十年前的那段往事。吴媚媚用苏州口音的上海话说：“我一看到周柏春就要和他谈‘爱情’。而且现在我们两个耳朵都不好，在一起讲话真的像在谈‘爱情’一样……”人们一听这话就笑。

滑稽名家姚勇儿说，吴媚媚和姚慕双、周柏春有过近半个世纪的艺术合作，而他本人也曾经和吴媚媚共事过。姚勇儿说：“当年黄佐临排演了《笑着向昨天告别》，正是父亲和周柏春主演，吴媚媚也参与了主演，她的角色完全是从人物出发，这种坚决走人物内心的表演路子，是滑稽演员中不可多得的，也是最值得年轻演员们学习的。”

国际大戏院印发的滑稽戏《红姑娘》宣传单。主要演员有周柏春、姚慕双、王雪艳、陈侠麟、陆希希、鲍乐乐

# 二十九　戏改与荣誉

荣誉使艺术盛兴，

一切有志于钻研的人，无不受着荣誉感的激动。

——〔古罗马〕西塞罗《论雄辩家》

新中国成立之初，新政权对一些艺人，尤其是对那些早已成名的大牌演员、大角儿、大明星，是相当尊重的。上至政府官员，下至普通士兵，无论工人还是农民，亟需文化生活，看戏听书以娱乐，成为一种休闲，不再属于有闲阶级的特权。

而此时被解放了的艺人，摆脱了娼优并提的歧视，被视为人民的表演艺术家，其社会地位得到极大提高，他们之中绝大多数未去港台、留在大陆的艺人，政治热情空前高涨，真心拥护共产党，拥护新政权，有着较强的翻身感。

1950年9月12日，姚慕双、周柏春领衔的蜜蜂滑稽剧团成立，他们与兄弟剧种、剧团一样，在短短两个月的时间内排演了符合新社会风尚的滑稽戏《小儿科》与《老账房》，以配合共产党的政治运动。姚慕双、周柏春昆仲也积极在电台上播出歌颂新社会、新政权的各种新编节目。

滑稽戏《小儿科》剧照，右三为周柏春（摄于1951年）

尽管如此，鉴于其时国营剧团尚未成立，都为私营剧团，甚至还有演出个体户，这些演员多数来自旧社会，思想观念较为落后、陈旧，身上不同程度地带有旧社会遗留下来的不良习惯与旧“戏子”的作风。这些剧团演出的节目良莠并存，有些尚有不少封建糟粕需要剔除或摒弃或改造。有的内容与新政权倡导的为人民服务，建设社会主义新文化、新道德的观念格格不入，甚至相去甚远。其时开展的戏改运动有其一定的合理性与必要性。各地宣传文化部门，对这批从旧社会过来的艺人，在意识形态方面的管理、改造并未放松丝毫。从中央到地方，均成立了戏改小组。

1949年后，田汉任职中央文化部戏曲改进局、艺术局局长；全国各地文化局、文艺处也相应建立了戏改领导小组，原各地民间组织的戏曲协会（原本是行业协会）也纷纷成立了戏曲改进协会。戏改局经过慎重研究，宣布了26出禁演的传统戏曲剧目。

根据上海社会科学院文学研究所研究员张炼红《“禁戏”问题与新中国戏改运动初期的政策实践》一文，可以得知，新中国成立前夕，即1948年9月，华北人民政府在石家庄宣告成立。石家庄作为关内第一个被解放的大城市，以政府行为首开了戏曲改革的新局面。前身为鲁艺平剧研究班、延安平剧研究院的华北平剧研究院随即进驻该市。上承着延安文艺运动中“旧剧改革”的精神，从延安培养和带出来的一大批干部，随着解放大军先后进入全国各地，共同推动着新中国戏改运动的进程。如东北、晋绥、上海、保定、沧州、辛集、张家口、北平等地，都有平剧院的同志在继续从事“旧剧改革”工作。

新中国戏曲改革运动是一场政府主导的社会主义文化政治的具体实践。“禁戏政策本身的局限、传达不力带来的误解和偏差、戏改干部的缺乏以及业务能力等因素的错综影响，使得政策的调控、纠偏意图与其贯彻实施过程之间产生距离，无法达到预期的工作成效，其间得失曲折还需通过具体史料梳理而有所观照与省思。”

1949年5月27日，上海解放。当时，上海戏剧、曲艺界中有相当数量的进步艺人，他们表现出迎接新生活的无比热情。如上海刚解放，梅兰芳就兴高采烈地走上街头，与老百姓一起热情欢迎解放军进城；周信芳则亲自到上海人民广播电台广播，表达自己的喜悦之情。5月28日，杨斌奎、赵稼秋等部分评弹演员和滑稽演员姚慕双、周柏春等，就在大中华电台播出特别节目，迎接上海解放，播唱了歌颂解放的弹词开篇与曲调。

上海解放后，6月，上海市军管会文艺处就委派干部刘厚生、钱英郁、钟泯、吴琛、郭明、吴宗锡、何慢等分别联系戏剧和曲艺界，组织艺人学习，推进他们演唱表现新的思想内容的新作品。评弹界还在维纳斯书场组织了新书会书演出，节目有潘伯英、张鸿声、顾宏伯、唐耿良四个档评话《飞夺泸定桥》，张鉴庭、张鉴国弹唱《阿Q正传》，刘天韵、谢毓菁弹唱《小二黑结婚》。7月，上海曲艺界参加劳军游园会，在中山公园、复兴公园演出。上海评弹改进协会为劳军义演，还在南京大戏院（今上海音乐厅）演出了由潘伯英改编的书戏《小二黑结婚》，蒋月泉、范雪君、严雪亭、刘天韵、张鉴庭、张鸿声、朱耀祥等评弹名演员悉数登台。这是首次把解放区人民的生活情景搬上上海的舞台。

下半年，著名弹词演员蒋月泉、杨振言又在新建立的上海人民广播电台连续播唱《白毛女》《王贵与李香香》等系列开篇，使解放区的新文艺作品迅速在上海听众中传播。

1949年10月，在市军管会文艺处的领导下，上海戏剧、曲艺的各个专业行业协会，在原有的基础上，各自成立改进协会，军管会通过这些组织推动会员们展开学习和进行创作，以及参加义演、工矿基层慰问演出等社会活动，使上海戏曲界呈现出一派生气勃勃的气象。

为了帮助戏剧、曲艺艺人提高政治觉悟，对艺人进行广泛的政治、艺术改革的启蒙教育，市军管会文艺处和市文化局在戏剧、曲艺界集中举办了两项重大活动：第一项是连续举办了三届地方戏曲研究班，第二项是举办了两次春节戏曲演唱竞赛。

第一届地方研究班由军管会文艺处处长伊兵任班主任，刘厚生任副班主任，吴小佩任教导员。这一届参加的学员主要是地方戏曲的演员和编导，并以越剧为主，包括京、沪、淮、甬、扬、锡等剧种，学员200多人，分编导和表演两个系，采取集中住宿的办法。学员中有演员袁雪芬、范瑞娟、徐玉兰、傅全香、竺水招等，编导吕仲、徐进、陈鹏、金风等。研究班的学习内容有“社会发展史”“知识分子改造问题”“工人运动”“文艺方向问题”等，担任讲课的有陈虞孙、周而复、王若望、陈山、伊兵等，还有戏曲创作经验交流等。研究班为期40天，前20天学习政治，后20天主要挖掘传统小戏，并进行交流演出。通过学习，学员们的政治思想和文艺思想得到普遍提高。

1950年8月，上海市文化局戏曲改进处举办了第二届地方戏曲研究班，周信芳任班主任，刘厚生、董天民任副班主任，共有学员1 000余人。研究班分编导系、表演系、音技系三个系。参加研究班的有李瑞来、王少楼、金素雯、解洪元、丁是娥、顾月珍、汪秀英、徐玉兰、王文娟、徐天红、筱文艳、马麟童、姚慕双、周柏春、杨斌奎、严雪亭、程笑亭、杨华生、鲍乐乐、施云飞等。

第二届地方戏曲研究班从8月7日至9月16日，为期41天。讲课内容有刘厚生传达上海市第一届文代会精神与决议，陈虞孙的"国内外形势报告"，陆万美的"新人生观"，马少波的"关于戏曲改革工作的方针和任务"，张白山的"关于党的文教政策报告"等。

研究班还安排了电影观摩和各剧团代表剧目、曲目的交流观摩演出，这一届研究班为不久举办的1951年度春节演唱竞赛打下了思想和业务基础。

1951年7月，上海市文化局又举办了第三届地方戏曲研究班。研究班分编导系和演员系，由周信芳任班主任，赵景深、刘厚生、董天民任副班主任，洪荒、何慢任正副秘书长。编导系学员84人，演员系学员177人，共261人。于7月22日开学，演员系8月31日结束，编导系9月20日结束。参加研究班的有庄志、宗华、邵滨孙、李桐森、筱文艳、李神童、张鸿声、周柏春、杨华生等。

这一届研究班开学前，政务院的《五五指示》已经发布，成为研究班学习的重要内容，授课的课程有刘厚生的"新民主主义革命运动史"、刘雪苇的"文艺新方向"、吴宗锡的"戏曲与批评"、梅朵的"创作方法"、何慢的"纠正历史剧创作中的反历史倾向"、赵景深的"戏改政策"、流泽的"剧团组织和领导问题"、赵丹的"表演艺术"等。研究班观摩了越剧《天下第一桥》、苏剧《桃花扇》、苏联影片《勇敢的人》、国产影片《白毛女》等。

三届戏曲研究班的举办，对上海戏曲队伍政治思想、文艺思想和文化素养的提高，都起到了积极的作用，为此后的创作、演出活动的开展，作了思想和理论方面的准备。

第二项重大的活动是连续举办两届春节戏曲演唱竞赛活动。

1950年2月17日至3月4日，军管会文艺处举办了上海市戏曲改造运动春节演唱竞赛，竞赛委员会由梅兰芳任主任。这个演唱竞赛规模很大，上海各地方戏剧和曲艺剧种102个单位、2 806人、100余个节目参赛；同时，在54个剧场、10个书场、3个游艺场展演。历时半月余，演出结束，在天蟾舞台举行颁奖大会，获得荣誉奖的有东山越剧团范瑞娟、傅全香主演的《万户更新》，上艺施家沪剧团丁是娥、施春轩主演的《赤叶河》，中南京剧团高百岁、陈鹤峰主演的《三打祝家庄》，中艺沪剧团邵滨孙、石筱英、筱爱琴主演的《幸福门》，杨震新的苏州评话《李闯王》。获一等奖的有淮剧《九件衣》，京剧三本《水泊梁山》，滑稽歌唱大戏剧《团团圆圆》（1950年2月21日，演出于虹口大戏院。由沪剧名家邵滨孙、卫鸣歧联合导演），越剧《袁世凯》，刘天韵、谢毓菁的弹词《小二黑结婚》等。邵滨孙、范瑞娟、李瑞来、王宝云、刘天韵获个人荣誉奖。

1951年2月，上海市文化局又举办了1951年春节戏曲演唱竞赛，各剧种、曲种136个节目参赛，3 000多人参加，演出400多场，观众达50多万人次，分别在中央剧场、维也纳书场展演。获得荣誉奖的有上艺施家沪剧团丁是娥、解洪元主演的《好儿女》，联谊淮剧团筱文艳主演的《美人计》，麟童淮剧团马麟童主演的《岳飞》，共舞台京剧团王少楼、李瑞来主演的十三本《水泊梁山》。获一等奖的有京剧《花木兰》、越剧《彩虹万里》、沪剧《红花处处开》、滑稽戏《战犯末日》等。曲艺界滑稽演员文彬彬、田丽丽、刘侠声，评弹演员唐耿良、刘天韵等获奖。姚慕双、周柏春兄弟自编自演，歌颂解放军、歌颂解放的独脚戏《解放千字文》，参加上海戏曲春节演唱竞赛会，获得一等奖。

华东文化部和上海市文化局还对评弹界坚持说新书的杨振雄、黄异庵、刘天韵、徐雪月、谢毓菁等演员赠予锦旗与镜框，以资表扬。后来，因全国戏曲观摩演出大会、华东区戏曲观摩大会等相继举行，上海市的春节戏曲演唱竞赛活动没有继续举办。这两次春节戏曲演唱竞赛，起到了交流演艺，推动戏曲、曲艺改革和创作演出的积极作用。

上述情况表明，解放初期，姚慕双、周柏春兄弟与其他剧种的著名演员一样，积极参加由政府举办的各项政治学习与文艺宣传活动，政治觉悟有了较大提高，对新社会和共产党有了全新的认识。

姚慕双、周柏春参加“上海独脚戏传统节目会串”（摄于1956年）

然而，在“戏改运动”中，由于一些领导在文艺政策执行过程中存在“左倾”偏向，以及不少演职员对于“戏改运动”的片面理解，认为传统的剧目与表演手段不仅陈旧落后，甚至是反动的；由于思想上过于敏感，也为了今后在戏曲舞台上尚有自己的立足之地，所以像评弹界产生了对于传统曲目一概否定的“割尾巴运动”。于是，其他剧种，包括滑稽界对于过去优秀的或稍有缺点但尚可改进的滑稽戏和独脚戏，一概予以排斥，造成了对于传统戏曲进行切割的文化虚无主义。这种在文艺创作与演出中“宁左勿右”的观点，在较长一段历史时期内左右着文艺工作者的思想，缚住了他们继承传统基础上的创作热情，从而无论在剧目的内容与表演手法方面处于停滞不前的尴尬状态。1956年随着“双百”方针的提出，文艺界一度“解禁”。可是不到一年，随着“反右”扩大化、1958年“大跃进”运动的开展，文艺界又出现了保守、沉闷或纯粹口号式的演出局面。经历“三年困难时期”，在国民经济“调整、巩固、充实、提高”阶段，文艺政策变得宽松起来，文艺界重新开始活跃。到了史无前例的“文革”，不仅上海，乃至全国，除了十个“样板戏”，整个文艺界处于相当沉闷的境地。

只有到了中共十一届三中全会之后，中国传统戏曲才得到全面“解禁”，沿着“实践是检验真理的唯一标准”的方向，以“服务人民为中心”，才逐步走向正规，出现了“百花齐放、百家争鸣”的复苏、繁荣的局面。

终身跟随姚慕双、周柏春二位先生的学生童双春，在他的自传《满园春色关不住——童双春滑稽艺术人生》中有这样一段话：

> 我认为，尽管滑稽以诙谐使人发笑为特色，但它真正的社会意义应该是讽刺。滑稽这一地方剧种有着浓厚的“民间情结”，所表现的内容往往是街头巷尾百姓最关心的“开门七件事”，这是滑稽戏广受欢迎、生生不息的根本所在，因而滑稽不能脱离生活。滑稽要让观众在笑声过后，厌恶和鄙夷那些不道德的行为。可遗憾的，我是一直未能如愿以偿。

上面这段话是在粉碎“四人帮”之后，童双春为滑稽剧团正名，由曲艺团恢复并改制成上海滑稽剧团而努力时“最早怀有的宏愿”，他还一度想把剧团改为“讽刺剧团”。这都是发生在20世纪80年代的事。

滑稽“真正的社会意义应该是讽刺。”这句话可谓“一语中的”。纵观中外古今，被称为“滑稽”的戏，不管是唐代的参军戏到近代卓别林的滑稽电影，都是以讽刺社会不道德、不公道的现象为宗旨。

例如，参军戏是中国古代戏曲形式。由优伶演变而成。十六国后赵石勒时，一个参军官员贪污，就令优人穿上官服，扮作参军，让别的优伶从旁戏弄，参军戏由此得名。内容以滑稽调笑为主。一般是两个角色，被戏弄者名参军，戏弄者叫苍鹘。至晚唐，参军戏发展为多人演出，戏剧情节也比较复杂，除男角色外，还有女角色出场。参军戏对宋金杂剧的形成有着直接影响。

车尔尼雪夫斯基曾说：“既然太阳上也有黑点，‘人世间的事情’就更不可能没有缺陷。”

迄今为止，任何社会，任何制度都不是尽善尽美的，所以需要不断改革，不断创新，社会才能进步，人的道德品质、精神素养才会不断提高。人生活在社会中，受到各种思想与因袭势力的侵蚀，不可能成为完美无缺的圣人、神人。芸芸众生占多数，精英人物总是少数。人世间有正必有邪，有美必有丑，有善必有恶，有知足必有贪婪，有谦卑必有虚荣，有节俭必有奢侈，有笃实必有诈伪，有仁慈必有暴虐，有文明必有野蛮。人不是生活在真空里，而是生活在阶级社会中，自然会受到优与劣、好与坏、雅与俗、正义与罪恶等各种意识的干扰和撞击，以往传统教育与法律的任务便是教人笃守忠、孝、悌、信、礼、义、廉、耻——这是做人的根本！

而社会主义喜剧的根本任务就是讽刺邪、丑、恶，歌颂真、善、美，让恶行、贪婪、虚荣、奢侈、诈伪、暴虐、野蛮，在讥讽的笑声中无地自容，从人们的心灵深处驱逐出去！从而把社会主义的核心价值观——富强、民主、文明、和谐、自由、平等、公正、法治、爱国、敬业、诚信、友善，这24个字的基本内容融入社会发展各方面，并转化为人们的情感认同和行为习惯。

1949年11月1日，上海滑稽戏剧改进会召开成立大会，会员300人出席，由筹备委员会的周柏春、杨笑峰、房笑吾、俞祥明、杨华生、赵异峰、金慧声担任主席团成员，邀请文艺处剧艺室负责人伊兵、刘厚生，以及游艺协会理事长董天民到会指导。会上选出主席周柏春，副主席杨华生、房笑吾及执行委员11人。

1950年5月15日，上海市戏曲改进协会筹备委员会成立，选出常委43人，滑稽界周柏春、杨华生、赵异峰当选。

7月24日，上海第一届文代会开幕，周柏春、杨华生、赵异峰推选为大会代表。

8月7日至9月16日，上海市文化局举办第二届地方戏曲研究班，周信芳任班主任，刘厚生、董天民任副班主任。12个剧种263人参加学习。编导系学习85人，有滑稽界的赵异峰、田弛、韩澄清、张冲、金慧声、高原、朱济苍、张英、於斗斗等；表演系学员178人，有滑稽演员周柏春、程笑飞、大娃娃、陆希希、田丽丽、夏萍、房笑吾、小神童、包一飞、杨华生、小刘春山、杨笑峰、文彬彬、范哈哈、张樵侬、张一亭、沈一乐、笑嘻嘻等。滑稽演员编在第八中队，中队长为周柏春。

由姚慕双、周柏春领衔的蜜蜂滑稽剧团，就在周柏春参加这一期戏曲界研究班期间（9月12日）成立的。剧团新建，周柏春作为该团团长、主要负责人，在百事繁忙中参加研究班学习，可见他对新政权文化部门的积极支持与服从。剧团内排演新戏的工作便由姚慕双安排了，所以这一期学员名单上没有出现姚慕双的名字。

是年11月21日至12月11日，文化部在北京召开第一次全国戏曲会议，上海出席代表13人，滑稽界代表为周柏春。

张治儿、张幻尔领衔的星艺滑稽剧团离沪。1958年便改建为苏州市滑稽剧团，到了21世纪初期，便涌现了顾芗、张克勤等一批在戏曲界有一定影响的著名滑稽演员。

其时，姚慕双、周柏春兄弟对于新时代的到来，感到发自内心的欢欣与拥戴。用周柏春自己的话说："恍若隔世。在世事日进的日子里，我觉得自己似乎一下子饮足了甘露，浑身感觉到甜滋滋，有一般使勿完的劲！"

上北京参加戏曲工作代表大会，200多个代表济济一堂。周柏春在《自述》中深情地回忆道：

> 白天人多，学习政治，晚上讨论戏改，或者观摩各路名将的精彩表演。那时候，我看到的戏是倒蛮多，看过梅兰芳的《宇宙锋》，李少春、袁世海的《将相和》，还有周信芳、程砚秋等名家的精彩演出。我由于职业关系，当然对侯宝林等相声大师最感兴趣，成了他们的听众，贪婪地吸取北方曲艺的养料。
>
> 不久，殷切盼望的一天终于到来！北京大饭店的厅堂里，几十桌宴席，像莲花朵朵开放在碧波池中央。周总理来了！周总理和蔼亲切地来到我们中间。大厅里有几十个餐桌，周总理到每一个餐桌前和大家握手，嘘寒问暖。到我们这一桌，大家立起来自报家门。我上去与周总理握手，自家报名，我恐怕报自己一个人的名字总理勿晓得，就连姚慕双一道报进。我讲："总理呀，我们是解放前一直在电台上'自由弹唱'的姚慕双、周柏春。"周总理和蔼可亲地讲："哎，我知道，我知道。"我激动得实在不晓得再讲什么了。就说："总理呀，你辛苦了！"这时候，我感觉到无比幸福！我们旧社会里受到地痞、流

氓、反动派的欺侮，解放后总理日理万机，居然接见握手，一道讲话，我心里越想越开心，真是说不出的高兴！

等到会议结束返回上海。火车刚进站，即刻响起了喧天的锣鼓声，原来我的同行们早早等候在车站，欢迎我回来。一下车，我的颈项立刻挂满了簇簇花环，同行们前呼后拥，欢声笑语，俨然迎接一位"外国首相"。大家争先恐后地与我握手，幸福之情溢于言表。

# 三十　大师级的“对擂”与交流

有匪君子，如切如磋，如琢如磨。

——《诗经·卫风·淇奥》

1950年11—12月，文化部在北京召开第一次全国戏曲会议，作为上海滑稽界代表的周柏春，在观摩兄弟戏曲演出期间，特别关注相声大师侯宝林的精彩表演，其原因当不难猜测。

一如武林高手，越是对武艺研究精深，就越会对掌握精湛武术的大师欣赏有加，并从中窥其奥秘，取人之长，补己之短，从而促使自己的武艺进一步提高。就像《水浒传》中，林冲见鲁智深挥舞禅杖，情不自禁地大声叫好一样，完全是出自内心的激赏，没有半丝刻意奉承。

曲艺中相声与独脚戏有着许多相似与相通之处，它们都属于口头的语言表演艺术，与其他剧种所表演的正剧和悲剧不同，相声、独脚戏是以喜悦的形式，博人开心、开怀，让人由衷地发出快乐的笑声，陶冶情操，这是两门兄弟艺术始终不渝的共同目标。

因此，相声与独脚戏的“招笑”方法，虽同中有异，各有特点，但相通之处不少，内中也有各自的窍门与相似的表演技巧。

例如，相声中的“说、学、逗、唱”是演员的四大基本功。说：讲故事，还有说话和铺垫的方式。学：模仿各种人物、方言和戏曲歌曲中的名家名段，还有学跳舞的。逗：制造笑料。唱：一般视为唱戏、唱歌。实际上，传统相声艺人把相声的基本功细分为十三门：要钱、口技、数来宝、太平歌词、白沙撒字、单口相声、逗哏、捧哏、群口、相声怯口/倒口、柳活、贯口、开场小唱等。

而独脚戏也是以“说、学、做、唱”作为演员的基本功。好演员还要善于一人饰演多种角色。一般由两人搭档演出，通常运用夸张、误会、巧合、对比、诡辩、差错、吃进吐出、贯口、排比、谐音、重迭、双关、三反四复、方言等表演手法，取悦观众。所以南方独脚戏与北方的相声有异曲同工之妙。

经过几代表演艺术家的努力，无论相声还是独脚戏都积累了一大批精粹节目。

就以相声大师侯宝林为例，侯派相声代表作就有《戏迷杂学》《学评戏》《改行》《空城计》《得胜图》《红事会》《学大鼓》《闹公堂》《学话剧》《卖布头》等。

滑稽泰斗姚慕双、周柏春兄弟独脚戏的代表作，就有《宁波音乐家》《英文翻译》《骗大饼》《骗表》《新老法结婚》《黄鱼调带鱼》《各地堂倌》《七十二家房客》《高价征求意见》《吃酒水》《汉朝》《十三人搓麻将》《算命》等。

这三位大师的表演也各有特点：

侯宝林先生善于模仿各种方言、市声、戏剧表演。他说相声，语言清晰，动作自然，神态洒脱，寓庄于谐，化雅为俗，具有独特的艺术魅力。他注重相声的知识性、趣味性和评论性，对相声艺术的发展起到了承前启后、继往开来的作用，因此被誉为相声界具有开创性的一代宗师。

姚慕双、周柏春兄弟长期合作半个世纪，互为上下手，珠联璧合，相得益彰。姚慕双节奏强烈，稳健老到，刻画人物惟妙惟肖，“说”和“做”的力度很大，制造“噱头”爆发力强。周柏春的语气和动作常常表现出柔软矫曲状，赋予弹性，波谲云诡，匪夷所思。“噱头”多自从容不迫中自然流露。“热捧、软逗”四个字可以概括姚慕双、周柏春兄弟的艺术特点。而他们在继承传统的基础上编创的独脚戏，博采众长，融知识性、趣味性于一炉，极具书卷气，含蓄深邃，清新脱俗，故被尊称为举世无双的滑稽泰斗。

周柏春、侯宝林在周府合影（摄于1984年9月）

这三位大师级的艺术家，都

在他们漫长的60多年的从艺生涯中，为相声和滑稽戏事业倾注了毕生精力，且都以“把笑声和欢乐带给人民”作为自己的终身奋斗目标，因此赢得广大观众的尊敬与喜爱。在他们的带领和推动下，相声与滑稽艺术进入了一个令人瞩目的新时代。

2008年6月7日、2011年5月23日，经中华人民共和国国务院批准，相声与独脚戏、滑稽戏分别被列入第二批和第三批国家级非物质文化遗产名录。

大师之间因为艺术上的缘由，彼此惺惺相惜，产生相互交流、切磋的需求，那是再自然不过的事了。周柏春在《自述》中披露了自己心中这一强烈愿望。他说道：

> 闻名全国的相声大师侯宝林，一直是我崇敬的老师。说实话，我又一直将他作为暗暗较劲的对手。他的相声段子，我都听过，几乎一段不落。我尤其喜欢他的《夜行记》《改行》《关公战秦琼》等。我对侯宝林的京剧演唱佩服得五体投地，我觉得他的韵味唱腔一招一式，决不亚于专业京剧演员。

周柏春的想法一定程度上也代表了哥哥姚慕双的看法。

艺术大师与一般艺人的区别就在于：当他发现同行在艺术上取得突出成绩，就会产生浓厚兴趣，并予以强烈关注，对他在艺术探索中取得的一切进步，会发自肺腑的由衷赞美与钦佩；而绝不会产生任何忌妒、贬损，甚至排斥之心。因为他用生命投入的艺术，是他一生追逐的终极目标，且矢志不渝。

周柏春对侯宝林的崇敬，显示了这位南方滑稽大师谦逊的美德，也使人想起近代国画大师齐白石老人，生前对明代画家朱耷——八大山人的崇拜。

齐白石的成功，除了幸遇伯乐——大画家陈师曾，劬劳努力，还在于他对前辈大师极其虔诚与敬畏。他曾说过，他若有来生，愿作朱耷门下犬。

艺术是相通的。相声与独脚戏、滑稽戏的艺术家，只有互相沟通，切磋交流，不随波逐流，善于吸取彼此间的艺术精髓，化为己有。在艺术上既强调继承传统，又要适应时代审美的变化对艺术提出新要求，唯其如此，相声与独脚戏、滑稽戏艺术才能呈现出勃勃生机，焕发新力量，开拓新境界，在前人的基础上攀登又一个高峰。

恰恰第一届全国戏曲会议，为姚慕双、周柏春兄弟与相声大师侯宝林相互切磋技艺创造了一个终生难遇的条件。周柏春在《自述》中说道：

> 我第一次与侯宝林见面是在1950年。那一年我到北京参加全国戏曲会议，我是代表，侯宝林也是代表。我俩一见如故，谈到北方的相声和南方的独脚戏竟有惊人的相同见解。我俩马上成了无话不谈的好朋友。会后，意犹未尽，侯先生请我上他家吃饭，两人相约：有机会定要再好好切磋技艺。

历史给予姚慕双、周柏春与侯宝林两次同台切磋技艺的机会：

一次是1951年9月，侯宝林来到上海义演，为了捐献飞机、大炮，支援抗美援朝。周柏春得到这一消息，马上赶到机场去迎接，将侯宝林接到上海市文化局的戏改处，两位艺术家见面，亲热非凡，谈笑风生。突然，有人建议：在座的演员每人表演一段，顿时得到大家的热烈响应。

听到这个建议，周柏春顿时有些紧张。因为自"蜜蜂"剧团成立以来的约一年时间里，他一直忙于排演滑稽戏《播音鸳鸯》《金黄牛》《老账房》《小儿科》，一本接着一本，连喘息的时间都没有，很少去表演独脚戏，用周柏春自己的话来说："这样在很大程度上松懈了对独脚戏的钻研。"他不知道自己演什么才好。最令他没有把握的是，那天，他演独脚戏的老搭档姚慕双，因身体不适，没有到场。没有办法，只能临时抱佛脚，与大徒弟吴双艺搭档表演一段《看西洋镜》。由于临时凑合，两人都比较生疏。吴双艺事前毫无准备，敲"家生"（上海话：打击乐器，此处指小锣）也敲得七零八落，演出效果很差，观众反应冷漠，几乎没有笑声。演完下来，周柏春心里"挖塞（郁闷）"就没法提了。

因为是曲艺界为欢迎侯先生难得举行的一次的聚会，评弹属于曲艺的一个重要曲种，自然也有代表参加。评弹表演艺术家张鉴庭表演一段《捉特务》，他绘声绘色地表演特务无路可逃，跳到水里，被拎起来，嘴里还喷出一口水，引得大家一阵大笑，效果不错。

侯宝林先生那一天最后一档，是压台的。他表演的是《婚姻与迷信》和《害人一贯道》，"噱头"不断，掌声不绝。

两相对照，周柏春感到自己这一次的演出失败了。那不是演出中的一次小失误，而是一次"惨败"——因观众没有反应，没有笑声，对于一个久享盛誉的大名鼎鼎的滑稽界的代表人物周柏春来说，内心的郁闷与隐痛是难以言喻的。

俗话说："拳不离手，曲不离口。"这段时间一心忙于滑稽戏的演出，疏离了独脚戏的平台，这是失败的原因之一。但另一个更为重要且不可忽视的原因是老搭档姚慕双的缺席。姚慕双、周柏春表演的独脚戏所以取得巨大成功，是兄弟俩长期磨合的结果，他们之间已经到了心有灵犀一点通的地步。即便一个小小的眼神，一个观众看来并不起眼的动作，都会让彼此心领神会，知道下面该用什么样的语气去衔接或铺垫，用多快或多慢的节奏去停歇，然后适时地放出"噱头"，引爆笑的效果。突然换了搭档，纵然是自己的学生，由于少了演出中的长期磨合，必然缺少艺术上的默契。可见由两人合作演出的独脚戏中，搭档的配合是多么重要。所以，他常借用母亲的话说："独脚戏的上下手关系是纽头和纽襻的关系。"中式服装，纽头没有纽襻起不了作用，纽襻少了纽头则别无一用。上下手唯有紧密合作，做到严丝合缝的配合，才能达到最佳的演出效果。

周柏春演出失败的那一天，心里说不出的羞愧与懊丧，十分痛苦。他在《自述》中说道：

> 回到家里，我翻来覆去睡不着觉。一天、两天、三天，就这样，竟然连着三夜天睡不着。等到第三夜，我想："哪能（怎么样）？我预备一直这样子下去啦？我预备一直勿睏？格末人预备翘辫子啊（沪语：一直不睡准备去死）？"我自己问自己："我滑稽戏预备表演哦？我独脚戏预备唱哦？"自己回答："我当然要表演！当然要唱！那我要振作起

来，男子汉啥地方跌倒啥地方爬起来！”这样一来，我倒睏着了。从此以后，我一边演大戏，一边创作、演出独脚戏，丝毫不敢有所懈怠。

不久，在天蟾舞台有一场为捐献飞机大炮的演出。这次演出，一共有三档滑稽：一档是程笑飞，一档是杨华生，一档就是姚慕双、周柏春。周柏春暗暗替自己打气：这次无论如何要准备充分，无论如何不能失败。他事前已作好了充分的准备，确保万无一失。

程笑飞表演的《开无线电》、杨华生表演的《戏曲杂谈》，都以唱为主，两人在表演形式上雷同，且有冲突，所以演出效果就大打折扣了。

轮到姚慕双、周柏春上场，兄弟俩表演的是新编的独脚戏《百子图》，里面每一句台词的最后一个字都有一个上海方言的“子”音，如“在浦东陆家嘴，有个恶霸大地主，弹眼睛、翘胡子，欺压农民摆架子……”一直唱到“这恶霸地主被镇压枪毙翘辫子……”这个节目在当时属于应景节目，配合了镇压反革命运动，虽然是新编的独脚戏，但姚慕双、周柏春在演出前作了多次认真排练，当中又放了许多“噱头”，观众以前没听见过，所以笑声不断，掌声经久不息。在观众热烈的要求下，姚慕双、周柏春再加演了一段《人民真开心》。晚年的周柏春还依稀记得这一段的内容是歌颂祖国物资丰富，全国一盘棋，土特产大交流：“浦东去，三黄鸡；山东来，莱阳梨……”观众听得十分高兴。类似《人民真开心》这样与时代同步的作品，姚慕双、周柏春演过不少，却并不生硬、教条，他们的过人之处在说唱表演中表露无遗。

事隔8年，1959年9月，南北曲艺交流，侯宝林再次来到上海，在文化广场进行盛大演出。

文化广场原来是一个叫邵禄的法国商人建造的跑狗场。解放后，经上海市人民政府改建，成为上海最大

20世纪90年代，姚慕双、周柏春在探讨艺术，永无止境

的集会和演出场所，可容纳7 000人，号称万人。那里场地大，音响虽比不上现在那么好，但还算不错，是请苏联专家设计的，适应大型演出活动，比如国内外交响乐团、俄罗斯芭蕾舞团的演出等。但对于人数较少的曲艺演员，面对偌大的空间要收到预期的效果并非易事了。

演出为期6天。当时商定，南北方曲艺交叉演出：侯宝林压台3天，姚慕双、周柏春压台3天。3天中，节目每天不同。姚慕双、周柏春表演独脚戏《宁波音乐家》《各地堂倌》等。在演出《宁波音乐家》时，姚慕双、周柏春除了用美声唱法表达宁波人说这段话的内容之外，还加上了形体动作，载歌载舞，像跳芭蕾舞似的转起圈来，还要像双人舞一样照样托举，将观众的情绪吊足，剧场欢乐的气氛达到了高潮。

姚慕双、周柏春表演独脚戏，有一个特点，幽默大于肢体动作。有别于靠肢体出"噱头"的独脚戏，他们完全靠语言或结构上的喜剧性取胜。然而，这次表演却是一个例外，辅之以大幅度的形体动作，这是姚慕双、周柏春的聪明之处；因为表演的舞台忒大了，那是从实际情况出发进行的动作设计，果然博得轰动效果。文化广场沸腾了！哗哗的掌声经久不息，要求姚慕双、周柏春再来一个。于是，又加唱了一段《说唱龙华塔》。

到了20世纪80年代初，周柏春为了配合上海市开展的"五讲四美"宣传活动，根据袁一灵《说唱金铃塔》，又对《说唱龙华塔》作了修改，增加了文明赏花的内容，并亲自登台演唱。他一口标准沪语，口齿煞清，声音甜美，节奏把握得好，60多岁之后，嗓子竟没有一点老化，听不出人到老年常会发生的声音黯淡、嘶哑的毛病。应该说他的音色与发声方法更有利于唱歌，唱戏曲总会带些歌味。然而，恰恰这一特点符合知识

姚慕双、周柏春参加上海电视台春节慰问团（摄于1988年）

分子，尤其大学生的欣赏口味：雅、糯、嗲。加之新编唱词中借用袁一灵《说唱金铃塔》运用贯口的快节奏，从而收到了出奇的效果：满场掌声雷动。此后，这个说唱节目，他在不少场合——不光在正规的剧场，还深入社区——多次演出，受到广大观众的热烈欢迎。

南北曲艺家交流。左起：周柏春、姚慕双、侯宝林、杨华生。中间儿童为周柏春的外孙林迟鸣（摄于1989年）

这一次南北曲艺交流会演，参加的演员多，节目不少，所以规定：每档演员只表演一个节目。由于姚慕双、周柏春的节目特别受到欢迎，每一晚压台演出，都要加演一至两个小段，否则观众热烈的掌声与欢呼声让他们兄弟俩下不了场。这种情况在所有演出中是没有的。

侯宝林（前右）与姚慕双（前左）、周柏春（中）昆仲双双握手（摄于1989年）

而相声大师侯宝林的演出，效果不如北京好；上海的观众还是更加喜欢姚慕双、周柏春的节目。这也许与地域文化不同有关吧。文化广场大，节目拉不住观众，就散了。结果，侯宝林压台有困难。原定他与姚慕双、周柏春轮流压台一天，改成了姚慕双、周柏春连续压台四天。姚慕双、周柏春得天时地利人和，“大获全胜”。

对于周柏春来说，也许心理上消除了上次因准备不足导致失败的阴影，扳回一局，客观上达到了与北方曲艺平分秋色的目的，心里特别高兴。

北方曲艺界也因此次交流演出，领略了南方独脚戏的独特魅力，从形式到内容学习了不少有益的东西，促进了北方曲艺的改进与繁荣。南方曲艺同样从北方曲艺中吸取了不少养料。

南北曲艺家聚会。前排左起：王汝刚、嫩娘、杨华生、周柏春、侯耀文。中排左起：周伟儿、郭德纲、侯耀华、石富宽、师胜杰（摄于2005年6月）

周柏春（左二）与侯耀文（右一）、侯耀华（左三）、郭德纲（右二）（摄于2005年6月）

# 第七章

彰善瘅恶、刺举无避、激浊扬清，始终是姚慕双、周柏春蜜蜂滑稽剧团奉行的“蜜蜂精神”。小蜜蜂在红花绿叶中飞来飞去，撷取蜜液，勤劳又辛苦，快乐又自在，然而，那一罐罐的蜜汁却是它们回馈社会的最佳礼物。蜂巢即是它们的家，劳累一天的蜜蜂在那里休憩，或动或静，继续编织着未来金色的梦。恰如姚慕双、周柏春兄弟的艺术精品，就是在松弛的环境里，爱的天性中，冥思苦想的自然流露。

# 三十一　放"噱"的代价

艰难困苦，玉汝于成。

——〔北宋〕张载《西铭》

蜜蜂滑稽剧团于1950年9月12日成立，其性质与当时其他几十个滑稽剧团一样，属于民营剧团。团长由周柏春担任。团长与剧团演职成员之间是一种合作关系，并不体现制约演员心理、行为的领导与被领导关系。因此艺人的自由度较大，合则聚，不合则散，可以自由流动。由于姚慕双、周柏春为人正派，处事公正，相对有较强的凝聚力，艺人之间较少发生摩擦，比较团结。

姚慕双、周柏春自从参加上海市文化局举办的两届戏曲研究班以来，由于他们自身品质与文化程度较高，易于接受新政权的各项政策与新的文艺思想，觉悟提高很快，他们领导的蜜蜂滑稽剧团积极配合各项政治运动，在短期内排演了不少新编滑稽戏，并在剧场上演。根据姚慕双回忆，他们早在1950年，先后与杨笑峰、朱翔飞、袁一灵、鲍乐乐、笑嘻嘻等，在国际大戏院合演了滑稽戏《开路先锋》，然后在红宝剧场首演《播音鸳鸯》，接着上演《小儿科》《老账房》。

《老账房》就是为配合政府提出的"三反""五反"运动而新编的大型滑稽戏。

"三反"是指1951年底到1952年春，中国共产党在党政机构工作人员中开展了反贪污、反浪费、反官僚主义的运动。"五反"是指1952年1月，中共中央决定开展的反行贿、反偷税漏税、反盗窃国家资财、反偷工减料、反盗窃国家经济情报的运动。1952年6月30日，全国范围"三反""五反"运动胜利结束。运动教育了大多数干部，挽救了犯错误的同志，清除了党的队伍和国家干部队伍中的腐化分子，对于在执政的条件下保持共产党人的革命精神，促进中国共产党和人民政府的廉政建设，起到了重要的作用。与此同时，打击了不法资本家严重的"五毒"行为，在工商业者中普遍进行了一次守法经营的教育，推动了在私营企业中建立工人监督和实行民主改革。全国共有850万到900万人参加运动。前任中共石家庄市委副书记张子善，前任中共天津地委书记刘青山，作为党内大贪污犯被枪决事件，就发生在运动期间的1952年2月10日。中国共产党于1949年3月5日在西柏坡召开的七届二中全会，毛泽东就提出了“务必使同志们继续地保持谦虚、谨慎、不骄、不躁的作风，务必使同志们继续地保持艰苦奋斗的作风”的重要指示。经过这场运动，毛泽东告诫全党：进城后把工作重点转移到社会主义经济建设的过程中，必须防止资产阶级糖衣炮弹进攻的危险，号召全党继续保持谦虚谨慎、不骄不躁和艰苦奋斗的工作作风。

《老账房》于1952年2月首演于红宝剧场，朱济苍编剧。剧情是说老账房方寿松曾协同其“东家”达丰煤号老板吴达丰做过假账、偷税漏税。“五反”运动开始后，老板对其软硬兼施，使其不敢交代。顾虑重重的老账房在政策的感召下，终于放下了包袱，交代了问题，揭发了老板的“五毒”罪行。姚慕双扮老账房，笑咪咪扮吴达丰，周柏春扮职员。

姚慕双在《自传》中谈到扮演方寿松这个老账房角色时说：

> 早先我在电台上讲独脚戏的，等于新娘子头上兜块方巾在讲话，只闻其声，不见其面。后来我演滑稽戏，在台上直接同观众见面了。台上有灯光、布景，还化妆，初次身临其境，一般讲难免心慌意乱；但我置之泰然，没吓昏，因为我到底在电台上播音那么多年了，已赋予我演技的基础。
>
> 解放后，我参加戏曲研究班学习，第一次听到斯坦尼的名字，刚刚懂得表演要钻研人物性格。由于我对斯坦尼的理论只掌握一鳞半爪，以为进入角色越深入、越夸张越好，不晓得一头钻进牛角尖了。
>
> 当时为配合“三反”“五反”运动，蜜蜂滑稽剧团演了一本戏《老账房》，我扮演老账房方寿松。剧中干部动员我，要我揭发资本家。我认为资本家养活我一家人，不应该以怨报德。后来经过干部的启发、子女的帮助，老账房方才醒悟到，我是被资本家剥削的，所以后

悔得哭起来。演员假哭,哭了两声就可以了,我非常有趣,完全忘记了自我,真的大哭一场。

这时戏改处有一位同志散场后到后台对我讲:"老姚同志,你怎么哭得那样伤心啦?你哭得过头,回不过来了是吗?进角色,老姚要掌握分寸,一头钻进去钻不出来怎么办?"从此以后我牢牢记住这位同志的忠告。

我摸索出一些经验,纵然同一类型的角色也应该各具风采。

我曾扮演过黑社会上中下等各类流氓,观众看了,认为我演得很像。为什么像呢?因为我在旧社会见得多了,积累了经验,有丰富的生活积累。扮演大流氓、小流氓的时候,学都不要学的。上海解放不久,我曾在《播音鸳鸯》扮演过欺压艺人的大流氓陈雨堂,我是以所谓"海上闻人"的腔调在台上出现的,演来活龙活现,驾轻就熟,观众看了,觉得我像顾嘉棠,也像马祥生。到了60年代,我又演了洋场恶少式的巡捕房的一个巡长;为了演《大鱼吃小鱼》中的中等流氓——包打听,我设计了一种服装,这种服装不是我凭空想出来的,天热时穿没有领头的香云纱短衫、短裤,里面一件雪白汗衫,头戴一顶金丝边的草帽,指头上钻戒,表袋上挂一只金表,下坠一根金链条,这是他平时的工作服装。等下了班,走进灯红酒绿的舞场就是西装革履,两样了。

我还演过两个外国流氓,外国流氓也有上下之分。50年代初,我在《金黄牛》中演英国浪人恰利。抗战胜利后,美国烂水手冲进上海,动辄骂人打人,脏话连篇。我移花接木,模仿"山姆叔叔"。"山姆叔叔"代表美国,英文叔叔叫"uncle","Uncle Sam"头上两个字母是"US",所以称美国"Uncle Sam"。"山姆叔叔"一言不合就打人:"你来,你要打吗?打你这鼻头。"气得观众在台下大骂恰利。

我扮演的第二个外国流氓是《海外奇谈》中美国大商人洛艾。台上就叫洛艾先生。洛艾是有学问、有知识、有教养的,是生意白相人,属于上等流氓,因此语言、动作、神态,都要比恰利高出十倍,要换一副面孔了。一语一言,一举一动,文质彬彬。口中滚蛋这种话没有了，而代之以“对不起！”“抱歉！”非常感谢的客气话，真是礼貌到家！这些东西都是我从从前美国电影《乱世佳人》中演白瑞德的演员克拉克·盖博身上学到的。

**姚慕双这里讲到的《乱世佳人》是根据玛格丽特·米切尔小说《飘》改编的爱情电影。由维克多·弗莱明、乔治·库克、山姆·伍德导演，费雯·丽、克拉克·盖博等主演，于1940年1月17日在美国上映。影片以美国南北战争为背景，讲述了主人公斯嘉丽与白瑞德之间一段跌宕起伏的爱情故事。**

**姚慕双继续说道：**

仿效他的仪表与修饰，语言俏皮的特征。一方面仿效当年教过我英文的老师的学者风度，所以洛艾与将军碰僵的时候，他是不骂人的，耸耸肩，摇摇头，摆摆手呀，或叹一声——“喔，我的上帝呀！”

所以中外流氓都有上下等之分，只是动作语言不同而已。我演中国上等流氓陈雨堂，“强盗扮书生”，年纪40多岁，装得来稳重自如、胸有成竹的样子，不露声色。演到陈雨堂派人去打电台的时候，只是轻微地眉头一皱，稍微耳语几句，就可以了。洛艾是美国人，也是40多岁，台上动作就敏捷了，比较利索，就像运动员一样。

**解放初期，在戏曲表演方面强调学习从苏联老大哥那儿搬来的斯坦尼斯拉夫斯基的表演理论，在舞台上要深入体验角色，忘掉自我。但这个体验派的理论用在中国戏曲的表演方法上，用在演员个体身上不完全恰当。中国戏曲与中国画一样，与其说写实，不如说写意，讲究意到神到，不完全写实。所以演员演人物，既要进入角色，又不能忘掉自我，进得去，也要出得来。始终不能忘掉自己是在演戏，尤其是戏曲，演员不能忘掉自己在舞台上使用的一招一式的艺术美与它的规范性。滑稽又与话剧不同，为了达到招笑的艺术效果，还得运用语言的夸张与动作变形的技巧。某种程度上海滑稽剧团的滑稽艺术更接近于布莱希特的表演，布莱希特**

主张：演员高于角色，驾驭角色，表现剧中人物而不是演员融化于角色之中，随时进入角色，随时跳出角色，面对观众，若即若离，自由驰骋。演员与角色保持距离，形成“双重形象”即演员即是演员本人，又是剧中人物，是演员利用高超演技表现剧中人物。

姚慕双通过舞台实践，又借鉴前人的传统技巧，用既“入戏又出戏”的表演方法，塑造了一系列性格各异的人物形象，这是他从丰富的生活中提炼艺术经验的结果，也是他借鉴电影等其他艺术样式来不断充实自己表演手段与表演技巧的必然。

姚慕双不仅演反面人物，还敢于演正面人物，对于滑稽演员来说，难度不小，是极大的挑战——因为既要树立正面人物的形象，又要使人看了发笑，分寸把握不了，就有损于这个人物的塑造。所以不少滑稽演员在分配角色时都不愿或不敢去接受这个任务。

然而，姚慕双却跃跃欲试，主动请缨，他要强迫自己用滑稽艺术在舞台上去塑造各种各样的人物。俗话说：“艺高人胆大。”然而，这个“艺”绝不是从天上掉下来，唾手可得，而是勇于挑战自我，某种程度上甚至放弃自己已经熟悉的表演手段与经验，到一个完全陌生的生活领域中去重新体验，并感悟新角色的性格特点，还得用招笑的艺术手段表现出来。

姚慕双说：

> 1959年，我们剧团上演根据话剧改编的《敢想敢做的人们》（配合“大跃进”），其中党委书记这个角色没人愿意演，也不敢演。大家都知道滑稽戏最怕演正面人物，更加怕演党的领导干部，假使演员演上这种角色，那就苦了！大抵是动作拘泥，表情呆板。比如，技术革新有人碰到困难，就走过去，踱踱方步，拍拍人的肩膀，“啊，哪能（怎么样）？泄气了是哦？勿要紧么，呒没（没有）关系，再上！失败是成功之母，支持侬（你）么，胆子大点么！”这种台词，这种腔调，老实说台上是过房爷——就是干爸爸（上海话：干巴巴的意思）。演员不敢越雷池一步，生怕放一个“噱头”就会被人指责为油腔滑调，那么不严肃，损坏干部形象。

我演党委书记之时，人已到中年，但我的雄心壮志就像初生牛犊，毅然揭榜来演这个角色。

生活中，我遇到的党委书记，并不是终日板起面孔，像孔夫子一样。我遇见过几个文化局局长，像钟望阳、陈虞孙、孟波等，这些领导同志说话举动印在我脑海中，非常深刻！他们对文艺非常内行，可是他们说话，从不自我标榜，很幽默。我有时去文化局汇报工作，他们见了我还开玩笑唻。陈虞孙局长还亲自为我倒茶、端椅子，没有一点架子。

于是，我就以他们为模特儿，一定要演好党委书记，演得风趣，平易近人，而且有相当技术知识。他看见工人在搞技术革新，受到挫折，我不是拖腔拖调地说话，看见工人急得满头大汗，我是马上绞一把冷水毛巾，倒一杯凉茶，把陈虞孙局长的动作用上了，然后我快言快语反转来讲："好唻，算唻，倷（你们）不要搞了，工厂关门，集体转业，侬（你）回绍兴去卖霉干菜，我到十六铺摆摊头去卖臭豆腐干。"这时候台下观众哄堂大笑。我拿这几句话，对技术革新的技术员讲，他们气煞了，怒不可遏："格哪能（这怎么）可以呢！"我就笑眯眯地说："既然不可以，就搞下去么！"这时候，党委书记就与工人同志共同修改图纸。旁边一个青工，由翁双杰扮演，他不知道我是党委书记，出了一个大"噱头"：我拉拉他耳朵，他拨拨我胡子，晓得我是新来的党委书记，吓得魂不附体。

在滑稽戏《就是侬》中，我扮演大型客轮的政委。这个政委与党委书记的形象是有差别的。我假定这个政委是贫下中农出身，种过田，参过军，立过功，复员之后在客轮上做一般干部，后来逐步升到政委。应该演得"土"一点，就选择了崇明方言。党委书记与政委，两个角色都是领导干部：前面党委书记懂技术，有文化；后面政委是大老粗，半途出家。党委书记讲话蛮文的，他讲话比较粗犷一点。我用崇明方言，其中有一句话反复用的："嗯搭奥急（你们不要急）！"碰着旅客有困难，例如水土不服，呕吐生病，手下人有什么急事啊，他总是先用这句话安慰人家。我动作粗犷豪放，表现热情诚恳。讲话不注意语汇的，有些词不达意，从而产生喜剧效果。

姚慕双上述这番话令人想起法国喜剧电影《虎口脱险》。故事中的人物都是同德国法西斯斗争的正面小人物，但他们的个性各具特点。所以演正面人物还是可以放“噱”的，关键是从生活出发，要把正面人物作为普通百姓中的一员，他们有着自己的性格特征，也有缺点，并非完美，更不是高高在上、正襟危坐、铁板面孔、泥塑木雕般的正人君子。

50多年的从艺生涯，姚慕双演过不下100部大型滑稽戏。有人同他开玩笑说：“姚老师呀，侬（你）面孔上搽的油彩怕有几十斤了吧？”事实上，他各式人物都要演，都想去尝试，去表演。他演过腰缠万贯的大富商，也演过食不果腹的小乞丐，做过声势煊赫的大文人，演过平平庸庸的小市民，做过满腹经纶的大教授，也演过胸无点墨的小流氓等，上上下下，三教九流，无一不演。

有徒弟佩服地说：“姚老师，你演啥像啥！”

他却话中有话地回答道：“我演的都是姚慕双。”

这句反话是有所指的。因为他觉得自己的学生，多数像他当年一样，唱惯独脚戏，很容易犯一种毛病，往往扮演角色时忘掉自己是剧中人了，仍旧习惯性地以独脚戏演员的身份去表演，因而造成千人一面，观众眼里还是他本人。他希望自己的学生能以此为戒，从现实生活出发，去寻找各种素材，体会不同人物不一样的性格特征。他也不要求学生一步登天，达到要求。艺术上的摸索，必须循序渐进，就像攀登泰山，一步一个台阶，才能登上山巅，饱览无限风光。

早在1952年，按照主管部门的要求，民营剧团开始改制，就是取消后台老板；这对姚慕双、周柏春来说，意味着大幅度地降低收入。

过去按照旧戏班，采用共和班的分配方法，蜜蜂滑稽剧团实行“打分定包银”。“包银”按戏票或货币计算，按场或按天发给，一般一天发一次，有时三五天发一次。“角儿”（著名演员）与一般演员差距很大。历史原因在于中国戏曲是角儿制，“角儿”戏份多，也最辛苦，观众一般是冲着“角儿”的艺术好，才来买票看戏的，所以“角儿”赚得也多。

解放初期，蜜蜂滑稽剧团姚慕双、周柏春二人每场提100张票子（折合人民币60元——相当于一般职工一个月的收入），一般演员每场提5张票子（约折合人民币3元，一个月收入90元左右，高于一般职工收入）。也有剧团实行“大包小”“小包大”“两头包”等分配方法的。

新中国成立后，经过“戏改”和整顿，名角与一般演员的差距缩小了，通常是5∶1。根据《1953年演员工资拆账调查情况统计》，“蜜蜂”主要演员月收入为368.35元，每日为10元。一般演员月收入为70.37元。积余部分作为公积金，用于新戏排练的投资，福利金、公蓄金。

近现代社会，工资是最能简易明了地反映一个国家、一个地区的经济发展水平、各阶层的生活状况，反映一个政权政策变化的重要指标。艺人的命运也必然与此休戚相关。

那么，“戏改”后，作为艺人——滑稽界的代表人物——姚慕双、周柏春的工资发生哪些变化呢？

根据周柏春大女儿周伟儿的记述：

讲到姚慕双、周柏春工资，解放初期是前后台拆账制，每天票房价的30%归前台，70%归后台（剧团）。后台姚慕双、周柏春与其他

滑稽戏《王伯伯》剧照，左一为姚慕双，右一为周柏春（摄于1954年）

滑稽戏《幸福》剧照，左二为周柏春，左四为姚慕双（摄于1955年）

滑稽戏《小山东到上海》剧照，左一为姚慕双，左三为周柏春（摄于1956年）

滑稽戏《西望长安》剧照，左一为周柏春，左二为姚慕双（摄于1956年）

演员是二八分成，即姚慕双、周柏春拿八成，其他演员拿二成（祖母是实际上的经纪人，同红宝老板谈妥的）。解放初期，姚慕双、周柏春实际月薪每人1 800元，1955年、1956年，开始公私合营，每人调到900元，1958年以后到“文革”前，姚慕双是465元。

周柏春20世纪50年代是团长，又是市政协委员，在“大鸣大放”时讲了一句出“噱头”的话：“公司合营后，只有一顶合营的帽子，却不见有人来领导滑稽剧团，与其这样，倒不如脱掉帽子风凉点。”周柏春的本意是希望领导多指点剧团。作为艺人，实质上思想很单纯，只想出出“噱头”，根本没有复杂的政治头脑。然而一句话讲错，被定性为反对党的领导，降职降薪，工资降到285元，革去团长职务，改为艺委会主任。

解放后一直到1960年剧团并入上海人民艺术剧院之前，姚慕双、周柏春上电台，唱堂会收入也是不菲的。有时一天三档，每档40分钟120元，钱都是周柏春交到母亲手中，所有家庭收入支出都是母亲一手掌控。

“文革”开始，姚慕双、周柏春工资全部冻结，以家庭人员基数为准，每人12元生活费，子女上山下乡，走掉一个，扣除12元。周柏春

滑稽戏《笑着向昨天告别》剧照，中间穿长衫者为姚慕双（摄于1960年）

6个子女5个上山下乡，只剩祖母周勤侠、母亲吴光瑾和大弟周文儿，共36元，连吃饭都不够，不要说付房租水电煤了，东借西借，这日子不知怎么过来的，真正不堪回首。

**姚慕双的二女儿姚敏儿叙说：**

听好婆讲起前后台拆账制，前后台三七开，后台又是二八分，姚慕双、周柏春拿八份，其他拿两份。剧场老板管前台出票，价钿（价钱）都是好婆与他们谈的，犹如当今的经纪人。后来逐步改革，姚慕双、周柏春月薪1 800元，公私合营后900元/月，1958年以后是450加15元饭钱，即465元/月。爷叔周柏春是团长，1957年“大鸣大放”，要他提意见，爷叔要求剧团加强党的领导，否则“脱掉帽子风凉点”。就这点意见，被降职降薪，团长革职，工资降到285元/月，一直到“文革”。1966年8月30日抄家，工资按人头每人12元，再给房租44.2元/月。

**姚慕双、周柏春两个子女的叙说，内容基本一致。为慎重起见，笔者**

查阅了姚慕双和周柏春专业技术职称评审呈报表，由姚慕双、周柏春本人亲笔填写，时间为1988年。表内工资一栏中，姚慕双自填367.50元（退休工资）。周柏春自填379元（退休工资）。

又查阅了我国工资改革的有关说明：

> 新中国成立以来，公务员工资制度经历了九次大的变革。1956年，第一次工资制度改革后，我国全面取消配给制和物价津贴，直接以货币形式规定工资标准，机关、事业单位按照工作人员的职务高低确定职务等级和工资标准。这一工资体制持续了近30年。1985年，随着经济形势好转，国家废除了30年的等级……

由此明白：我国工资自1956年搞过一次改革，取消供给制改为工资制，直至1985年未曾变动。姚慕双、周柏春于1988年填写的工资收入，基本上停留在30年前的水平。

客观地说，姚慕双、周柏春的收入，与其时政府对剧团的体制改革密切相关。1956年2月，公私合营，蜜蜂滑稽剧团转制为新国营剧团，原来私方的“蜜蜂”剧团已改变性质，转为国营了，兄弟俩也于是年双双参加了“民盟”；但作为私方的姚慕双、周柏春还享受月薪900元的待遇。到了1958年12月市文化局对新国营剧团、民办公助、民间职业剧团进行整顿（历时1年），姚慕双、周柏春改为月薪465元。此后直到1988年姚慕双、周柏春退休，30年里工资待遇未变。这一收入不能与解放初期相比，更不能与兄弟俩黄金时期的收入相提并论，而是处于明显的下降状态。

姚慕双、周柏春下工厂慰问工人

1957年，周柏春怀着一颗赤子之心，帮助党献计献策，在应邀参加的市宣传会议上向领导倾诉："我团名为国营剧团，可总不见有人来领导，光有顶国营帽子（出于职业的本能，他说话自然而然地要放"噱头"），这顶徒有虚名的帽子不如摘了风凉风凉。"平时他放"噱头"，总能赢得满堂彩；谁知，这一次"噱头"，却把自己放到了政治生涯的冰点。

周伟儿叙述了他父亲在会上提"意见的"情况：

> 那次会上石筱英（沪剧名家）说：主要演员没苗头了，以前广告牌做得老老大，现在小得一点点，不及隔壁卖良乡栗子的。人家一出"噱头"，我爹爹也忍不住了，说话必定要带幽默感，他出"噱头"出坏了：说要名要利，我们蜜蜂滑稽剧团上面文化局干部来抓我们，公私合营，派了个挂名团长来，帽子挂了，来末勿来的，还不如脱掉（去掉），来得风凉点。这么一说变成反党了，差点戴上右派帽子。当时文化局还是保他下来了，姚慕双、周柏春名望大，影响力还是很厉害的，虽然说话犯了错误，但不至于戴右派帽子。乃末（于是）降职降薪，本来团长，后来就做艺委会主任，工资从每月465元降到285元。这时候姚慕双工资依然每月465元，这事是文化局来处理的。降职降薪，他算漏网右派。那时候我读小学两三年级，爹爹姆妈说："准备好一家人去青海流放了。"

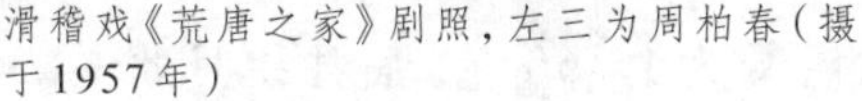

滑稽戏《荒唐之家》剧照，左三为周柏春（摄于1957年）

滑稽戏《白日梦》剧照，右一为姚慕双（摄于1957年）

周柏春在《自述》中说：

在这次宣传会议上，凡是向党提意见的，都被打成了右派。

我的一句“噱头”也惹下了祸殃，虽然最终侥幸未成右派，但成了终日受审查的重点对象，降职降薪，反复检查。我的心一下透凉到冰点。共产党的好处有目共睹，可是为什么不能容忍人们善意地帮助呢？扪心自问，我确实没有反党的意图。此后的日子里，我像换了一个人。

上午整风，下午整风。每天日夜两场大戏，开幕前还要提早与观众见面，向观众介绍剧情。夜戏结束后，到烈火熊熊的炼钢炉前，慰问演出，为全民炼钢呐喊鼓劲。午夜3点回到剧团，逼着自己用无法集中的思维搞创作，直到昏昏然似睡非睡。翌晨7点，民兵训练的集合哨声尖锐地划破长空，我浑身一震，飞奔到操场……天天如此，用汗水洗刷自己的“罪过”。

在我时时告诫自己是对党犯了错误的人要诚心诚意接受改造的同时，仍抑不住心底一个不平的呼声：“我什么时候想推翻党的领导了？这不平的心声一直被压抑着、扭曲着……

周柏春（摄于1957年，35岁）

正因为这一次提意见，放“噱头”，周柏春付出了沉重代价。工资降到285元/月。与一般工薪阶层比，似乎并不少，但他与姚慕双子女多，爱人又都不工作，要一起负担两家近二十口人的生活，姚慕双、周柏春实际的生活水平已与普通工薪阶层相差无几，高不了多少了。

鉴于历史原因，新中国成立之初，文艺界大角儿的工资，比党政军高干们的工资高出一大截。例如，周信芳月薪2 000元，入党以后减为1 760元，张君秋月薪1 450

元,马连良1 700元,谭富英1 600元,裘盛戎1 500元。童芷苓解散私人剧团后,于1955年进入上海京剧院,由于加入国营剧团稍晚两年,被评为二级演员,月薪1 100元。

从20世纪50年代至80年代末,我国经济处于恢复、转型阶段,整体消费水平较低。以1957年为例,一碗阳春面8分钱,一碗牛肉面、红烧肉面才1角5分钱。一袋面粉2元,35元就能买一两金子。去红房子、德大那样的西餐馆吃一顿,才花1元钱。当时一般职工月薪均在30元左右。比起他们来,名角的工资算是天价了。

然而,从1957年起,对犯有右倾错误的知识分子开始以降薪降级予以惩罚。周柏春便是其中的一个受害者。1964年在文艺界普遍刮起了一股左风,要求自动降薪,取消保留工资,只拿级别工资。著名京剧表演艺术家童芷苓,为二级演员,取消保留工资,由1 100元陡然降到300元。著名评弹表演艺术家蒋月泉,40年代与姚慕双、周柏春一样,在电台唱红,因为生意好,被评为"评弹状元",那时他每天有一条"小黄鱼"的收入。解放初期,他们18艺人创建人民评弹团,他与严雪亭被评为一级演员,月薪410元。1964年,要求主动降薪,团领导派唐耿良做说服工作,无奈同意取消保留工资144元,降为266元。

到了改革开放的新时期,随着大锅饭被打破,分配问题上的极左现象才被逐步纠正,强调能者多劳,多劳多得,点燃了每一个人的劳动热情,从而大大提高了社会主义的生产积极性,迎来了朝气蓬勃的新时代。

姚慕双、周柏春等一批优秀表演艺术家昔日的高工资、高酬劳,是由社会的需求决定的,平均主义涌现不了杰出的表演艺术家。市场法则,供求关系决定一切。艺术家们也只有在激烈的竞争中脱颖而出,用他们艰难求索中结出的艳丽之花方能博得人民的赏识、社会的认可,从而提高自己的声望与回报。

# 三十二　吉益里的故事

快乐的秘诀是：让兴趣尽可能地扩张，
对人对物的反应尽可能出自善意而不是恶意的兴趣。
——〔法〕罗曼·罗兰

吉益里就是太仓路119弄。姚慕双与他的二房太太杨美明住在吉益里36号。

这里是姚慕双工作之后的一处栖息之地，也是他舒缓心灵的又一个温暖港湾；在这里，他与杨美明抚育了五个子女——祺儿、贞儿、骏儿、勇儿、斌儿，用父母的爱心孕育了一片充满温馨的亲情；在这里，家人的微笑为他的喜剧的二度创作激发了乍现的灵光；在人妖不分的倒霉年代，家人与他一起经受过寒风凛冽的严峻考验；黑云过后，又是家人与他一起迎来了春风化雨的美好时光。

杨美明原本是出身家境富裕的小姐，出手大方，也不擅家政，自从嫁给姚慕双，生儿育女，她开始操持家务，变得能干起来，尽管用了一个保姆帮忙。姚慕双终日忙于演出，又是一个"大少爷"，回到吉益里，休息的时间居多，帮不了什么忙。杨美明便挑起家政的重担，她既要照顾好姚慕双的衣食起居，又要担负起教育子女的责任。因为孩子多，她管教子女十分严厉。人曰，严父慈母；在吉益里，却是慈父严母。姚慕双面和心善，从不打骂孩子，所以孩子们相对喜欢与父亲接近。杨美明除操持家务外，还热心参与里弄建设，出资办了图书馆、托儿所等，做了不少公益工作。她是对外善，对内严。

姚祺儿小时候，妈妈给他订一份牛奶——那时牛奶瓶用蜡纸封口，弟弟妹妹们还吃不到牛奶，他却从小至今都不喜欢吃牛奶。他回忆说：

> 记得有一天，叫我吃牛奶，我看看没有人，走到后门口，把牛奶倒到阴沟里去了。从小照顾我的保姆看到了，告诉我姆妈，我姆妈将

我臭骂一顿。我爹爹是好好先生，从来不打骂小孩，姆妈稍许管教子女，爹爹要与她吵的，还责怪她为什么打孩子？爹爹太喜欢孩子了。

**姚勇儿说：**

爹爹非常同情弱者，包括我们小时候，小孩子总是要犯错的。我妈十分严厉，管教很紧。妈妈要教训，有时候还要打，爹爹从来不会。我好几次打碎东西或者丢了东西，姆妈总要教训。一到休息的时候，爹爹就会问："妈妈打过你了？"中午他就陪我出去吃顿饭，加以安慰；但也提醒我下次注意。这样小孩就会重拾信心。

**姚斌儿也说：**

爹爹心地善良。小孩子和妈妈发生矛盾，心里受些委屈，过两天，他就会来找我们，加以安慰，一贯如此。

**2008年，东方电视台家庭演播室《追忆姚慕双 周柏春——"笑声永留人间"》节目播出了一段采访录像（拍摄于3月12日），录像中，杨美明说：**

对孩子我管教得比较严，认为孩子还要自己管。有时我要打小孩，弄堂里的邻居看见了觉得很好笑；因为我这个人看上去不是很粗鲁，还是很文静的。他们见我打小孩要怕的。我现在老了，他们也大了，回想起来还是感到很内疚。也有邻居对我说，要是从前我不是管得那么紧，孩子们也不会那么好。这倒也是个好的因素。

**作为父亲的姚慕双，在孩子们受委屈的时候总给予慈父的关爱，调和了子女与母亲的关系。**

**姚勇儿1959年进的幼儿园，幼儿园老师知道他是姚老师的儿子，就婉转地通过他要几张戏票，姚慕双就想方设法尽量满足。到了六一国际**

滑稽戏《王老虎抢亲》剧照，左二为周柏春（摄于1959年）

滑稽戏《王老虎抢亲》剧照，左一为周柏春（摄于1959年）

儿童节，老师又通过姚勇儿，希望他爸爸能去市少年宫演出，姚慕双二话不说，带着他的学生吴双艺，去市少年宫大厅演出了，完全免费，没有任何报酬。他那么有名气的大演员还经常去幼儿园为小朋友义务演出呢，对孩子充满爱心。

20世纪50年代，人们的收入很低，一般双职工的家庭，一个月的薪水也只有百把元，还要赡养老人抚养小孩，经济条件都很差，日子过得紧巴巴；富裕的家庭毕竟少数。

姚祺儿所在学校组织春游，每个同学要交5角或1元钱，有些同学家里出不起，就让孩子放弃了。祺儿在班上是中队长，班干部，回家就把这个情况告诉父亲。于是，每当春游季节，姚慕双就会问儿子："祺儿，你们这次有几个同学不去春游啊?”祺儿告诉他,还有三四个,包括隔壁邻居30号里的阿珍。姚慕双就说:“叫他们一道去呀,钱爹爹给你!”后来就成习惯了,每次春游,祺儿就主动告诉父亲,有几个同学不去,问他要钱;儿子要1元,他总给3元、5元,不会只给1元。

星期天早上有儿童场电影,1角钱或1角5分一张票子,他就给儿子一些钱,让他叫上几个同学一起去。

姚慕双人到中年,童心未泯。他31岁得子姚祺儿,儿子10来岁时,他已是40来岁的人了。他演完日场回家,见儿子和几个小朋友在弄堂里打弹子、玩香烟牌子,竟然加入进来,和孩子们一起玩。他就是这样一个热爱生活的老顽童。

姚慕双虽有9个孩子,却个个喜欢。爱心、责任心——好男人的品质在他身上体现得十分明显。

1960年,姚慕双42岁,最小的女儿姚斌儿出生。姚慕双中年得爱女,特别喜欢。小斌儿长得胖乎乎,惹人爱,做父亲的常让她坐在肩膀上,太太见了不高兴,觉得这样不好——那是老一辈的思想;姚慕双却毫不忌

滑稽戏《纸船明烛照天烧》剧照,左五为姚慕双(摄于1960年)

滑稽戏《王老虎抢亲》剧照，周柏春（左一）饰演男扮女装的周文宾（摄于1961年）

讳。一次，斌儿嚷着要吃“甜灵瓜”。因为两三岁的小女儿发音不清楚，姚慕双不知道女儿想吃什么水果，便干脆抱着她去水果店里挑。斌儿指着说“甜灵瓜”，姚慕双这才明白，女儿要吃甜芦粟，便买了回去。

稍大，斌儿能学着唱歌了，父亲就用英语教他唱当时流行的《北京的金山上》，教她英文单词与简单的英语会话。姚慕双只要不演出，在家里休息，女儿要吃啥他就买啥，说了也一定会买回来。

斌儿上了中学，姚慕双会忙中抽闲参加女儿学校召开的家长会。他为人和善，与斌儿的同学处得很好，非常随意，也很风趣。斌儿有个同学叫崔岚，他把“岚”字上面的“山”去掉，故意念白字，叫她“崔风”——

滑稽戏《认钱不认人》剧照，右二为周柏春（摄于1961年）

“吹风”与“崔风”，谐音。一个同学叫陈孟蕴，他又去掉了“蕴”字上面的草字头，故意叫她“陈摩温”。还分别给另外两个同学起了绰号：一个叫“荷包蛋”，一个叫“五加皮”。斌儿长得胖乎乎的，就叫她“肉肉”。姚慕双说：“你们是‘肉烧荷包蛋，再加五加皮’呀！”数十年过去了，姚斌儿与同学们聚会，大家仍然会愉快地回忆起这些趣事。

姚慕双十分在乎孩子们的每点进步。祺儿念中学时，当上了少先队的大队长。一天，父亲要带儿子出门，发现祺儿没有佩戴大队长的标志，就问儿子：“你为什么不戴啊？”他想在亲朋面前显摆一下，让别人看看自己孩子的进步。

张双勤的学生王一凡，谈到太先生姚慕双对儿女的关心时，也说了一桩趣事：

> 姚祺儿有个弟弟叫姚骏儿（现定居澳门），“文革”中，他有哮喘病，被安排在嵩山街道生产组（现新天地）踏缝纫机，生产胸罩。这一年6月，生产组要求每个职工写一首诗歌颂伟大的党，而且要结合工作。骏儿因“文革”中未能上学，文化程度不高。吃晚饭时光吃不吱声，似有心事。姚老师问儿子：“骏儿，啥体（什么事）啊，响都不响（不吱声）？垂头丧气！”骏儿说：“爹爹，七一快到了，生产组要求大家结合自身工作写首诗歌颂党。”父亲说：“这有啥难啊，就是写一首诗嘛，吃饭，吃饭，吃了饭，爹爹对侬（你）讲。”姚慕双有个习惯，不在台上（指舞台），就在床上。不管冷天热天，回家就脱袜子，喜欢赤脚，戳在床头抽烟。那天他上楼，收音机一开，戳在床头边听收音机，边抽烟，把儿子写诗的事给忘了。儿子等在门口戳发戳发，又不敢走进房门。姚慕双见了：“小鬼，你做啥？进又不进来，戳在门口。”儿子说：“爹爹，一首诗写好了吗？”“喔，我倒忘了。拿笔来，你记一下！”姚慕双说着，便随口说出四句打油诗：“不在炉边也出钢，不在田埂也产粮。奶罩工人心向党，只只奶罩放金光。”

王一凡对太先生的机智钦佩至极。

姚慕双在听英语原版歌曲唱片

姚慕双平时忙于在团里排戏、去剧场演出，还要参加各种社会活动，回家后就显得十分疲倦。他便习惯性地跶在靠垫上，或抽香烟看电视，或闭目养神。他往往一个人在香烟缭绕、无人干扰的静谧环境里，潜心思考，慢慢地琢磨他要扮演角色的个性特征，思索如何挖掘这个人物身上的喜剧因素。许多与剧情有关的“肉里噱”，包括喜剧语言、动作、服饰等细节，就是在静思默想中构思出来的。

不管住太仓路还是住斜桥弄，他这样的生活习惯始终未变。姚慕双的二女儿姚敏儿回忆说：

我爹爹不肯起床的，睡在床上脚抖抖，看着天花板，其实是在想台词，不和你们说话，不吃早饭。问他：“爹爹你在做啥？”他就说：“没事，就在那里想想。”其实他是在想剧本，不说话的，脚搁在沙发上。

弟弟周柏春却与哥哥的习惯全然不同，二人适成对照。

周柏春的大女儿周伟儿说：

阿拉（我）爹爹严肃得一塌糊涂。他晚上11点唱完夜戏回来，早上7点就起来打太极拳。他看见我们还睡在床上，就一个个把我们的被子掀掉，嘴里还说“笨鸟先飞、闻鸡起舞、天道酬勤！”他叫我们要勤奋，读书要有读书的样子，上班要有上班的样子。有时他自己对着镜子做表情，有时背词儿：一个人表演《宁波音乐家》；一会儿背二十四节气；一会儿说《十三人搓麻将》，把十三种方言，翻来翻去地背，直至滚瓜烂熟。如发现有不准确的地方，还要去向别人请教。

用功得不得了!



姚慕双脑子好,看过一遍就记住了。周柏春自认为脑子不如哥哥,所以,他经常挂在嘴边的一句话,就是"笨鸟先飞",且身体力行。他在书房里执笔创作独脚戏,或与同事一起讨论、修改滑稽戏脚本,成了生活中的常态。

姚慕双的勤于思考与弟弟周柏春的发奋用功,看似不一样,其实都是把精力凝聚在创作中。这也是兄弟俩解放后原创与二度创作的完美结合,一种天然性的互补。

在《城市之光》中,人们称赞卓别林天才般地还原了生活的真实,让盲女仅凭声音判断顾客的身份,从而做出了错误的判断。观众问他这个天才方案是如何设计出来的,卓别林回答:"这没什么,我只不过设计了342个方案拍了出来,从中选了你们看到的这个罢了。"

由此可见,姚慕双、周柏春引人发笑的每一句话,每一个"噱头",每一处滑稽"桥段"的设计,如同幽默大师卓别林一样,绝不是凭空产生,它们是久久凝思、辛勤摸索的结果,其间蕴含着尝试百遍的勇气和决心。

说到姚慕双、周柏春性格上的不同,王双庆的学生徐益民说:

> 姚慕双、周柏春一母所生,性格却不一样:姚好动,周好静。姚养虫呀,听音乐啊等爱好,周除了业务基本没什么爱好。两人你中有我,我中有你。二人台上的东西影响到台下,台下的东西也影响到台上,蛮"噱"的。例如,上海滑稽剧团会议室中挂了一幅字,是周老师写的。姚老师就像小孩一样说:"哪能(怎么)周老师好写,我姚慕双不能写啊?"上海滑稽剧团领导当然赔笑说:"当然好写,当然好写。"姚老师就说:"过两天你们叫人到我家中来一次。"团里就让我去了(徐益民喜欢书法)。到了姚家,我把宣纸裁好,桌上放好,又把墨磨好,把毛笔蘸好墨汁,告诉他,可以从右边写起,也可以从左边写起,并告诉他如何写抬头,如何写落款……姚老师听了放"噱"说,"介(那么)复杂,干脆侬(你)代我写写好了",吓得我立刻逃了出来。

姚慕双为上滑团部题字（摄于2002年10月19日）

丈夫的辛劳，太太看在眼里，所以对他生活上给予无微不至的照顾。姚慕双在饮食方面很随便，没有过高的要求。姚勇儿说他父亲去剧场演戏，叫外卖：一只二两面包，放一点点盐的洋葱炒蛋，一顿饭就算解决了。休息日，带家人去饭店吃饭，点的菜也十分简单：一盆清炒鳝糊，一盆椒盐排条放茄汁，再来些啤酒、花生米，就吃得津津有味。冬天，家里烫一点黄酒，白切羊肉配甜面酱，皮蛋一切四，蘸酱麻油，他就吃得十分高兴。杨美明知道他的口味，所以常会准备好这些菜肴。

杨美明来自上流社会，见多识广，在衣着修饰方面有一定的品位与鉴赏能力，比较讲究。姚慕双年轻的时候，在洋行里面做过，见过不少洋人的衣着，也可以算是“老克勒”了；即便如此，比起杨美明来，他觉得她的

滑稽戏《梁上君子》剧照。前排左二为周柏春，右五为姚慕双（摄于1961年）

指点更符合自己的年龄与气质，所以也就自然而然地听从安排，采纳她的意见。比如，他要出客，或上台演出独脚戏，什么季节穿什么衣服，款式、里外颜色怎么搭配，杨美明都会根据不同的季节，不同的时间、场合，给予精心的选择与组合，还要把他的皮鞋擦得锃亮。

着装不能简单地等同于穿衣，它是一种十分重要的礼仪，是一个人阅历修养、审美情趣、个性特点的外在体现。个人的仪表美，既是对自己增加交际能力的自信，也是对别人的尊重。尤其姚慕双、周柏春这样的艺术家，属于有影响的公众人物，着装的得体、美观、大方，也是对广大观众和崇拜者的尊重。姚慕双的衣装经过杨美明的悉心挑选和搭配，他每次出现在公众面前都会显得“山青水绿”，精神饱满。

富家出身的杨美明，要安排好吉益里的生活，也不是一件容易的事情。表面看，姚慕双月薪465元，大大高于其时一般家庭的收入，然而，这些钱并不掌握在她手中，而是由姚慕双如数交给母亲周勤侠，由她统筹安排，因为斜桥弄还有周佩芳和她的孩子们。婆婆照例每月按人头给钱，每人5.5元，10天领一次，也就是116元左右一个月（算上姚慕双，但姚的零用钱80元单独给他），再加保姆每月12元，总共128元左右。对于一般的七口之家，这些钱不算少了，但仅相等于一般高知的月收入，并不宽裕。用惯大钱的杨美明，稍不注意，钱就用豁边了。

姚斌儿说：

小孩读书费实报实销，没额外付给，比较紧。祖母居家过日子，每家花费都有规定，妈妈大小姐不会过日子，哥哥姚骏儿从小体弱多病，还要增加营养，妈妈钱不够，奶奶不给，妈妈只能变卖陪嫁首饰了。

2004年，姚祺儿作客东方电视台家庭演播室，也曾谈及那时的生活状况：

我读小学、中学时填家庭情况表格，要写明父母的经济收入。我填写465元，几个同学都惊呆了。因为当时有些家庭的父母，比方是工程师的，每月拿80元、100多元，就相当高了。尽管我爹爹的收入较高，我觉得还是没有今天独生子女的条件这么优裕。我小时候穿过打补丁的衣服。有一个同学的父亲是上海外语学院的教授，家里条件也很好。他妈妈曾当着我的面对他说："你要向姚祺儿学习，他们姚家那么有钱，照样穿补丁衣裳！你不能要求太高！"

到了"文化大革命"，1966年8月30日抄家，姚慕双的工资不发了，只按家庭人头给生活费，每人12元，再给几十元房租钱。这时候吉益里的姚家便苦不堪言了。

姚慕双每月有80元的零花钱，不算少了，但他还是不够花。原因是他朋友多，热情待客，从不吝惜。姚慕双为人非常大方，经常有人问他借钱。这是常有的事。徐维新先生说：

以前滑稽界有些人被抓进去了，他们子女的生活非常落魄，他们到后台寻求帮助，姚慕双经常给这些人钱。姚慕双为人绝对上品，不但随和而且有点"老克勒"。

张双勤的学生王一凡先生，亲眼见证了太先生解囊助人的情景，他说：

姚慕双、周柏春不摆谱，一点架子没有，待人十分亲近。1979年，姚老师本人刚"解放"不久，我去太仓路姚家，与姚老师正坐在灶披间（厨房间）喝茶，进来一位滑稽界的同行，是一个老先生，也许生活窘迫，衣衫穿得破旧。姚老师知道他经济上发生困难，闷声不响，从口袋摸出5元给他。当时一般家庭，每人每月平均生活水准只有8元。姚老师对我说："一凡，你是否给他下下棋？"我一时没有反应过来，不理解"下棋"是啥意思。其实这是一句滑稽界里的切口，你来我往的意思，叫我能否也帮助一下。姚老师对同行十分友爱，从来不歧视别人，帮助同行、乐于助人是姚慕双、周柏春的共同特点。

**姚慕双还有几项业余爱好，也使他捉襟见肘。**

**在东方电视台家庭演播室制作的《追忆姚慕双 周柏春——“笑声永留人间”》节目中，笔者记录了主持人与几位嘉宾——著名滑稽演员姚祺儿、毛猛达、阿庆等人的对话。当主持人问到姚慕双、周柏春的零用钱是不是母亲管时，姚祺儿说：**

姚慕双这么大的角儿，祖母每月给他的零用钱是80元。

主持人：他拿80元是用不完的啊。

姚祺儿：他开销大，用得完。

此时阿庆在一旁作证：我们同道去他家，他总会留你们吃顿饭，临别送一包4角9分的牡丹牌香烟。

毛猛达：同道有一种说法，去姚家是“一宿两餐”：睡一晚，吃两顿饭，一包香烟，五元钱，再会，走了。

姚祺儿：姚慕双派头比较大，有点像孟尝君。他本人结交朋友多，开销大，有时喜欢接济人家。那时团里出去演出比较少，偶尔去外地，晚上演出结束，姚老师总是拿5元10元出来，20世纪80年代初期就摸20元，叫学生：“来来，何双龙——（他的学生，舞台监督）你去买些酒菜来！”酒菜买来，就在他住的房间里一起吃。那些小演员、包括乐队人员都喜欢到姚老师宿舍里去，因为他没架子，人又和善。

姚老师爱好多，开销也就多。他喜爱养鸟。20世纪50年代买一只好的鸟笼要几十元，这种鸟笼放到今天要买几万元，是古董。我们团里的大伟也养鸟，见了我就说，你回家看看，老的鸟笼还有吗？如有就卖给我。我家里还有好的赚积（蟋蟀）盆。他养过很大很高的狼狗，它扑在桌子上，我家苏州保姆吓坏了，就对姚老师说：“姚先生，拿伊（你把它）赶走吧，它不走，我就走了（辞工）。”姚老师无奈只得把狼狗送人了。

姚老师这里用掉一点，那里花掉一点，80元怎么够呢？怎么办？他怕娘，我祖母很威严的，不敢向妈妈再要钱，就只好问我祖父要。其实祖父也没有经济权，他也是拿零用钱的。姚老师就把祖父叫出来:“爹爹,我钞票没了,怎么办啊?”祖父朝他看看,趁我祖母不注意的时候,就说:“阿大呀,勿要烦了,我的零用钱,你拿去用吧。”祖父平时不出去,也不花零用钱。

姚老师对穷苦的孩子充满同情,喜欢做善事。有一次吃晚饭,他把一个小瘪三(小叫花子)领到家里,是要饭的,身上很龌龊,先给他洗澡,把合身的弟妹的衣服给他穿上,然后叫他吃饭,完了给他5元钱,再打电话给派出所,请户籍警来,把小孩交给民警送回孩子的家乡。姚老师有爱心,很有责任感。

**姚慕双在《自传》中曾谈到他的业余爱好:**

我从小欢蟋蟀,我养了蟋蟀,专门找小朋友斗着玩。那时候,自己去捉的,油葫芦,我不要,看见“棺材板”要踩死的——触霉头,捉了蟋蟀就找小朋友斗了。但是我弄不着好蟋蟀,不懂啊,斗了就输掉。秋天,学堂门口卖蟋蟀的摊头多如牛毛,就去买蟋蟀了。我从小不吃泡饭,不吃粥,专门用铜板买点心吃,或者买粢饭、油豆腐线粉汤,或者油条、鸡鸭血汤。为了买蟋蟀,只好点心不吃,省下铜板买。斗蟋蟀输掉,就拿蟋蟀掼三掼,再斗再输。

随着年龄的增长,对养蟋蟀也懂一点,能看出蟋蟀的好坏了。主要看它的颜色,看它的头面和六爪,头面是淡青的就是好的。还有紫色、黄色的,最不好的是紫不像紫,黄不像黄,开出的牙齿是花牙的蟋蟀顶蹩脚。还要听蟋蟀的叫声,叫得越响亮越好。唧唧的叫声也不是好蟋蟀。

解放前我一直养蟋蟀。年龄大了,就去市工人文化宫广东路买蟋蟀了。

**王双庆的弟子徐益民说,太先生至晚年依然对蟋蟀保持着不变的兴趣:**

顺昌路有一个繁华楼,上面专门玩虫的,京剧界的李桐森、说书的蒋月泉的师弟华伯明，常去光顾。我有一次也去繁华楼玩，见他蹲在那里，与一帮人玩得很开心，像大孩子一样，天真，有一颗不老的童心。艺术家往往如此。老气横秋、玩手腕的是政治家了。有从内心透出的童趣，姚老师是性情中人。盖叫天也如此。

**1951年，姚慕双偶尔一个机会在舞台后面遇见一个理发师傅，听到他口袋里有什么虫子在叫，仔细听，又不像金蛉子的叫声，于是问他养的啥东西。理发师傅说是黄蛉，说着拿了出来。漂亮！须须有4厘米。**

**姚慕双说：**

假使一长一短就不灵了，要两根须须一样长，这种黄蛉叫起来比金蛉子好听，我是一见倾心，爱得来要命呀！

从此，我像小孩一样，逢人宣传，黄蛉怎么好。这样，舞美组、音乐组的一班同仁也纷纷养虫了。

到了冬天，团里一个理发师傅叫我看，那是一只油葫芦。我感觉奇怪，冬天那么冷，怎么会有油葫芦啊？都冻死了。啥地方来的？他讲，这个油葫芦是北方孵出来，从北京、天津弄来的。我觉着好白相（玩），问啥地方买的。他讲五马路（广东路），云南路不到，我就到那里去买了。

那里有两只摊头：一只摊头，年纪轻的，姓徐；一只摊头，年纪大一点的老伯伯，就叫他老张，都是苏北人，专卖过冬的蟋蟀、蝈蝈、油葫芦。油葫芦5角一只，比较小，来自天津；大一点的，翅膀好，须须长，叫声好听，1元一只，是北京带来的。我就专门养油葫芦玩，藏在棉袄袋里。我买了许多葫芦，那时葫芦价钿（价钱）便宜，我经济条件稍微好一点，买的葫芦就漂亮，象牙口，象牙盖。有油葫芦的葫芦，有蟋蟀葫芦，有蝈蝈葫芦。

我养蝈蝈蛮开心的。蝈蝈也是北方带来的。一共有三种：一种是草白，便宜，1元5角一只；高一档的是翠绿，颜色像翡翠，2元到2元5角一只；第三叫铁哥，墨赤黑，身体大，翅膀是金颜色，头面、背心、脚，都墨赤黑，5元半一只，我买了几只。我有一个脾气，一定要买两根须一样长。有一次我买了装在葫芦里，用铜丝的网罩罩住。一天，我打开葫芦，发现有一只铁哥的一根须断掉了，我不开心了，就将它送给我一道演戏的一位同行。

我养这些东西，妻子子女对我意见很大，因为我的蟋蟀盆重重叠叠，堆放起来好像一座座假山，桌子上的葫芦一只只排得密密层层，好像开古董店一样。除了养油葫芦、蝈蝈，我到了夏天还养赚积蟋蟀，养金蛉子。家里好白相（玩）来，"瞿瞿瞿，吉铃铃，嘘溜溜"，这种叫声响得不得了，弄得隔壁邻居都睡不着。我还要养金钟儿、马蛉。金钟儿叫起来铛铛铛，马蛉叫起来铃铃铃，隔壁邻舍都被吵醒。

我养油葫芦的时候，把葫芦放在身边，像一只只手榴弹，用绳子缚住，放在羊毛衫里。来到后台，要演戏了，我就让同事帮忙，每人帮我拿一只，装进口袋里。我还让舞美、音乐组的同事帮我一只只放好，他们倒乐意接受，蛮开心，也欢喜这些东西了。后台人人养虫，以养虫为乐。

玩趣

滑稽戏《无中生有》剧照，右一为姚慕双，右四为周柏春（摄于1954年）

后来闯祸了！

有一次台上正在演《大鱼吃小鱼》这场戏，演员集中在一起，我让他们每个人袋里放一只葫芦，有的放油葫芦，有的放铜盒子，最大的一只铜盒子有四个格子，放在腰眼里。好！这个虫稍为有些热，就叫了，这里“瞿瞿瞿”，那里“嘘溜溜”，前面几排的观众已经听到了。演员与我都笑得不得了。我在戏中演个包打听（侦探），我急中生智，胸口一拍：“勿许响！勿许笑！再响，捉侬（你）进去！”我利用包打听的身份加以制止，观众以为我来训斥，暂时遮盖过去了。谁知过了一会儿，这个虫子又叫了，而且叫得变本加厉。这些虫子十分稀奇，一呼百应，身上一只油葫芦叫，其他油葫芦也会一起叫；身上一只蟋蟀叫，其他蟋蟀也会一起叫。这样就大叫特叫，汇成一支大合唱。这时台下观众明白了，听得非常真切；可是台上的演员终于抵挡不住授传袭击，不由自主地开怀大笑，满台都笑，闹成一片，一台戏完全打翻。

那时候，领导上对我提出严厉批评，讲我是罪魁祸首。我本人内心感到非常不安。我想，业余养虫无可非议，但我不应该公私不分，影响正常演出，我甘愿受罚。然而，时至今日，我养虫的兴致有增无减。

后来我对养鸟也发生浓厚兴趣。

我路过人民广场，总会看见一些人把鸟笼放在地上，上面罩了一块笼衣，去掉笼衣，就听到鸟的鸣啭，叫声十分动听。一种叫画眉的鸟，两条眉毛雪白，漂亮！我欢喜得不得了！我就想养画眉了，便去四马路（福州路）群玉坊会乐里，那里有买画眉。弄堂转弯处有两个卖画眉的摊头，一个叫和尚，一个叫阿任。我先问和尚买了一只画眉，放在方笼子里，拿回去不叫，要倒赔账了。为什么买时会叫，带回去，天亮了不叫了？什么道理？后来晓得，画眉换了一个新的环境开头是不叫的，要每天带了画眉到画眉集中的地方去"充"，大家把笼子挂在树上，让这些鸟一起叫。你不去"充"就不会叫，或者叫声不好听，声音很抖。

这样，天刚亮未亮时，就要起床提了鸟笼去"充"。一天，两天，几天下来作孽啦，我像做贼似的轻手轻脚出去，不给家人晓得，生怕吵醒他们，提了一只鸟笼到文化广场，去"充"鸟。不晓得一个月下来，我生病了，睏倒了。为啥呢？因为我演夜戏，晚上弄得斜气（非常）晏，散场后又要吃点夜宵，总要头两点钟睏觉，第二日天未亮就爬起来去"充鸟"，这样，日子久了，我受不了啦，生病了。结果，我那么欢喜的画眉只好放弃！连鸟笼子也一起送人。

我非常欢喜小动物，那么到底养啥鸟呢？有一次我在剃头店门口看见一只挂着的笼子里养着一只鸟，像麻雀，又比麻雀大一点，不会跳，只会走，叫百灵。笼子里有一只台，一尺多高。百灵叫各种声音都有，我见了高兴得不得了，就出了不少钱，买了一只百灵。我没空，没法陪这只百灵听它叫，也没空天天给它喂食——它吃绿豆粉。有朋友建议我将百灵挂在茶馆店里，那里有喜欢养百灵的茶客。我将鸟笼带到茶馆店，一些茶客认得我，就介绍一位专门养鸟的老伯伯，养一只百灵，一个月五元。我在那里泡一壶茶，听听百灵的叫声，要走了，就将它交给那位老伯伯。但每逢周六我将它带回家，周日可以听它叫一天。有一天，我给百灵洗澡，把笼子打开，百灵出来，我养的一只家猫见了，一口咬住就逃。我心里难过，哭得不得了。这时，妻子光火了："侬（你）为了一只百灵哭得介（那么）伤心啊！好的，明朝我拿侬（你）关进笼子里！"



姚慕双对会叫的虫子奉若至宝，家里总是养满蝈蝈、蟋蟀等虫子。他还给蝈蝈削苹果，一块块切好，把苹果肉给蝈蝈吃，充满童趣和生活情趣。

王一凡补充了一则姚慕双养蟋蟀的故事：

姚老师在剧场唱戏，到后台从不摆谱，不以大牌身份与一般演员分大小化妆间，所以演员们乐于同他在一起玩，开玩笑。他喜欢养蟋蟀、金蛉子，养鸟，但又养不好。有个演员叫王君侠，对大家说："姚慕双养的蟋蟀都是皇帝啊。"大家听了以为姚慕双有身价，养的都是好蟋蟀。就问："姚老师养啥蟋蟀啊？"王君侠说："康熙皇帝，道光皇帝。"大家弄不懂了，怎么是康熙皇帝、道光皇帝呢？王君侠解释了："叫'康熙皇帝'的蟋蟀都被他园（上海话"园"读"康"，藏好的意思）起来死掉了，所以叫'康熙皇帝'；叫'道光皇帝'的蟋蟀都逃（上海话"逃"读"道"）光了——他的蟋蟀不是斗死的，而是养不好，逃光了，所以叫'道光皇帝'。"姚老师同所有演员的关系相当融洽。一般说，小演员是不敢同大腕演员开玩笑的，更不会从他身上出"噱头"。

生活中姚慕双平易近人。"文化大革命"后期，他喜欢玩蟋蟀，人民广场有只角，是斗蟋蟀的场所。姚老师也喜欢玩蟋蟀，看人家斗蟋蟀，自己也参加斗蟋蟀。当时"扫四旧"，时常"刮风"，一次"刮风"，将姚慕双"刮"到龙门路派出所。所长认识姚慕双，尽管那时他还戴着"反动学术权威"的帽子。所长把姚慕双请到办公室，让他坐下，对他说："姚老师，侬（你）来做啥？"姚老师说："我来看斗赚积（蟋蟀）。"所长说："这些小鬼斗赚积（蟋蟀）是搞赌博啊！"姚说："我怎么知道，我是来看斗赚积（蟋蟀），看闹猛的。"所长不好意思说："我们不知道，也把你'刮'进来了。"姚说："不要紧，不要紧，反正大风大浪我也经历过了。"所长说："姚老师，对不起，这是上头的命令，他们说这是资产阶级一套。”姚慕双轻轻地说了一句：“白相（玩）几只赚积（蟋蟀），难道就会家破人亡吗？”所长听了连连点头，笑嘻嘻地说：“其实我也热爱小生命。你姚老师喜欢赚积（蟋蟀），喏，你喜欢什么就自己拿吧……”所长把充公的蟋蟀放在他面前，让他拣。姚慕双选了两只蟋蟀带回去了。

这是个意外收获，其时“文化大革命”虽未结束，绝大多数市民对滑稽大师的尊重与敬爱依旧，并没有几分减少。

姚慕双喜养虫、养鸟，这在上海文艺界是出了名的。喜欢小动物，其实是人性真实的反映，是一种爱的天性。而姚慕双对于鸟虫的喜欢与精心养护所发生的一系列引人发“噱”的故事，说明这位滑稽艺术家对生活的热爱，从中可以窥见他那颗慈爱、宽厚、善良的仁者之心。

有人说：“快乐，就是在平淡中窥见了神奇；幸福，就是于平淡中尝出了真味。”姚慕双是个性情中人，他就是在平淡的生活中窥见了神奇，找到了快乐，尝到了真味，拥有了幸福。

# 三十三 有益的爱好

天才，就是强烈的兴趣和顽强的入迷。

——〔日〕木村久一《早期教育与天才》

姚慕双另外一个业余爱好，就是集邮。

集邮是一项有益的社会文化活动，具有丰富的文化内涵，是社会主义精神文明建设的一个组成部分。

每一枚邮票都是一件小小的艺术品，方寸之地所展现的地域风貌、大千世界的艺术形象，栩栩如生，赏心悦目。不同邮票，不同设计者独特风格所传递的形态各异的艺术魅力，给集邮者提供了美的享受和精神愉悦的大餐。

邮票还蕴含着丰富的科学文化知识。世界上许多国家都把本国有代表性的科学、文化成就展现在邮票上，欣赏、研究邮票，可以丰富知识、开阔视野，进一步了解世界，充实自己的内心。

邮票虽小，方寸之地却能自由驰骋——它是一项开放性的社会文化活动，一定程度上加强了社会各阶层之间的联系，促进了人间交往，成为增进友谊的纽带。

1981年1月10日，上海集邮协会成立，并召开第一次代表大会。姚慕双便是15位理事之一。20世纪50年代末期，姚慕双开始集邮，他喜欢收集匈牙利和东欧国家的邮票。

姚慕双在《自传》中谈到自己的业余爱好，说得很风趣：

姚慕双便装照

1958年我爱上集邮。文化界集邮的很多，例如，文化部长夏衍。集邮陶冶情操，能增加各方面知识。起初我集匈牙利邮票，无论图案、设计，我蛮欢喜的。头一套是三角邮票，上面都是狗，我爱不释手。后来跳出匈牙利邮票的框框，也集中国邮票了。通过集邮结交了很多朋友，有的甚至是忘年交。

有一次我去南京路河南路口买邮票，遇见一个姓刘的小朋友，初中生，他也在买邮票。他认得我，"嗨，你是姚老师么！你也喜欢集邮啊？""是呀。"既然两个人志同道合，就缩短了距离。他也不怕难为情，两个人谈邮票经，越谈越有劲。从此成为好朋友。

其实，我唱戏很忙，实在没有时间，就托小刘代我去买邮票。有时，小刘学校里要考试，也没时间去买了，我只好演出前抽空去邮票公司买。

买邮票的队伍很长，还没轮到我；再一看，我要去演戏，时间来不及，要误场了，急得我像热锅上的蚂蚁。

旁边一个青年上来与我搭讪了："侬（你）不是著名滑稽演员姚慕双吗？集邮啊？"

"是的。我非常欢喜！"

"既然大家都爱好，我看侬（你）要上戏了，辰光（时间）来不及了；我刚刚买了一套邮票，愿意割爱，一套新的邮票就让给你吧。"他给我4张一套，1张2角，1张1角，1张8分，1张4分，一共4角2分。我就把钱付给他，我横谢竖谢，高高兴兴赶到剧场去演戏。

等戏演好，回到家中，想起邮票，打开蜡纸包，想欣赏一下，发现是4张小票，而且是最蹩脚的废票。我此时感慨万千。同样两个青年，小刘诚实可爱，助人为乐，集邮为了丰富自己的生活，增加知识，提高学问；而遇到这个青年，狡猾、可憎！利用邮票来骗我钱。

**姚慕双为集邮，竟被一个小青年所欺骗，使人有一种说不尽的酸楚，它不在于那两张邮票的价值，而让人看到这个小青年身上诚信的失落。鲁迅先生说："诚信为人之本。"莎士比亚说："失去了诚信，不啻敌人毁灭了自己。"叫人揪心的是，失去了诚信的这个小青年，是否在未来的道路**

上会越走越远，迷失了做人的根本。

姚慕双根据自己的切身体会，与周柏春创作了独脚戏《集邮》，于1986年在上海集邮协会成立5周年的纪念活动中作了定向演出。

姚勇儿说：

过去，姚老师爱集邮，尤其喜欢匈牙利邮票。对方出了三四套新邮票，就把十几元二十几元人民币寄过去，人家每个月都会寄来。还收藏一些名画，如吴昌硕、吴湖帆画的条幅、扇面等；因我母亲是湖州人，与吴家有亲戚关系。"文革"中，这些东西都没了，只剩下亲情。

姚慕双业余爱好很多，都为陶冶情操。他不喜欢搓麻将，更反对麻将桌上赌输赢。他在《自传》中说：

解放初，我在"蜜蜂"剧团演出，后台有些人喜欢搓麻将，美其名曰：消遣。我是竭力反对！有句古话：好友不赌钱。赢别人，都是同行，一个月工资输给你，在你口袋里，你倒蛮开心；对方却没钱开灶了，引起夫妻争吵，有害无益。

当时我演出的基本场子是"新世界"的红宝剧场，在南京路西藏路的转弯角子上，每天日夜两场。剧团供应一顿夜饭。夜饭后，有人就搓麻将。我与周柏春不欢喜搓麻将，就到"新世界"楼上恰尔斯弹子房打弹子。我突然想到，要是将这些搓麻将的同事拉过去打弹子，搞一些正当的文艺活动，多少好！但是他们对打弹子一点没有兴趣。灵机一动，我与周柏春就请他们玩"成语接龙"的游戏。参与者每人讲一句成语，第二个人接起来。这种游戏能锻炼演员敏捷思路，也能提高演员的语文水平。我的提议得到编剧朱济苍、导演司徒阳（沪剧演员汪秀英的丈夫），还有演员王剑心、王君侠、王双庆、吴双艺等的赞成。

我看见现在一些青年演员在日夜场之间常常玩扑克牌，输的朋友脸上贴满纸条，或者耳朵上夹了许多夹子，真是太无聊了！何不搞

姚慕双（右）、周佩芳（左）与女儿姚国儿（后）、孙子姚正循（中）（摄于1994年6月）

姚慕双（中）与外孙张祺文（左）、外孙女庄重文（右）（摄于1994年6月）

一些有意义的游戏呢？“成语接龙”游戏值得推广，我认为青年演员应当提高文化水平，一个演员文化程度的高低，会直接影响演员对戏中内容的理解水平。

前几年，有个青年演员在舞台上出洋相，举例子的“例”字读成“列”，在台上说“我现在举个列子”，大家笑痛肚皮，我恨不得走到台上对他说：“侬迭个（你这个）啥栗子啊？阿是（是不是）糖炒栗子啊？”甚至滑稽界一些编导也白字连篇。比如，鹬蚌相争的“鹬”字，读成“橘”字；收敛的“敛”字，读成收“剑”；“不屑一顾”，读成“不肖一顾”；“请君哂纳”，读成“请君晒纳”。

**与姚慕双不同，弟弟周柏春几乎没有什么业余爱好，他痴迷滑稽艺术，在台上认认真真演戏，台下不爱下棋，不爱玩扑克，不爱喝酒，不爱抽烟——像他这样，在文艺圈内很少。但他也有一样爱好，就是听评弹。**

**在他看来，评弹的“说、噱、弹、唱”，与独脚戏的“说、学、做、唱”有许多相似之处，而且从小处着眼，注重细节的表述，擅用各地方言绘声绘色，其中许多精彩的段子连同放“噱”，都可用来借鉴。**

周柏春这里说的"细节"二字，抓住了滑稽艺术的根本。在台上说某人某事的好与坏，即便道理说了一箩筐也不能打动观众，必须通过生动的"细节"去表现。而这些"细节"就来自现实生活，来自艺术家对生活的仔细观察，并将这些观察所得，进行提炼、归纳、储存，需要时便对这些材料进行精心编织，用到自己的节目中去，产生滑稽笑料。

工作演出期间，周柏春当然不能常去书场听书，看老艺人在书坛表演；但每天戏剧频道5点30分一档的节目，他是绝不错过的。

周柏春看过张鉴庭的《呆大照镜》。说张鉴庭出场与别人不同，不是惊堂木一敲，先声夺人，而先把三弦贴着耳边校音，开口说书，声音不大，但从容不迫，自然松弛，显示大将风度。这是张鉴庭对自己艺术的一种自信，也是他苦练久说后产生的定力。说也奇怪，由他生发的气场会使听客很快安静下来，渐渐地进入他所说的故事情境中去。周柏春说，张鉴庭说书，随着书情的展开，情绪会越来越激昂，声音也就越来越响，把听众牢牢拉住，"声音苍劲老到，听得人有一种被拎起来的感觉。好的艺术真是过耳不忘啊！"

周柏春上台的不慌不忙，开口说话慢悠悠的大将风度，与张鉴庭似有异曲同工之妙。

周柏春表演独脚戏

周柏春表演独脚戏，语言节奏控制得相当好，说的方面该慢则慢，该快则快。说关键词之前，出现吞吞吐吐，欲言又止、言语不连贯，似有隐情，显得难为情，好像思维瞬间短路，还侧过身去，抿抿嘴唇，低头羞涩一笑，如"迭个，迭个……是哦……"上海人把这种念白，叫"吃螺丝"或"打嗝仑"；滑稽界内行叫"慢一拍"。造成一种错觉：他忘词了。

这样慢一拍的短暂停顿，往往有两种情况：

一种是"卖关子"，故意不说，蓄势

待发，埋包袱，让观众自己去猜想，吊足大家胃口，从而激起强烈的好奇心，使得注意力高度集中。停顿之后，慢悠悠地放出极具爆发力的“噱头”，与观众的猜想不一，让人感觉意外，恍然大悟，收到喜剧效果。

一种是制造的误会和矛盾使剧中人或他处于“有苦难言、有口难辩，说不清道不明”的受委屈、受冤枉的尴尬之中，从而让事先从他的交代中已明白真相的观众感觉滑稽，开怀大笑。

其实下面的话怎么说，他不仅心中有底，且有说好的十分把握，这便是周柏春善于掌控观众情绪的能力，没有对于自己放“噱”的充分自信，是难以做到的。若把他稍许迟疑的停顿误以为忘词，好像是故弄玄虚地遮掩，而替他暗暗着急，就中套了。——那恰恰是周柏春所希望的放“噱”前的效果。

所以，周柏春说表的慢悠悠，短暂停顿与不连贯，其实是留给观众咀嚼与回味的间隙与空间。最佳的喜剧效果始终是周柏春一生的艺术追求。他胸有成竹，并非忘词。“迭个，迭个”，不慌不忙地说出台词已成了周柏春独脚戏的表演特征，并为广大观众所认可并接受。

姚慕双捧哏时：“咦？喔哟！啥格路道？”他皱起眉头，故作不解的木讷状，以此博得观众的同情与善意的笑声，也为周柏春的“卖口”和放“噱”作了极好的铺垫。

可以说放“噱”前的慢一拍，已成了姚慕双、周柏春独脚戏风格的一种令人咀嚼的韵味；是一种内在的含蓄，一种修养，一种境界，一种浓浓的书卷气，一种个人优雅气质的外化。别的艺人，即便是“双字辈”的高足也极难仿效。

然而，在独脚戏的表演中，一些演员的基本功很好，口齿清晰，说表能力也强，就是在台上的思维过于敏捷，反映快速，控制不了表演节奏，念白一句连着一句，中间缺少必要的间隙与停顿，所放的“包袱”“噱头”随口带过，没有给观众以回味咀嚼的余地，所以不能形成观众与演员之间的喜剧互动，这是十分遗憾的。

这里不妨打一个比方：同样一些食材，按同样的菜谱，不同的厨师掌勺会烧出味道迥异的菜肴。其中大有学问，如，炖闷多少时间，火候如何掌握，何时加油盐姜醋糖，辅以高汤，拌以佐料……凡此种种，大有学问。高明的厨师能烹调出一桌色香味俱全，且有地方特色的美味佳肴；而蹩脚的厨师烹调的菜肴则让你倒足胃口。因此，要摆出一桌样像的满汉全席，非有多年掌勺经验与烹饪悟性的厨师莫能为。这与不同的独脚戏演员去演相同的脚本，其剧场效果、观众反应迥异，可以说是相似的道理。



说表节奏的快、慢、停顿，是一种辩证关系，既要从喜剧效果出发去调节，还要善于把握台下观众的心理脉搏与反应。所以这种节奏的把握、语速的快慢、声调的高低强弱、语气的火爆与温婉，是滑稽表演艺术中一门值得深究的课题。不是所有滑稽演员能像姚慕双、周柏春那样，做到"炉火纯青"的。说到底，这是一个内在修养问题。

有人会质疑：袁一灵老师不是在台上语言快捷，台词一句接一句，像连珠炮似的砸向观众吗？这里要指出，一般的说表与贯口是有区别的。袁一灵的特长体现在贯口中，观众就喜爱他这种不打"嗝仑"的快速的贯口节奏，这又是另一种表演风格。典型的例子就是《金铃塔》，唱词中不少回环的词语重叠，给表演者带来很大难度，不经苦练、久练，是达不到效果的。

周柏春独脚戏表演中的慢一拍，不妨称它为"周氏风格"或"周派"艺术。

姚慕双、周柏春从"三大家"中吸取不少营养，尤其他们自创的独脚戏受江笑笑、鲍乐乐的影响较大，有一部分就是直接在江、鲍独脚戏段子的基础上作了进一步的提炼、加工、润色而成，却大大丰富了这些节目的内容及表演形式。他们还根据时事新闻，及时编创独脚戏，即时表演，即兴发挥，道出民众关切的心事、家事、国事，且以不同凡响的全新风貌呈现在大众面前，令人耳目一新，从而受到民众的青睐与欢迎。姚慕双、周柏春的高明之处在于：不离开传统，又高于传统，对传统独脚戏作了深度的加工与扬弃，形成了自己清新独特的姚慕双、周柏春风格，深深地打上了姚慕双、周柏春滑稽艺术的印记。

由于周柏春坚持天天听书，他对评弹各种流派——"徐调""蒋调""丽调""张调""薛调"的演唱特点了然于胸。在独脚戏《学评弹》中，他说：

"琴调"像飞流急瀑，一泻千里，节奏快。"蒋调"雄浑豪放，像大鹏展翅，节奏稍微慢一点。"徐调"像小溪流水，逶迤曲折，节奏就慢了。学老师唱腔时，最要紧呢，要注意情景，不能够形而上学，要看啥内容。

于是话题一转：

依（你）比如说，迭个事体（这件事）倒蛮急的，假定说，有两兄弟，一个阿哥勿当心落到河里了，兄弟勿会得游水，像格能（这种）样子情形呢，比较急了。比方讲有两句唱词："一见我兄落河中，快请大家救我兄！"顶好唱"琴调"，快！等到救起来，笃定好了。唱"蒋调"，稍微慢着点，救起来要打强心针。唱"迷魂调"，更加慢，好了，勿要下去救了，伊（他）自己氽上来了。

本来落水救人的"桥段"与评弹一点没关系，因为周柏春熟悉评弹各种流派的节奏，把落水救人的内容与评弹的三种流派的唱法串联起来加以表演，就令人捧腹大笑了。姚慕双在一旁托得也很出色，他无奈地嘴里哼着弹不完的三弦过门："的立立立蓬，蓬蓬来蓬，的立立的立立……"，正好比心急鬼碰上慢郎中，使得上手的周柏春表演的效果好上加好。等到远兜远转，徐云志老先生的慢节奏"迷魂调"唱完，救起来只好送火葬场了。

吴君玉（左）、周柏春（右）二度合作说评话

1995年盛夏，应上海评弹联谊会的邀请，周柏春与著名的评话演员吴君玉搭档演出《石秀杀海和尚》。吴君玉是周柏春的老

朋友，“文化大革命”中一起住过“牛棚”。周柏春敬慕这个老演员“思维敏捷，反应快，时时刻刻关注新事物，接受新信息”，将它们搬上书坛放“噱”，增加与时俱进的“外插花”内容。



二人在周柏春家中穿着汗衫短裤，“赤膊上阵”，排了十几天。演出的那一天，周柏春穿好长衫，与吴君玉一前一后上场。滑稽演员与评话演员搭档说大书，观众已觉稀奇，台下一阵骚动，等到二人踏上书坛，下面便掌声雷动了。周柏春在《自述》中说道：

> 吴君玉首先向大家介绍：“今朝我为大家介绍一位评弹新星——周柏春！”我马上接口：“讲猩猩（新星）呢，是不太像，讲老猢狲倒差不多。今天我上台为大家说一段评话，都是吴君玉教我的。如果说得好呢，是我自己努力不懈的结果。如果说得不好呢，要怪吴君玉没有教好。”“喂，哪能（怎么）都是我不好？”寥寥几句开场白，就将剧场的气氛吊了起来。
>
> 吴君玉的活儿真叫绝，他饰演的石秀特别讲究手、眼、身、法、步，一招一式，精神抖擞；而我不懂什么手眼身法步，只能将滑稽的表演手法运用到海和尚身上。只见吴老师噌！噌！一个漂亮的亮相，手起刀落，一刀从我背后杀将过来。该“我”牺牲的时候了！我腋下捂着刀锋（其实只是一把扇子），人突然像抽筋一样，而后干脆跳起了迪斯科，夸张地表现海和尚的垂死挣扎。两人的表演相得益彰，观众开心得前俯后仰，捧腹大笑。

周柏春（右）与吴君玉（左）说评话（摄于1995年夏）

时隔不久，评弹界在逸夫舞台举行纪念杨振雄艺术演唱会。上海评弹团邀请周柏春与王汝刚搭档，表演新编评话《第三者》。周柏春回忆道：

我就以长衫作为开场白，我说："今天我伲（我们）俩来参加杨振雄艺术的演唱会，心里特别激动，特别高兴。为了慎重起见，我伲每人做了一套崭新的长衫，掮了（花了）洋钿（人民币）500元，我伲两人都是'二百五'（旧时丧礼上的纸糊人）。"

观众已经开心了，伸长头颈等着听下文："话说一对恩爱夫妻，要好得勿得了，要好到哪能一日（怎样一天）呢？男的有心脏病，女的有皮肤病。叫啥男的发起心脏病来，女的也会心口痛；女的发起皮肤病来，那男的浑身发痒。这就叫'痛痒相关'。"

周柏春听过吴迪君、赵丽芳夫妻档的评弹《同光遗恨》。吴迪君被誉为评弹界的"麒麟童"，他嗓音略显沙哑，却糯而不梗，韵味浓，劲道足，他的唱恰到好处地表现了书情中左宗棠的激愤心情。他做功极佳：唰唰！甩下马蹄袖；扑通！单腿下跪打扦，以折扇竖脑后代翎子；嗖嗖！脑袋旋转，似见辫绕三圈，他的演技让周柏春十分欣赏。此后，一连数日，天天去乡音书苑看他们夫妻演出。渐渐地与吴迪君成了莫逆之交。再后来竟与吴迪君夫妇同台演出三个档《三大亨》，从中学了不少东西。

周柏春在《自述》中说：

我还非常喜欢徐丽仙的"丽调"。"丽调"的特点是哀怨悱恻，委婉凄楚，余音绕梁。闲来无事，我会一边听徐丽仙的磁带，一边掉眼泪，一边跟着学唱。"梨花落，杏花开，桃花谢，春已归，花谢春归你郎不归……"每次听到徐丽仙唱到这里，我会情不自禁地被感染，为敫桂英的悲惨遭遇所动容，这就是悲剧的艺术魅力。

周柏春与江浙沪戏剧界的四大悲旦徐丽仙（评弹）、杨飞飞（沪剧）、戚雅仙（越剧）、梅兰珍（锡剧）都是好朋友，这四位是结拜的艺术姐妹。在周柏春的心目中，她们都是顶级表演艺术家。例如，20世纪50年代中期，戚雅仙与毕春芳领衔的合作越剧团在金都大戏院（后改成瑞金剧场，后改商场，已拆）演出《血手印》《白蛇传》，场场爆满，可连续演出半年、一年，其出票率创越剧界之最，越剧界少有剧团可与比肩。著名越剧表演艺术家傅全香，路经金都大戏院门口亲见观众踊跃的盛况，赞叹不已，可见戚派的艺术魅力。周柏春为了学习“丽调”“戚派”，曾去过徐丽仙、戚雅仙的家，登门求教。



正因为这些“业余爱好”，周柏春学会了她们代表作中的经典唱段，并运用在独脚戏的表演中。

钱程在东方电视台《七彩戏剧》中说：

> 周柏春老师与擅长演悲剧的越剧名家戚雅仙、评弹名家徐丽仙、沪剧名家杨飞飞、锡剧名家梅兰珍，成为艺术上的莫逆之交，还经常与她们合作演出。

然而，周柏春的表演不是简单模仿她们的腔调，而是在演出中糅进了周柏春独有的滑稽元素，哪怕在关键字眼中结合唱词的内容，夸张性地一抿嘴、一颔首都会引起观众哄堂大笑。因为他始终不忘滑稽戏的本体艺术特征——给人们带来快乐与笑声。

周柏春的艺术好友，左起：杨飞飞（沪剧）、戚雅仙（越剧）、梅兰珍（锡剧）、徐丽仙（评弹）

例如，他称，杨飞飞同志就是他的老师。2001年举办赵春芳、杨飞飞沪剧流派演唱，周柏春在折子戏《卖红菱》中，与香港沪剧名票徐小英、越剧名家戚雅仙合作，替代赵春芳先唱了几句，唱完在台上即兴加了两句唱："方才迭个（这）两位娘娘，不像我的'达令'（英语：爱人）范凤英，一个是越剧明星戚雅仙，一个是香港小姐徐小英，两家头（两个人）都是大模子（胖子），今朝伊拉（她们）来买红菱，看上去每人至少要吃七八斤。"观众忍俊不禁。

再如，1988年戚雅仙越剧流派演唱会上，周柏春上台祝贺，表演了《白蛇传》中一段戚派唱腔。唱前，他现场编词说："我喜欢唱花旦，人家说我唱得比较文雅，所以叫我'文旦'（一种水果）的。"台下已有笑声。他模仿戚派叫了一声"啊，许郎……"因为模仿得逼真，引来一阵掌声。周柏春稍作停顿，说了一句"下头（台下，指观众）侪（都）是识货朋友"，又引来大笑。接着他认真唱了"为妻是千年白蛇峨眉修"，观众为他的逼真表演惊住了，正全神贯注，屏息静气欲听他唱下去，周又停住了，说"唱得勿大像喔，我说下头哪能（怎么）一点反应也呒没（没有）。"观众又被他的"噱头"引得开怀大笑。唱到"为了你舍生……"他略一暂停说"忘记脱了，忒紧张了！"观众又一阵哄笑。

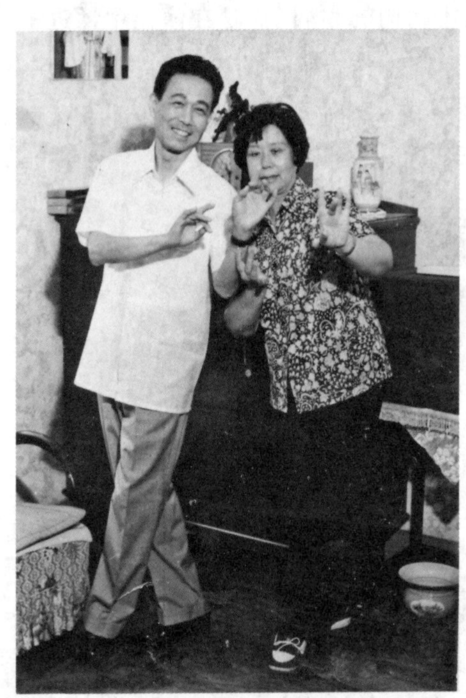
博采众长，周柏春向戚雅仙学习

因为是滑稽，又是贺喜演唱，他在台上轻松自如，与台下观众情绪互动，在欢乐的笑声中打成一片，无拘无束，这就是滑稽艺术表演到极致时，笑料信手拈来，毫不做作，又显得流畅自然，真正做到了说唱表演中的天衣无缝。当他唱到"为了你水漫金山法海斗"，他用两个食指做了对冲的夸张性的小动作，又引来笑声。

我们还可以从东方电视台《七彩戏剧》1986年保留的资料中，一窥周柏春演唱徐丽仙的代表作《罗汉钱·小飞蛾自叹》中的风采。他在开场白中说：

> 我开始学“蒋调”，因为“蒋调”雄浑豪放，我是雌鸡喉咙（观众笑），唱到后来一直要咳嗽，我就勿唱了。下来我改学“张调”，勿晓得“张调”还要结棍（厉害），杀劲足！我唱到后来忒兴奋哉，唱得夜里睏勿着了（观众大笑），我觉着长此以往也讨厌的。我就勿学“张调”，学“迷魂调”了，学徐云志老先生的“迷魂调”。“迷魂调”唱唱，夜里倒睏得着勒（了），日里（白天）也睏得着格，我一头（面）走路一头（面）唱“迷魂调”，走走也会打瞌晓（沪语：瞌睡）的（评弹观众已笑得前俯后仰了）。结果，我呒没（没有）办法，男口就勿唱了，男口唱勿像呀，就改唱女口，学“丽调”，学徐丽仙老师的，我现在唱两声《罗汉钱》中的《小飞蛾自叹》，我自己觉得唱得勿好的，因为本钿（钱）勿足啦，唱得不好，请同志们多多帮助！

然后，他向观众鞠躬，用普通话说：“请多多关照！”观众大笑。

不长的开场白，“噱头”铺足，观众笑声不断。这些“噱头”看似随口而出，却不尽然，其实是缘于周柏春对评弹各种流派的熟稔，以及它们之间在唱腔特点方面的区别。鉴于台下都是书坛老听客，显然，他的开场白事先作了准备，针对评弹观众，目的性很强。这就是滑稽大家与众不同之处。倘若对评弹流派不了解，如何铺出这样精彩的“噱头”来？滑稽大师看似信手拈来的“噱头”，其实是他平时博采众长、勤学苦练的结果。

他唱到“我与他藕断丝连两情浓，小方戒指表私衷”时，抿了一下嘴唇，扭转头来佯装羞涩地低头一笑，既符合书中人物的感情，又不乏滑稽的味道，引来观众的笑声与掌声成了必然。高潮处是在结尾两句。唱到“为只为包办婚姻难自主，活拆鸳鸯各西东，逼得我山穷水尽路不通”，他在“难自主”与“路不通”三个字之后做了一个自怨自艾的夸张性的痛苦表情，在一片笑声中收场，真是妙不可言！

周柏春的唱，常常“黄腔黄调”，乐队很头疼。哎，就是这种唱效果反而好。这恰恰符合滑稽的要求，要引来观众的笑，就像京剧中小花脸的唱，他故意“黄腔黄调”，不是演员不会唱，而是为了取得招笑的效果。

由此可见，滑稽演员学唱，无论唱地方戏曲还是唱流行歌曲，学得像是必须的；但像中要“噱”，不失滑稽的特点，这就是滑稽演员的唱与戏曲演员的唱同中有异的根本区别，也是滑稽演唱的难点。唯有对每段唱腔的情感变化与音乐旋律细致入微的把握，再在恰当的地方加以适当的夸张与放“噱”，方可收到最佳的滑稽效果。

# 三十四　蜜蜂精神

不论平地与山尖，无限风光尽被占。
采得百花成蜜后，为谁辛苦为谁甜？
——〔唐〕罗隐《蜂》

姚慕双、周柏春的独脚戏，据周柏春《自述》中说，大约有200个，包括整理过的传统独脚戏。这一个个独脚戏，好比一颗颗发光的珍珠，串联起来便是一串闪闪发光的珍珠项链，一段形象的历史，从中可见社会各个方面的市井生活。它又像历史的文艺化“碎片”，捡起来，仔细看，就能清晰地窥见近百年来近现代社会中的人生百态，是生动的历史记录，经得起时代检验的活化石。

紧跟时代脉搏的起伏与跃动，凭着敏锐的艺术洞察力，对市井生活中出现的现象，迅速予以反映，这是姚慕双、周柏春独脚戏的鲜明特点。所以他们的节目，内容不固化，常演常新，始终保持着新鲜感，充满活力和艺术的张力，久演不衰。

然而，这些独脚戏受到人们欢迎的内在原因就在于，自始至终贯穿了彰善瘅恶、刺举无避、激浊扬清的蜜蜂精神：在红花绿叶中撷取蜜液，在颂扬真善美的同时，把假恶丑的社会现象与人性、道德的缺陷，毫不留情地揭露在光天化日之下，用它尖锐的螯针予以深深地锥刺。其中蕴含的意义，有些直白，一目了然；有些则皮里阳秋，如同橄榄，越嚼越有味，清香甜美，回味无穷。

姚慕双、周柏春整理的传统独脚戏有《狼狈为奸》《七十二家房客》《新老法结婚》《汉朝》《学英语》《广东上海话》《风吹不动》《宁波音乐家》《黄鱼调带鱼》《骗银楼》《骗皮箱》《英文翻译》《吃酒水》《学生意》《各地堂倌》《骗大饼》《十三人搓麻将》《钉巴》《宁波话》《骗表》《算命》《瞎子店》《报菜名》《大闹明伦堂》《教师失笔》《写无字对联》《戳壁脚》《三娘教子》《拉黄包车》等几十个。

新中国成立后，从编演《人民真开心》《百子图》开始，直到晚年，新编的独脚戏有《凌雪梅》《热心人》《一枕黄粱》《说奉承话》《认得侬》《唱歌》《一歌三唱》《请勿随地吐痰》《优秀营业员》《看风使舵》《高价征求意见》《啥人嫁拨伊》《我不答应》《洋囡囡》《侬勒想什么》《歌唱专家》《好上加好》《卖报之歌》《货郎担》《龙华塔》《有心人》《铁大伯换粮》《人生之歌》《生死恋》《甜蜜的痛苦》《扑克牌谈恋爱》《普通话与方言》《一字两读》《开无线电》《学评弹》《医诗博士》《我是家长》《昨天》《差距》《节约用水》《节约用电》《小飞蛾自叹》《遮遮掩掩》《大团圆》《营养有方》等近百个。

上述作品，有的被收入中国曲艺出版社出版的《传统独脚戏选集》中；有的刊登于《天津曲艺》《中国曲艺》《人民文学》《新剧作》等刊物；有的在中国曲协、上海曲协、文化部举办的各项曲艺大赛中获奖。可谓硕果累累，成绩辉煌。

应当说明的是，从严格意义上说，《活捉海和尚》不是独脚戏，是周柏春与吴君玉合说一段书。《三娘教子》也不算独脚戏，是20世纪40年代末姚慕双、周柏春、笑嘻嘻灌制的一张唱片，一段由三人用其他戏曲唱腔唱京剧《三娘教子》的片断，由周柏春饰女角王春娥，姚慕双饰老家人老薛保，笑嘻嘻饰小少爷薛易哥。

在《三娘教子》中周柏春唱：

王春娥独坐在那亭子间，
想起了我家的丈夫好伤悲……
小儿易哥他上学去，
等他回来好吃中饭。

笑嘻嘻唱：

吃中饭格辰光（时间）么肚皮饿呀，
学堂里来了我小易哥呀，
同学道里么侪（都）讲我呀，

讲我格姆妈是小老婆呀，
咿呀嗨呀乎嗨，
让我回去问清楚呀么咿呀乎嗨！……

然而，不管传统独脚戏，还是新编独脚戏，姚慕双、周柏春的“蜜蜂精神”始终贯串其间，作品中蕴含的思想意义使它散发着浓郁的时代气息。下面举例说明：

独脚戏《七十二家房客》，反映太平洋战争爆发，日军侵占闸北南市，造成租界房子租赁紧张，房东与房客以及房客之间纠纷四起的现状。观众于笑声中，倘若回味细思，就有一种国土被践踏的心酸。昔日的记忆告诉今人，不能忘记曾经遭受屈辱的历史。

《说奉承话》讽刺看风使舵、拍马屁的社会不正之风，但并非说大道理，而是充分运用滑稽的贯口，列数上海、杭州两地名优特产、名胜古迹，用大家熟知的事物连贯运用，深入浅出，对拍马屁的社会陋习进行鞭辟入里的讥讽。拍马屁之风所以形成是有其体制上的原因，因为资源分配及人事安排、工资待遇等掌握在少数人手中，一些人为了一己私利，或升官晋级，或谋求方便去阿谀逢迎，投其所好，造成社会的不良风气。所以这个独脚戏至今不乏现实意义。

创作于80年代中期的独脚找《认得侬》，虽然“噱头”并不多，卖口不像有些独脚戏那么密集，但在喜剧结构的编排上匠心独运，充分利用喜剧中的身份误会、营业员前后迥然不同的服务态度等多种表演手段，造成同一角色两种面孔的鲜明对比，巧妙地反映了当时社会生活的客观现实：市场物资紧缺，住房条件困难，政府行政人员，以及房产管理人员，因手中掌握分配资源，成了香饽饽。《认得侬》揭露了社会上一部分人为了一己私利，逢迎巴结行政管理人员、企图走后门的不正之风。同时也客观地反映了其时国民经济尚未从计划经济转向市场经济的过渡状态，以及物资供应陷于困顿的社会现实。只有对国家、民族怀着深爱的人，才会批评社会的阴暗面；只有怀揣光明的人，才会去发现和揭露生活中的丑陋。《说奉承话》《认得侬》这两个独脚戏，体现了姚慕双、周柏春作为现代公民的一种义不容辞的社会责任。

独脚戏《唱歌》中，姚慕双、周柏春放“噱”说，婴儿啼哭：全世界统一规格，延长三拍，还有一个休止符号。从戴红领巾的小朋友唱《我们是共产主义接班人》到中学毕业参军唱《再见吧，妈妈》；牛奶棚放轻音乐《蓝色多瑙河》，把曲子的音乐旋律、节奏与挤牛奶相联系，以提高生产效率，放出“噱头”。人们在笑声中能唤起对西方古典音乐深情回忆。20世纪50年代，西方古典音乐十大名曲《乡村骑士间奏曲》《凯旋进行曲》《刀马舞曲》《升C小调幻想即兴曲》《鳟鱼五重奏》《第二小提琴协奏曲》《匈牙利舞曲5号》《致新大陆》《轻骑兵序曲》《小夜曲》，曾给人们带来多少启迪心智的暖意。可是此后一律粗暴地斥之为资产阶级靡靡之音、小资情调，致使原本清纯的心灵，被持久的粗野歌声所污染、麻痹了。人们永远对高雅艺术怀有虔诚的敬畏之心。

独脚戏《一歌三唱》。姚慕双、周柏春从赞美一首歌唱得有味，比喻成肉丝炖蛋——味道好；又说双手摆放的姿势好，是体验生活得来的，到哪里去体验？——粢饭摊上，因为卖粢饭的两只手一直在捏粢饭。接着又讲笑话：姿势有意大利式、法兰西式——接下来还有汰衣裳板式（沪语：式为刷的谐音），引得哄堂大笑。因为前后反差太大，观众猝不及防，抖出“噱头”。唱《草原情歌》，研究同一首歌因不同感情，用不同声调唱，效果完全相反，以此制造笑料。周自夸：“我比刘明义好。”姚问他：“侬（你）叫啥？”周答：“烂污泥。”利用尾字的谐音放“噱”。这种滑稽招笑技巧似乎不经意中随手拈来——显示了表演艺术上的炉火纯青。交女朋友吹掉了，唱得阴落落，苦恼。越唱越低沉，声音渐弱，尾音像游丝一般，眼睛朝上翻了。周说：“我自己会翻下来的。”观众已有笑声，他又再加了一句：“阿拉（我）常桩（经常）翻格。”引得大笑。

独脚戏《请勿随地吐痰》，显然是配合爱国卫生运动、“五讲四美”创作的节目。随便吐痰，无论在城市与乡镇随处可见，似乎成了国民性陋习。这不啻一个卫生问题，也是涉及公共道德、个人素质与文明教育的大问题。在发达国家，这如同ABC一样，连孩子都知道的常识性问题，然而在我们日常生活中却成了不是问题的问题。姚慕双、周柏春独脚戏《请勿随地吐痰》，用一个自食其果的滑稽故事，讽刺了一个不注意公共卫生，随地吐痰，最后自己摔倒弄脏一身新衣服的缺德者。

独脚戏《高价征求意见》，有其深刻的现实意义。一些人口是心非，表面上请别人提意见，表示虚心接受帮助；一旦别人提了意见，就一肚子不高兴。上至党政干部，下至同事之间，都存在这一情况。个人缺点靠学习、自省去克服，孔子曰“吾日三省吾身”，讲的就是这个道理。形式上的批评与自我批评，如果不落到实处，反而引起同事间的矛盾，甚至事过之后出现打击报复，使真心提意见的人受到不应有的伤害，那就事与愿违，走向反面了。1957年的“反右”斗争，周柏春向上级领导提了不成为意见的意见，差一点被打成右派，他是有切身体会的。独脚戏《高价征求意见》的上演，不啻为开展批评与自我批评提供了一个极为幽默的反讽，让人们以此为戒，吸取教训，步入正确的自省途径。

《高价征求意见》创作于1989年，距离周柏春降职降薪的1957年已有32年了。这一年上海假美琪大戏院举办了国际相声交流演出。侯宝林与白祥福演出《改行》，说学逗唱不减当年；马三立说的是《十点钟开始》，幽默诙谐，自成一格；姜昆、大山、唐杰忠等群口相声接词……总之，各路名家都拿出了绝活。姚慕双、周柏春在这种场合，没有把自己拿手的《各地方言》或《学英语》搬上去，而演了新创作的《高价征求意见》，这需要何等的魄力，怎样的自信啊！

周柏春在《自述》中说道：

> 我与姚慕双演出的是新编独脚戏《高价征求意见》，内容是讽刺一些人表面谦虚，请别人提意见，实质上听不得半点意见。内当中好几段贯口，我反复琢磨，反复练习，练得滚瓜烂熟：“有句老古话真是不错，能人背后有能人，强中自有强中手，自有强人在后头，你是什么东西？燕雀安知鸿鹄之志，乌鸦哪晓鹏程万里，不懂么问问人家，三人行必有我师，五步之内必有芳草，知之为知之，不知为不知是知也，真是黄毛未褪、血迹未干、奶臭未干，简直像块臭豆腐干！”“人非圣贤，孰能无过。像许多伟大人物，过去可能被认为是错误的，经

过历史检验、实践证明他们终究是伟人，像安迪生、安徒生、奥斯特洛夫斯基、小仲马、大仲马、车尔尼雪夫斯基、莫泊桑、莫里哀、柴可夫斯基、哥白尼、达尔文、高尔基、普希金、爱因斯坦、居里夫人、杰克·伦敦、马克·吐温、李时珍、曹雪芹、蒲松龄、关汉卿、周——柏——春！”我一连串的报名，像竹筒倒赤砂豆，加之姚慕双夸张的声情并茂：“啊？！啥侬（你）周柏春也挤得进的？”“哪能挤不进？一挤就挤进去了！”每次演到此处，台下都是阵阵喝彩声。

《高价征求意见》所抨击、讽刺的对象，正如19世纪诗人奥利弗·温德尔·霍尔姆斯（Oliver Wendell Holmes, Jr.）所说：“偏执的头脑就像是人眼睛的瞳孔，你越是用光去照它，它就收缩得越小。”

《吃酒水》是经典传统段子，姚慕双、周柏春作了精心修改，去糟粕存精华，演出时根据不同场合作了适当的变化，使其焕发青春。

这个独脚戏从吃年夜饭说起。姚慕双、周柏春根据前辈艺人留意于当年个别宾客在酒席上不雅观的吃相，夸张性地总结了多吃菜肴的几种办法：如，吃白斩鸡，用筷子横穿；炒虾仁先吃半调羹，再吃一调羹；海参，先用筷子做样子，等大家都用筷子，自己用调羹舀来吃，这叫“调虎离山”之计；炒面用筷子凿进去，用手卷来吃。最后用看名片堵住别人的嘴，从而达到自己多吃的目的，用的是极其夸张的表演手法。

姚慕双、周柏春表演独脚戏

尽管酒席上这种不体面的举止如今并非多见，却会让人联想到20世纪五六十年代工薪阶层在低工资、低待遇、物资极其匮乏难得口福的窘相。人的礼仪修养往往与人的经济条件密切相关。《管子·牧民》篇云：“仓廪实而知礼节，衣食足而知荣辱。”步入小康社会的今天，酒宴上这种不雅观的吃相已近绝迹，代之以起的是奢侈与浪费。独脚戏《吃酒水》,让人们在笑声中隐隐产生一种回首往事的汗颜,以致内心泛起苦涩的微澜。

从传统独脚戏加工而成的《汉朝》,其意义在于讽刺社会上某些人不学无术,不懂装懂、夸夸其谈、不知廉耻的浮夸作风,用风趣幽默的独脚戏形式表演,供观众一笑之余,起到一些警示作用。它形象地揭露一些人胡说八道、不合逻辑、凭空捏造的丑态。也使人联想到"大跃进"时期,一些人头脑发热,不负责任,牛皮吹上天,试图跑步进入共产主义的信口开河。这个段子不少滑稽艺人都演过,但味道不佳,很难演;唯有姚慕双、周柏春的最好,取得很好效果。

由于服务的对象不同、时代不同,一些"旧瓶装新酒"的独脚戏,紧贴时代脉搏,有一定的针对性。然而,这"新酒"的酿制——贴近现实生活的笑料的提炼,同样凝结了姚慕双、周柏春的心血,新铺的"噱头"蕴含着两位艺术家对现实生活的观察与思考,是灵感的火花,深思熟虑的结晶。

姚慕双、周柏春独脚戏,表演正面人物的也不少,但这种正面人物不是满口政治话语的"马列主义老太",而是有着独特个性、具有亲和力的鲜活的人物形象,表演他们身上的真善美,以及社会主义的价值观与正能量。《优秀营业员》就是表演正面人物的一种有益尝试。

节目是在中秋之夜的欢庆节日里演出的。

故开头就从月亮说起。周问姚,大家欢喜月亮还是太阳?当姚说当然喜欢太阳的理由之后,周提出了相反的意见。接着他围绕月亮,转而用普通话引用唐诗,吟唱歌词,说出了人们偏爱月亮的理由。这些铺垫自然是应景需要,看似为庆贺中秋佳节的即兴发挥,其实是作了充分准备、做好功课的。对于这样一个小小的引子,姚慕双、周柏春都决不马虎,掉以轻心,而是冥思苦想,精心安排笑料,真正起了凤头的作用。

开头好,引起观众兴趣,正题的展开也就顺当了。周话锋一转说,今天中秋佳节就是来说一下财贸战线的先进事迹。周总结了优秀营业员接待顾客的四种表现……件件桩桩都说得十分具体,与姚当场作了精彩演示,让观众从笑声中身临其境,感受到优秀营业员暖人心田的高质量的服务态度。结尾处又设置了一个出人意料的包袱:有时接客殷勤,要视情况

姚慕双、周柏春配合歌颂社会主义新风尚创作节目《急起直追》，歌颂先进工作者（摄于20世纪60年代）

适可而止，不能过分，不然叫人吃不消。姚不信，两人当即演示。姚扮一个头痛欲吐的病人前来药店买药，周扮药店营业员向他推荐藿香正气丸，姚急于服药，周却过分关心地问了一连串问题，让姚哭笑不得。这些噱头的设计，都是说明做一个优秀的营业员不容易，没有全心全意为人民服务的精神是难以做到的。节目中说到二十四个节气，也有贯口的运用，是对传统的继承，苦练基本功的结果。

独脚戏《扑克牌谈恋爱》，出其不意地用扑克牌示爱的方式表演了一对男女青年恋爱的经过，构思奇特、巧妙。苏北口音中几个字的发音与扑克牌的几张牌名的叫法相似，姚慕双、周柏春就利用这种谐音关系，制造了一连串笑料。

男青年爱上马路对面的姑娘，从屋里拿出一副扑克牌，抽出两张Q，贴在玻璃窗前，示意“谈谈”。

女青年聪明，见了只当不晓得，也从家里拿出一副扑克牌，抽出三张牌，贴在自家的玻璃窗上：一张Q、一张10、一张2。明知故问：“谈什呢？”男青年老实，既然问我，就如实回答，抽出三张牌：一张Q、一张2、一张A。试探：“谈恋爱。”

女青年害羞，怕难为情，抽出两张牌，一张8、一张Q，假意“不谈”。

男青年急了，马上出示五张牌，一张10、一张2、一张4、一张8、一张Q，追问：“什呢事不谈？”

女青年发嗲，蛮调皮，抽出六张牌，两张8、两张Q、一张9、一张4，佯装：“不谈就是不谈。”

男青年急了，情绪激动，抽出八张牌，两张9、一张2、两张Q、两张4、一张老K：“求求你谈谈试试看。”

女青年见状，心疼，马上抽出七张牌，一张大怪、一张小怪、一张2、一张5、一张9、两张Q，以示安慰："乖乖，你我就谈谈。"

这个独脚戏利用苏北话与扑克牌中牌名的谐音，以双方出示扑克牌的方式谈情说爱，用具体生动的事例，说明这对苏北青年的聪明、机智与纯洁，批评了一些上海市民歧视苏北人的偏见。

然而，对苏北人的歧视有其历史原因。解放前，苏北地区经济落后，荒年不断，大批苏北难民来沪谋生，有的从事服务性行业，如在上海滩扬名的扬州三把刀——剃头刀、菜刀、钎脚刀，就是一例。有的在码头扛包，当运输工人，有的进纱厂做纺织女工等。由于多数为劳动人民，被上流社会所轻视，从而影响所及形成偏见。随着时代的进步，这些偏见已逐渐消弭。

独脚戏《扑克牌谈恋爱》不啻单纯讲一桩趣事，而是上升到对地域性人群歧视的善意批评，主题的深化，显示姚慕双、周柏春独脚戏与众不同的高明，彰显了作品的社会价值。

改革开放以来，随着第三波移民潮的到来，新上海人的激增，本埠原住民与新移民之间因地域文化的差异产生的碰撞便突显出来，彼此适应、融合也许有一个过程，独脚戏《扑克牌谈恋爱》至今仍不失其深远的现实意义。

独脚戏《学英语》，选择了浦东人、宁波人、山东人、苏北人四种不同口音的英语发音，制造了笑料。这是从生活中提炼的。加入新的英文翻译内容，如：我们为实现四化建设而奋斗，我们的朋友遍天下，全中国人民大团结万岁，中美两国人民友谊万岁，热烈庆祝香港回归祖国一周年……今朝星期六——翻译成"吐痰杀脱头格"。今朝天气勿冷勿热——翻译成"温吞"。当中——翻译成"中牲（沪语：畜生）"，阳台上——翻译成"阳伞"。壁脚浪——翻译成"瘪三"。装小菜的车子——翻译成"小菜卡"。装香烟的车子——翻译成"香烟卡"。车子上跌下来——翻译成"的卡"。跌下来面孔上受伤了——翻译成"双面卡"。喇叭裤——翻译成"咪哩吗拉裤"。黑的漏孔皮鞋——翻译成"白拉克洞洞眼休"。黄鳝——翻译成"捏勿牢滑脱"。糖炒栗子——翻译成"剥脱壳吃"。胡桃——翻译成“烤开来吃”。文旦——翻译成“剥了皮吐了核一瓤一瓤吃”。其实这些中英文合拼的译词，招人发笑的背后，浸透了姚慕双、周柏春的心血。

《营养有方》反映改革开放以来人民生活条件改善，“富贵病”比比皆是，饮食方面合理的营养搭配成为人们关注的热门话题。此时，姚慕双、周柏春又适时推出独脚戏《营养有方》，提倡少吃荤多吃素的好处。由此可见，作为滑稽艺术家的姚慕双、周柏春，随时关注人们的日常生活，即便衣食住行的细小话题都能成为他们的创作题材，并受到观众的欢迎。

《啥人嫁拨伊》是由姚慕双、周柏春、王辉荃创作于1980年。故事说一个老知识分子的女儿爱上了一个曾犯偷窃罪坐过牢却有悔改表现的男青年。父亲竭力反对，提出要面试这个失足青年。男青年来寓后，女父再三考验，见其品行已无瑕，且才华横溢，一口英语居然对答如流，遂释怀，同意为婿。这个段子“说”中带“做”，由姚慕双、周柏春首演。1985年12月，在上海文艺出版社出版的《独脚戏集锦》中发表。1987年，参加中国曲艺家协会主办的全国曲艺会演（南方片），作示范演出。无锡市滑稽剧团据此扩大情节，改编为大型滑稽戏《我肯嫁给他》，参加江苏省戏剧会演，获奖。

姚慕双（前排左三）、周柏春（前排左四）与曲艺界朋友合影

上述这些独脚戏，无一不体现出彰善瘅恶、刺举无避、激浊扬清的蜜蜂精神，却又"噱"天"噱"地，令人开怀大笑。然而，姚慕双、周柏春彰显浓郁海派风格的独脚戏，都来自中西合璧、五方杂处的近现代上海历史和现实生活，却真实而生动地反映了传统与现代文明交相辉映的上海文化和社会风貌。观众在含着眼泪的笑声中，也许能多少体悟其内在的感伤与深层的悲悯。

笔者在《新民晚报·夜光杯》中曾见胡晓军先生所撰《滑稽戏"姚慕双、周柏春"兄弟眼中的人生悲欣》一文，他说：

> 姚慕双、周柏春的表演阴阳而生辩证。周柏春开口大多慢条斯理，冷面而狡黠；姚慕双出言大多率直爽利，热情而笨拙。也有周热姚冷的情形，反差也大。尤其当周柏春起正角色或摆道理时，姚慕双每每作反派状，将人的软弱、轻信、贪小便宜、以小人之心度君子之腹种种弱点暴露出来；当周柏春起反角色或讲歪理时，姚慕双常常作正派状，将人的善良、老实、同情弱小、乐于帮助别人等优点显示出来。所谓阴噱阳笑，所有热逗冷捧，无不是以人性的善恶，作辩证的保障。

这一段文字将姚慕双、周柏春上下手的关系、表演特点与作用说得十分透彻。该文作者还从美学的角度分析了姚慕双、周柏春的独脚戏艺术实现了美丑互见、雅俗共存的平衡。

思想内容的"正"和表现形式的"噱"，或许正是滑稽艺术在表现过程中最难平衡又务必相辅相成的两个方面。思想不"正"，观众便觉庸俗无聊；表现形式不"噱"，一本正经，不滑稽，不发笑，就失去了看滑稽戏的兴味。事实上，这也是如今许多观众衡量滑稽艺术高下的一把尺子。

像姚慕双、周柏春这样上下手之间配合得如此默契、水乳交融、灵犀相通的搭档，在一百多年的滑稽史上可以说是绝无仅有的，这也是姚慕双、周柏春搭档60年，无人能及、始终高居榜首、大红大紫的原因所在。

1989年，侯宝林携侯耀文、姜昆等又一次来到上海。当年，侯宝林年

**事已高，已宣布退出舞台，不再演出。侯耀文、姜昆都参加了演出。周柏春在《自述》中回忆道：**

我记得，我与姚慕双那次演的是《新老法结婚》。内当中，姚慕双表演一位新人家长致谢词。这位迂腐的老太爷是个口吃，他操着宁波方言："各位先生、各位女士，今朝请各位到堂……堂……头（这里）来，呒没（没有）啥东……东……东西吃，酒水交关推……推……推……板（很差，谦词），请倗（你们）多吃点噢，请倗（你们）菜……菜……菜吃光，汤……汤……汤吃光……"总之，碰到敲家生处，伊（他）板要轧牢（沪语：定会卡壳）。

我呢，饰一个司仪，在旁边说，请老太爷致谢词，后来听听不对，哪能迭个（怎么这个）老太爷遇到敲家生（模拟打击乐声音）的地方板要（一定要）"楞嘴"（沪语：意为口吃）？弄得像唱京戏里的锣鼓家生（打击乐器）。姚慕双在讲，我在一边配手势，敲铴锣、敲小锣。我当时表演的时候，既要忍不住配手势敲家生（乐器），又恐怕被老太爷发现，一边敲，一边瞄。在台侧候场的侯耀文看得开心得不得了，他暗暗地朝我跷起一个大拇指："妙极！"

一旁的姚慕双还在"楞"："我闲话讲勿像样，我讲得不够具……具……具（体）。"我这时干脆与他一起"具具具"弄得像斗蟋蟀。

"好来！隔壁有家京剧班子，请侬（你）去敲家生（乐器）！"

姚慕双也胃口好："好噢，格末（那么）我去相帮敲家生（乐器）了。"引得哄堂大笑。

我们的滑稽就是要使观众笑口常开。观众欢喜，就是我们最大的幸福。笑声中寓教育意义，这是我们应尽的天职。

**惜乎历史的原因，姚慕双、周柏春创作于20世纪30、40年代的大量独脚戏被湮没了。如《吉普英雄》《英文祝寿歌》，"文化大革命"中被翻拣出来，批判成认贼作父、鼓吹洋奴思想；《包公铡陈世美》《棒打薄情郎》是替帝王将相、才子佳人涂脂抹粉；《秋海棠》《空谷兰》被指责为鸳鸯蝴**

蝶派的陈旧货;《关亡》《做道场》《放焰口》是宣扬所谓的封建迷信、妖魔鬼怪;《艳福比赛》《娘姨讲东家》则戴上了黄色下流、低级庸俗的“帽子”;《流氓切口》《骗大饼》《骗银楼》是为哄吓诈骗的窃贼流氓行为辩护;《乡下人白相跳舞场》《黄包车夫打相打》《棺材店大拍卖》更是加上了“宣扬剥削有理、丑化劳动人民”的罪行。客观地说,这些独脚戏产生于新中国成立前的旧社会,真实地反映了民国时期的社会面貌与风土人情,有一定的历史审美价值。虽然段子里难免精华与糟粕并存,然而,对于这些作品不该粗暴地一律摒弃。只要认真梳理,经过整理改造,去芜存精,还是可以重见天日,复排演出的。应当重视“翻箱底”的工作。

# 三十五 辉煌的时光

大鹏一日同风起，扶摇直上九万里。
假令风歇时下来，犹能簸却沧溟水。
——〔唐〕李白《上李邕》

解放初期，从旧社会过来的多数艺人，对于新政权是拥护的，而且自觉地接受共产党的领导与教育，改造自己的思想与行为，以便适应新社会。

在滑稽界，姚慕双、周柏春兄弟文化层次较高，因而易于接受新事物、新思想。尤其担任蜜蜂滑稽剧团团长的周柏春，对于新旧社会的对比看得比较清楚，他不仅自己身体力行，带头学习，要求进步，而且带领整个团队一起学习，以便跟上形势，不断调整前进步伐。

他要求剧团的每个成员，不管前台后台，都必须参加"天天读"的读报活动，关心时事政治，关心国家大事。这在当时已成为各个单位的一项不成文的制度：而蜜蜂滑稽剧团更是雷打不动，严格执行。

童双春在他的《自传》中谈到了这一情况：

> 蜜蜂滑稽剧团的领导学习抓得紧，每天早上9点是全团读报会，演员不得缺席。即使赴外地演出也是如此。1953年春天，剧团到杭州演出，"双字辈"师兄弟和青年演职员高兴极了，想趁此机会多游玩天堂般的美景。然而，每天早上的读报会一定得参加。我们只能早上6点起床，赶快围着西湖两侧边跑边看，如苏堤、白堤和柳浪闻莺等美景，然后赶在9点之前赶回剧团驻地，参加读报会。

生活上，姚慕双、周柏春以身作则，从不摆大牌的架子。一次去嘉兴演出，在外面吃饭，顶多要一碗大排面，为大家作出表率。

据吴双艺回忆：

1952年，我们蜜蜂滑稽剧团团长周柏春制订了"三编二导"的制度，还作了向"上海人艺"学习，每戏必看的规定。全团曾停演日场，演职人员全部到兰心剧场观看"上海人艺"演出的《曙光照耀莫斯科》《布谷鸟叫了》等优秀节目，学习话剧的语言、表演的长处，借以弥补我们在表演上粗俗浮浅之不足。当时，周老师作为年仅20多岁（应为30岁——作者）的年轻团长，能如此高瞻远瞩，实属罕见。

周柏春认为，话剧的台词文学性强，表演比较自然，滑稽演员应该多多学习，取其之长。1953年，他发动青年演员找剧本，再加工演出。在姚慕双、周柏春的支持下，童双春与编剧周正行一起创作了滑稽戏《100只月饼》，并将它搬上舞台。

"蜜蜂"剧团自解放初编演大型滑稽戏《播音鸳鸯》《金黄牛》以来，此后又陆续编演了《幸福》《小儿科》《老账房》《昨天》《幸福》《升官图》《双喜临门》《西望长安》《只进不出》《奇怪的毛病》《烤鸭》《关不住的一股劲》《假医生请真医生》等。这些大型滑稽戏，每出上演时间少则3个月，多则半年。例如，1956年轮流演出的剧目就有《望子成龙》《只进不出》《奇怪的毛病》《烤鸭》等。在巡回演出剧目单上写着：

滑稽戏擅长演现代剧，具有很快地反映现实生活的特点，因此能及时地配合各项政治运动的宣传。像本团在"三反""五反"时演出了《老账房》，为反对美帝武装日本，演出了《卖花女》，"肃反"时演出了《西望长安》，"反右"斗争演出《白日梦》，鼓励青年上山下乡参加体力劳动，演出了《望子成龙》。在1956年底，上海市文化局举办了滑稽戏会演，总结了滑稽戏几年来的成绩，指出了文艺方向，进一步看到了滑稽戏的远景。

《望子成龙》的说明书介绍了该剧目的内容梗概：

中学教员朱亦滔是一个十足道地口是心非的教条主义者，在学校里动员升学考试未录取的同学参加劳动生产时，朱相当积极，因而被电台邀去广播做报告，打通一般青年和家长的思想顾虑。然而，当朱的儿子朱斌受了他报告的影响，要报名参加理发技术训练班时，朱即暴露了本来面目，加以阻挠。但朱斌得到舅父王瑞甫和同学们的支持，不顾一切地坚决要学好理发技术，为人民服务，同时又为了避免朱的反对，在舅父的帮助下，以学习牙科医生为名，勉强得到朱的同意。

半年后，朱斌已完全掌握了理发技术。正式参加工作的第一天，就被朱亦滔识破，朱亦滔就想把朱斌拉回家去，结果在事实的教育下，使朱亦滔在新社会里，任何劳动都是光荣的，劳动是不分贵贱的真理下，窘态毕露，丑态百出。

该剧由朱济苍编剧，导演任鹏远、陈光余，设计黄飞，作词王双庆，作曲鲍伟新。周柏春扮朱亦滔，姚慕双扮王瑞甫，童双春扮朱斌，翁双杰扮小赵，王双庆扮居委会干部，夏萍扮敏芸娘，吴双艺扮青年甲，唐茜娜扮李华嫂，此外，陈红、王剑心、上官静、王君侠、陈廉、何双龙、黎雯、李家良、诸葛英、李双俊、陈迪民都参加了演出。

在《只进勿出》中，周柏春扮赵志强，姚慕双扮李朋。

在上述剧目中姚慕双、周柏春几乎都扮演主角，他们辛苦的程度可想而知。

1958年，在全民响应党的号召，"跑步进入共产主义"的"大跃进"年代，人们忘我劳动，破除迷信，大干快上。蜜蜂滑稽剧团也发扬"敢说、敢想、敢干"的革命精神，用滑稽的形式，不仅在舞台上表现正面人物，还要塑造无产阶级的英雄人物，于是改编演出了大型滑稽戏《红色风暴》。周柏春扮演一号人物——工人运动的先驱、共产党人林祥谦。姚慕双在戏中饰一号反派人物——吴佩孚手下的"白参谋长"，与周柏春演对手戏。

1921年中国共产党诞生后，贫农家庭出身的林祥谦，逐步接触到进步思想，开始走上革命道路。不久，他担任京汉铁路江岸工人俱乐部干部，并于1922年光荣地加入了中国共产党，被推选为京汉铁路总工会江汉分会委员长，领导铁路工人与帝国主义、封建军阀进行坚决斗争。

1923年2月4日起，党领导下的京汉铁路总工会，发动京汉铁路2万多工人举行总大罢工，1 200公里的铁路顿时瘫痪。总工会对外发表宣言，提出了维护工人权益的五项条件。大罢工引起帝国主义和反动军阀的恐慌。吴佩孚调集两万多军警在京汉铁路沿线残酷镇压罢工工人，制造了震惊中外的“二七惨案”。

大型滑稽戏《红色风暴》，周柏春饰林祥谦（摄于1958年）

2月7日，林祥谦不幸被反动军阀、湖北省督军府参谋长张厚生逮捕，捆绑在江岸车站的电线杆上。在那个雪花纷飞的寒夜，刽子手的屠刀一刀刀地向林祥谦砍去。他坚贞不屈、视死如归，断然拒绝复工，拼尽全力高喊“头可断，血可流，工不可复”，为革命献出了年仅31岁的生命。

滑稽演员最怕演正面人物，因为正面人物往往一本正经讲道理，放“噱”过多，即有丑化正面人物之嫌，不好演，吃力不讨巧。所以滑稽戏怎样演正面人物，演得讨人喜欢，招来笑声，是戏曲界一个值得探讨的学术问题。姚慕双、周柏春也为这个问题颇费思考。

著名戏曲评论家徐维新先生说：

> 周柏春演艺生涯中也有失败的例子，如他主演《红色风暴》中的林祥谦。当革命烈士被绑在柱子上就要英勇就义时，一束红光打在他的脸上，因为周柏春本来脸就不够严肃，所以台下观众哄堂大笑。且这种题材本来就不适合演滑稽戏。当时剧协组织过座谈会，很多专家认为这个题材不适合滑稽戏，另外让周柏春来演这个正面人物产生了反效果。所以说这种题材演滑稽戏是走不通的。

作为滑稽演员的周柏春，脸部招笑的表情，在舞台表演时成了一种标志性的常态，反而引来台下一片笑声，破坏了该剧的主题，损及英雄的形象，这是动机与效果不相协调的奇特悖论。

《红色风暴》这样严肃的题材，倘若由沪剧或京剧去演尚可胜任，让招人逗笑取乐的滑稽戏去演，失败在所难免了。观众看滑稽戏是来取乐，放松心情的；开心，寓教于乐，是观众买票进剧场欣赏滑稽戏的目的与动因。有鉴于此，以往滑稽戏的题材反映底层或基层百姓的生活为主，如《七十二家房客》；到了新社会也以反映工农兵学商的普通生活为主，表现大社会中小人物的众生相，反映芸芸众生的生活状态及其喜怒哀乐悲恐惊，如《满园春色》《路灯下的宝贝》等。以小见大，以微知著，这是滑稽戏的重要本体特征。一如世界级滑稽大师卓别林，他扮演的都是美国社会底层的小人物，滑稽、突梯，观众于笑声中对这些可爱的小人物充满同情，而他们的遭际又揭露了资本主义社会存在的诸多弊端与问题。当然，卓别林也演过大人物，如他扮演过希特勒，但在这个大人物身上，卓别林极尽挖苦讽刺丑化之能事，希特勒成了大众嘲讽的对象。所以滑稽戏寻找创作题材时，应发挥该剧种的长处，避其自身的短处。它是轻松愉快的喜剧，不是厚重的交响乐。

上演严肃的革命题材，塑造高大全的英雄形象，非滑稽戏所能承担的任务。周柏春在《红色风暴》中的失败，不难看出，即使大师级的滑稽演员，也难以胜任扮演林祥谦式的英雄人物。这是滑稽戏的本质决定的。

每个剧种都有自己的固有特征：京剧高亢悲壮，适宜表现帝王将相；越剧缠绵悱恻，适宜表现才子佳人；黄梅戏敦厚淳朴，适宜表现民间传说；沪剧淡雅婉曼，适宜表现都市、乡村生活；滑稽戏诙谐多趣，适宜表现平民百姓的喜怒哀乐……如果违背这些剧种的特性，让滑稽演员去表现高大全的无产阶级英雄形象，不滑稽才怪呢！

事隔25年之后，著名滑稽演员王辉荃、话剧演员姚明德在《剧本》1983年第8期上撰文《在限制中求自由——谈谈滑稽戏的创作》中谈到了上海滑稽剧团演出《红色风暴》的问题，文章说：

在艺术创作中，纯粹的自由是不存在的。我们必须承认有限制，进而在限制中求得自由。就以我俩所从事过的滑稽戏创作来说，它的作品首先受到表现样式的限制。滑稽戏是以笑为主要艺术特色，但是并不是现实生活的一切现象都能成为它创作的对象，它所选择的题材和写的人必须包含着强烈的喜剧因素。它既不能演正剧，更不能演悲剧；既难以反映壮烈的史实，又无法直接讴歌革命领袖的丰功伟绩。所以从某种意义上讲，滑稽戏创作可选择的题材面较窄，可写的人之范畴也受到相对的约束。如果我们不承认这样的限制，那就会使作品在思想性和艺术性诸方面产生不良的影响。在50年代后期，上海某滑稽剧团曾怀着“探索”的愿望和“突破”的雄心，移植演出了话剧《红色风暴》，结果被批评为“政治上不严肃，艺术上丢弃了剧种的特色”，“林祥谦就义”那场戏，令人哭笑不得……

然而，60多年过去了，今天回眸反思，上海滑稽剧团紧跟形势的创作热情诚然可嘉，但作为保留剧目可以复演的却屈指可数。一阵风过后，多数作品被时间的风沙无情地掩埋，淘汰了。进入新社会，思想、艺术上的准备不足，果然是一个问题。主要原因还在于，在结合形势的前提下，忘了滑稽戏的本体特征，使滑稽艺术成了配合政治任务的图解式宣传，不可避免地导致作品的粗鄙化和概念化。

而1959年上演的《不夜的村庄》，以及1958年集体创作由周正行执笔的《满园春色》，可以说是自“蜜蜂”剧团成立以来的八九年中出现的成功作品。

《不夜的村庄》在主题思想方面，虽然配合其时知识分子必须接受思想改造，向工农学习的主流意识，但是姚慕双、周柏春带领剧团成员去奉贤农村“体验生活”的过程中，乡野阡陌、田头农舍体验得来的生动细节丰富了艺术家们的舞台语言与艺术想象，让他们在二度创作中得以充分施展。

《不夜的村庄》写某剧团编剧方和清、演员路风华等下放到农村参加劳动锻炼，方和清怕苦怕累，又自视清高，不懂装懂，闹出许多笑话，引起饲养员张老福的不满。农村修建小型水电站时，路风华等积极参加劳动，而方和清为了“创造奇迹”，擅自牵出怀孕母牛去运石料，致使母牛受伤，受到张老福的严厉批评后又大闹情绪；最后，张老福的体贴关怀使他感悟到劳动人民的纯朴无私，决心参加劳动锻炼，改造自己。

此剧导演钟高年、吴双艺，舞美设计黄飞，作曲鲍伟新。朱翔飞扮张老福，周柏春扮方和清，夏萍扮路风华，袁一灵扮张根涛。在1959年上海市戏曲会演的滑稽戏中评价较高。朱翔飞扮演的张老福幽默深情，性格鲜明，颇得赞誉。作品发表于《剧本》月刊1959年第6期；同年10月，上海文艺出版社出版单印本。

其时作为该剧导演之一的吴双艺在自传《自说自话吴双艺》中写道：

> 导演重要工作是调度、发挥演员二度创作的积极性、创造性。依靠几位前辈老师的主动发挥，即兴创作，群策群力。

扮演饲养员张老福的朱翔飞，一口纯正的浦东方言，腰缠青布围裙，头戴粗呢毡帽，性格爽朗，爱憎分明，语言风趣，幽默深情，举手投足，观众笑声不停。

一天，在位于延安中路光华剧场（今已拆）演出时，吴双艺提前两小时来到剧场，负责监督演出前的准备工作，他来到台下放工具的小房间，发现有个人坐在小板凳上打瞌睡，他以为是管小道具的老黄，就轻轻地招呼他：“老黄，昨天夜里没睡好，打瞌睡啦？”“我在台上摆道具。”“老黄”听到吴双艺的声音，在台上回答。吴双艺再朝坐在小凳上的人仔细一看，惊呆了。连忙上前赔不是：“朱伯伯，是侬（你）啊！对勿起，我还当是老黄呢。”朱翔飞说：“我勿是打瞌睡，是闭目养神。”“朱伯伯，你来得太早了，妆也化好，服装也穿好，侬（你）……”朱翔飞打断他的话说：“我现在精神勿多，要做人家（节约的意思）点用。坐在此地，呒没（没有）人看见。精神省下来，台上给观众。”其时朱才48岁，在旧社会为生活所折腾，过早衰老了。但他演戏却仍然一丝不苟，全力以赴，对观众极其负责。

被称为“幽默滑稽”的朱翔飞，浦东人，对农村生活相对熟悉，表演时很少表情，却妙语连珠。加之，剧本又表现剧团下乡的生活，演员对自己的生活熟悉，二度创作便倾情发挥，生动而到位。这是《不夜的村庄》得以成功的两个不容忽视的因素。



《不夜的村庄》的上演，引起了滑稽界乃至文艺界的很大轰动。不久，被选中准备搬上银幕。著名导演应云卫带领摄制组来到松江农村，与演员一起体验生活，全团一片沸腾。可是，剧本因故搁浅，影片未拍成。

然而，客观地说，这个戏还是主题先行，它配合知识分子改造的目的性与时效性削弱了艺术的持久魅力。知识分子走与工农一体化的道路，并非只有通过体力劳动这一简单的途径才能奏效，而在于大力发展社会主义市场经济，缩小城乡差别，这是逐步缩小脑体差别的关键。不是反过来对知识分子进行惩罚性劳动的所谓思想改造。所以这一类剧目，今天复演的可能性较小，不如《七十二家房客》经得住时间的检验。

反观《满园春色》，在题材选择上比较讨巧。因为服务行业质量的优劣、好坏，涉及家家户户，始终是全民关心的热门话题。在20世纪实行计划经济的年代，由于受传统因循势力的影响，人们看不起服务性行业，尤其是餐饮业，认为那是伺候人的工作，低人一等。在吃大锅饭的情况下，国营餐饮业服务态度之恶劣、服务质量之差，已成为当时社会的普遍现象，人民群众的不满情绪与日俱增。

鉴于这一情况，在行政部门的干预与倡导下，以餐饮业为龙头的全社会服务性行业开展了评先进、树标兵等一系列活动，意在向从业人员灌输全心全意为人民服务的思想，力图在短期内彻底改变并提升整个服务行业的服务质量。《小小得月楼》《满意不满意》，以及《满园春色》等滑稽戏，就是在这样的背景下产生的。

姚慕双、周柏春为创作滑稽戏《满园春色》到饭店采风

这些剧目中的角色都是芸芸众生的小

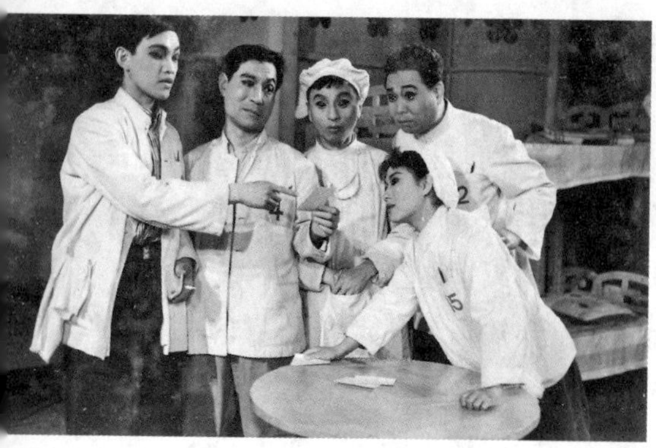

滑稽戏《满园春色》剧照，左二为姚慕双，左四为周柏春（摄于1958年）

滑稽戏《满园春色》剧照，左二为周柏春，左四为姚慕双（摄于1958年）

滑稽戏《满园春色》剧照，左二为周柏春，左四为姚慕双（摄于1958年）

人物，滑稽戏最适宜表现他们的喜怒哀乐，演员的二度创作相对自由，少束缚，也就容易调动自己的生活和艺术积累，去努力塑造好舞台上扮演的角色。

1958年，蜜蜂滑稽剧团根据五味斋饭店优秀服务员、市劳模桑钟培的先进事迹，集体创作了滑稽戏《满园春色》，周正行执笔，1960年再次修改。应当承认这是“大跃进”年代的作品。

满意斋有几个服务员：先进工作者2号，热情细心为顾客着想，给顾客方便；4号服务员虽有做好工作的愿望，但动机不纯，不分对象，故作热情，一味恭维，很少帮助顾客解决实际问题；8号服务员态度冷冰冰，说话阴阳怪气，敷衍失职。三个主要服务员为顾客服务的不同态度，构成一系列喜剧情节。在龙书记和2号先进言行的影响、帮助下，饭店推行了“四心三快”——“热心、耐心、细心、虚心和动作快、出菜快、算账快”，使满意斋成了先进单位。

周柏春扮2号，姚慕双扮4号，吴双艺扮8号，童双春扮龙书记。

戏中主要人物却不是先进工作者的2号，也不是代表党的形象的龙书记，而是中间人物的4号服务员，姚慕双自然成了这出戏的一号演员。

姚慕双谈到他《满园春色》成功扮演4号服务员的体会时说：

我是迭能（这样）讲的："亲爱的同志们，你们辛苦了！㑚（你们）来吃饭，对伲（我们）帮助很大，鼓励很大，亲爱的同志们！希望多提宝贵意见！""亲爱的同志们，亲爱的同志们！"反复迭能（这样）讲。观众们交关（非常）喜爱！

有一趟，我突然来一次即兴表演：有一个老画家来吃饭，我照样也迭（这）两句台词："亲爱的同志们，㑚（你们）辛苦了！㑚（你们）来吃饭，对我伲（我们）帮助很大，鼓励很大！亲爱的同志们，希望多提宝贵意见！"我连下来讲："喔唷，老伯伯！常远勿请过来了，侬（你）身体好哦？"格末（那么）伊（他）讲身体蛮好。"喔唷，老伯伯，侬（你）真是精神抖擞，鹤发童颜，老伯伯，侬（你）还勒拉（在）工作吗？""我还勒拉（在）工作。""喔唷，侬（你）真勿简单！介（偌）大的年纪还勒拉（在）为社会主义建设出力，向侬（你）学习！向侬（你）致敬！吪没（没有）闲话了！"我走了，嗒！来个即兴动作，突然想着，一个回身转来："老伯伯！侬（你）伟大！伟大！"迭个（这）几句闲话，观众想不到，老伯伯也想不到，我自己即兴发挥，台下头哄堂大笑啊！以后"伟大！伟大！"用进去了。所以即兴表演能运用得好呢，真正不得了的事体（事情）。

**姚慕双在特定情景中，突然转身即兴说出的重复台词，并非盲目的随机发挥，而是他对自己所塑造的角色进行深入探索、持久思考其内在性格逻辑的必然结果，是艺术家最需要瞬间涌现的创作灵感。在这种即兴放"噱"恰到好处的节奏把握中，可见程笑亭昔日的舞台影子，它对于展开剧情起到了推波助澜的作用。姚慕双用突然转身的肢体动作与极力讨好顾客的"瞎敷衍"，准确塑造了一个从旧社会过来的服务员，在新型客服关系中旧习难改的生动形象。**

**在演出过程中，姚慕双为了加深观众对这个人物的印象，他又设计了一些动作和台词予以配合，有两处地方十分出彩：一处是第一场中4号服务员见一位顾客有表扬他的意思，马上说："现在我们千方百计要使顾客满意，顾客满意我们顶高兴了，要表扬到外面账台上。"接着指指自己**

工作服上的号码，示意自己是4号，把讨表扬的思想展现在观众面前。还有一处是，4号正在接待顾客，听到另一位顾客招呼，马上“热情”地奔过去，而把原来正等着点菜的顾客丢在一边，而不是真心诚意地为顾客服务。最让观众捧腹大笑的是，有一对顾客对4号的喋喋不休表示厌烦，意欲离去，临出门时，他却不知趣地出现在他们身旁，嘴里依旧是“亲爱的同志们……”使顾客由厌烦变成害怕，夺门而逃……这种过分的热情已让顾客吃不消了，他还要在他们身后大声呼唤：“亲爱的同志们，再会，再会！”边喊边送地奔出去。

这一艺术形象，引起人们深层次的思考，它的潜在意义是严肃的，深刻的。4号服务员堂倌出身，从前为了生活，他对顾客的热情、客套，已形成了一种职业性的习惯——小和尚念经，有口无心，却并不出于内心的自觉与真诚。然而，到了新社会，饭店服务员的工作性质与服务对象已发生变化，“为人民服务”不再停留在口头上，而要落实在行动中，成为“人人为我，我为人人”的高度自觉。戏中对4号服务员的批评是符合实际的。姚慕双4号服务员的成功塑造，为滑稽史提供了一个经典的富有价值的艺术形象，它的典型意义可能连创造者本人也始料未及。

周柏春扮演正面人物，较难出“噱”，但他力求将这个先进工作者——2号服务员塑造成满面春风、充满活力的喜剧人物，表演时使用略带“蹦跳”的步伐在店堂来回穿梭，以增添轻松、欢悦的气氛，“热心、聪慧、机智、幽默、调皮”成了这个人物的基调。有一处“噱头”给观众留下难忘的印象：当两位顾客为敬烟有意互相谦让、推来阻去时，他笑眯眯地站在中间，耐心等待，并从火柴盒里取出两根火柴，双手交叉，合并在一起点着；两位顾客再次推搡，周柏春把撮合在一起的两根火柴分开，左右手各拿一根，同时将两位顾客的香烟点燃。这一动作的设计取得了很好的喜剧效果。徐维新先生如是说：

> 周柏春在《满园春色》里成功地塑造了2号这个人物。在这里有一个创作理念的问题，我们或者说以前正面人物让演员演，不成功并不是演员的问题，而是剧本的问题。这是戏呀，你要让他在矛盾里发

展，而不是游离在矛盾外。如周柏春有一场“划火柴”的“桥段”，就是两个顾客有意捉弄2号，2号用机智的手段解决了这个矛盾，这样就把人物塑造成功了。

1963年，滑稽戏《满园春色》进京演出，李先念副总理和演员亲切握手

吴双艺用“面孔冷冰冰，态度生碰碰”、阴阳怪气、冷面阴噱的手法去表现8号服务员的思想落后。后来这个剧目去北京演出时，他改熟悉的无锡方言为苏北方言。方言的调整，让剧场的气氛更加热烈，台下笑声迭起，掌声不断。

《满园春色》经过近两年的舞台实践和修改，与1960年剧团并入“上海人艺”之后的复演，终于成了新中国成立后不可多得的滑稽戏精品，与大众滑稽剧团的《三毛学生意》、海燕滑稽剧团的《女理发师》、大公滑稽剧团的《七十二家房客》并驾齐驱了。

1963年6月25日，滑稽戏《满园春色》在国务院演出。演出后，陈毅副总理、李先念副总理、周荣鑫代理秘书长和全体同志合影留念

风采依旧——重演《满园春色》，左周柏春（摄于1979年）

然而，经济体制在没有转型之前，国营餐饮业的服务质量并没有得到显著提高。只有到了改革开放之后，随着大锅饭被打破，整个餐饮业经营管理体制，以及用人机制的彻底改变，把就业、赢利、奖惩制度与个人收益挂钩，服务态度与服务质量才有了质的飞跃，整个餐饮业的面貌才发生历史性的深刻变化和全面改善。任何单一的道德说教和思想教育不能从根本上改变国营企业僵化的现状，即便有些成效，也是暂时的、短期的、不稳定的。当然，经济体制改革，不是文艺工作者所能承担的任务；滑稽戏《满园春色》，不啻那个年代餐饮业与人们现实生活的生动写照。

1963年6月25日，应周恩来总理的邀请，周柏春带领蜜蜂滑稽剧团全体演职人员，赴京去中南海为中央首长演出《满园春色》。周柏春怀着欢快的心情在《自述》中说道：

> 1963年，我和上海滑稽剧团带着饮誉全国的《满园春色》，作为向党献礼剧目前往中南海汇报演出。滚滚车轮，载着我团全体工作人员滚烫的心，同时也载着党的文艺方针孕育的一颗硕果——《满园春色》。
>
> 端午夜，北京的夏夜已是酷热炎炎。今夜不知哪些首长会来看戏？大家既激动又不安，演员们在幕后该化妆的化妆，换服装的换服装，紧张地作准备。尚未开幕，一个青年学员忍不住从大幕缝中往台下窥视，只见陈老总穿着白色纺绸中装，手握一柄大蒲扇，大步走近剧场……高兴得他奔进化妆室大声宣布："陈老总来了！"话音未落，

人又奔到大幕后侦察。“李先念副总理来了！”“朱委员长来了！”“敬爱的周总理也来看戏了！”一声声的喜讯飞进演员化妆室，我按捺不住澎湃的心潮；坐在一旁化妆的姚慕双也失去了昔日的沉稳老到，一脸的兴奋、紧张和激动。我俩不谋而合地相互击掌鼓励，暗下决心：一定要以最好的成绩向首长汇报！

……洁白的店堂、洁白的桌布、洁白的工作服，舞台上展现的场景是上海闻名遐迩的“人民饭店”。舞台上2号服务员正一团火似地接待顾客。他身轻如燕，健步如飞地穿梭于店堂。……当时我感到自己勿（不）是在做戏，而是向党倾吐自己的心声，反映新生活，表现新人物……

演出中，台下笑声不绝。周总理放弃了一个重要会议专程赶来看戏；陈老总看得几乎忘了酷暑，不再挥拍蒲扇；朱委员长看戏看得入了迷，早已超过了医生规定的时间，康克清大姐连连劝归，他却执意不走。

演出结束，首长们上台，与演员握手，并且合影留念。陈老总上来对着姚慕双学他的动作，学他在戏中反复运用的台词，跷起仔（了）大拇指：“伟大！伟大！”因为剧目反映财贸职工的先进事迹，陈老总就风趣地介绍李先念同志：“同志们，他就是你们顶头上司哎。”那时候李先念是国务院副总理，兼财贸部长。合影后，周总理说：“你们演得好！同志们辛苦了！我有事先走一步。”他殷殷叮嘱国务院秘书长杨放之同志，要为演员准备夜宵。因为我们是南方来的剧团，心细的总理特意指定也是南方人的杨放之、周荣鑫两位同志陪同我们。

端午夜，一弯明月，银光柔柔地泻进中南海。杨放之同志亲自为我们剥粽子，送到嘴边，像游子回到慈母身边，又像小草沐浴在三春朝晖，我的心暖暖的。

**《满园春色》在中南海演出不久，《人民日报》发表了署名方成的文章《一出社会主义的滑稽戏——〈满园春色〉》，对该剧作了充分肯定，称赞**

此剧有意义而不枯燥,“有趣味而不低级,接受传统而有所创新。”1978年,上海曲艺剧团建立后,再次演出,老艺人朱翔飞在“文化大革命”中去世,庄师傅一角由严顺开扮演。

“文化大革命”前后,姚慕双、周柏春在配合党的形势,歌颂先进人物方面编演了不少新段子,新剧目,既有成功的经验,也有失败的教训。但他们表现的革新勇气与创新能力,却十分宝贵,为后人提供了重要的借鉴。黄佐临院长曾对此作过充分肯定。《满园春色》《笑着向昨天告别》,这些剧名都是黄院长亲自起的。俗话说,艺高人胆大。姚慕双、周柏春所以敢于大胆创新,是因为他们有着深厚的传统艺术功底,有底气,有本钿;在艺术上不因循,不守旧,不吃老本,敢于突破樊篱闯新路。社会在变迁,滑稽戏的表现方法与滑稽语汇也必须符合新时代的要求,经常更新,不断发展。创新的过程也即探索的过程,失败在所难免。重要的是及时总结经验,继续前进,而不是在困难面前停止脚步。

1959年9月16日(周六半夜2点多),慈祥的姚復初病故,虚岁68岁。当时姚慕双、周柏春正在演出《王老虎抢亲》,周六、周日演出照常,周一办理丧事。作为孝子的姚慕双、周柏春痛失慈父,在征得母亲同意后,葬仪就在胶州路207号万国殡仪馆(现址为上海假肢厂)举行。

万国殡仪馆堪属上海的“五星级”殡仪馆,直到1966年7月之前还在营业。上海近代史的名人,从阮玲玉到鲁迅,“文化大革命”前工商界名人、社会贤达乃至资本家的丧事,都首选万国殡仪馆。它距离外国坟山(今静安公园)只一箭之遥,根据“一条龙”的配套服务原则,殡仪馆靠近公墓,无疑省却了许多麻烦。

周一大殓那天,场面很大,来万国殡仪馆吊唁的亲朋好友很多,300多只花圈从灵堂一直摆到外面花园。姚慕双、周柏春已哭成泪人,两人按旧俗,白衣白帽,腰束麻带,披麻戴孝。周勤侠端坐在藤交椅上,手里拿着一只蓝色的小皮包,鼓鼓的,装着大殓需花费的钞票,沉默悲切,但未掉一滴眼泪。

其时不兴火葬,很多亲友来劝,要给姚復初土葬,还有人打电话来推介上好的棺木。周勤侠却不为所动,坚决要求火葬。她对前来劝说的亲友说：国家提倡火葬，革故鼎新是方向；十三陵的皇陵也被发掘了，何况老百姓呢；再说，姚慕双、周柏春名声大，带个头也应该。

其实，她是一个明白人，当初女儿姚一凤葬在万国公墓，后来那里市政开发，朱家因朱宗玺被打成“右派”发配西北，没去迁坟，姚一凤也就魂消云散了。所以她对土葬看得很淡。

姚慕双、周柏春忙着迎送前来吊唁的亲朋，3个媳妇携14个孙儿孙女分别跪在灵堂两旁（最小的斌儿尚未出世），吊唁的人一到，大喇叭吹起来，3个媳妇就开始号哭。一群孩子不懂事，根本待不住，穿着白色孝服，在灵堂里窜进窜出，还在草地上翻跟斗嬉闹，不知悲伤，只觉得热闹、有趣。

周勤侠回家后就把房门关上，独自在房间里哭了三天。两个孝顺儿子在房门外急得六神无主，不停地敲门，叫“姆妈！姆妈！”。

事后，姚復初的骨灰盒取回后，没有落葬，周勤侠把它一直安置在自己房间的五斗橱上，每天鲜花供奉。只在静安寺做过一次“五七”，那天中午，愚园路绿村饭店老板送来六桌酒席，他是姚慕双、周柏春的忠实“粉丝”。

守丧期，姚家未烧锡箔纸钱。从旧社会过来的周勤侠能如此处理丈夫的后事，相当不易。她思想开明，不落伍，能跟上社会前进的脚步。她为姚慕双、周柏春，为子孙考虑得多；因为两个儿子是名人，不能给他们及子孙脸上抹黑。

# 第八章

华夏大地并非总是风和日丽，春光明媚，也有风，也有雨，也有电闪，也有雷鸣。春暖花开、夏阳如火、秋茶密网、冬寒肃杀的四季轮回，是寰球不变的法则。人情冷暖与人性善恶，在春兰秋菊、金风送爽的美丽、祥和时节，也许匿迹隐形，难以辨别。唯在火云如烧、铄石流金，或雪虐风饕、凛若冰霜的严酷环境下，方能彰显人的高风亮节。

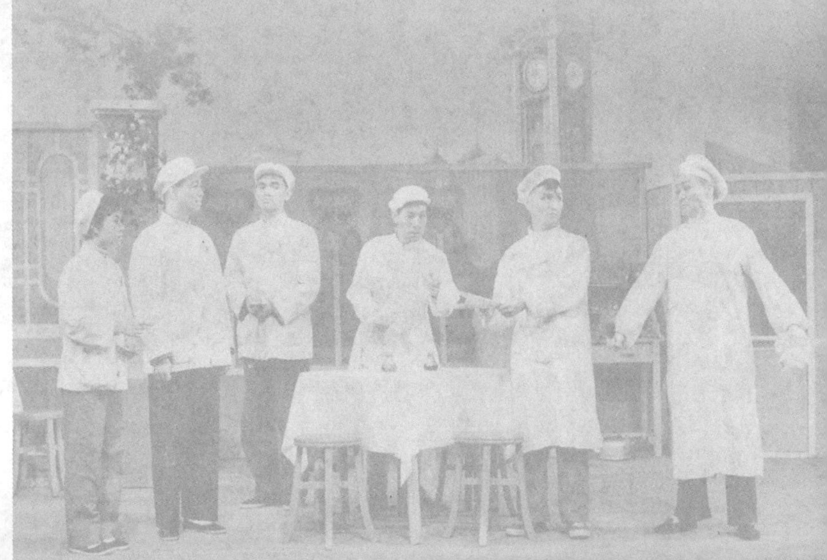

# 三十六　进入“上海人艺”

垂委饮清露，流响出疏桐。
居高声自远，非是藉秋风。

——〔唐〕虞世南《蝉》

1959年至1961年是我国“三年困难时期”。为了战胜“天灾、人祸”，党提出了社会主义建设的八字方针：“调整、巩固、充实、提高。”这几年文艺政策较为宽松。1960年6月，上海市文化局为了进一步繁荣话剧，决定将蜜蜂滑稽剧团、朝阳通俗话剧团一起划入上海人民艺术剧院建制，以不断满足人民群众日益增长的文化生活需要，更好地为政治、为生产、为工农兵服务。

话剧与戏曲不同之处在于，话剧能更直接、更迅捷地反映现实生活，较好地体现党的文艺思想，为政治任务服务。而戏剧中唯滑稽戏与方言话剧在表演形式上最接近话剧，它们在上海有着深厚的群众基础，为广大

蜜蜂滑稽剧团全体合影，中排右七为姚慕双，后排右七为周柏春（摄于1959年）

群众所喜闻乐见。将这三个剧种放在同一个院团内，可以相互取长补短，既方便领导上统一管理，也有利于调动艺术资源，共享艺术经验。这也许是蜜蜂滑稽剧团与朝阳通俗话剧团划归上海人民艺术剧院的初衷吧。

据吴双艺回忆，1960年4月14日，上海人民艺术剧院大排练厅彩旗林立，锣鼓喧天，全院上下喜气洋洋，就像办喜事一样。

> 这是我们滑稽剧团和方言话剧团划入“上海人艺”的大喜日子。我们受到了院领导及全院老同志的热忱欢迎、亲切款待，欢迎会上市委宣传部、市文化局、各级院领导热情洋溢的讲话，对我们鼓励教育，至今仍是记忆犹新，终生难忘。

次日的《解放日报》《文汇报》都作了相关报道。《上海戏剧》1960年第6期，发表了邝希璐的文章《上海戏剧界的喜事》一文，阐明了此事的意义。

> 通俗话剧和滑稽剧在本市有深厚的群众基础，为广大观众所喜爱。解放后，由于党的领导和关怀，由于正确地贯彻了党的“百花齐放、推陈出新”和“两条腿走路”的方针，在最近几年来，特别是大跃进以来，两个团演出的质量都有很大的提高。1959年，本市举办的戏剧会演中，朝阳通俗话剧团演出的《三个母亲》、蜜蜂滑稽剧团演出的《不夜的村庄》等剧目，都曾获得了较高的评价。现两个剧团已更名为上海人民艺术剧院通俗话剧团和人民艺术剧院滑稽剧团，并于5月30日起演出了《红杏出墙》和滑稽剧《满园春色》。……
>
> 前几天，这两单位都分别召开了建制与建团成立大会，市委宣传部徐平羽副部长、市文化局及有关区文化主管部门的负责同志都亲临参加，并对今后工作作了指示。全体演、职人员受到很大鼓舞，大家都纷纷提出保证，要努力学习，高举毛泽东思想红旗，奋勇前进。

文中提到的所谓“两条腿走路”，即传统戏与现代戏同时并举。这是田汉根据当时中宣部分管文艺的副部长周扬与林默涵的意见，在讨论《文艺八条》期间提出的。

这篇报道式的文章距今已有半个多世纪，但从中可以找到一条重要信息：姚慕双、周柏春领衔的“蜜蜂”剧团，解放以后通过学习，迫切要求进步，力图紧跟政治形势，跟上时代步伐，尤其在1958年中共中央提出社会主义建设总路线、“大跃进”和人民公社的“三个法宝”（1960年称为“三面红旗”）之后，创作热情高涨，编演了不少配合时代主旋律的滑稽剧目。当时，姚慕双、周柏春积极要求进步的态度确实是真诚的，他们希望改造头脑里的旧思想、旧习惯，避免戴上资产阶级落后分子的帽子。不过，“急就章”的剧目，也难免存在口号式“假大空”的弊病，姚慕双、周柏春在“紧跟”的同时，无奈地或不知不觉地丢掉了滑稽戏的批判精神与它持有的特长——及时地反映实在的市民生活，而非政治口号的喜剧化图解。然而，“蜜蜂”那时的积极“作为”，与主旋律保持一致，确实为党的宣传部门所赞赏与重视。

这篇文章中也提到了以伍赛文等领衔的朝阳通俗话剧团在20世纪五六十年代所作的努力。方言话剧与话剧、滑稽戏，都是从新剧中分化而来，回溯它们的历史，原本就是一家。20世纪60年代初，黄佐临把通俗话剧团、滑稽剧团纳入人民艺术剧院，就是鉴于这方面的考虑：三者既相通又能互补。那时候的方言话剧团，的确出了不少好戏，如：现代剧《三个母亲》，传统剧目《智斩安德海》《啼笑因缘》等。方言话剧的演员演戏完全走人物，某种程度上，滑稽演员的演技和表演与之相比还稍逊一筹。“文化大革命”后，不知什么原因，方言话剧团并未恢复建制，一些优秀演员在舞台上消失了，唯有陶醉娟、吴媚媚、王嫱、王卫忠、蒋天一、周羽等，转入上海滑稽剧团。这些演员演滑稽戏还是得心应手的，其中，陶醉娟成了挑大梁的演员之一。

上海有若干滑稽剧团，为什么“上海人艺”偏偏就选上蜜蜂滑稽剧团了呢？除了上述原因，可以说与“上海人艺”黄佐临院长的选择有关。

黄佐临（1906.10.24—1994.6.1），出生于天津市一个洋行职员家庭。1925年，在英国伯明翰大学留学期间，师从萧伯纳，开始涉足戏剧。

1935年，又在剑桥大学皇家学院研究莎士比亚，在伦敦戏剧学院向米·圣丹尼学习导演。1937年，抗战全面爆发后回国。他先后执导过的电影有《假凤虚凰》《表》《双推磨》《为了和平》《布谷鸟又叫了》《三毛学生意》《黄浦江的故事》《陈毅市长》等。1962年，“写意戏剧观”戏剧理念的正式提出，为创立中国当代的、民族的、科学的演剧体系奠定了基础。

黄佐临从学习萧伯纳批判现实主义的戏剧观到“写意戏剧观”的提出，为话剧的民族化、群众化作了有益的探索。作为戏剧大师的黄佐临对喜剧钟爱有加，发现完全由本土产生的滑稽戏十分符合他要求喜剧民族化、群众化的“写意戏剧观”。为此，他无数次地进剧场实地考察，不仅看了上海的剧团，还看了无锡、苏州、杭州等地滑稽剧团的演出，他认定蜜蜂滑稽剧团的群体风格与他的喜剧理念最为契合。经过反复比较、遴选，最后敲定“蜜蜂”剧团，有其必然性。前面提到，“蜜蜂”剧团成立初期，姚慕双、周柏春便强调向话剧学习，让演职员去看“上海人艺”的演出，并做到每戏必看，从中吸收养分。所以，黄佐临的选择与姚慕双、周柏春艺术上的追求可谓不谋而合，走到一起了。于是，“蜜蜂”划入“上海人艺”的建制成了顺理成章的事。

其时，“上海人艺”有四个剧团：一团是话剧团；二团是青年话剧团，集中了上海最优秀的话剧演员，也有一些从“上戏”“中戏”毕业后分来的小青年；三团是方言话剧团；四团是滑稽剧团——蜜蜂滑稽剧团的原班人马。从当时演出的情况看，四团较受观众欢迎，出票率高，而且往往一出滑稽戏，仅在上海可演数月，甚至半年，还不包括去外地巡回演出。四团从成立至“文化大革命”开始，收益高，为“上海人艺”创收颇多，被同仁戏称为“财团”。其他几个团中也不乏有人嫉妒。

《纸船明烛照天烧》是四团演出的第一个大型滑稽戏，1960年8月首演于上海艺术剧场（今兰心大戏院）。

院长黄佐临亲自挂帅，调动了全院最优秀的编导人员：杨村彬、郭铮、王元美、周丰年、朱济苍、周正行等集体编剧，他本人也加入了创作。该剧梗概如下：

世界人民掀起反对美帝风暴，在巴黎爱舍丽宫附近揭露美帝假和平

姚慕双、周柏春参加反对美帝侵略坚决解放台湾保卫世界和平宣传周演出活动（摄于1960年）

真备战的伪善面目；在远东到处驱逐“国际宪兵”；外强中干的纸老虎在菲律宾硬充好汉，但掩盖不住原形；在台湾海峡，“圣保罗”号巡洋舰遭到万炮齐轰；最终，美帝丧魂落魄，淹没在世界人民反侵略的风浪中。

为了确保该戏的成功，黄院长与钟高年担任导演，舞美设计黄飞，作曲鲍伟新，造型设计程绮云。主要演员有周柏春、姚慕双、朱翔飞、袁一灵、夏萍、范素琴、王剑心、林燕玉、筱咪咪、吴双艺、王双庆等。黄院长还特邀了部分说“方言”的同志协助演出。由于该戏反映美帝武装日本的重大政治题材，示威游行气势磅礴，还邀请了数十名临时演员。

全剧具有闹剧风格：舞台上有直升机降落，军舰舱内外搏斗，飞机场防备森严，美帝总统府的豪华富丽，东南亚海岛的旖旎风光，演出时引起观众争先购票的轰动效应，新老观众、滑稽同行，争抢观摩。其时上海市副市长金仲华也亲临观看，并热情地给予鼓励与肯定。

毋庸置疑，这是一项配合其时国际政治斗争的宣传演出，动用了行政力量与“上海人艺”的全部艺术资源，在滑稽史上可以说是绝无仅有的。

据吴双艺回忆，自蜜蜂滑稽剧团划入“上海人艺”之后复排演出的第一个戏便是《满园春色》。不过，这个戏从认识论的角度看，已在1958年剧本的基础上作了较多的修改，少了标语口号式的台词，加入了人性化的内容，到了1963年应周总理的邀请进中南海演出，并在《剧本》上发表的就是这个修改本。“文化大革命”后与观众见面的仍是重新修改的本子，及至1989年庆祝姚慕双、周柏春舞台艺术生活50周年演出的，还是经得起30多年考验的社会主义滑稽戏《满园春色》。次年5月，《不夜的村庄》，经过整理复排，也再次演出。

为了北上巡回演出需要，以及考虑到滑稽戏艺术的个性发展，自1963年上半年起，剧团改名为上海市滑稽剧团，但建制仍属上海人民艺术剧院并管辖，至1966年上半年，剧团在黄佐临院长的指导下，创作演出了一大批反映现实生活的滑稽戏剧目，如《满园春色》《笑着向昨天告别》《一千零一天》等，同时整理演出了《王小毛》《小山东到上海》《王老虎抢亲》等传统剧目，继而移植了话剧《梁上君子》《我是一个兵》和山东吕剧《认钱不认人》等剧目。

《笑着向昨天告别》创作于1961年，同年12月，首演于解放剧场。参考相声《昨天》编写。编剧周正行、周柏春、吴双艺。周正行女士是沪上滑稽界资历深、为数不多的高产剧作家，上述不少作品得以成稿，均出自她的手笔。可喜的是周柏春与他的学生也参与了这个剧本的编剧，具有丰富的独脚戏和滑稽戏演出经验的周柏春、吴双艺的加盟，让剧本增加了不少喜剧色彩。

世代祖传中医华祖康为人正直，但生性懦弱。解放前夕，因不堪流氓、特务、兵痞、旧警察的重重压迫，精神失常。11年后疾病治愈。一旦清醒，竟以为发病是昨天之事，仍以“昨天”的眼光看待今天的一切，事事不可理解。剧作以奇特的对比手法歌颂了新社会，批判了旧制度。

周柏春在滑稽戏《王老虎抢亲》中饰王老虎，左为袁一灵，中为周柏春，右为童双春（摄于1961年）

姚慕双饰华祖康，吴媚媚饰华妻，童双春饰华丽生，袁一灵饰吹鼓手阿王，周柏春饰搬运工老丁，筱咪咪饰流氓老七，王双庆饰警察独眼龙。

该剧自1961年12月至1964年，除在上海演出外，还先后去苏州、杭州、无锡、南京、天津、北京、青岛等地巡回演出。1979年9月，上海曲艺剧团原班人马复演。

姚慕双谈到他主演老中医华祖康的体会时说：

> 我演知识分子，也想别出心裁。在《笑着向昨天告别》中，我扮演在旧社会受到流氓地痞欺侮的老中医华祖康，他在旧社会被迫害致疯，一觉就是十年。华祖康肚内有点"墨水"的。我演这个角色，要感谢我姆妈，她懂些古文，文化蛮好。我和周柏春初上电台播音，她总是守着无线电仔细听我们播送的节目，发现有读白字就纠正。她希望我们用些成语，用方言也不能粗俗，给听众感觉，我们不是唱滑稽，而是从学校出来的。现在回眸，我对姆妈真是千恩万谢，感激涕零！我演华祖康为人朴素，方正，淡泊自守，一点一划，老老实实，文质彬彬，有时咬文嚼字，是个好好先生。他生气时，最恨的一句话就是："唉！天道不公啊！我怎么养勒拉（在）迭（这）个社会？正是生不逢时啊！"

华祖康病愈后生活在今天，他的头脑却滞留于昨天，11年的人生空白，社会变化的翻天覆地，使他突然从梦中醒来，宛如转世，"不知天上宫阙，今夕是何年？"时空的转换，精神上的倒错，必然在现实的人际交往中引发种种令人啼笑皆非的奇事来，观众在笑声中却含着同情的泪水，不啻对以强凌弱、不公道的旧世界的憎恶与批判。这是姚慕双、周柏春在这出戏中的成功所在。

姚慕双、周柏春领衔的"上海人艺"滑稽剧团（又称滑稽四团），其演员阵容在滑稽界可谓实力雄厚，素有"三座大山""四座小山""一座飞来峰"之称。"三座大山"指姚慕双、周柏春、袁一灵；"四座小山"指"双字辈"的吴双艺、王双庆、童双春、翁双杰——他们始终跟随姚慕双、周柏春，在艺术上得到不少“真传”；“一座飞来峰”指严顺开。另外，郭海彬、周嘉陵是“学院派”，即在“中戏”或“上戏”受过正规教育，学斯坦尼的，后转滑稽戏，实力不可小觑。而被戏称为“飞来峰”的严顺开，实力最强，且享盛名，在上海滑稽剧团的演员排名上，竟后来居上，排在袁一灵之前，其重要性仅次于姚慕双、周柏春。

严顺开（1937.6.6—2017.10.16），出生于上海市，毕业于中央戏剧学院表演系，为第四批国家级非物质文化遗产项目滑稽戏代表性传承人。

1963年毕业后分配到“上海人艺”四团（滑稽剧团）任演员。1981年初登银幕，主演电影故事片《阿Q正传》，凭借该片获第6届大众电影百花奖最佳男演员奖和第2届韦维国际喜剧电影节最佳男演员金手杖奖。1983年，在第一届春节联欢晚会上表演小品《阿Q的独白》。1988年自编自导自演电影故事片《阿谭内传》。1993年，在央视春晚上表演小品《张三其人》。1999年，再次登上央视春晚，并与凯丽合作表演小品《爱父如爱子》。2002年，出演古装电视剧《红楼丫头》。2003年，参演古装推理悬疑剧《大宋提刑官》。2004年，领衔主演电影故事片《银饰》。2005年，执导都市风情滑稽戏《太太万岁》。2007年，严顺开自导自演滑稽戏《独养女儿》。2009年，领衔主演家庭伦理电视剧《我的丑爹》。2017年10月16日，严顺开去世，享年80岁。

应该说，严顺开不仅对上海滑稽剧团而且对中国喜剧有突出的贡献。

然而，1963年，他从“中戏”毕业，分到上海滑稽剧团时，还是一个“无名小卒”，对滑稽戏的表演规律还很陌生，不甚了解，但他特有的天赋，对于喜剧样式的颖悟，加之姚慕双、周柏春等诸位前辈的帮助，上海滑稽剧团的培养，经过一段时期的舞台实践，使他逐渐掌握了滑稽戏的表演规律，在艺术上异军突起，令人刮目相看。

严顺开高中毕业后曾报考上海戏剧学院，由于长相平凡，最后一轮被淘汰。后来，他又参加了青海省话剧团的招生，依然无果。接着严顺开参加中央戏剧学院招生，他演唱的歌曲《真是乐死人》得到中央戏剧学院表演系主任白英老师的认可，遂进中央戏剧学院深造。

1963年，从中央戏剧学院毕业，严顺开想回上海工作。关于他如何进上海滑稽剧团有两种说法：一种说他毕业后，本来要分配他去地方话剧团工作，但严想回上海，苦于无路。严居住的里弄里有一个邻居与姚慕双老师关系很好，严托这位朋友向姚老师介绍他的情况，希望去上海滑稽剧团。姚老师在一次聚会上找时任市委分管文委口的领导谈了此事，说严是一块好料子，要求分配进上海滑稽剧团。严最终如愿以偿。这是王一凡等滑稽界几个同仁的说法。

据周伟儿说：

> 1963年上海滑稽剧团带着姚慕双、周柏春领衔主演的《满园春色》上京演出，其间观摩同行的交流演出，看了"中戏"毕业生演出的《霓虹灯下的哨兵》，姚慕双认为其中饰小阿飞的严顺开表演得不错，很活络。事后严顺开到上海滑稽剧团看《满园春色》，特地到后台求姚慕双、周柏春两位老师，说自己是上海人，即将要从"中戏"毕业了，很希望能分回上海，以姚慕双、周柏春两位老师在上海的影响力，希望能帮帮他。
>
> 回上海后，一向乐善好施、好良心的姚慕双随即找到"上海人艺"院长黄佐临，力荐严顺开。这样，严顺开一毕业就顺利分回上海，进了上海滑稽剧团。

另一种说法是，黄佐临院长从喜剧的角度挑选演员的结果，因为严顺开很会演戏，进"中戏"第一学期，他的表演成绩便得满分—— 5分。

上海滑稽剧团副团长、著名滑稽演员钱程回忆：

> 据严老师（严顺开）说，黄佐临去"中戏"看了他的表演（即1963年"中戏"应届毕业生汇报演出《霓红灯下的哨兵》——作者注），便将他要来了。他对严说："小严啊，我打算把你放到滑稽剧团去，那里不少滑稽演员，身上的功夫了不得，你要好好向他们学习。但是，你不能把'中戏'学到的东西给忘了！如果那一天我看到你把'中戏'学到的东西都豁脱（丢掉）的话，我就把你放到话剧团去，不让你再

待在滑稽剧团了。”

严老师一直将黄先生当自己老师的，在艺术上遵循他的谆谆教诲，所以他的表演讲人物，又不失滑稽风采，但他不是硬滑稽而是软“噱”，是塑造人物的。

有一个小镜头，至今难忘。2006年，黄老已故世，上海滑稽剧团与上海话剧中心（前身为“上海人艺”）合作演出《乌鸦与麻雀》（话剧版），我演肖阿贵，他演侯伯义。一天，去安福路排练厅排戏，正巧我走在严老师后面（相距50米左右），话剧中心门口有一尊黄佐临的头像，只见严老师恭敬、谦卑地从黄佐临塑像前走过，行着注目礼，这一幕深深地映入我的眼帘，挥之不去。学生对老师的尊崇、敬畏如此，让人感动！虽然没一句话，却看到了他的一片素心。

作为小辈，我们对姚慕双、周柏春老师也应有这份态度。姚慕双、周柏春创造出丰富的文化遗产，如果我们忘记了，真正对不起祖宗，对不起姚慕双、周柏春两位老师啊！

**上述两种说法并不矛盾，1963年上海滑稽剧团在京演出，黄佐临作为院长一同前往北京，与姚慕双、周柏春一起观看演出很有可能；也许英雄所见略同，当姚慕双、周柏春向黄院长推荐严顺开时，正合黄院长法眼，便一拍即合了。据当时“中戏”那一届毕业生的分配方案，严顺开是分配去地方话剧团的，要调至上海，还必须经上海组织部门的同意；于是，姚慕双在一次聚会中向时任上海宣传部长的陈沂说了此事，得到了陈沂的支持，遂成好事。**

**没有姚慕双、周柏春慧眼识珠，鼎力推荐，没有黄佐临拍板敲定，没有具体的接受单位和组织部门的同意，严顺开是回不了上海的，因为在行政关系上上海滑稽剧团隶属于“上海人艺”管辖，而“上海人艺”从北京进人，还必须通过上海组织部的人事部门。**

**严顺开进上海滑稽剧团担任演员兼编导工作。他谦虚好学，得到滑稽前辈们的多方关照，尤其他对姚慕双、周柏春二位老师尊敬有加，而姚慕双、周柏春对他在滑稽表演方面帮助、指点不少，竟至于引起部分“双**

字辈”学生的醋意。

姚祺儿如是说：

上海滑稽剧团的严顺开进剧团，姚老师对他很关心。严顺开不是正规剧团出来，他是学院派，应该说他本来对滑稽不是最了解，需要学习。姚老师对他特别关心，为此“双字辈”吃醋了，这是真事儿。

1963年，一天夜场散了，几个“双字辈”，一个人不敢来说，看到姚老师有点怕。尽管姚老师非常慈祥，很爱护他们，但他们看到姚老师还是有点怕。包括李九松，不是他学生——20世纪90年代拍了《老娘舅》也红了，有名气了，他有时送东西来看姚老师，开了一辆“汤普森”电动车，开到我家门口说：“祺儿，东西替我拿上去。”我说：“九松哥你上去呀！爹爹在呀，你干吗不自己上去呢？”“看到老头子怕的！”他看到姚老师怕的，作为老师还是有点威严的。那天晚戏散场，他们几个一起来我家里，和姚老师“谈判”了：“为什么那么关心严顺开？不关心我们学生？”姚老师和颜悦色地对他们说：“你们都是我的学生，我对你们一视同仁。严顺开作为一个青年刚进剧团，我也当他是学生。你们1947、1948年拜师，姚祺儿还没出生，跟我和周老师十几年，怎么会不关心呢？你们演了不少戏，已经有一定的表演经验，今后要靠自己多摸索、多体验了。小严刚从戏校毕业，学的是话剧专业，对滑稽戏不熟悉，有一个过程。大家要多关心，多体谅。”

姚慕双这里说到话剧与滑稽的不同是指表演形式方面的区别。话剧的台词都是固定的，演员通过固定的台词去琢磨、塑造角色。然而，滑稽演员都需要二度创作，哪怕有剧本他们也要设法把人物演活、演“噱”。虽然在台上不能游离剧情、游离人物的个性乱发挥，但是可以根据自己的体会与生活积累即兴发挥。不然，光说台词变成演方言话剧了。话剧演员若与滑稽演员搭档是很难受的，因为后者突然蹦出一句台词，会让前者接不上去。所以，严顺开一开始，也出现跟不上节奏的情况，有一个适应的过程。

不过，严顺开的确很会表演，遗憾的是他不会方言，也不会唱。剧团为了培养他，为他度身定制了一出滑稽戏《一千零一天》，写邮政行业投递员的故事，教他唱了一段最简单的滑稽常用曲调宣卷中的上下赋。可见姚慕双、周柏春两位老师多么惜才。

文艺界较为宽松的氛围仅维持几年，1963年开始，随着国民经济的逐步好转，一股逆流突然涌动，在乍暖还寒的时节，西风乍起，吹皱一池春水，树叶儿纷纷凋零。

1963年1月4日，上海市委书记柯庆施在延安西路文艺会堂举办的文艺界元旦联欢会上，提出了“大写十三年”的口号。两天后的《解放日报》和《文汇报》，报道了这次元旦联欢会的盛况，文章中特别谈到了这位市委书记在这次联欢会上的讲话，说他最近看了话剧《第二个春天》，电影《李双双》，还听人说过话剧《霓虹灯下的哨兵》，这些戏写的都是解放以后，十三年来的现代生活。他继续说，今后在创作上作为指导思想，一定要提倡和坚持“厚今薄古”，要着重提倡写解放后十三年，要写活人，不要写古人、死人，我们要大力提倡写十三年，大写十三年，解放十三年来的巨大变化是自古以来从未有过的，在这样伟大的时代，丰富的生活里，文艺工作者应该创作出更多更好的反映伟大时代的文学、戏剧、电影、音乐、绘画和其他各种形式的文艺作品。

当时这个讲话，在上海市委班子内引起争议，赞成和反对的意见壁垒分明。尽管如此，在上海“大写十三年”还是搞得“风生水起”。

“大写十三年”，遭到来自北京的抵制。中宣部副部长周扬、林默涵，中国作家协会副主席兼党组书记邵荃麟尖锐地指出，“大写十三年”这个口号带有很大的片面性，妨害文艺创作，不符合党的“百花齐放”的文艺方针。所谓“只有写社会主义时期的生活才是社会主义文艺”是错误的。然而，柯庆施却坚持说：“只要是写十三年的，我就带老婆孩子买票来看，不是写十三年的，请我看我也不看。”

上层的两种声音，使上海的文艺界无所适从。有道是“不怕官只怕管”，市委分管文教的书记张春桥，全力执行市委第一书记柯庆施的指示，于是各个文艺院团的编创人员，只得纷纷下基层去农村，寻找1949年以

上海人民艺术剧院全院活动，一团与滑稽剧团座谈《一千零一天》（摄于1965年）

来反映现实生活中阶级斗争的题材，几近到了“无米下锅”的地步。据悉曾有多家剧团想争取扬剧《夺印》的改编权。是年，江青来上海寻找现代戏的创作基地与大批判基地，得到柯庆施的大力支持，两人一拍即合。上海的现代戏便搞得“风起云涌”了。

1965年2月，上海人民艺术剧院滑稽剧团首演了《一千零一天》。从时间与创作题材看，无疑是“大写十三年”的作品。该剧由周正行、葛乃庆、袁一灵编剧。剧本大意是：

上海某邮局一个“五好”先进投递员在老班长黄永春的带领下，千方百计复活死信，做到了投递迅速、准确、方便，创造了一千天无差错的记录。青年投递员王根根认为送信是简单劳动，不安心工作，对争取更大成绩漫不经心；在投递时，又遇到焦蝶蝶轻视邮递员思想的刺激，失去了冷静，在一千零一天时发生了错投事故。党支部书记方志华和王永春因势利导，以事实帮助王根根提高对工作的荣誉感和责任心。

戏中袁一灵饰王永春，周柏春扮方志华，严顺开饰王根根。上海艺术剧院青年话剧团同时以话剧形式演出。

剧本刊于《剧本》月刊1965年第2期，同年，上海文艺出版社出版单印本。上海人民美术出版社出版了摄影连环画。

这个戏是在“大写十三年”口号下编演的，从戏剧结构看，仍然脱离不了在领导的关怀下，由先进分子帮助落后人物转变的概念化旧窠，这一公式化的创作范式与此前的《满意不满意》《满园春色》《小小得月楼》，以及尔后出现的淮剧《海港的早晨》，在立意上如出一辙，鲜有突破。这也是改革开放之前，在“左倾”文艺政策的引导下，创作题材日益狭窄带来的必然结果。编创及演职人员在如此狭小的天地中也只能如此“舞蹈”。

不过，严顺开通过这出戏的演出，在滑稽戏的表演实践中也确实得到了锻炼，收获多多。及至“文化大革命”后，借着改革开放的东风，他主演并导演了一系列喜剧，在表演艺术的道路上突飞猛进。

与严顺开合作了20多年的编剧赵化南说，他一直记得严顺开在滑稽戏《GPT不正常》说明书上写的话：“我爱观众的笑，我更爱观众在笑的同时能沾上一点眼泪。”赵化南称赞严顺开的作品“总是与时俱进，语言新、笑料新、人物也新。他的表演充满了对有缺点底层小人物的无限爱心与同情，不但让人掉泪，还让人深思”。

上海曲艺家协会副主席徐维新评价严顺开：“以令人信服的喜剧艺术自成一派，他演的人物生动准确，拿捏得恰到好处。”

上海戏剧学院教授、博导荣广润先生评价严顺开“是中国喜剧舞台的一个‘另类’，这个全能多才的艺术家把喜剧当作严肃的、终身的事来做，不但先后主演、导演和参加创作了数十部滑稽戏和喜剧电影、电视剧、情景剧，还在喜剧小品方面独树一帜。严顺开所走的地方滑稽戏与学院派表演相结合的成功道路，所坚持的深入生活、严格训练、严肃创作的表演态度，值得年轻演员好好学习”。

总之，这座“飞来峰”的加盟，让上海滑稽剧团，无论从艺术行当到舞台演出质量，还是在剧目建设方面都有了较大提升，这也是当初黄佐临以及姚慕双、周柏春对他特别关心和提携的原因所在。

走笔至此，想起唐代韩愈的一句名言：“世有伯乐，然后有千里马。千里马常有，而伯乐不常有。”严顺开遇黄佐临、姚慕双、周柏春，乃严顺开之幸也！

# 三十七　从混沌渐趋稳定的日子

风驱急雨洒高城，云压轻雷殷地声。

——〔明〕刘基《五月十九日大雨》

1966年5月16日，《中国共产党中央委员会通知》（简称5.16通知）发出。它是中共中央政治局通过的指导“文化大革命”的纲领性文件，集中反映了毛泽东对形势和党内矛盾的看法。

于是，“文化大革命”十年的历程开始了。

姚慕双、周柏春的母亲周勤侠解放后一直关心时事新闻，每天叫孙儿孙女给她读报。女人的直觉告诉她，一场猛烈的暴风雨即将来临。

这一时期，她见大孙子祺儿来了，就摸出5元钱叫他去花；隔不多久，见了孙子又给他5元让他去用。祺儿就对祖母说：“你前几天刚给过我啊，我还没用呢。”周勤侠就对孙儿说：“拨侬（给你），就拿去用吧。”对于一个十几岁的孩子来说，5元零用钱，在当时一个职工的月薪才四五十元的时候，不是小数目。这种一反常态的大方，显然让孙儿有些吃惊。半个世纪之后，姚祺儿回忆这件事，才意识到那是祖母对未来将发生不测事件的一种预感。

这时候，大字报已铺天盖地贴满了大街小巷，各单位、各学校的大墙内外。姚慕双、周柏春已被列为“反动学术权威”，天天必须去“上海人艺”，站在台上接受造反派的批斗，晚上才拖着疲惫不堪的身子回家。

周勤侠其时已将一本《中华人民共和国宪法》仔仔细细地研读完了，她把两个儿子叫到阳台上，指着手中的《宪法》安慰道：“我家不是资本家，不是地富反坏右，钱是靠劳动所得，只要按《宪法》办事，风浪总会过去。”母亲这番交底，无疑在儿子危难时刻，希望他们相信党、相信政府，要有面对现实的勇气。

然而，此时的大批判已发展到不讲道理的人身攻击了。

平时，周柏春滴酒不沾，姚慕双只是喝些啤酒，也从来不沾白酒。此时，姚慕双却喝起白酒来。妻子杨美明知道他身体不好，不宜喝白酒，就把白酒没收了。他就偷偷买来，躲在卫生间喝上几口，然后就将酒瓶放在抽水马桶的水箱后面。一次保姆打扫卫生，发觉了，误以为是一瓶过期的药水，倒掉了；姚慕双再去拿，却是一只空瓶。此事被妻子知道，很生气；姚慕双知道在家中不能喝白酒了。那一年，他每天上班走到乌鲁木齐路与五原路交叉口一家小型烟纸店，便在店门前站定，拷一两白酒，站在柜台前咕咕地一口喝完，然后就向安福路走去，走进"上海人艺"的大门，去接受造反派的批斗。姚慕双的儿子祺儿和勇儿说，他父亲喝白酒是为了给自己壮壮胆。可想而知，姚慕双、周柏春站在台上接受批斗时精神压力该有多大！

由于"四人帮"的倒行逆施，造反派借着"斗批改"的名义，大搞"破四旧"，"打砸抢"。

作为滑稽界"反动学术权威"的姚慕双和周柏春，蒙受了前所未有的屈辱与灾难。姚慕双、周柏春两家，无论是斜桥弄还是吉益里，都遭受到造反派毁灭性的抄家。

根据姚慕双、周柏春子女的集体回忆，单斜桥弄14号，就被剧团内外的造反派先后抄家十六七次。毁灭性的抄家有三次，分别是1966年8月30日、1967年3月20日、1968年6月20日。

> 第一次抄家，他们是吃过晚饭后来的。"上海人艺"来了四五十人，每人骑了一辆自行车，声势浩大，自行车把23弄都停满了。那次是二团（青年话剧团）的yán××带队，有小姚慕双、周柏春之称、演技还不错的yáo××、zhōu××，还有wèi××、liú×等等一群年轻演员；四团（上海滑稽剧团）有yán××、tóng××、chén××，hòu×（原名hòu××）、shī××、hé××、wáng××等。个个凶神恶煞，特别是yán××、yáo××、hòu×、wáng××，只有zhōu××眼露同情目光，态度较温和。
>
> 他们进入家里后，把我们孩子都集中在底楼客厅里，学习毛主席语录，教育我们要在政治上与父亲彻底划清界限，站到毛主席无产阶

级革命队伍中来，不让我们上去。好婆与姨婆周凤宝在三楼好婆房内，两个母亲分别在自己的房间里，接受他们的教育和训话，并看这些人穷凶极恶地抄家。

他们对好婆特别凶，叫伊（她）"慈禧老太婆"，shī××（眼睛高度近视，人称shī瞎子）指着好婆的鼻子，大声狂叫："老太婆！侬（你）好去死了，侬哪能（怎么）还不死？侬可以从楼上跳下去呀！"狠话、脏话连篇。旧社会唱戏人受流氓、地痞欺负太多，好婆都经历了，她一点不怕，镇定自若，沉着应付。她说："我为什么要去死？我晓得我两个儿子没有犯法，你们这样做，老天爷都看在眼里。面对这样的凶险，好婆干脆双目紧闭不睬暴徒，暴徒对此也失了些嚣张气焰。

第一次抄家时，chén××老奸巨猾，典型笑面虎，表面上对我们家属比较客气，说了以下几点：一是奉上面造反派司令部指令，来姚慕双、周柏春家抄家，奉公办事。二是你们家属的认识要提高，姚慕双、周柏春有严重问题，要及时和姚慕双、周柏春划清界限。三是师母和弟妹们若发现问题要揭发，如有困难，可以到"上海人艺"找组织。

到31日天亮时，来抄家的人，把我们孩子带到三楼好婆房内，只见遍地凌乱，台子上放着一堆金银珠宝。青年话剧团有个叫liú×的女演员，从五斗柜上找到姚復初的骨灰盒，以为是首饰盒，当好婆告诉她是骨灰盒时，吓得要死。他们对孩子们说："看！这些都是用劳动人民的白骨堆成的！"这次抄家，他们将金银财宝和其他值钱的东西，都造了"清单"，集中在三楼的小房间内，房门与窗户都贴上封条，当时没有拿走。所有人都一夜没合眼，我们都吓瘫了。第二天下午，单位来人把金条拿走（460两黄金）。第三天，来人带走了美钞、金银饰品等细软。第四天9月2号，又来人逼迫好婆交出了两枚最好的戒指：一枚3克拉大钻戒，一枚四周镶嵌钻石的大翡翠戒指。这两枚戒指是姨婆周凤宝替好婆藏在热水瓶里的，30日晚躲过一劫。他们把姚慕双、周柏春押在单位里，让他们看抄来的黄金首饰，再要他们交代还有什么藏着。姚慕双老实，就说母亲还有两枚好戒指；所以第四天9月2日，他们又杀回来，逼迫好婆交了出来。这样，姚慕双、周柏春就被抓去，在单位里关了四天三夜，到9月2日夜里，才被放回家。

第二次抄家是1967年3月20日，罪名因“二月逆流”引起。关在“上海人艺”牛棚里的“老牛”自己解放自己；这下招来大祸，又迎来一场惊天动地的大抄家。青年话剧团与上海滑稽剧团的造反派，由tóng××、yáo××等人带队。chén××老奸巨猾，hòu×身披军大衣，手里拿着宽宽的军皮带甩来甩去，令人毛骨悚然！抄家时，wáng××一个人凶神恶煞般地坐在二楼通三楼的扶梯上把关，不许我们走动。吴光瑾想上楼去晒台取衣服，说：“小wáng啊，师母想到晒台上取件衣服。”wáng××竖眉瞪眼地说：“什么师母？侬（你）拎拎清，现在是反革命家属，不许乱说乱动！”shī××又骂好婆：“老太婆！侬（你）养了两个反革命儿子，侬（你）好去死了！哪能（怎么）还勿死？侬（你）可以插头上触电触煞，还可以跳楼自杀。”他们把上次封的以及其他值钱的东西都抢劫一空，家里就剩了一副空架子。姚慕双、周柏春白天在单位挨批挨打，晚上又陪抄家人员整整一个通宵，人都虚脱了。天亮后，抄家人员撤了，周柏春问tóng××：“tóng××，今天我们还要上班吗？”他希望得到一个明确的答复。但tóng××很严厉地说：“现在不是你们表功的时候，是接受批判的时候，你们自己看着办吧！”姚慕双、周柏春只好拖着身心俱疲的身子，怀着极度恐惧的心情走向单位这座“活地狱”。这次抄家持续了一周，到3月27日才算告一段落。

第三次大抄家是1968年6月20日。其时，姚慕双、周柏春被定为国民党“中统特务”。（1967年12月7日，周柏春被视为“中统中队长”被隔离审查，晚上可以回家。到了12月15日，周柏春就不能回家了。半月后，到了12月29日，姚慕双也被关进“上海人艺”造反派私设的牢房里。）这次是tóng××、wáng××等带队，人员以上海滑稽剧团为主，是毁灭性的抄家。舞美台（行话称：旗子组）的wáng××、xī××等师傅，都是拆家具老手，好婆房里全套红木家具、吴光瑾房里全套柚木家具、周佩芳房里全套橡木家具，他们很费力地拆开了，连同所有生活物资全部搬走。只留给每人一双筷子、一只碗、一件棉袄、一条外裤，每家一副床板和一些棉被。因没了床，大人和孩子们都睡地板上，有好长时期。周佩芳讲："我的家具是一般的，也要搬走呀？" wáng××回答："你们是敌产，垃圾也要上交！"吴光瑾结了一半的绒线衫，针被拔掉，绒线带走。最后一天，即1968年6月27日，姚敏儿在好婆身边，亲眼看到"上海人艺"话剧团一个女的，她临走上前抢了好婆手上带的一只欧米茄女表，不知这款手表后来到底是她私吞还是上交了，不清楚。这次抄家持续一周，开来4部大卡车，搬走了全部东西。

第三次来抄家，他们把底楼天井掘开，真所谓"掘地三尺"。把壁炉烟囱上下三楼全部凿通，建筑垃圾从三楼飞到底楼，楼内上下弄得烟雾腾腾，尘土飞扬。他们还上房顶搜查，踏坏许多瓦片，把好好的洋房都破坏了。原来，他们要寻找电台、手枪等特务证据。他们走了，家里只剩下建筑垃圾。因为房子空荡荡，几可骑自行车、跳舞了。

后面两次抄家都没有留下清单。

邻居家的孩子们知道我家被掏空，连一张像样的床都没有，就像唱山歌似的反复唱道："安拉屋，一只床！"（周文儿小名叫安德路，平时称大安，周智儿称小安。）意喻我们家徒四壁。

在这一非常时期，我家始终处于惊恐不安的状态，不仅要受到姚慕双、周柏春单位造反派的冲击，还要受到其他造反派的骚扰。他们三天两头来贴大字报，23弄的墙壁都贴满了"打倒姚慕双周柏春！打倒周家天下姚家班！"大黑字打上红×××，触目惊心。只要弄堂里进来五六个穿军装戴红袖章的人，基本上都是冲我家来的。好在两位姆妈为人好，邻居帮我们挡住了不少外地"入侵者"。

面对这一场浩劫，好婆一直沉着应对，豁达明智。她反过来劝两个媳妇说："你们是一个男人遭殃，我是两个儿子遭难，大家的心侪（都）是很痛的。但是，天不会塌下来，他们只是唱戏的人，没有犯法，我就不相信这个世界没有王法了。"

好婆还对大家说："财物只是身外之物，生不带来死不带去，不要为此难过。"

有好婆在，姚家就有了主心骨。

周勤侠能如此坚强，其一，姚家几起几落，她经历的险厄实太多了：丈夫投资失败；女儿桃李年华被病魔夺走生命；1948年蒋经国收购黄金；1957年小儿子降职降薪……在她看来，只要挺过去总会有希望。其二，她研读宪法，认为自己的两个儿子只是唱戏的，决不是坏人，她心中有底，以为一时蒙冤，总有雪冤之日。其三，她目睹23弄不少邻居被抄家，感叹国家主席尚未躲过一劫，小百姓遭罪又有什么办法？只有承认现状，才能在高压之下求生，不至于对现实的失望而沉沦，从此一蹶不振。

她看见阳台上栽种的玫瑰，花瓣已经凋零，睹物伤情，徒生悲悯。她担心两个儿子隔离审查时挺不过去，又恐怕自己体弱多病，熬不到儿子回来的一天。然而，不管怎样，她无论如何得熬到母子相见的那一日。于是，她撑起精神，每天叫妹妹周凤宝给她梳头，还让孙女给她捶背按摩，念书读报，她要了解国内外的大事，从中判断形势，期盼着光明与正义的到来。就这样她等呀等，一直等到两个儿子解除隔离，母子相见，她才撒手人寰，去见她魂牵梦绕的丈夫姚復初。

1972年2月3日，周勤侠因严重的糖尿病引起尿路感染，医治无效，平静地走了，享年77岁。这是一位培养了两个滑稽天才的坚强老人，一个平凡中见伟大的了不起的女性！

姚敏儿回忆道：

> 1972年2月大冷天，好婆去世。都是我妈妈（周佩芳）替好婆擦身，清洗时，见好婆棉裤的里子是破的，妈妈一面缝补，一面哭。她对好婆说："让您老穿破衣服走啊！"声泪俱下。此情此景不堪回首。

周勤侠去世后，吴江路23弄14号三楼30多平方米的房间，已被造反派洗劫一空，什么家具都没有，只放着2个骨灰盒2张照片。好婆走了，就由姚敏儿住着，电灯一开，2个骨灰盒对着她。因为一直在祖母身边，所以也不觉得害怕；后来姚敏儿结婚了，才把祖父母的骨灰盒放到大橱里。直到1975年，姚慕双、周柏春作为人民内部矛盾处理，由吴光瑾托

周佩芳（中）与女儿姚玉儿（左）、姚敏儿（后）、姚国儿（右）（摄于1972年2月）

家乡亲眷，在苏州东山找了一块地方落葬，这对令人可敬的老夫妇才落土为安。后来，姚玉儿的坟安置在祖父母旁边。

周佩芳直到晚年还带大孙儿和外孙，姚慕双若去吴江路住宿，她仍然照料他的衣食起居。她77岁时得了小中风，此后动作迟缓，才要求姚慕双少回吴江路，80岁以后就常住医院了，直到84岁过世，走完了一个普通女人平凡的一生。

姚慕双、周柏春兄弟赶堂会，上电台，操劳多年，由母亲经理、保管，积累的那一点财富，经过蒋家王朝“限价”的掠夺，又经过“文化大革命”的洗劫，荡然无存了；虽然，平反后460两黄金按每两99元的银行牌价作了赔偿，其实十赔九不足，损失大半。至于那些用心血换来的首饰细软，早已去向不明，不知所终了，应了《红楼梦》开篇中空空道人度化甄士隐的点题之语：“好就是了，了就是好！”

姚慕双（右）与姚敏儿（左）（摄于1972年2月）

在“文化大革命”风暴肆虐的日子里，昔日宾客盈门、热热闹闹、充满欢声笑语的斜桥弄14号，一夜间变得冷冷清清，几乎门可罗雀了。原先的熟人朋友此时唯恐避之不及，不再光临。然而，有一个小青年却不避风险，不怕引火烧身，一如既往地前来吴江路探望，春节期间还与以前一样，这个小青年就是后来被姚、周收为徒弟的“上滑”演员沈双华。

沈双华六岁那年，在他叔叔的婚礼上，就认识了去唱堂会的姚、周两位先生，后来跟着蜜蜂滑稽剧团学员陈国芳去姚家玩，与姚、周的子女成了好朋友。从此，他每年都拎了礼物去姚、周两家拜年，对师母周佩芳敬爱有加。这种友情即便在姚、周关进“牛棚”成了“黑帮分子”之后也从未间断。人的善良品行往往就在严峻的关口受到了检验。

1967年12月15日，姚慕双、周柏春一夜之间天成了面目可憎的四重特务：中统特务，军统特务，文化救国团潜伏下来的现行特务集团团长，还有大日本帝国广播协会汉奸。从此，姚慕双、周柏春开始了长达三年半的隔离生涯。

周柏春作为“中统特务”先关进位于浦东洋泾的“牛棚”进行隔离审查；姚慕双因胃出血，在家养病，暂缓隔离审查，不久也被关到那里。后来，姚慕双、周柏春被双双转到奉贤文化系统五七干校继续隔离。

姚慕双、周柏春关押的地方是浦东洋泾的一个卫生所，外面装上了铁丝网，成了一座“白公馆”。这里集中的审查对象多数是滑稽界的老演员，还有其他人员，如评弹界的张鸿声、话剧界的乔奇等。造反派污蔑这些人都是特务，成立了一个叫“124”（“要你死”的意思）专案组，专门审查这些所谓的“特务分子”。

这些人大搞刑讯逼供，晚上接着白天，车轮大战。还半夜里叫审查对象起来，用布蒙住他的眼睛，押到荒地上，那里有人在挖坑，然后叫审查对象下去，意思要“活埋”，并威胁说：“你死日到了！你不讲出来，不交代你的特务行为，今朝就要活埋你！”姚慕双、周柏春都尝过这个被“活埋”的恫吓，吓得半死。再拖到隔离室就不像人了。

周柏春在《自述》中说：

他们讲我是特务，要交代特务活动。我只是唱唱戏，实在讲不出，就触怒造反派了，对着我劈头盖脸的抽打，拿自行车胎打我。我这时候身体已经羸弱得不得了，还踏我的脚，一只大头皮靴呀，皮鞋后跟都装铁钉，对准我脆弱的脚板上踏下去，当时痛得钻心。我也不晓得，昏过去了。等回到隔离室，袜子已经被血粘住，脱不下来，两只脚趾骨移位，给他们踏断了，也没给我治疗。我现在的脚是畸形愈合，走路有些跷。皮鞋要定做，内里都要填海绵。

因为我讲老实话，我不是四重特务，一天特务也没做过，他们对我不客气，就给我上反手铐。一顿拷打，顶厉害的一回，双手反铐了40天，晚上睡觉也不给开，就是吃饭的时候也是反铐。开饭了，发馒头给我，扔在地上，我反手铐着，又不能去拿，肚皮饿得受不了——因为他们高兴给就给，不高兴就不给。为了吃馒头，我没办法，只能蹲下去，用嘴去咬，像狗一样。这种非人的生活，实在无法忍受了！

据王一凡叙说，

乐队中有一个造反派，很残忍，站在凳子上往下跳，跳在周老师的脚面上，再用力碾压，使得周老师的脚趾骨碎裂。

周红儿说：

我父亲当时跪在地上，脚底朝上，姓hòu的还用力碾压，致使我父亲的右脚前半掌和4只脚趾全都粉碎性骨折，痛得昏死过去。当时不给治疗，由它自己愈合，就畸形了。

周柏春没有勇气再忍受这样的人格污辱与摧残了，准备自杀，结束生命。就对心中的老母、妻子、女儿默默地说，请求他们原谅！因为他知道，一旦自杀，“自绝于人民”，便是现行反革命分子，家人就成了反革命家属，会带来更大灾难。但没办法呀，因为他从心里热爱党热爱社会主义，绝对不是特务反革命，只有以死抗争，证明自己的清白。想到这里，他对着墙壁猛力撞头，接着又割腕放血1 000毫升，终于不省人事，倒在血泊中。

监房里有一个小窗口，常有一双贼眼监视“专政对象”。他们见此情形，就将周柏春送进华山医院7楼一间单独审查“要犯”的“头等”病房，让医生用各种办法抢救。“专案组”并不是要救活这个自绝于人民的“罪人”，而是继续要周柏春的口供，要材料，要他讲出做特务的来龙去脉，搞些什么“特务活动”？他们明明晓得有些口供有出入，周柏春不是特务，却一定要把他打成特务，这些人将来就能够“飞黄腾达”了。

关于周柏春自杀未遂，被送入华山医院抢救的情况，侄子姚祺儿有一段回忆，他说：

> 1968年底，先是我叔叔被隔离，我爹爹因为严重胃出血，在家卧床休息，晚一步隔离。这时，婶婶听说叔叔自杀了。也不知道这个消息的真假，就哭到我家里，急得不得了！实际上叔叔已经在抢救，造反派不会告诉你。家里电话被拆走。我年轻，脑子比较灵活，就跑到公用电话亭，问了华山医院的电话，就打电话到医院急诊间。我说：“那个周柏春情况怎么样？”我也不说自己是谁。接电话的人懵了，从电话中听到里面一片手忙脚乱，对方也没说“什么周柏春？什么事情啊？”随后就是沉默。我马上挂了电话，心里已经明白。回到家我告诉爹爹：事情恐怕是真的。这时爹爹不响，一会儿眼泪就流下来了，对我说：“祺儿，爹爹将来……”——这时候他也不知道不久自己也要进去，等待他的将是三年半的隔离——“看起来爹爹将来压力要大了，非但要养你们9个子女，还有周家6个侄女侄子，今后15个孩子要靠我了。”他一面说，一面流泪。

周柏春神志恢复的第一刻，恨自己是“四重特务”，连消灭自己的本事都没有！在病房里，“专案组”带来录音机，一定逼他交代参加中统、军统的情况，从事什么活动，说他是现行特务集团团长，必须老实交代。周柏春交代不了，他们就用浸了水的旧车胎、武装带继续打，而且频频将他转换“监房”。他们连周柏春的枪毙照都拍好了，枪毙前要拍照，两个人走来，一个拉住他的手，一个把他的头发拉起来，脸朝后拍照。周柏春被专案组的人弄得半死不活了，就想：“随便他们了，问啥我讲啥，但我勿会连累别人，只讲我自己。”

"专案组"逼迫他交代发报机的事，认为他从前在电台做节目，自由弹唱，用电台发报机一直与台湾方面联系。作孽啊！其实他只晓得在电台上唱滑稽，做广告，特务使用的发报机见都没有见过呀。但这伙人一定要他说出来，不说就用浸了水的旧车胎和武装带劈头盖脸地抽打。周柏春只得用双手捂住头部，于是车胎就像雨点一样落在他的手上、背上。后来，每逢阴雨天，他变了形的手指骨就隐隐作痛。他饱受折磨之后就想："也随便哉，我勿讲也要给他们打死，我干脆讲吧。"但他希望自己最好被枪毙。砰的一枪，人像爆开来一样，还能有啥知觉呢？处于绝望中的周柏春此时宁可被枪毙，也不愿这样痛苦地活着，可见到了怎样的悲惨境地。

他横竖横了！暴徒先问他发报机是什么样子？他想起电影里的步话机，就说是一根针拉出来的。从前，他曾看过一部美国电影，讲反攻缅甸的故事，由著名影星洛弗·泰勒主演，其时美军比较先进，已经用步话机了，背在身上，用一根钢针拉出来通话。他就交代了这台"发报机"的样子：像小箱子一样，一根针拉出来。"专案组"竟然会相信。因为这几个暴徒不懂，也没知识。等到第二天他们来问周柏春："你的发报机，顶多发二三十里路呀，从上海到台湾要400海里，你怎么发报通话啊？"周柏春知道讲豁边了，就说："我，我年数大了，忘记了。这个发报机比较大，像大的箱子，手揿的。"两个暴徒讲："哎，这下对了！这个东西到底什么样子的？侬（你）讲！"周柏春又怎么晓得呢，他想到自己演滑稽戏《一千零一天》时，曾到邮电局体验生活，见过一只中文打字机，那时的打字机比较笨重，有许多中文字，一个字一个字的揿，他就凭记忆描画了一番，他们居然也会相信。周柏春的待遇稍有改善，此前他常饿肚子，他不交代就不给饭吃；现在交代了，他们觉得自己立了功，就给饭吃，也加了一些小菜。这样一来，"专案组"人员问他什么，他就说什么，完全是胡编乱造，瞎"交代"了。后来，他们似觉"受骗"，就问周柏春："那么你现在这台发报机呢？"周讲："我丢掉了！""丢在哪里？""垃圾桶里。""那么大的东西怎么丢呢？""我拣没人的时候，一清早，天没亮，用一把劈柴刀把这台机器劈开，斩断，一段段丢进垃圾桶：一只丢在隔壁弄堂内的垃圾桶，一只丢在凤阳路上垃圾桶里。"这伙人听了笑起来："你劈柴爿是哦？还是劈樟木箱？发报机是铁做的，你怎么劈得动？”周柏春后来回忆这段经历说：“总之，我没办法呀，要生存下去，就瞎讲，一天天拖下去。”

姚慕双进了“白公馆”被隔离，处境并没有比周柏春“好”多少，受打骂已成为家常便饭。姚慕双在上海人民广播电台亲自播讲的《自传》中，叙述了自己遭受的污辱：

我记得有一个黑沉沉的深夜，造反派突然提审我。他们讲：“姚慕双！军之友社，侬（你）晓得哦？”我讲：“军之友社，我晓得的。”“负责人是啥人？”“负责人叫刘德明。”旁边蹿上来一个人（讲宁波话）：“我问侬呀，军之友社啥格组织，侬晓得哦？——格（这）是军统组织。刘德明是特务头子之一，有数哦？现在阿拉（我们）查清楚了，侬参加军之友社，侬是军统特务。”咦?！这时候我矢口否认。另一个说浦东话的人窜过来说：“我现在诚诚恳恳禀报侬，好哦？我现在蛮诚恳的，侬相信我噢。侬哪能（怎么）不会参加呢？”“我是没有参加，我和刘德明只见过一面呀！有一次，我在电台上播音，刘德明穿着少将头衔的军装，到电台来探望电台经理，电台经理礼貌性地为我介绍一下，也没讲话。”我再三表明一句话都没讲。“啊？哪能（怎么）会得呒没（没有）讲闲话呢？侬骗索（啥）人啦？侬迭（这）句闲话索人会相信啦！”我没有办法了。“侬一定参加军统组织的！”“我看刘德明的外表、举动，勿大像特务呀。”于是，‘啪’一记耳光！“喔，勿像特务？阿是军统特务面孔上写出呀？是哦？”这下用皮鞭抽我了。“我老实搭侬（对你）讲，刘德明是汤恩伯手底下一个骨干！侬还要搭伊（为他）辩护，勿像特务？”

审问我一夜天，打我一夜天，从吃了夜饭一直打到天亮6点多钟才让我回房间。我被打得来遍体鳞伤，尤其一只左手打得墨赤黑，厚起来了，都是瘀血，而且不能垂下来，垂下来，痛得不得了。直到现在还有后遗症。我这只手已经变成“晴雨表”了，一酸一疼，就知道马上要下雨了。

一晚上过去，我睡了一会儿，明朝下午又叫我进去，他们穷凶极恶，一定要我承认加入军统特务，还要承认办过手续领到了证件。唉！我熬着痛，坚持讲我没有呀！“侬讲，侬填过表格吗？”手中的皮鞭，对我扬一扬，我这时候实在扛不住了，就违心地讲：“我填过表格的。”“好的，我倒问侬咪，侬迭个（这个）表格哪能（什么）样子的，几化（多少）大小？”我想起电影中国民党反动派办公室里常有些文件之类的东西，就说：“这张表格像报告纸那么大小，有两层，折转的。”我讲得煞有介事。“格末（那么），我倒问侬咪，表格上头，有点啥物事（东西）啊？”我急中生智说：“有蒋介石的头像。”我就加紧编造了：“两旁还有国旗和党旗，面子上还有字咪。”“啥字啊？”“有一副对联：上联是‘革命尚未成功’，下联是‘同志尚须努力’。”“乃末（那么）对咪。姚慕双，要老实一点！还有啥字吗？”“当中还有咪，”为了表示自己真诚坦白，有心装出苦苦思索，“喔，我想起来了，上面还有名称的。”“迭个（这个）名称哪能写法？”“我想着了，好像是‘国民党军统特务登记表’。”（装模作样上演的荒诞剧）我想，我这样说，总可以过关了。不料，“啪”，又挨了一记耳光，他们像杀人犯一样，歇斯底里吼叫起来：“滥讲八讲（胡说八道），俪（你们）自己会讲自己特务吗？”啊呀！怎么会说军统特务登记表？我吹豁边了！准备他们继续打下去。不过，他们没有打，而是对我诱供了：“勿是军统特务登记表，侬倒想想看，是不是中华民国军事调查统计局的成员登记表呀？”到这时候，我才晓得军统局的全称，马上就顺势说：“对，对，对！我年纪大了，年数多了，忘记了。”“哎，侬现在讲得准确了。”未料，他们“乘胜追击”，再问我：“侬啥个军衔？”我想横竖横了，就说：“我是少校。”“哎！老实的，少校末差不多了。我们是坦白从宽，抗拒从严！你老老实实交代，有侬好处的——侬具体做啥格工作？”那么，我死蟹一只，讲勿出了。我仍旧老词儿：“我年纪大了，年数多了，记勿起来了。”他们生气了，又要打，我就说：“请俪提个头，启发一下。”他们骗我讲出来“情报组”三个字，装出一副老早掌握我罪证的腔调：“哎，对了，情报组，侬是勿是供给情报的？”“对，我是供给情报的。”“侬提供啥格情报？”我就胡说八道。他们说：“侬是汇报有功，有啥物事（东西）奖赏给侬啊？”我这时候连续几个晚上没睡，实在支撑不住了，就干脆满足他们，讲自己官做得大一点，好让我早点回“牛棚”睡觉，我就冲口而出：“他们封我中将。”“放屁！封侬中将？下作胚！刘德明自己是少将，封侬中将？”这下吹豁边了，我立刻解释：“勿，勿！我是从少校提升到中校。”“哎，乃末对哦！侬总算老实哦，放心好哦，总归有好处拨侬（给你）哦。阿拉（我们）是坦白从宽，抗拒从严。”哎！我唱滑稽唱了一世，变军统特务了。一直到粉碎“四人帮”一年之后（1977年）才给我平反。

**姚慕双先生的亲述，也即亲历者的“现身说法”，可谓对那段不堪回首的往事的真实记录。**

**也就在这一非常时期，滑稽界著名滑稽演员田丽丽、沈一乐、杨华生的妻子等不堪污辱，先后自杀身亡。笑嘻嘻、筱声咪自杀未遂，却承受了很大的肉体痛苦。徐维新先生说，朱翔飞是上海滑稽剧团的老牌演员，造反派从档案中翻找出解放初期一个公安人员写的一份侦查报告（并无结论），便认定朱翔飞曾纠集十多名滑稽演员在大新公司楼上一个房间召开秘密会议，企图成立国民党特务组织，逼迫朱交代罪行。朱被折磨得死去活来，吃火柴头自杀。造反派发现后强迫他吃下三脸盆溶入高锰酸钾的脏水，次日便死去。**

**造反派每周回上海，临走前要把“牛鬼蛇神”召集起来进行训斥。一间间竹门的隔离室，墙壁用芦柴隔起来，外面涂了泥巴，住在里面的人可以看到外面。隔离期间，不准姚慕双、周柏春去食堂买饭，由看管他们的造反派代买，但每次买回来的菜，数量少得可怜。每周开一次荤，有时吃炒肉片，有时吃牛肉片，不过菜多肉少。姚慕双实在熬不住了，究竟是怎么一回事？食堂卖出来不会这样子。小菜买来，有人把一只只饭碗放在桌上，姚慕双偷偷躲在门边，用眼睛瞄过去看，便全明白了：买饭菜的那家伙真不要脸！把“牛鬼蛇神”每个人的小菜都克扣了，从碗里拣到他自己的碗里，四面兜转来，本来少得可怜的小菜就所剩无几。造反派还嘲讽：“请伊拉（他们）吃酒水”（即，上午9点一顿，下午4点一顿）。姚慕**

**双、周柏春因为长期没有营养，瘦得皮包骨头。**

**周柏春在《自述》中回忆道：**

1969年1月，非人的隔离生活，我被折磨得身体极度虚弱，1米73的身高，体重不到90斤。这一天，我又转到另一间隔离室，同囚一室的还有"上海人艺"的编剧杨村彬。

那时候，每一顿的伙食无非就是一只馒头或一只饼，外加四分之一的红乳腐。那红乳腐的滋味，胜过现在的山珍海味。9点刚刚吃下去，已经盼望4点钟了，一个人始终处于饥肠辘辘状态。从下午4点吃夜饭，一直到晚上10点熄灯，这一段时间最难熬，肚子里叫得实在吃不消，怎么也睡不着。我每天躺在冰冷的水泥地上，脑子里默默地背诵着一连串好吃的东西：

奶油蛋糕、水果蛋糕、栗子蛋糕；

汕头蜜橘、黄岩蜜橘、南丰蜜橘；

生煎馒头、小笼馒头、豆沙馒头；

大汤黄鱼、松子鳜鱼、糖醋带鱼；

咖喱鸡、葱油鸡、白斩鸡；

盐水鸭、八宝鸭、香酥鸭；

白切肉、走油肉、红烧肉……

一直要背到500多样食品，总算昏昏沉沉睡去。天天如此，画饼充饥。

每当上午10点开始，是每个牢房轮流放风的时间。我同往常一样，戴着手铐，端着便盆，一瘸一拐地走出牢房。厕所在牢房的另一角，我倒了便盆往回走。冬天的太阳非常柔和，没有任何阻挡，暖暖地斜抚在我身上。我眯缝着眼，抬头仰望，忽然发现太阳并不像革命歌曲中所唱的"红彤彤"，而是红中掺和着金黄色；不是熊熊燃烧的烈焰，而是温暖和煦的光芒。我真渴望一辈子沐浴在这阳光底下。

随着一声"回房了"，我不得不往回走，走到我与我牢房相邻的那间门口。突然，一声低沉沙哑而熟悉的咳嗽声，比一声闷雷更震撼我心！那是我阿哥姚慕双的声音！彼此不知生死的兄弟竟然近在咫尺！我下意识地赶紧回咳几声："咳，咳……"阿哥，三弟还活着！

当天晚上，我失眠了，翻来覆去，眼前满是阿哥的影子……

"啪哒！"突然，天上掉下一只馅饼，不偏不倚砸在我头上。我拿起馅饼，朝隔壁抬眼一望，顿时热泪盈眶！

农村的大草屋，上面一个大尖顶，中间一隔两，但没有隔到顶。那只馅饼，正是从那墙上到屋顶的空档里扔过来的，是我那饭量一向比我大的阿哥省下了自己的晚餐扔给他的三弟的！我正想迫不及待地往嘴里塞，蓦地，我想起了囚居一室的杨村彬。我下意识地朝杨望去，只见杨村彬若无其时地双手枕在脑后，眼望天花板，面无表情。我心里开始七上八下……

在那乾坤倒转、人人自危的年代，满目都是子女造父母的反，妻子革丈夫的命，兄弟揭阿哥的底，这个杨村彬到底在想什么呢？他会不会向专案组去检举揭发呢？会不会说姚慕双、周柏春互传情况，攻守同盟呢？我辗转反侧，一夜无眠。

思想斗争了一夜。第二天一早，我叫来了管理员，交给他一只馅饼。我觉得此时此刻我不再是周柏春，而是一个被扭曲了灵魂的怪物！由于我的检举揭发，害得姚慕双饿了整整一天，理由是他有多余的食粮。

**这一批"牛鬼蛇神"关押之处，前后多次转移：先在浦东洋泾，后到沪西交响乐团（今上海民族乐团），再到徐家汇天主堂，后来又转到巨鹿路文化局。**

**周柏春被关在卫生间里。那里有一只大浴缸，上面搭了木板就算床了。那时已到晚秋季节，临近冬天，卫生间四周全是冰冷的瓷砖，周柏春关在里面，晚上冷得瑟瑟发抖。周柏春在《自述》中说：**

那时候，早上只吃两样东西：一只馒头，四分之一块乳腐。冷末冷得要死，越是冷越是饿。旧社会有种讨饭的叫花子，讲"我冷煞哉，饿煞咪！”我现在有体会哉，越是肚皮饿越是冷，吃没热量咪。冷咪，饿咪。哪能办（怎么办）呢？在隔离室里自己稍微动动，这样不会冷死。但是动动身子，肚皮更加饿了，因为一活动，消化力强了，动动更加吃勿消！那么勿动，总比肚皮饿好一点，但是冷得结棍（厉害）咪。两者当中选择一样：动。与其冷煞，不如动了。我尽愿肚皮饿，肚皮饿，人醒着，还有一点毅力，可以挺一挺；冷啦，冷得来牙齿格格抖，吃勿消！我就这样得了胃病。隔离以后，我后遗症很多啊。

1971年6月29日，不知有了什么新的政策，“专案组”开始放人，把姚慕双、周柏春分别押到所属地区的居委会，叫家属来训话，说姚慕双、周柏春是“三反分子”，让他们回到家里继续交代罪行，只许老老实实，不许乱说乱动！进出都要到“里弄革委会”去登记、报到。

这一日，周柏春的妻子吴光瑾来接他，两人相对默默无言，欲哭无泪。人饱经苦难，痛苦到极点，反而麻木了，无语以对。

吴光瑾见周柏春一身久未替换的旧衣衫，家中早已被抄得精光，就马上陪他去买了一件顶蹩脚（很差）的府绸短衬衫，一双布底鞋子，就这样老两口默默无闻地回到家中。

姚慕双、周柏春各自待在自己的家中，在上海滑稽剧团革委会和里委会的监督下，过了两年定期汇报思想、随时接受训斥的死水一样的日子。

王双庆的学生徐益民有一段回忆：

我是先认识周老师的长子，再认识周老师的。我生产车间的隔壁就是周老师的长子文儿。我做冲床，他做压床。在同一爿厂——人民电机厂，常德路800号。我1968年进厂，他1970年之后来的，埋头做生活，闷声不响。人家问他，你是周柏春儿子呀。他不接嘴——“牛鬼蛇神”啊！那时我20岁，他顶多18岁。我作为观众，过去看姚慕双、周柏春演的戏，知道他们成了“牛鬼蛇神”，但不知道他们的状况怎样。于是就试试，过去与他攀谈，去问他，他也不回答。后来去食堂，我给他打饭，一点点走近，他才与我说说闲话。老闷，老闷的。直到1975年，他对我说，我爷回来了。你要看他，就到我家里来。我去时是大冷天。二楼，一个通楼，大约几十个平方米，一点家具都没有，只有一只床上搁一块铺板。周老师坐在床上，大冷天，手插在袖子里，穿一件老棉袄。我见了心中说不出啥味道。文儿走上前说："爹爹，这是我同事。绰号叫小苏州。"周老师对我点点头，不发声音（人变麻木了）。于是，我与文儿攀谈一会，周老师几乎不插嘴，未吐一言。这是我亲眼目睹周老师从牛棚出来的样子，也是我第一次近距离台下接触周柏春。

**1975年夏天，剧团革委会几个头儿到吴江路斜桥弄来宣布归还部分冻结工资和抄家物资。周伟儿说：**

所谓归还抄家物资，实际上已经都被造反派当"敌产"处理掉了，红木家具、大橱五斗橱等都以几十元一件在淮海路"国旧"商店卖掉了，黄金首饰抄走的时候400元多一两，归还时以90元一两计算，十赔九不足。但我们全家都已经感恩戴德，只要两位父亲平安归来，已是上上大吉了。1975年到1978年间，上面有精神，关于姚慕双、周柏春，宣传部门不能作任何宣传，不能上电视，不能上电台，两人可适当参加一些无关紧要的演出。我记得姚慕双、周柏春"文革"后第一次登台是作为龙套，为黄永生伴唱，黄永生因为当时一首《古彩戏法》红极一时，唱浦东说书时，姚慕双、周柏春与其他一些龙套演员在旁边敲钹子，并附唱。想不到姚慕双、周柏春一登台，即便是龙套，观众轰得一塌糊涂，掌声经久不息，将黄永生的声音都盖没了。剧场里人头攒动，观众兴奋地互相转告："姚慕双、周柏春登台了！姚慕双、周柏春登台了！"可见姚慕双、周柏春在观众心目中无可撼动的地位。

**这一年，姚慕双、周柏春的问题有了所谓的"结论"。宣读"结论"的是wáng××，一副盛气凌人的样子。**

**姚慕双最小的女儿姚斌儿说：**

wáng××到我家里宣布，爹爹的问题，属于敌我矛盾，按人民内部矛盾处理。大家坐在一起，气氛很紧张。他每次来，脸孔铁板，摆出一副威严的样子，我们看到他吓势势，勿晓得他是什么大干部。

**周柏春说：**

那时候，他们算恩施的——本来口口声声讲，要枪毙的；后来呢，他们自动降温：吃官司，至少15年；再后来，一顶帽子要戴的，抄得去的金银财宝，一钿勿还的。我们当然表示感谢咾。1977年，要登台亮相了。袁一灵同志参加演出，我和姚慕双还勿好演出。剧团几个领导到文化局组织组去问，是勿是让姚慕双周柏春参加演出。文化局组织组某一位领导对我们剧团负责人讲："侬（你）预备要搭（替）姚慕双、周柏春翻案是哦？"这句闲话下来，剧团领导也没办法了。粉碎"四人帮"以后，我们真想还能够为社会主义建设，为人民服务，可是文化局勿允许，我心里真是勿开心。

三年半非人的隔离生活，近两年接受监督的日子，让姚慕双、周柏春与外界完全隔离，除了写不完的检查，终日枯坐已成了一种强迫性的习惯、一种生活的常态，即便从"牛棚"放回家中，他们依然处于惶恐不安之中，精神极度麻木，对于日常生活已失去了感知，家中被洗劫一空，姚慕双、周柏春见了也无动于衷，心如死灰了。

# 三十八　城门失火，殃及池鱼

患难与困苦是磨练人格的最高学府。

——〔古希腊〕苏格拉底

俗话说："岁寒知松柏，患难见真情。"周柏春、吴光瑾这对恩爱夫妻，可谓燕侣莺俦，和如琴瑟！

然而，到了人妖混杂、黑白颠倒的"文化大革命"，他们的爱情经受了严峻的考验。

在是非颠倒的1966年，一个星期六的晚上，周柏春被一群暴徒斗得欲生不能、欲死不得，上天无路、入地无门，拖着疲惫的身体转回家中。看到妻子和孩子，精神上得到一些安慰。好在明天是星期天，他尚可"苟延残喘"一日，心里稍为平静些。

其时，街道、里弄已开始"闹革命"，大字报铺天盖地，喧闹的锣鼓声揪心噪耳，一些人开始起来造反。弄堂口有一家肝炎病人隔离所，那里的病人也蜂拥而出，要造所谓"资产阶级医务路线"的反，将医院里的医生当作"牛鬼蛇神"，脸上一个个被涂得墨赤黑，说他们限制革命群众造反的自由。

人群中，15岁的麟儿去看"热闹"。她年纪小，还不懂"政治"，就说了一句："隔离病人怎么好出来呢？这不是散布细菌么？细菌要传给人家啊！"

人群中有人听到这句话，其中就有医院里的造反派，他就大声怒斥："啊！你啥地方跑出来的？想压制我们造反啊！"这一下就像炸开了锅！一些所谓的造反派跟着叫喊起来，骂声、嘶叫声，响成一片，包围圈逐渐缩小。他们就像一群饿狼疯狗，一起涌了上来，将麟儿团团围住。有人就指着她恶狠狠地问："这是啥人呀？"有人认得麟儿，就大声喊道："'牛鬼蛇神'周柏春的囡儿（女儿）。"于是，造反派就起哄了："拿她爷揪出来！'牛鬼蛇神'的囡儿（女儿）还这样嚣张！砸烂他们的家！"这么一煽动，人群就像潮水般地涌到14号门口。他们将麟儿揪到一张长凳上，有一只罪恶的黑手，竟然想扯掉女孩衬衣的纽扣。一个小姑娘虚龄才15岁，她除了哭泣、惊恐，不知所措。

眼见一场恶性流氓的犯罪行为即将发生，在这千钧一发的紧急关头，妈妈吴光瑾听到人声鼎沸，立即从屋里冲出。她见长凳上站着自己的三女儿，便奋力钻进人墙，自己挺身立在长凳上，双手紧紧护着无辜的女儿，声泪俱下地说："哎，我是她家长，教育子女不严，我是来向革命群众请罪的！我女儿有啥地方得罪革命群众，我一定严格教育，不放她过关。"这句闲话非常熟，周柏春从二楼窗口窥视下去，心里一阵震动。20年前，母亲周勤侠独自走进戏院后台，与那些流氓戏霸周旋的形象，豁然跃上眼前。此时此刻，20年之后，妻子为了保护无辜的丈夫和女儿，置个人的安危于脑后，何等相似啊！这出20年前的旧戏又重演了。

在吴光瑾连连的"请罪"声中，事情平息了。如果没有光瑾挺身去说话，造反派势必把周柏春从家中揪出去，站在长凳上，又是一顿狠批。周柏春在单位每天接受造反队员的批斗，已不像人样了。在团内，只觉得自己与哥哥姚慕双一样，孤立无助，茕茕孑立，形影相吊，这挨批斗的日子实在难熬，他都不想做人了！若又被揪出去，他羸弱的身体怎能再受刺激？后果难以想象。

姚慕双、周柏春经历过三次毁灭性的抄家，楼上楼下全被搬空。家里每个人只允许有一条裤子、一件衬衫、一只碗、一双筷。每次抄家都通宵达旦，作为"牛鬼蛇神"的周柏春只能靠壁站立，连一句话都不能说。等抄完家，造反队员走了，周柏春一点力气都没有，几乎要瘫下来，只想躺在唯一的那张床上。要面子的他，觉得实在没脸走出门了，他的神经已被斗得麻木，只觉得自己罪孽深重，是个"四重特务""吸血鬼"。

此时的斜桥弄，街头巷尾满是大字报，有的没内容，只写诬陷的口号，每个字有被单那么大。

姚慕双、周柏春兄弟作为"反动的学术权威""反革命分子"，遭到灭顶之灾。兄弟俩被押进"牛棚"后，工资不发，每月只给25元生活费，家庭成员每人12元。姚慕双、周柏春两家到了一贫如洗的地步。周佩芳、吴光瑾作为四类分子的家属，吃尽苦头。妯娌俩在此艰难时刻，只得风雨同舟，抱团取暖了。

那时候，一天的菜钱只能用1至2毛。周佩芳动足脑筋，烧糖醋辣椒、煵豇豆等给孩子们解馋。

吴光瑾每月拿了团里给的少得可怜的生活费，去买米买菜。她本来也是里弄干部，是里委会的调解组组长，如今成了"牛鬼蛇神"的家属，哪有面子出门呢？可是，为了全家，她勇敢地走出去买米买菜。走在大街上，弄堂里的熟人——隔壁邻居、里弄干部看见了，倒也没人歧视她，有的还主动跟她打招呼，与平时一样，显得很热情。因为吴光瑾为人好，左右邻里尽人皆知。

那时候，周家已一无所有。吴光瑾就省吃俭用，买咸菜，拣菜皮，还帮助烧窑，去各个店家讨烧窑的纸头——人家说她是捡垃圾的，她也不在乎。实际上，每个店家蛮支持她，知道她是周柏春的爱人，把用剩的纸头，如，百货商店用来包毛巾剩下的牛皮纸送给她，吴光瑾就拿回去烧窑。

她平时教育子女，要好好接受工农兵的"再教育"。周柏春夫妇有6个小孩，在接受"再教育"期间，因为是"狗崽子"，先后有4个女儿到农村插队落户；当然，这是造反派对周柏春的"特殊照顾"。当时还规定，特务的子女是"狗崽子"，黑龙江军垦农场就没资格去。两个女儿——1949年1月出生的大女儿伟儿高中生、1952年12月出生的四女儿赛儿初中生，只好分配到江西会昌农村插队落户。另外两个女儿——1950年7月出生的二女儿红儿初中生、1951年8月出生的三女儿麟儿初中生，就分配到崇明农场。本来66、67届初高中生可以不去，因为父亲的关系，"一片红"，算是"特别优待"，一定要去。四个半月的时间，周家4个女孩全走光了，只剩下2个小儿子——1955年5月14日出生的周文儿和1958年5月5日出生的周智儿。

周柏春已被"隔离审查"，去了位于奉贤的五七干校。子女去农村插队落户，被头铺盖一应物件全由吴光瑾一人张罗。家里已一文不名，一样东西都拿不出来，她只好想办法，四处奔走，向亲眷朋友借贷。借了钱又立即去各处商店采购便宜的日用品。她外出买东西，东到杨树浦，西到曹家渡，舍不得花一分钱坐公交车——没钱呀，全靠两条腿！

**关于姚慕双、周柏春两家子女“文化大革命”时期的情况，周柏春的二女儿周红儿有一段较为清晰的回忆：**

“文革”来了，一切都不对了，我们都没有书读了。以后发生的事情一起比一起厉害，极端恐惧的心情时时围绕着我们全家。爸爸和伯伯被抓去后，最大的姚玉儿在北京外国语学院念书，家里就由好婆和妈妈、伯母撑着，好婆坚强镇定，还安慰两位媳妇要勇敢面对。

1968年10月，我被分配到上海崇明新海农场务农，直到1974年才上调。我是66届初中毕业生，我妹麟儿是67届初中生，我要把工矿位置让给我妹妹，想不到在那个不讲理的年代，我妹妹上海工矿的名额竟被他人调包了，她也被迫去了崇明前进农场务农。两姐妹都在崇明，却难相见，一个东，一个西，相距很远。崇明农场的农活非常辛苦。那时没有机械化，种地收割全凭人力完成。经历了，才体会到农民的辛苦！

我们姚、周两家厄运不断。伟儿姐是68届高中，赛儿妹是68届初中。68、69两届一片红，全部去农村，两姐妹无奈去了江西会昌农村插队务农。那里交通阻隔，易去难回！尝遍了人间的苦楚！

不到一年，我们四个姐妹都离开了上海的家。

伯伯在斜桥弄的家，情况也差不多，龙儿弟、国儿妹也去淮北插队了。斜桥弄就剩下姚敏儿、周文儿、周智儿三个孩子。

**周文儿生于1955年5月14日，算72届初中生。分配时，因为四个姐姐都去了农村，他是“硬档”，就没去崇明，分配到上海人民电机厂当司炉工。他是周家唯一留在上海的一个儿子。1969年，当周柏春被关进奉贤五七干校不准回家，四个姐姐将分赴外地务农，为了给女儿准备行李，吴光瑾急得食不甘味、夜不成眠。才14岁的文儿似乎一下子长大了，父亲不在家，他成了家中顶天立地的男子汉。他一次次到弄堂口玻璃店门口去捡别人丢弃的装运玻璃的旧木条，弄回家来拼拼凑凑，敲敲打打，手上起了许多血泡，居然像模像样地装钉成一个被柜，让姐姐装着衣被去江西**

插队。

周智儿出生于1958年5月5日，是75届初中生，他毕业分配时，周红儿、周麟儿、周赛儿都回上海了，周伟儿还没回沪；所以17岁的周智儿，小小年龄又被分配到崇明农场。

姚慕双吉益里子女在“文化大革命”中及以后的情况，后面一节中详述。

粉碎“四人帮”之后，“两个凡是”的思想还起指导作用，依旧是一个无形的枷锁束缚着人们的手脚。唯有到了十一届三中全会之后，随着真理标准的大讨论，人们的思想才真正从马列教条中解放出来。周柏春感叹道：

1978年，我们剧团重新上演《满园春色》。那时候，领导还有这个决定，对我和姚慕双有三不准：名字不准上报纸，不准上电视台，不准接待外宾。《满园春色》1月开始演出，生意好得不得了！但一直没有电视转播。老听众、老观众纷纷写信到电视台，信像雪片一样，打电话去问：“为啥《满园春色》不转播？”电视台也不敢讲真话，总归讲，暂时还排不出，不能够播出。

直到1978年的5月，才第一次上电视台。为啥呢？实在群众来信太多了！电视台也挡不住，于是请示宣传部，宣传部的一位副部长拍胸点头才播出。放电视的一天，可以说，万人空巷，都在家中看电视。那时候电视少，弄堂里有向阳院，电视机就放在弄堂里，居民们老早就吃好夜饭，凳子摆好，看《满园春色》了。那天晚上，电车都是空车子开来开去，两个电车售票员也弄不懂：“咦！今天晚上没有乘客啊？”实际上都在看电视。浴室提早打烊，晚饭后，客人没

姚慕双、周柏春参加上海曲艺剧团下基层演出（其一）

姚慕双、周柏春参加上海曲艺剧团下基层演出(其二)

了,都看电视。可想而知,人民群众对我们剧种,对我们姚慕双、周柏春,非常之支持。

等到1979年3月,姚慕双、周柏春真正"解放"了。党的十一届三中全会召开,我本能地预感到,大概自己政治生命有了转机。

一天,在剧团排练厅,派来审查我们两兄弟问题的文化局复查组同志,客客气气叫我们去谈话,喜气洋洋当场宣布:彻底推倒诬陷姚慕双、周柏春同志的一切诬陷不实之词,予以彻底平反。瞬时间,我的泪水模糊了双眼,止不住热泪盈眶。接着,一项一项政策落实,政治上恢复我上海市政协委员,全国文代会的代表,全国剧协理事,上海曲协副主席。

**十年"文化大革命",距今过去半个多世纪,已成为不能忘却的记忆,党的十一届三中全会作出了深刻而明确的历史结论。然而,这刻骨铭心的十年恰如一面镜子,每一个参与其间的人,都能在这面镜子前照见自己的身影,能否从中反省,总结经验教训,检讨自己的言行,让后人引以为戒呢?!**

# 三十九　师徒不了情

垂钓不似迷津客，张网诚非待兔人。
半夜乌鸡何处去，天明吞却玉麒麟。
——〔宋〕释明辩《颂古三十二首　其二》

1966年下半年，上海兴起了一股“抢房风”，静安区海防路“下只角”的造反派来“上只角”斜桥弄抢房子。周红儿说：

我家也遇上了。家人极度恐惧，始终提高警惕，不敢轻易外出，前后门都加固着。每天都有穷凶极恶的人来敲门。有一次来了一帮带红卫兵袖章的年轻人乱敲门，被伟儿隔窗一句话挡了回去：“你们不要来了，这里已经做红卫兵司令部了。”当时，任何没有被冲击的人都可以成立红卫兵司令部。

在这种情况下，家里扛不住了，就主动退了楼下一间33平方米的客堂。1967年3月，就搬来了一户人家，真的是海防路“平民窠”来的。底楼厨卫共用，底楼两小间还属于我们家。

自此后，我们住二楼，伯父母家住三楼，底楼的小间男孩子们睡。

姚慕双、周柏春从牛棚回来，家里已改变了模样。

其时，被“扫地出门”或被人强占住房的何止姚慕双、周柏春两家！它反映了那个特殊年代怪异荒谬的社会现状：私有财产不被保护，只要“造反”，用抢占的手段便唾手可得。

如果说，刚解放，一些老干部进城，住进了原来国民党政府官员、出逃的阔佬们的宅院府邸，老百姓没有意见，那是出于对共产党的感恩，知道这些为革命赴汤蹈火、九死一生的老干部是革命的恩人，人民的救星，他们住进那些宅院，理所当然，毫不抱怨。但“文化大革命”中靠“打、砸、抢”起家的造反派，抢占属于他人的宅院，便是赤裸裸的强盗行径了。

1978年，上海曲艺剧团重建，姚慕双、周柏春平反后，周柏春恢复艺委会主任。“文化大革命”中的几个打手作为“三种人”，有的被判刑，有的则开除公职，有的停职听候处理。wáng××是“上海人艺”四大打手之一，他的情况介于“三种人”可划与不可划之间，只要受害人认定曾遭受其迫害，就将判刑收监。当时，市公安局、文化局的联合调查组进驻上海曲艺剧团，了解wáng××的情况。周柏春是他的主要受害者，wáng××就跪在周的面前要求宽恕。周柏春只说了一句：“小wáng还年轻，这笔账算在‘四人帮’头上吧。”

姚祺儿说：

“文革”后，有几个学生见到姚慕双、周柏春有些害怕。姚老师认为，许多事情是这一场浩劫造成的，不能怪学生。有些学生可能违心地斗先生、骂先生，不能怪他们。那时候，不少子女都与父母划清界限，何况学生呢？像wáng××这样的，不原谅他就要批准逮捕了，他的姐姐、妈妈求到家里，姚老师和周老师网开一面为他讲话，说“这个孩子有前途，可以培养的”，好让他不要被抓进去，还说“历史的事情过去就过去了，我们谅解他”。后来wáng××也为滑稽事业做出贡献，无论是编是导都不错；如果被抓进去了，人也就毁了。

于是，wáng××免于刑事，保留公职，留团察看。

yán××同样犯有打人的错误，他在姚慕双面前求饶，只是哭，却不承认打人。姚慕双说：“小yán啊，你打是打过的，你用锁自行车的链条朝我头上砸去，顿时脑门开花，鲜血直冒，出了许多血，还肿了起来。事情过去了，也就算了。那时候，全国小青年起来‘造反’，打人的不是你一个。”因为姚老师的宽宏大量，yán××没有受处分。

姚慕双、周柏春的宽恕，让wáng××、yán××深受感动。1978年的一天，wáng××骑了一辆当年抄家时骑的自行车，拎着一网袋水果，诚惶诚恐地来到吴江路斜桥弄，刚踏进灶间后门，就被伟儿、麟儿、文儿一把推出后门，“老坦克”脚踏车被推翻在后弄堂，黄杨篮子里的水果滚了一地。推推搡搡的争执声惊动了二楼的周柏春，他从窗口望见wáng××正在狼狈地捡散落在地的水果，赶紧下楼阻止愤愤不平的儿女，将wáng××迎上楼去。

师徒俩在抄家后仅剩的一只柚木小方桌前坐定。周柏春倒了一杯冒着热气的菊花茶端给wáng××。他见小wáng接茶杯的手微微颤抖，从他不敢正视的眼神中，分明读到了他深深的内疚。

周伟儿清楚地记得当时的情景，她说：

> 1978年，我当时插队户口还未办回上海，但人在家中，情绪比较低落。看到wáng××来更没有好脸色给他看，他与我打招呼，我理也不理。父亲与wáng××在小方台旁商量创作独脚戏，什么《一枕黄粱》《假旗手真扒手》等，我在一旁的小床上蒙头假睡，因为不想看wáng××的嘴脸，心想：《一枕黄粱》说的不就是你吗？这个细节我记得清清楚楚。

周柏春望着眼前只管低着头看稿子不敢正眼看他的wáng××，心中五味杂陈，无限感叹。

“小wáng……”

“老师……”

四目相视，竟无言以对。

面对眼前的学生，周柏春头脑中清晰地浮现1961年上海人民艺术剧院滑稽剧团学馆成立时wáng××拜师的情景……

那一年秋高气爽，凉风习习。在安福路288号“上海人艺”的排练厅里，领导上郑重宣布：wáng××拜周柏春为师，龚伯康拜袁一灵为师，孙小英拜吴双艺为师，陈国芳拜范素琴为师。周柏春在《自述》中说：

> 说实话，我本来不想再收弟子，一则自己想在艺术上多花些功夫；二则作为艺委会主任，团内几十人的演出排练，事无巨细都得花

时间去关心和管理，经常感到时间不够，力不从心。望着眼前向我深深鞠躬的小wáng，他态度虔诚，一副殷切期待、求学若渴的神情，我的心弦为之一动：一双聪颖灵活的大眼睛，分明告诉我，他反应敏捷，微微上翘的厚嘴唇又分明刻着“吃苦耐劳”四个字。聪明加勤奋，不正是一个好演员所必备的基本素质吗？冥冥之中，我似乎觉得这是一个可造之才。我破例收下了这个“文革”前的关门弟子。

午饭后，这对师生在树荫下，坐在“上海人艺”花园的长凳上促膝谈心。

“小wáng，你说说，为什么选择滑稽作为你的事业呢？”周柏春问道。

“周老师，我从小就是您与姚老师的崇拜者。您俩在电台上播出的段子，我每段必听，几乎都能背出来，有时竟迷到不听节目不吃饭的地步。”

“听说你父亲是一位老中医，他老人家竭力反对你唱滑稽，有这回事吗？”

“我阿爸听到我报考滑稽剧团，不再读完高中，气得‘阿谱阿谱’（沪语：非常生气），连连摇头：荒唐！荒唐！他原本指望我能完成学业，继承他的衣钵。”

“那你为什么不从医呢？”

“我阿爸是个中医郎中，医术高超，解除病人肉体的痛苦；而姚慕双、周柏春两位老师是幽默大师，演技精湛，带给人们精神欢乐，我更愿意成为后者。”

“你名字中有个quán字，这个字不太好认，是你父亲给你起的吗？”

“是的。阿爸说quán是一种芬芳的野草。”

周柏春意识到他父亲起这个名字的用意不言自明，便说：“小wáng啊，我希望你这棵小草，将来能在滑稽艺术的园地里茁壮成长，吐露芬芳。”

这棵小草果然顽强地成长着。起初，他只是在大型滑稽戏中扮演一些“跑龙套”的角色，如《小山东到上海》里伪巡长的跟班甲、《王老虎抢亲》中王府的家丁乙、《满园春色》的食客丙……。但wáng××并不抱怨演这些小角色，他总是早早化好妆，在场边候戏。他眼睛一眨不眨地盯在台上，尤其周柏春上台，他更是聚精会神，用心揣摩。

小wáng学戏的执着与韧劲，让周柏春惊叹，他总是“恩师！恩师”

地缠着周柏春带他上演独脚戏。凡姚慕双身体不适或有事，他就抓住这个机会，做周柏春的下手，兴高采烈地与先生合说《各地堂倌》《宁波音乐家》等一批传统段子。另外，协助周柏春整理一些传统段子，如反映旧社会乞丐钉老板讨钞票的《钉巴》、社会最低层市民百姓居住窘迫的《七十二家房客》等。师徒俩还一起编写了紧跟时代脉搏、反映社会新风的独脚戏段子，如《生活在连队》《凌雪梅》《热心人》等。渐渐地，wáng××显露出他在掌握喜剧结构、刻画人物方面的编剧才能。正因为如此，相比其他学生，周柏春对他的要求就更严格，辅导也更为用心。

然而，1966年初夏，"文化大革命"开始，正在农村搞"四清"的周柏春接到通知，火速赶回"上海人艺"，参加运动。一进"上海人艺"大院，他与小wáng碰了一个照面，小wáng的眼睛闪烁不定，一反平时亲热的常态，只是略微点一下头就匆匆离去。

几天后的下午，在排练厅召开大型批斗会，姚慕双、周柏春作为"反动学术权威"，站在台上接受批斗。不少同事、学生，为了表明自己与姚慕双、周柏春划清界限，纷纷上台声讨姚慕双、周柏春的罪行。

姚慕双、周柏春被反剪着双手，低着头。突然，有一个青年飞身上台，对准周柏春"啪！啪！"两记耳光，周柏春只觉得耳膜震动，眼冒金星，一个趔趄，险些跌倒。待昏花的双眼渐渐清晰，定格在他瞳孔里的是一张再也熟悉不过的脸：大大的眼睛，厚厚的嘴唇。顿时，他的脸颊麻木了，心却揪起来，仿佛感到它在滴血……

在浦东洋泾隔离期间，周柏春忍受不了非人的折磨与污辱，撞墙、放血以自裁。恰逢那天深夜wáng××值班，他不时地通过"牛棚"的监视孔来监视周柏春的行动，发现他倒在血泊中，就急忙将他送往医院。当初耀武扬威来抄家的是他，凶神恶煞挥舞皮鞭的是他，救他去医院的是他，到今天拎着水果战战兢兢上门谢罪的还是他。这一幕幕飞快地在周柏春脑海中闪过。

wáng××在运动中犯了较为严重的错误，虽然因周柏春的宽宥，没有划入"三种人"而被保下，但领导上仍给了他"留团察看"的处分，"任何时候，任何场合不得重用"。

从此他夹紧尾巴做人，经常一个人默默无闻地在图书馆翻资料，做记录。他的家在建国路，一间9平方米的亭子间，除了一张床、一只写字台和一盏昏暗的台灯，四周堆满了书报、杂志。就在这个狭窄的空间里，他发疯似地啃书本、做索引，抄段落，写剧本。每晚只睡三四小时，日复一日，年复一年。他骑着自行车，奔波在剧团和戏剧学院之间，学习编导专业。但他脱稿以后，所有的作品都不得以他本人的名义发表，只能以合作者的名义或不为人知的笔名发表。

周柏春望着神情痛苦的wáng××，与他作了一次深刻的交谈，这次谈话彻底改变了他旧有的思维方式，摆脱了在业务上毫无希望的处境，为他独辟蹊径指明了一条迂回自救、曲线图强的出路，从而打开了大展宏图的广阔天地。

周柏春语重心长地对自己的学生说："小wáng啊！留得青山在，不怕没柴烧。看来你在上海一时难以站住脚头，但是切不要灰心丧气。江浙两省的舞台天地广阔得很，你可以试试到那里去施展你的才华。"wáng××被恩师的这番话点醒，恰似醍醐灌顶，茅塞顿开，真所谓"山重水复疑无路，柳暗花明又一村。"他仿佛拨云见日，眼前豁然开朗，呈现一片毓秀美景，春光无限！

俗话说："墙内开花墙外香"，wáng××却是墙外开花，内外都香。

wáng××为姚慕双、周柏春的学生——钱吟梅领衔的无锡滑稽剧团编导了大型滑稽戏《我肯嫁给他》，荣获文化部、中国剧协1980年至1982年优秀剧目奖，上海电视台将它拍摄成电视剧，由中央电视台、上海、江苏、浙江等多家电视台播放。有20多个省市的100多个剧团移植该剧，在全国造成很大影响。

他为无锡滑稽剧团编导的《毛脚媳妇》于1985年进京，在中南海、人民大会堂演出，受到彭真委员长和其他中央领导同志的接见。不久，该剧由上海电影制片厂拍摄成喜剧影片在全国上映。

wáng××在无锡的成功，受到上海滑稽剧团与市文化局的关注与重视，原先对他的"限制"也就很快消弭了。20世纪80年代初期，他已与老师周柏春合作，默默地潜心创作，一批优秀的滑稽戏独脚戏作品就在那段

姚慕双（二排左八）、周柏春（二排右六）带队采风（摄于20世纪70年代末）

时间相继问世，如《高价征求意见》《啥人嫁拨伊》《草帽歌》等。大型滑稽戏《我肯嫁给他》，就是根据独脚戏《啥人嫁拨伊》改编，它是王辉荃第一个首度获得成功的大型滑稽戏，此后带动了一系列获奖作品的问世，在滑稽史上具有划时代意义。

师徒俩还多次前往复旦、同济、华东师大、华东理工学院等高校，向大学生们作滑稽艺术的讲座。周柏春着重介绍舞台体验、招笑技巧，王辉荃则总结体系理论。师徒俩的讲座引起大学生们的厚浓兴趣。每每开讲座，大礼堂挤得水泄不通，掌声雷动，反响热烈。这是滑稽戏艺术理论的探讨与尝试，并为高等学府所接受。

周柏春（左）、王辉荃（右）师徒俩走上高等学府讲台（摄于1978年）

20世纪80年代以后，王辉荃主要从事滑稽戏的编导工作，他的创作进入高潮，艺术生涯由此攀上顶峰。

其时，上海滑稽剧团尚未恢复滑稽剧团的原名，而归于上海曲艺剧团。

王辉荃接受团里任务，在滑稽戏《路灯下的宝贝》中与姚明德合作，担任编剧。该剧由"青话"著名导演胡伟民执导，主演周柏春、姚慕双、林燕玉、童双春、翁双杰、李青，1981年11月演出于五星剧场。

该剧讲蒋大毛、蒋二毛兄弟等待业青年，常苦闷地在路灯下彷徨，被人讥讽为"宝贝"。经街道干部帮助，拟开设修车站，自谋生计。因恐技术不精，把从父亲蒋阿桂处骗借来两用车进行拆装训练，不料拆散后无法装拢。蒋父原为"小业主"，对儿子搞个体经营心有余悸，遂将大毛关押在家，使其恋爱亦遭波折。后得区长吴川暗中支持，他们终于真正成了有利于社会的"宝贝"。

剧中周柏春饰蒋阿桂，姚慕双饰教师，童双春饰蒋大毛，翁双杰饰蒋二毛，李青扮丁阿发。参加上海首届戏曲节演出，获文化部优秀剧本奖。

1983年9月，由王辉荃执笔，yáo××、yán××、wáng××、郭海彬、周嘉陵编剧的《阿混新传》，首演于上海邮电俱乐部。

该剧讲饲料厂厂长杜孟雄的儿子杜小西，混在家里吃闲饭，混在厂里吃大锅饭。杜厂长在大会上宣布，全厂青年工人都要参加文化考试，杜小西却溜到杭州，四处游逛，划船时不慎掉进湖中。幸遇姑娘萧梅英相救，才得以回家。杜小西因考试作弊，且成绩不合格，在家写检查。此时，萧梅英找上门来，想请杜小西帮忙购买新混合饲料，特邀杜小西去她家指导，杜小西欣然前往。由于他不懂技术，胡乱指导，致使萧家几百只鸡瘫倒在地。杜小西处处碰壁，实在混不下去了，欲投河自尽，经萧梅英批评帮助，幡然醒悟，决心做一个对社会有用的人。主演严顺开、叶苞蓓、李青、吴媚媚、诸惠琴。1984年被改编成电影，搬上银幕。改编后的电影剧本获得了金鸡特别奖。

王辉荃在编导方面高奏凯歌，苏州滑稽剧团向他发出了邀请。

20世纪90年代，他为该团编导了大型现代滑稽戏《快活的黄帽子》，获全国戏曲现代戏观摩演出"优秀剧目奖"，中宣部首届精神产品"五个一工程”奖，文化部第二届“文华新剧目奖”和江苏省政府“文学艺术大奖”。

1992年，他编导的儿童滑稽戏《一二三，起步走》，演逾3 400余场，创滑稽戏上座率之最，荣获全国儿童剧新剧目评比演出一等奖，1997年中宣部第六届精神产品“五个一工程”奖，文化部第七届“文华大奖”，第五届中国戏剧节“曹禺戏剧奖、优秀剧目奖”，“第六届中国艺术节大奖”，被评为2003—2004年度国家舞台艺术精品工程“十大精品剧目”。

从此，他在编导方面魄力越来越大，显示出惊人的才华，年年佳作不断。他统筹、编导了东方电视台主办的“东方谐韵”的《海上第一家》，它是当代滑稽史上汇聚海派滑稽名家最多最全的一台大戏，江浙沪50余位有影响力的滑稽名家倾情出演，共现一堂。全剧从清末到民初直至改革开放的蓬勃发展时期，横跨两个甲子120年，可谓滑稽戏的鸿篇巨作。诸多滑稽名角的特色也都在该剧中一一展现。

周柏春有几句发“嚎”的经典台词令人难忘：“刚刚热热闹闹，现在冷冷清清，阿会得侪（都）去炒股票啦？”“哪能（怎么）12月24日，都要买筷子　买袜子。”“让太太打扮得像一朵牡丹，自家（自己）像卖茶叶蛋也不坍台。”“男人大多是猪头三。”“我今朝预备大吃了——再来一只油墩子好哦？”

他在一手创办的海派电视情景戏剧《老娘舅》《七彩哈哈镜》中担任总撰稿、总导演。又在上海电视台电视剧频道室内情景喜剧《新上海屋檐下》担任总撰稿和导演。这部365集的室内情景喜剧规模宏大！也许王辉荃受老一辈潮流滑稽与社会滑稽的启发：力求反映时事新闻，反映群众日常生活中的平凡小事，将它们串联起来，彰显真善美，揭露假恶丑。他试图将社会主义价值观融于戏剧情景中，体现在角色的言行中。

《新上海屋檐下》的演员阵容强大，由钱程领衔主演，汇集了江浙沪戏曲、影视各路明星，除了一批知名滑稽演员，如周柏春、龚一飞、王汝刚、绿杨、杨华生、王双柏、李九松、嫩娘、孙明、王文丽、严顺开、林锡彪、汤小音等，还有沪剧明星马莉莉，京剧明星张达发也在剧中客串演出。

与上海同类情景剧相比，《新上海屋檐下》每天1集的播出频率史无前例。为此，导演组织了一批由25位作者组成的编剧队伍，以每天3集的进展速度编剧。该剧的拍摄过程十分紧张，用演员们的话来说，“忙得

海派滑稽电视剧《滑稽春秋》剧照，左三为周柏春，左四为钱程

晕头转向”。一周工作4天，从中午12点拍到凌晨1点，还必须时刻保持头脑清醒。

进入21世纪，王辉荃的艺术事业达到顶峰期，先后编导或导演了《浦江笑声关不住》《啼笑因缘》《方卿见姑娘》《江南第一春》《钱笃笤求雨》等几十部不同风格、不同剧种的有影响的作品，成为国内戏剧界一位有重要影响的艺术家。

姚慕双生日会，李青（后排左二）等弟子向周佩芳（中坐者）敬酒，姚敏儿（左一）作陪（摄于2002年4月）

周柏春对自己这个最有才华的学生评介甚高，说王辉荃“功成名就了，他的‘农村包围城市’的迂回战略终于实现。他成了上海滑稽界举足轻重的砥柱人物”。

王辉荃的名声越

来越大，在恩师面前显得特别谦卑、恭敬，周柏春看得出，那绝不是“表面文章”，而是发自他内心的感激之情。

2001年和2002年，王辉荃分别为周柏春八十寿辰和姚慕双八十五寿辰，假上海城隍庙绿波廊饭店举办了隆重的庆典活动，他衷心祝愿两位老师健康长寿，永葆艺术青春。

王辉荃曾表示，他将接周柏春去苏州小住，陪先生蹀躞于姑苏小巷，上午听书，下午逛公园，闲时写写小段子……然而，这美好的夙愿终未实现，天不假年，这位滑稽界难得的集编、导、演于一身的天才式的人物，这位继往开来海派滑稽电视剧的创始人，在浙江省曲艺、杂技总团排戏期间，因突发性心脏病抢救无效，于2002年11月24日凌晨逝世，终年59岁。

周柏春得知这一噩耗，痛惜不已，伤心欲绝。在小儿子智儿的搀扶下，于12月1日上午10点30分，去龙华殡仪馆大厅参加了爱徒的追悼会。

王辉荃由拜师学艺的欢欣到人性相残的惨痛，由拨乱反正的艰辛到天妒英才的早逝，他的一生就像一出大起大落的悲喜剧，打上了特殊的时代烙印。周柏春为自己的徒弟亲手写了挽联“哭怜英年集编导演一身，笑傲艺林统江浙沪三方”，评价甚高。

望着鲜花丛中熟悉的面容，周柏春心潮起伏，思绪万千。40年风风雨雨的师生恩怨随着声声哀乐飘荡而去。望着学生中艺术上最有成就的爱徒，他深深地鞠上一躬……

# 第九章

终生拥抱艺术的人，生命无有穷期。美与善联姻。对于艺术美舍弃一切的极致追求，必致上善的品行。上善若水，与万物无争，停留在众人所喜之地，安于卑下，像泉水那样清澈、深沉，待人处事友爱谦卑，以诚为本，不掺半点杂念。晚年的姚慕双、周柏春雍和大气已臻至境，无欲而仁慈：以恩报怨，挽救可造之才；以开阔的胸怀提携晚辈。探求艺术，心想事业，他们的艺术生命绵绵无尽，永不枯竭。

# 四十　安居乐业

宿雨清畿甸，朝阳丽帝城。

丰年人乐业，陇上踏歌行。

——〔宋〕马远《题踏歌图》

一个安静舒适的家，对于一个艺术家来说，何其重要！家，是他劳累一天之后的憩园；家，是他进入沉静思索的避风港；家，是他修身养性、陶冶心情的安乐窝；家，是他创作灵感来源的温柔乡。艺术家每每从这里出发，开启新的航程。

“文化大革命”后，姚慕双（右）与杨美明（左）合影

姚慕双、周柏春在政治上彻底平反之后，解决两位老艺术家住房方面的实际困难，便提到了市政协和房管部门的议事日程。

20世纪70年代末至80年代初，姚慕双、周柏春15个子女都长大成人，他们中的大多数已先后从农村返城，有几个已到结婚年龄，住房就成了亟待解决的问题。吴江路23弄（斜桥弄）14号，除了底楼一大间被强占，不久一小间也被人占用。姚母周勤侠去世后，周佩芳携子女住三楼，那时又搬进一户陌生人家。周柏春所住二楼，几个子女陆续返城，也只得与父母挤在一起。原本宽畅的三上三下的楼房，此时就变得十分局促了。

周柏春在《自述》中说道：

“文革”初期，我斜桥弄的住房受到冲击，底楼客厅住进了一家纺织女工，原来并不宽余的住房，马上紧张起来，煤卫由独用变合用。

纺织女工是诸暨人，一人带着四个孩子，经济条件差，文化层次低，每天回家就打骂孩子，弄得一房子都不太平。我每次写独脚戏到了关键之处，往往听到诸暨女人大喊一声："棒去夺来！（绍兴话：把棒头拿来！）"我的心一抖，知道她又要打第二个儿子了。接着传来的是骂声、打声、小孩的哭声。自从1971年回家后，我三天两头要听这出戏。



其时尚无商品房的概念，住房问题多数通过单位行政与房管部门予以解决。1977年10月，鉴于周柏春的实际情况，市政协与静安区房管部门根据周柏春提出的"闹中取静，以利创作"的要求，通知周柏春一家搬到新闸路1326号三元坊（近陕西北路）居住。姚慕双、周佩芳的住房就从吴江路23弄（斜桥弄）14号三楼搬至二楼。因为二楼有大卫生独用，还有底楼一小间（另一小间已被底楼住户使用）。

姚慕双（右二）、杨美明（右一）与周柏春（左二）、吴光瑾（左一）

新闸路1326号三元坊是花园洋房，三上三下的大房子，可分割。周家在东面第一幢，从后门进屋，独门独户，有三个房间、两个卫生间、一个大厨房、一个大晒台；地段虽不及吴江路，但居住条件较吴江路为好。周柏春十分满意，他说：

我的新居是一幢花园洋房的偏房，一到三楼独门独户，单是厨房间就有14平方米大，白色的瓷砖、西式的烤箱显示出房主当年显赫的地位和殷实的家境。最令我称心的是三楼的玻璃花棚。我在玻璃花棚内可以尽情享受阳光的沐浴，欣赏常年不败的仙人掌和牵丝攀

周柏春（摄于1980年，58岁）

藤的葡萄、丝瓜。我在这一方小天地里锻炼身体，构思创作，乐此不疲。

是年11月，55岁的周柏春恢复担任市政协委员后，入住三元坊，一直住到63岁，这8年左右的时间，由于住房条件的改善，心情轻松愉快，身体得到康复，极大地激发了创作热情与灵感，迎来了艺术生命的又一个高峰期。

这一阶段创作的作品有：以喜剧的形式表现回归社会的失足青年得到社会方方面面关心与帮助的独脚戏《啥人嫁拨伊》；讽刺一些傲慢自大听不得别人半点意见的人《高价征求意见》；《凌雪梅》（凌雪梅是三位做好人好事姑娘名字的合成，内容类似电影《今天我休息》，脍炙人口）；中秋赏月晚会上的单口《妈妈，月饼要买哦？》红极一时；不被社会一些人理解，反映殡葬工人的职业艰辛与重要的《生死恋》。还有《优秀营业员》《差距》《音乐的妙用》《好上加好》等——这些独脚戏大多歌颂社会新人新事新风尚。也有讽刺不良风气和弊端的《一枕黄粱》，批判错误的婚恋观、讽刺爱虚荣的拜金女对物质追求的《甜蜜的烦恼》等。

“文化大革命”后，姚慕双、周柏春合影

几位“双字辈”艺人合影。前排左起：吴双艺、王双庆。后排左起：李青、童双春、翁双杰（1982年4月摄于春蕾照相馆）

姚慕双、周柏春表演独脚戏《啥人嫁给他》(摄于20世纪80年代初)

姚慕双、周柏春演出照(摄于20世纪80年代)

然而,让周柏春安心创作的三元坊并非久住之地,因为该处住宅乃私房,到了原工商业者落实政策的阶段,必须归还原主人。再者,随着上山下乡的子女一个个相继回沪,三元坊的住房又显得紧张起来。此时,组织上再次向他伸出了关爱之手。上海市政协、市文化局以及上海曲艺剧团三管齐下,共同打报告给市房地局,要从根本上落实周柏春的住房政策。

于是,有关部门的安排下,周家一分为二:周柏春、吴光瑾夫妇与儿子文儿夫妇、智儿住江宁路;文化局分配的陆家宅兰田大楼一室户,则给了伟儿夫妇。智儿结婚,家里房子紧张,文化局又增配了田林新村的一套小两室户。

1985年秋,周柏春携家人入住江宁大楼。周红儿说:

当时伟儿已婚,与父母同住三元坊,组织上考虑周全,给伟儿夫妇分配了一套一室户40多平方米的新工房,在中山北路兰田大楼。给父亲选择的房源有几处,我妈选了地段较好的江宁路83弄——江宁大楼,在美琪大戏院对面。江宁大楼是上海建造的第一幢"高知"楼,都是为高级知识分子落实政策安排的,建造规格较一般工房为高,卧室、客厅、厨房、卫生间,算是大的,较舒适。我们挑选时楼室已不多,有1201室,3房1厅,我妈嫌顶楼不好,就选了507室,2房

周柏春（左）与谢晋（右）在马勒别墅（摄于2003年1月）

1厅，98平方米，面积少了10平方米左右。父母是1985年秋搬进去，文儿夫妇与父母同住。父母去世后江宁路房子，经6个兄弟姐妹协商，由我大侄子周之昂（智儿的大儿子）出资购买居住。

周柏春在创作中

姚慕双子女众多，大儿子姚祺儿需成家，卢湾区房地局给姚家增配了虹口山阴路祥德路一处不大的居室作为婚房，若干年随着高级职称的评定，祺儿的住房便调至成都路威海路的振兴大楼，居住条件有所改善。

姚勇儿始终与父母居住在一起。1999年扩建“新天地”，2001年太仓路吉益里动迁，勇儿遂与父母先搬至建国路一处住宅。若干年后，勇儿置换了徐家汇路振颖苑新居，条件得以改善，他也把一部分动迁款分给了小妹妹姚斌儿。这里也是姚慕双晚年的休憩之地。远嫁德国的姚贞儿、去澳门定居的姚骏儿回沪探望父母就在此歇脚。

姚慕双（左）、杨美明（右）晚年合影

姚慕双是一个十分重感情的老先生。住上新居后，勇儿曾问他感觉怎么样？父亲对儿子坦言说："还是老房子热闹。"因为太仓路住房的邻居们与他相处和谐，大家常去姚家串门、闲聊，让晚年的姚慕双感到温馨、亲切。新的居地，高楼大厦，同一层面的邻居很少，接触的机会就不多了，难免让老艺术家感到寂寞。

住房的变迁，不仅反映一个时代的政治、经济、文化状况，还能折射出一定历史阶段的社会风貌，以及艺术家们的人生起落与命运遭际，传主的精神世界、喜怒哀乐，往往在这个单元空间里得以清晰展现。

"文化大革命"期间，姚慕双、周柏春子女——作为文化名人的后代，他们的命运也许经历了更多的曲折与坎坷。姚慕双、周柏春的粉丝们出于对姚慕双、周柏春两位滑稽泰斗的崇敬与热爱，很自然关心大师子女的情况，屋乌推爱的感情是可以理解的。所以，对姚慕双、周柏春子女的介绍成了本传不可或缺的组成部分。现分别就姚慕双、周柏春两家子女，按他们出生先后的顺序逐一介绍。

姚慕双子女：

姚玉儿，1946年8月4日生。前面"斜桥弄14号"一节已有较为详细的叙述，不赘言了。

姚敏儿，1948年7月23日生，1955年就读于石门二路小学，1961年在时代中学求学，1964年至1967年在市一女中完成高中学业。1968年在手帕五厂当工人，1978年至2003年在第一织布工业公司工作(1985年转制新联纺织进出口公司)先后任工会干事，副主席，主席。职称：高级政工师。1982—1985年，通过中央电大学习，获北大中文系大专文凭。1981年12月入党，曾评为2001—2003年度上海市三八红旗手，上海市总工会第

姚慕双生日聚会，姚慕双(左)与女儿姚敏儿(右)(摄于2002年4月)

姚慕双生日聚会，姚慕双（左四）与周佩芳（左三）、姚国儿（左六）等（摄于2002年4月）

7、第8届委员，第10届经审委员，全国工会经审委系统先进个人。敏儿的记忆力超强，也许父亲遗传所致，对于父辈发生的一切，事无大小，记得一清二楚，为写本传提供了许多翔实可靠的口述内容。

姚祺儿，1949年4月30日生，1968届高中毕业，因打篮球锁骨骨折，没去插队落户。他先在一家大集体单位修钢笔，不久，分配到卢湾区百货公司下属的一爿百货商店（西藏路淮海路口的桃源新邨旁）当营业员。由于工作认真，20岁出头的姚祺儿成了卢湾区百货公司核算单位的负责人，分管一个片的小百货公司和小门店，一干就是10年。后来遇到几个老同事，他们同祺儿开玩笑说："小姚师傅，侬（你）假如不去唱滑稽，现在至少也是益明集团的副董事长退休了。"

那时候，单位的工会总要搞点文艺宣传方面的活动，领导上自然会想到滑稽泰斗姚慕双的儿子，所以每当搞宣传演出，单位总让祺儿创作并编排节目，不容说，演出时由他担任主角。

1979年恢复剧团，黄浦区成立文艺宣传队，30岁的姚祺儿瞒着父母前去报考。姚祺儿出身艺术世家，自幼受父辈的艺术熏陶，爱好文艺，自踏进校门起，就是学校的文艺骨干，课余时间，经常活跃在文艺舞台上。当他得知这一消息，前去应试就成了必然。

考生很多，只录取了两名：其中一名就是姚祺儿，另一名是文化局派下来的朱兴华。因为祺儿是姚慕双儿子，剧团特别重视，为他写剧本，量身定制。祺儿的性格像父亲，海派，大大咧咧，他非学馆出科，没有经过专业培训，但他边演边摸索，十分用功。

两年前，姚勇儿已先于哥哥姚祺儿进入上海滑稽剧团，此后姚家的兄弟姐妹就再没人能够踏入上海滑稽剧团的大门。姚慕双曾对姚祺儿说：

“勇儿既然已经进入‘上滑’，侬（你）就不要去了。大家到各自的阵地里去打拼吧。”所以，姚祺儿考上上海市青年滑稽剧团，便一直工作至退休。

该剧团一年后改名为上海市青艺滑稽剧团。所以改名，是因为嫩娘（于飞爱人）等一些主要演员当时都50岁开外，接近退休了，不再年轻，遂改团名。团内较好的演员有蔡剑英、商福生、叶苞蓓、张皆兵、郭明敏、方艳华、龚仁龙、杨一笑、孙中伟、周益伦、邬素斐、吴爱艺等。编剧：周艺凯、傅峰等。上海市青艺滑稽剧团与公安部门合作，在杭州演出滑稽戏《四家大战》，姚老师夫妇曾应邀前去看戏。姚慕双、周柏春十分注意，一般不会轻易去别的剧团“指手画脚”。

姚祺儿（左）与姚勇儿（右）学习独脚戏段子

姚祺儿通过考试，终于跨进了滑稽界的大门，实现了自己的梦想。父亲对于儿子有志干自己这一行当然高兴，但他对姚祺儿说：“你不要以为‘将门出虎子’，自己若不努力，照样会变成耗子。”姚祺儿没有辜负父亲的期望，他在滑稽舞台上塑造了一个又一个的喜剧人物，把笑声带给了观众。

祺儿在艺术上继承了姚慕双独特的表演风格，表演幽默、诙谐，讲究人物塑造。他曾去美国洛杉矶演出，深受当地华人欢迎，他们欣喜地说：“姚慕双、周柏春滑稽艺术后继有人了。”

几十年来，他先后在50余部滑稽大戏中担任主角：《出租的新娘》中的青年科技人员，《黑桃皇后》中的骗子，《光明使者》中的糊涂厂长，《无言的结局》中的犯罪干部，《情满家园》中的党工委书记，《雾里看花》中的贪小丈人，《海上第一家》中外国人等。角色之间差距大，性格各异，真正做到一人千面。他在《又一春》中以一连串可笑可乐的故事讲述了改革的不凡经历，戏里那个任劳任怨、作风干练的改革者形象给观众留下较深印象。他从《光明使者》里的厂长到《又一春》的经理，他努力把先进人物塑造得可信可亲，使发生在身边的真实事件艺术地展现在舞台上，与观众产生共鸣。他还在《我在你身边》中扮演民警，为了体现人物的时代感和知识性，他凭着扎实的英语功底，像父亲姚慕双一样在舞台上用流利的英语与外宾交流，使观众刮目相看。为了开拓戏路子，他又尝试在《搭界勿搭界》中扮演反派人物盗窃头子。他还积极投身于曲艺事业——独脚戏的创作和演出，如《行行出状元》《智力竞赛》《特大新闻》《学英语》《语言漫谈》《买房记》《劳模咏叹调》《学说广东话》《音乐的妙用》等。

经过20多年的磨炼，他终于脱颖而出。成为青艺滑稽剧团的台柱，副团长，团里近一半剧目几乎都是由他主演，在艺术上越来越成熟。他在《老娘舅》里扮演“杜禄冠”，在《开心公寓》里扮演董事长，他的名气也越来越响，但他始终保持“低调”，牢记父亲的教导：“唱戏就是唱戏，演员就是演员，争什么名，逐什么利。”不少综艺节目曾邀请姚祺儿携家眷上台说说家庭故事，他都婉言谢绝了：“和爹爹一样，我们做人要低调，好好做我们的滑稽事业。”

姚祺儿曾参与演出大型滑稽戏《四家大战》，扮演一个热心公益活动的退休工人阿福哥。他说：“过去爸爸一直讲，‘噱头’必须干净。每个滑稽演员都想在演出中引出笑声，我当然不想自己这个角色演得干巴巴。考虑来考虑去，我决定把这个阿福哥演成一个‘戆兴兴’的‘老寿头’。”演到阿福哥查核三个个体户是否违规把摊头伸出街沿时，姚祺儿用了老裁缝量衣裳尺寸的办法，跪在地上量地皮，三个捣蛋鬼跟他互缠，他将计就计，顺水推舟，马上运用“拉扯”的招笑手法，把量地皮拉扯到了量衣裳，阴笃笃地说：“看倷（你）可怜，放两寸。”当时的姚祺儿对自己的这段设计非常自信，然而担任此剧艺术指导的姚慕双看了彩排并不满意，批评儿子“太过火”“演出格”，让他再斟酌一番。在姚慕双看来，“噱头”必须要在人物性格中去找，绝对不可以“野插花”。刚正不阿的好人阿福哥怎么会随便应允违规摊贩扩大两寸摊位呢？这不符合人物的性格，所以这样的“噱头”宁可不要。祺儿觉得父亲说得在理，尽管这个“噱头”可以招笑，正式演出时，还是拿掉了。

对于滑稽戏来说，“噱头”是个宝，“噱头”越多，越精彩，戏也就越好看。但“噱头”决不能滥用，不然就适得其反。在滑稽戏《无言的结局》中，姚祺儿扮演一个敬业爱岗的民警，因为太过一心工作，连结婚纪念日都忘个精光。警务所长了解到这样的情况，就打call机命令他“回家执行公务”。到家后，他取出一对蜡烛点燃，与妻子执手相看含情脉脉。但是这种气氛再持续下去就不是滑稽戏了，就在这时，姚祺儿扮演的民警喊了一声妻子的名字，仿佛有什么充满感情的话要讲，张口却是：“侬（你）有啥拨（给）我吃吃，我肚皮饿煞了。”这句破坏气氛的话在观众中引起哄笑，因为它出于观众的意料之外，却又落在情理之中：他太忙了，整整一天连饭都没顾上吃。通过父亲的指导与舞台实践，祺儿懂得什么才是有助于剧情的开展又符合人物性格的“噱头”。

好友陈克文的哥哥陈克潮是个戏迷，痴迷京剧、评弹与滑稽戏，他也是姚慕双、周柏春的粉丝。他以一个老观众的身份说：

> 滑稽本来就应该姓“噱”。关键看三点：一是看“噱”是否与剧情有机结合，并非游离剧情之外，开无轨电车。二是“噱”的质量。“噱”也有层次高低之分，质量高的“噱”，看了回味无穷，久久难忘；反之，易遭人厌，哭笑不得。三是看整场戏“噱”的量，当然多多益善，过少就使观众索然无味。

姚慕双、周柏春能熟练运用滑稽52种招笑手法，这在滑稽界中少有的。一般滑稽演员运用、罗列、突变、误会、巧合、重复、反常、蒙骗、反诘、追问、诱发、“仗势欺人”、“狐假虎威”、“夸张变形”、“南

姚慕双、周柏春舞台生涯50周年纪念演出，左起：姚斌儿、姚勇儿、姚贞儿、姚祺儿（摄于1988年）

腔北调”、“移花接木”、“偷换概念”、“吃进吐出”、“跳进跳出”等手段招笑，姚慕双、周柏春却能根据人物有针对性地从52中招笑手段中选择相对的滑稽手段达到招笑的效果，掌握节奏，这就是大师的水平了。他们的“噱”是建立在“出其不意，合乎情理”这八个字的基础之上的，而不是瞎出“噱头”。只有合乎情理的“噱”才有回味。它不是白开水，而是一杯好的香茗，是安徽的六安茶、杭州的龙井。乘在车上、走在路上想到姚慕双、周柏春的“噱头”会抑制不住笑出声来，有回味，其清香始终留在舌尖上，留在味蕾上。

姚祺儿通过孜孜不倦的努力，得滑稽艺术堂奥之妙，1987年荣获上海剧协颁发的中年演员奖。2008年，入选第一届《笑林大会》上海十大笑星，2009年被定为第四批国家级非物质文化遗产独脚戏代表性传承人。曾当选为上海市第十、十一届人大代表（1992—2002)。此前1987年起曾先后当选一届黄浦区人大代表和一届黄浦区政协委员（那时任期一届均为3年)。2002年起至2017年又回到黄浦区当了三届人大代表（因为经南市并入黄浦区，所以又是黄浦区第一、第二届人大代表。后来卢湾区并入黄浦区，就成了黄浦区第一届人民代表大会代表)。对于大儿子祺儿当上区人大代表与区政协委员，姚慕双特别高兴，并引以为骄傲。在他看来，滑稽艺人在新社会终于有了政治地位，有资格参与国家大事的讨论了。

姚龙儿，1950年9月11日生，1958年求读于南京西路第一小学，1964—1967年在华东模范中学学习。1969年9月至1974年底在安徽农村务农。1975年在上海华成无线电厂务工，至2010年10月退休。

姚慕双、杨美明与女儿姚贞儿、女婿卡尔（摄于1997年4月）

姚贞儿，1951年3月15日生。1969年去安徽全椒县界首公社插队。1974年招工时，上调到马鞍山钢铁公司下属姑山铁矿，在宣传科任播音员。1979年，作为人才引进调入杭州滑稽剧团当演员。1987年落实政策回沪，进上海市文化局下属群众艺术馆任曲艺辅导老师，与群艺馆馆长徐维新先生共过事。作为文艺干部，她主要负责全市群众文艺的组织与辅导工作，专抓曲艺，每逢调演、会演、比赛、评比、评奖期间，她的足迹踏遍上海各郊县、各区的文化馆。1989年随丈夫定居德国。

姚骏儿，1953年1月24日生。1969届初中生，因气喘病待分配，"文化大革命"中，被安排在嵩山街道生产组（现新天地）踏缝纫机，生产文胸。1980年结婚，1981年就去澳门，并在那里定居。

姚国儿，1953年8月12日生，1960年9月就读于南京西路第一小学（1966年"文化大革命"开始，在小学多待一年），1967年9月在成都路第二中学就读三年。1970年春，在安徽广德化古公社插队务农。1972年春在安徽淮北矿务局工作至退休。姚国儿有歌唱天赋，曾保送去音乐学院附小，因好婆反对，此事作罢。插队期间，去参加县文艺汇演，被前线歌舞团看中，因父亲是"敌特嫌疑"，政审没通过，从此断了她的艺术梦。国儿是个有爱心的好孩子。公公、好婆、孃孃所有长辈的忌日她都牢牢记着。特别是好婆最后两年重病的日子里，国儿服侍得细致入微。

姚勇儿，1955年9月16日生，就读于马当路小学、新华中学。"文化大革命"中被安排在上海工艺美术公司学裱画。他学裱画专业，很用心，研究了许多名画：元四家、明四家、四王、石涛、八大山人、虚谷、蒲华、任伯年、吴昌硕，干了足足5年，成了裱画能手、小行家，深得师傅赞赏，被评为新长征突击手。但他从小耳濡目染，自懂事起就听父亲和叔叔对台词，渐渐也会将一些段子说得朗朗上口。姚勇儿所在的工艺美术品公司隶属轻工业局，群众文艺工作在整个上海市都很有影响，里面也集中了一批比较好的演员。在那里，他认识了自己的结拜兄弟王津波。

1975年，还是工艺美术品公司员工的姚勇儿，这一阶段曾在位于青海路的上海电视台客串过少儿节目的主持人，纯粹帮忙，没有编制。当时多数节目是现场直播，没有任何提词设备，全靠主持人一张嘴；摄影机架在车子上，近景远景全靠车子来推。这就要懂得配合，要求主持人有相当的镜头感。这段实践无疑是姚勇儿艺术生涯中的一次重要历练，为他日后在舞台上的表演打下了一定的基础。

1977年夏，姚勇儿和王津波搭档报考上海曲艺剧团（其时尚未更名上海滑稽剧团）。姚慕双、周柏春事前并不知情。那一天上午9点，当姚勇儿与王津波踏进考场时，作为两个评委的父亲与叔叔，猝不及防，立即起身，走出考场。因为姚慕双、周柏春希望自己的孩子好好读书，不要唱戏，今朝怎么会来考剧团的？姚慕双、周柏春的离场，让勇儿好生尴尬。2009年底，姚勇儿作客《快乐三兄弟》节目时讲起过这桩尴尬的旧事。然而，他与王津波还是凭着独脚戏《处处有雷锋》的表演赢得了评委和领导的青睐，终于考入上海滑稽剧团。同时进团的还有顾竹君，她虽然还是个初中生，但嗓子好，颇有音乐天赋，此前就凭一曲《一顶大草帽》（张双勤作词）唱红上海滩。

勇儿进团后，在表演风格上，学叔叔周柏春，受“周派”影响较多，“阴噱”，在艺术上有着较大潜力。他曾担任过上海滑稽剧团团长助理，承包“凯乐特”演出队担任队长期间，带了一个小小的“凯乐特”演出队。他不仅去外地演出，还兼行政管理工作，忙得不可开交。1986年，曾随团赴香港演出。

“凯乐特”分团成立，左二为周柏春（摄于20世纪80年代）

勇儿曾经在《滑稽王小毛》中第一个成功地扮演王小毛。1987年，姚祺儿、姚勇儿两兄弟凭借各自在滑稽舞台上的卓越表现，双双赢得了由上海市文联颁发的首届文学艺术奖（白玉兰奖前身），这也是滑稽界仅有的两个中年演员获奖名额。有人认为，姚慕双的爱子"近水楼台先得月"，那只能说明儿子受父亲熏陶的机会较多。但姚慕双经常提醒两个儿子："艺术家的子女成才的屈指可数，原因是优越感强，总认为'门前大树好遮阴'，所以你们必须丢掉幻想，离开靠山，从无到有。独立、自立、勤力，这是姚家的家风。"

姚慕双、杨美明与姚勇儿在香港过圣诞节（摄于1990年）

1984年，姚勇儿去澳门探望二哥骏儿，沈殿霞的哥哥给他介绍了一个香港女朋友，两人相处甚欢，1985年在南京路上的一爿酒家办了婚事。然而，因为夫妇各自在异地工作，一直分居。外事办的人知道了，就对勇儿说，你在港澳有那么多关系，可以发挥这方面的作用，为港澳回归做点事。勇儿同意了，就这样离开了剧团。

姚慕双、杨美明与子女和孙辈合影。前排左起：姚祺儿（子）、杨美明、姚明蓉（孙）、姚慕双、卡尔（婿）、李航（外孙）。后排左起：张纪卿（媳）、甘慧珍（媳）、姚勇儿（子）、姚明方（孙）、姚骏儿（子）、姚明章（孙）、陈铭秋（媳）、姚贞儿（女）、李家明（婿）、姚斌儿（女）（摄于1992年4月，太仓路家中）

到香港之后的姚勇儿彻底改行，进入知名的王欧阳建筑设计事务所工作，自1989年至2013年，整整24年不再登台。不过勇儿对上海还是充满感情，经常和朋友们讲他的上海故事。

2013年5月，上海兰心大戏院，一场题为《上海爷叔讲上海》的沪

上海爷叔讲上海

语单口演出，将滑稽演员姚勇儿的名字重新带回到上海观众的视线里。整整两个小时的演出，没有提示，没有提词板，除了一段萨克斯演奏的过场，没有任何其他花哨的辅助“桥段”，全凭姚勇儿的单人单口。他从远东第一高楼和平饭店的崛起讲到旧上海十里洋场的历史变迁，从外国冒险家的乐园讲到中国民族资产阶级的兴起，“上海爷叔”勇儿，用一口地道的上海方言，生动丰富、戏谑有趣的讲述方式，与台下观众一起历数上海开埠170年的风华往事。5月先是演了8场，加上7月、8月、10月的演出，总共做了14场。据王一凡说，制作策划是上海文广演艺集团的徐建荣。观众进剧场，演员就在门口分发城隍庙五香豆，让你感受老上海的氛围。舞台布景就是老上海石库门房子。演了三四轮，每一轮5场，很受欢迎，创意很好。

如今姚勇儿是上海滑稽最具专业水平的“业余滑稽票友”，演出对他来说，更多的是一种乐趣，只要站在舞台上，他一定全力以赴，要对所讲的上海的历史负责，也要对台下的观众负责。

姚斌儿，1960年10月9日生，为姚慕双最小的女儿，从小聪明可爱能说会唱。1978年，来自部队文工团的黄永生，红遍上海滩，成了上海说唱的创始人，同年他携筱声咪、孙明、叶惠贤、陈卫伯等组建了上海广播电视艺术团曲艺队，当年还在比乐中学求学的姚斌儿提前离开学校，考入该剧团。多年后转入上海电视台广告部，有幸成为上海电视台合唱团一员。

周柏春的子女：

周伟儿，1949年1月21日生，1956年就读于在静安区南京西路第一小学，1962年进育才中学，1969年赴江西会昌山区插队务农。1978年回沪至1987年，历任康定街道东风托儿所所长，佳乐托儿所所长，静安区政府机关托儿所所长。1989年任静安区妇联干部，中共党员。1993年任静安区南北高架指挥部宣传干部。1994年任静安区宏成城建开发公司办公室副主任，2004年退休。华东师大中文系秘书专业毕业。

周伟儿是个才女，文笔很好，是周柏春身边不可缺少的“私人秘书”。她一直收集并整理姚慕双、周柏春的履历、艺术资料及文章，周柏春不少文章，包括新编的独脚戏，由周柏春口述或草拟，经伟儿整理后见诸报端、期刊。她为弘扬姚慕双、周柏春的滑稽艺术，总结姚慕双、周柏春的艺术人生做了两件极有意义且很有价值的事情。一件是她与小弟周智儿合作，详细记录了晚年父亲的回忆，整理撰写了《周柏春自述》，于2003年11月由上海人民出版社出版，责任编辑曹利群，此书有相当的史料价值。《自述》出版后，伟儿先后陪同父亲和伯伯姚慕双以及“双字辈”的艺人，在上海书城、杭州最大的新华书店举行了规模很大的签名售书活动。许多姚慕双、周柏春的粉丝慕名而来，盛况空前。

第二件事情，周伟儿整理了《滑稽泰斗姚慕双周柏春与独脚戏》共4片光碟。策划王其康。撰稿人周伟儿。解说及表演：姚慕双、周柏春，秦来来、姚祺儿、姚勇儿、周伟儿。音响合成：戎冬敏、蒋放。装帧设计：吕秋松。监制：陈生明。责任编辑徐伟东。由江苏音像出版社出版。伟儿执笔详情介绍了姚慕双、周柏春独脚戏的艺术特色，并作了具体的艺术分析。解说词由著名沪语主持人秦来来播讲，每段独脚戏则由姚慕双的两位公子姚祺儿、姚勇儿演播。光碟面市后，反响很大。

晚年的周柏春患有糖尿病、胃病，体弱多病，一些重要的社交场合，电视、电台、报社记者的采访，都由伟儿陪同父亲出席，或安排接待。直至周柏春病逝后，不少纪念文章都出自这位才女之手。在《自述》中，周柏春对大女儿作了这样的评价：

> 伟儿身上遗传了我的不少文艺细胞。她的悟性很高，模仿能力很强，尤其对语言特别敏感，各地方言她一听就得要领，学起来惟妙惟肖，且能歌善舞，始终是单位里的文艺骨干。她还经常自编自演一些喜剧小品呐！

周红儿，1950年7月11日生，1957年就读于静安区南京西路第一小学，1963年在静安区民立中学求学。1968年10月，到崇明新海农场13连务农。1975年1月，上调到上海机电局机修二厂务工，1979年进厂里财务科，先后任出纳，成本会计。1981年至1984年，上海企业管理学院主修工业会计专科，大专学历。1987年3月，调入中国青年旅行社上海分社，先后任会计主管，财务部经理，2005年退休，为中级会计师。红儿开朗、热情，周柏春说她从小性格倔强，不服输，祖母给她起了个绰号“刘胡兰”。自小爱打抱不平，见比她大的男孩欺侮小女孩，她也敢上前“教训”，少不了挨母亲的打。小学时爱上游泳，很快获得二级运动员的称号。上了中学，数学成绩一直名列前茅。“文化大革命”期间，姚慕双、周柏春受冲击，工资遭冻结，每人只有12元生活费，她主动当家理财，掰着指头算房租、水、电、煤气及伙食等费用，每天只能买5毛钱的菜。月底居然略有盈余，当她把多余的零钱交给母亲时，吴光瑾不禁潸然泪下。父母患病期间，她总尽量抽时间陪二老去医院就诊，入院后她也悉心照顾。红儿十分关注本传的写作，凡她了解的姚慕双、周柏春家庭情况，有问必复。

周麟儿，1951年8月2日生，自小聪明、乖巧，伶牙俐齿，爱打扮，祖母称她“头牌花旦”。她待人热情，乐善好施，富有同情心。见到拾荒人，自作主张，把家中的小凳小椅一股脑儿装进人家的箩筐里，弄得大人哭笑不得。1958年到1964年就读于南京西路第一小学，1964年在新群中学求学；1968年11月，去崇明前进农场务农，每月工资只有18元，去除生活费，她与红儿一样，把省下的钱全部寄给母亲。1974年上调，进上海无线电元件五厂工作，至退休。麟儿婚后住浦东，却带了荤素菜肴三天两头回浦西看望父母。一到家就忙里忙外做家务，换床罩、洗被单、跑银行、领工资、跑物业、报维修，全由她包办。2005年7月，因病去世，她的一生很少考虑自己，总在奉献。

周赛儿，1952年12月23日生，1959年就读于静安区南京西路第一小学，1965年至1968年成都路第二中学求学。赛儿谦和谨慎，严以律己，宽以待人，温柔体贴，善解人意。说话细声细气，从不与人争执。但她身娇体弱，1969年，16岁的她就与姐姐伟儿赴江西会昌山区插队务农。姐妹俩被安置在牛棚上面，臭烘烘的牛粪味且不说，睡到半夜，常被老牛的叫声吵醒。姐妹俩曾一起参加修建会武公路，白天开山筑路，晚上就睡简易工棚，遇到下大雨，棉被上盖的塑料纸挡也挡不住，全湿透了。由于劳累过度、营养不良、蚊叮虫咬、水土不服，赛儿病倒了，脸肿得像簸箕，但她坚决将民办教师的"美差"留给姐姐。到了春节，多数知青回家过年了，她和伟儿因为父亲被隔离，拿不出盘缠钱，只能滞留山乡。两年之后，姐妹俩搭上了从江西会昌去上海南汇的运货大卡车，一路颠簸整整10天才到上海。赛儿于1975年病退回沪。1975年，她在静安区大中中药组务工，1978年在精艺塑料制品厂先后担任医务、劳动工资等工作。1990年在康定路地段医院任出纳，1993年在上海银行大明支行、思南支行，先后任信贷部内勤、办公室副主任。因在银行供职，周家就由她理财了，买国债、基金、付款取息，一应事宜由她操办。每逢周六，夫妻俩必来看望父母，帮着买菜烧饭，打扫卫生。赛儿2001年内退，2007年退休。学历大专，助理会计。

周文儿，1955年5月14日生。他是弄堂里出了名的"皮大王"，童年就在他踩着自制的"刨冰车"与支着大铁环满弄堂滚动的"吱嘎"声中度过的。1963年就读于上海市静安区威海卫路第二小学。每天上学，他总要拎起架在煤球炉上的一壶铜吊水将堂弄里16号一个老姑娘的煤球炉浇灭，因为她脾气古怪，有煤气不用，弄得整条弄堂烟雾熏天。1969年在上海市静安区六十一中学（民立中学）上学，他在课堂上听课不专心，一次老师讲百货大楼，突然叫他站起来回答问题，文儿猝不及防，情急之中，他竟然把父亲平时在家中练习的一段唱词一字不漏地唱了出来："牙刷牙膏香肥皂，广东刨花一粒醮，羊毛笔，铜笔套，阿司匹林橡皮膏……"把老师、同学笑得前俯后仰，直不起腰来。1973年中学毕业被分配到上海人民电机厂当工人，他主动提出到大炉间烧大炉，参加了华东师范大学自学考试。1989年，经父亲的朋友席正林担保，出国去澳大利亚。在异国他乡，他操着仅会的一句英语，到处找工作，却四处碰壁。有一次他找到一家缝纫厂，老板要两名工人，门口却排着一大群求职华人。老板挨个问："以前干过缝纫机吗？"求职者大多摇摇头。文儿一边候试，一边紧张地观察厂里工人的操作手法，如何上领子，如何上袖子。轮到老板问他了，他一口回答：在上海干的就是这一行。老板来了兴趣，让他当场试一下。文儿强作镇静，坐到缝纫机旁，按照旁边工人的手势慢慢地踩起了缝纫机，这一踩，踩出了他人生的一条新路——他在澳大利亚站稳了脚跟。他先后到油墨厂、花店、商场，开出租，什么活儿都干，1989年5月中旬定居澳大利亚。五六年之后，妻子尚桂珠携女儿周昉昳，也去了澳大利亚，夫妻团聚，如今买了房，买了车，买了别墅。文儿业余爱好音乐，会拉小提琴，弹曼陀铃。

周智儿，1958年5月5日（农历三月十七日）生，与伯伯姚慕双的生日——农历三月十六日），只相隔一天，所以很容易被家人记住。有趣的是姚慕双、周柏春子女多，孩子的生日会有误。据母亲吴光瑾说，他出生的那一天，因为家里忙，很晚才去派出所替他报户口，直至2018年他60大寿，一个甲子轮回，才发现生日的农历和阳历，不在同一天上，阳历的生日晚了三天。

幼时的智儿，生性憨厚老实，给人一种木讷迟钝的感觉，小伙伴们就叫他“小木眼”。但他学龄前就对国际时事十分敏感，几乎能说出世界各国的首都、元首、总统、地理方位，所属洲区。1965年就读于上海市静安区威海卫路第三民办小学，因为“文化大革命”的原因，他在小学几乎没念过什么书。1972年2月，在上海市静安区成都北路第二中学（现建承中学）求学。1976年5月，在上海市崇明县长江农场机械厂伙房做炊事员。1980年，考上华东师范大学外语系，学习德语。1984年9月毕业，分配至上海市人民政府第六办公室，任科员。1989年5月，担任上海青旅集团德语导游兼销售主管。1994年12月，任上海前进集团德语翻译。1997年1月在上海德国赫斯特华新纤维有限公司任德语翻译。2001年1月在德国工商大会上海代表处任职员。2006年4月在上海和平国际旅行社有限公司担任资深德语导游。2009年3月至今，为上海锦江旅游有限公司高级主管。智儿早已不是木嚎嚎的“小木眼”了，而是金丝眼镜一副，满腹经纶，一表人才。一口流利的德语，让他在工作中得心应手，游刃有余。每当堂姐姐贞儿与她德国的丈夫返沪探亲，智儿便成了当仁不让的翻译，彼此交谈自如。



智儿能考上大学是他在逆境中奋斗的结果。周柏春《自述》中有如下记述：

因为“文革”，小安（智儿的昵称）的小学生涯是在“斗私批修”中度过的，他几乎没念什么书就下乡了。当红儿、麟儿从崇明上调时，16岁的小安却又分配到崇明农场。他与两个姐姐所不同的是没有下大田，而是被安排在伙食班。他每天天不亮就起床，提着一大箩筐的米到河滩头去淘米，冬天两只手被冻得又红又肿，全都裂开了口子。然后，他右手压着扁担前部，左手扶着后面的箩筐，回到伙房，接着蒸馒头，切萝卜，煮稀饭，日复一日。

一到晚上，就是小安最开心的时光，他把自己关在属于自己的小天地里，床头堆满家中寄给他的“青年自学丛书”，语、数、外、理、化，一科不缺。小安开始两耳不闻窗外事，一心只读圣贤书。一只手电筒经常陪伴小安到深夜。

1977年恢复高考的喜讯传来，小安更是坚定了他学习的信念。他加倍地勤奋努力；淘米时背英语单词，洗菜时背数学公式，连上厕所都不忘带一本复习提纲。1980年7月，小安终于如愿，一举考上了华东师范大学外语系……

姚慕双的一个女儿远嫁德国，我的侄女婿卡尔是一个正宗的德国人。每次来上海，见了小安像见到亲人一样高兴，因为只有小安能与他交谈自如，在别人面前他是聋子、哑巴。因而接待堂姐夫的任务，小安就当仁不让了。

智儿在本书成稿的过程中也出力不少，得知初稿甫成，他怀着对父亲与伯父的深深敬意，作了一首悼念词《谒金门·百诞记》：

波电启，
空巷霞飞雄起，

昆仲遍红江南地，
百辰谈笑祭！

香院燕书唯一，
蜂蝶蔷薇采蜜，
春色满园叠叠艺，
天巡永不寂。

“文化大革命”时期，姚慕双、周柏春众多子女因为父亲的问题遭受磨难，但劫波过后，随着形势的好转，经过自身的努力与拼搏，都有了自己的事业与较好的归宿，不啻对两位艺术家莫大的安慰。心头的烦忧消除了，束缚心灵的羁绊解除了，姚慕双、周柏春艺术创造的激情再次被点燃，重新焕发出勃勃生机，迎来了绿意盎然的第二个春天。

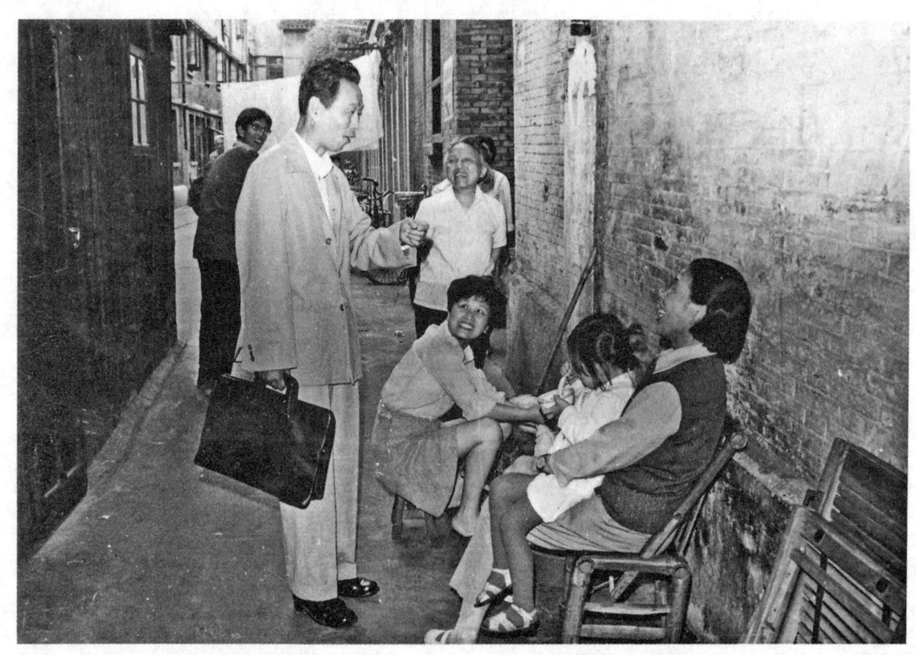

粉碎“四人帮”后，周柏春（前左一）到里弄收集创作素材（摄于1978年）

# 四十一　第二春

古有道人皆朽骨，世无价宝是元身。

天公作意相禅补，又见咸淳第二春。

——〔宋〕刘克庄《立春七首》

**经过十年的文化荒芜，八个样板戏群众已经看厌，严肃的革命文艺已很难满足人们精神上多元化的强烈渴求，各种戏曲，尤其滑稽戏的轻松与幽默，让大家从绷紧的神经中松弛下来，重新找回了生活的甜蜜与欢乐。所以，当上海曲艺剧团演出独脚戏《一把尺》《烟囱搬家》等节目时，观众十分欢迎，产生了意想不到的剧场效果。**

**1978年，上海曲艺剧团重新上演《满园春色》。周柏春在《自述》中说：**

当时我们剧团最吃香的人物是管票子的赵亚声同志。赵亚声的身价陡升，谁见了他都求爷爷告奶奶地赔笑脸要票。赵亚声每天手里有10张机动票，是专为领导、电视台、电台保留的，找他要票的都是同事、朋友、亲属，谁也不好意思拒绝（我也曾厚着脸皮找他要过几次，人家说，你周柏春也会没票？真的，当时我们演员每人规定两张票子，而亲戚朋友众多，实在分不过来。因为分票不匀，我还无意中得罪了一部分亲朋好友），吓得赵亚声只得避风头。

我一点都不夸张，当时谁弄到两张《满园春色》的票子，都用来派大用场：有家人动手术的，就将它送给开刀医生，希望手术能顺利一点；上山下乡想搞病退回沪的，就用它送给知青办领导，希望早点回沪等等。

演出的头一天，剧场里人头攒动，人人兴高采烈，像是参加一个重大的盛会。剧团的同志们十来年未上台，个个都铆足了劲，我更是心情激荡。人人都要以最出色的表演来回报观众的厚爱。

我饰演的2号服务员是一个先进人物。舞台上，当我演到用两根火柴同时点燃了两个故意前来刁难的同行的两支香烟，台下掀起了一阵笑浪。我突然发现在阵阵笑声中夹杂着"啪哒、啪哒"的声音，忍不住朝台下一望：只见台下第一排坐着一对夫妇，那男的是个光头，那女的一面大笑，一面用手"啪哒、啪哒"地打男的光头，一定是一对恩爱夫妻，男的心甘情愿地将光头伸过去让她打。

我演滑稽戏几十年，第一次看到这奇特的开怀大笑，在台上也忍俊不禁。

关于《满园春色》在解放剧场复演的情况，上述回忆文字写得具体而生动，它客观地反映了人们经历十年动乱后，对文化的饥饿与渴求，从演出时近于疯狂的受欢迎的欢乐场面中可见，十年未见的滑稽戏早已成了上海市民文化生活中不可或缺的一个方面，任何行政手段都割断不了它与人民群众的紧密联系。

精神上的解放，使姚慕双、周柏春两位艺术家的艺术生命充满活力，此后，他们直到告别舞台之前，不顾年迈体衰，始终活跃在滑稽舞台这方天地中。从下面上海滑稽剧团提供的"姚慕双和周柏春参与滑稽戏时间表"中可见一斑：

姚慕双（右）、周柏春（左）与陆春龄（中）参加文联活动合影（摄于1993年）

1.《满园春色》，1978年1月。姚慕双饰演4号，周柏春饰演2号。

2.《出色的答案》，1978年7月。周柏春饰演马家骏，姚慕双饰演老方。

3.《笑着向昨天告别》，1979年9月。编剧：本团集体创作。执笔：周正行、周柏春、吴双艺。姚慕双饰演华祖康，周柏春饰演老根。

4.《侬看像啥人》，1980年3月。周柏春饰演娘舅。

5.《活受罪》，1980年9月。编剧：

上海曲艺剧团赴京参加建国30周年献礼文艺演出，姚慕双（二排左四）、周柏春（二排左六）与侯宝林（二排左五）合影（摄于1979年春节）

姚慕双、周柏春、王辉荃。导演：周柏春，并饰演老许。

6.《醉翁之意不在酒》，1980年11月。导演：周柏春。

7.《官场现形记》，1980年12月。周柏春饰演王柏臣。

8.《路灯下的宝贝》，1981年11月。姚慕双饰演王老师，周柏春饰演蒋阿桂。

9.《极乐世界》，1982年10月。周柏春饰演范来。

10.《阿混新传》，1983年8月。艺术顾问：周柏春。

11.《千变万化》，1983年11月。艺术顾问：姚慕双、周柏春。

12.《宝贝外传》，1984年9月。艺术指导：周柏春。

13.《小道新闻》，1985年10月。艺术指导：周柏春。

14.《浪荡鬼》，1989年3月。艺术顾问：姚慕双、周柏春。

15.《三约牡丹亭》，1995年3月11日。艺术指导：周柏春、吴君玉。

16.《王老虎抢亲》，1997年10月2日。原著：王剑心、周柏春。

17.《“独”养女儿》，2003年4月25日。艺术顾问：姚慕双、周柏春。

18.《第二十五孝》，2003年9月24日。艺术顾问：姚慕双、周柏春。

19.《头面人物》，2004年1月17日。艺术顾问：姚慕双、周柏春。

周柏春（中）与张瑞芳（左）、秦怡（右）（摄于1980年上海文联春节团拜会场）

证书

姚慕双同志：

为了表彰您为发展我国文化艺术事业做出的突出贡献，特决定从一九九二年十月起发给政府特殊津贴并颁发证书。

国务院

1992年10月，国务院向姚慕双颁发政府特殊津贴证书

证书

姚慕双同志：

五十年来，您为发展和繁荣新中国曲艺事业做出积极贡献，特颁发荣誉证书，以资纪念。

中国曲艺家协会
二〇〇〇年九月

2000年9月，中国曲艺家协会为姚慕双颁发荣誉证书

20.《乾成和他的女人们》，2004年4月23日。艺术顾问：姚慕双、周柏春。

21.《第十二夜》，2004年9月23日。艺术顾问：姚慕双、周柏春。

22.《马路天使》，2004年12月20日。艺术顾问：周柏春。

23.《太太万岁》，2005年9月23日。艺术顾问：周柏春。

24.《王老虎抢亲》，2006年4月30日。艺术顾问：周柏春。

从上面列表中可以得知，自周柏春1982年10月参与演出《极乐世界》之后，姚慕双、周柏春因年龄上去了，不再出演大型滑稽戏的主要角色，而全身心地从事于艺术指导，着力于当好“艺术顾问”，培养并扶植滑稽界后起之秀的成长。下面就姚慕双、周柏春晚年参与演出的几个主要的滑稽戏作些介绍：

1978年7月，上海曲艺剧团首演《出色的答案》。编剧周正行、严顺开。艺术指导鲁韧，导演何适等。刘如曾作曲。

某科研所研究人员曾晓勇一心投入“OAB”课题之中。“文化大革命”开始，曾晓勇对“全面”专政漠然对之，直到押送至大炉间监督劳动时才“清醒”过来。他在

周柏春与幼儿园小朋友在一起(摄于1981年夏)

大炉工老方的掩护下,继续坚持试验;原党委书记和谷兰对他多方鼓励支持。在粉碎"四人帮"喜讯传来之时,试验终于成功,向人民交出了一份出色的答案。

严顺开、童双春扮曾晓勇,姚慕双饰大炉工老方,周柏春饰马家骏,王双庆饰杨明,吴双艺饰陈风。

《出色的答案》是"文化大革命"结束后新创作的第一个滑稽大戏,如同话剧《于无声处》《丹心谱》《枫叶红了的时候》一样,结合社会上的"拨乱反正",聚焦于对"文化大革命"浩劫的揭露与反思,顺应了时代的潮流。

该剧结构严谨而富于变化。全剧的情节置于1975年冬天至1976年10月"四人帮"倒台这一段"黎明前的黑暗"的背景中展开,反映科技人员曾晓勇,在马家骏等造反派的淫威与阻挠下,坚持科研工作,得到多方支持,圆满完成科研项目的故事。

姚慕双扮演的老方,幽默乐观,机智耿直,达到了一定的典型化程度。姚慕双的戏都注重表演人物性格,观众看了戏,可以记不住姚慕双,但能记住老广东。姚慕双说:"好演员让观众记住角色,而不是他自己的名字。角色不深入,观众记不住,便是戏的失败与可悲。"老方这个角色类似祝枝山一样的"戏弄者",他在造反派面前装出颟顸、木讷、糊涂,其实骨子里是非分明,头脑十分清醒,处处掩护书卷气十足的曾晓勇从事"OAB"项目的研究。姚慕双扮演的老方操一口广东话,增添了不少喜剧色彩。他在与马家骏交锋中,绵里藏针、举重若轻,不时地对其进行戏弄与嘲讽。例如,马家骏叫他站出来,作为工人代表对只专不红的曾晓勇进行批判,他却作了热情的表扬,气得马家骏让他"靠边站"!老方佯装糊涂说:"我怎么一会儿靠

滑稽戏《出色的答案》剧照，右二为姚慕双（摄于1978年）

边了？”一面将手里的水壶交给马家骏。马不解：“给我干什么？”老方说：“等一会，你到炉子上加点水，倒点煤。”弄得马家骏哭笑不得。在第三场中，马家骏试图干扰科研，就在他快要闯进科研室的当口，老广东打开蒸气阀门大叫：“不好，炉子要爆炸了！”还拉住马家骏说：“马书记，锅炉要爆炸了，快抢修！到里面去看看，检查，检查！”吓得马家骏夺路逃走。

姚慕双演的老广东，来源于生活，有真实的人物原型，并在此基础上作了艺术加工而创造出来的生动形象。

1967年，在“四人帮”横行期间，姚慕双作为“牛鬼蛇神”每天必须去剧团接受造反派批斗，不久，他就被隔离了。

一天下午，造反派“开恩”，叫他回家拿些衣裳。

他低着头，默默地向公交车站的方向走去，不敢四处张望，唯恐遇见熟人。突然听到有人亲切地叫他：“姚先生好！”姚慕双抬头一看，一个陌生人骑着自行车停在他面前。

这是一个敦实的中年男子，带着浓浓苏北口音的上海话，笑嘻嘻地向他打招呼。姚慕双下意识地“嗯”了一声，也不知怎样接口，心里却急得不得了，唯恐团里的造反派经过，听到有人叫他“姚先生”，那可怎么办？于是，他对这位苏北同志说：

“谢谢你，不要叫我姚先生了！你勿晓得啊？我现在是特务了。”

“不会，不会，你唱滑稽几十年了，大家都晓得的。”

中年男子觉出他的尴尬，便自我介绍说：“姚老师，我叫刘万全，是你的戏迷，一直在收音机里听你的节目，看过不少你演出的滑稽戏呢。”

姚慕双看了眼前这位不相识的热情观众，嘴里只是“喔，喔”的回应着，他知道今不如昔，自己已成了人民群众监督与批判的对象，还有什么好说的呢！作为“黑帮分子”，他不能随便搭讪，以免“祸及他人”。

中年男子见姚慕双脸色凝重，便安慰道：“你唱滑稽这么多年，不简单啊！你不会有啥问题的！我在儿童医院工作，是大炉工。你叫我老刘好啦！你看得起我，我们交个朋友。我住在愚园路608号楼上，你心里不开心，就过来坐坐，吃个小酒，随便谈谈。”他说话爽快，毫无顾忌，说完就挥手作别，骑车走了。

看着刘师傅远去的背影，姚慕双心里一阵感动。此时此刻，认得的朋友见了他，像躲避瘟疫似的唯恐避之不及，这位刘师傅却毫不回避，真诚相待，情怀何等高尚！

粉碎“四人帮”之后，姚慕双又在马路上遇到这个老刘，他刚好下班。

姚慕双高兴地对他说：“老刘同志，我平反了。”

“是哎，我早晓得你是个好人，一定不会有事情的。”

姚慕双见到老刘很亲切，两人就在马路上东拉西扯地谈了起来。老刘师傅见姚慕双因为平反，心情很好，便热情地邀请姚慕双到他家去喝一盅。姚慕双爽快地答应了，便跟他一起走。

老刘师傅的爱人见大名鼎鼎的滑稽泰斗姚慕双造访，喜出望外，连忙将客人请进屋内。老刘让妻子上街买了几样熟食，并亲自下厨，烧了一条大鲢鱼，于是，两个陌生的朋友便在桌上对饮起来。姚慕双在这位工人师傅面前不便多说什么，更不谈及“运动”情况，老刘师傅也明白姚慕双的处境，也不多问，只是客气地劝姚慕双多饮酒，多吃菜，为他平反而高兴。姚慕双感觉老刘家不大的空间充盈着友爱、善良、温馨的氛围，因而倍感轻松和愉快。

从此，姚慕双和刘师傅经常往来了，彼此成了好朋友。

姚慕双的小女儿斌儿动情地回忆道：

这位老刘叔叔真好，他是医院里烧大炉的工人，扬州人，当时属于社会比较底层的。我爸“靠边”的时候，他曾经主动和我爸打招呼：“姚老师，您好！我是您的老观众，我喜欢看您的戏。”这时候别的人在马路上遇到都不敢说话的，他会主动凑上来，还会经常到我们家里来。老刘叔叔就这样和我们成为朋友了。后来"文革"落实政策，我爸并没有忘记人家，常来常往。粉碎"四人帮"，大家上街游行，我们小学生也上街了。有个小朋友不小心，把他的小旗杆戳在我眼睛上，我眼睛一下不行了。这天，恰巧老刘叔叔在我家里，老刘叔叔主动带我坐26路去五官科医院看病，再送回来。他是一个很好的人，经常请我们到他家里去吃饭。他的夫人也是苏北人，朴朴实实的一家人，大鱼大肉好菜都给我们吃，小菜味道也烧得好。他两个儿子也培养得很好：小儿子跟画家华山川学画，应该很有成就。大儿子插队落户的时候做木匠，做得很好，后来落实政策，他曾来我家帮我们打家具。

**姚勇儿说：**

我爹爹人缘好，广交朋友。所以他最落难的时候，也有人帮。比如一个儿童医院烧大炉的师傅，后来他在《出色的答案》中就把他当做人物原型加以塑造。

爹爹平时喜欢看好莱坞电影，美国八大制片公司的电影，他最喜欢查尔斯·劳顿（主演《钟楼怪人》，即《巴黎圣母院》），《出色的答案》里扮演老方师傅，就是借鉴、学习了"钟楼怪人"的形体动作。爹爹属于性格演员，他演戏走人物，演出很高尚，不喜欢低俗的内容。许多表演都是学习、借鉴好莱坞电影，学习好莱坞演员的表演艺术。

**姚慕双本人在谈到创造老广东这个人物形象时说：**

粉碎"四人帮"以后，我们上演的第一部滑稽戏是《出色的答案》，我在戏中扮演了一个司炉工人老广东。他支持靠边的技术人员曾晓勇继续搞科研，不怕恫吓，不怕压力，为曾晓勇传递消息。

要演好这个人物也蛮难的，我先要想一想，他到底是怎样一个人，要让角色在舞台上活起来，怎么活？活啥？这些都从生活出发的。我自己对生活的感受，对角色的体验，用到自己的创造中去。

我想起了自己同儿科医院的司炉工老刘的一段往事。老刘叫刘万全，扬州人。我这个冲开水的老广东呢，就是拿老刘作为我的模特儿。但我不是照搬的，老广东在舞台上应该是什么样的动作，表情，我打腹稿，给他写写履历表。老广东在旧社会是一个码头上掮包的苦力，日常时久，腰也弯下去了，变驼背了。我假定他冷天时穿一条单裤，寒风瑟瑟，冷得不得了，所以关节炎很严重，走起路来，脚微微有点跷。解放后翻了身，朴素的阶级感情使他无比热爱祖国，热爱共产党。于是我演的老广东，衣衫朴素，右手拿把吊子，腰有些佝偻，走起路来，一颠一簸，讲广东上海话。

但看上去，这个形象不太雅观，我想，是否丑化老工人？急得不得了！一边演，一边担心。直到电影《巴黎圣母院》上演了，里面有钟楼怪人卡西莫多，我好像找到一个"保人"一样，不怕别人批评我了。钟楼怪人不是一个很好很好的好人吗？到这时候，我胸中一块石头方才落下来。

**《出色的答案》中，周柏春扮演无知识底蕴的造反派小头头马家骏，被塑造得生动而细致。有几句台词是二度创作，显示了他的滑稽戏的功力，是编剧无法写出的。一句话是："阿拉（我们）今朝讲话应该开门见山。"周老师说成："阿拉（我们）今朝讲话应该开山见门。"台下观众大笑。**

**马家骏本是一个"黄牛"贩子，从司机爬到研究所党委书记的"老造反"，他阴险、冷酷、愚昧，加之浓浓的痞子气，在"文化大革命"期间不少造反派身上具有代表性。为了将陈风拉入自己的队伍，干扰科研工作，他威逼、利诱，无所不用其极。当查抄实验室设备时，两个造反队员为抢夺电视机、冰箱吵得不可开交，他严厉阻止："你们吵什么？作死啊！我跟你们讲过多少遍了，公家的东西一草一木，一针一线，一律不准动，统统（全部）封存起来。（悄悄细语）晚上都送到我家里去！"这种语言的突然反转，将此人虚伪、贪婪的本性暴露无遗。第一幕中，马家骏亲切地请老方**

发言，揭发科研人员曾晓勇：

马家骏　（对众人）听见了吗？老工人发言了。请讲吧！（扶他坐下）

老　方　要讲曾晓勇三天三夜也讲不完……

马家骏　这是深厚的无产阶级感情。

老　方　曾晓勇这个人真是没法理解。他一日到夜就是工作、工作，饭也忘了吃，觉也不肯睡。

马家骏　这典型的白专道路。

老　方　连自己的亲妈妈也不认识了。

马家骏　真是六亲不认。

老　方　他为了国家的科研事业，为了赶超世界先进水平，日日夜夜埋头苦干。要是人人都像曾晓勇，四个现代化就快了。所以我们大家都要向曾晓勇同志学习，好好学习他……

马家骏　（恼火）沈青，把椅子拿掉！

《上海滑稽史》作者刘庆在该书中写道：

《出色的答案》作为滑稽戏作品，虽然在结构和主要人物刻画方面较为成功，但如该剧作者所总结的，有些场面显得沉重，滑稽感不足。同时，剧中精彩的大型滑稽场面较少，并存在过多地使用标语口号的现象，这也不可避免地削弱了作品的艺术价值。

毋庸讳言，《出色的答案》产生于粉碎“四人帮”不久的特殊年代，其时政治宣传作用抑或大于现实的教育意义。

1979年，《出色的答案》获1976年10月—1979年12月剧目创作奖。1979年，上海曲艺剧团携《出色的答案》参加建国30周年献礼文艺演出，获文化部颁发的演出一等奖、剧本二等奖。剧本刊于上海文艺出版社出版的《电影与戏剧》丛刊1979年第1辑、《滑稽戏选（一）》，以及中国戏剧出版社出版的《笑的戏剧——滑稽戏选》。

1981年，《路灯下的宝贝》由上海曲艺剧团首演。王辉荃、姚明德编剧，胡伟民导演，胡成美、罗明胜舞美设计，吴成作作曲。指挥周彬。周柏春饰蒋阿桂，姚慕双饰王老师，林燕玉饰张民警，童双春饰蒋大毛，翁双杰饰蒋二毛，李青饰丁阿发，姚勇儿饰小阿弟，王桂林饰郝启金，唐文饰刘阿姨，周嘉陵饰吴川，颜晴雯饰吴彩英，王晴饰蒋玲妹，周羽饰戴眼镜的顾客，王嫱饰广东女同志，蒋天一饰体校教练，诸葛英饰中年女同志，杨蔚饰女青年，夏萍饰阿发娘。

应该说这个大型滑稽戏是姚慕双、周柏春晚年参演的一个重要作品，也是他们与自己"双字辈"学生童双春、翁双杰、李青、诸葛英等人的一次愉快而富有意义的合作，为滑稽史留下了重要的一笔。

剧中，姚慕双、周柏春虽然把主要角色让位与"双字辈"，体现了前辈大师的高风亮节，可是他们炉火纯青的精彩表演，却起到了绿叶扶红花的烘托作用。

20世纪80年代初，大批知识青年返城，因为工作岗位的缺失，不少人待在家里靠父母养着，成了社会上无所事事的小混混。为解决这部分人的就业问题，国家允许他们开办"个体企业"，同时规定"个体户雇工不得超过7人，企业主自己也必须从事劳动"。其时，这些政策的出台显示了单一公有制经济结构有所突破，但改革开放初期，人们还停留在计划经济的传统思维中，理论界对于个体企业姓"资"还是姓"无"尚有争议。《路灯下的宝贝》就是在这样的时代背景下应运而生，剧作者对社会问题的敏锐观察、思考并迅速作出反映，在戏剧矛盾与人物情感纠葛的编织中得到了形象化的体现。

相比周柏春，姚慕双扮演王老师，戏份不多；但他不温不火，用柔软温婉的苏州话与儒雅谦和的外形塑造了一个心地善良、责任感强的退休老教师的可爱形象，使人过目不忘。

童双春、翁双杰、李青，在戏中扮演各自的角色都有不俗的表现。关于这三位"双字辈"演员，周柏春在《自述》中作过非常中肯的评价：

童双春是一个非常敬业、非常认真、非常用功的演员。从艺以来，他一直不断地学习，不断地创作。在滑稽大戏的人物塑造中，童双春十分讲究手、眼、身、法、步。“文革”后重新组团，剧团排演的几本大戏，如《甜酸苦辣》《路灯下的宝贝》等，他都担任主要角色，挑起了大梁。难能可贵的是，童双春与李青搭档表演后，他们俩经常深入基层，收集素材，创作了许多比较优秀的独脚戏作品，活跃在社区、企业以及各种文艺活动的晚会上，为观众带来快乐。童双春以唱功见长，李青以做功为上；童的形象较好，李的形体很胖，体重达200多斤。两人的表演倒是相辅相成，相得益彰。如独脚戏《祖国啊，母亲！》，用载歌载舞的方式歌颂祖国日新月异的变化；《变》，则是歌颂建筑工人流血挥汗，为上海市政建设做贡献的感人事迹等。他俩的努力，充分体现出文艺工作者紧跟时代脉搏，不甘落后，积极向上的进取精神。

我的另一个较有特色的学生是翁双杰。他的表演特点是喜欢在台上跳跳蹦蹦。一上台，他把手一抬，脚一钩：“观众同志们，你们好！”身体里像按上了发条。由于这样的表演特点，他在滑稽戏《路灯下的宝贝》里，以60多岁的年龄表演20来岁的小青年二毛，恰到好处。他把一个小青年单纯、好动、活泼、调皮的形象表现得淋漓尽致，得到同行、观众的一致好评。

**1981年12月，《路灯下的宝贝》参加首届上海戏剧节，获演出奖、剧本奖。蒋二毛的扮演者翁双杰表演夸张，自成一格，获演员奖。剧本被选入中国戏剧出版社出版的《笑的戏剧——滑稽戏选》一书中。**

**在此之前的1980年12月，上海曲艺剧团上演《官场现形记》，周柏春在剧中饰王柏臣。据姚勇儿回忆：**

1980年，我们准备上演《官场现形记》，在“邮电俱乐部”（今邮电剧场）排练。王辉荃扮演傅理堂，是个钦差，平生好节俭，官服穿得很旧也舍不得换，如果手下的官员哪个穿得奢华，他便看不顺眼。有两位用钱捐的候补道，都是富家子，穿着奢华。巡抚看见顿生反感。他们经人指点，暗中送给巡抚姨太太几千两银子，又穿了极旧的官服谒见，巡抚便认为他们知错就改。从此以后，浙江官场上旧官服十分流行，价钿也比新官服贵好多倍。周老师扮演扬州知府王柏臣，演出前几天，周老师生病住进医院。……第二天彩排，第三天就公演了，后面所有的场次都已接满，有几十场戏，却无人出来顶替——这也可以理解，因为是主角的戏，分量重；加之距离公演时间只有两天，谁有这个胆量去揽这个活，敢冒这样大的风险？

首演在邮电俱乐部，本来没有姚慕双的角色，因周柏春突发疾病，姚慕双来救场，由王辉荃顶周柏春的角色（王柏臣），姚慕双顶王辉荃角色（傅理堂）。巡演最后一站是九江，只演了一场，就被叫停（总共演了近30场），更换其他节目演出。

姚老师顶王辉荃角色（傅理堂）时，仅有一天时间——半夜决定换角色，下午4点开始准备，所有台词他却记得清清楚楚。第二天下午到剧场准备服装，彩排、公演一切顺利，观众看不出任何痕迹。只有说明书连夜请印刷厂重印，改换了演员的名字。

**著名沪语播音艺术家朱信陵，是原上海曲艺剧团评话演员，曾参加过《官场现形记》的演出，他接受采访时说：**

原定《官场现形记》的演出，周柏春饰王柏臣，是扬州知府；王辉荃饰钦差。后因公演时，周老师突然患病，卧床不起。此时正值公演在即，又是春节，演出地点在邮电俱乐部。救场如救火！临时决定王柏臣一角由王辉荃替代，姚慕双老师就接替王辉荃演钦差了。春节期间在上海演了一个月，3月份之后就去外地巡回演出，从苏州

滑稽戏《官场现形记》周柏春造型照

滑稽戏《官场现形记》剧照，左二为姚慕双（摄于1981年）

一路演到南京，最后到九江。因为这个戏的剧名叫《官场现形记》，也许部分领导并不看好，所以九江回来就草草收场了。

**周柏春因为落实了政策，搬进了宽敞明亮的江宁大楼，伟儿、智儿的婚房也先后得到解决，为了报答党和政府的关怀，他不顾劫后余生的病体，加倍努力工作。舞台、电台、电视台的频繁演出，不间断的独脚戏的创作，见缝插针的艺术整理，终于让他病倒在舞台上。凶险的副鼻窦炎，弄得周柏春连日高烧不退，被送进了华山医院……他在《自述》中说道：**

住院一月间，上海市委宣传部领导、文化局领导、剧团领导纷纷前来探望，我耳朵里听得最多的一句话就是："安心养病，有B角顶着呢！"领导们安排了最好的医生，用最好的药，为我治疗。

……领导的关怀似雨露、似琼浆，点点滴滴渗透我的心田，让我铭记肺腑：我与姚慕双舞台生涯五十周年演出时，当时的领导刘振元副市长曾亲笔题词："把通俗喜剧提高到一个新的阶段。"我80岁华诞，上海广电局局长叶志康亲笔题词："笑洒人间　春沐大地。"

每当我生日诞辰，上海市委宣传部的领导总会记得为我送上一束鲜花、一盒蛋糕；每逢新春佳节，我总会收到市领导的新春贺卡，上海市委宣传部为我们老艺术家举行春节团拜会，静安区的区委书记、区长亲自上门嘘寒问暖……

我与姚慕双晚年恰逢盛世，在新的世纪沐浴着新的阳光，真是鹤发童颜，枯木逢春。

**在党的政策的感召下，周柏春越来越信服中国共产党。他在《自述》中说道：**

在全世界政党中，只有中国共产党有正视自己错误缺点的勇气，有纠正自己错误缺点的力量。我原本被“文化大革命”扫荡干净的入党心愿骤然迫切起来，那就是：选定为共产主义奋斗的目标，成为无产阶级先锋队的一员。

**1984年7月，终于在党旗下实现了自己的夙愿。那年，他已62岁。**

# 四十二 优秀的接班人

新竹高于旧竹枝，全凭老干为扶持。

——〔清〕郑燮《新竹》

为了培养滑稽戏人才，蜜蜂滑稽剧团早在1958年就办过学馆。当时剧团归属静安区文化局直接领导，开始招收学员。

学馆第一次招生8名学员，4男4女，其中一名女学员中途退学。后来，剧团划归上海人民艺术剧院，学馆也就并入“上海人艺”学馆。两个剧团的学员一起学习、实习。时任团支部书记的童双春负责学员的教务事宜。1960年，市文化局提出跟师学艺拜先生。王辉荃拜周柏春为师，龚伯康拜袁一灵为师，孙小英拜吴双艺为师。此后，遭遇“文化大革命”，正常的工作秩序被打乱，学馆也就中止。

十年动乱之后，戏曲与其他文化、科研部门一样，出现了人才断层、青黄不接的严重状况。滑稽界也是如此，上海曲艺剧团在表演人才方面显然后劲不足了。滑稽泰斗姚慕双、周柏春已到退休年龄，却苦撑着，继续挑大梁，在上演的大型滑稽戏中扮演重要角色。“双字辈”以及一座“飞来峰”等演员虽被推上舞台中心，扮演主要角色，但他们都人过中年，后继乏人了。于是，剧团领导忧心忡忡，姚慕双、周柏春两位滑稽大师也深感培养接班人的重要性。

上海曲艺剧团经过反复酝酿，在上级主管部门的大力支持下，终于第一次在剧团办起了学馆，充分利用剧团里众多名演员丰富的演出经验，并借用上海戏剧学院的师资力量，为培养滑稽新秀迈出了重要一步。

当时决定：1981年7月17日学馆开学，招收学员15人，学制3年。馆址就在永嘉路345弄6号上海曲艺剧团内。馆长是徐维新先生，副馆长夏萍女士。

招生启事向社会公布之后，一大批14至19岁的中学生，按规定日期来到永嘉路上海曲艺剧团报考，在弄堂里排起了长队，从剧团大门口一直

**排到永嘉路，人行道上人头攒动，交头接耳，叽叽喳喳，热闹非凡。**

**据后来统计，几天中，前来报考的学生二三千人，真可谓百里挑一，录取率之低可想而知。那时节，怀揣艺术梦想的小青年不在少数，尽管对于艺术人才有特殊要求，但他们都想碰碰运气，试图日后在文艺舞台上一显身手。**

**现在依旧活跃在舞台、屏幕上的钱程、秦雷、陈健，以及成为剧团领导的凌梅芳就是当年参加报考的小青年。**

**据钱程回忆：**

我自小会唱样板戏，在学区里算是头块牌子了，8岁就上电视台演唱，有点文艺细胞。1981年上海曲艺剧团（即后来的上海滑稽剧团）登报向全市招生。一天，一个邻居与我一起去国泰电影院看电影。他问我，曲艺团招生广告你看到吗？我说看到了。他又问我，准备去考吗？我说，考不上的。他说，你不是蛮喜欢文艺的，可以装装瞎子去摸一下，碰碰运气。他还说可以陪我一起去。

我们一起来到离乔家栅不远，原上海译制片厂隔壁的上海滑稽剧团老团部。见报考的人一大堆，挤也挤不进去，我就说，算了，算了，不考了，回去吧。他说，既然你来了，就进去试一下呀！走啊。我才进去，报了一个名。进团后才知道，报名的有2 800多个孩子，招生15个。

初选时10人一组，给老师看形象，长相可以的，说几句，或唱一首歌，听听嗓音怎样，就下去了。

这一关我没什么问题。初试，我唱了一段样板戏，也唱了一段沪剧——毛主席的诗词《钟山风雨起苍黄》。

初试顺利通过，进入复试。王辉荃老师是主考官。我唱了两段曲子，再表演一个即兴小品。因为我从小登台不怯场，表演得比较自然，这也许是我优于其他考生的地方。考试在三楼进行。我下楼，王辉荃追下楼来，对我说："你唱这两段不行啊，再准备准备！"我感到考官从那么多上楼的学生中挤下来找我，看来我有苗头了，于是引起重视，回去认真学了越剧《祥林嫂》中贺老六的唱段。

复试的场面很隆重，前面放了一长排桌子，桌子后面的椅子上坐的都是上海滑稽剧团的老师：姚慕双、周柏春、袁一灵、筱咪咪，“双字辈”各位老师，还有严顺开、剧团领导、乐队的演奏人员（考生唱戏唱歌要上音），还有剧团其他各部门，艺术室的导演、编剧，一排人做考官。考生一个个过堂。我唱两句京剧、两句沪剧、两句越剧之后，那天担任主考官的姚慕双老师对我说：“小朋友，侬（你）迭个（这个）方言能说吗？”其实我是不会说方言的，没有学过么，怎么会说呢？但我不能说不会，说了就可能被刷了，就说：“姚老师，格末（那么）你问我答吧。”开一只口子，留一个机会。姚老师就用宁波话问我：“小朋友，倻阿爸（你爸爸）做索（啥）工作咯？”我爸爸是棉纺厂的车间主任，我那时也讲不连牵，也不会其他方言。记起我家隔壁有个邻居阿娘是讲宁波话的，听她说到体育场或小菜场时，总是把“场”字用宁波话说成“强”这个字音，就回答说：“阿拉阿爸在火葬场（强音）。”又问我：“倻阿姆（妈妈）呢？”“小菜场（强音）。”“倻阿姐呢？”“百货商场（强音）。”“喔哟，倻屋落（家里）都很强的么！”袁一灵老师上来用苏州话问我“小朋友，倷（你）姆妈（妈妈，苏州话：“呒妹”音）叫啥格名字？”我不会苏州话，但袁老师说“呒妹”两个字，我记住了，就先说“呒妹”两个字，再用上海话说了我母亲的名字。这一次我的机灵帮了忙。又问我“倷（你）娘舅叫啥格名字？”我想糟了，这样问下去，总要被难住的，就回答：“我呒不（没有）娘舅。”“呒不（没有）”这个苏州话我会说的。这一次我玩了小聪明，不怯场。但袁一灵老师说：“倷（你）呒不娘舅，造一个娘舅出来！”“娘舅姓王……”“王啥？倷（你）讲嚷！”姆妈姓王，娘舅自然姓王了，就说：“娘舅叫王八蛋。”侪（都）是即兴编的，我不知道，他会问我这个问题喔！老师们听了都笑了。

若干年后，有一位老同志去世，姚慕双是个热心人，就拜托学馆馆长说：“侬（你）托钱程的父亲把葬礼办得道地一点。”馆长说：“侬（你）真要托钱程爸爸啊？”“他爸爸不是在火葬场工作的吗？”馆长大声说："不是的！"姚老师幽默了一句："喔唷，老鬼被小鬼做进咪！"

后来听老师们说："今天考了一只小滑头。"他们觉得我的迅速反应，具备了滑稽演员应该有的素质。说我是小滑头，其实我（做人）一点都不滑头，只是后来有了一点舞台经验，比较机灵而已。

**还有同进考场的凌梅芳回忆说：**

1981年，上海滑稽剧团前身叫上海曲艺剧团，我当时考滑稽班，总复试的时候看到了滑稽大师姚慕双、周柏春，袁一灵，严顺开，"双字辈"等艺委会老师。姚慕双、周柏春两位老师看上去非常亲切。当时，说、学、做、唱都要考，还要考小品。周柏春老师主考，考试内容除了以声音优美和表演感觉为主线，更重视考生即兴发挥的表演能力。周老师给我出的考题是"接到录取通知之后"。我设计了一个细节：焦急地等待邮递员送来录取通知，当拿到通知书后，想看却不敢看，临时起意把信交给周老师，请他帮我看。周老师现场与我对戏，他拆开信以后流露出非常失望的表情，我的情绪也跟着他，他说："非常遗憾，你没有被录取。"我感情上来了，顿时泪如雨下。我与老师对眼神，周老师瞬间展现出另一种表情说："你被录取了，我和你开玩笑！"后来我知道了，他想看看我由大悲到大喜的情感切换能力，这是一个演员必须具备的一种潜在素质。这是我终生难忘的一段经历，是我和滑稽泰斗最直接的一段接触，周老师愿意配合，为无名小辈搭戏，让我深受感动。最后，我被录取，进了学馆的大门，我由衷地感谢周老师的提携！

**钱程与凌梅芳的回忆，都提到了一个令人感动的事实：为了选才育苗，年事已高的姚慕双、周柏春亲临考场主考，可见他们培养接班人的心情多么迫切！**

**然而，滑稽新秀的栽培，并非像击鼓传花般容易，滑稽因子的培育与传递，是一个十分艰辛的过程，姚慕双、周柏春与上海滑稽剧团老一辈的艺**

姚慕双、周柏春在滑稽表演培训班开学典礼上讲话

术家们，好似勤劳的园丁，从选苗播种到灌水施肥，不管春夏秋冬，悉心照料，精心养护，倾注了心血，浸透了汗水。他们不图回报，只求尽快地培养出一批出色的精于业务的滑稽事业的接班人。

其时上海滑稽剧团团长是周丰年，副团长童双春；学馆馆长是徐维新，副馆长夏萍。经过研究，课程作如下安排：由吴双艺教上海话，龚伯康教唱腔；周嘉陵、郭海彬（擅长说相声），以及“上戏”的老师上表演课；团内搞舞美设计的老师上美术课；音乐学院、歌剧院的老师上音乐课，讲西洋艺术和世界经典曲目；上海芭蕾舞剧团的老师上形体课。这些课程都是团部领导和艺委会一起决定的。吴双艺是艺委会主任。

不久，姚慕双退休，团里安排他去学馆作客，每周给学生上一次课程。姚慕双讲他在笑笑剧团演出的《火烧豆腐店》，怎样起“卖口”，怎样起角色，把他的经验传授给学生。周柏春讲独脚戏《十三人搓麻将》，袁一灵则教《清和桥》中的猜对联。严顺开拍好《阿Q正传》，也会给学生讲讲表演方面的知识。

姚慕双、周柏春常会来学馆观看学生们表演的小节目，并帮助提出改进意见。学生毕业后，为了将他们推上舞台，姚慕双、周柏春甘当下手，给他们配戏。姚慕双曾带女学生朱枫，表演独脚戏《歌曲说唱》，他做下手。这个节目既有流行歌曲唱法，又有美声唱法，姚、朱在节目中演唱了英文歌。周柏春带李倩，同样做下手，报幕时，他把李倩的名字放在前面。姚慕双、周柏春从艺50周年专场，凌梅芳还有幸与两位前辈同台演出。

剧团去宁波演出时，钱程随团前往，他知道周柏春老师曾经与朱翔飞演出过《全体会》——就是后来被马季改变成相声《五官争功》，在央视春晚节目中演出，很受欢迎。他们是五个演员，每人演一个角色。而独脚戏演出，是"单卖口"，也叫"一头沉"，一个人说。钱程就请周老师教他这个段子。周柏春相当高兴，就让他去房间说给他听。"全体会"很难，因为要塑造角色，虽然眉毛、眼睛、鼻子、嘴巴、耳朵，都是器官，不是人物，却拟人化之后，要赋予它们鲜明的"性格"，有一定难度。回沪后，钱程练了一个阶段，再去周老师家中，请他指点，周柏春给钱程布置了"功课"，钱程回去后继续练，练了再请教。周老师耐心好，不厌其烦，反复指导。

学馆还组织学生去剧场看管无灵的演出，朱翔飞、管无灵比姚慕双、周柏春年长，辈分大，身上有绝活。严顺开，杨华生、笑嘻嘻、范哈哈、演文明戏的范素琴、吴媚媚，还有常州的杨天笑，都曾给学生上过课。姚慕双、周柏春胸襟开阔，没有门户之见。

钱程是一个特别用功的学生，考入学馆后，他便下决心，尽量少玩，认真学戏。钱程说：

> 那时，学生集体住在上海滑稽剧团团部的老洋房里。我课后认真做笔记，抄独脚戏段子，抄滑稽戏套子，虽然抄得手酸，却印象深刻，记得牢。凡我下过苦功夫的，就不会轻易放弃，这个因子此时便种下了。

学馆结业后，这批学生便留了下来，给剧团输送了新鲜血液，增强了有生力量。然而，有一段时期，随着娱乐方式的多样化等种种原因，滑稽界，乃至整个戏剧界出现走下坡路的趋势，团里一个月只拿300元的工资，这对从业人员是一个严峻的考验。能否坚持自己最初的艺术理想，初心不变呢？

此时，外界的诱惑很多，有个朋友开公司，他叫钱程去上班，每周只去一次，月薪五千，钱程没有动摇。为什么？因为他内心热爱滑稽这门艺术，热爱自己从事的这份事业，不愿轻易放弃。后来，孙徐春、徐进离开上海沪剧院，文化局领导要调他去沪剧院与茅善玉搭档，做小生，他也没去。

钱程说：

我是东方电视台开台元老之一，第一任节目主持人，主持“快乐大转盘”。后来东视领导叫我干脆去东视工作。被召唤的还有张民权、曹可凡，我与他们作为正式员工，享受同等待遇，我也未动心。只因年轻时对滑稽戏下过苦功，舍不得放弃。我可以客串，做做主持人，但要我轻易放弃，很难做到。心中的滑稽戏情结确实难以割舍！所以我的履历很简单：从学生到上海滑稽剧团员工，只此两步，没有第三步。

“不负光阴是最好的努力，而努力是最好的自己。”这是《南境以南太阳以西》中的一句话。年轻时的钱程为了心中的目标，惜时如金，专心学艺，面对来自社会上的各种诱惑，淡然处置，初心不改，坚定地走自己的路，从他身上不难发现姚慕双、周柏春两位老师的影子，以及对他的深刻影响。

20世纪80年代，滑稽界出现不少弹唱节目，有的不太擅长唱的演员也拿起吉他去表演时髦节目。钱程善于唱，当大家都唱的时候，他反而不唱了，专门去学“说”，去啃《十三人搓麻将》。他知道，独脚戏“说学做唱”中“说”是第一位的，也是最重要的表演手段。《十三人搓麻将》他练了一段时间，就去江宁路周老师家中汇报，请他逐段指点。这一段贯口他会练到嘴唇皮发麻，用功之勤可见一斑。

后来，钱程利用当下电视屏幕能切换镜头的现代影视技术，化妆表演《十三人搓麻将》，更加形象化地展现了13人的不同性格，加深了观众对角色的认识，这是他对这个传统独脚戏的创新，一个发展，极大地增强了节目的视觉冲击力。

周柏春很喜欢钱程这个学生，希望有人接他班，虽然两人的表演风格并不完全一样，还有不少距离，但滑稽的总经络还是一致的，具有共通性。钱程的长处是吸取百家之长，不拘泥于某一老师。袁一灵的东西他也喜欢，如他与李青老师表演《调查户口》，钱程也学得蛮像。但不是把袁的表演风格放到所有角色中去，他会变化。在《皇帝勿急急太监》中，钱程扮演张老师，周柏春的大女儿周伟儿看了对他说："钱程，你演张老师有我爹爹的影子哎。"钱程承认，有两处是学周老师的，属于模仿，但更多的是不自觉的流露。

他演《哎哟爸爸》中有一个"桥段"，是明显的"周派"。戏中他扮演宋德广，当邻居的儿子问他："你到我家里去过吗？"其实他是去过的，为了设置一个善意的谎言，他就说："没有。"这个演员讲本地（浦东）话："宋伯伯，侬（你）到伲（我）屋里去过哦？"角色是上海人，应该用上海话回答"没有"；他说浦东话，钱程也回应他浦东话，"呒没（没有）"。一段话说完，邻居的儿子重新提起这桩事体，又问他一遍"侬（你）到底去过哦？"钱程就学"周派"了："呒没（没有）啊！"说浦东话，声音拉得又高又长，虽然有些夸张，戏剧效果却很好。这就是"周派"的味道。

钱程回顾自己成长的道路，对在学馆所受的教育十分肯定。他说，上海滑稽剧团的路子较正，底子打得好，这与上海滑稽剧团的"出身"有关——由"蜜蜂"进"上海人艺"，再成为上海滑稽剧团。"上海人艺"属于学院派，讲究人物性格，黄佐临看到"蜜蜂"的表演风格符合他的要求，就招募到麾下，成为"上海人艺"四团。

在钱程看来，滑稽表演的内容纷杂，似乎什么都好演，样样都好说，但必须遵循滑稽的宗旨：滑而有稽。

在《皇帝勿急急太监》的戏中，一些"噱头"都是有根据的，是事先动足脑筋安排的。例如，电话号码11011988911，这个电话号码是怎么来的？钱程晚上在家里拿了一张透明纸，写了几个电话号码，对着灯光正看、反看、反复看，找哪一个号码会引起戏中人物的误会，又与现在的电话号码巧合？这个号码就是这样翻来覆去看了寻得来的，是演员的二度创作。演出时剧中人并未注意到，两人手牵手，观众看到他们要好了。最后一个包袱点："看清爽了吗？""看清爽了——侬（你）双眼皮开过的。"为什么有这个"噱头"呢？与钱程搭档的女演员确实开过双眼皮。这就可以"热闭幕"了，不然就"冷闭幕"。

这种"肉里噱"，是姚慕双、周柏春老师始终追寻的。杨华生也曾说：

有些“噱头”帮助塑造角色，这样的“肉里噱”应该充分赞扬与追求；有些“噱头”平平，既不影响人物塑造，也不会起破坏作用，这类“噱头”是大部分，也是允许的；反对的是，恶俗的、不符合人物性格，甚至破坏人物塑造的“噱头”，就不能提倡，应该摒弃。

这些滑稽艺术家的箴言，对滑稽艺术的创作起了指导作用。钱程认为：

> 表演中为“噱”而“噱”，不顾人物，不顾剧情的情况，会在演出中发生。滑稽演员二度创作的能力相当强，这既是优点，也存在缺点。演员拿到脚本，他去二度创作加以丰富，但他只为自己这个角色考虑，未通盘考虑其他角色，缺乏全局观。人物之间是相互呼应的，这头加强了，那头相对削弱了，便有损于人物整体的塑造。所以动脑筋要积极，创作“噱头”要适度，要有全局意识，应服从导演的指挥，通盘考虑。有时很好的“噱头”用在这个角色身上，其他角色就翻掉了。这也是戏曲表演所强调的“一棵菜精神”。

当下钱程不仅承袭了姚慕双、周柏春的表演技巧与艺术风格，而且在滑稽理论方面全方位继承了姚慕双、周柏春的衣钵，坚定不移地用一切滑稽手段为塑造人物服务——这恰是姚慕双、周柏春艺术的真髓，可以说钱程作为姚慕双、周柏春滑稽艺术的传承人，当之无愧了。

当年青春少年的钱程如今年过半百，已成了上海滑稽剧团分管业务的副团长，上海曲艺家协会副主席。为了滑稽事业绵延千秋，后继有人，他做了三件极有意义、且富有远见的大事：

一是重视滑稽人才建设。对于一个剧团来说，演员队伍的建设，是最大的建设。滑稽演员的匮乏或断档，必然导致滑稽事业的衰微，甚至夭折。所以滑稽演员的培养乃第一位的。

“文化大革命”后培养戏曲幼苗的任务已由“上戏”承担，各剧团协办，提供师资力量。然而，戏校办学馆没有明文规定，除了京剧、话剧每年或隔年定期招生，其他如评弹、滑稽等曲种并非每年公开招生。滑稽班曾招生过一届，毕业后就无下文，上一代演员与下一代演员要相差20年，如何培养接班人成了的追切的大问题。

钱程认为，滑稽这一剧种，新老演员交接时间为5年，前3年学馆培养，2年剧团实习，再加5年演出实践便可以成型了。10年一轮回，每隔5年招生一次，才能使滑稽人才细水长流，不致枯竭。他非常希望5年一招生的办法能形成制度固定下来。为此，他以市人大代表以及市政协委员的身份，四处奔走，向市人大、政协呼吁，以便引起有关部门领导的重视。但这块石头因为诸多原因一直未落下来。

诚心感动"上帝"。20世纪80年代，继姚慕双、周柏春之后，相隔20多年的"滑稽班"终于开班招生了！争取得来的机会，怎会不珍惜？有了学生，钱程便亲自动手，编写教学大纲，安排业务老师，每周还去给他们上课，忙得不亦乐乎。但他从不叫冤，3年好不容易教出一批学生。差不多经过10年，到了20世纪90年代，又经百般呼吁再办一届。但是，剧团毕竟是演出单位，而非基础教育部门，如果不采取行政措施，没有固定的办班机制，仅依靠上海滑稽剧团的力量以及个人的努力，终难持久。

不管怎么说，在队伍建设方面，钱程为上海滑稽剧团及上海滑稽界做出了贡献，并显示了他的远见卓识。

二是重视滑稽理论的建设。

滑稽历史虽短，近100多年历史，但过去对于滑稽理论的研究不够重视，要理清老祖宗的东西，必须从事基础性理论的建设。钱程首先提出了自己的想法，编一套上海滑稽丛书，既对以往的一些基础性理论进行一番科学的梳理，也可兼作教材。上海滑稽剧团领导经过集体讨论研究，决定上马。2012年8月，钱程主编的"海上滑稽春秋"丛书，由上海教育出版社出版。这套丛书是上海滑稽剧团、上海市文化艺术档案馆联合编制，编委会主任俞瑾云、凌梅芳（执行），总策划吴孝明、张跃进，策划徐维新，编委吴伟刚、张文华、张浩、肖征波、郑蕾、俞瑾云、郭明敏、凌梅芳、钱程、徐维新、段学俭、诸宏宇、彭勇、新霖，共4部:《远去的上海市声》《上海滑稽前世今生》《上海滑稽三大家》《上海滑稽与上海闲话》。钱程、徐维新等诸多编者在编撰过程中，跑图书馆、上档案馆搜索资料，检阅、摘抄大量有价值的报刊旧闻翻拍存照，还四处走访，对不少老艺人开展调研，他们旁征博引，为保护和传承上海文化遗产做了十分有益的工作。

"海上滑稽春秋"比较系统地介绍并总结了滑稽的起源及其发展历史，滑稽从哪里来到哪里去，滑稽的表演形式与特点，滑稽的表演风格与流派，滑稽与上海及其他方言的关系等……丛书的出版，一定程度上填补了上海滑稽理论的空白，对于滑稽艺术的实践活动具有一定的指导意义。

是年3月20日下午，上海文广演艺集团、上海剧协、上海曲协共同主办了"上海的声音"——《海上滑稽春秋》的专题研讨会，对上海滑稽的传承与发展作了深入探讨。

上海滑稽剧团团长凌梅芳说，丛书以上海滑稽的历史作为切入点，散点式地挖掘上海已经或者即将衰危的民俗风情、人文景致，这不仅仅是一种怀旧，更是对健康的民俗风情的一种传承和弘扬。

滑稽表演艺术家童双春说，丛书是他从事滑稽事业近半个世纪以来所见过最系统、最完整、最全面、最详实的资料丛书，它既是一部理论研究书，又是一部学术探讨书，更是一部史料参考丛书。

时任上海曲协主席王汝刚认为，丛书的出版对于上海滑稽界，特别对研究传播海派文化是一种福音。他建议，应对近代的滑稽艺术大师继续作深入研究，发挥大师对滑稽艺术发展的独特作用。

上海艺术研究所研究员沈鸿鑫直言，滑稽戏作为当下还在舞台上生存的非物质文化遗产，除了研究其历史，还须进一步研究它的艺术发展规律，然而"海上滑稽春秋"丛书的资料性明显重于理论性。

评弹理论家吴宗锡也强调，滑稽作为海派文化宝贵财富中的一部分，值得我们去深入研究挖掘，因为滑稽艺术的发展太需要理论的支撑了。

时任上影集团副总裁、上海文广演艺集团总裁吴孝明指出，研究总结滑稽艺术，要树立系统、辩证、发展的思维，同时应明确研究的目的，是为了更好地传承与发扬。

业界人士冯忠文说，丛书不仅锁定滑稽戏理论体系的基础，更为关键的是对海派文化及非物质文化遗产的保护起到了积极的推动作用。

电视导演汪灏坦言，上海的本土文化已经到了岌岌可危的地步，希望上海滑稽界以丛书为起点，在拯救上海本土文化方面有所作为。

上海艺术研究所研究员周锡山也呼吁，新一代滑稽研究者要与时俱进地重视滑稽戏的保护传承工作，并希望在培养滑稽青年演员队伍上加大力度。

滑稽戏编剧周艺凯强调，要振兴滑稽必须先了解老祖宗留下了哪些财富，要在继承的基础上谈发展。

非遗保护中心专家徐维新指出，滑稽是一个流动的民俗博物馆，很多消逝的东西可以从滑稽戏中找到。针对目前上海话的传承与保护上存在的乱象，他认为应发挥好上海滑稽作为上海话最好载体的作用。

市文联党组书记、专职副主席宋妍指出，上海是一座移民城市，海纳百川是这座城市的特质，每一条川都显得弥足珍贵，尤其是一些原始的、原生态的、具有“源头”价值的文化生态尤为珍贵。她说，文联是文艺家的联合会，在传承保护民族文化的工作中责无旁贷。她希望文联各协会能在主席团的共同努力下，通过各种专业话题的研讨凝聚理论家、评论家队伍，在传承保护优秀文化传统，增强文化自觉和文化自信，弘扬海派文化等方面发挥应有作用。

作为丛书的主编，上海滑稽剧团副团长、著名滑稽演员钱程表示，丛书的出版绝对不会是一个终点，上海滑稽界会继续收集资料、积累经验，努力将有关的理论知识做进一步的完善。

总之，与会专家与领导，对“海上滑稽春秋”的出版予以高度评价与赞赏。

三是重视上海方言的建设。

上海方言是上海文化与上海历史，更是滑稽艺术的载体，上海话承载着上海地区民俗风情古往今来沿革的丰

2002年，上海电视台录制抢救文化遗产节目，姚慕双、周柏春于录制间歇在休息室中（摄于2002年9月17日）

富内容。惜乎客观原因，随着上海与全国各地交往与联系的加深，大批新移民的迁居上海，上海话逐渐失去了本地优势，其本体特征也渐趋异化，许多原住民的子女已不会说上海话或上海话说得很不准确了，上海话的衰微无疑对于上海地域文化，对于滑稽戏的生存、传承与发展带来严重危机。

鉴于重振上海话的迫切感与使命感，钱程一方面向上海市人民政府及有关部门大声疾呼，要在全上海公共场所，公交系统等服务性行业中，施行普通话与上海话并行的交际语言。市政府交通部门最终采纳了他的建议，在全市地铁16号线、17号线及公交车上首先交替使用普通话及上海话报站名。

另一方面，他在上海滑稽剧团领导集体的支持下，在7所学校建立了上海曲艺传承基地，由钱程负责成立了授课团队，演出之余就去对口的学校为小朋友们讲课。钱程也身体力行，以精卫填海的精神，亲自编写教材，去定点学校上课示范。位于杨浦区平凉路怀德路上的惠民中学，也是上海曲艺传承基地之一，钱程每周都赶到学校上课，从2012年开始，至今8年，从未间断。钱程说：

> 我去给他们讲讲上海话，辅导一些小节目。学生排了节目就参加区里汇演。课时费就是我的报酬。虽然，学生们今后未必成为滑稽大家，但要用正统的东西浸润他们，让他们晓得，培养了一批潜在的观众。在当下市场经济的冲击下坚持滑稽艺术的本位十分不易。上海滑稽剧团有个团队，是我负责，每周去7所学校教上海话。我们还向几个幼儿园发通告，“钱程老师教怎样说好上海话”，家长报名来听。我希望通过家长影响到他们的子女。

此外，凡宣讲滑稽艺术的节目，钱程都乐意参与。例如，他在东视《艺术人文》节目中演讲了10节艺术课。为此，他准备了两个多月，讲滑稽的历史与发展，讲滑稽和独脚戏的艺术特点，再找出相对应的戏加以说明。做这样的节目，只给车马费，几无报酬；但他认为，这些节目有利于提高观众的欣赏水平，有意义，就去做了。

因为教学的需要，钱程还主编了上海方言专业学习读物《跟钱程学上海闲话》和《钱程的上海腔调》，由上海教育出版社出版，该书由时任上海市政协主席冯国勤题词，上海市委常委、副市长屠光绍作序。

钱程为了振兴上海话，传承上海地域文化，从2017年起，与东方网合作，利用现代化的语音切换技术，着手建立一个沪语语音库。即用他的语言，通过编辑对应的语音，变成音频。为此，每晚去东方网录音3小时，每字每句录，坚持了两个多月。工作量最大的是录十八大的政府工作报告，全用上海话念，即上海话的书面读音，又非上海口音（文读）。报酬微薄，他却乐意去做，因为这是宣传继承上海话的好事情。现在这套音频开始使用。由于技术原因，语音切换还不完美，例如，上海话同一个字的四声上下有变化，但它只认同一个字的发音，显得生硬，不免留下遗憾，有待进一完善、改进。

2020年4月9日《上海老年报》刊登了祝天泽所撰《脸上的每一块肌肉都有戏》一文。现摘录如下：

……相貌堂堂的钱程从艺已38年，参演了50多部滑稽大戏，是国家一级演员、上海滑稽剧团副团长、上海市曲艺家协会副主席，获得过全国笑星大奖赛二等奖、上海国际艺术节第二十八届白玉兰戏剧表演艺术奖主角奖等奖项。他也是非物质文化遗产项目滑稽戏国家级代表性传承人、滑稽界新生代领军人物。

钱程说学做唱样样在行，演啥像啥，形神兼备，观众称他“脸上的每一块肌肉都有戏”。一次他演出《十三人搓麻将》，一口气说了宁波、苏州、杭州、常熟、山东、广东、丹阳等地的13种方言，中间转变性别，塑造了性格迥异的13个人。他随中国民族艺术团出访澳大利亚、新西兰，演出的《十三人搓麻将》《学英语》等独脚戏，受到当地华人的欢迎，甚至连奥克兰市女市长也笑得前俯后仰。在《摩登瘪三》里，他不借助任何机关布景，多次展现“变脸”绝活。在《滑稽“追韩信”》里，钱程充分运用肢体语言，将无形的京剧声腔化作“看得见、摸得着”可扔可接的有形“声带”……

这篇文章不长，介绍了钱程为振兴滑稽事业，经年累月，不辞劳苦所作出的种种努力，令人感动！

除了钱程，当年与他一起考上学馆，如今依然活跃在舞台上，成为上海滑稽剧团中坚力量的还有秦雷、胡晴云、陈健、凌梅芳等，他们均为滑稽事业作出了很大贡献，共同擎起了姚慕双、周柏春的大纛。

且看他们骄人的业绩：

生于1962年的陈健，籍贯上海，现为国家一级演员。中国曲艺家协会会员、上海市曲艺家协会会员，曾任中国民主促进会上海滑稽剧团支部主任、民进市委中青年联谊会会员，演员管理部主任。主演滑稽戏《特别的爱》《马路天使》《今朝睏不着》《食全食美》。创作演出独脚戏《业余时间》《戏迷嫂嫂》《称心满意》《我的爸爸》。影视代表作《你不会永远这样》《灯红酒绿》《滑稽春秋》，并参演情景剧《新上海屋檐下》《从头开始》《开心茶馆》等。上海说唱《鹦鹉》1989年获江浙沪上海说唱大赛表演一等奖；独脚戏《滑稽京戏·追韩信》获1992年中国笑星电视大赛二等奖。随团多次访问香港、加拿大、澳大利亚演出。

生于1963年的秦雷，籍贯上海，中共党员、国家一级演员。民进市委文化委员会副主委，中国曲艺家协会会员、上海市曲艺家协会第五、六、七、八届理事，上海市戏剧家协会会员。拜滑稽演员王辉荃为师，上海市非物质文化遗产项目滑稽戏代表性传承人。参演滑稽戏《世界真奇妙》《三月牡丹亭》《今朝睏不着》。编、导并主演滑稽戏《特别的爱》《谢谢一家门》《马路天使》；情景剧《从头开始》《噱占上海滩》等。秦雷擅长刻画憨厚、幽默的人物形象，表演松弛，功底扎实。两次获得上海白玉兰戏剧表演艺术奖、1993年获首届上海“十佳”优秀青年演员提名。2014年凭1991年导演杭剧《永远的雷锋》获浙江省第十二届精神文明建设“五个一工程”奖；同年导演滑稽戏《今天他休息》获第十二届“金盾文化工程”金盾艺术奖；同年导演南昌清音《傲雪红梅》获第八届中国曲艺牡丹奖节目奖特别奖。

生于1964年的胡晴云，籍贯浙江。民进会员，国家一级演员，中国曲艺家协会会员、上海市曲艺家协会第五、六、七、八届理事。拜滑稽演员童双春为师。上海市非物质文化遗产项目滑稽戏代表性传承人。滑稽戏主要作品有:《世界真奇妙》(获第三届上海白玉兰戏剧表演艺术奖配角奖)、《GPT不正常》、《刀枪不入》(获第五届上海白玉兰戏剧表演艺术奖配角奖)等。独脚戏《缺德》曾入选为首届曲艺节开幕曲目;小品《离婚变奏曲》获首届"十佳"优秀青年演员提名。表演上能收能放,创造人物以情动人,擅长演唱中外经典歌曲。

生于1966年的凌梅芳,籍贯江苏。中共党员、现任上海滑稽剧团团长兼党总支书记。国家一级演员,上海戏剧家协会理事、中国曲艺家协会会员、上海曲艺家协会第六、七、八届理事、上海非物质文化遗产保护协会理事。滑稽戏代表作《GPT不正常》《阿拉自家人》《小街故事多》《方卿见姑娘》;独脚戏代表作《对歌》《歌星梦》;小品代表作《好人,坏人》《妙手回春》《打假》等。曾任情景剧《老娘舅》《新上海屋檐下》主创,近30个作品在娱乐频道、七彩戏剧频道、电视剧频道等播出。多次赴澳大利亚、加拿大、中国香港等国家和地区参加文化交流演出。出品、监制滑稽戏《今朝睏不着》《乌鸦与麻雀》《皇帝勿急急太监》;喜剧《租个老公回家过年》《触底反弹》《仲夏夜之梦》,音乐剧《女人一定要有钱吗》,海派清口"周立波——笑侃三十年""笑逐颜开——严顺开从艺50周年专场演出""钱程似金——大型交响戏曲音乐会"等十几台大型作品及多个曲艺作品。

还有两位演员:一位是顾竹君,一位是小翁双杰。顾竹君是张双勤的学生,小翁双杰是翁双杰的学生。他们虽未就读于上海滑稽剧团学馆,但表演风格承袭着上海滑稽剧团的路子,有乃师的影子,可算是姚慕双、周柏春的徒孙了。

顾竹君,女,1961年生,籍贯上海,农工党党员,国家一级演员,中国曲艺家协会会员,上海市曲艺家协会第五、六、七、八届理事,上海市戏剧家协会会员。师承滑稽编剧张双勤,上海市非物质文化遗产项目滑稽戏、上海说唱代表性传承人。曾任上海滑稽剧团工会妇委主任。曲艺代表作有上海说唱《石油塔》《钳牢我》《春江小曲》。主演滑稽戏《王老虎抢亲》《三约牡丹亭》《江南第一春》。还在《家在树德坊》《做头》《黑白岁月》等多部电影中担任角色。擅长学唱各种地方戏曲,口齿伶俐,曾于1989

年、2003年和2007年三次举办个人演唱会。1978年获上海市青年演员会演（戏剧、曲艺）新苗奖，上海说唱《宝钢人》获1986年全国曲艺新曲（书）目比赛表演二等奖，1990年上海说唱《春江小曲》获长治杯全国曲艺（鼓曲唱曲部分）大赛表演二等奖，同年小品《主旋律》获首届江浙沪独脚戏、滑稽喜剧小品大赛表演一等奖。获1990年度市“三八”红旗手。

小翁双杰，1962年生，籍贯江苏，民进会员，国家一级演员。中国曲艺家协会会员、上海市曲艺家协会会员。师从滑稽演员翁双杰。上海市非物质文化遗产项目滑稽戏代表性传承人。主演滑稽戏《美景佳缘》《三约牡丹亭》《乌鸦与麻雀》《皇帝勿急急太监》《哎哟爸爸》《弄堂里向》。独脚戏代表作多与翁双杰合作，有《拉黄包车》《骗大饼》和小品《父与子》。另有小品和独脚戏作品《一对活宝》《上海一家人》《财迷心窍》。主演上海情景剧《开心公寓》《噱占上海滩》《新上海屋檐下》，影视方面参演电视剧《济公外传》《胭脂红》《望子成龙》，电影《医缘》等。2005年独脚戏《考演员》获上海市小节目汇演作品奖。2007年独脚戏《考演员》获中国侯马相声小品优秀节目年度推选优秀节目奖。2009年滑稽小品《看车人》获第七届CCTV小品大赛专业组决赛入围奖。

钱程、秦雷、胡晴云、顾竹君、小翁双杰、陈健、凌梅芳等姚慕双、周柏春培养的中生代滑稽艺术传承人，又带动了一批新生代的青年演员，如赵灵灵、张晓冬、曹毅、邵印冬、沈远、陈思清、金鑫等，他们都是今天活跃在滑稽舞台上的新秀，未来滑稽界的“新星”。

还有一些演员，因为文艺市场化等原因，先后从上海滑稽剧团进入影屏、视屏，成为影星、海派“清口”达人、著名电视栏目主持人，如何赛飞、周立波、陈国庆、舒悦等，他们在自己的表演天地中作出了可喜的成绩，得到观众的认可，也可视为上海滑稽剧团输出的人才对整个文艺界的贡献。

如果说昔日姚慕双、周柏春两位滑稽泰斗，选苗育人，为栽培钱程等一批新秀倾注了满腔心血，那么，如今他们早已茁壮成长，“大鹏一日同风起，扶摇直上九万里”了。

# 四十三 “退”而不休

老骥伏枥，志在千里；烈士暮年，壮心不已。

——〔汉〕曹操《龟虽寿》

20世纪80年代，姚慕双、周柏春均已接近退休年龄，他们“让台”，从主要岗位上退下来，由“双字辈”或更年轻的滑稽新秀继续担纲；然而，两位艺术家坐看云卷云舒，静听花开花落，以平常心依然在剧团或文艺界发挥余热。他俩凭着对滑稽事业的一腔热忱，“退”而不休，为自己的晚年人生确定了终极目标。

1981年，上海电影制片厂把茅盾的著名小说《子夜》搬上银幕，导演桑弧邀请周柏春参加拍摄，扮演剧中人物——一家火柴厂的周老板。

电影《子夜》拍摄期间，姚慕双（左一）、周柏春（左三）与上海电影制片厂导演桑弧（左四）、演员王丹凤（左二）合影（摄于1981年）

周老板是一个既可怜又可憎的人物。他开办的火柴厂惨淡经营，不得不依附于财大气粗的大老板。在他们面前低头哈腰，奴颜婢膝，装出一副趋炎附势、逢迎拍马的笑；而面对工人却暴露了唯利是图的面貌，堆着一副奸诈狡猾、连哄带骗的笑，是一个典型的“笑面虎”。

一次，要拍工人群众与火柴厂老板斗争的场面。除了为首的如毛永明等几个专业演员，其余都是临时请来帮忙的群众演员。

周柏春第一次接触电影，因为平时他讲一口标准的上海话，说起普通话来难免带有沪音，为此很纠结。拍戏时，老要想着如何发音讲好国语。

再者，拍电影与舞台表演不一样，定位在哪里，就得在哪里演，不像舞台上能来回走动，自由发挥——这很大程度上影响了周柏春的表演。导演就对他说："周老师，你不要考虑语言，身体定位等，不要有任何思想包袱，放开了演。讲普通话觉得累，实在不行，我们找演员给你配音。慢慢地，周柏春适应了镜头，放开了。表演效果不错，得到大家的认可。后来剧组找了音色与周柏春相像的于飞配音，便有了两个版本：一个是于飞的声音，同时保留了周柏春的原声。

那一天，导演桑弧在开拍前向群众演员讲解了剧情，以及此时此刻剧中的规定情景，要求大家表演出激愤的样子，振臂高呼，争取一次性拍摄成功。群众演员齐声应诺，紧张而认真地作好准备。

随着导演的一声"开拍"，身穿长衫的周柏春走到阳台上，居高临下地面对罢工的工人，脸上堆着一种哭不出的笑。周柏春平时表演独脚戏，惯于各种各样的笑，而"哭不出的笑"，是他最拿手的一笑——眼睛在哭，嘴巴在笑。在他看来：火柴厂面临倒闭，心中又急又怕，对于罢工的工人能骗则骗，能缓则缓，这种笑，这样的表情符合剧中人物的心情，再恰当不过了。

"工友们！兄弟们！"他笑着向群众打招呼。这些群众平时都是周柏春的"粉丝"，一见他的模样，都按捺不住哈哈大笑起来，连毛永明也忍俊不禁笑出了声。桑弧一旁急了，大叫："不准笑！不准笑！严肃一点！严肃一点！"一回头，见周柏春哭笑不得，他也忍不住大笑起来。第一次镜头就这样拍砸了！

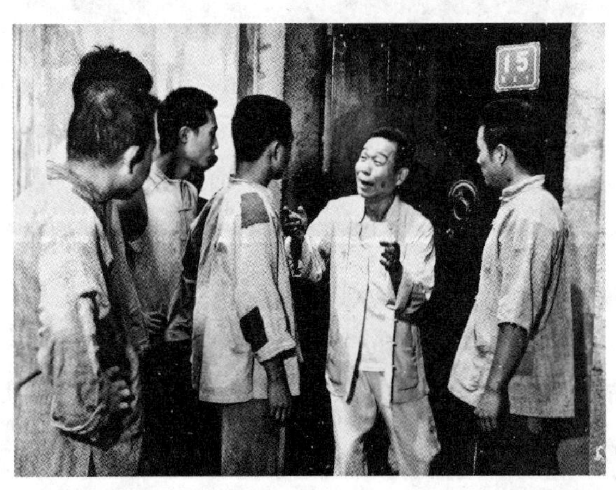

电影《子夜》剧照，周柏春（右二）饰周仲伟

导演不得不叫停机，休息一下。他启发大家说："你们不要把这个人当作周柏春，要看成穷凶极恶剥削你们的老板，连工资都不发给你们，你们

还笑得出来吗？来，再拍一次！”

第二次开拍情况好多了，大家都愤怒地冲到老板的阳台下，群情激昂地与老板理论。周柏春也找到了感觉，很投入地表演：“工友们，兄弟们！我周某（角色也姓周）一有钱就给各位发工资，一有钱就请各位到大鸿运去吃酒水……”周柏春认真说着台词。谁知这句话一出口，一些群众演员的肩膀又抖动起来，终于拼命忍着的笑声又一次在人群中爆发了，刹也刹不住，比第一次更响！

导演桑弧生气了：“再笑，这场戏就甭拍了！你们统统回去，我们只能另外请人了！”

周柏春也急了，对着“工人”们连连打躬作揖：“求你们了，求各位不要笑了，帮帮忙，不要笑了……”

第三次，大家调整了情绪，也适应了他的表演，投入到规定的情景，总算大功告成。

逗引观众开怀大笑，始终是周柏春始终追求的艺术效果，为此他不知动了多少脑筋，挨过了多少个不眠之夜。可是，这一次在镜头前的表演却希望大家不要笑，成了他一生中从未有过的一次特殊经历。

1982年隆冬的一个夜晚，姚慕双、周柏春来到了和平饭店的大堂。他俩西装革履，穿戴整齐，却掩盖不住内心的紧张，仿佛去接受一次特殊的考试。

原来，不久前，美国ABC广播公司偶然播放了从卫星中接收到的中国曲艺节目——姚慕双、周柏春合演的独脚戏《学英语》。节目播出后，在美籍华人中引起了轰动。那亲切久违的乡音，那带有美国口音的英语，二者巧妙地糅合，诙谐幽默，妙趣横生，竟产生如此动人的喜剧效果，令远离故土、身处异国他乡的华裔深深陶醉。尤其是倒背26个英文字母，更使华侨们笑逐颜开。他们纷纷打电话到ABC广播公司，强烈要求重播姚慕双、周柏春的节目，而且再三要求播放姚慕双、周柏春的近况。在美籍华裔的强大“攻势”下，ABC广播公司便决定派员，远涉重洋，到上海寻找姚慕双、周柏春兄弟了。

上海文化局领导向姚慕双、周柏春传达了美国来客的意思：约时间采访，时间半小时，但特别强调，因为姚慕双、周柏春英语好，不用翻译，直接与客人对话。说这是一项政治任务。

姚慕双、周柏春知悉后目瞪口呆。他俩以前虽然在学校里念过几年英语，那毕竟是几十年之前的事，平时几乎没有可能用英语与别人会话，久而久之，就生疏了。至于演出中使用英语，那是节目中固定的那几句，且演出前经过预练，作了精心准备。现在要面对面接受记者采访，能做到反应及时，对答如流吗？

接受采访的日期定于一周之后，于是姚慕双、周柏春兄弟抓紧突击训练。他们的案几上堆满了《英语会话900句》《英语双向会话》《汉英词典》……姚慕双、周柏春已把这次采访当作一场特殊的"国际性的英文口语考试"了。

"请问，Mr姚、Mr周，什么时候开始从艺，什么时候成名的？"洋记者发问了。这两句话，姚慕双、周柏春都听得懂，于是异口同声地回答："1938年。"

"20世纪30年代就风靡上海，了不起啊！"洋记者跷起了大拇指。

说到30年代，姚慕双、周柏春似乎来了灵感，于是就与洋记者谈起了他们熟悉的好莱坞明星：英格丽·褒曼、费雯·丽、劳伯·泰勒、泰隆·鲍华、秀兰·邓波儿、查理·卓别林……尤其谈到卓别林，他是姚慕双、周柏春学习的楷模，于是谈笑自如，艺术是没有国界的。

突然，有个记者话锋一转："Mr姚、Mr周曾经被隔离审查？"这突如其来的问话，让姚慕双、周柏春猝不及防，两人面面相觑，不知何言以对。

忽然，周柏春见茶几上放着一张报纸，他灵机一动，随手拿起报纸，作出看报的样子，告诉记者："隔离审查就是读报、学习……"话未说完，姚慕双插话说："还有劳动！"姚慕双、周柏春边比画着边用简单的英语解释。洋记者频频点头，表示听懂了。

周柏春悄悄地抹去头上的细汗，偷眼看了一下手表，时间才过去15分钟，眼看洋记者们采访的兴趣有增无减，余下的15分钟该如何应对呢？周柏春暗暗盘算着，突然有了主意。

他对美国记者说："承蒙美国观众厚爱，你们万里迢迢来到上海，机会难得，让我们兄弟俩在镜头前再为美国观众表演一个节目吧！”他与姚慕双不约而同地想起动作多语言少的独脚戏《一歌三唱》。唱英文歌是姚慕双、周柏春的拿手好戏，于是以“音乐家”“失恋青年”“稚童”三个不同的人物，神态各异地演唱同一首歌，引得洋记者们开怀大笑。

采访终于在掌声和笑声中结束了。

1984年，周柏春从报纸上看到有关报道失足青年在社会各方的帮助、关心下，重新扬起生活的风帆、重塑自我，回归家庭，为社会作出贡献的文章，十分感动。他沉思良久，涌动着创作欲望，试图用喜剧的形式去表演这个严肃的题材。一连数天，他睡不好吃不香，头脑里始终盘缠着一个独脚戏的故事框架，他要为帮助失足青年尽一片心出一份力！经过几天几夜的冥思苦想，独脚戏《啥人嫁拨伊》终于初具雏形了。

故事讲失足青年刘浪才（流浪者的谐音），因一念之差犯偷窃罪而被判刑。入狱后，他在管教干部的教育帮助下认识了自己的罪行，悔恨不已，决心好好劳动，改造自己。刑满释放，回到单位，却受到一些人的疏远与鄙视。正当他陷于绝望时，团支部书记——一个漂亮的姑娘悄悄地接近他，故事矛盾由此展开。姑娘的父亲得知女儿的对象过去曾是扒手，竭力反对。当女儿将男朋友领进家门，经过一番交谈，父亲对他的才华十分欣赏，渐生好感。两人开始用英语交谈，讨论一项设计方案，越谈越投机。末了，父亲竟要留他在家一起吃饭。女儿惊讶地说：“爸爸，你刚才不是说叫他立即滚蛋吗？”“啥人讲的？我是叫侬（你）准备蛤蜊炖蛋！”“侬（你）不是叫他马上出送？”“我叫侬（你）买太仓肉松！”每每演到此处，台下一片哄笑。

这个独脚戏一经姚慕双、周柏春演出，社会上引起强烈反响，无数观众的来电来信表达一句话：感谢文艺工作者，感谢姚慕双、周柏春两位滑稽大师对失足青年的关爱，用如此幽默轻松又精彩纷呈的喜剧方式表现了失足青年悔过自新、走上新路的人生转变，体现了新社会无所不在的正能量！

临近春节的一个周末，姚慕双、周柏春接到了来自提篮桥监狱监管部门的大红请柬，请柬上写着某某先生与某某小姐的婚礼。姚慕双、周柏春丈二和尚摸不着头脑，瞪着眼看了半天：结婚办酒席，贺客一般上酒楼饭店，一对新人却去监狱，在那里举行婚礼，岂非咄咄怪事？

请柬之外，另有一张便条，上面写着：

> 姚老师、周老师：我是一个失足青年，曾在上海监狱服役7年。我就是生活中的“刘浪才”。听了你们的节目后，我发奋图强，现在已成了真正的新长征突击手！你们真是我的再生父母，真是人类灵魂的工程师。今天，有一位美丽贤淑的姑娘就要成为我的新娘了，她也是看了你们的独脚戏后才勇敢地来找我的。我们将我们的婚姻殿堂设在我终生难忘的监狱中，敬请二位光临，叩谢，恭候！

姚慕双、周柏春捧着请柬激动不已，想不到他们的节目竟在社会上产生如此大的震撼力！

届时，姚慕双、周柏春穿了正装，系好领带，欣然来到上海监狱。监狱领导、管教干部和新郎新娘早已在监狱门口恭候。新郎看上去一表人才，他在监狱服刑7年，发奋用功，自学成才。新娘是一个老干部的“掌上明珠”，娇小羞怯，含笑地站在一旁，是个温柔的好姑娘。周柏春在他的《自述》中深情地回忆道：

> 婚礼的主持人不是两位新人的父母，也不是社会的知名人士，而是监狱里普普通通的老队长，他曾经为新郎的脱胎换骨、重新做人倾注了大量的心血。今天新郎选择了这个使他获得新生的地方举行婚礼，可谓意味深长。礼堂里坐满了一批前来参加婚礼的在押犯。
>
> 我与姚慕双衷心祝愿两位新人幸福美满、地久天长。我俩再次为大家表演了《啥人嫁拨伊》，这是我俩最投入最动情的一次表演。我们的表演，一次次被热烈的掌声打断。我看到台下许多犯人都泪眼汪汪，含着眼泪在笑。他们的眼神中充满了悔恨，充满了希冀，也充满了人性中的善良。
>
> 当演出到最后，我与姚慕双深情地唱起印度电影的主题曲《流

浪者之歌》时,“姑娘爱我,啊!姑娘嫁拨我,啊!……不再流浪!啊!……不再彷徨!啊!……新的生活给我新的希望,啊!……”台下的犯人齐声附唱,礼堂的气氛达到高潮,台上台下交融成一片。我觉得自己的眼睛湿润了。

这是我一生中最难忘的一次演出。

1989年5月,上海市文联遵照朱镕基市长的指示,组织艺术家去梅山煤矿慰问演出。那一天,姚慕双、周柏春与乔奇、陈述等演员一起来到矿山。一到现场,只见黑压压的全是人,工人师傅得知这些著名演员要来慰问演出,便早就奔走相告,欣喜万分!

上海文联组织艺术家到梅山煤矿进行慰问演出。左起:于飞、杨华生、周柏春(摄于1989年5月)

没有舞台,艺术家们就在工人宿舍前的空地上演出,观看演出的工人围得层层叠叠,水泄不通,即便如此,还是有一部分矿工因在井下作业,无法看到演出,矿区就拉起了高音喇叭“实况转播”。

演出结束,艺术家们下矿井看望坚守岗位的工人师傅们,在入口处,一群矿工乐呵呵地鼓掌欢迎他们。其中一个憨厚朴实的师傅被人们推拥到周柏春面前。大家欢快地七嘴八舌地对周柏春说:“周老师,他的名字也叫周柏春,和您的名字一模一样,一字不差,听说您要来我们矿山,我们的周师傅兴奋得几天睡不着觉了。”

那个也叫周柏春的师傅听了,竟像大孩子那样怕难为情。他紧紧地握着周柏春的手,傻傻地笑,一句话也说不出来。

周柏春便对这位同名同姓的师傅说:“你们为大上海建设支援动力,我们的幸福生活离不开你们的保障。”他听了很高兴。

在坑坑洼洼的矿井里,姚慕双、周柏春与工人师傅一边走一边聊,

周柏春、吴光瑾夫妇赴澳大利亚探望定居于此的儿子时留影（摄于1994年春）

气氛十分融洽。那位周师傅对周柏春说："周老师，您一定要经常来看我们啊！"

"一定！一定！"周柏春连连回答。两个同名同姓的人紧紧地相拥，一旁的记者眼明手快，"咔嚓"一声拍下了这一动人的画面。

周柏春与外孙林迟鸣同台表演（摄于1990年）

周柏春到了晚年，即使病痛缠身，依然深爱着为之奋斗一辈子的滑稽艺术，坚定、执着，痴心不改！他在《自述》中坦言：

> 尽管大家劝我：别再参加演出了，别再参与社会活动了云云。可我又哪里闲得住呢？我虽无"将军战死阵地"的英雄气概，却也生就一副不肯"轻易退出历史舞台"的耿脾气，满心想的是"发挥余热""老骥伏枥"。

然而，无法抗拒的病魔却不

期而至，对他不啻是严峻考验。

1995年夏，周柏春大病一场。起因是肺炎、咳嗽、发烧，直至全身植物神经紊乱，时而便秘，时而腹泻。他原有糖尿病、心脏病，这下被折磨得奄奄一息，被妻子、儿女们送进了医院。出院后，他住在家里就想，拖着一个病蔫蔫的身体，如何去发光发热，如何志在千里，壮心不已？于是，他下决心，参加体育锻炼，丢掉药罐子，让身体强壮起来。他选择了适合老年人身体状况的太极拳，每天清晨从家里出发，由江宁路北京西路徒步行至南京西路的静安公园，参加老年人的晨练活动，从此开始了一条艰难的锻炼之路。

周柏春在静安公园打太极拳（摄于1995年，73岁）

太极拳一套42式，周柏春得跟在拳师后面从头学起。起初，因为大病初愈，记忆力衰退，往往记住了手，却忘记脚的动作，手脚很不协调。还由于体力尚未恢复，一些跨度较大的动作难以做到。一招漂亮的“金鸡独立”，他的脚骨却很难站稳，摇摇晃晃，就像弹琵琶；一招潇洒的“白鹤亮翅”，他的造型姿势却像一只笨拙的丑老鸭。半个月下来，身体没有好转，反而累得腰酸背疼，渐渐失去了信心。拳友们看出了周柏春的畏难情绪就来开导他：“周老师，您不必紧张，不要去想着姿势是否优美，只要认真耐心地跟着老师依样画瓢，久而久之，便熟能生巧了。”这些话果然灵验，由于放松心情，从心理上战胜自我，克服了急躁畏难情绪。他跟着老师慢慢比画，回家后又结合书本仔细揣摩，久而久之，太极拳的全套动作终于学会了。

周柏春从1995年10月开始学拳，渐渐地从风和日丽的小阳春进入了天寒地冻的严冬，要不要坚持晨练，这是对他意志力与恒心的又一次考

**验。他在《自述》中写道：**

零下几度的那些个日子里，北风飕飕，滴水成冰，我就犹豫过，畏缩过。每天晚上一上床，我就开始思想斗争：明天还要不要去？这样一想，一晚上都睡不好，到了翌日更爬不起身。几天不去，原已学会的动作生疏了，老师新教的动作又跟不上了，前功尽弃。但一想到几个月来所作的努力将付诸东流，实在不甘心。于是咬咬牙又坚持了下去。

我采用两种方法来克服心理障碍及严寒。一谓“反其道而行之”，我每晚上床都对自己说：“明天不去了！”这样一来，没有思想负担，安安稳稳地睡一夜。明天反而醒得早，精神也饱满。二谓“加固保暖法”，别人打拳穿球衣或毛衣，我则全副武装：帽子、口罩、棉风衣。这样再也不缩头缩脑了。

3个月后，我的健康状况明显好转起来。冬去夏来，经历了严寒、酷暑的考验，我现在基本上不吃药了，胃口也好多了，脸色渐渐地白里透红了。有人问我：今年高寿多少？我回答：去年75，今年74。这不是说笑话，去年报的是虚岁，今年报的是实岁。

**从以上周柏春的《自述》中，不难窥见，这位滑稽大师虽已暮年，却壮心不已，为了在滑稽事业上继续发挥余热，他长期锻炼身体，与病痾进行顽强斗争，退而不休，内心始终涌动着奋勇精进的充沛活力。**

# 四十四　好好先生

灵魂最美的音乐是善良！

——〔法〕罗曼·罗兰

无论姚慕双还是周柏春，他俩都是上海文艺界出了名的“好好先生”。

“好好先生”的尊称，体现了姚慕双、周柏春在待人接物、为人处世中表现出来的谦和、利人、仁爱、大气、慈悲、宽厚等高尚品德，是这对兄弟内在修养、人格魅力、道德力量所凝结而成的善良，被人们发现、觉察后给予的肯定与赞许，进而成为崇敬、仿效、学习的对象。

姚慕双、周柏春内在的可贵品格不啻停留在言语、行止上，而是表现在对朋友、对家人、对艺术，对事业等方方面面的日常生活中，是一种自然而然流露的品行之美，道德之善。由少年萌生的仁爱之心贯穿了姚慕双、周柏春的一生，青年、中年直至晚年，他们始终笃守“仁者爱人”的不变信条，并用自己的行动切切实实地去履行，且躬行不悖。

姚慕双与女儿姚国儿（摄于1994年6月）

姚慕双为人豪放、四海，喜欢广交朋友，重于情义。如果用大气、谦和、豪爽、随意、温和、善良、宽容、大度、大戡戡、大大咧咧……这些词儿来形容姚慕双的性格特征，似乎都很贴切，却不够全面，如果将这些词全堆在一起，也许能刻画姚慕双的个性于万一。

“文化大革命”中姚慕双、周柏春家产被洗劫一空，后来上面觉得这种做法欠妥，便发还部分

姚慕双、杨美明在家宴请文艺界亲友（摄于1992年3月）

徐玉兰、姚慕双、杨美明、金采凤、戚雅仙合影（摄于1990年10月）

**被扣工资和抄家物资，一些原先被关押在牛棚里的“三名三高”成员也暂时被释放，有了行动自由，尽管他们尚未得到彻底平反，政治问题也未有明确结论。姚勇儿回忆：**

这时候家里像饭店一样：电影厂的演员陈述、程之、于飞、曹铎、凤凰、舒适、孙景璐，体育界张正友、赵光华、贾幼良，越剧界徐玉兰、金彩凤、陆锦花、戚雅仙、毕春芳、张云霞，话剧界乔奇，评弹界张鉴庭，沪剧界凌爱珍、杨飞飞、赵春芳、邵滨孙、石筱英……三天两头来家里吃饭，全部姚老师请客。人缘好，他们都要来找姚老师。

**姚斌儿补充说：**

那时候，外面饭店很少，都是家里烧的。我们家的佣人阿姨是苏州人，烧菜好吃，这些人吃了觉得蛮好，就源源不断地一直来。我爸妈也大气，吃到后来阿姨说：“姚师母，倷（你）一家门要吃穷哉！”实际上这位阿姨已经烧得怨死了。体育界的朋友要喝酒，我专门就去拷酒——五加皮、绿豆烧、六月香，都是我去拷的。

姚勇儿：

上海牌啤酒24瓶一箱，2箱48瓶，我家有时候要买4箱，要买96瓶啤酒放在小天井里。他们那群体育界的朋友来，一人能喝12瓶啤酒。

姚斌儿：

还有梅林食品厂生产的罐头食品——玻璃瓶装的凤尾鱼、午餐肉，都是一箱一箱买。午餐肉开出来，我家蛮考究的，要稍微油里面煎一煎，加工一下。凤尾鱼，开一罐，倒一碗。这两份东西，当时外面不容易吃到。家里开销很厉害。

姚慕双把友情看得比金钱更重。在他看来，这些文艺、体育界的好朋友，都与他一样蹲过"牛棚"，吃过苦；今天终于有了一点人身自由，来他家中叙叙旧，诉诉苦，"同病相怜"，也是对他这位老友的信任，他怎可怠慢客人呢？

拿到十几万补发工资后，姚慕双很高兴，由儿子姚勇儿陪同去淮海路妇女用品商店对面的上海钟表店（原址已造新楼，今搬至不远处淮海路国营旧货商店隔壁）去买手表。父子俩人来到钟表柜台前，隔着橱窗细细地端详了很久，姚慕双用手指着那块"劳力士"名表开口说："同志，请拿这块表给我看一下。"

营业员看着眼前这个胡子拉碴、戴着老花眼镜、貌不惊人的老头，用不屑一顾的神情怀疑地问："你？'劳力士'？"

"对！就是这块表！"姚慕双捧着名表左看右看，放在柜台一旁。接着，他又说："请你再拿那块'欧米茄'！"

营业员更诧异了：这些都是名表，这老头买得起吗？他极不情愿地拿出"欧米茄"，又拿起"劳力士"，准备放回橱窗。

姚慕双一把拦住，朗声道："两块我都要：一块813元的劳力士（那一天搞特价，便宜几十元钱），再买一块578元的欧米茄（其时一般家庭的月收入平均六七十元）。”那时，姚慕双经过“文革”的磨难，人瘦得脸已变形，像他这样的名演员，不熟悉的市民已认不出他了。

这下营业员两眼发直，由诧异变成了真正的惊讶。姚慕双不慌不忙地从陈旧的人造革皮包内取出整整齐齐的一叠人民币，数了1 391元给营业员。……

钱已付了，表也取走了。

营业员年纪轻，心里犯疑：这个五十几岁的老头是谁？什么路道（什么来头）？买两只这么贵重的表？

当时，1 391元相当于一般工薪阶层一年半的工资呀！不管“劳力士”还是“欧米茄”，很少有人问津。这老头付的是现钞，而且很爽快，付了就走，怀疑这老头的钱来路不正，形迹可疑！越想越不对劲，终于拿起电话，向商店保卫科报告。即刻，保卫科的两位同志急忙走出店门，尾随跟踪。

姚慕双父子走得快，两位同志也跟得快；前面走得慢，后面就放慢脚步。姚慕双父子似有察觉，便佯装闲逛，尾随者也亦步亦趋，紧咬不放。一直跟到嵩山路太仓路口，只见这对父子拐进一条弄堂。这下两位同志急了，紧跑几步，看见一老一少进了一家后门，便立即向弄堂口嵩山派出所报案。派出所民警闻言哈哈大笑：“你们弄错了！他就是大名鼎鼎的滑稽演员姚慕双呀，刚刚领到补发工资……哈哈……”两位阶级斗争观念极强的同志，只好尴尬地傻笑着开溜了。

姚慕双向来把钱看得很轻，他一生积德行善，扶贫济困，乐善好施，颇具怜悯之心，凡见穷苦之人，常常慷慨解囊，救人于患难之中。

胞弟周柏春在《自述》中也讲到哥哥姚慕双1958年的一桩旧事：

那年剧团去武汉演出。隆冬的汉口，江风凛冽，寒气侵骨。当时夜场演出结束，兄弟俩总是到剧场附近的一家面馆去吃宵夜。姚慕双一杯黄酒，几碟小菜，自得其乐，自斟自饮；周柏春却经常一碗炒面打发完事。几天下来，面店的经理、职工都与他俩混熟了，姚先生、周先生亲热地叫个不停。

那天晚上下起了雨夹雪，雪花越飘越大，气温骤降至零下5度。一散夜场，兄弟俩早早卸了妆，哈着满口冷气，趋头缩颈急急往面店里走。此刻真想有一碗热气腾腾的面下肚。走在路上，突然姚慕双匆匆的脚步凝固了。只见面馆旁黢黑的过街楼里七八个衣衫褴褛的乞丐肩挨着肩，围着一根伸出屋外的铁皮烟囱管，不停地哈手跺脚地取暖。

姚慕双径直朝他们走去："小兄弟们都还没有吃晚饭吧？来，跟我走。"

乞丐们瞪大了诧异的眼睛，盯着眼前这位陌生的先生，不明白发生了什么事。

"快走啊，我请你们吃面！"乞丐们这才明白遇上了好心人，呼啦一下，跟着姚慕双涌进面店。

面店经理见涌进这么多乞丐，赶紧上来挥手撵走："出去！出去！"一旁的食客也站起来，唯恐避之不及，弄脏了自己。

姚慕双上前作揖打拱："张经理，这些都是我的朋友，请给他们每人来一碗面。"

十几碗汤面端上桌来，乞丐们一拥而上，狼吞虎咽。张经理翘着拇指连连说："姚先生菩萨心肠！"

2004年5月份，上海电视台摄制专题节目《好好先生姚慕双》。姚勇儿在节目中讲述了父亲乐善好施的两件小事：

> 1960年，还在自然灾害期间，我家条件还算好，那天天热，晚饭后，爹爹、姆妈和我——只有四五岁，三个人上了一辆三轮车，从家里出发去共舞台隔壁的郑福斋吃8分钱一杯的酸梅汤。经过大世界门口，再拐个弯就到郑福斋了，爹爹看到一个讨饭的小孩子坐在大世界门口，就毫不犹豫地叫三轮车停下，下车去搀那个讨饭的小孩。小孩很小，看上去只有三岁，比我还小。爹爹就对他说："天太热了，小朋友，你想喝酸梅汤吗？"小孩点点头，就随我们一起走进郑福斋。酸梅汤太好喝了！小男孩喝得砸嘴舔唇。喝完酸梅汤，爹爹叫了一辆三轮车，把小男孩一起带回家中。到了家，立即叫保姆给他洗澡，洗完澡，又给他穿上我们兄弟的新衣裳；问明小孩住哪里，给了钱，然后就通知派出所送他回去。

2004年，即姚慕双去世的那年年初，他已经病重，连报纸也看不动了，每天由妻子杨美明读《解放日报》给他听。报纸上说，有一个男孩叫祝凡（音），只有17岁，家住闸北区，高中还没毕业。男孩妈妈得了癌症，家里条件极差，连电视机都没有。他担心妈妈化疗回家，没电视机看，一个人会郁郁不乐，愁闷而死。男孩子挺孝顺，想给妈妈买个电视机，苦于没钱。

中午11点左右，姚慕双看到这篇报道打电话给姚勇儿："勇儿，你来。"勇儿赶到父亲入院治疗的徐汇区中心医院，他给儿子看这篇报道说："文章下面有这个孩子的求助电话，以及家庭地址，你快点去买电视机，送到他家里。还有该买的，也买一点。"

姚勇儿的妻子原来住在虹口，就说虹口曲阳有个"曲阳家电"。中午11点半，勇儿夫妇就坐了出租车赶到商店，买了一台29寸的彩电，又买了录像机和DVD，再叫了一辆小货车，把东西放上，前面不能坐人，就坐在后面。路程较远，车子开到闸北走马塘，将近三刻钟车程。电视机送上门，又找人给装好、调试好。一直忙到下午5点半，回到医院，向父亲汇报。姚慕双知道事情办好了，心中释然，脸上露出了的欢欣的微笑。

姚慕双行善，已成了一种发自内心的悲悯情怀并伴随他一生的天性，与相识的朋友如此，与素不相识的求助者也如此。经常为慈善基金捐款、为希望工程慷慨解囊，成了他从不间断的义举，日常开支中的一部分，虽然他的退休工资并不高。

姚慕双平时话不多，人缘非常好，说话做事从不"捣糨糊""和稀泥"，敢于发表意见，往往一针见血，切中时弊。

2004年9月26日，上海曲协主席王汝刚在《新民晚报·夜光杯》发表的《相册里的姚慕双》一文中写道：

> 几年前，姚先生曾在公众场合讲："现在我不要看滑稽戏了，一点不'噱'，看来我要成滑稽的叛徒了。"对于一个热爱喜剧钟情滑稽戏的艺术家来说，讲这句话应该是非常痛心的。……他是恨铁不成钢，他真诚希望年轻一代超越前人，赢得更多的观众。他爱之深，痛

之切，才会有“我要做叛徒的语言”。听了他的话，我心里感到震惊，特别我担任上海曲艺家协会主席之后，觉得责无旁贷，担子更重了，我在曲协主席团会议上，谈起了这件事，引起了大家的共鸣，于是我们对培训青年演员作了一些努力……后来，他参加一次茶话会，作了即席发言：“最近看了几档节目，尽管还不太成熟，但比以前‘噱’了，有看头。特别是我看见了一批新面孔，使我感到我们的事业有希望。我不做叛徒，我要和青年人一起把海派艺术发扬光大。”

爱业、守业、敬业的可贵品质，在姚慕双身上随处可见。

上海曲艺剧团成立不久，剧团曾在人民大舞台复演创作于1961年的大型滑稽戏《笑着向昨天告别》，当时10天的戏票全部售完。场外红灯高挂，观众如潮。一天，上海文艺医院的内科主任严敦予医生突然来到剧场，找到剧团副团长童双春，严肃地责问道：“怎么还在演出？”童双春不解地问：“怎么啦？”他说：“你们姚老师胃出血，4个‘+’，大便都发黑了，再演出，要出人命的。你是团长，要负责任的。”童双春大惊失色：“我不知道事情有那么严重啊！”严医生说：“我开的病假单，你们没看见啊？”童双春回答：“没有啊。”原来姚慕双看病回来，把医生开具的病假单偷偷地藏起来了，瞒着大家带病坚持演出。童双春问明情况后才明白，姚老师知道滑稽戏票早已卖完，不能因为自己生病耽误演出，而让观众来回奔波退票，浪费时间又花钱。自己咬咬牙，忍住病痛，4场演出就可以坚持下来了。

据姚勇儿说，一次他父亲演出《海外奇谈》，在舞台上胃病发作，医生给他打了强心针，但他要坚持演出，只好将叫来的救命车停在剧场外面待命，随时预防不测。

在姚慕双眼中“戏比天大”，他用实际行动彰显了一位老艺术家的戏德，让同行深受感动。

姚慕双一生从不虚言，诚实守信，表里如一是他遵循的行为准则。

“文化大革命”结束，团里曾编了一个劝人戒烟的说唱节目，姚慕双不参加这个节目的排演。“咦，姚老师，你为啥不参加？”有人问他。姚答：

"叫我戒烟，我做不到啊。叫人不要抽烟，刚落幕，我已点上一支牡丹香烟，怎么叫人戒烟呢？"姚慕双实事求是，言行一致，自己做不到的，决不劝人去做。文艺有导向作用，台上塑造正面人物，叫人不抽烟；遇见台下观众朋友，自己香烟不离手，别人就会背后指责："自己都做不到，叫人做到呀？"姚慕双做事不虚假，非常真实。

晚年的姚慕双已是滑稽界泰斗式的人物，但在他身上没有一点傲气，反而越发平易近人，见了比他年长的演员依然以礼相待，尊敬有加，十分关心；对于他的学生和青年演员，他与周柏春甘当绿叶，扶持他们步入滑稽舞台的中心，充分发挥他们各自的才能。

姚勇儿说他父亲虽然红遍上海滩，但是在剧团里一点没有架子。出去演出，总是关照他："勇儿，你年轻，要照顾好你叔叔和袁一灵老师。"袁老师比姚慕双大一岁。1979年，新中国成立30周年，去北京演出，勇儿要洗4个人的衣服：父亲、叔叔、袁老师和他自己。这是出发前姚慕双叮嘱的，他说："勇儿，这次到北京去，几位师母不去，他们的衣服由你洗吧。"

粉碎"四人帮"之后，姚慕双全力投入振兴滑稽戏的工作之中，却并未忘怀那些遭受不白之冤而长眠于地下的老同行，老朋友，甚至惦念、关心他们子女的景况，并以一己之力，尽可能给予帮助。这里转述刘云洲先生写于2019年5月5日，为悼念姚慕双先生所作的一篇短文的大意。

沈中东先生是原大公滑稽剧团副团长、著名滑稽表演艺术家沈一乐先生最小的儿子，乳名阿五头。

沈一乐先生在"文化大革命"初期遭受迫害至死。沈家从此陷入痛苦之中，阿五头也由此去崇明务农。1985年被抽调回沪，在石门二路24弄门口搭个书刊亭谋生。

20世纪80年代，改革开放不久，百废待举，百业待兴。滑稽泰斗姚慕双先生作为业界领军人物，为振兴滑稽戏争分夺秒，忙碌不休。当他获悉沈一乐先生的小儿子在石门二路设摊卖报谋生时，出于对老友、同行的深切怀念以及对"文革"的愤慨，更怀着对小辈的关怀之情，在百忙之中趁下班回家途中，多次去阿五头报亭，搬个凳子坐在路边。

路人见到姚老师，惊喜之余都会上前与他打招呼。姚慕双先生抓住时机向大家介绍，推荐阿五头的报亭，希望能经常光顾购买报刊书籍。他深情地对阿五头说："一乐老友在'文革'遭遇迫害，你们全家受苦了，我希望以自己个人的广告效应，能够帮助到你度过艰难创业时光。"

他能放下滑稽大师的架子，在路边无私地助小辈一臂之力。若没有宽厚仁义的胸怀又如何能做到？这种关爱之情恰似一缕春风，给沈中东先生送去无比的温暖，并鼓舞他走上了创业之路。如今的阿五头已从出售书报、经营小百货、服装，发展到经营上海特色的"沪上一家辣肉面馆"，并成了该馆连锁店的董事长。这是沈中东先生不懈努力的结果，也是姚慕双先生关爱下一代的初衷。

我们从转述这篇短文大意中，能深切感受到姚慕双的仁爱之心。

姚慕双对友人温良恭俭让，对家人也和风细雨，脾气好，很少责怪孩子。

姚祺儿至今保存着一张从台历上撕下来的字条，上面有他父亲写给他的几句话。

事情发生在1973年底。

那年姚祺儿已中学毕业，他是老三届，分配在卢湾区百货公司。一天，为了一点小事，午饭时与母亲顶嘴。平时祺儿和他的弟妹们对父母十分尊敬，极少发生这种情况。父亲在一旁，目睹这一幕，非常生气，狠狠地骂了儿子一句。年少气盛的姚祺儿受了委屈，饭也没吃完，便起身去单位了。

第三天，他收到父亲给他的一封信。那时尚在"文化大革命"期间，大家各方面都比较拮据，信纸是一张翻过来的台历，很小的一张纸。姚慕双给儿子写道："祺儿，昨天发生这样一件事，当时我比较激动，你也比较激动，大家有些不欢而散。爹爹首先向你道歉，昨天我态度不大好。但反过来也要对你说，妈妈从小把你领大、养大、带大，付出多少心血！特别在爹爹隔离期间全靠你妈妈，妈妈受了很多苦！你昨天的态度也有点问题，希望将来你要自行改过，你现在年纪毕竟还轻……"祺儿读了这封信，顿生悔意，自觉地检讨了自己过激的情绪。很快，母子和睦如初。

祺儿参加青艺滑稽剧团之后，虽与父亲、勇儿不在一个剧团，婚后，他与妻子住在虹口山阴路祥德路，但他常去太仓路看望父母，姚慕双有时也十分欣慰地观看他与勇儿的演出，父子间相处十分融洽。祺儿、勇儿都记得1979年、1980年间，他们父子仨都忙于演出，剧场多数在市中心，相隔不远，如五星剧场、贵州、解放、大众、邮电俱乐部等。父子仨演完戏，约好散夜戏后聚在太仓路。姚慕双就给两个儿子分工：“祺儿，你去云南路鲜得来买十块排骨；勇儿，你去云南路小绍兴斩点三黄鸡。”买回家，父子仨便边吃边聊，谈天说地，又说又笑，尽享天伦之乐。餐毕，祺儿骑车回家，在他的记忆中，这是一段十分愉快而温馨的日子。

1986年，姚慕双已退居二线。那年的6月4日，上海滑稽剧团在大众剧场上演《趁你还年轻》，由王双庆担任主角，姚慕双、周柏春协助演出，甘当配角。在报纸广告与海报上，姚慕双、周柏春将王双庆的名字排在第一，自己的名字放在徒弟后面，这是破天荒的举动，令王双庆深深感动。

姚慕双对功过荣辱的淡然处之，是他做人的标杆，一种超脱世俗的境界，也是无声的自勉。

纪念证书

编号：№

姚慕双先生：

对第一届东亚运动会的筹办工作给予了大力支持和赞助，充分表达了您(们)的爱国之心和奉献精神。
让我们为办好这届体育盛会，为增进亚洲人民及运动员间的友谊共同努力。

感谢您（们）为第一届东亚运动会捐款。

第一届东亚运动会组织委员会

1993年2月1日

1993年，第一届东亚运动会组委会颁发给姚慕双的捐赠纪念证书

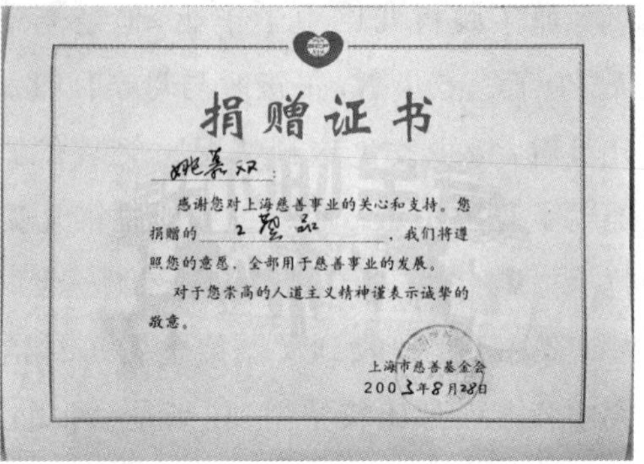

# 捐赠证书

姚慕双：

感谢您对上海慈善事业的关心和支持。您捐赠的 2 塑品 ，我们将遵照您的意愿，全部用于慈善事业的发展。

对于您崇高的人道主义精神谨表示诚挚的敬意。

上海市慈善基金会

2003年8月28日

2003年，上海市慈善基金会颁发给姚慕双的捐赠证书

# 四十五　洁净如水的人

金石不随波，松竹知岁寒。

冥此芸芸境，回向自心观。

——〔宋〕黄庭坚《颐轩诗六首 其一》

周柏春与胞兄姚慕双性格不同，比较拘谨、内向，但同样具有“好好先生”的优秀品质。姚慕双率真，热爱生活，始终保持着一颗永不衰老的童心，懂得品尝生活的乐趣，烟、酒、茶俱来，会“享受”，是个美食家，“老克勒”。周柏春则烟酒不沾，洁身自爱。饭局上点到为止，很随意。这是他们兄弟之间的差异。

然而，周柏春却是一个十分注重仪表的人，可以说“爱洁成癖”。他每天漱口刷牙五六次，春夏秋冬天天洗澡。凡有事外出，胡须是必剃的，哪怕隔天刚剃过，西装西裤往往要试五六套，堆满一床。他既要考虑时令、当天的阴晴风雨，又要考虑衣服与领带、皮鞋颜色乃至于与本人气色的协调，直到满意为止。为此，妻子吴光瑾经常有意见，唠叨不休。有时夫妻共同外出时，吴光瑾产生逆反心理，故意马马虎虎不修边幅。每逢此时，几个女儿总要在一旁起哄：“不般配！不般配！”周柏春便笑呵呵的，得意之情溢于言表。吴光瑾只得另换衣服，彻底“屈服”。

周柏春认为：“待人接物，仪表整洁是对人的尊重。”

其实，周柏春的心灵，与外表一样，洁净如水。不贪婪，不欺诈，纯真得近乎天真。

“文化大革命”后期，隔离“审查”了三年半的周柏春总算熬到了自由。他恍若隔世，怯生生地开始与几个至亲好友来往：不敢谈政治，不敢诉苦衷，只是到人家里默默地坐一会，互相道声“珍重”，然后步行回家。

有一次，周柏春步行去看一个同行，他住得较远。回家时，那位同行执拗地将周柏春送至车站，但他不知道老同行因扫荡式的抄家已身无分文。周柏春拗不过他的盛情，只得随他到车站。谁知那位同行非常热情，非要看着他上车，看着车开走方肯回家，百劝不回。周柏春又急又躁地被推上了车。

一上车，他的呼吸似乎屏住了，心如鹿撞：未脱帽的“牛鬼蛇神”哪敢再戴一顶“逃票”的桂冠呢？情急生智，他冒出一句：“售票员同志！我……我乘错了方向，请让我下车吧！”低着头不敢瞧售票员一眼，只听得头顶上扔过来一句：“下一站下！”

这一站路好长哟，时间仿佛凝固了。一到站头，未等车门完全打开，他脸涨得通红，逃下了车……

平反后，没收的财产归还了，再不愁五分钱的车票了。然而，又产生了新的烦恼。同仁间、亲朋间、邻居间，婚丧喜庆的帖子像雪片一样飞来，人们都以请到周柏春为荣，大有非去不可之势。

全身心沉浸在艺术海洋之中的周柏春，很不喜欢这些恼人的应酬，因为他正在为振兴滑稽事业殚精竭虑地日夜拼搏，时间与精力对于他实在太宝贵了，耗费不起呀！面对每一张帖子，他内心都要经过一番搏斗，那是自己的良知与社会风气的抗争。抗争结果，有胜有负：良心占上风，就坚决不赴宴；被社会风气的浪头打得抬不起头，就只好违心赴宴。每次斗争都是激烈的，甚至是痛苦的。

终于，他想出个两全其美的方法：礼到人不到。有一份帖，送一份礼，聊表心意。至于人嘛，限于工作，限于身体状况，就不参加了，只能请求谅解。于是乎，他的妻子与子女，生活中便增添了一项新的内容：上门送礼。家人回来，周柏春总要问一声：“送去了哦？”得知礼送到了，他才放心。

在家中，周柏春率先作示范，从不操办生日。儿女几个成婚，他也一贯主张从简，越简越好，甚至不办喜酒。

可是，他对需要帮助的人，从不吝啬，常常慷慨解囊，伸出援手。在马路上见人乞讨，摸钱施舍成了他的习惯。一天傍晚，他在回家的路上，见一个人蜷缩在马路边，那时他已患白内障，视力减退，加之路灯幽暗，看不清楚，当他摸出5元钱给他时，那人猛然抬起头来，厉声骂道：“眼睛瞎脱啦，勿看看清爽！”周柏春方知，眼前的陌生人不是乞丐，自己看错了，忙不迭地打招呼：“对不住！对不住！”说完便“落荒而逃”。回家后，他把这件倒霉事告诉妻子，吴光瑾说："侬（你）眼睛不好，以后看看清楚，再给钱。"

2003年5月抗"非典"时期，上海市文联举办"文艺家向白衣战士献爱心活动"。周柏春在一周前曾几次打电话至市文联，说他一定要捐出自己心爱的物品，以示对白衣战士的关爱。27日那天，81岁高龄的周柏春来到现场，拿出了自己的学生在他寿辰日上赠给他的艺术品，其中有精美的瓷器花瓶、竹刻老寿星、木雕像。此外，他还捐赠了2 000元人民币。周柏春希望通过捐赠，给白衣战士增添战胜"非典"的信心和力量。他说，白衣战士的精神以及所有文艺家们表达的心情是相同的，我们众志成城，一定能战胜灾难。作为文艺工作者，我们要以自己的作品和实际行动，来直接支持在第一线抗击"非典"的白衣战士。

周柏春平时在家，凡有观众来信，必一一答复，他自己有时忙不过来，便嘱大女儿伟儿代笔，写完后，还得让他亲自过目，他要亲手贴上邮票，亲自投入邮筒，才放心。

一张张薄薄的信笺是一条条友谊的纽带，系住了多少颗诚挚的心！

"文化大革命"前，有一个观众是残疾人，他接到周柏春的回信后，激动得不能自已。他二次来信说："我写信给您周老师，原本是出于对您的敬慕，并不奢望回信，因为我深知您很忙。我是一个鸡胸患者，学木工，处处感到自惭形秽。想不到你这样有名的艺术家竟会给我写信。虽则寥寥数语，却让我看到了您一颗平易近人的高尚的心。这，极大地温暖了我的心。"

在周柏春眼里，观众不仅是滑稽演员的衣食父母，滑稽艺术的欣赏者，而且是最直接也是最具权威性的评委，评定艺术高下、优劣的决定权，掌握在观众手中。所以，他对于自己的要求极其严格，艺术上容不得半点瑕疵，尽量做到一丝不苟，认真到近乎苛刻。

有一年夏天，演大型滑稽戏《认钱不认人》，气温达30℃以上，而冷气又未开放。周柏春身上却围着两条棉絮，汗流如雨。有人劝他少围一条，他不愿意，因为那是人物形象的需要，他可以为之献身。果然，他热出病来了，但他仍执意不改。可以说"认真"二字，是他功成名就的一个十分重要的原因。

伟儿、红儿曾回忆父亲认真创作，“入而不出”，忘怀一切的一桩趣事：

> 1983年6月，黄梅天气里，父母住三元坊期间。一天，母亲有事外出，家里有半干的两竹头衣服和两竹头尿布（当时伟儿夫妇与父母同住，刚生了儿子不久），父亲在家中写词儿。母亲关照父亲，若出太阳，就把衣服和尿布拿出去晒；倘天气不好，要马上收回来。母亲再三关照（三元坊的晒台蛮大的，搭了一半的玻璃房，平时天气不好时，衣服就晾在玻璃房里），父亲满口答应。但他只记得晒出去，天落雨要收回来这事忘光了，潜心钻研自己的词儿。衣服晒出去，不一会儿落雨了，本来已经快干的衣服和尿布被雨淋得嗒嗒滴！弄得妈妈和伟儿侪（都）“昏”过去。

1983年夏，姚慕双、周柏春要排练一个独脚戏，其中有一段跳交谊载歌载舞的场面。为了这一二分钟的戏，周柏春专程到市青年宫（当时大世界还未复名）找舞蹈老师学舞步。他怕自己年岁大了记不住，便带了两个女儿——伟儿、赛儿一起去，一起学，回来再帮助他巩固，一直跳到自己的动作合乎标准为止。

为了学习著名评弹演员徐丽仙的唱段，他一度天天捧着录音机反复听，跟着唱，一遍又一遍，到了入迷的程度，连如厕都要把录音机带进卫生间。徐丽仙去世后，周柏春曾多次参加纪念徐丽仙的演唱会。2001年，在逸夫舞台，纪念徐丽仙80诞辰的演唱会上，各路名家都到场，他再次登台演出。这次他唱的是《情探》。台上灯光炽热，台下黑压压一片，他满怀信心地唱起来：“梨花落，杏花开，桃花谢，春已归，花谢春归你郎不归……”谁知只唱了两句，脑子里突然一片空白，无论如何想不起第三句来，愣了十几秒钟，他只好对观众说：“对不起，敫桂英太伤心，连唱词都忘记了！”观众哄堂大笑，善意地鼓起掌来。这一鼓掌，他的记忆又回来了：“奴是梦绕长安千百遍，一回欢笑一回悲……”一鼓作气唱完了，一直到结束，没有吃过一只“螺丝”。

据钱程回忆，周柏春曾对他说“现在滑稽演员都学我的节奏‘慢一拍’，‘慢一拍’是我年纪大了，跟不上了，是缺点呀，他们也要学的。他们讲我怎么好，我跟你讲老实话，我是‘笨鸟先飞’呀。”

钱程当时听他这样说不相信；后来听姚老师讲，他相信了。姚慕双说“我三弟，他的台词儿有得拌了。有时候，我也就陪陪他呀，一起练台词。他自己要做好功课，一遍、两遍、三遍，我陪陪他咾。”

钱程把姚慕双、周柏春两位老师的话联系起来，周老师说自己“笨鸟先飞”的话，他相信了。周老师退休后，钱程常去江宁路寓所看他。师母很和善，她告诉钱程，周老师每天早上起身，步行去静安公园打拳；以后走不动了，就在家里背词儿。每天都要把以前演过的节目背一遍。钱程问周老师，现在你不上台，每天背台词做啥？他说：“我为了不生老年痴呆症，脑子要动啊。”

其实这也是周柏春的一种艺术惯性，虽然预防老年痴呆症是一个因素，但更主要的原因还是他对滑稽的热爱。心心念念头脑中装着滑稽。

周柏春艺术上执着，认真，生活上也是个没什么脾气的“好好先生”。他与吴光瑾结婚半个多世纪，恩爱如初，从来不口角，不“鸡狗”。周柏春得了白内障，视力不好，常常会不小心碰碎碗杯瓷瓶，爱人难免嘀咕，他反而风趣地把妻子的责怪，看作耳边一阵风，当作“补药”吃，从不计较。

周柏春和与妻子吴光瑾待人友善、真挚，徒孙辈学生颇有体会。

王一凡说，“文化大革命”后，周老师被“解放”，文化局给了一套三元坊的住房。每年初一，学生总要向先生拜年，先去姚老师家，后去周老师家。周师母事先就烧好两大钢盅镬子白木耳，去红宝石蛋糕店买来许多奶油小方蛋糕，凡上门拜年的客人，无论何种身份，不管地位高低，每人一块蛋糕，一碗白木耳羹。哪怕当时的上海市副市长龚学平，还是剧团里搭布景的装台师傅上门拜年，也是这样款待，一视同仁，绝不厚此薄彼。

一天，王一凡为周老师出书一事赶去周家。恰逢大热天，汗流浃背。下午一点多到，师母立即给他一瓶正广和汽水；与太先生商谈不到半小时，师母送上剥了皮的小蜜桃，叫他尝尝时鲜；再过半小时，师母让他吃了一大碗绿豆汤；末了王一凡起身告辞，师母又递给他一块光明牌冰砖。

不到两小时，师母一连送来四次冷饮，给他降温，招待学生殷勤周到之极，使他备受感动。

周柏春说，他做人有三原则：第一，要勤奋，不管成名与否，要一直攀登。第二，一定要友善待人。有句老话讲："上半夜想想自己，下半夜想想人家"，所有事情多为人家想想，要将心比心。第三，就是"无功不受禄"。你要有求于别人，一定要给别人一些什么，不能沾人家便宜。

著名评弹作家窦福龙回忆：

我生于1940年，五六岁就喜欢听评弹沈笑梅的《济公活佛》《乾隆下江南》，另外就听无线电播送的滑稽，好听呀，天天听。

"文革"之后，我从评弹这个口子进去后接触到大量艺术家，包括姚慕双、周柏春。接触次数多了，相互便有了解，交往越来越深，想不到，后来我与姚慕双、周柏春竟成了忘年交，成了很要好的朋友，他们比我大十多岁。我举两个例子：

20多年前，我大女儿结婚，在"美丽园"办了30桌。证婚人杨振言，男方介绍人周柏春，女方介绍人吴君玉，嘉宾代表杨华生。当然他们并非事实上真正介绍人，我是请他们造气氛。

周柏春特地带来太太一起出席。他太太吴光瑾人真好呀！虽然相貌平平，但十分懂道理。周柏春许多事情都不管，对太太的依赖性很重。大小事体都太太安排作主。我接触下来，感到这位太太既贤惠又能干。

他们来前，我对周柏春说："女儿结婚，请你同太太一起来吃酒。""好的，我们一定来。"我说："你还有任务来，做介绍人。"他电话中爽快答应："好！我有数了。"

像这些演员来，照例，总要给出场费。他非但没有出场费，而且他还送礼。我随便哪能不收。我说："没有孝敬你，没有啥表示，已经感到不好意思了，你今朝来捧我场，怎么还送礼呢？礼无论如何不能收。"周太太就问我："我们是否来吃喜酒的？""是的。""吃喜酒怎么不送礼呢？你不收礼，我这个喜酒怎么吃呢？没有这样道理的，一定要收的！你不收，我们马上回去！"

一番话让我感动得不得了。真正是老艺术家啊！他们把钱财看得很轻，重人情，重友情！当时社会上一些演员走穴，贪财的人多少？婚丧嫁娶之类的事，凡请那些人未来先谈出场费，即便给他多了，还不满意，那是司空见惯的事。但周老师却不是这样的人，他把自己放得很低，完全以一个朋友的身份来道贺，平起平坐。像周柏春这样身份的大艺术家，他能来吃喜酒，是捧我场呀。

他作为介绍人，上台讲话事先都做了准备，讲一段小品，放几只噱头呀，全场哄堂大笑。最后还把一只"包袱"掼到我头上："讲到此地，我弄勿落了，只好去拉窦福龙来。"你看"噱"哦？他没有拿一分报酬，反而贴钞票来，我不受不行，他道理比我足啊！他尊重朋友的友谊，体现了大艺术家的高风亮节。

第二桩事体，我们评弹国际票房与上海电视台一起策划，举办过一次《雅韵盛典》，把江浙沪一带评弹界的著名演员都请来演出一场，规模很盛大。我在策划整个演出的过程中准备将一些老艺术家都推向前台。我要求采访一些著名老演员，包括王柏荫、金声伯、陈希安等，全部坐在台上；台下也坐不少演员，全部是老艺术家，如杨华生、周柏春等。

其时周柏春身体已很不好了，反应迟钝，不太出门了。但我想，举办场地在北京路泰兴路的政协礼堂，周柏春的寓所在不远的北京路江宁路，还是比较近的，我让政协秘书去联系。周太太在电话中说："周柏春现在身体不好，不参加了。"秘书向我汇报，告之情况。我对他说："你是否告诉他，这个活动是我窦福龙搞的吗？"秘书说："我说了是评弹国际票房搞的，没有提到你。"我便让他重新给周家打电话，告诉他，是我请他。秘书重新打电话，说是"窦福龙请周老师"。师母听是窦福龙请，就爽快回答："好，我们去的。"

因为患糖尿病，眼睛已看不清楚了，但他头脑还清楚。其实他太太身体也不好，是女儿周伟儿陪同前来。杨华生身体也不太好了，这些活动都是记录这些艺术家晚年参加社会活动的身影，大约是周柏春去世前一年多，是抢救下来的。这类活动没有报酬，就是坐坐，听听书。此事对我触动很大。

他家中书案玻璃台板下压着一张拜年信，是我送给他的，是一张从云朵轩买来后面印着一条龙的木刻水印宣纸，很考究，上面有我用毛笔书写的贺岁辞，并盖了印章。一直到他临终还放着，不是我的字写得好，而是周老师重义重情啊！

《周柏春自述》出版后，他赠我一本书，扉页题字上写了“窦福龙老师”，我实在愧不敢当，师母解释道：“现在都称老师，外面行的，你不要多心。”这桩小事也体现了周老师对人的尊重，总以平常人相处，从不居高临下。

我自办的“乡味园”面馆开张之日，他特意写了一幅字，请人裱好，配了框子送来。上写“味美宾如归，心平客常来”。我一直挂在乡音面馆的一面墙上。

我在开开空调公司任总经理时期，每年搞一次活动，周老师每次必至，唯1997年因故未来，但姚慕双来了。这一次规模最大，凡沪上著名表演艺术家几乎都来了，连电视台的人都惊愕，说电视台搞春节联欢请的嘉宾也没到得那么全。我虽然没给出场费，但开奖有奖品，与会者摸得七投八冲的，奖品多得不得了。戚雅仙高兴得唻，对我说：“窦经理呀，明年活动要叫我喔，不好不叫喔！”张静娴年年参加，没有脱过班。今年若还没搞，她就会说：“今年怎么还没搞啊？我等勒海啊！”这样的联谊活动一般在春节前后举办，大概搞了六七次，一年比一年规模大。1997年最后一次，著名演员有六七十个，评弹界全部到场。沪剧界王盘声、邵滨孙、韩玉敏；马莉莉跑过来说，他们来，再叫我跑过来做啥？越剧界戚雅仙、毕春芳。当时评弹界小字辈有资格参加的只有秦建国、范林元。评弹界杨振雄、杨振言、金声伯、余红仙、王柏荫、张鉴国、吴君玉、江文兰、薛惠君、沈世华、饶一尘，一排老演员在台上，全部唱开篇《梅竹》，一人唱两句。吴君玉、邢晏芝报幕。杨振言弹三弦，张鉴国弹琵琶。最后加了两句唱词，给我做广告：“买衬衫到开开，买羊毛衫到开开，买空调机还是到开开。”他们临时编词商量好的，捧我场，大家笑得来肚皮疼！姚慕双也站起来说："开开衬衫，领袖风采！"

在搞活动的过程中，我与这些艺术家，越来越融洽，加深了感情。

周柏春喜欢评弹，我参加主持的国际票房搞活动都请他来的。他总会礼貌地说："你总归想得到我，勿会忘掉我。"要让他出面讲几句话，他总是没有一句闲话，爽快答应。每次他上台表演一段，事先都早早准备好了，非常认真。

周柏春给人感觉，他不是一个艺人，完全像一个知识分子，没有一点点江湖艺人的习气。

我开的"乡味园"面馆在南京路茂名路转弯角上一条弄堂内，从这里到江宁路北京路口较近，方便，所以他与太太中午常到我店里来吃面。店内京剧票房活动每周一次，他经常来听。

我小时曾在无线电听过姚慕双、周柏春一只段子《羊上树》，很多业内人不知道，我还会唱的（用山东话唱）："向来无事到南阳，南阳本是好地方，桃红柳绿真好看，看见树上是只羊，这个羊怎么能够上树上玩玩，玩玩！"（白）去南阳看到一只羊上树，问怎么能上树的呢？对的，格末（那么）哪能（怎么）上树的呢？侬（你）横也唱，竖也唱，勿要唱咪，到底羊哪能（怎么）上树的呢？最后解包袱：人家抱上去的。这个段子我小时候记得很牢，也会唱。现在听过的人都呒没（没有），我讲给周柏春听，他也笑了，说他自己也忘记了。说我资格是老，资格是老！

**周柏春交友也广，他与文艺界的一些朋友相处很好，且时有往来。**

**接触较多的有于飞、嫩娘夫妇。于飞与吴光瑾是远房亲戚，称周柏春为"三阿哥"，叫吴光瑾"翠珍姐"（小名）。嫩娘烧得一手好菜，"蜜汁叉烧"是她的拿手菜，烧好了，经常请姚慕双、周柏春到他们家吃饭。与越剧界的戚雅仙夫妇也经常来往。有一年，吴光瑾请戚雅仙夫妇去窦福龙先生开的"乡味园"吃年夜饭，周、戚两家共度除夕，其乐融融。周柏春与沪剧界的杨飞飞、赵春芳夫妇的感情不错。周柏春住在新闸路期间，两家相隔不远，杨飞飞经常去周家串门，拉家常，与吴光瑾诉说家事。周柏春**

姚慕双、周柏春在“清奇古怪”古柏前合影（摄于2002年7月4日）

夫妇总劝她不必操心太多，儿孙自有儿孙福。无锡评弹团的吴迪君、赵丽芳，崇拜周柏春，认周柏春为干爹，每次来上海演出，都要来周家拜访。

与周柏春同住江宁大楼一个楼面的邻居是大导演谢晋。1999年，周家装修房子，周柏春夫妇暂住到大女儿伟儿家，谢晋夫人徐大雯正好将502室买下，她特地腾出一间空房让周家寄放家具杂物，并让周的小女儿睡在他家。两家相处甚为和睦。

1986年，美国两个滑稽演员来到上海，一个叫瓦洛克，另一个是马歇尔，他们是继卓别林、劳莱·哈代、勃伯·霍普之后风靡好莱坞的明星。两人从《纽约时报》的报道中，知道上海的滑稽演员姚慕双、周柏春发明倒背26个英文字母，十分惊奇；到了上海，便通过美国驻上海总领事吕·勃斯、文化参赞戴维·赫斯，要求与姚慕双、周柏春面晤。交谈中，姚慕双、周柏春对好莱坞明星熟悉的程度让他们吃惊。此后，美领馆总领事吕·勃思，每周六便请姚慕双、周柏春去美国领事馆看两部电影。姚慕双、周柏春若有新戏上演，美领馆也会打来电话，预订戏票。

# 四十六　提携晚辈

谁肯栽培木一章，黄泥亭子白茅堂。
新蒲新柳三年大，便与儿孙作屋梁。
——〔清〕龚自珍《己亥杂诗》

邵光汉是王辉荃的学生，是姚慕双、周柏春第三代传人。每年初一，王辉荃都要带学生邵光汉去向姚慕双、周柏春拜年，先去周家，再拜姚家。同去拜年的还有张双勤的学生顾竹君、王一凡、戴齐绒、殷群红等。

1962年，卢湾区少年宫与“上海人艺”滑稽剧团，办了一个滑稽戏培训班。邵光汉原本在企业开办的专科学校读中学，因为从小喜欢滑稽，便参加卢湾区少年宫曲艺队，当了队长。周柏春手把手教他的第一只独脚戏是张双勤编写的《三斤米》，从头教到底。那时，他只有14岁，绕口令、说表、钹子书等基本功，都必须学。

姚慕双、周柏春十分强调独脚戏的节奏感，下手如何铺垫，中间停几拍，上手怎样说好关键性的台词，如何赢得满堂彩，都有要求。两位老师告诉孩子们，独脚戏是用说表与观众交流的语言艺术，当铺垫的词儿出来，要有所停顿，给观众以短暂的思索空间，此时再丢包袱，出乎观众意料之外，便会爆出笑声。上台表演不是背书，尤其当观众少的时候，更要用心表演，才能长功夫。

1978年，上海曲艺剧团尚在恢复之中。滑稽戏便由上海市工人文化宫曲艺队或青年宫艺术团演出，上演独脚戏《一斤肴肉》，由张双勤执笔编写，裴凯尔导演，邵光汉与王双庆、吴媚媚、王蓓等演出，很轰动。因为广大市民近十年未见滑稽戏了，就像饥汉尝了一顿美餐。

改革开放初期，1981年11月21日至12月26日，上海举办第一届戏曲节，全国各剧种的艺术团体都派员前来上海观摩，可谓声势浩大。

上海纺织业余艺术团（曲艺团）上演由邵光汉编剧的滑稽戏《三万元》，获演出奖。同时获奖还有其他四个滑稽戏，分别是：上海曲艺剧团的《路灯下的宝贝》，获剧本、演出、导演、表演、舞美5个奖项，《甜酸苦辣》获剧本奖；上海市青艺滑稽剧团的《出租的新娘》获演出奖和青年演员奖；上海市人民滑稽剧团的《阿Q正传》获纪念奖。受表彰的个人有姚慕双、周柏春、杨华生、翁双杰、王双庆、邵光汉。

在首届上海戏曲节中，5台滑稽戏受到观众与戏曲界人士的热情关注与一致好评。

滑稽戏《三万元》反映某纺织厂设计革新项目，因资金缺乏无法试验。退休工人陆益民急工厂所急，欲将30年积蓄的三万元捐献给工厂。陆师傅的行动引起种种不同反应，有人赞佩，有人非议，也有人企图觊觎。女工胖大嫂说他是“憨大”，青工顾德乐假冒陆益民好友之子骗取钱财。陆益民力排阻力，揭穿骗局，毅然将三万元捐出。

吴湘平饰陆益民，叶秋依饰胖大嫂，邵光汉饰顾德乐。艺术顾问是上影的徐昌霖。

该剧的演出受到广大纺织工人的欢迎，前后演出196场，观众达10万人次。剧本刊于《新剧作》1982年第1期，1985年4月，中国戏剧出版社出版的《笑的戏剧·滑稽戏选》收入该剧本。

1981年12月16日，就在首届上海戏剧节期间，《解放日报》发表了有关报道《一枝盛开的喜剧鲜花——戏剧节滑稽戏专场演出综述》，写到工人业余剧团演出的《三万元》，“大胆取材于一个工人夫妇把三万元积蓄捐献给国家的真人真事。……据悉三万元演出社会效果，甚至超过原先的事迹报告会。”

《三万元》获奖不久，1982年1月29日，《人民日报》头版发表了《给人以健康笑料，寓教育于娱乐之中——评滑稽戏〈三万元〉》一文，指出《三万元》就是宣传国家利益，民族精神与社会责任。评论滑稽戏的文章上《人民日报》头版，新中国成立以来尚属首次。

同年2月15日《新民晚报》也发表了上海市委宣传部文艺处处长刘金写的文章《〈三万元〉好》，他说，“《三万元》应该受到人民的称赞。它使观众在健康的笑声中受到教育，从而为建设精神文明作出了自己的贡献。”

上述无论报道还是评论，对滑稽戏《三万元》主题的积极意义都作了充分的肯定。其时，滑稽戏《三万元》在"向钱看"还是"向前看"的问题上起了一定的导向作用，某种程度上配合了行政部门宣传的需要。

姚慕双、杨美明在后台与学生合影

学生创作的滑稽戏获奖，作为老师的姚慕双、周柏春，心里自然高兴。由于《三万元》已造成一定影响，市剧协、曲协在光华剧场（原延安路近成都路，今为延中绿地一部分）联合举办三四场展演，邀请话剧、滑稽、文艺界的人士前来观看。姚慕双、周柏春特地携太太赶来看戏、捧场。他们为滑稽戏《三万元》取得的成绩感到高兴，满面春风地走到后台，向邵光汉表示祝贺！

首届戏曲节结束后，周柏春兴奋之情不待言表，他意犹未尽，还与妻子专程去邵光汉家中看望。其时的邵光汉住在徐家汇路，周柏春夫妇却去了徐家汇，搞错了方向，转了大半圈子才找到邵光汉的家。太师爷的热情与厚爱怎么不叫徒孙邵光汉感动呢！那时候，他还是一个二十来岁的小青年，后来他回忆说：

> 当时我只有二十几岁，是姚慕双、周柏春两位老师"家风好"，教导我的路子正，才使我取得一点成绩。他们让我懂得：舞台须净化，表演要规范，才能产生艺术美。这是滑稽从业人员终身追求的目标。

《三万元》崭露头角，作为编剧兼主演的邵光汉，引起滑稽界，尤其引起上海滑稽剧团的重视是理所当然的。很快，他于1982年至1983年间，从纺织业余艺术团被借调到上海滑稽剧团。当时剧团的领导是周丰年、童双春。邵光汉是姚慕双、周柏春的徒孙，在表演风格上契合上海滑稽剧团的路子，自然是借调的一个因素；姚慕双、周柏春二位老师提携后辈，大力推荐，更是不可忽视的原因。

邵光汉借调到上海滑稽剧团之后，得以有机会与两位太先生共事，亲聆姚慕双、周柏春的教诲，使自己的表演艺术上了一个台阶。

刚进剧团，团里正在巡演《路灯下的宝贝》，他随团暂时客串群众演员；然后就跟着姚慕双、周柏春两位老师一起去崇明、黄山一带同台演出。

带去的独脚戏有6档节目，邵光汉演2档：一档他与潘奕青合作的独脚戏《哪能谈不拢》，一档是配合颜晴雯演出《各派越剧》。

1982年在崇明。一天早上7点钟，周柏春来找邵光汉，递给他一支烟（周柏春自己烟酒不沾），对他说："唱独脚戏，人手不够，你要唱两档，我来帮你排戏。"周柏春没有食言，邵光汉与颜晴雯合作的《各派越剧》就是姚慕双、周柏春两位老师在崇明亲自导演的。

就这样，邵光汉白天与颜晴雯演出王双庆编写的《各派越剧》，当他晚上演出《路灯下的宝贝》时，突然，舞台上灯光熄灭，保险丝烧断了。此时，扮演老校长的姚慕双，手提应急灯，不慌不忙，走上台与邵光汉演对手戏。他平静如常，不受一点影响，似乎一切没有发生。老艺术家上台补缺、处惊不乱的应变能力，不仅使观众暗暗感动，也给台上的邵光汉上了生动的一课。

在邵光汉的记忆中，姚老师演戏十分认真，出场前早就候在上场门的侧幕边培养情感，以便很快进入角色。他一出台就是剧中人，而不是姚慕双。

姚慕双、周柏春培养的学生也一脉相承，如童双春，晚上7点演出，4点就去后台化妆，一直化妆到符合自己所扮演的角色为止。他说这是对观众，对艺术的尊重。翁双杰也是4点半到后台，带了一碗烧好的螺蛳，要吮到开场，吃完为止，然后像孩子似地一跳一蹦地笑着说："阿拉（我们）要开场了。"

姚慕双、周柏春的言传身教无疑让自己的学生得益匪浅。

姚慕双、周柏春两位老师与邵光汉在一起的时候总是谈艺术，谈戏剧情节，谈人物塑造。在姚慕双、周柏春看来，演员的表演，若有利于情节的发展，有利于人物的塑造，便是上品；无损于人物塑造，有利于情节发展，尚可接受；既不利于情节发展，又不利于人物塑造，则为下品，应予避免。姚慕双、周柏春关于滑稽艺术的审美理念对邵光汉影响很大，使他在滑稽戏创作与表演上少走了弯路。对于两位太先生的教诲，他至今铭感于心：

巡演回来，上海滑稽剧团开始排练新戏《极乐世界》。该剧由周正行编剧，“上海人艺”胡树庆导演，姚慕双、周柏春，吴双艺、童双春、王双庆、翁双杰、姚勇儿均参加演出。邵光汉被选中演吴度，林燕玉演吴度娘。邵光汉进上海滑稽剧团不久，就让他演大戏，而且列入主演名单，不能不说是上海滑稽剧团领导与太先生姚慕双、周柏春对他的信任与看重。

邵光汉在《极乐世界》中扮演吴度一角，姚慕双、周柏春并未少花心思，从出场亮相到每场随着剧情的发展人物性格如何塑造，一直轻声细语地在一旁启发开导。周柏春还忙中抽闲看他排练，提了意见之后，总是谦虚地说：“这是我个人的看法，供参考……”

其时，个别演员见初来乍到的小伙子演主角，心里很不平衡，说了怪话，甚至彩排时走了样。姚慕双、周柏春看在眼里，马上召开演前会议，作了严肃批评。姚慕双说：“最近借来的邵光汉同志还是有一定水平的，分配他担任主要角色，是给他一个熟悉与锻炼机会，大家应该协助他，配合他，把戏演好。”周柏春接着说：“我听到有人发牢骚，说‘既生瑜，何生亮’。这种说法是不对的，今后每个人只要努力，都有演主角的机会，没有瑜亮之别！”经过姚慕双、周柏春的教育，没人说怪话了，大家齐心协力，把戏演好。

上海滑稽剧团排戏很正规：每个演员都要了解剧中人的“履历”，以便更好地融入角色。邵光汉扮演一个头脑糊里糊涂的“迷糊”青年，第二场幕间出场，导演别出心裁，让他坐在台前，一束追光随音乐徐徐亮起，灯光下吴度昏昏沉沉地唱着小曲《橄榄树》，这支小曲便是周柏春亲自所授。《极乐世界》演出效果很好，从邮电俱乐部一直演到美琪大戏院，观众反映不错。海报上主演的名字，除姚慕双、周柏春，“双字辈”之外，将邵光汉也列入其中，这不啻对他极大的鼓励与鞭策。

1983年，上海电视台要搞一次联谊会，且现场直播。邵光汉应邀创作了小品《卖假货》，他与周柏春、林燕玉、陈述三位德高望重的前辈艺术家同台演出。导演是李尚奎。

排练中最认真，最出"噱头"的当属周柏春。他从每小节怎样推进故事发展到服装设计如何出"噱"，动足脑筋。演出中，他扮演一个受骗上当买假货的浦东老娘舅，处处小心，付款时从七八层口袋里掏出钞票的一幕，让观众忍俊不禁，捧腹大笑！

借调一年多，上海滑稽剧团领导很想把邵光汉吸收进团，成为正式演员，童双春曾多次向文化局提出，要求增加名额，然而，却迟迟解决不了。理由是"编制没有名额，还须再等……"

实际情况确是如此：那一年，文艺系统全面整顿，进行改革，要克服"僧多粥少，人浮于事"的状况。局领导集体研究后作出决定，文艺单位暂不进人，"只出不进"，任何领导都不能违反这个决定。

就在这个时期，邵光汉原单位的上级部门——上海市纺织局接到北京部里的通知，指名要邵光汉为下半年即将召开的全国纺织系统精神文明大会编写一出大戏，并组织一台综合节目。为此，中央纺织工业部办公厅主任亲自从北京飞抵上海，与他约谈，交代任务。

因为编制问题"搁浅"，邵光汉只得中断《极乐世界》的演出，依依不舍地离开剧组。临别前，上海滑稽剧团把剧组演员签了名的照片合成一本相册，赠给邵光汉，相册扉页上题了词："《三万元》中现红花一致好评，《极乐世界》配绿叶大众肯定。"姚慕双、周柏春的大名也赫然在册。

邵光汉错过了进上海滑稽剧团的机会，但上海滑稽剧团学馆第一批学员毕业演出的大戏竟是他的作品《人是五花八门的》，也许当时参加演出的钱程、周立波、凌梅芳可能记得。

1987年，邵光汉进入上海市人民滑稽剧团。

姚慕双、周柏春与邵光汉虽不在同一个剧团，却从未中断彼此联系。姚慕双、周柏春爱去城隍庙，便经常光顾邵光汉的寓所。师徒间往来随意，这种关系一直保持到姚慕双、周柏春晚年。邵光汉的孩子结婚，姚慕双、周柏春参加婚宴；邵光汉老母去世，在城隍庙沉香阁做佛事，周柏春上祭赙仪，执礼甚恭。逢年过节，姚慕双、周柏春也会请邵光汉参加家宴。宴席上，三句不离本行，谈的仍然是滑稽艺术。

多年后，胡晴云、小翁双杰约邵光汉小聚，周柏春夫妇也在座，就一起拍照留念。周柏春执意让邵光汉坐中间，他与太太分坐两旁，后面站着胡晴云与小翁双杰。太先生与太师母的抬举让邵光汉没齿不忘。

姚慕双、周柏春提携的晚辈当然不至邵光汉一人，大凡在滑稽表演方面显示特殊才能的后生，他们总是鼎力相助，并扶持年轻人走上施展身手的适宜岗位。

徐益民是上海滑稽剧团一个很有修养的优秀演员（已退休），喜书法，爱读书，通文墨，很有见地。

1967年，徐益民毕业于上海市新闸中学，适逢“文化大革命”，1968年，他进了常德路800号人民电机厂，当了一名冲床工。周柏春的大儿子——18岁的周文儿，1970年也分配至该厂，做压床工，虽然不在同一个车间，也算是同事。1975年，周柏春刚从“牛棚”出来，就是文儿引荐，让他第一次见到了愁容不展的周柏春。

改革开放之初，徐益民想改行。他会唱评弹，喜欢听“噱书”。著名评弹演员范雪君的父亲范玉山说《济公传》放“噱”，很好听，他就想拜范玉山为师。拜师帖送去了，范玉山也准备收他，徐益民却改变了主意，认为范老先生说书虽“噱”，但他说大书要一股劲，自己很难做到。徐益民性格比较温婉，喜欢慢吞吞的节奏与笃悠悠的放“噱”。但笃悠悠的大书几乎没有。张鸿声说《英烈》“外插花”多，范玉山说《济公传》“肉里噱”也不少，但他们毕竟以说书情为主，不能常放“噱”。所以，他经过一番考虑，还是喜欢姚慕双、周柏春的东西。就在姚慕双六十大寿时，由张双勤引荐，他拜师王双庆，成了姚慕双、周柏春的徒孙。那时，他还在厂里。

徐益民拜师后，对王双庆说：“我小学时喜欢‘大众剧团’，文彬彬、刘侠声、范哈哈，有空就看他们演出；中学时喜欢大公滑稽剧团杨张笑沈了；成年后就爱看姚慕双、周柏春。”王双庆对他说：“这与你知识水平的提高有关。姚慕双、周柏春两位老师的艺术经得起时代的考验，不过时，知识阶层也愿看他们的表演，台上没有龌龊相的东西，出的‘噱头’优雅，内含丰富，有一定的文化沉淀。”

1982年5月9日，徐益民30岁，是他的结婚之日。那一天气温38℃，上海5月份的天气热得反常，创历史同月最高纪录。姚慕双、周柏春携太太，师父王双庆和他的女儿王蓓，编剧梁定东，王一凡、邵光汉、姚勇儿都来贺喜了。徐益民见了周老师抱歉地说："今天热煞了！劳您亲自赶来！"周柏春笑嘻嘻地说："热好啊，叫'热婚'啊！"徐益民说："大家都热得七荤八素了。"周说："今朝台面上正好七荤八素啊！"徐益民说，周老师语言的幽默，信手拈来，好像不假思索。

这一时期，徐益民在"上海群众文艺会演"中，得过独脚戏最高奖，最佳创作奖与最佳上手奖。1983年，他离开人民电机厂，去了杭州曲艺团——那时姚慕双的女儿姚贞儿也在该团，团长是周志华。不久。姚贞儿从杭州滑稽剧团调回上海，在上海群众艺术馆抓曲艺。徐益民在比赛中获奖，贞儿便向姚慕双、周柏春介绍他的情况，所以两位太先生对这个徒孙有了进一步了解。

1984年，徐益民从杭州回沪，进了上海市人民滑稽剧团。一年之后，即1985年，转至闵行吴泾文化馆当老师，教戏曲创作与表演，直属上海群众艺术馆领导，馆长是李庆福。1985—1987年间，他迫切向往进上海滑稽剧团当一名专业的滑稽演员。

1986年，吴泾文化馆成立一周年，闵行区准备举办开馆一周年庆祝大会，一台节目便由徐益民筹划。其时，这类公益性的演出是没有任何报酬的。徐益民联系了姚慕双、周柏春两位太先生，他们二话不说，一口答应，表示要撑他一把。

徐益民用车子去接，姚慕双、周柏春西装穿好，早就在吴江路斜桥弄自家门口等候了。到了目的地，副区长接风，就在当地饭店请客。席间，周柏春对区长和馆长说："徐益民是相当有见地的人。"姚慕双一旁应和着："是的。"周接着说："这样的人才我们要培养的，希望你们区里多加支持！"

其实，这番谈话，就是为徐益民调进上海滑稽剧团铺了路。

那天，姚慕双、周柏春演了一个大段子，一个小段子。徐益民与广播艺术团的徐笑灵也演了一个段子——徐笑灵当时与陈卫伯在一起，是业余的，后来进黄永生所在的广播艺术团，被称为"江南一怪"（已故）。二徐的段子《家庭大家唱》是徐益民自己创作的。那天的演出场所被挤得水泄不通，人们对独脚戏的渴望已久，热情空前高涨。尤其是姚慕双、周

姚慕双（前排右二）、周柏春（前排左一）参加焦化演出队成立大会（摄于1988年3月）

柏春两位滑稽泰斗光临闵行，大家都奔走相告，一睹为快。

1988年，徐益民因姚慕双、周柏春的推荐，终于如愿以偿，调入上海滑稽剧团。姚慕双、周柏春识才、惜才，不断发现人才，为滑稽事业提携晚辈可见一斑。

进团之后的徐益民在太先生姚慕双、周柏春，以及恩师王双庆的指导下，创作了《咸得发甜》，曾荣获首届江、浙、沪独脚戏、小品大赛创作二等奖，表演二等奖。参加演出了50部大型滑稽戏，并在近数十部滑稽戏中担任主要角色。戏中他擅演反面人物，所谓“丑角中的丑角，滑稽中的滑稽”，表演风格“阴噱”，走冷面滑稽的路子，其中《阿要难为情》还出过碟片。

徐益民与太先生同在一个剧团，朝夕相处，比较随意。师徒都迷评弹，交谈甚洽。周先生爱与评弹界的同志交友，有空常去书场听书；他听书，不是戒厌气，而是从中取经学习。晚年还收了一个学生，唱评弹的陈忠英，介绍人是蒋月泉大弟子之一的苏毓荫。

其时，苏陈档在美琪书场说《黄慧如与陆根荣》，周老师就住在对面的公寓楼，他与周师母天天买票去听书。消息传到后台，苏毓荫就带了陈忠英去周家拜访。一来二去，周师母蛮喜欢陈忠英，苏毓荫就做说客，要

在陈忠英拜姚、周二人为师的拜师仪式上，姚慕双（前排左二）、周柏春（前排左三）与子女、弟子合影（摄于2002年初）

周老师收陈为徒。周说："我不说书，你又不唱滑稽，拜我没名堂的。"苏坦言："我书台上的'噱头'都是从小听你听得来的，台上放松的这点东西也从你身上学来的，我们可以从你身上得到一些养料。这个小姑娘（指陈忠英）虽然还小，将来要在书坛上立得了脚，评弹说噱弹唱演，周老师，你在'噱'方面是大家楷模了，她应当拜你为师啊。"周说："不来，我年纪大了，评弹是我们姐妹艺术，有相通的地方，也有不通的地方。"

后来，陈忠英常与周家往来，周师母也蛮喜欢陈忠英，隔隔绕绕很多时间，最后举行拜师仪式，规模很大。鉴于周老师年事已高，也不能予以具体指点，只是陈忠英的叫名头先生。但从苏毓荫引领陈忠英拜师，可见滑稽泰斗姚慕双、周柏春对兄弟剧种评弹艺术也产生了不小影响。徐益民说："评弹也是'周派'滑稽艺术的不可分割的一部分。"滑稽艺术易进难精。周老师给学生上大课时曾自己承认：

> 姚慕双、周柏春艺术是划里程碑的，在我伲（我们）这代滑稽艺人身上有突破性的进展（当时王辉荃在场），特别在段子的创新、发

展以及文化内涵方面，我伲（我们）姚慕双、周柏春兄弟作了含辛茹苦的发奋努力。

徐益民说："这是我第一次听太先生对自己的评价，'是里程碑的'，别人说没用的。那是'文革'之后，已到他晚年时候说的话。"

的确，姚慕双、周柏春无论在台上台下，在滑稽界他们的气场可以说"首屈一指"了。有人认为滑稽在台上只要油腔滑调就好了，姚慕双、周柏春老师最反感这种说法！"阿拉（我们）滑稽是一门艺术，不是油腔滑调能够成功的。"这是他们对学生常说的一句话。

闲聊时，徐益民曾私下问过周老师："滑稽难还是评弹难？"

周柏春也是评弹行家，"文化大革命"之后的一段时间内，上海滑稽剧团尚未正式恢复之前，评弹与滑稽演员合在一起，成立了上海曲艺队，一道工作，周柏春与评弹演员有着较多接触和了解。他思考一会儿说：

根据我的切身体会，滑稽相对难一些。一部出科书，评弹艺人接过来可以说到老死，先生有的"噱头"可以全盘接受，要加些"噱头"进去，要看这个人的天赋了。有些人说一辈子，我看下来，与他上一辈没啥两样。也就是说，这一部书你学会后可以"吃"到老死。所以有句行话："三个戏子不及一个臭说书。"说书再蹩脚，拿了弦子一个人到码头上去混，不动脑筋，这部书可混一家一当。我们滑稽不行。好的滑稽演员是"两栖动物"——既能演独脚戏，也能演滑稽戏。独脚戏《十三人搓麻将》，包一飞是包一飞的讲法，我周柏春是周柏春的讲法。同一只段子讲法不一样，味道也不一样：我有的"噱头"他没有，当然，他有的"噱头"我也不一定有。你还要不断创作新的独脚戏作品出来，比说书先生难哦？不少唱滑稽的写不连牵，基础是独脚戏的基础，再扩展为滑稽戏，江浙沪滑稽艺人中能做到"两栖动物"的寥寥无几。大部分人是唱滑稽戏，独脚戏拿不起来。我们姚慕双、周柏春是唱独脚戏出来的，演滑稽戏也能赢得观众。每一部新的滑稽戏出来，编剧写的都不"噱"的呀，就一只套子呀，不"噱"要弄到“噱”，这就是我们唱滑稽的本事。要不断动脑筋，从学生意开始动脑筋一直动到我现在这把年龄。

这番话是私人聊天时说的，当时周柏春已经70岁左右了。

他继续说：“不动脑筋，无法生存，再加上到了一定的高度，更加要对观众负责。”由此可见，周柏春为什么在家中一直在冥思苦想，从青年到晚年一贯如此，成了他的一种习惯，生活的一个重要部分。

“说书达到高端，能上来的也难的。一如‘蒋调’，不少人都会唱，但唱得好，唱得有味道，实在不容易。潘闻荫尽管嗓子不好，但唱出‘蒋调’的神韵来了。”

在周老师眼睛里评弹界达到顶级水平的不多。

他说：“我从小听书，包括徐云志，后来的江文兰、吴君玉，尤其苏似荫的说表甚至高出蒋的一些大弟子，直逼乃师，是评弹界超一流的，很难学像他，尤其在语气节奏上的控制，特别是表书太好了——起角色容易，表书难呀。有个学生顾建华学苏似萌学得不错，后来去美国了。”

周柏春这番话指的是，无论评弹还是滑稽戏贵在前人基础上的创新，不能吃“老本”。尤其是后者，因为它贴近生活，对现实问题反映及时，时代气息强烈，节奏快，节目就必须常演常新，所以就迫使从业艺人员不断开动脑筋，不断寻找现实生活中的喜剧因素，加以创造发挥。周柏春说“唱滑稽比说书难”，那是激励自己的学生在滑稽艺术的创新方面下功夫，不能安于现状，这里绝没有对滑稽、评弹有一丝一毫的褒贬之意。

在舞台实践中，徐益民深切感受到太先生的教导确是箴言，唱滑稽要唱出水平，非常困难。学太先生的艺术，光学他的外形不稀奇，要学他内在的东西，学神韵，“阴噱”和幽默感。滑稽的幽默感可以说与生俱来的，对滑稽演员的天赋要求超过其他剧种。滑稽难在老师这只“噱头”，到别人嘴里不一定“噱”，那就要动脑筋了。同样一只“噱头”，姚慕双、周柏春“噱”十分，王双庆噱六七分，其他师弟也许只“噱”一两分。所以必须在学老师的神韵上下功夫。观众买票看滑稽是来寻找快乐，是要笑声的，一个滑稽演员在台上不“噱”，不是“要命”吗？其他剧种是没有这个要求的。然而，

“噱”是学不会的，“噱”要靠演员在实践中去“悟”，并融化在血液中。姚慕双、周柏春的“噱”与文彬彬等演员的“噱”，还有所不同。姚慕双、周柏春带有书卷气，有文化内涵，他们的“阴噱”别人很难“偷”去。

吴君玉对徐益民说，你周老师台上非常“噱头”，台下没有的，都是台上即兴的呀，不是事前设计好的，是活口啊！像姚慕双、周柏春晚年创作的《高价征求意见》这种段子，其他艺人都不敢去接手演。但姚慕双、周柏春演来就“噱”，还能演出新意。这就是天才，与生俱来的幽默感，加刻苦勤奋。

那一年，经翁双杰同意，宋国华改艺名小翁双杰。徐益民同他老搭档，也想改成小王双庆。他把自己的这一想法告诉了自己的先生，王双庆并未表态，不置可否。

在外地演出的一天，周柏春夫妇把徐益民叫到房间里单独谈话。他语重心长地说：“益民啊，你勿要有想法，我周柏春没有老师的，我是跟我阿哥学的。过去啥人晓得我周柏春三个字，是我自己刻苦、用功，唱出来的。你不要计较名字问题。老师领进门，修行在自身。你只要自己发奋用功，相信你一定会唱出自己的一片天地。”

周柏春现身说法，做徒孙辈的工作，使徐益民深受感动，懂得名字并不重要，重要的是在台上用功夫。应该把自己的精力花在舞台实践中，花在对滑稽艺术的追求中。

周柏春还常用“君子和而不同”教育学生，他自己对袁一灵、筱咪咪等老艺人很尊重。袁一灵、筱咪咪艺术上也不错，很会放“噱”，但总买姚慕双、周柏春的账。姚慕双、周柏春有号召力，有人气，他们的名字排在姚慕双、周柏春之后，没有意见。这与姚慕双、周柏春的为人处世有很大关系。

吴君玉曾对徐益民说，滑稽界他佩服姚慕双、周柏春，了不起！王双庆也不错，他的东西给人有回味。

在徐益民看来，在团里周柏春老师在业务上是掌舵的，对近阶段与长远发展都有规划。然而。他在台上“噱”天“噱”地，台下却不苟言笑，平时见了学生，至多开玩笑似的“凿”你一句。所以徐益民看见周老师有些紧张。台下的姚慕双倒比周柏春来得随意。

姚慕双、周柏春弟子众多，王双庆学“周派”最像，算得上周柏春得意的学生。但他在感情生活方面曾走过一段弯路，与妻子离而复合，可谓“浪子回头”。这中间周柏春夫妇做了一些工作，所以，周、王两家关系很好，连寿坟都买在同一个陵园。

周柏春与姚慕双威信很高，却对学生从不指手画脚，颐指气使。有时让学生办点事情，总是很客气，用商量的口吻征求意见。

徐益民结婚之后几年，与父亲一起住在威海路永宁里。一天，他回到家中，父亲兴奋地告诉他：“周老师来看你了！你不在，我接待的。邻居见来客是周老师都过来看啊！”徐益民顿时受宠若惊。

过了一会儿，周柏春打来电话：“益民啊，刚才我来望你，拜托一件事。我在静安区中心医院看病，一位医生对我特别负责，看得很仔细，我想请你写一幅字谢谢他好吗？”徐益民接了电话，当即写了“一针解百痛 双手救万众”十个字，并裱好送至太先生府上。周柏春千谢万谢。

这幅字至今还挂在静安区中心医院里。

为一件小事，周柏春专程赶到学生家中商量，没有一点名人架子。

徐益民2011年退休，回聘到2015年。

王一凡也是姚慕双、周柏春的徒孙，1959年拜师张双勤，与太先生姚慕双、周柏春有着近60年的交情。

王一凡原住老城厢方浜路金家坊西马街，兄弟姐妹11个，他是最小的一个。祖上开银楼，父亲去世早，家道败落，母亲靠出租房屋、变卖首饰维持全家生活。王一凡自幼喜欢戏曲，六七岁就看滑稽戏。他把每天3分钱的零用钱积起来买票看戏，7毛钱前排座位的票子买不起，就买2毛的票子在后排看，文彬彬、范哈哈，杨、张、笑、沈，姚慕双、周柏春等名家演的滑稽戏，他都看过，可谓人小“见识广”。

20世纪50年代中期，南市区办了艺术学校，校址在福佑路234号（今城隍庙后门，小吃世界楼上）。王一凡12岁便进入南市区艺术学校学戏。

那时候，“小世界”楼上设有7个剧团的团部，分别是新华京剧团、大公滑稽剧团、红色杂技团、红霞歌舞团、浦江沪书团、群艺沪剧团、出新越剧团。姚慕双、周柏春的学生——后来成为上海市人民滑稽剧团编剧的张双勤先生，就在艺校执教。

张双勤，原名张锡庆，笔名宏夫、竹父。1932年生，上海人。一级编剧。18岁拜姚慕双、周柏春为师，在金都、合众等民间电台当滑稽演员，因父亲反对，便就读于天津大学，回沪后在中学执教外语。但他对滑稽戏的热情未减，终于如愿以偿，任上海市人民滑稽剧团编剧，此后又长期从事群众文艺辅导工作。数十年来，创作滑稽戏70多个，其中13部大戏。有《敲一记》《两厢情愿》《看看准足》《明媒争娶》等。《假夫假妻》曾获市文化局颁发的1986年上海法制文艺会演创作二等奖，《七十三家房客》获市委宣传部、市文化局颁发的1989年上海文化艺术节优秀成果奖。独脚戏、滑稽小品、上海说唱获全国或市级奖的曲目有《头头是道》《协会迷》《烧树枝》《派代表》《宝钢人》等。

上海电台开播的系列小品《滑稽王小毛》，他是主要编剧之一，写了160余集。1999年去世。

年轻时的张双勤在电台唱滑稽的搭档，也许不少人不会想到，竟然后来成为梁思成建筑奖获奖者、大名鼎鼎的中国工程院院士、我国建筑专业权威的魏敦山先生。众所周知的上海八万人体育馆的总设计师就是他，新中国成立以来，上海市建造的较大型的体育场馆建筑设计，大多数由他主持或参加设计。

王一凡成年时，适逢"文化大革命"，滑稽界几乎一网打尽，他只能去水果商店当一名售货员，但他始终与张双勤先生保持着联系；此前也因为先生的引荐，上门拜见了姚慕双与周柏春，两位太先生对这个小青年热心、诚实的品格留下良好印象。

"文化大革命"后，各个滑稽剧团先后恢复，1978年秋，王一凡被上海市青艺滑稽剧团借用，与姚祺儿共事，他在那里工作11年，也曾被上海滑稽剧团借去演过戏。以后，他被广电局调去搞基建，以副处待遇退休。王一凡虽然离开滑稽舞台，却未中止滑稽戏的演出，始终与滑稽界的朋友，与太先生姚慕双、周柏春保持着联系。

在王一凡看来，姚慕双、周柏春的滑稽艺术好似两座顶峰，在历史中形成，后人很难超越。看别人的演出，笑过结束，只能解渴，没有回味；而姚慕双、周柏春的滑稽艺术是一杯香茗，一壶龙井茶，唇齿留香，留在味蕾，出了戏院，走在马路，坐在车上，想到还要笑，回味无穷！他们就好比纯净水，没有杂质，高雅，幽默，通俗。

因为王一凡诚实可信，"文化大革命"之后，一些被"解放"的老艺术家喜欢去他家中闲聊。王一凡说：

我那时住在金家坊西马街，只有7平方米，姚慕双、周柏春、杨华生、于飞等大名人都来过。姚慕双老师来我家聊天，一壶茶，一包烟，一聊就是几个小时。他是一个闻名江浙沪的大艺术家，我是一个无名小卒，他来我家坐几个小时，惊动了整个弄堂：王一凡什么来头，姚慕双来他家？后来我们派出所户籍警也知道了，惊讶我和姚老师什么关系，周柏春老师也来过。那时候他们双双平反了，我还是城隍庙一个水果店营业员。

与姚慕双、周柏春接触过程中，两桩小事让他至今难以忘怀：

姚慕双老师为人"四海"，很要朋友。他有两个朋友相处较好：一个是文化局演出处处长蒋可夫，一个是陆嘉诚。他们每周到城隍庙喝茶，一般情况由我安排。一天，在绿波廊饭店，姚老师穿了一条当时要买几十元钱的呢裤子，相当于一个普通职工的月薪。服务员端面上桌时，不慎将面碗的汤汁溢出，溢在姚老师裤子上。若一般人，会提出将裤子拿到洗衣店去洗干净，估计要几块钱。服务员吓坏了，因为是他把汤汁溢在大名鼎鼎的姚老师身上。姚老师一点不在乎，反而安慰这个年轻的服务员说："小弟弟，侬（你）勿要紧张，去拿一块抹布来吧！"抹桌布怎么能抹毛料裤呢？你看，姚老师人随便好到这个样子，居然没有一句动气的话。

另外一桩小事发生在周柏春与太太吴光瑾来他蜗居造访之时。王一凡回忆：

周老师、周师母曾来我家看我，大包小包拎了许多食品。按例说，从师生辈分讲，周老师是我的师爷，爷爷来看孙子大可不必。他们告辞后，我惊奇地发现周师母送来的每一样食品瓶子和盒子上都贴了一张纸条，上面写明保质期。周老师、周师母就是这样，待人和蔼可亲，关怀备至。

有一年春节，王一凡去探望周老师，带着侄子。那时候周柏春住在新闸路三元坊。王一凡见了周柏春自然恭恭敬敬地叫了一声："太先生，侬（你）好！""勿要客气！"周柏春说。但王一凡不知道身边的侄子该怎么称呼太先生了："喔哟，我侄儿怎么称呼侬（你）呢？"他显得十分尴尬。此时，周柏春脸上表情十分丰富，他说："哦，不要紧的，叫我老周就好了！"

20世纪80年代，王一凡从"青艺"借调到上海滑稽剧团期间，去宁波公安系统搞大型演出，他曾与周老师住在一个房间。其时，姚慕双生病，由王双庆与周柏春合作表演独脚戏，王一凡则与姚祺儿搭档。王一凡从太先生身上学了不少技艺。

在1984年中秋国庆纳凉晚会上，周柏春与大女儿周伟儿表演独脚戏《好上加好》

童双春退休后，几经努力，在中外合资上海太平洋陶瓷有限公司董事长凌崇信先生的赞助下，于1994年7月成立了太平洋海康艺术团，2007年，更名为童双春艺术创作室。该社团集结了一批滑稽界退休的著名艺术家，其中包括姚慕双、周柏春两位滑稽大师，十多年中先后创作并演出了《男保姆》《步步高》《满园春色关不住》《老介福》《不要心太软》《热土花红》《万紫千红总是春》等七台滑稽戏。其中《步步高》于1995年11月拍摄成4集电视剧，成绩十分可喜。

2010年，童双春艺术工作室创作并排演出滑稽戏《不要心太软》，姚慕双、童双春没有参加演出，主角是商福生儿子商维雄，公演前因故临时与王一凡调换角色。因为王一凡学“周派”，所以周柏春曾多次叫他去家中予以悉心指导。演出那一天，周柏春不顾年老体弱，花300块买了一个大花篮送到中国大戏院为他压台，看他演出。王一凡终生难忘两位太先生对他的栽培与提携。

# 第十章

艺术作品以及体现在作品中的“蜜蜂精神”，使姚慕双、周柏春在时光流转中得以永生。回眸艺术人生、总结艺术经验，传诸后人，发扬光大，不啻姚慕双、周柏春的夙愿，也是滑稽界的千秋事功。高擎姚慕双、周柏春艺术的精神火炬，一棒一棒地传递下去，把爱的笑声撒满人间，是一项造福民族的光荣而神圣的文化使命。

# 四十七　赴港演出

岐王宅里寻常见，崔九堂前几度闻。
正是江南好风景，落花时节又逢君。
——〔唐〕杜甫《江南逢李龟年》

新中国成立以来，京剧、越剧、昆剧、评弹曾先后数次组团赴港演出，却没有滑稽戏。

1985年12月3日至17日，香港市政局主办一年一度的中国戏曲汇演，姚慕双、周柏春应邀首次赴港演出。同去的有童双春、李青，评弹演员张如君、刘韵若，还有华怡青、章瑞虹等几个唱越剧的年轻演员，她们是应非营利性质的香港越剧票房的邀请赴港合作演出的。滑稽、评弹、越剧三部分演员组成了上海综合艺术剧团。

主办方作了如下安排：

9天时间，共10场演出，其中：粤剧5场；潮剧、京剧各1场；评弹、滑稽、越剧组成的上海综合艺术团，作为别具特色的压台戏，在市府大会堂音乐厅联合演出3场，演出时间从12月17日至21日。

1985年赴港演出合影。左起：李青、张如君、周柏春、刘韵若、姚慕双、童双春

首晚演出的节目，评弹是《描金凤·门斗报信》，越剧是《拾玉镯》《情探·阳告》《情探·行路》，滑稽是《剃头》(理发春秋)、《宁波音乐家》。次晚演出的节目，评弹《描金凤·误揭皇榜》，越剧是《打金枝》，滑稽是《唱山歌》《各地堂倌》。最后一晚，评弹是《描金凤·主仆相会》，越剧是《赖婚记》《红楼梦·葬花》《红楼梦·焚稿》《红楼梦·哭灵》。

上述情况是香港《新晚报》记者毕系舟在《南腔北调各展架式——中国戏曲汇演综介》一文中的介绍。

当然，姚慕双、周柏春，童双春、李青带去的节目不止这些。

姚慕双、周柏春报上去的独脚戏还有《新老法结婚》《普通话与方言》《学英语》《钉巴》等，花头蛮多的。

其时，港地尚有不少“老上海”以及他们的后代，滑稽泰斗姚慕双、周柏春的大名，他们早就耳熟能详。半个月前，当他们从报纸及亚洲电视台等新闻媒体得知姚慕双、周柏春即将赴港演出，便兴奋不已，早早就购票、订票，翘首以待了。及至演出的那一晚开场前，观众席上已是座无虚席，大家急迫地等待着姚慕双、周柏春的出场。一些香港同胞离开上海，毕竟有几十年不见姚慕双、周柏春的身影了，他们怀着热切的期待、殷殷的乡情，欲睹久别重逢姚慕双、周柏春兄弟的风采。

1985年姚慕双、周柏春第一次赴香港演出，与友人合影

报告员报出姚慕双、周柏春的节目，台下“嗡嗡”的人声开始浮动，待金色的帷幕拉开，姚慕双、周柏春兄弟穿着笔挺的西装，神采奕奕地走上红氍毹，来到话筒前，迎接他们的是一阵强烈的门帘彩！

姚慕双、周柏春开口讲了：“各位小姐，各位先生：今朝我伲（我们）到香港来演出，特地向各位老听众、老观众来问候，希望侬（你们）身体好，恭喜发财！”

台下掌声雷动。“啊唷喂，这个是姚慕双么，咦，不老么！”“唉！该个（这个）是周柏春，我认得的。”“喂，喂！我在上海的辰光（时候），几十年了，我看到伊拉（他们）格，今朝仍旧格能（这个）样子啊！哎，不得了，不得了！不简单！不简单！”观众议论纷纷，久久不能平息！炽热的场面，观众的热情，使台上的姚慕双、周柏春顿时觉得说不出的温暖。

姚慕双、周柏春演出《各地堂倌》，台下笑得不可开交。香港的老上海，他们熟悉啊，几十年没有听到了，今天亲眼看到姚慕双、周柏春在台上表演，更加高兴。

姚慕双、周柏春在表演中用各种方言模仿各地堂倌报菜名：

“咃——末来哉！咃——先来一碗小末两本色浪哉；咃——后来汤包廿额角；咃——小笼馒头两客；咃——前堂鳝丝面末拌格；咃——炒面一盆重油水浪哉；咃——再来排骨面末两两碗；轻面重浇勒浪哉——也啊！”这是面店堂倌苏锡帮的叫法。

接着又用上海浦东话模仿本帮饭店堂倌的声音：

“咃——先来两样春两添勒浪哉；咃——炒鱼豆腐加辣火；咃——汤卷秃肺重糟卤；咃——小白蹄末萝卜底，烧勒透点勒浪哉。咃——咃！”

观众听得乐不可支。

再用扬州话模仿扬州帮吃面的清真教门：

“先来炒浇面一个咦，后来锅贴二十个咦，再来生炒一个咦，炒肚一个，生炒一个，炒浇面一个！”

台下观众笑煞！紧接着，姚慕双、周柏春用急速的语调交替着喊，就像两人吵相骂了：

“先来炒浇面一个，后来牛肉面三个咦，再来生炒一个咦，后来锅贴二十个咦，再来炒浇面一个，蒸炒一个，炒肚片一个，炒浇面六个，生炒，炒肚，炒浇！”

笑得台下观众都合不拢嘴了！

顶顶发“噱”的是宁波堂倌，香港宁波人特别多：

“嗨——先来十家头要‘上雕’来咪！”“啥格‘上雕’？”“上等花雕（酒）叫上雕。”“嗨——后来海瓜子两盆咪；嗨——再来剥皮大烤、生煸草头咪；嗨——白鸡要拣嫩壮大转弯；嗨——再来虾酱要道地；嗨——后来大汤黄鱼要透烧鲜哦，后来——嗨——嗨……”（近乎哭丧，如丧考妣了）“啥体（为啥）？阿是（是不是）宁波老戎（老婆）哭老公啊？”

这个段子，观众听了开心不得了！

前面三场在香港市府礼堂演出之后，末了，又在荃湾大剧场公演了一场。四场戏都爆满，票子早就售罄。

热情的观众进场，手中拿着票子爱不释手！没票子的朋友也作孽，拿了钱在戏院门口等退票（广东上海话）：“哎，有冇（没有）票啊？帮帮忙啦，朋友，先生！有冇（没有）票呀！”有一个观众手里拿了几张票子，要进剧场，被人拦住：“嗨，先生，侬（你）要退票系唔系呀（是不是）？得啦，得啦！让拨（给）我啦！得啦，我伲（我们）大家系（是）香港人啦，帮帮忙啦！”宁波人：“啥个（为啥）退票啦！我看戏哦。”“侬（你）讲咩（什么）啊？我听唔懂。谢谢侬（你）！”要抢他票子了，弄得大家争起来。“侬（你）格索（啥）闲话啦！我对侬（你）讲过咪，格（这）票子我自己要看哦。阿拉老戎（我老婆），阿拉伲子（我儿子）侪（都）在剧场门口等该（着）咪，哪能（怎么）好退拨侬（给你）呢？”“喔，侬（你）勿是退

1985年，上海越剧滑稽评弹联合演出团赴香港并出席欢迎仪式。左起：李青、童双春、卜啸龙、姚慕双、张宗宪、刘韵若、周柏春、张如君

拨（给）我呀？马马虎虎拉倒（算）啦！侬（你）迭个（这）三张票子退拨（给）我，叫侬（你）老戎、伲子（儿子）勿（不）要看啦，倷三家头（你们三个人）哪能（怎么）办呢？我请客——饮茶，好哦？”两人因为语言不通，在剧场门口吵起来了。这一幕被姚慕双、周柏春在剧场门口亲眼看见，十分感慨！

后台职工来告诉姚慕双、周柏春，2 000多个座位的香港市府大礼堂，上下客满，这种盛况，已有两年没见了，真正难得！姚慕双、周柏春晓得，这是香港观众对他俩的怀念和爱护，感激涕零啊！

姚慕双说：

> 虽然我们香港演出，自己感觉蛮老了，但老听众、老观众，依旧讲我们风采依旧，精神饱满，而且讲我们一点没有老态。我也晓得，这些观众十分热情，一方面是鼓励我们，老却是客观存在。

观众中还有各大报纸的社长、编辑、记者，以及香港文艺界的人士，一些业余票房的票友和戏迷。第一场演的《新老法结婚》，很闹猛。他们几十年没有看到了，引得哄堂大笑。

那一天看戏的人相当多。看完戏，都拥到后台向姚慕双、周柏春祝贺，讲得不愿分开了。真是“酒逢知己千杯少，话不投机半句多。”大家不肯散了。姚慕双、周柏春准备卸妆，接他们的车子已等在剧场门口。此时，突然挤上来十几个宁波老太，见了姚慕双、周柏春，她们激动得热泪盈眶，其中一个老太用宁波话说：

“姚先生，周先生，交关（许多）年数，三四十年既没（没有）碰头了，我今朝交关（非常）高兴啦！不瞒侬（你）讲啦，我从前在上海辰光（时候），每日听㑚（你们）滑稽哦，吃夜饭辰光（时候）6到8点，勿听㑚（你们）滑稽比啥都难过啦！”

姚慕双、周柏春听得激动得不得了！这几个宁波老太，昨天刚赶到，还没好好休息就来看滑稽了。这些老太不肯离去，依依不舍。

姚慕双就说：“老太太，今朝碰头交关（非常）高兴！日脚（日子）长了，㑚（你们）有空到内地来看看，交关（非常）便当呀，侬（你）要来就来，要去就去。”

因为这次赴港演出，不仅是文化交流，领导上还对姚慕双、周柏春讲，叫他们协助政府做些统战工作。所以，姚慕双、周柏春一行人，不仅对老太这么说，对其他遇到的观众也这么说。

这4场的戏票，都是“上海帮”买的。香港有“上海帮”“广东帮”“汕头帮”“福建帮”等。所谓“上海帮”，凡是在上海住过的，宁波人，或者苏州人、宁波人、绍兴人、常州人、常熟人或者苏北人，总归上海住过移居香港的都称为“上海帮”。当然，姚慕双、周柏春的演出也吸引不少香港观众。

后台又突然进来一个外国人，他眼睛碧绿、金黄头发。“奇怪了！他也来看滑稽啊！”姚慕双、周柏春感到惊异。姚慕双立即用英语对他说：“请坐！欢迎！欢迎！要饮些什么吗？”正当姚慕双兴致勃勃地想用英语同他攀谈时，他却说他不是英国人，并用广东话说，他是广东人。见姚慕双、周柏春有些怀疑，就说：“我是广东人。我父母是英国人，但我生在香港，并一直生活在香港，我小时候同广东小朋友一道玩，所以我能流利地讲一口广东话啦。”

这让姚慕双、周柏春吃惊不小。姚慕双后来感叹道：

一个外国人讲广东话比我这个三脚毛的人说广东话要胜过十倍！这件事证实我自己，以往阐述的学方言与艺术关系的观点：要经过琢磨。所谓“玉不琢，不成器”。要使自己的方言说得纯粹，必须与专门讲某种方言的人多讲话，多听，多讲，多学，慢慢地逐渐深入到他们的人群中去。一个英国人因为从小与广东小孩厮混在一道，日长世久，就能讲一口广东话。这是一个典型的例子。

姚慕双、周柏春在香港也受到从旧社会到香港的老朋友的热情款待，同时也结识了一些新朋友。一份份请柬送到他们面前，使兄弟俩难以“招架”，只能选择几家去应酬。

头一天，他们请姚慕双、周柏春到海鲜酒家——当地香港人在海鲜酒家设宴，属于最高贵的款待，顶顶吃价，啥个新鲜干贝，小乌贼鱼，海螺、蛇羹等，他们吃得津津有味。但他们不知道姚慕双偏偏不喜欢海鲜，他看见有腥味的海鲜菜肴受不了，无福消受，而且望而生畏。头一次在宴席上吃两只像荸荠那样大小的干贝，他吃在喉咙口，滑扭滑扭，实在难过，要吐不能吐，只能吃下去。服务员用小碗勺好蛇羹送来，他假装用两只手捧起来，嘴唇皮碰一下，算是尝过了；等服务员来收碗时，他就让他们将蛇羹收掉。宴席结束时，人家是酒足饭饱，他却肚皮空落落。肚皮饿，回到酒店，就吃面包，有时吃熟泡面。

然而，每天有人请客吃饭，姚慕双就学乖了，提早买了面包、草莓酱和奶油花生酱放在房间里，他半空着肚皮，从饭店回到酒店，就拿来食用，吃得很有滋味。

但一连串的宴请，姚慕双实在熬不住了，有一次，他就厚着脸皮说：“实在抱歉！我实在无福消受你们香港的特色菜，我有好几天没吃家乡菜了，能不能让我们吃一点上海特色菜？”请客的主人欣然接受他的意见：“好的，大家一起去上海人开的小吃店。”

那家小吃店的招牌叫"一品香"。姚慕双、周柏春兄弟走进这家店，店堂里只听见上海人在说话，几个阔小姐打扮的也是一口上海话，都是上海人，"他乡遇故知"呀。服务员过来，一看就说："姚先生，昨日夜里我还看侬（你们）戏的。"

经理也跑过来了，都讲上海话，问这问那，姚慕双、周柏春兄弟都来不及回答。店里小笼馒头、鱿鱼、面筋百叶、酒酿圆子、豆沙粽子、火腿粽子，应有尽有，姚慕双、周柏春许多日子没吃到家乡菜了，也就欢欢喜喜地"狼吞虎咽"起来，吃得非常开心。

姚慕双、周柏春一行在港地前后演戏、参观、游览，逗留近一个月。等演出完毕，要登锦江轮回沪。上午先将行李送到船上，再回到岸上；下午开船，中间还有数小时，姚慕双、周柏春就在就近的地方看看，走走。到小菜场看渔人杀鱼，用刀在鱼头上砰地一击，马上刮鱼鳞，剖鱼肚，手脚快得不得了。广东人杀鱼，姚慕双、周柏春从来没见过，似觉有趣。

中午，他们就去一家红宝石饭店吃饭。姚慕双注意到红宝石门口有个穿得破破烂烂的老头子，坐在街沿上讨饭。姚慕双、周柏春一行在饭店用餐两三小时，等他们走出饭店，姚慕双、周柏春仍看见这个老头子，还坐在原地，一动不动。恻隐之心人皆有之，姚慕双拿出10元港币，拍拍他肩膀，将钱送到他手上。他看看姚慕双脸上也没有什么表情，姚慕双、周柏春看他的眼睛很善良，也很痛苦。

后来，有人告诉他们，这个老乞丐，过去在粤剧团唱男旦，年轻的时候艺术好，红得发紫，遐迩闻名。人老了，唱不动了，人老珠黄不值钱了。广东戏前一个时期生意不是很好，老伯伯少有机会演出，逐渐连做跑龙套的机会也失去了，沦落街头，当了乞丐。

因姚骏儿在澳门经商，姚慕双途经那里，就在儿子寓所住了三个多月。但他基本上不出门，看看报，散散步而已。有一天，他散步时遇到了一位年纪与他相仿的先生，两人擦肩而过。那位老先生忽然转身，走到姚慕双面前，对他横看竖看，上下打量。姚慕双被看得莫名其妙，有点汗毛凛凛。结果，他大叫一声："你是不是姓姚，姚慕双先生？"几乎要同姚拥抱了。他拦住姚的去路，口口声声讲："我是你的老观众，老听众。40多年没见过面呀！”他硬拉着姚慕双去咖啡馆叙旧。此时，姚慕双也很兴奋，能在异地客乡遇到一位热爱滑稽艺术的老观众，非常高兴，也不推却，就随他同去。

两人在咖啡馆里天南地北谈了两个多小时，老先生告诉姚慕双，他在澳门如何奋斗，经历了怎样一段艰难历程，现在事业怎么发达，以及直系亲属在香港的状况等。一人饮了一杯咖啡，吃一块奶油蛋糕，又叫了一客火腿、鸡蛋三明治。离店时，他一摸皮夹子，发觉皮夹子没了。照例那里扒皮夹子的小偷很少。姚慕双劝他不要慌，想想是否换衣服时，把皮夹子留在原处了？姚说：“不要急，我带了钱。”结果姚慕双结了账，老先生表示十分抱歉！连连问姚的住址，姚慕双就把儿子寓所的地址告诉他。老先生说，他保证第二天登门奉还。

姚慕双回去后，把情况告诉儿子。骏儿说，澳门骗子不少，有大骗子，小骗子，不胜枚举，说他可能遇到小骗子，无非骗骗吃吃而已。父亲说：“我看他不像骗子么。”儿子说：“人不可貌相。”

第二天上午10点左右，一阵门铃响，姚慕双从铁门往外看，竟然是昨天遇到的那位老伯伯。他见了姚慕双就鞠躬致敬！摸出一只红包说：“还债！还债！”姚慕双再三不要，他坚持要还，说：“亲兄弟，明算账。讲好我请客，决不让你破费！”姚只好收下来。他还拎来一点礼品、两瓶雪碧，一包栗子蛋糕。姚慕双非常难为情。又谈了两个小时，大有相见恨晚之意。主人留他吃饭，他婉言谢绝，说另有所约，改日再来拜访。

老先生走后，姚慕双拆开信封，一数钞票，远远超过他垫付的钱。姚慕双想，“我绝对不能收下他那么多钱！”见他信中留下名片，次日，姚慕双也带了礼品去回访，并且一定要还给他多余的钞票。这时候，老先生感叹道：“人家讲，唱戏的贪财，想不到你姚先生的行为足以驳斥这种奇谈怪论。我钦佩你的为人！”姚慕双听了这番话，仿佛一股热流传遍全身。老先生表扬的不仅是他，而是对内地文艺界从业人员的赞扬。

澳门这个地方赌场很多，赌风之盛无以复加。有几爿大的赌场：一爿叫葡京赌场，一爿在船上，一爿在小路上——赌场很多，都是一个老板。赌场周围全是当店、押头店，有几十家，输掉的人就去那里典当。

**姚慕双说：**

我看见有Rolex（劳力士）手表、钻戒。到这种地方去怎么会赢呢？我去过几趟看看。我一到澳门，我儿子的亲眷朋友都来请我，我真正不好意思，肚皮装不下了。有时请吃饭，有时饮茶，什么虾饺、叉烧包、马拉糕、鸡脚爪，东西多得不得了。饮茶是广东人的习惯。有几爿比较考究的饭店在葡京赌台里面，什么四五六饭店，文园等等。吃完饭，他们说："姚先生，要不要去葡京赌场看看？"我说："我不去，累了。我年纪大，走来走去也吃不消。""那你去看看嘛，到了澳门不去'葡京'看看，赌一回钱，虚此一行呀！"我就去看了。有一位拿出200元，给我100元——50只角子，他自己拿100元——50只角子，去玩吃角子老虎。我不善于赌，也不喜欢，就在旁边看他玩。末了，我把角子还给了他。没多久，他200元100只角子全输完。

在澳门我亲眼所见，一些人为了赌博，弄得倾家荡产，妻离子散。本来我去澳门的目的，为了疗养、观光，图一个清净，想不到有几个文艺界的朋友，澳门电视台的殷导演、一个报馆记者来寻我，饮茶，谈话，叫我去电台，或者粉墨登场。我统统回绝，因为我只有一个人，再说，我到澳门是来玩的，戏也演够了，演了50多年了，图个清净。

等我回到上海，我一直在深思：我是70多岁的老头子了，同我年轻的时候不能比了，精气神都衰退了。为啥香港、澳门有那么多人欢迎我呢？这就是我们社会主义制度优越。我们祖国尊重、敬仰老艺人，拿我们当作艺术家。我们同香港唱广东戏的老艺人有着天壤之别。那位昔日唱广东戏的红角儿悲催的境况，又让我想起过去从上海到香港的一些朋友。当年与"冷面滑稽"程笑亭齐名的裴扬华，他在《小山东到上海》中演小山东，我在香港时四处打听他的情况，竟不知他下落。裴扬华的女儿知道我来香港演出，就来看我。他叫我姚慕双阿哥，我叫她佩珍。她告诉我她爹爹已过世了，也很凄惨。过去红角儿，到香港，人老珠黄，没人睬他了。不仅老艺人，年轻人也如此。在两种不同的社会制度下，同样是演员却有两种不同遭遇。

姚慕双、周柏春和他们的学生童双春、李青赴港演出大获成功，香港报纸纷纷予以报道：

1985年12月24日，《大公报》的报道称：

市政局主办在大会堂举行“中国戏曲汇演”昨响锣，上海滑稽此次演出，演员姚慕双、周柏春、童双春、李青在上海均是极受欢迎的滑稽曲艺演员，他们在香港演出很成功。

香港《新晚报》在同年12月20日称：

滑稽双档中也有两位地位相等的，例如这次来港表演的姚慕双与周柏春，他们是上海滑稽史上的“超级双档”。姚慕双、周柏春档则两人都是主角，都能说善唱，而在题材上还最能迎合时代呢。

是年12月20日，香港《文汇报》以《评弹幽默滑稽逗乐——中国戏曲汇演昨晚满堂笑声》为标题的报道称：

这次汇演，有两档上海滑稽，也是三十多年来，上海滑稽在香港首次演出。童双春与李青合说《南腔北调》，唱沪剧、昆剧、《四世同堂》主题曲、甬剧、越剧，边唱边逗，妙语不断，滑稽逗乐，观众笑声不绝。……接着是姚慕双、周柏春上场，周柏春是“闲话家常”的方式，稳健，不慌不忙，清清爽爽，是为“阴噱”，说早年结婚仪式，唱苏州评弹，够幽默，够风趣。在台下，姚慕双、周柏春双档的老听众颇多，对姚慕双、周柏春掌声热烈，大有好感。

姚慕双、周柏春领衔的上海滑稽首次在港演出成功，获得港人的极大兴趣与好感，此后，由香港市政局主办、香港越剧票房协办的“上海戏曲晚会”，于1985年起，1987年、1988年，连办三届，都有滑稽节目，可见滑稽受欢迎的程度。

姚周舞台生涯五十周年演出之前（摄于1988年）

姚慕双、周柏春兄弟（摄于1993年4月）

**1995年3月25日至29日，上海滑稽剧团应香港联艺演出公司之邀，携大型古装滑稽戏《三约牡丹亭》和一台独脚戏赴香港演出4场。时年73岁的周柏春再次随团赴港。**

**钱程讲述了他当年与周柏春先生同去香港的一则有趣故事：**

周老师退休后，我与他接触很多。1995年香港尚未回归，上海滑稽剧团去香港演出，带了一台大戏《三约牡丹亭》，请了一个越剧团的一位演员串戏，一台曲艺，也请杨华生老师表演一个独脚戏。

我对团长提出要求，与周老师住一个房间。团长说好，这样可照顾他的起居。我是想住在一起，可以聊聊，向老师讨教，那是我真实的想法。周老师后来生了白内障，视力不好了，也需要有人照顾。地上高低看不清，走路容易跌跤。他走路时，虽然有青年人热心上前搀扶，但他还问“钱程呢？”因为我搀他，他放心。我是有诀窍的：第一，不能挟持太紧，太紧，他不舒服；第二，我一面搀扶，一面一二三发“口令”，会不住提醒他：“一步二步三步，平地，当心！”一边走，一边讲，他心里很踏实。所以凡是要走了，就会寻我搀扶。香港3月天气已转热了，但晚上还是较凉。周老师很瘦，他洗澡，我给他浴缸擦好再放水。我们住的是三星级宾馆，设备不是太好。卫生间洗澡是用电热水器加热，不用煤气。我先打开电热水器烧水，烧热后把热水放到浴缸里，然后再放些冷水，把浴缸水放满。我要走了，去排练第二天的戏。

他对我说："钱程，我怕冷。"

"怎么会冷呢？"

"这，这个排气好关掉哦？"

"喔，喔。"我排气关掉。空调开着，冷气还是很足的。但排气一关，灯也关了，是并连的。那怎么办呢？

我就对周老师说："我要去排第二天演出的节目，你把卫生间的门开着，借你房间里的灯光，洗澡吧。"

我在浴室旁边放了一只方凳，把他干净的衣服放好。"舒齐（定当）了吗？舒齐（定当）了，我就走了？"

"你去末哉（好了）。"周老师说。

一个多小时之后，节目排好，我回房间，周老师已躺在床上了。

我说："周老师你那么早就睏了？"

"钱程啊，我是'出水芙蓉'！不谈了！你走了之后，墨赤里黑，我爬进浴缸，一只手不当心碰着淋浴器开关哉。像我这种人老朽了，没有用场，只会用老式笼头，这种拨出来的笼头用不来，弄开来全是冷水。哎唷，我怕冷，这下拿着莲蓬头，没有说法，衣裳也浇湿了，我就钻进被头里。变'出水芙蓉'了。"

去香港，人家热心招待，吃得蛮好。但总觉得不对胃口。我坐在周老师旁边，就问他："你吃饱吗？我看你没啥吃。"

他说："一直吃海鲜，我也勿要吃。"

我说："你吃勿饱，也勿是办法，那你泡饭想吃哦？"

"灵格呀，啥地方有啊？"

"有的，我给你烧。"我知道与周老师住一个房间，带来一只小电炉，一点米，我爱人给我带来一点咸带鱼，从房间小冰箱中取出，烧了一锅子饭，再用冷开水一泡就成泡饭了。

周老师开心得不得了："这个东西好的，香港能吃到咸带鱼的！"

在那样的环境下，他能吃到一份泡饭，感到很幸福。



周柏春虽然退休多年，却一直关注滑稽剧团，尤其是上海滑稽剧团的演出，他在电视看滑稽节目时，也常叫膝下儿孙一起观赏。

1998年，上海电视台播出情景喜剧《红茶坊》，由王汝刚、许榕真领衔主演。王汝刚因为电视台排演节目，叫周柏春"客串"，就上他家去对台词。那时，他住的江宁公寓已有多年，王汝刚到他家对他说："周老师，你的房子都漏水了，怎么不修啊？"他们老夫妻当着王汝刚的面"寻相骂"。周师母说他耿得要死，叫他装修房子，他死都不肯。王汝刚对周老师说："你算对我要好吗？要好，就讲给我听听，这么旧的房子，你为啥不肯装修？"他对我说"真叫我说，就说给你听听，传出去影响不太好，说周柏春家里'大兴土木'。"王汝刚说："要死啊，屋里漏了，还讲啥呢！"他

周柏春全家福。前排左起：许闻捷（外孙）、吴光瑾、周柏春、林迟鸣（外孙）、周全（周之昂，孙）。中排左起：周昉昳（孙女）、周赛儿、王珮（媳）、周红儿、周伟儿、周麟儿、尚桂珠（媳）。后排左起：严峰（外孙）、周智儿、严樑（婿）、林义健（婿）、许宏（婿）、周文儿（摄于1997年）

说："不管的呀，现在蛮好咪，对哦，三年自然灾害多少作孽啦，水漏得嗒嗒滴！这么好房子，真的漏水，像眼药水一样，擦掉一点好了。"这下，周师母急了："女儿对他多好，先搬到女儿屋里去，等到这里装修好，你再回来。""嗯，这房子党给我的，我一直住到眼睛闭。"他是出"噱头"，实际上讲心里话。

王汝刚说：

> 师母待人好，我去他家，下午一定会有点心的，都是老式点心，什么桂花赤豆汤，红枣汤，山芋汤，这些东西，我吃吃味道蛮好！周老师一定会出"噱头"："味道好哦？"我说："好的。"他问周师母："明天烧啥？——那侬明朝再来噢，明朝翻花头了。"

姚慕双、周柏春在滑稽界的作用、地位，他们对艺术的精益求精，使王汝刚钦佩之至，自叹弗如。他说：

> 姚慕双、周柏春两人无论演什么戏，演什么剧本，什么段子，不管演多少遍，今天演出，事前必定要对一遍。这个作风，现在剧团中早就没有了。现在青年人忙呀，领导对他说，你明朝演出喔，他们事先不对台词的，上去就演了。正因为年纪轻，反应快，有时瞎七搭八还对得上。但里面的韵味、上下手的搭档、语气的配合，与作了准备工作的截然不同。为啥姚慕双、周柏春的东西质量好，他们精益求精，对艺术有敬畏之心，把每一只螺丝、螺帽都夹紧的。到时候，"卜"，一只"噱头"出来；"卜"，一只包袱出来。他们是多年的磨合，已到炉火纯青的程度，你上联出来，我下联马上接上，始终不要为他们担心。我曾与他们同去外地演出，他们上场前，一定要蹲在角落里将台词对一遍。我感到很惊讶，一只《学英语》，他们不知演过多少遍，上台前仍旧要对词儿。后来我又问了几趟，周笑笑说，这遍不算的，上半日已对了一遍。这种对艺术认真执着态度，值得学习。他俩虽然老了，但对新事物的敏感、对题材的把握，包括在台上的表演都值得我们学习。

姚慕双、杨美明与子女和孙辈合影。前排左起：姚明蓉（孙）、姚贞儿（女）、卡尔（婿）、杨美明、姚慕双、姚祺儿（子）、张纪卿（媳）、李航（外孙）。后排左起：黄介侬（干外孙）、姚明方（孙）、甘慧珍（媳）、姚勇儿（子）、王淑琴（干女）、姚明章（孙）、姚骏儿（子）、陈铭秋（媳）、李家明（婿）、姚斌儿（女）

2019年7月10日中国曲协成立70周年，要出一本新中国成立以来优秀作品选集，经王汝刚提议，滑稽戏《我肯嫁给他》入选。该剧原本是姚慕双、周柏春创作的独脚戏，被无锡滑稽剧团改编成一出大戏，主角是姚慕双、周柏春的学生、无锡滑稽剧团团长钱吟梅。这个戏的形成，姚慕双、周柏春功不可没，他俩创作的独脚戏，经得起历史的考核。

王汝刚与周老师首次合作的滑稽小品是《愉快的旅游》，他扮旅行社导游带队去苏州，周柏春扮管理公墓的当地农民。一个游客不识相，要挖一块好看的石头，破坏自然环境，农民就坚决阻止；导游协助他做工作，两面劝。至今王汝刚还记得几句台词，导游问看公墓的农民："侬（你）看公墓老艰苦喔！"为了塑造这个农民的乐观性格，周柏春设计了引人发"噱"的台词："不大苦，我收入也蛮好的。"导游问："侬（你）有啥收入？"他说："喏，清明节，有青团子，每天两面盆有格！钞票倒不大有的，伊（它）会得一刀刀过来的，我一看呀，这老鬼三倒是不好用的（指冥币）。"这个节目由上海电视台制作并播出，有录音、录像。

# 四十八　传递接力棒

兵无将而不动，蛇无头而不行。

——〔明〕孟称舜《杂剧·英雄成败》

要带好一个著名的有影响的滑稽剧团并非一件易事。从姚慕双、周柏春艰难创立蜜蜂滑稽剧团始，经过“上海人艺”滑稽剧团，上海曲艺团，最后到上海滑稽剧团，风风雨雨近半个多世纪，浸透了姚慕双、周柏春，以及几任剧团领导的汗水和心血。当家人的作用绝对不能低估。

由于历史的原因与剧团领导班子的几次换届，上海滑稽剧团也曾经历过高潮期、低潮期以及再次复兴的交替起伏，这种情况与整个社会的大气候相关，文艺的兴旺与衰落与社会改革的步伐，以及文艺政策的宽松与否紧密联系。近些年来，随着国家政治、经济、文化、教育等部门改革力度的逐步加大，上海滑稽剧团的事业也出现了新气象，走上了新台阶。每年有原创新戏上演（考核指标至少每年一部新创），所得的国家级、市级大奖比稍早时候要多。然而，此前，在剧团内部因编导的式微、后继乏人确是不争的事实，这个问题，已引起市文化部门的重视，经几任剧团领导的努力，正在逐步予以解决。

粉碎“四人帮”建团后，剧团上下热情高涨，演员业务扎实，实行“三编二导”制，演出一台滑稽戏，持续火爆半年不稀奇，社会反响很大。这种良好状况持续到1991年。此后由于一些著名老演员退休，或病故，或一些编导人员的调离，新戏便排演不了了。

不久，青年演员钱程和胡晴云成了团里的台柱子，演出了不少滑稽戏，如《GPT不正常》《世界真奇妙》《特别的爱》和《刀枪不入》等。

此后，社会上出现一股“以副养文”的思潮，剧团受到影响，在弄堂里开饭店、舞厅，放松了剧目的创作和演出，影响了剧团的正常业务。

2001年8月，吴孝明当了上海滑稽剧团团长，剧团在经济上打了翻身仗，特别是得到了老字号上海雷允上药业有限公司的大力资助。当时，上海滑稽剧团每年盈利1 000余万。剧团组织人员到澳大利亚以及香港、新疆等地交流演出。

上海滑稽剧团的经历表明，剧团的业绩如何，领导是关键，即掌舵人如何掌舵，领头羊如何领路。掌舵人会遭遇急流险滩，领头羊也会遇到悬崖峭壁，前进路上不可能风平浪静，一马平川，只有怀着坚定的信念排除困难，才能抵达胜利的彼岸。

笔者根据凌梅芳主编的《滑稽戏》“大事记”摘录（不完整），粉碎“四人帮”之后，从1978年起至今，先后由上级部门派来担任上海滑稽剧团党支部副书记、书记、总支书记、团长、副团长的干部有：

甄恒祥、童双春（团领导1978.1—1979.9）、周丰年（团长、党支部书记1979.9—1986.12）、冯忠文（团长1986.12—1989.12）、殷秀明（党支部书记1987.11—1990.10）、缪依杭（团长1989.12—1992.11）、邹文浩（党支部副书记1990.10—1994.12）、何俊（团长1992.11—1994.12）、黄文燕（党支部副书记1994.12—1999.6）、钱程（副团长主持业务工作1997.1—1998.2）、陈肃中（团长1998.3—1999.3）、陈正清（团长1999.3—2000.8）、曹强（党支部书记1999.6—2008.2）、卞正威（团长2000.8—2001.8）、吴孝明（团长2001.8—2006.12）、凌梅芳（团长2006.12至今）、张耀明（党支部书记2008.2—2010.9）、查东志（党支部副书记2010.9—2011.12）、凌梅芳（党总支书记2011.12—）、蒋亮（副总支书记2016.8—）。

上述情况不难看出，干部治团不易。大部分干部勤于职守，各自对上海滑稽剧团做出了贡献。

剧团搞得好与坏，一看业绩，二看团风。所谓业绩就是剧团能否经常为社会提供高尚的“寓教于乐”的精神产品，以满足人们日益增长的文化需求，剧团是否经常推出新品、精品，上演的剧目能否引起社会的关注——这些都是评介、判断一个优秀剧团的重要依据。所谓团风便是剧团成员整体的精神面貌与文化素质。

上海滑稽剧团全体演职人员经过连年拼搏，早已走出困境，进入了一个前景看好的“中兴”期。且不说粉碎“四人帮”之后，在改革开放的

东方明珠光环下的姚慕双、周柏春兄弟俩（摄于1996年）

大好形势下，他们创作上的累累硕果，如《出色的答案》《性命交关》《路灯下的宝贝》《阿混新传》《GPT不正常》《世界真奇妙》《谢谢一家门》《方卿见姑娘》《乾成和他的女人们》《独养女儿》《醒醒，朋友》《马路·情人·钱》《今朝睏不着》等，这些节目中不少荣获全国与上海戏曲节的各项大奖，有的还搬上了荧屏、银幕。此外，剧团还配合社会活动组织了一些颇有影响的大型演出，如，滑稽"双字辈"老艺术家的封箱大典——滑稽贺岁大戏《囧人黄小毛》、贺岁大戏《浦江笑声关不住》等。可喜的是，2015年以来，几乎年年都有被交口称誉的滑稽大戏上演，如《弄堂里向》《皇帝勿急急太监》《乌鸦与麻雀》《太太万岁》《爱情样板房》《好"孕"三十六计》……

2020年9月上演的大型滑稽戏《哎哟爸爸》声名远播，打动了无数进入养老年龄段的老年人，更触动了许多年轻人的心。这个戏不仅上海观众欢迎，还得到苏浙地区居民的垂青，上海滑稽剧团还与张家港文体广旅局就该剧原创剧本举行了首次版权输出云签约仪式。张家港文化馆戏剧团队通过移植该剧剧本创排了小剧场话剧，不仅让更多观众感受到这部作品的喜剧魅力，也为其艺术品牌带来了延伸拓展。《新民晚报》记者颜静燕、周韵洋撰写了《〈哎哟爸爸〉：笑中有泪的"养老剧"》专访，发表在2020年9月9日的《新民晚报·家庭周刊》上。文章写道：

如今的上海，老年人的队伍不断壮大，而养老问题亦愈发突出。最近刚刚在中国大戏院连演5场的上海滑稽剧团建团70周年展演剧目——大型滑稽戏《哎哟爸爸》，关注的正是当下老年人越来越迫切的养老需求。剧中那些令人笑到捧腹又虐到痛哭的“桥段”，更是让观众在笑声中心灵碰撞，在泪水中产生共鸣。上海滑稽剧团副团长、该剧策划兼主演钱程在接受记者采访时说：“现场有上了年纪的观众失声痛哭，这在我39年的从艺生涯中还从未有过，我认为这是对我们戏最高的评价。”

《哎哟爸爸》讲述的是两位男性老人宋德广和陈金生的故事。丧偶的服装店老板宋德广和离异的裁缝陈金生住在贴隔壁，都是名副其实的独居老人，而子女对他们的态度却是“冰火两重天”。陈金生只有一个女儿，女儿女婿常来看望老父亲。反观宋德广，虽儿女双全，却总是难闻其声更不见其人。为了能让子女经常来陪陪自己，老宋向老陈讨教经验。于是，两人策划了一出“发红包”“装富”“装病”等让子女回家看望爸爸的“假戏”，但在实施过程中反而弄巧成拙、弄假成真。

尤其是剧中“抢红包”一幕，为了吸引子女回家看老爸，宋德广咬牙拿出了三个月的退休工资让子女“抢红包”。原本，两个老头讲好让陈金生做“托”，假意抢到大奖一万元，没想到最后一番阴差阳错，其中最大的红包落入了儿子刚交的女朋友手中。老宋花了钱仍唤不回子女回家的心，让人唏嘘不已。

当一个个的想法失去功效，弄巧成拙后，遗产问题、赡养问题等再次摆上了桌面，而几经折腾的宋德广最终患上了阿尔兹海默症，子女在他床头的一个旧饼干盒子里找到了一封老宋清醒时写的信。这封信也成为了全剧的“催泪弹”，直戳观众泪点。

钱程坦言，作为剧中主人公宋德广的扮演者，他深刻感受到当下老年人对养老问题的迫切需求，在排练中涉及部分场景也几度哽咽。“在中国大戏院演出期间，有一场结束后，同事告诉我二楼有位上了年纪的观众看戏看到失声痛哭，我想这是对我们戏最高的评价。”钱程表示，让观众在剧中有触动、有思考，这是戏剧大师布莱希特的戏剧理念之一，“在笑的同时挂上一滴泪”，而《哎哟爸爸》这部作品充分体现了这一理念。……

任何成功的戏剧都是靠来源于生活真实的细节来打动听观众的。《哎哟爸爸》内容上并不追求所谓的“高雅”，而是从现实生活中的凡人俗事入手，让观众仿佛从剧中看到了自己。而这些由生动感人的细节构成的“桥段”，许多便来自表演者身边发生过的故事。

从《满园春色》到《哎哟爸爸》，上海滑稽剧团自姚慕双、周柏春以来所创作、上演的一系列大型滑稽戏，无不以普通大众的日常生活为题材，及时反映广大民众普遍关注的社会问题，在凡人俗事中探索、刻画各阶层各种人物的性格特征，以及形形式式的精神世界，颂扬真善美，揭露假恶丑——这一切始终不变地贯穿着一条横线，那就是彰善瘅恶、刺举无避、激浊扬清的“蜜蜂精神”。一定意义上说，“蜜蜂精神”就是姚慕双、周柏春艺术精神的精华与内核。

上海滑稽剧团历任领导动员全团力量，不遗余力地策划、打造一系列滑稽戏精品，就是传承姚慕双、周柏春倡导且身体力行的“蜜蜂精神”，传递姚慕双、周柏春的艺术生命，以满足群众对健康的欢声笑语的正当需求。他们像一个个精力充沛的领跑者，目光始终紧盯着前方的目标，奋力迅跑，在完成一项又一项使命之后，把手中的接力棒又传递给下一任继承者，一任又一任，一棒接一棒，锲而不舍，勇往直前，共同拓展着姚慕双、周柏春滑稽艺术的新天地。

滑稽名家姚慕双（右二）、周柏春（右三）、杨华生（右四）、笑嘻嘻（右五）联袂参加上海市曲艺家协会成立40周年庆贺演出（摄于2002年）

这种传递不仅是实力的交接，也是精神的传承，更是姚慕双、周柏春艺术理念的延续。

在上海滑稽剧团工作

较久的有两位领导人：一位是团长吴孝明，一位是党支部书记曹强，两位领导人都在自己的任期内做出了显著成绩。

采访中，曹强同志深情地回忆：

我1999年进团时，那时正在排演《谢谢一家门》，请姚慕双、周柏春一起参加讨论。以后，团里每次排演大戏，都会邀请姚慕双、周柏春两位老师看节目，提意见。他们很认真，把要改的地方，包括造型、走向、节奏、结构等都会一条一条地写在笔记本上，然后详加指出。看得出，姚慕双、周柏春对艺术非常严谨，帮助后辈不遗余力，毫无保留，感情深厚呀！

我去姚慕双、周柏春家比较多，因为常常要陪同代表团或宣传部、文广局等领导看望老同志。姚住太仓路，房子不大，新天地附近，居住环境不佳，与艺术家的身份不匹配。当时看到乔奇等老艺术家居住环境很好，院长黄佐临先生的住宅在泰安路，独栋别墅。但姚慕双、周柏春从来不在领导面前提自己的困难，反而经常关心团里的创作、演出和演员的情况。他们人已退休，却心系舞台，心系剧团。

周老师身体不好，我去周家慰问的次数较多。周老师是个话语不多的老同志，平易近人，与演出时判若两人。周师母为人真诚，和蔼可亲。每次去他家，谈的话题都是青年演员的成长。其时"双字辈"已告别舞台，活跃在舞台上的是钱程、胡晴云、秦雷这批青年演员，周老师经常要询问青年演员的情况，关心剧团后备力量的成长。

有一次，我和吴孝明团长携剧团全体领导班子去看望周老师。周老师和周师母给我们每个人准备了一瓶蜂蜜，一份蛋卷。那是剧团历史上最困难的时期，二老准备的礼物可谓用心良苦，寓意深刻。意思是要我们发扬"蜜蜂精神"，酿出蜜汁，用甜蜜的成果回报社会；再者，领导班子要团结得紧，像蛋卷一样卷在一起，越困难越团结，共同努力，闯过难关！他真诚地祝愿剧团芝麻开花节节高。当时，大家非常感动。

剧团没有辜负姚慕双、周柏春的期望，排了很多新戏，例如《浦江笑声关不住》，那是文、广合流之后第一部大型贺岁剧，在美琪大戏院演出，反响很热烈。这台贺岁剧集中了上海滑稽剧团、上海市人民滑稽剧团、上海市青艺滑稽剧团的老中青三代演员，一票难求啊！

演出结束后，大家希望看到姚慕双、周柏春能上台谢幕，二老二话没说，果然带着"双字辈"，"双字辈"带着青年演员，一起走上舞台。观众们看到姚慕双、周柏春等一批老艺术家登台谢幕，连连喝彩，情绪十分激动。这部戏充分展现了上海滑稽剧团的魅力。

此后，上海滑稽剧团又一连排了多部好戏，如《啼笑因缘》《太太万岁》《方卿见姑娘》等，演出许多场次，受到观众认可，出票率迅速提升。这也是编导在创作方面开拓新思路，用全新的视野去捕捉历史和现实的题材的结果。这一时期，上海滑稽剧团的演出，不仅产生经济效益，还产生了一定的社会效应。影响力的提升，引起市领导的关注，有关部门开始派人来剧团考察、调研，老领导龚学平还来剧团，约姚慕双、周柏春一起探讨剧团的未来，两位艺术家献计献策，完全把剧团当成自己的家。

吴孝明来到上海滑稽剧团，做了很多"走出去"的工作，他联系澳大利亚墨尔本和悉尼的当地华人演出会，得知那里的华人很希望听到乡音，欢迎滑稽艺术家去当地演出，便与周柏春说起这件事情。周柏春当即答应随团出访。其时，他已是80多岁高龄的老人了，部、局领导鉴于他的身体状况，决定让周师母陪同前往。

周柏春到了墨尔本，受到当地华人热烈欢迎。演出那一天，他的节目是压轴戏，虽然只有10分钟的段子，他却闭门谢客，精心准备；演出时一气呵成，台下掌声雷动。中国驻墨尔本总领事及夫人、文化参赞也一同来观看他的节目。第二天在总领馆为滑稽剧团举办招待会，总领事在致辞中感叹滑稽大师为当地华人带来欢乐的盛宴，还受到当地领导的赞赏，为祖国赢得了荣誉。

姚慕双、周柏春在上海滑稽剧团工作几十年，自始至终发扬"蜜蜂精神"，心系剧团，奉献舞台，在市场经济化的驱动下，"不忘初心，牢记使命"，深入基层，服务人民，他们作为上海文艺界的标兵，名副其实！

**吴孝明谈到姚慕双、周柏春时，语言中带着深深的敬意：**

晚年的姚慕双、周柏春兄弟（摄于2001年12月）

讲滑稽不讲姚慕双、周柏春是不可能的事。

第一，姚慕双、周柏春有两个现象：一是他们二十岁左右出道，能红几十年，红一辈子，这在滑稽史上是不多的。二是他们开创了“双字辈”现象，实质上也是文化现象。滑稽界中学生以群体名义来命名的不多。“双字辈”是滑稽传承的符号，有外“双”、内“双”，男“双”、女“双”。收女学生，艺名全部用复姓——复姓就是内含“双”字；收男学生，艺名都带“双”字。这些学生承上启下，经过历史的沉淀，剩下了这样一批——现在我们看到的“双字辈”。

第二，姚慕双、周柏春是划时代的滑稽演员，他们开创了书卷气滑稽戏，区别于当时那么多滑稽艺人。旧上海自有滑稽戏以来，曾产生过上百个滑稽剧团，在这样激烈竞争的过程中，姚慕双、周柏春兄弟能脱颖而出，形成了一种全新的滑稽样式带给观众。他们从唱电台开始，区别于撂地摊、街头卖唱开始的滑稽演员。兄弟俩从电波走向舞台，又从舞台走向电波，走向荧屏，这是与其他滑稽演员不同的地方。

姚慕双、周柏春自己创作的剧目，与他们的知识积累、文化底蕴，以及视野、眼光密切相关。如，《英文翻译》《宁波音乐家》，因为他们本身有文化厚度，才创作出这些节目，成为当下的经典。上海26路电车从淮海东路朝西开，不少市民不愿乘电车，宁可由东往西走，就是为了一边逛街，一边听一家家商店内无线电（收音机）不间断播放的姚慕双、周柏春滑稽节目。这种现象在滑稽戏与独脚戏的历史上

为配合宣传党中央提出的全面建设小康社会，姚慕双（右二）、周柏春（左二）抱病出席晚会活动（摄于2004年）

也是为数不多的。

姚慕双、周柏春对艺术精益求精，一丝不苟。兄弟搭档60多年，这是滑稽史上绝无仅有。可见二人的胸襟、胸怀。他们在合作创作中艺术上肯定存在不同见解，但他们紧紧地走在一起60多年，在演艺界找不到第二对，他们抛开自我。周与姚性格上有很大差异，但他们将差异作为互补，难能可贵。他们活到老演到老，一生中只做一件事：唱滑稽，唱与别人不一样的滑稽，因为他们有追求。

姚慕双、周柏春一生中经历不少磨难，特别是"文革"。即便如此，"文革"后，他们坚持创作滑稽。虽然在"文革"中吃了不少苦，但对学生宽宏大量，对一些曾给他们造成伤害的年轻人给予原谅。他们认为，这些学生，"文革"中也是受他人影响，政治经验薄弱，做了不当行为，情有可原。由于他们口下救人，这几个学生，尤其到了中晚年，对老师的情感、敬意，油然而生。有道是恩将仇报，他们却是冤将恩报，这是要有胸襟的。所以"文革"后，姚慕双、周柏春为上海滑稽剧团出了一大批好作品，出一大批好演员。

蜜蜂滑稽剧团1950年成立，1960年并入上海人民艺术剧院，黄佐临先生为了与法国法兰西喜剧建立一个对话平台，他在上海那么多滑稽剧团中选择了“蜜蜂”，作为“上海人艺”的滑稽剧团，使滑稽戏走上一个新高度。从布莱希特到斯坦尼，一种新颖的滑稽形式出现了，尤其在1960年之后。姚慕双、周柏春、袁一灵、筱咪咪，至1963年来了严顺开，再是“双字辈”，上海滑稽呈现出全新的气象，为滑稽戏的推动与发展出现了第二次重大转折。

姚慕双、周柏春虽然故世十多年，但二人的名字一直流传在上海人民的心中、脑中、口中。他们留下的是一笔重要的精神财富，文化财富。他们对滑稽戏有自己的追求，他们在一样的滑稽戏中表现了不一样的滑稽戏。上海滑稽剧团剧目贴近时代，如《一千零一天》《出色的答案》《满园春色》《GPT不正常》，包括《阿混新传》《路灯下的宝贝》，都与时代紧密相连，反映生活，反映现实，反映当下。这是“上滑”鲜明的特色与特征。还有好剧目《西望长安》的移植，传统的《小山东到上海》，他们在传承的同时有创新。

人们牵记姚慕双、周柏春，更多的是牵记他们留下的作品。为当今滑稽事业未来在哪里提供了思考的路径与标杆式的问题。所以姚慕双、周柏春完全配得上一代宗师、滑稽泰斗的称号。

**作为上海滑稽剧团前任团长、上海文广集团演艺中心总裁的吴孝明，与姚慕双、周柏春相处多年，又长期浸润于上海文艺界的工作，见多识广，有比较，有鉴别，他对于姚慕双、周柏春的个性特征、人格魅力，以及姚慕双、周柏春滑稽艺术的独到见解，可谓通透、明了，高度概括，不乏真知灼见。**

姚慕双（右）、周柏春（左）与时任上海滑稽剧团团长吴孝明（中）合影（摄于2002年7月4日）

**谈到姚慕双、周柏春无论艺**

**术上、生活上无微不至地关心后辈时，吴孝明说：**

只要晚上有演出，两人下午四点就到后台，为学生做榜样。先默戏，考虑还有哪些“噱头”要补充，直到开演铃响。他们坐在后台基本上没啥声音——对舞台，对艺术的敬畏——默戏，背戏，化妆，吃盒饭，或吃小点心，就准备演出，没什么闲话，大家啊！不像如今演出前，后台人声嘈杂。

姚慕双、周柏春身上没有匪气与流气，台上台下完全是两个人。台下两人文质彬彬，就像读书人，书卷气十足；台上就是滑稽大师。姚慕双、周柏春一直对学生讲，不能将台上的东西（指滑稽“放噱”）摆到生活中去，生活中的东西（指演员生活习惯、言行举止）不能摆到舞台上。为人民造笑，替百姓分忧，寓教于乐。他们没有豪言壮语，以小见大，自己身体力行教育学生。怎样演戏，如何做人。

我2001年8月到团里，有幸在大师的照应下工作了几年。只要剧团有什么要求，他们二话不说就来帮忙。招之即来，来之能战，战之能笑，笑之能胜。尤其2003年非典阶段，他们都是80以上高龄了，剧团希望他们能出来为公众演出，他们照样下社区，下广场，很不容易。我来第一年，滑稽情况不好，我请他们出山，演出舞台剧《浦江笑声关不住》，担任个角色，二位没有一句怨言，认为团好就是他们好，爱团如家。

两位淡泊名利，从来不提自己要怎样。姚老师还有几个子女继承他们的事业唱滑稽，周老师子女无人继承。但他们身上有滑稽的基因，去丰富自己的本职工作。他们用笑声洒满人间都是爱。一般滑稽演员很难有此胸怀。所以姚慕双、周柏春是大家仰视的艺术家。德艺双馨的艺术家与演员之间是有很大差距的。德艺双馨，一定是德在前，艺在后。2004年，姚老师病重住院，周老师耄耋之年竟然还去澳大利亚演出。我带队，也了却他的一个心愿，顺便去看他在那里的大儿子。“非典”时期，周老师并未停止工作，出了一本书《周柏春自述》（周伟儿整理），自己还写剧本，写唱词。他人虽退休，心却在团里,也从来不给团里添麻烦。

我到上海滑稽剧团的第二年的春节去姚慕双、周柏春家拜年。周太太是我十分尊敬的师母,大家闺秀,结婚后相夫教子,而且任劳任怨。周师母大周老师一岁,我们去前早就为我们准备了咖啡,用咖啡壶煮的咖啡,十分传统。一进周家就闻到香味,正叫"闻香识老太",使你回到从前,有一种亲切感。她不让大女儿伟儿帮忙,亲自动手。她不雇保姆,一切家务,侍候周老师,都由她自己操劳。

我们去了四个人:我、钱程、书记曹强,还有王再平。周师母精心准备,我们告辞前,周师母送给我们四人各两件礼品:一小瓶蜂蜜,一包用塑料包装好的6根蛋卷。她说,上海滑稽剧团前身是蜜蜂滑稽剧团,蜜蜂有刺,滑稽也是讽刺艺术,讽刺的最终目的为了使人甜蜜。这包蛋卷,虽然只有几根,买多了,你们不一定要吃。你是上海滑稽剧团的"班长",要把大家像蛋卷一样卷拢来(团结在一起),这个剧团才能搞得好。我听了激动得差一点流泪。她自己省吃俭用,对朋友、对学生却是无私的,对子女则严格教育。周家是周师母说了算,她人长得不高,在我心目中的形象却十分高大。她激励、鼓舞我们要把滑稽搞好,这是18年前的事了,却终生难忘。

姚慕双、周柏春成功的背后有着默默无闻的女人的支撑!

关心姚慕双、周柏春就是关心滑稽,延长他们的生命不仅是滑稽的福音,也是这个城市的福音,我从心底里感激几位师母。由于她们有这样的胸怀、眼界与境界,加之她们长期受滑稽艺术的熏陶,她们对于滑稽有着与我们不一样深厚的爱。她们用点滴的行动为我们从业人员作了榜样。我为她这种动作所震撼,像是一种无声的呐喊,也是一种嘱托,支持我们的工作,使我产生强大的责任感,要把滑稽工作搞好。这在我一生中感受到的最强大的冲击力。这样一个老人做出的举动却体现出"伟大"二字。

**吴孝明上任时,上海滑稽剧团的经营情况不佳。他与领导班子把全部精力放在剧团里,把剧团风气搞好,把剧目建设好。一年以后,经过全**

姚慕双、周柏春参加上海滑稽剧团团庆演出（摄于1988年）

团上下努力，推出三部滑稽戏：除了一部大型贺岁剧《浦江笑声关不住》之外，一部是《啼笑因缘》，一部是《方卿见姑娘》，一部是讲上海城隍庙一爿老饭店的故事《江南第一春》。

就在当年，他率团去香港。剧团初见成效，两位老师很高兴。三部戏姚慕双、周柏春都亲临现场指导。贺岁剧，姚慕双、周柏春还参与演出。团里还保存了不少当时的照片。

谈到王辉荃时，吴孝明认为，姚慕双、周柏春从识才、爱才、惜才、到用才，充分发挥了他的作用。王辉荃在上海滑稽史上留下浓重一笔，缘于姚慕双、周柏春的口下留情。王辉荃创造了滑稽戏的情景剧，开创了滑稽电视的历史，又写了《路灯下的宝贝》、《阿混新传》(拍成电影)。从这方面看，姚慕双、周柏春口下留情是有道理的，如果埋没了这个人才，滑稽也许滞步10年、20年，滑稽界至今仍缺少像他这样的全才。王辉荃对姚慕双、周柏春二位老师始终怀着深深的忏悔。吴孝明任团长期间，遵照姚慕双、周柏春的初衷，一直重用王辉荃，发挥他在创作方面的才干。

2002年，王辉荃在萧山因心脏病猝死时，才59岁，尚未退休。吴孝明得知噩耗，连夜赶去，将他的遗体送回上海，并举行追悼会。姚慕双其时因病住院，周老师尽管健康欠佳，还是抱病参加了。

21岁的王辉荃在“文化大革命”中还是个小青年，所以姚慕双、周柏春原谅他。一个学生出重手打老师，受害人假如没有宽宏大量的胸襟，难以宽恕。吴孝明说，姚慕双、周柏春的高尚品德滋养并影响他一辈子。

2003年5月，上海滑稽剧团被评为上海宣传系统2001—2002年度文明单位，这是从全市18家国营剧团中评选出来的，也是市级精神文明

庆贺周柏春八十寿诞合影（摄于2001年12月）

单位。

吴孝明在戏曲走下坡路、上海滑稽剧团处于低迷时期上任，一路走来，坎坎坷坷，极不容易。

那一年，尽管团里经济困难。他还是给团里80岁以上的老演员，每人每天供应一瓶牛奶，次年就带他们，包括家属，一起去苏州东山旅游，住了两天。每人发了一点杨梅。现在看来这些东西并不值钱，但礼物虽轻含意深！吴孝明对大家说，我们到东山来，就是上海滑稽剧团今后要“东山再起”！发杨梅，今后要“扬眉吐气”。全团年年在城隍庙绿波廊饭店吃年夜饭，团圆饭。每年剧团重大事情都向姚慕双、周柏春等一些老艺术家通报，让他们知情，与大家一起分享喜悦和成果。吴孝明告诉姚慕双、周柏春等老艺术家们，没有他们，就没有上海滑稽剧团。今天点滴成绩是他们几十年经验与成果的积累，一定要发扬光大。上海滑稽剧团人是在巨人的肩膀上做了后人该做的事。

吴孝明上任后，大刀阔斧，对剧团进行整顿，抓了三项建设：

第一项制度建设。

上海滑稽剧团全体职工及离退休人员苏州合影

难以想象，曾经被“上海人艺”称为“财团”的上海滑稽剧团，竟跌落到18家国有文艺团体中最差的单位，经济上亏损，向银行借款100多万元，团里为职工买1万元保险，保险箱里只有2 000元现金，连单位承担退休职工的工会福利和一半抚恤金都发不了。12月30日夜里做了一档大剧院《八楼望星空》的综艺节目，演出结束，才将应给退休职工的那些钱发光，让大家安心过年。

有鉴于团内涣散的情况，剧团制定了严格的考勤制度，不来上班，就要申请辞职。有两位颇有影响的演员，在团外赚钱，不来上班，就被开除。

此前，剧团全年营业额只有104万元，固定工资每月300元。实行奖金制后，第一年营业额达到1 800万元。有个预备党员，被安排做行政工作，她想不通，不想上班。团长就找她谈话：“你不上班，预备党员就不能转正；共产党员最重要的一条就是‘听党的话，服从党的安排。’”她哭了，打算让爱人到团里来申诉原因。吴孝明对她说：“这里不是托儿所，叫你爱人不要来！”此后，她来上班，由想不通到想通，到努力；从办公室主任做起，做到团长助理、副团长；吴孝明调文广集团时，她接班了。她就是上海滑稽剧团现任党总支书记兼团长的凌梅芳。吴孝明说她办事认真，十分努力。认为钱程是艺术家，要让他在艺术上发展。当团长就要“坐得定”，外面活动不能太多。吴孝明2006年交班，去上海文广演艺集团当总裁，还兼上海滑稽剧团团长，以后就完全放手了。10多年来，凌梅芳在团长的岗位上做得很出色，她能坚持至今，与姚慕双、周柏春的影响分不开。

第二项人才建设。

上海滑稽剧团一度青黄不接，缺演员了，吴孝明就办学馆。在他看来，一届学生起码可活跃在舞台15年至20年。接着，他打破门户之见与剧种的界限，引进了三个在业内外有影响的演员：一个是浙江杭州小百花越剧团的何赛飞——被称为电影、戏曲的两栖演员；一个是在海派情景喜剧《老娘舅》中扮演阿庆而走红的陈国庆；一个是原在上海沪剧团、被观众昵称为“小百搭”的舒悦。这三位都是重量级演员，他们的加盟，使上海滑稽剧团有了转机，一定程度上改善了演员的“生态环境”。2005年9月25日，上海市人大常委会领导在上海文广集团副总裁任仲伦和演员周柏春的陪同下，到美琪大戏院观看上海滑稽剧团为纪念张爱玲逝世10周年而上演的滑稽戏《太太万岁》。

何赛飞来上海滑稽剧团出演根据张爱玲同名小说改编的《太太万岁》，因为她主演，上海滑稽剧团第一次将票价定到880元，三场票子全部售罄。

第三项剧目建设。

吴孝明不管在上海滑稽剧团还是在“文广演艺集团”，一贯注重剧目建设。他在剧目题材方面没有条条框框，近代的、当代的、历史的、现实的、只要属于海派文化，与上海这座城市相关的题材，他都积极推崇，力排众议，大胆尝试。例如，由毛猛达、沈荣海二人演出两个半小时的《石库门的笑声》，就是吴孝明推动的，竟然一票难求，很受欢迎。以显示上海地方特色的《乌鸦与麻雀》，由钱程、胡晴云、小翁双杰担任主角，已成为滑稽戏的经典之作，在“北京喜剧周”演出，效果很好。由何赛飞、钱程、严顺开、韩玉敏等主演张爱玲的《太太万岁》，由何赛飞、钱程、韩玉敏、豆豆、童双春、王双庆、王辉荃、小翁双杰、秦雷主演的《啼笑因缘》，以及根据张爱玲小说《琉璃瓦》改编的滑稽戏，由严顺开、蔡金萍、胡晴云、钱程等主演的《“独”养女儿》都为滑稽戏开辟了一条新路，开启了滑稽戏创

姚慕双(左二)、周柏春(左一)出席《浦江笑声关不住》开排仪式(摄于2002年春节前)

作题材的新领域。与上海话剧中心联袂复演喜剧《弄真成假》,原作者杨绛先生似有顾虑,后来弄明白改编者的构想,欣然接受,并授予了改编、演出权,上演后获得一片赞誉。

《浦江笑声关不住》则是王辉荃根据吴孝明的意见,把传统滑稽戏中几个精彩片断荟萃而成的贺岁剧,不少上海戏剧艺术家来参加演出,包括姚慕双、周柏春。

总之,剧目建设的成功,为上海滑稽剧团以及海派文化的拓展带来了机遇。

对于滑稽演员上荧屏,吴孝明认为具有两面性:因为电视比舞台剧影响大,它在提高演员知名度的同时,促进了滑稽市场消费水平的提高,扩大了滑稽舞台艺术的影响力。电视节目的播出偶尔也会影响舞台剧的卖座,但影响不大,毕竟是两种完全不同的视觉享受。

演员上电视,增加收益,改善生活,并非坏事;前提是:剧团有任务,必须服从,不能影响正常的排戏和演出,不然,便适得其反了。

上海滑稽剧团领导一任又一任的交接、更迭,为继承、发扬姚慕双、周柏春的艺术精神,传递姚慕双、周柏春的艺术生命,作出了不懈努力。

他们的经历与工作体现了姚慕双、周柏春艺术精神的延续。



然而，时代的大潮彻夜奔腾，社会生活川流不息，它像繁花筒似的，不断变幻着姹紫嫣红的瑰丽色彩。在新的变化了的“生态条件”下，如何与时俱进，继续高举姚慕双、周柏春的大纛，开创滑稽事业的新局面，全心全意服务于人民，将是摆在未来上海滑稽剧团接棒者、掌舵人面前的一个亟待思索并予以解决的课题。

清代诗人、史学家赵翼在《论诗》中写道：

满眼生机转化钧，天工人巧日争新。
预支五百年新意，到了千年又觉陈。

李杜诗篇万口传，至今已觉不新鲜。
江山代有才人出，各领风骚数百年。

诗中表达的“质文代变”的创新理念，也许是继承、弘扬姚慕双、周柏春艺术精神的很好借鉴。

# 四十九　洛杉矶之行

客路青山外，行舟绿水前。

潮平两岸阔，风正一帆悬。

——〔唐〕王湾《次北固山下》

2000年1月，临近龙年春节，美国洛杉矶华人联谊会拟举办一个“龙之春”文艺演出会。联谊会副主席吴琦幸先生多次与上海市侨办联系，再三邀请姚慕双、周柏春兄弟赴美演出。该联谊会的10多万会员，多数来自上海或沪语区的移民，以及他们的后裔，会说上海话；不少老年侨胞知道并熟悉姚慕双、周柏春的大名，有的年轻时还听过姚慕双、周柏春在电台播送的节目，看过姚慕双、周柏春的演出，留下美好印象，十分喜欢。乡音难了呀！是这些海外侨胞的热情呼声促使美国洛杉矶华人联谊会向姚慕双、周柏春发出了邀请。

接到邀请后，姚慕双、周柏春家人都反对赴美演出。原因是，他俩都老了，其时姚慕双82岁高龄，周柏春也是78岁的老人了，最主要的是兄弟俩年迈体弱，生活难以自理，远涉重洋，长途跋涉，要乘十几小时的飞机，困难不小。

美国华人联谊会得知这一情况，表示十分理解家属的心情，便请姚慕双、周柏春两位夫人一同前往，这样生活上便于照顾。

于是，姚慕双、周柏春各自携太太，4个老人一起去美国驻沪总领馆办理签证。一位漂亮的洋小姐接待了他们。当洋小姐弄清楚他们赴美的目的，就要求姚慕双、周柏春二人当场表演一段，姚慕双、周柏春欣然答应。他们每人讲了一段小笑话，周柏春说的是“YES、NO”，意思是一个人学英语只学会四句，生搬硬套，连别人误会他偷了东西，他也爽快地“YES”；别人让他把赃物交出来，他却“NO”！姚慕双讲的是他与周柏春经常表演的独脚戏《学英语》中的一段：一辆汽车由东向西，一辆汽车由西向东，在三岔路口相撞，“乒、乓，啊唷哇！”姚慕双、周柏春洋泾浜英语，逗得洋小姐哈哈大笑，一下就“OK”了姚慕双、周柏春的签证。

轮到姚慕双、周柏春两位太太，这位洋小姐就没有这么爽快了。她横问竖问，左探右探，不知什么原因，就是怀疑两位太太有移民倾向。姚慕双、周柏春再三向她解释，都无济于事，这位洋小姐就是不肯高抬贵手，坚决不给签证。姚慕双、周柏春心里有些懊恼刚才唱滑稽给她听！无奈之下，4人只得打道回府。这样也好，姚慕双、周柏春决定不去了，赴美风波也就平息下来。

然而，洛杉矶方面听说姚慕双、周柏春去不了，却乱作一团。原来联谊会的侨胞们早就兴致勃勃地做了许多准备工作：他们将特大海报登了出去，其中最显眼的海报中心刊登了姚慕双、周柏春的巨幅照片，还用许多篇幅介绍姚慕双、周柏春兄弟档的艺术生涯、表演流派、演出节目等，甚至剧场票房的戏票也都已售罄。这下可急坏了华侨联谊会的组织者，他们打电话、发传真、伊妹儿，接二连三地与上海市侨办、上海市文化局、上海电视台联系。

周柏春在《自述》中说道：

> 上海方面也着急了。那几天里，我家的电话被打爆了！侨联、电视台、文化局的同志一个个穿梭似地上我们家来，劝我与姚慕双先生先去，两位太太的签证由他们出面继续想办法办理。箭已上弦，不得不发，不去他们是弄不落了。我们想想也意不过，只能应允下来。领导上派了赴美演出团中两位青年演员照顾我们，他们是人民滑稽剧团的毛猛达和沈荣海。一对一，寸步不离地跟随着我俩，并且承诺我们家属：到时候，一定送两个完完整整的姚慕双、周柏春回来。随团同去的还有叶惠贤、吴君玉、魏宗万、毛猛达、沈荣海等人。收拾停当，我们便于1月15日起程了。

上了飞机，机组的航空小姐都认识姚慕双、周柏春两位滑稽艺术家，对他俩照顾备至，将他们安排在头等舱内，到了晚上，座椅能翻下来睡觉。姚慕双、周柏春吃了晚饭，一觉醒来，已到大洋彼岸。

因时差关系，到洛杉矶仍是15日。当姚慕双、周柏春一行走出通道时，只见黑压压的人群正在出口处打着一条巨大的横幅“热烈欢迎滑稽表演艺术家姚慕双周柏春专程来美演出”，他们脸上堆满笑容，有的手捧鲜花，场面十分隆重。还有一支少儿乐队，欢乐的歌声震耳欲聋。原来这些都是前来迎接的华侨。姚慕双、周柏春等人看到这一情景，激动不已，亲身感受到了来自海外赤子送来的温暖！

吴琦幸先生从人群中挤出来，他紧紧地握着姚慕双、周柏春二位艺术家的手。有人推来两辆轮椅，请姚慕双、周柏春坐，但他俩坚持步行走出机场，受到如此优厚的待遇，实在感到不好意思。

第二天，姚慕双、周柏春一行便在洛杉矶最大的一个剧场演出。这个剧场有1 400多只座位，座无虚席。参加演出的有陈述、魏宗万、吴君玉等著名演员，还有1989年赴美的华文漪夫妇，他俩演唱的是京剧《沙家浜·智斗》选段，节目很受欢迎。当节目主持人叶惠贤向观众介绍姚慕双、周柏春两位滑稽大师，他俩走上舞台时，台下掌声经久不息。

姚慕双、周柏春演出他俩的拿手节目《学英语》。大家都知道姚慕双的英语水平在曲艺界可算得上首屈一指了，他标准的美音，令美国人都赞叹不已。剧场大，观众多，姚慕双开口了，可是因为好久没有演出，声音低了一点。演出经验丰富的周柏春，赶忙提高嗓音插播上去："Long live the friendship between the Chinese People and American People!"（中美人民友谊万岁！）周柏春这样一说，台下拼命拍手，因为这些侨胞在美国生活多年，都能听懂英语。演出中，掌声雷动，姚慕双、周柏春几次要开口都开不了，声音被掌声淹没了，姚慕双、周柏春只能频频鞠躬向观众致意，回报观众的厚爱。

姚慕双、周柏春赴美演出照（摄于2000年1月19日）

观众中有不少老外，他们的太太

都是中国人，太太边看边笑边给自己的丈夫作翻译，这些老外居然也笑得前俯后仰。姚慕双、周柏春的《学英语》将剧场气氛推向了高潮，剧场的屋顶似乎要被欢快的声浪掀翻了！

演出结束，许多熟人到后台来看望姚慕双、周柏春，其中有原“上海人艺”的李玉昆、盛亚人等，他们都已在美国定居。

没想到的是，华侨联谊会竟在洛杉矶召开姚慕双、周柏春艺术研讨会——类似的研讨会一般都在国内举办，这样的安排在曲艺界可谓绝无仅有，侨胞对姚慕双、周柏春的热爱可见一斑！

研讨会在一个礼堂内召开，到会的都是姚慕双、周柏春的戏迷和粉丝，有上海、北京、江浙两省、香港，甚至有台湾的同胞。大家操着不同地方的乡音，亲切地向姚慕双、周柏春提问：他俩如何成名，如何自成一派，如何在激烈的竞争中制胜，如何在滑稽界驻足60多年而立于不败之地。这些都是大家感兴趣的问题。研讨会进行得非常热烈，变成了记者招待会，成了热热闹闹的座谈会。在一片欢笑声中，华侨联谊会代表恭恭敬敬

姚慕双（左四）、周柏春（左三）赴洛杉矶出席美国洛杉矶上海人联谊会和上海电视台联合举办的姚慕双、周柏春滑稽艺术研讨会

2000年1月，姚慕双访美，美国洛杉矶上海人联谊会赠送给姚慕双的大理石匾

向姚慕双、周柏春每人送上了一块墨绿的大理石精匾，上面镌刻着八个大字：海派滑稽　一代宗师。

主办方考虑极其周到，姚慕双、周柏春被安排下榻于总统包房。总统包房内各有一间套房，吴琦幸先生陪伴周柏春，睡在外面的套房；话剧演员焦晃的儿子在美国，小焦就陪姚慕双睡。每天天不亮，小焦就起床帮姚慕双、周柏春安排早点，他怕两位老先生吃不惯西餐，每天翻花样：素菜包子牛肉面，粢饭团子豆腐浆……在生活上吴先生和小焦对姚慕双、周柏春照顾得无微不至，甚至帮他们穿袜子、系鞋带，当成了幼儿园小朋友，也许他们知道两位老先生都有伤病，腿脚不利索的原因吧！

早年赴美的华文漪夫妇见了姚慕双、周柏春像见了亲人一样，说什么也要请他俩到她家里作客。他们夫妻在美国开了一家电台，就请姚慕双、周柏春去电台录了三段独脚戏，如获珍宝。尔后又一起去“绿杨村”吃饭，味道居然与上海差不多，姚慕双、周柏春在异地吃到家乡菜，十分高兴。

华侨联谊会的成员陪同上海文艺演出团到洛杉矶各地游玩。吴琦幸先生开着汽车，全程陪同姚慕双、周柏春。他们到达的目的地是拉斯维加斯。

众所周知，拉斯维加斯是世界上最大的赌城。它位于内华达州东南角，西南距洛杉矶466千米，周围环绕着1 000—3 000米的高山，和死亡谷一样，那里气候干燥，湿度低，四季分明。

“Las Vegas”源自西班牙语，意思为“肥沃的青草地”。因为拉斯维加斯是周围荒凉的石漠与戈壁地带唯一有泉水的绿洲，于是逐渐成为来往公路的驿站和铁路的中转站。1905年5月15日，“拉斯维加斯”正式建市。内华达州发现金银矿后，大量淘金者涌入，拉斯维加斯开始繁荣，但矿藏采光就有被抛弃的可能。20世纪30年代，其东南47千米处胡佛水坝筑成，坝后的米德湖便成为世界最大的人工湖之一，充足的水电供应促进了拉斯维加斯城市的发展。

1931年在美国大萧条时期，为了渡过经济难关，内华达州议会通过了赌博合法的议案，拉斯维加斯成为一个赌城，从此迅速崛起。

由于赌场是个淘金碗，美国各地的大亨纷纷向拉斯维加斯投资建赌场，甚至日本的富豪、阿拉伯的王子、著名演员均来投资。1946年，拉斯维加斯出现了大型赌场。20世纪50年代，发展为以赌博为特色的著名游览地。10年后开辟了沙漠疗养区，市内豪华的夜总会、酒店、餐馆和赌场，随处可见。每年5月的赫尔多拉多节，居民穿着古老的西部服装举行竞技表演和游行。1990—2000年的10年里，拉斯维加斯的人口增加了80%，2013年达到190万，成了以赌博业为中心的庞大的旅游、购物、度假胜地，拥有“世界娱乐之都”和“结婚之都”的美称。每年接待游客约3 890万。

从一个巨型游乐场到一个真正有血有肉、活色生香的城市，拉斯维加斯在10年间脱胎换骨，从100年前的小村庄变成一个巨型旅游城市。

在美国，每个州的法律都不尽相同，唯有拉斯维加斯能合法、公开地赌博。这里，无论宾馆还是旅馆，地下层都设有赌场，可以从0.25美元起赌，直至上千万美元的豪赌。

拉斯维加斯是建立在沙漠之中的城市，它像沙海中一颗璀璨的明珠，夜色降临，从直升机往下鸟瞰，四周漆黑一片，唯有这个占地293.6平方公里的城市，霓虹灯通明闪亮，光怪陆离，真是一座不夜城。每到周末，全世界的富豪都会麕集于此，一掷千金。

在华侨联谊会的邀请下，姚慕双、周柏春也进赌场去“见识”了一番。他们试玩了“吃角子老虎机”。只输不赢，没几分钟，两人手中的角子都被老虎机吃光了。

赌城中还有“楼中景”，如埃及馆，馆内有人面狮身，巨大的人面兽身中就是一个赌场。还有威尼斯水城，在威尼斯水城中一抬头能见到蓝天白云，姚慕双、周柏春都被搞糊涂了，不知身处何方！这蓝天白云哪里来的？仔细一看，上面还有屋顶，那是灯影投射所致，方领悟到能工巧匠的杰作多么神奇！威尼斯水城里还有一条小河，一位船夫撑着小船，供游客乘坐，每一个景点下还是赌场。

晚上，姚慕双、周柏春一行在威尼斯水城一个偌大的广场上观看音乐喷泉。这是姚慕双、周柏春见过的一场最荡气回肠的音乐表演！音乐声起，五光十色的激光照射着喷泉水柱翩翩起舞，周柏春说："水柱忽然像有了生命，充满灵气地追随着音乐节奏，或轻舞曼扬，或劲摇跳荡，像煞年轻漂亮的姑娘在跳芭蕾，看得我心旷神怡。"

在拉斯维加斯，姚慕双、周柏春一行还看了歌舞表演。当他们乘着大巴，到了剧场下车时，吴琦幸先生已为姚慕双、周柏春准备了轮椅，让他俩轮流坐。吴君玉此时也已60多岁，他主动上前去为姚慕双推轮椅，因为在他眼中，姚慕双、周柏春是曲艺界无人能及、不可替代的艺术大师，所以执师生礼，尊敬有加。美国人很文明，对老人特别尊重，见姚慕双、周柏春坐着轮椅，就将他俩直接送进剧场，并且安排最前排的座位，让坐在后面的其他同行者羡煞。

在美期间，姚慕双、周柏春一行在华侨联谊会的安排下，他们访问加利福尼亚州蒙特利公园市，并受到了该市市长的热情接待。

姚慕双（左）、周柏春（右）赴美期间，获美国蒙特利公园市荣誉市民称号。图为该市市长（中）向二位颁发证书（摄于2000年）

姚慕双、周柏春一行来到蒙特利公园市的一天，天气特别晴朗，碧空如洗，不见一丝白云。他们被接到蒙特利公园市政厅，受到市长亲切接见。让姚慕双、周柏春终生难忘的是，市长先生向姚慕双、周柏春、叶惠贤三人授予蒙特利公园市荣誉市民的称号并颁发了证书，这就意味着他们三人随时随地不须任何理由就可以签证赴加，而且如果他们在该市做生意的话都不用上税。市长先生幽默地说："欢迎你们经常来到蒙特利公园市，这里就是你们的娘家。"

晚年时期的姚慕双与杨美明

晚年姚慕双、杨美明与周柏春（摄于1998年12月）

# 五十 回眸人生

精彩的过往，须用一生作注解。

——作者

把艺术视为生命的艺术家，总结从艺生涯、经验教训不啻生命的延续。桑榆暮景，他们回眸人生，往往会把自己坎坷、曲折的经历，毫无保留地奉献于世人面前，成败得失由人评说，一鳞半爪的艺术成果，若为后人吸取，便是最大的欢欣与宽慰。

从20世纪80年代始，晚年的周柏春一直有个心愿：想出一本书，留些文字与后人。他要让喜爱他的观众朋友了解舞台下一个真实的周柏春——他的生活点滴、七情六欲、喜怒哀乐和趣闻轶事。

但是由于糖尿病引起视力几近失明，动笔相当困难。上海市曲协曾经指派一位老师要为他立传，却被他婉拒了。因为当时他不想写一本正

亲朋齐聚庆贺周柏春八十大寿，姚慕双动手切生日蛋糕（摄于2001年12月）

儿八经的“传”，只想写一本饭后茶余的轻松读物。另外一个主要原因是，他只相信自己的大女儿雅莉（伟儿的小名），由于她从小受家庭熏陶，与他朝夕相处，对他熟悉的程度是其他作者无可比拟的。雅莉的文笔就是他的口气，不求文采华丽，只求不失周氏风格——诙谐幽默，让人一看就能明了这是周柏春的自述。酝酿多年，这个任务就落在了周伟儿的肩上。

2001年，周伟儿还在房产公司上班，正值延安路建高架桥，静安区政府成立延安路高架指挥部，指派伟儿所在公司搞前期动迁。伟儿在单位搞宣传，工作很忙，经常加班，没有时间与父亲交流沟通。周柏春就每天拿着一个小录音机，想到什么就讲什么，把他几十年从艺生涯中的故事一一录下。不分时间先后，不分内容层次，精神好的时候多讲点，精神勿好就少讲点，点点滴滴累积起来。

伟儿下了班就取录音磁带，反过来倒过去地听，把父亲的故事听得烂熟于胸，然后开始思考如何归类，如何分章节，大致以时间为序，列出总纲串联起来。伟儿向父亲作了汇报，周柏春听了十分赞同，鼓励女儿大胆去写。

伟儿开始动笔。每写一节，就读给父亲听，父女俩反复推敲，哪里用词不当需要改进，哪里内容有失偏颇需要纠正等，直到父亲满意眯眯笑，伟儿才定稿。

吴光瑾不稔文字，她在一边不停叮嘱：“写文章不要得罪人！当事人虽已过世，家属还在，看见仔（了）要勿开心格！人家待阿拉（我们）好的地方侪（都）要写进去！”她还说，某某“文革”中还来探望我们，某某在我们困难时慷慨资助……伟儿听了对母亲说：“照侬（你）的思路写，这本书不像‘周柏春自述’，倒像‘吴光瑾还情’了。”周柏春听了哈哈大笑。不过，伟儿为父亲写《自述》的过程中还是采纳了部分母亲的意见。

伟儿说：

> 当时白天上班，晚上开始写作，在电脑上打字，经常弄到半夜两三点，有时思绪上来，兴奋得刹不了车，写到“文革”中父亲遭受的迫害，心痛不已，泪流满面。写书历时一年不到，最紧张的三个月，

经常通宵达旦。因为要上班又要写作，终于累病了，医生诊断为“腔梗”，住进静安区中心医院。住院的两周期间，弟弟周智儿接手，帮我写了两节：“恩恩怨怨师徒情”和“我的学生们”。书稿经父亲再三斟酌后定稿。

《周柏春自述》竣稿后，周柏春与伟儿准备联系出版社，恰逢王一凡来府探望太先生，他自告奋勇，说有朋友认得上海人民出版社，可代为联系。王一凡年轻时曾参加大世界业余曲艺团，团内有一位说北方相声的高龙海，也是超级姚慕双、周柏春迷，尤其对周老师崇拜至极。他上班的“易文网”，是上海世纪出版集团的网站，为宣传集团旗下各出版社的图书服务，就在上海书城楼上，与上海人民出版社在同一幢大楼办公。平时他与几位编辑很熟，他们听说周老师要出书，都热情高涨，积极促成。

商谈中无非涉及发行量、稿酬等一些琐事，周柏春对这些一概不放在心上，由出版社根据规定办理。

《周柏春自述》于2003年11月，由上海人民出版社出版发行。

2003年12月6日，《周柏春自述》在福州路上海书城举办签名售书活动。上海滑稽剧团领导吴孝明、凌梅芳，上海人民出版社的领导，姚慕双及姚慕双、周柏春弟子吴双艺、王双庆、童双春、翁双杰，都赶至书城，陪同周柏春与广大读者见面，一起参加签售活动。那天书城大厅人满为患，人人争购《周柏春自述》，绕着圈子排队，为一睹姚慕双、周柏春，“四双”的风采，为买到一本《周柏春自述》而欣喜若狂。《周柏春自述》连插图11.6万字，责编为曹利群。

姚慕双（前排右一）、周柏春（前排右二）出席《周柏春自述》签名售书仪式（摄于2003年12月）

12月5日，《文汇报》记者左右在《滑稽大师童年差点夭折》的短文中首先报道了这则消息：

> 12月6日上午10时30分，滑稽大师周柏春将亲临上海书城，为《周柏春自述》签名售书。

周柏春（左四）在上海书城签名售书（摄于2003年12月）

《劳动报》记者张裕，也于是日在该报文化版上以《冷面滑稽周柏春出〈自述〉》为题的报道中写道：

> 《自述》共28篇文章，其中有他童年时候寄人篱下的辛酸；有他在“文革”时遭受劫难的无奈；更多的是他在事业上成功的喜悦，为观众厚爱的感动。12月6日上午，周柏春将和“双字辈”学生在上海书城为滑稽迷们签名售书。

签售活动结束后的次日，《解放日报》《文汇报》《劳动报》《文广影视》《文汇报·每周娱乐》等上海新闻媒体纷纷作了追踪报道与专题报道，比较详细地介绍了《周柏春自述》的有关内容及其艺术人生。

12月7日，《劳动报》发表了《“我七情六欲一样不少”——〈周柏春自述〉签名售书见闻》。记者曹志苑，在签名售书前的一刻采访了周柏春。报道说：

> 昨天上午，上海书城三楼一个签名售书的摊位人丁兴旺，“滑稽泰斗”周柏春11时出现在售书现场时，喜爱他的读者和滑稽戏迷蜂拥而至。很多读者说，他们早晨8点钟就起来了，就是为了买到冷面

滑稽艺术家周柏春亲笔签名的“自述”书。

采访时，周柏春说，风风雨雨走过了81年，自感身体不如前两年，耳朵不好戴了助听器，眼睛也不好，但助眼器还没有发明。所以，由他儿子、女儿周伟儿、周智儿记录并整理的《周柏春自述》与大家见面，这是他们的精彩“演出”。

**同日，《文广影视》报记者杨锦彪、通讯员徐世利以《风雨八十载　执着为艺术》为题，记述了签名售书活动的举行仪式：**

出席周柏春签名售书仪式的有文广集团副总裁任仲伦和传媒集团、上海滑稽剧团、上海记协、上海人民出版社有关领导等。周柏春的胞兄、滑稽泰斗姚慕双和“双字辈”演员也出席了仪式。任仲伦、钱程、童双春分别代表文广集团、上海滑稽剧团和“双字辈”演员，向《周柏春自述》的出版表示热烈祝贺。著名节目主持人叶惠贤主持了仪式。

**《文汇报》摄影记者谢震霖在《滑稽泰斗周柏春82高龄出新著》的标题下刊登了周柏春现场为读者签名的照片。**

**《解放日报》也于是日作了相关报道，称：**

《周柏春自述》共28篇文章，记载了他1939年起随兄姚慕双在电台演播独脚戏、1950年与姚慕双共组蜜蜂滑稽剧团、1977年加入上海曲艺团的逸闻趣事。全书诙谐幽默，就像他的作品《各地堂倌》《英文翻译》《一枕黄粱》等一样，保持着冷面滑稽的风格，令人发噱捧腹。

**《新闻晨报》在“第一对话”的版面上刊登了记者陈佳勇就《周柏春自述》中的相关问题采访周柏春的对话实录。并在同一版面附了一篇《海派一笑笑几许》的短文。文章说：**

《周柏春自述》以丰富的口语化形式回忆了这位滑稽表演艺术家50多年的从艺经历，许多隐匿于舞台背后的日常故事得以呈现出来，真实而亲切。需要指出的是，在一个被称为表演艺术家的人身上，艺术水准是一个考量，个人的品格更值得考量，而后者较之前者更需要时间的检验。……

由于时间的冲刷，很多值得记录下来的历史印痕和个人感受，可能已经忘却了。这当然是很可惜的事情。如果能有人系统地将这些滑稽界老前辈的感受和回忆加以整理，这对于上海本土文化的传承和发扬，自然是有益的。

**《新民晚报》"夜光杯"连续半月连载《周柏春自述》部分篇章。**

**《青年报》记者李清在12月10日《周柏春自传风靡年轻人》的报道中写道：**

在前天的签名售书现场，记者看到了罕见的"一书难求"的盛况。一位大学生戏迷兴奋地说，自己从小就是看着姚慕双周柏春的节目长大的，从这本书里可以看到老一辈艺术家的真实一面，更可以了解作为沪上民间传统文化瑰宝——滑稽艺术发展的历史和精华。

**《周柏春自述》面市后，部分内容在《新民晚报·夜光杯》上连载半月，约1.5万字。《浙江日报》记者也曾对"双字辈"的王双庆作过采访，2004年春，姚慕双、周柏春的学生——杭州市滑稽剧团的名角金小华，积极联系杭州市新华书店，安排周柏春参加签名售书活动，与读者见面。同去的有周柏春的太太吴光瑾，王一凡以及"双字辈"学生王双庆、童双春等一行十多人。周柏春人缘好，杭州滑稽界的同仁都到现场给他捧场，十分热闹。返沪时，面包车停在嘉兴服务区休息，吴光瑾考虑周到，给每人买了20个粽子，以示感谢。**

**是年5月9日，戏剧频道《东方戏剧大舞台》栏目在《滑稽人生》专题片中首推滑稽泰斗——《周柏春其人》。这档节目，请来了无怨无悔陪伴**

周柏春全家合影。前排左起：周红儿、周昉昳（孙女）、周麟儿、周之昂（孙）、吴光瑾、周柏春、周伟儿、王珮（媳）、周赛儿。后排左起：严樑（婿）、尚桂珠（媳）、林迟鸣（外孙）、许闻捷（外孙）、胡志刚（婿）、周智儿、许宏（婿）、周文儿、林义健（婿）、严峰（外孙）（摄于2005年2月）

周柏春50余载的爱人吴光瑾女士和他的子女亲朋，请来了舞台上、艺术上与周柏春合作默契的吴媚媚、笑嘻嘻、吴君玉等老艺术家，请来了他的爱徒传人，还把镜头指向了周柏春生活小区里的邻里朋友。众多至爱亲朋齐聚一堂，畅谈了他们眼中的周柏春。

周柏春小孙子周之昊周岁生日合影。左起：周柏春、周智儿、周之昊、王珮、周之昂、吴光瑾（摄于2006年9月）

《周柏春自述》问世期间，姚慕双因健康原因，已入住徐汇区中心医院接受治疗。其实，关于撰写个人回忆录一事，姚慕双早在20世纪80年代初便列入他晚年的工作计划了。他曾让自己的学生张双勤，根

周柏春（中坐者）与“双字辈”弟子等参加上海电视台申奥活动节目（摄于2006年5月）

据他本人的叙述写了10多万字的回忆录，并据此在上海广播电台亲自播讲自传体故事《快乐天使的甜酸苦辣——我的从艺故事》。可惜没有全部播完，据说，只播了一半左右。原稿由家属保管，还是仍留在广播电台不得而知，没有出版，成为憾事。

# 五十一　笑留人间

九万里风鹏正举。风休住，蓬舟吹取三山去！

——〔宋〕李清照《渔家傲·天接云涛连晓雾》

2004年5月10日，发行了一套《滑稽泰斗姚慕双周柏春舞台生涯七十周年纪念》邮票（北京邮票版），为王一凡先生设计。每张面额80分，共16枚，其中姚慕双、周柏春8枚，姚慕双、周柏春大弟子吴双艺、王双庆、童双春、翁双杰各2枚。这套邮票的面市，对于病中的姚慕双不啻一个安慰。

姚慕双自1989年，即他71岁起，身体状况渐渐欠佳。那一年，他因吃蟹和柿子患了肠梗阻，由徐汇区中心医院副院长郑医生诊断后决定开刀。当时医院没有护工，手术后在ICU病房的十几天中，白天，祺儿、勇儿忙于演出无暇照看，便由太太杨美明陪伴床榻，长驻医院。周佩芳因照顾孙儿、孙女，就让女儿姚国儿前去护理。姚慕双第三天排便十几次，姚国儿有腰椎间盘突出，只能跪在地上给爸端水擦洗，晚上由敏儿、龙儿、国儿夫妇，以及龙儿的朋友小冯轮流陪夜。主治医生张夏萍医生，检查出姚慕双血糖值为20，是正常值的3倍，酮症酸中毒，且肺部有个空洞，可能由糖尿病引起，遂作了针对性治疗。

姚慕双（右）与女儿姚敏儿（左）（摄于1988年4月）

出院后，姚慕双长住太仓路，日常起居由杨美明照顾。

1994年8月暑天，姚慕双在排演厅排戏，那里开了空调，有个学生带来鸡蛋饼给他吃，引起第二次肠梗阻，再次入住徐汇中心医院，接受手术治疗。已近70岁的杨美明放心不下，白天照旧陪伴；姚慕双的女儿姚敏儿承担起主要的护理工作。在ICU病房陪夜期间，敏儿曾一个晚上倒便盆十几次，还要给父亲擦洗干净，到天亮时分倒便盆时支撑不住摔了一跤，两个膝盖都摔破了。《诗经》曰："哀哀父母，生我劬劳。"慈父患病中，正是儿女孝顺时。

姚慕双77岁起断断续续长住徐汇区中心医院，白天始终由杨美明陪伴。

2004年春节期间，王汝刚和曲艺家协会的几个同志一起上门去看望姚老师，姚慕双告之他们说："明天我要住院了。"太太杨美明在旁边笑笑说："我明天开始又要上班了。我每天早上6点出门，晚上6点才回去，我是六进六出，天天陪他。"讲完这句话，王汝刚发现了一个不为人注意的细节，姚老师望着自己的太太笑了。王汝刚说："这个笑里有很多含意，我看出来了。这个笑里面有感激，有信任，也有一种深深的歉意，似乎感觉到自己连累了太太。这种笑容有多种成分，我不能用笔墨形容，却永远印刻在我的脑海里。"

姚慕双烟瘾很大，杨美明就限止他抽烟，于是与他约法三章，每天只抽5支，他同意了。住院期间，有一天，李九松来看望他。姚慕双就问他："九松，你身上有钱吗？"九松就问："姚老师你要做什么？"他说："你去买包香烟给我。"九松一听，忙掏出口袋里一包烟，"香烟不用去买了，我口袋里有包刚拆封的进口烟，送给你吧。"姚慕双把烟拿过去，九松取出打火机准备帮他点火抽烟，姚慕双却摆摆手，抽出一支香烟，在鼻子上闻了又闻，然后又依依不舍地交

姚慕双86岁生日聚会合影。前排左起：杨美明、姚慕双。后排左起：钱程、姚勇儿、吴孝明、朱蓉秋、凌梅芳（摄于2004年5月）

给旁边的护工，大声吩咐："放好，香烟交给师母。我是严格遵照对太太的承诺。"杨美明对姚慕双的生活起居照顾得无微不至，两人之间感情非常好，用王汝刚的话说："姚老师对夫人的话基本上做到绝对服从。"

周佩芳两年前已患脑梗，后来不慎骨折，手术后，姚国儿便将母亲接至家中伺候；斜桥弄动迁，她同姚龙儿住在一起，由儿子照顾。姚慕双嘱咐她少来医院看他。周佩芳就让大女儿姚敏儿常去医院看望父亲。那时候医院有护工，不必陪夜了，但父亲吃不惯医院的菜，敏儿周六送去四个菜和父亲爱吃的虫草炖汤，姚慕双总让大女儿多待一会儿。姚祺儿、斌儿夫妇也常在父亲的病榻前。姚国儿、勇儿夫妇只要在上海工作，总会出现在父亲面前。远在德国的贞儿、在澳门的骏儿会频繁来电，关切地询问父亲的病况。周柏春这一时期糖尿病已严重影响视力，出行不便，他不放心哥哥的病情，也常让子女们去医院探望，代致慰问。2004年，姚敏儿退休，此时姚慕双病重，从6月11日起，她就从早陪到晚，早七晚八，后阶段父亲就不让大女儿回家了，她连续陪了十几天。8月11日，敏儿和护工一起帮他洗澡，老爸像小孩一样坐在她身上。以后就开始发烧、拉肚子，两天拉了100多次。6月11日起，姚慕双厌食了，不吃什么东西。

姚慕双病危期间，剧院吴孝明团长、钱程、秦雷、顾竹君、童双春、沈双华、李青、吴双艺、黄永生、王一凡等多次来医院看望，周柏春、吴光瑾隔天就去医院，侄子侄女天天去看大伯伯，两个侄女还为大伯伯念地藏经，全家凭着各自的信念希冀挽留姚慕双的生命。然而一切终归无望。

远在德国的姚贞儿并未得知父亲病危的消息，因为这个阶段她正在生病，母亲杨美明担心女儿获悉，会加重病情，所以作出决定，暂时向她隐瞒真相。

9月14日，姚国儿帮母亲周佩芳清洗好之后赶至徐汇中心医院，见父亲下巴发青，知道老人家活不多久，哭了。9月15日早上7点，敏儿到病房，父亲已在等她。敏儿给他带去美心肉包，让护工炖了蛋，喂了两口。姚慕双想抽烟，敏儿给他点了一支，但他已吸不动了。敏儿见父亲脸色不对，就奔出病房去叫护士，他已经大小便失禁了。医生急忙赶来抢救，电击两次。敏儿立即电话通知所有亲人。周柏春得到消息，不管劝阻，上午10点就赶到医院，由家人携扶着来到病床前。他俯下身躯，紧贴哥哥的耳朵，百感交集地呼喊着："阿哥，阿哥！我来了！侬好回转来了（醒转来）。"此时姚慕双已经不会说话了，两行泪却流了下来。就这样，兄弟俩抱在一起。

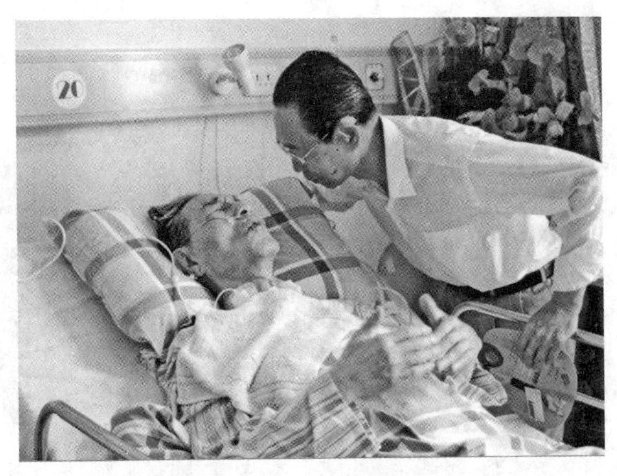

周柏春到医院看望病中的姚慕双（摄于2004年8月）

姚慕双、周柏春在沪的子女都赶来了，剧团领导吴孝明团长也很快赶来，要求医院全力抢救。于是上呼吸机吊白蛋白液，姚慕双意识没有了，还有心跳呼吸。杨美明早已悲痛得肝肠寸断，此前早从香港赶来的勇儿、从澳门赶来的骏儿，都泪流满面。周佩芳由姚龙儿推着轮椅来到病床前，拉着丈夫的手泣不成声，老泪纵横。那时的她已长期病卧，住同济医院，或住上海市中医医院了（2009年1月3日病故）。

姚慕双经抢救，从15日挨到19日，生命没有一丝挽回的迹象。20日（周一）早上8：20左右，红儿赶到医院，看到大伯伯情况不佳，马上请医生来急救。当时只有红儿与勇儿的妻子在场。8：30姚慕双停止呼吸，红儿即去对面小商品市场为大伯伯购买布鞋。敏儿、祺儿、斌儿驱车去滨海古园联系墓地。该墓地开辟名人园，赵丹、黄佐临等都葬于此处。将至滨海古园时，他们接到院方电话通知：姚慕双老先生已于8：30仙逝。三人加紧赶至目的地，草草跟园长联系后，迅即从市郊赶回医院。此时，姚慕双已被擦洗干净，下午2点待老领导龚学平瞻仰遗容后，便将遗体送往龙华殡仪馆。

姚慕双病逝，当天的《新民晚报》就报道了《滑稽艺术大师姚慕双上午谢世》的消息，以及儿子和学生对姚慕双的回忆"他是个好好先生"。次日，《文汇报》刊载了记者张裕写的文章《他为观众带来笑声——记昨天病逝的著名滑稽表演艺术家姚慕双》，记者谢正宜的特稿《一代滑稽艺

姚慕双落葬。中排左起：吴光瑾、周佩芳、周柏春、杨美明。后排左起：姚国儿、严峰

术家姚慕双昨日去世他！伟大！伟大》。《解放日报》《劳动报》《青年报》也相继发文以示怀念。9月23日，姚慕双同志治丧小组在《新民晚报》上刊登的讣告："姚慕双同志遗体告别仪式定于9月26日（星期日）下午2时40分在上海龙华殡仪馆大厅举行。"追悼会上挂着大幅挽联："宗师西行暮霭沉沉山地恸　泰斗天巡双辈叠叠蓬莱笑。"上海市委宣传部、文广集团、传媒集团领导张止静、叶志康、李保顺、宗明等出席了姚慕双同志遗体告别仪式，市领导龚学平、殷一璀、王仲伟分别看望慰问了姚慕双家属。当天，《新民晚报·夜光杯》刊登了上海曲协主席、上海市人民滑稽剧团团长王汝刚的回忆文章《相册里的姚慕双》。

2005年3月24日，姚慕双铜像在奉贤滨海古园举行落成，在苍松翠柏间，上海曲协主席王汝刚及有关成员、上海滑稽剧团团长吴孝明带领剧团党政干部，姚慕双两位太太周佩芳、杨美明携子女孙辈，周柏春、吴光瑾携子女孙辈，以及"双字辈"与几代滑稽演员、姚周戏迷，悉数来到一代名家铜像前，怀着无限崇敬的心情，缅怀他的艺术人生。姚慕双坐姿铜像，以1∶1比例制成，坐在椅子上的他，双目炯炯有神，伸出大拇指。周柏春由家人推着轮椅缓步走向铜像，他轻声道："阿哥，今天这么多弟子来看望你，滑稽艺术薪火相传啊……"周柏春对记者说："阿哥伸出大拇指是说'伟大，伟大……'这是《满园春色》中的经典动作。"

在铜像揭牌后，还举行了骨灰安葬仪式。王汝刚回忆道："面对空穴，旁边还有工作人员，大家七嘴八舌，商量如何落葬。姚师母杨美明在一旁说：'你们不要七嘴八舌，听王汝刚的，他研究民俗的。'我不免俗，拿了骨灰盒，先烧了几张纸钱，再在底下放了一些钱币放下去。"

次日,《劳动报》记者曹志苑、《新民晚报》记者王剑虹,都在报上作了有关报道。26日,《新民晚报》刊登了王汝刚撰写的回忆文章《"好好先生"姚慕双》。

滑稽泰斗姚慕双骨灰安葬暨塑像落成

自从胞兄离世后,周柏春的健康也每况愈下。但他不肯去医院,不去体检,得了糖尿病也不肯吃药,认为有副作用,自己打太极拳,活动活动就可以了。后来眼睛耳朵都不好了才服药。2005年9月8日,智儿第二个小孩出生,智儿太太与小孙子就与周柏春夫妇住在江宁大楼,请了一个保姆,2007年9月1日他们才回自己家中。这两年中,几个女儿天天去江宁大楼帮忙照看父母与小侄子,儿孙绕膝相伴是父母亲病倒前最开心的日子。

9月2日半夜冷空气来袭,气温骤降十几度,周柏春受冷,清晨6点左右突发脑溢血,口吐白沫,昏了过去。这下可急坏了吴光瑾,马上给子女们打了电话,又打了急救电话120。伟儿、智儿先赶到,正好救护车开来了,一起把父亲送往华山医院。周柏春的脑溢血属轻度,经抢救醒来,神志清楚,却苦于尿道阻塞,只能手术导尿。住院后,他的身体状况时好时坏,一波三折,到11月初,情况转好,思路清晰,大家都很开心,觉得躲过了一劫。

住院期间,从院长、主任、医生、护士乃至护工,对周柏春的印象极好。他没有一点名人架子,无论对谁,都是"谢谢!""对勿起!""麻烦倗(你们)!""意勿过(不好意思)!"等礼貌用语不离口。他对子女们讲:"随便做啥事体侪(都)要考虑对人家有利,有帮助,包括讲闲话也要讲好话。"进院一周左右,病情控制住了,他不止一次地对医护人员说:"我现在年龄大了,呒没(没有)力量了,全靠倗(你们)照顾我,保护我。谢谢！谢谢！”

得悉周柏春住院，市里各级领导，包括时任市人大常委会主任的龚学平，市委宣传部副部长陈东，广电集团领导薛沛健、吴孝明等，多次到医院探望。那时，周柏春病情较为稳定，与领导谈笑甚欢。上海滑稽剧团的凌梅芳团长、曹强书记更是三天两头往医院跑，随时与医生沟通：“这是我们的国宝，要用最好护理最好的药。”周柏春总是很过意不去，他对领导说：“我周柏春何德何能？惊动各位领导，实在愧不敢当！各位领导都是大忙人，这里的医生护士把我照顾得很好，请打道回府吧！”

12月22日冬至，周柏春86岁生日，市委宣传部领导拎着蛋糕、捧着鲜花，来祝贺他的生日，祝愿他快乐，尽早康复。那天，他正在卫生间方便，窘得无以复加，连忙叫人带话说：对不起，对不起！请领导在医生办公室稍等，像是犯了什么不可饶恕的大错一样。

平时，周柏春精神好的时候会在病房里唱戏唱歌，护士护工都喜欢围在周老师床边，他兴致勃勃地唱《唱支山歌给党听》，有一次竟然把《金铃塔》从头唱到结束，病房里一片笑声掌声。父亲高兴，子女们更激动，总盼望父亲从此慢慢康复起来。

几个子女分早中晚三班寸步不离地守着父亲，每天给他读报讲新闻，还给他唱他曾经唱过的段子。有一次轮到智儿值班，他给父亲唱一段父亲年轻时在电台教唱的滩簧“尖石滩”，得意地讲：“爹爹，人家讲我唱得与周柏春一样好！”父亲听了“哼哼”冷笑两声，意思是差得远开八只脚了。护士经常会问他：“周老师，你觉得儿子好还是女儿好？”他笑而不答，过了一会儿问红儿：“伲子来了哦（儿子在身边吗）？”红儿说，不在。他就大声说：“当然女儿好！女儿贴心，照顾得仔细周到。”众人哈哈大笑。

在医院里，请了一个全天候护工小韩。小韩为人老实真诚，全心全意侍候护理周老师——说来也巧，姚慕双住院期间的护工也姓韩。小韩给周老师按摩，讲社会上的各种新闻，与他聊天，推轮椅走廊里兜兜。伟儿、红儿、赛儿，每天分上下午去陪老爸，周柏春看见女儿们来，总是笑眯眯地显得很开心。

然而，令周柏春，最放心不下的就是妻子吴光瑾，晚上睡觉时一直在叫

“光瑾，光瑾！”因为在他住院前，吴光瑾已查出肺癌晚期，他是知情的。

2007年5月，吴光瑾肺部积水，抽出积液检查，还未到肺癌指标，医生建议不要手术，在家里休养，就看中医服中药，病情还较稳定；但9月2日，周柏春突发脑溢血被送往医院，她受到惊吓，病况急剧恶化，肺部积水越来越多，导致呼吸困难，她不愿去医院，只得买氧气瓶在家吸氧度日。

9月25日，吴光瑾的病情已很严重，在澳大利亚的文儿赶回上海，将母亲用轮椅推到华山医院去看望父亲，姐妹几个都在场，对妈妈讲：“你看，爹爹勿是蛮好啊？你放心，我们一定会照顾好爹爹的。”吴光瑾讲：“看过我就放心了！”这一整天，父亲都是笑眯眯的，很高兴，很平静。10月8日，父母最后一次通电话，互道珍重，父亲说：“光瑾啊，你我总算白头到老了。”

吴光瑾是个明白人，鉴于人到晚年，她对丈夫与自己的身后之事已作准备。2002年初，九天陵园老板汪先生寻上门来，介绍九天陵园地处青浦花桥，离上海近，环境好，吴光瑾与周柏春商量后接受了汪先生的意见，便在该处置办墓地。此后，吴光瑾准备了她与周柏春的寿衣，打成两个包袱，放在衣柜里，并对子女们说，到时省得你们乱了阵脚。她把身后事对子女们作了清楚交代。

倘若传统故事中恩爱夫妻有《天仙配》中的董永与七仙女，司马相如与卓文君，范蠡与西施，但那是想象中的故事；而周柏春夫妇却是现实中存在并可感知、为亲人所见的真实故事。

11月3日，吴光瑾在子女的劝说下，同意入住静安区中心医院。在周柏春夫妇双双病倒的最初两个月里，子女们为照顾父母，两头奔波，心力交瘁，非常辛苦！文儿三次从

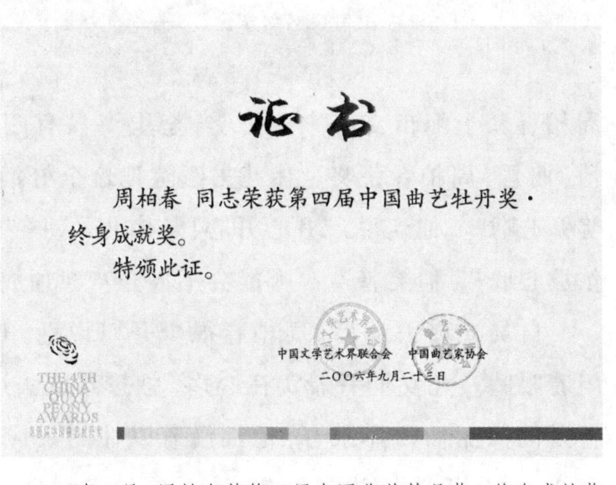

证书

周柏春 同志荣获第四届中国曲艺牡丹奖·终身成就奖。

特颁此证。

中国文学艺术界联合会 中国曲艺家协会

二〇〇六年九月二十三日



2006年9月，周柏春获第四届中国曲艺牡丹奖·终身成就奖

周柏春获得的第四届中国曲艺牡丹奖·终身成就奖奖杯

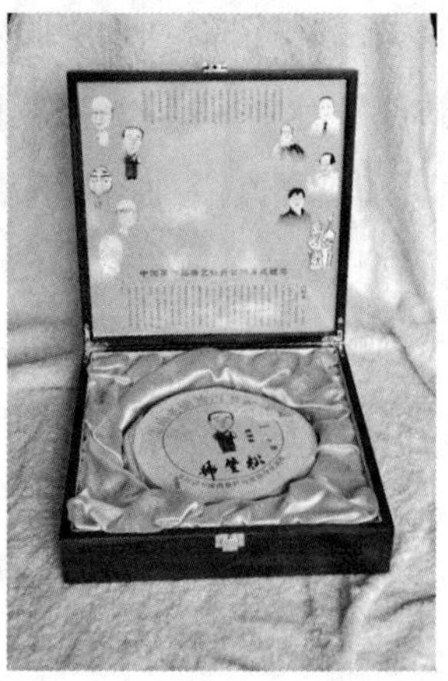

周柏春获得的第四届中国曲艺牡丹奖·终身成就奖茶饼

奖状

周柏春同志：

您在2007年度上海文艺创作优品、精品和文艺家荣誉奖评选中荣获"上海文艺家荣誉奖"。

中共上海市委宣传部
上海市重大文艺创作领导小组
2007年2月3日

2007年2月，周柏春在上海文艺创作优品、精品和文艺家荣誉奖评选中荣获"上海文艺家荣誉奖"

悉尼飞返上海，极尽孝心。上海滑稽剧团领导，还专门派了团里的清洁员小吴下午去华山医院陪护周老师，以便让子女有更多时间去照顾母亲。说来也奇怪，吴光瑾每次病情恶化，周柏春总会发高烧，夫妻间真的会有感应。

一个星期后，11月10日凌晨3点半，吴光瑾平静去世。当天下午，在华山医院的周柏春就浑身抽搐，发起了高烧，子女们谁也不敢把母亲逝世的消息告诉他，可是他却对护工说："我太太走了，他们不告诉我，我也知道。"

2008年2月下旬，周柏春获上海市文艺家荣誉奖，全上海只有四名艺术家——张瑞芳、秦怡、谢晋、周柏春获奖。伟儿去医院把这个好消息告诉父亲，问他："侬得奖开心哦？"他连说："开心开心！"伟儿又讲："还有奖金咪，我帮侬保管，侬放心哦？"他笑着道："哪能会不放心？我顶放心侬了！"

自吴光瑾去世后，周柏春很少开口说话，也不再叫"光瑾"了，总是闭着眼睛。儿女们看着实在心痛，总想方设法逗他开心，给他唱歌，放他喜爱的徐丽仙评弹录音，他都没有以往的反应了，又隔三岔五的抽搐发高烧，医生用冰袋放在他腋下，看着父亲浑身发抖，儿女们心痛不已，恨不能代他受苦。他糊涂时还在问:"今天晚上有演出吗?"一旁的孩子说:"没有,你安心睡吧!"一会儿他又说:"阿哥来了(指姚慕双)。"

姚慕双的晚年生活,无论是演出、社会活动,还是晚年住院期间,都是由妻子杨美明形影不离的照顾。2004年9月,姚慕双辞世之后,杨美明足不出户,但她还是不顾将近80岁的身体,连续3年在玉佛寺做佛事为丈夫超度,每次做佛事都要在玉佛寺连住七天七夜,特别辛苦。她说:"我对丈夫所做的一切都基本尽职了。"2008年3月21日晚上7点50分,姚慕双的太太杨美明因脑梗引起的心肌梗死去世。此时的周柏春一直处于昏睡状态。

3月25日,周柏春弥留之际,所有在沪的姚慕双、周柏春子女、上海滑稽剧团领导都守在他身边。龚学平特地赶来送老艺术家最后一程。晚上7点40分左右,一代滑稽泰斗周柏春停止呼吸,死于肺炎。

次日,周柏春同志治丧小组成立,随即发出讣告:著名滑稽表演艺术家周柏春同志因病医治无效,于2008年3月25日19时50分在华山医院去世,享年86岁。沪上各大报纸纷纷刊登了这一不幸消息。

讣告发出的当天,中国曲艺家协会、上海电影集团公司、上海京剧院、苏州滑稽剧团、上海食品药物监督管理局等单位,以及在国外的李家耀等生前好友纷纷发来唁电,深表哀悼,并向其亲人表示亲切慰问。

中国曲艺家协会党组书记、副主席姜昆对报界说,曲艺界一代宗师周柏春的逝世,"不仅是南方曲艺界的损失,也是全国曲艺界的损失。"

3月26日,报道这一不幸消息的有:《解放日报》记者施晨露的《滑稽泰斗周柏春逝世》,《文汇报》记者张裕的《一生给人欢笑》,《劳动报》记者曹志苑的《86岁滑稽巨匠周柏春昨晚病逝》,《新报》记者朱渊、霍燕妮、王健惠、茅中元的《伊眼睛一眯,一笑,掌声就来哉》,《新民晚报》记者俞亮鑫的《笑星驾鹤仙逝 笑声长留人间——小滑稽回忆前辈周柏春》,在同一版面上记者朱光的《病榻上他还给护工唱滑稽——记滑稽界一代宗师周柏春的最后时刻》,《晨报》记者朱美虹、曾玉的《滑稽艺术家周柏春病逝》,《青年报》记者郾亮《走好,宁波艺术家》,继续报道的还有3月27日《解放日报》记者端木复的《笑声长留人间 上海曲艺界深情回忆周柏春》,《劳动

报》记者曹志苑的《与夫人相守一生 未见最后一面》，3月28日《新报》记者茅中元的《周柏春生前为上海小滑稽开“药方” 少点铜臭气 多些文化气息》……

这些报道中，有吴孝明、严顺开、叶惠贤、王双庆、王双柏、钱程、李九松、何赛飞等对一代滑稽大师周柏春的追忆。

何赛飞说，我在排演《啼笑因缘》《太太万岁》的时候，老先生一直鼓励我，关心我，还常说：“滑稽戏也用得上越剧。”我想学习一点滑稽，对自己的影视创作也是有用的。

2008年3月30日15时，周柏春遗体告别仪式在龙华殡仪馆隆重举行，他身上覆盖着一面党旗，灵柩旁鲜花拥簇，遗像两旁挂着巨幅挽联：“松柏延绵无穷尽春色 高山仰止有底蕴幽默。”近3 000名姚慕双、周柏春戏迷自发地赶来一睹周老师的遗容，为他送行。治丧小组印发了2 000份周柏春的生平简介，上面印有他生前的照片，被众多瞻仰者争索一空。

市委副书记殷一璀、市委宣传部部长王仲伟代表上海市委送了花圈，姜昆乘飞机专程赶到上海，代表中国曲协为周柏春送行，好邻居谢晋也来参加吊唁，上海文广集团、上海曲协、上海滑稽剧团领导与全体演职人员、“双字辈”的艺术家们、上海戏曲院团的各路代表，苏浙沪兄弟剧团领导和主要演员，以及周柏春的亲属子女，都出席了追悼会。

3月31日，上海各大媒体均有报道：《早报》记者潘妤的《惦这“冷面” 再送最后一程 数千群众自发送别一代滑稽大师周柏春》，报道中有严顺开、吴双艺对恩师的追思；《新民晚报》记者谢正谊的《周柏春追悼会在沪举行 数千戏迷痛别“冷面滑稽”》，记者王剑虹的《滑稽演员齐悼念 数千市民排长队 “宁波音乐家”一路走好》，《青年报》记者邸亮的《流着泪送别那张笑脸》，《新报》记者朱渊的《凝望大师遗像，观众泣不成声 三千名戏迷昨沪上送别滑稽艺术家周柏春》，《劳动报》记者曹志苑的《"所有的观众都是我的亲朋好友"近千市民送别滑稽泰斗周柏春》……

类似的纪念与追思的文章在此后的日子里还常见诸报端，如：5月8日，《劳动报》记者曹志苑在《周立波"海派清口"致敬周柏春》一文中，引述周立波的话说，他15虚岁时被上海滑稽剧团破格录取，与姚慕双、周柏春交往甚密，他们在艺术上从不吝啬，他当时排演的所有大戏，几乎都受过他们的指导。周老师的"冷面滑稽"及对节奏的把握给他很多启发。5月16日将在逸夫舞台推出"海派清口"专场演出，在"致敬周柏春"中，他会介绍周柏春先生的趣闻轶事。

周柏春去世后，上海市政协主席蒋以任曾往周家吊唁。

2008年10月12日，周柏春落葬仪式在青浦九天陵园举行。周柏春的爱妻吴光瑾已于2007年12月21日葬于此处。这块墓地由吴光瑾生前亲自定下，称为"柏苑"，是整个陵园地段最好的一块。右边石凳下装了一个声控音响，录了一段姚慕双、周柏春经典段子《学英语》，只要有声音就会自动滚动播放。

吴孝明、曹强代表的上海滑稽剧团党政干部，以及全体演职人员，"双字辈"的王双庆、童双春、李青、沈双华，王一凡、邵光汉，姚慕双、周柏春在沪的所有子女及孙儿辈，共50多人参加仪式，由钱程主持落葬仪式，并致辞。

一代滑稽泰斗周柏春永别了热爱他的广大观众，永别了挚爱他的至亲好友，永别了给他带来哀伤与快乐并存、荣誉与幸福相伴的世界。他的墓前矗立了一块花岗石墓碑，上面镌刻着周柏春在滑稽戏《满园春色》中所扮演的2号服务员手端冬瓜的照片。墓前的横石碑上刻着他与爱妻吴光瑾的名字。

姜昆（右）访沪，邀请周伟儿（左）座谈，缅怀滑稽泰斗姚慕双、周柏春（摄于2010年）

斯人已去，然而姚慕双、周柏春两位艺术大师对于滑稽艺术所做的贡献，他们在艺术上确立的历史地位，不光在滑稽界，乃至在整个中国曲艺界都无可替代，无人撼动。他们用心血凝成的滑稽艺术已成了一座很难逾越的巅峰，成为代表上海精神、上海气质的一份厚重遗产，在非遗名录中，两位艺术家的英名像金子般的闪亮发光，照亮子孙后代，百世流芳！

# 后记

为姚慕双、周柏春两位滑稽泰斗立传，是一种偶然，也是一次难得的历史机缘。

笔者自2015年接受《皓月涌泉：蒋月泉传》的撰稿任务之后，六七年间相继完成了《极光下的世外桃源：瑞典见闻》《气冲霄汉：童祥苓传》。此时已到耄耋之年，只想继续策划主编“菊坛名家丛书”各系列书的未竟之事，不再动笔。孰料，2018年冬，经市文广局有关领导推荐，上海滑稽剧团凌梅芳等领导来电，并盛情接我去团部商量，让我撰写《滑稽泰斗：姚慕双 周柏春合传》，以纪念姚慕双、周柏春昆仲100周年诞辰。当时，笔者心情十分矛盾，既感谢市文广局有关领导及上海滑稽剧团对我的信任，又自觉非滑稽内行人士，重任压肩，一切得从头了解，恐难胜任。但想到姚慕双、周柏春两位艺术大师乃是海上文化的一张名片、一面旗帜，名震海内外，为他俩立传，是一种光荣，义不容辞。

说来也巧，我的祖上与姚慕双、周柏春先父一样，都是宁波慈溪人，属于沪上第一批移民。笔者幼时，五六岁光景，随父亲经常去看姚慕双、周柏春的演出，还在功德林饭店，见过姚慕双、周柏春，并按父亲吩咐，走到他们面前恭恭敬敬地鞠躬，羞赧地叫了一声：“伯伯好！”记得，有一次随二姨妈去红宝剧场看了姚慕双、周柏春主演的《红姑娘》，笑得乐不可支。青年时期求学南京大学，大学二年级时，适逢蜜蜂滑稽剧团（此时已为上海人民艺术剧院“四团”），在夫子庙秦淮剧场演出《满园春色》，观后，得到了一次极大的艺术享受。可以说，我们这一代人从小就在收音机旁听着姚慕双、周柏春的节目长大，姚慕双、周柏春成了我们年轻人快乐的源泉。“文化大革命”中，两位大师从我们的视线中消失了，笔者其时响应“四个面向”的号召，分配至苏北基层工作十余年，从此也就再无姚慕双、周柏春音讯。

笔者至出版社工作有年，儿子上海戏剧学院毕业，成了东方电视台大型节目部编导，曾数次分别采访已至晚年的姚慕双、周柏春二位老师，并制成节目播出。我们三代人真与姚慕双、周柏春两家有缘啊！这次机缘巧合，为姚慕双、周柏春立传的任务落到我身上，还有什么理由可以推托呢？考虑再三，终于应允了。

2019年春节过后，笔者在上海滑稽剧团的大力支持与安排下，开始搜集各种资料，对姚慕双、周柏春子女家属、健在的“双字辈”老师，姚慕双、周柏春的学生、亲朋好友，原上海滑稽剧团的几任领导，包括热爱姚慕双、周柏春的戏迷朋友，进行了大量采访，笔者储存在电脑中的记录文字达200多万字，此外还有不少报纸、图书、图片、音频、录像等各种资料，有待认真分析与梳理。

为了远离城市的喧嚣与人事纷扰，笔者远避至家中的度假别墅，那里山清水秀，是悉心写作的好地方。面对一大堆资料，及200多万字的采访记录，我几乎夜以继日地工作，听录音，摘录，做笔记，谋划篇章结构，到了废寝忘食的程度。一旦思考成熟，激情难抑，就在电脑前挥笔不止（我使用的是电脑笔），失去了时间概念，经常写到凌晨四五点，甚至天亮时分，再服安眠药就寝。

工作的紧张、艰辛与劳累，使我忘了自己的年龄。当我写完第五十节，只剩最后一节“笑留人间”以及“后记”，约七八千字未写时，就寝前，突然莫名其妙地产生一种预感：那最后一部分，能否坚持完成？谁知次日晨起，当我在电脑前握笔写字，手指不听使唤，无论如何写不上去。我意识到“脑梗”了，立即打电话，让儿子赶来，急送当地医院，半月后返沪，转至徐汇区中心医院继续治疗。

住院期间，上海人民出版社同仁、上海滑稽剧团的领导，以及姚慕双、周柏春子女相继前来探视，让我深受感动。

为了完成未竟之事，康复期间，我加紧锻炼。出院至今，经过调理和家人的悉心照顾，生活上能自理了，虽然行动缓慢，大不如前，幸好思维敏捷，尚能在电脑前继续写作，虽然一笔一画，写得较为困难，但我相信最终能完成《滑稽泰斗：姚慕双 周柏春合传》的初稿。

上海方言是上海文化与上海历史，更是滑稽艺术的载体，上海话承载着上海地区民俗风情与古往今来沿革的丰富内容。姚慕双、周柏春的独脚戏与滑稽戏，以吴语为基础，虽然表演中会根据角色与剧情需要，模仿各地方言，但基本上使用的还是标准的上海方言。

上海方言原来是松江话方言中的一支，1843年上海开埠后，随着大量外地移民的进入，尤其是宁波话与苏州话对上海话的影响很大，改变了原来的松江话，成了融合宁波话、苏州话，以及外来词汇的新上海话。至20世纪30年代，新上海话发展更甚，大量吸收了国内外语言的精华，故而它的表情达意，传达描述客体与主体的语汇相当丰富，且十分细腻、精致。凡普通话使用的语汇，上海话都能转译；反之，一些上海话的词语所传达的意思，却不能用普通话准确翻译。它的缺点只局限于文化发达的沪语地区，故不能替代普通话在广大非沪语区的交际功能。

纵观姚慕双、周柏春的滑稽艺术，倘若离开上海话，离开沪语方言，就完全失去了固有的艺术特质与文化品格。鉴此，本传在引用姚慕双、周柏春亲自播讲的部分口述，抑或引用他们演出经典节目的部分片断时，为了保持其语言特色的“原汁原味”，以及滑稽艺术的本体特征，便使用上海及沪语方言记录成文。一般而言，口述方言尽管真实、可信、生动、活泼，更加贴近生活，也存在着重复、累赘、不合文法的弊病，不及书面文字精练、准确，所以必须在不失口述人原意及保持其语言特征的前提下，加以适度而恰当的归拼与整合，使之通顺与规范。这又是一项耗时、细致却需要耐心的复杂工作。

为了使非沪语区读者阅读的方便，一些特殊词汇后面，在括号中加上了注释。由于作者孤陋寡闻，迄今未见一本权威性的各地方言词典的出版。据业内人士反映，个别地区曾出过本地区的方言词典，但注释中尚有一些缺陷，有待补正，故不敢贸然借鉴。笔者主要参考钱程主编的上海方言专业学习读物《跟钱程学上海闲话》和《钱程的上海腔调》，该二书已由上海教育出版社出版。即便如此，一些沪语区的特殊词语，还得用微信向他请教。他在当下滑稽界也许是被业内人士认可的研究上海方言的权威之一。

在写作本传时，姚慕双、周柏春播讲的口述，以及经典节目，笔者都没有现存的文本，案头上却搜集了不少姚慕双、周柏春的音像、视频与音频。只能戴着耳机，打开手机，或电脑光盘，一遍又一遍地反复细听，一字一句地仔细斟酌记录，务求准确。无论电脑还是手机，迄今尚无一款把上海话或吴语方言由语音转换成文字的软件上市，于是，这一看似笨拙却是有益的文字记录工作持续了4个多月，终于积累了30多万字的原始资料。困难在于一些方言词语，音同字不同，尤其涉及人名、剧名，以及一些滑稽界的切口、专业用词，记录时难免出错，初稿甫成，又邀本传的特约编辑钱程先生专门斧正。

滑稽艺术的历史并不长，仅有100余年，而姚慕双、周柏春兄弟紧密合作60余年，跨越了新旧社会两重天，业内外，从底层到高层接触了方方面面的人物，与社会有着广泛联系。所以本传既是姚慕双、周柏春的艺术史，也是他们生前经历过的半部滑稽史和社会史，一部较为完整的姚慕双、周柏春家史，它必然涉及一些有关人物、家属亲眷及其子女，这是无法回避的历史事实。笔者本着对历史负责的态度，尊重事实，根据史料及姚慕双、周柏春本人的口述及相关亲历者的回忆，尽量作出客观公允的叙述与评介。有关艺术上的分析与评论纯属个人观点，如有不当处，诚望方家与广大读者予以指正。

本传在写作过程中得到上海滑稽剧团领导凌梅芳、钱程、蒋亮以及剧团资料室各位同志的大力支持，尽可能为笔者提供有关姚慕双、周柏春历年来演出活动的各种资料：包括解放前后大报小报登载的许多报道，姚慕双、周柏春的录像、音频、演出剧照，钱程策划主编的“海上滑稽春秋”丛书，姚慕双、周柏春弟子吴双艺、童双春、王双庆撰写的自传，姚慕双、周柏春“专业技术职称评审呈报表”等。吴孝明、徐维新、童双春、李青、王汝刚、钱程、凌梅芳、曹强、王一凡、邵光汉、徐益民、窦福龙等先生、女士，以及姚慕双、周柏春两位大师在沪的子女姚敏儿、姚祺儿、姚国儿、姚勇儿、姚斌儿，周伟儿、周红儿、周智儿，他们热情地接受采访，详述所知一切，并毫无保留地提供姚慕双、周柏春的演出照与生活照，及其家庭成员的相关照片。笔者患病期间，承蒙钱程先生、南大挚友庄乐群女士对尚未完成的初稿作了十分细心的校阅，并转来了《勘误表》，为笔者竣稿提供了许多方便，在此一并表示衷心感谢！

姚慕双、周柏春两位滑稽大师不仅属于姚慕双、周柏春家属，作为上海文化艺术的一处标杆，一面旗帜，姚慕双、周柏春兄弟的大名连在一起，是属于全体上海人民的，也是属于全体中国人民的。他们的英名永远留在人们的心中，他们播撒的笑声，在祖国晴朗的天空中永远飘荡！

笔者完稿于沪上　2021年8月2日

**图书在版编目（CIP）数据**

滑稽泰斗：姚慕双 周柏春合传：典藏本 / 唐燕能著. — 上海：上海人民出版社，2022
（菊坛名家丛书）
ISBN 978-7-208-17860-1

Ⅰ. ①滑… Ⅱ. ①唐… Ⅲ. ①姚慕双（1918-2004）—传记②周柏春（1922-2008）—传记 Ⅳ. ①K825.78

中国版本图书馆CIP数据核字(2022)第151972号

**责任编辑** 李 远
**封面设计** 傅惟本

菊坛名家丛书
**滑稽泰斗：姚慕双 周柏春合传（典藏本）**
唐燕能 著

出　　版 上海人民出版社
（201101 上海市闵行区号景路159弄C座）
发　　行 上海人民出版社发行中心
印　　刷 上海盛通时代印刷有限公司
开　　本 720×1000 1/16
印　　张 37.5
插　　页 16
字　　数 533,000
版　　次 2022年10月第1版
印　　次 2022年10月第1次印刷
ISBN 978-7-208-17860-1/K·3231
定　　价 188.00元